마키아벨리의
피렌체사

Istorie Fiorentine
Machiavelli, Niccoló

마키아벨리의
피렌체사

1판 1쇄 발행 2022년 12월 14일
1판 2쇄 발행 2024년 4월 19일

지은이 니콜로 마키아벨리
옮긴이 하인후
감 수 김상근

펴낸이 이재유
편 집 김아롬
디자인 design ko

펴낸곳 무블출판사
출판등록 제2020-000047호(2020년 2월 20일)
주소 서울시 강남구 언주로 647, 402호 (우 06105)
전화 02-514-0301
팩스 02-6499-8301
이메일 0301@hanmail.net
홈페이지 mobl.kr

ISBN 979-11-91433-55-5 (03920)

마키아벨리의
피렌체사

니콜로 마키아벨리 지음

허인후 옮김 | 김상근 감수

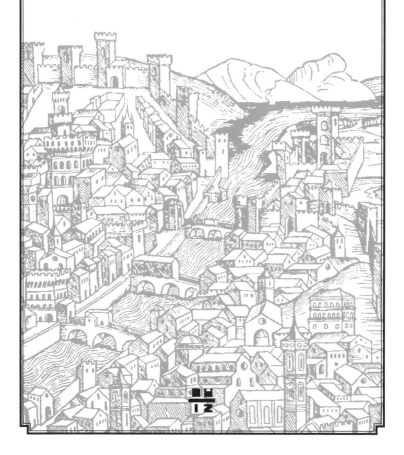

일러두기

◆ 이 책은 니콜로 마키아벨리의 『피렌체사 Istorie Fiorentine』를 번역한 것입니다. 이 책의 번역에 사용된 기본 판본과 참조한 판본은 다음과 같습니다.

1. 『The FLORENTINE HISTORY Written by Niccolo Machiavelli Translated from The Italian By Ninian Hill Thomson, M.A.』, London Archibald Constable and Co. Limited, 1906

2. 『The Project Gutenberg EBook of History Of Florence And Of The Affairs Of Italy, by Niccolo Machiavelli』, 역자 미상. (본문은 W. Walter Dunne이 New York과 London에서 1901년 출판한 Universal Classics Library edition에서 발췌)

3. 『The FLORENTINE HISTORIES Written by Niccolo Machiavelli Translated from The Italian Edition Prepared in 1843 BY G. B. Niccolini of Florence』, C. EDWARDS LESTER, New York : Paine and Burgess 62 John Street, 1845

4. 『Istorie fiorentine(Italian Edition) by Niccolo Machiavelli』, Philip Bates 편집, 1st Kindle Edition, 2012

◆ 이 책에 수록된 지도와 미술 작품 등 이미지 자료와 그 설명은 원서에는 없으나 독자들의 이해를 돕기 위해 임의로 첨부한 것입니다.

◆ 본문에 아래 첨자로 첨부된 주석과 각 권의 끝에 덧붙여진 미주는 독자의 이해를 돕기 위한 역자의 추가 해설입니다.

◆ 그 외에 마키아벨리가 잘못 기재한 것으로 생각되는 인물 이름과 주요 사건 연도 등은 주석과 미주에 설명을 추가하였습니다.

◆ 원활한 독해를 위해 원문의 너무 긴 문장은 내용을 해치지 않는 선에서 적절히 분절하였으며, 일부는 지문을 대화체로 바꾸었습니다.

✤ 추천사 ✤

우리 사회에 작은 희망을 선물하는
마키아벨리의 생애 마지막 역작

무릇 추천사는 저자에 대한 간략한 소개와 함께 출간되는 책의 내용에 대한 상찬賞讚을 목표로 삼는다. 이 책의 저자는 그 유명한 니콜로 마키아벨리이니, 그에 대한 개괄적 인물평은 번역자인 하인 후 선생께 맡기기로 한다. 마키아벨리는 흔히 『군주론』의 저자로 소개되고 있지만, 『피렌체사』는 그가 생애 마지막 역량을 쏟아부은 역작이다. 14년이나 재임했던 피렌체 공직에서 막 쫓겨난 마키아벨리가 가난과 익명의 삶을 푸념하며 쓴 『군주론』이 독기를 품고 있다면, 생애 마지막 통찰력을 쏟아부은 『피렌체사』에는 성숙한 지혜가 넘쳐난다.

달랑 『군주론』을 읽고 마키아벨리를 이해했다고 주장하는 것은 왕십리까지 와서 서울을 봤다고 자랑하는 시골 양반의 허세와 같다. 그가 생애 마지막에 심혈을 기울여 쓴 책 『피렌체사』를 읽어야만 마키아벨리 사상의 전모가 드러난다. 무릇 한 사람의 생애에 대한 평가는 그의 마지막 장면까지 지켜보고 내려야 한다. 모든 것을 가졌던 사람이 모든 것을 잃어버렸을 때 깨달음을 얻는다. 그것이 바로 윌리엄 셰익스피어의 『리어왕』이 드러내고자 하는 주제였다.

마키아벨리도 모든 것을 잃었다. 야심작 『군주론』을 헌정하고 메디치 가문의 재임용을 기다리고 있던 마키아벨리는 그 마지막 기대마저 내려놓아야만 했다. 깨끗이 포기했을 때, 새로운 기회가 찾아왔다. 피렌체의 동량棟梁들이 모여 로마 시대의 고전을 읽으며 함께 공화정의 미래를 꿈꾸던 '루첼라이 정원' 공부 모임의 교사로 초빙된 것이다. 마키아벨리의 후기 대표작인 『로마사 논고』와 해학과 풍자로 가득한 『만드라골라Mandragola』와 같은 희곡들이 바로 이 시기에 집필되었다. 마키아벨리 생애 마지막 작품인 『피렌체사』는 그 점에서 매우 포괄적인 전망을 내포하고 있다. 초기 작품인 『군주론』이 메디치 가문에게 바치는 권력 유지를 위한 비책이라면, 중기 작품 『로마사 논고』는 '루첼라이 정원'의 젊은 도반들을 위한 권력 획득의 비책이라고 할 수 있다. 『군주론』이 그 제목이 시사하는 것처럼 군주제의 속성을 파헤친다면, 『로마사 논고』는 로마 공화정 시대의 영광을 분석하는 데 초점이 맞추어져 있다.

마키아벨리는 그의 마지막 작품 『피렌체사』에서 군주제와 공화제

사이의 양자택일을 강요하지 않는다. 이상적인 정체政體를 설명하거나 강요한 것도 아니다. 포기할 것은 깨끗이 포기하고 삶에 대한 집착마저 버린 리어왕의 경지에 오른 마키아벨리는 그 모든 것이 '시간의 지배' 속에 있음을 『피렌체사』를 통해 설파한다.

마키아벨리의 '피렌체 역사'는 크게 두 부분으로 구성된다. 베키오 다리에서 벌어진 참사1216년 이후부터 메디치 가문의 집권1434년까지가 1부이고, 그 이후 코시모 데 메디치의 통치부터 마키아벨리가 집필하는 시점1520년까지가 2부이다. 1부는 공화정의 이상이 펼쳐지던 시대이고, 2부는 군주정의 권력 집중이 발생했던 시대이다. 그러니까 마키아벨리는 『피렌체사』를 통해 자기 생애의 주장을 역으로 배치한 것이다. 자신이 쓴 책은 『군주론』군주제에서 『로마사 논고』공화제로 이어졌지만, 피렌체의 역사는 역으로 전개되었으니, 공화제에서 군주제로 넘어간 것이다. 이것은 마치 로마의 역사를 신화로 풀어냈던 베르길리우스가 아이네아스 일행의 지중해 여정을 먼저 쓴 다음, 정착 과정에서 발생한 치열한 정복 전쟁을 뒤에 배치한 것을 떠올리게 한다. 로마 시대의 베르길리우스는 그리스 시대의 호메로스를 역으로 배치했다. 트로이 전쟁의 역사를 서사시로 풀어냈던 호메로스는 전쟁을 먼저 배치하고「일리아스」의 내용이다, 고향으로 돌아가는 여정을 뒤에 배치했었다「오디세이아」의 내용이다. 마키아벨리도 생애 마지막 책에서 자신이 지금까지 생각해 왔던 것을 역으로 배치했다. 그리고 두 가지 정체가 가진 장단점을 동시에 드러내고, 두 정체를 이상적인 정치 형태로 추구하는 양쪽 진영 모두에게 경고의 말을 남긴다. 평민들의 자유를 추구했던 공화정 시대를 향해 자유를 지키는 방법이 무엇인지를 알고 난 다음에 자유를 추구하라고 경고했다. 피렌체 군주제의 실체였던 메디치 가문을 향해서는 시대의 변화를 직시하라는 쓴소리를 아끼지 않았다. 공화정이냐, 군주정이냐의 선택을 놓고 마키아벨리를 '평가'하거나 '절하'하는 것은 그를 잘 모르고 하는 소리다. 마키아벨리는 괘념치 않았다. 그가 주장하고 싶었던 것은 한마디로 '시대의 요청'이었다. 그 시대가 무엇을 요구하는지 잘 성찰하라는 것이다.

무릇 고전이라 불리는 책들은 읽기 어렵다. 역사적 배경에 대한 지식이 없으면 문장의 의미는 오독誤讀되기 일쑤다. 이탈리아 학자들에게도 마키아벨리의 글은 난해하기로 유명하다. 역사적 사실을 기술하다가 갑자기 상상력을 발휘하는 재기발랄한 마키아벨리의 글을 번역한다는 것은 결코 쉬운 일이 아니다. 『붉은 백합의 도시, 피렌체』에서 나와 함께 호흡을 맞춘 하인후 선생은 그 점에 큰 노고를 하셨다. 그 책에서 부분적으로 소개되었던 마키아벨리의 전모가 이 번역 완전체를 통해서 잘 드러날 것이라 기대한다.

이 어려운 책을 번역한 하인후 선생께 찬사를 드리면서 동시에 짧은 위로의 말씀도 드려야겠다. 각고의 노력 끝에 번역서를 출간했지만, 기대처럼 그렇게 많은 독자가 이 책을 읽지 않을 것이라는 슬픈 현실에 관한 것이다. 베스트셀러를 원한다면 독자가 원하는 글을 써 주면 된다. 대중이란 원래 새로운 것을 배우기 위해 책을 읽는 것이 아니라, 자신의 감정을 대변해 줄 수 있는 글을 찾는다. 가난한 자들이 법정 스님의 『무소유』를 읽고, 삶에 지친 청년들이 『아프니까 청춘이다』를 읽는다. 그래서 고단한 세상살이에 지친 사람들이 『죽고 싶지만 떡볶이는 먹고 싶어』를 베스트셀러로 만들어 내는 것이다.

대한민국은 공화정과 군주정의 희망과 횡포 사이에서 갈 길을 잃고 헤매고 있다. 마키아벨리가 『피렌체사』에서 제시했던 공화정과 군주정의 조화, 시대의 흐름에 대한 통찰력에 대해 이해한다면 좋으련만, 한국의 독서 대중들은 이 책을 쉽게 손에 들지 않을 것이다. 그럼에도 불구하고 희망을 포기할 필요는 없다고 본다. 마키아벨리의 『군주론』을 읽고 권력을 잡아보겠다고 날뛰는 사람들이 허다한 이 시대에, 그의 마지막 책 『피렌체사』가 번역되고 출간된다는 사실만으로도 우리에게 작은 희망이 남아 있음을 확신한다. 부디 이 어려운 책이 소수의 현명한 독자에게나마 희망을 선물하게 되기를!

연세대학교 신과대학 교수 **김상근**

❦ 추천사 ❧

그 찬란했던 로마제국의
행방에 대한 단서

유럽 역사에서 이탈리아는 하나의 이채異彩다. 로마제국 쇠퇴 이후 1,000년 넘게 작은 도시들로 나뉘었지만, 피렌체 하나로도 어지간한 강국 대접을 받았다. 일찌감치 이탈리아가 통합됐다면, 유럽의 국경은 지금과 달라져도 한참 달라졌을 것이다.

내가 이 책을 눈여겨본 것은 이제 유럽의 변방 같은 이탈리아, 그리고 피렌체에 관한 관심보다는 바로 그 찬란했던 로마제국의 행방이었다. 게르만족의 남하로 제국이 무너지고, 황제와 기독교 세력의 충돌을 거쳐 19세기 이탈리아로 통일될 때까지의 잃어버린 고리다. 로마가 망해서 사라진 것이 아니라, 나름의 생존을 통해 현재까지 올 수 있었다는 단서를 독자 여러분도 『피렌체사』에서 찾을 수 있을 것이다.

마키아벨리는 당시의 분열상을 이웃집 얘기처럼 정연하게, 지독하리만치 엄중하게 정리했다. 역사 속 이탈리아, 피렌체는 그토록 인문적이고 문화적이면서도, 또 그토록 야만적이고 잔인했다. 세속 군주도 교황도 권력과 재물 앞에 존엄을 잃고, 몰락한 제국의 귀족은 당연했을 미덕 없이 탐욕만 넘쳐났다. 귀족을 몰락시킨 평민은 탐욕만을 배워 광기와 포퓰리즘으로 도시를 타락시키고, 상대 파벌에 대한 맹목적인 적의, 심지어 동료에의 질투로 칼자루를 바꿔 잡는 비열함만이 도시에 가득했다. 외부의 적이든 내부 파벌이든 결국 승리한 쪽도 적이 사라지면 그 즉시 분열했다. 과거 로마제국에서 평민이 귀족과 싸우며 미덕을 배웠다면, 피렌체에서는 모두 관용과 군사적 미덕을 잃으며 비루해졌다. 심지어 외부와의 전쟁은 비열한 용병들만 배를 불려, 결국 피렌체는 '전쟁에서 패하면 불행해지고, 승리하면 훨씬 더 불행해졌다.'

하지만 마키아벨리는 다른 국가라면 벌써 무너졌을 분열상 속에서도, 유럽 어느 강국에도 밀리지 않는 구조와 세력을 구축할 수 있었던 것이야 말로 피렌체의 위대함이라고 역설한다. 만약 통합을 이뤄냈다면 "피렌체보다 더 우월한 공화국은 적어도 내가 아는 한 현재는 말할 것도 없고 과거에도 없었을 것"이라는 아쉬움과 함께. 페이지를 넘길수록 지금 우리 사회와 겹쳐지고 역사의 반복에 침울해지지만, 그것이 귀감이든 반면교사든 이 책을 읽어야 할 이유는 분명하다.

소설가 **이문열**

목차

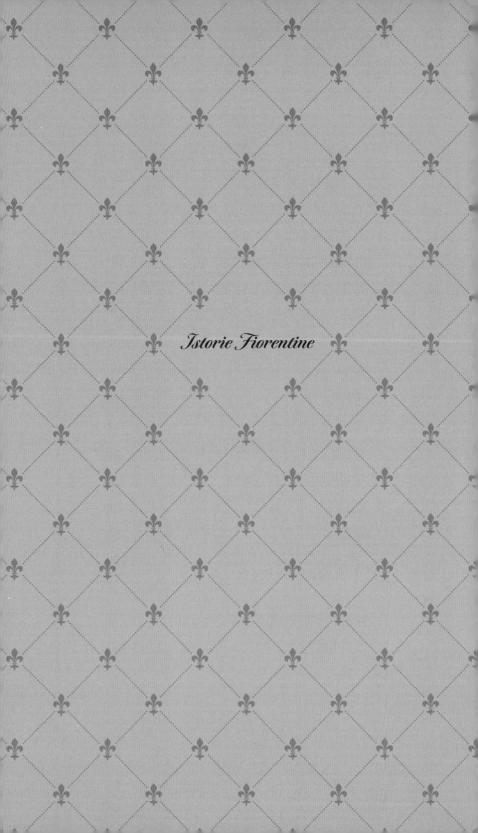

Istorie Fiorentine

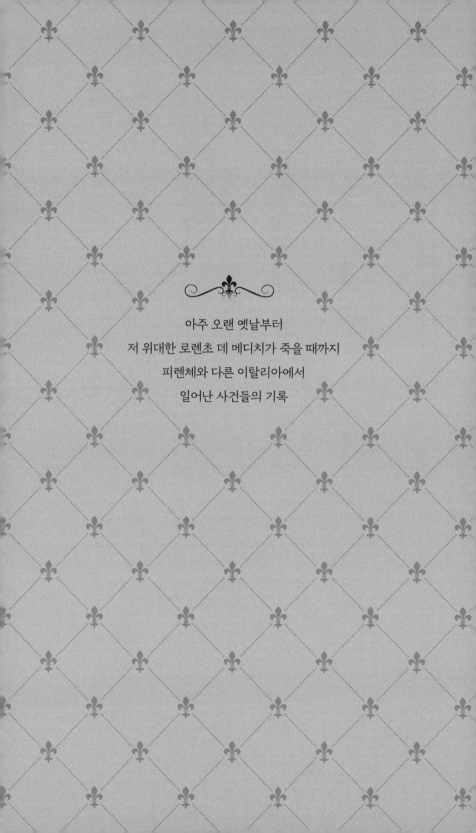

아주 오랜 옛날부러
저 위대한 로렌초 데 메디치가 죽을 때까지
피렌체와 다른 이탈리아에서
일어난 사건들의 기록

마키아벨리의 「피렌체사」 자필 원고

❦ 헌사 ❦

가장 거룩하고 축복받으신
우리의 주인 클레멘스 7세 교황께
성하의 미천한 종 니콜로 마키아벨리가
엎드려 바칩니다.

성하께서 아직 추기경이시던 시절, 제게 피렌체의 역사에 대해 써 보라고 처음 명하셨을 때부터 저는 성하를 만족시키기 위해 자연과 경험이 제게 빌려준 모든 능력을 동원해 작업에 전념했습니다. 이제 제 글은 저 위대한 로렌초 데 메디치의 죽음으로 이탈리아 정세가 크게 바뀐 시대에 이르렀고, 이후에 뒤따르는 일들은 그 무게와 중요도에 걸맞게 더 고상하고 풍성한 양식으로 서술되어야 하기에, 일단 그 이전까지 서술한 모든 내용을 한 권에 담아, 성하께서 뿌리시고 제가 거둔 이 결실을 일부라도 음미하실 수 있도록 성하께 바쳐야겠다고 판단했습니다[1].

이 글을 읽으시면 성하께서는 우선 로마제국이 서쪽에서 힘을 잃기 시작한 이후 수 세기 동안 이탈리아에 얼마나 많은 재앙이 일어나, 얼마나 많은 군주와 정부가 나타났다 사라졌는지 보실 수 있고, 또 어떻게 교황과 베네치아가, 그리고 나폴리 왕국과 밀라노 공국이 이탈리아에서 최고의 지위와 권위를 얻었는지 아실 수 있으며, 마지막으로 분열의 결과 오히려 황제에 대한 굴종에서 벗어난 성하의 조국이 영광스러운 성하 가문의 보호 아래 다스려질 때까지 어떻게 계속 분열할 수밖에 없었는지 이해하시게 될 것입니다.

저는 성하의 선조가 행한 일들에 관해 쓸 때 단 하나의 아첨도 보이지 않게 쓰라는 엄중한 하명을 받았기 때문에(참된 찬사가 성하를 기쁘게 하듯, 입에 발린 거짓 칭찬은 성하를 불쾌하게 만들 것이므로), 제가 조반니_{디 비치 데 메디치}의 훌륭함과 코시모_{조반니의 아들}의 현명함을, 피에로_{코시모의 아들}의 자애로움과 저 위대한 로렌초_{피에로의 아들}의 지혜로움을 서술하는 대목에서 감히 성하의 명을 어긴 것으로 비치지 않을까 심히 두렵습니다.

그러나 그런 설명을 정직하지 못하다고 비난할 이들과 성하께, 변명 같지만 성하의 선조를 서술한 다양한 시대의 기록이 그분들에 대한 칭찬으로 가득 차 있는 것을 발견했을 때, 저는 이를 있는 그대로 서술하거나 질투에 눈이 멀어 침묵하는 것, 이 둘 중 하나를 선택할 수밖에 없었다고 말씀드리겠습니다.

게다가 어떤 사람들이 주장하듯, 설령 그분들의 감탄할만한 행위 뒤에 공익을 해치는 야심이 숨어 있었다 하더라도, 그 야심에 대해 전혀 알지 못하는 제가 그것에 관해 쓴다는 것은 상상할 수도 없었습니다. 왜냐하면 저는 살아오면서 불명예스러운 행위를 그럴듯한 말로 은폐하거나, 칭찬할만한 행위를 마치 반대의 의도로 행해진 것처럼 모호하게 쓴 적이 단 한 번도 없기 때문입니다.

실제로 제가 얼마나 칭찬받는 것에 관심이 없는지는_{아첨과 거리가 먼지는} 제가 살아온 이력, 특히 공적인 연설과 사적인 대화 등을 살펴보시면 분명히 아실 수 있을 것입니다. 공적인 연설과 사적인 대화에서 직간접적으로 표출된 감정과 견해는 모든 면에서 말하는 이의 자질과 성격을 숨김없이 보여 주기 때문입니다.

비록 저는 증오에 찬 언어가 역사의 품위와 진실을 표현하는 데 거의 도움이 되지 않는다고 생각해 항상 이를 피하려 했지만, 제 글을 공정하게 평가하는 사람이라면 누구도 저를 아첨꾼이라 비난하지는 않을 것입니다. 특히 그들이 제가 성하의 아버님[2]을 추모하며 말을 아낀 것을 알게 되면 더욱 그럴 것입니다.

제가 성하의 아버님에 대해 많은 말을 하지 않은 이유는 그 짧은 생애가 그분이 세상에 널리 알려지는 것을 허락하지 않았을 뿐만 아니라, 그분의 성품을 설명할 자료도 제게 충분히 제공해 주지 않았기 때문입니다. 하지만 성하의 아버님이란 그 사실만으로 그분은 이미 다른 선조의 모든 업적을 능가하는 뛰어나고 영광스러운 공적을 쌓으신 것이니, 그 공적은 인색한 운명이 그분한테서 앗아간 수십 년의 세월보다도 훨씬 더 긴 시간 동안 그분의 명성을 드높일 것입니다.

가장 복되고 가장 거룩하신 교황 성하, 이 글을 쓰는 동안 저는 진실을 거스르지 않으면서 동시에 모든 이를 만족시키려 애써왔습니다. 그러나 아무도 만족시키지 못할지도 모르겠습니다. 그렇지만 설령 그런 상황이 발생한다고 해도, 저는 놀라지 않을 것입니다. 왜냐하면 어느 누구도 많은 이의 기분을 상하게 하지 않고, 자기 시대의 역사를 쓸 수는 없다고 생각하기 때문입니다.

하지만 저는 지금껏 자애로우신 성하의 크신 은혜 덕분에 명예와 지지를 얻었듯, 앞으로도 가장 훌륭하신 성하의 의로운 판단에 의해 보호받고 인도되기를 바라며, 가벼운 마음으로 제 갈 길을 가겠습니다. 제 목숨이 붙어 있는 한, 그리고 성하께서 저를 내치시지 않는 한, 이제까지 써 왔던 용기와 확신을 가지고 계속 힘차게 제 임무를 완수해 나가겠습니다[3].

❧ 서문 ❧

처음 피렌체의 국내외 역사를 쓰기로 했을 때, 나는 메디치 가문이 코시모와 그의 아버지 조반니의 공로로 피렌체에서 다른 어떤 가문들보다 더 큰 권한을 획득한 그리스도력 1434년부터 이야기를 시작하려고 했다. 매우 탁월한 역사가인 아레초 출신의 레오나르도 브루니Leonardo Bruni, 1370(?)~1444년와 테라누오바 출신의 포조 브라촐리니Gian Francesco Poggio Bracciolini, 1380~1459년가 그 이전에 피렌체에서 일어난 모든 일을 자세히 기록했다고 생각했기 때문이었다.

하지만 이 책의 완성도를 높이기 위해 나중에 그 책들을 꼼꼼히 읽어 보며 그들이 어떤 순서와 방법으로 글을 썼는지 확인해 보니, 그들은 외국 군주나 외국인들과 벌인 다양한 전쟁은 매우 공들여 묘사한 반면, 내부 분열과 그 결과에 관해서는 마치 그것들이 독자에게 아무런 쓸모도 재미도 없는 내용인 양, 어떤 것은 완전히 침묵하고 또 다른 것은 매우 간략하게 서술한 것을 알게 됐다.

그들이 그렇게 한 것은 내전이나 내부 불화 같은 문제들이 기록으로 남기기에는 너무 사소해 보였거나, 아니면 자기 글에서 비방해야 할지도 모르는 이들의 후손에게 혹시 상처를 주지 않을까 두려워한 탓이라고 생각한다. 그런데 미안한 말이지만, 이 두 가지 이유는 훌륭한 역사가가 취할 올바른 태도는 아닌 것 같다. 역사에서 재미와 교훈을 동시에 주는 것은 세세하게 기술된 사건이고, 공화국을 통치하는 이들에게 유익한 교훈은 도시국가의 불화와 분열이 어떻게 발생했는지 보여 주는 것이며, 그렇게 지난 사례를 통해 현명해짐으로써 통치자는 도시의 통합을 유지하는 법을 배우기 때문이다.

그리고 비록 모든 공화국의 모든 사례가 다 교훈을 준다고 해도, 자신의 공화국에서 일어난 일을 읽을 때 우리는 가장 확실하고 효과적으로 교훈을 얻는다. 또한 그 어떤 공화국의 분열도 주목할 만한 가치가 있겠지만, 그래도 피렌체의 분열은 특히 더 관심을 기울일 만하다. 우리가 아는 대부분 다른 공화국은 단 한 번의 분열로 사정에 따라 흥성하거나 파멸했으나, 피렌체는 한 번으로 끝나지 않고 계속해서 많은 분열을 겪었기 때문이다.

알다시피 로마에서는 마지막 왕타르퀴니우스 수페르부스이 축출된 이후BC 509년, 귀족과 평민 사이에 일어난 분열이 공화국이 무너질 때까지 지속됐다. 아테네와 그 당시 번성했던 다른 모든 공화국에서도 마찬가지였다. 그렇지만 피렌체에서는 귀족 간에 처음 분열이 발생했고, 이후 귀족과 평민 간에, 그리고 마지막에는 평민과 하층민 사이에 분열이 일어났으며, 승리한 쪽이 다시 둘로 갈라지는 일도 비일비재했다. 그런 분열들로 피렌체는 어떤 도시에서도 전례를 찾아볼 수 없을 만큼 많은 사람이 죽거나 추방당했고, 또 많은 가문이 파괴됐다.

그러나 사실 이런 분열의 결과보다 우리 도시의 힘을 더 극명하게 보여 주는 증거는 없다고 생각한다. 확실히 이런 분열은 가장 강력하고 위대한 국가마저 한순간에 파괴할 수 있지만, 오히려 우리 도시는 이로 인해 끊임없이 강화됐다고 할 수 있다. 우리 피렌체 시민들은 미덕능력은 물론, 자신과 조국을 위대하게 만들려는 야망과 애국심 역시 매우 커서, 그 결과 분열의 다양한 해악을 피한 이들은 동료 시민을 죽이거나 추방한 사건들의 적의가 도시를 짓누르는 것보다 훨씬 더 큰 힘으로 도시의 명성을 드높였기 때문이다.

그러므로 만일 피렌체가 신성로마제국의 굴레에서 벗어난 후 내부의 통합을 유지할 정치 체제를 세울 만큼 정말 운이 좋았다면, 국방과 경제 모든 면에서 틀림없이 크게 번성했을 것이고, 그랬다면 피렌체보다 더 우월한 공화국은 적어도 내가 아는 한 현재는 말할 것도 없고 과거에도 없었을 것이다.

왜냐하면 우리는 피렌체의 구엘프교황파가 토스카나와 롬바르디아 전체를 가득 채울 만큼 많은 수의 기벨린신성로마제국 황제파을 도시 밖으로 쫓아낸 뒤에도, 도시 안에 남은 다른 시민들과 함께 캄팔디노 전투[1]가 벌어지기 1년 전에 치러진 아레초와의 전쟁1288년에서 1,200명의 중무장 기병과 1만 2,000명의 보병을 오직 피렌체 안에서 충당했다는 사실을 잘 알고 있으며, 또 그 이후 밀라노 공작 필리포 마리아 비스콘티와 벌인 전쟁1423~1428년에서는 이미 고갈되고 없는 피렌체군을 대신해 다른 자원용병을 활용해야 했던 피렌체 시민들은 전쟁이 지속된 5년 동안 무려 350만 플로린[2]을 지출하고도, 그 전쟁이 끝나기가 무섭게 평화에 안주하지 않고, 다시 자신들의 힘을 과시하기 위해 루카의 평원으로 달려 나갔다1430년는 역사적 사실을 익히 알고 있기 때문이다.

따라서 나는 왜 이런 분열이 특별히 주목받을 가치가 없다고 생각하는지 잘 모르겠다. 앞서 언급한 역사가들이 만일 자신이 말해야 할 이들의 명성에 폐를 끼칠까 두려워 자제한 것이라면 이는 크게 잘못 생각한 것이고, 인간의 공명심이 무엇이며, 자신은 물론 조상의 이름까지도 영속시키려는 인간의 욕망이 얼마나 강한지 거의 알지 못했다는 것을 스스로 드러냈을 뿐이다. 그들은 칭찬할만한 행위로 명성을 얻을 기회가 없는 이들이 어떤 비열한 짓을 통해서라도 유명해지려 한다는 것을 인식하지 못했고, 통치와 정부에 관한 문제는 그 자체로 위대함을 지니고 있어 그것이 어떻게 처리되든 또 그 목적이 무엇이든 이를 행한 자들에게 비난보다는 명예를 가져다준다는 점도 제대로 이해하지 못했기 때문이다.

이런 점들을 고려해 나는 처음의 계획과 달리 우리 도시의 기원부터 이 책을 쓰기로 마음을 바꿨다. 하지만 이미 남들이 점령한 땅을 침범하는 것은 결코 내가 원하는 바가 아니므로, 1434년까지는 도시 내부에서 일어난 일들에 대해서만 상세히 다루고 도시 밖의 사건들은 내부의 일을 이해하는 데 필요한 것만 말할 것이며, 1434년 이후로는 도시 안팎의 일을 모두 충분히 작성할 것이다.

나아가 이 책이 모두에게 더 잘 이해될 수 있도록, 피렌체를 특별히 논하기 전에 이탈리아가 어떻게 그 당시 이 지역을 통치했던 권력자들의 수중에 들어가게 되었는지를 먼저 서술할 것이다. 피렌체와 이탈리아 역사에 관한 서론이 되는 내용으로, 이 모든 것은 처음 네 권에 포함될 것이다. 그중 제1권은 로마제국의 쇠퇴부터 1434년까지 이탈리아에 닥친 모든 예기치 않은 사건을 간략히 기록할 것이다. 제2권은 피렌체의 기원에서 시작해 아테네 공작의 추방 후 교황과 치른 전쟁까지 설명할 것이다. 제3권은 나폴리 왕국의 라디슬라오 왕이 죽은 1414년에서 끝이 날 것이다. 제4권에서 우리는 다시 1434년[3]에 도달할 것이고, 그 뒤부터는 피렌체 국내외에서 일어난 일들이 현재까지 자세히 서술될 것이다.

헌사

1 이 글은 교황 레오 10세 때인 1520년 11월에 시작되어, 1526년 5월 교황 클레멘스 7세에게 바쳐졌다. 레오 10세는 로렌초 데 메디치 일 마니피코Il Magnifico의 차남 조반니 데 메디치이고, 클레멘스 7세는 로렌초의 조카 줄리오 데 메디치다.
2 로렌초의 동생 줄리아노 데 메디치로, 그는 파치가의 음모로 스물다섯 살의 젊은 나이에 암살당했다제8권 참조.
3 마키아벨리가 이 글 이후의 피렌체 역사를 더 썼는지는 불행히도 확실하지 않다. 마키아벨리는 이 글을 교황 클레멘스 7세에게 바치고, 1년 뒤인 1527년 6월 21일 피렌체에서 사망했다.

서문

1 1289년 6월 11일, 피렌체의 구엘프가 아레초의 기벨린을 상대로 승리한 전투로, 『신곡』을 쓴 시인 단테 알리기에리도 참전했다.
2 1252년부터 1533년까지 주조된 옛 피렌체 공화국의 화폐이다. 1플로린florin은 현재2022년 가치로 대략 140달러USD이지만, 마키아벨리가 『피렌체사』를 쓰며 처음 받은 연봉이 100플로린이었던 점을 감안하면, 그 실질적인 가치는 이보다 훨씬 더 크다고 볼 수 있다.
3 1434년은 1433년에 추방당했던 코시모 데 메디치가 피렌체로 돌아온 해이다.

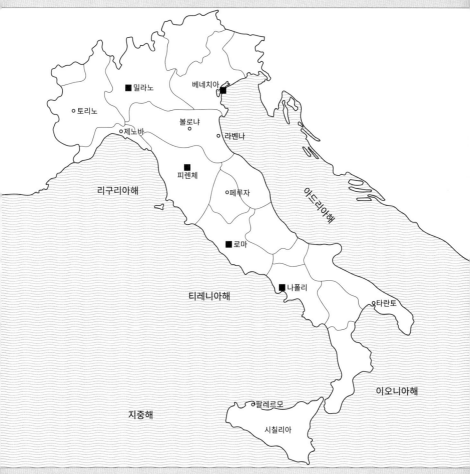

○토리노　■밀라노　베네치아■　볼로냐　○제노바　○라벤나

리구리아해　■피렌체　○페루자　아드리아해

■로마　티레니아해　■나폴리　○타란토

이오니아해

지중해　○팔레르모

시칠리아

이탈리아반도와 시칠리아

4세기 후반에서 1425년까지를 다룬 제
1권에서는 이민족의 침략과 서로마제
국의 멸망, 이탈리아를 점령한 이민족
과 동로마제국의 대립, 조금씩 꾸준히
성장한 교황권과 신성로마제국의 성립,
제국의 황제와 로마교회의 갈등 등을
개략적으로 설명한다. 또한, 로마교회
및 피렌체 공화국과 함께 훗날 이탈리
아의 주요 5개국에 속하는 나폴리 왕국,
밀라노 공국 그리고 베네치아 공화국의
시작과 변천에 관해서도 이야기한다.

제1권

　라인강과 다뉴브강 북쪽의 부족들은 비옥하고 위생적인 지역에서 나고 자라는 덕에, 때로 인구가 급격히 불어나 그 일부는 조상의 땅을 떠나 새 거주지를 찾을 수밖에 없었다. 그렇게 어느 부족이 늘어난 인구의 부담을 견디지 못하면, 그들은 일단 자신들을 세 집단으로 나눠 귀족과 천민, 또 부자와 빈자의 수가 모두 똑같게 배분한다. 그 뒤 제비뽑기에 뽑힌 집단은 자신의 운명을 찾아 떠나고, 부담을 던 나머지 두 집단은 그대로 남아 조상의 유산을 즐긴다.

　로마제국을 파괴한 것이 바로 이 부족들이다. 황제들이 제국의 오랜 수도인 로마를 버리고 콘스탄티노플로 물러나자330년 그들에게 기회가 왔다. 황제들은 제국의 서쪽을 약화시켰다. 그들은 그곳을 제국의 동쪽보다 덜 중요하게 여겼고, 그들의 대신과 적들이 더 쉽게 약탈하도록 내버려 두었다. 진실로 그토록 많은 고결한 이들의 선혈 위에 세워진 제국의 붕괴에는 군주들의 나태함과 대신들의 불충이 적지 않았고, 제국을 공격한 자들의 용기와 집요함 역시 결코 부족하지 않았다. 그리고 그 붕괴에는 하나가 아닌 많은 부족이 관여했다.

　로마 장군 가이우스 마리우스에 의해 킴브리족이 격퇴된BC 101년 베르첼레(Vercellae) 전투 이후, 북부 지방에서 처음으로 제국을 침략한 부족은 그들 언어로 '비지코티Visigoti', 우리말로는 '서고트족'이었다. 제국의 국경 지대에서 몇 차례 교전을 치른 서고트족은 황제들의 허락을 받아 다뉴브강 강가에 오랫동안 자리를 잡았다.

　그 후 그들은 여러 시기에 걸쳐 이런저런 이유로 로마 속주를 자주 공격했다. 하지만 그때마다 황제의 권력 앞에 무릎을 꿇었다. 그들을 멋지게 격퇴한 마지막 인물은 테오도시우스1세, 재위 379~395년 황제였다. 그가 얼마나 멋지게 그들을 격퇴했던지, 테오도시우스에게 항복한 이래로 서고트족은 다시 자신들의 왕을 선출하지 않고 황제가 내려 주는 지원금에 만족한 채 그의 통치를 받으며 그 기치를 들고 싸웠다.

그러나 죽음이 테오도시우스에게 닥치고, 두 아들 아르카디우스동로마제국, 재위 395~408년와 호노리우스서로마제국, 재위 395~423년가 아버지의 미덕능력과 운명행운을 이어받지 못한 채 아버지가 이룩한 제국의 후계자가 되자 이 군주들과 함께 시대도 변했다.

테오도시우스 황제는 생전에 세 명의 총독을 제국의 세 지역, 즉 동쪽에는 플라비우스 루피누스, 서쪽에는 플라비우스 스틸리코 그리고 아프리카에는 길도Gildo를 파견했다. 테오도시우스가 죽자 그들 셋은 모두 자기 지역을 잘 다스리기보다는 군주가 될 욕심을 품었다. 루피누스395년 사망와 길도398년 사망는 반란 초기 곧바로 진압되었다. 그렇지만 자기 의도를 더 잘 숨겼던 스틸리코는 새 황제들의 신임을 얻으려 애쓰면서, 다른 한편으로 훗날 자신이 더 쉽게 권력을 장악할 수 있도록 제국을 뒤흔들 계획을 세웠다.

그는 서고트족을 새 황제들의 적으로 만들기 위해 서고트족에게 늘 주던 지원금을 끊으라고 황제호노리우스에게 권고했다. 게다가 서고트족만으로는 제국을 흔들기에 충분하지 않다고 보고, 서고트족처럼 북쪽 부족이자 이미 새로운 터전을 찾아 나선 부르군트족과 프랑크족 그리고 반달족과 알란족혹은 알라니족에게 로마 속주들을 공격하라고 부추겼다스틸리코는 408년에 처형당했다.

지원금을 잃은 서고트족은 손해를 복구할 더 나은 체제를 갖추기

〈410년, 야만족에 의한 로마 약탈〉
조셉 노엘 실베스트르Joseph-Noël Sylvestre

위해 알라리크1세, 재위 395~410년를 왕으로 추대했다. 그들은 제국을
공격해 많은 예기치 못한 사건들을 일으키며 이탈리아를 황폐하게
만들고 로마를 약탈했다410년. 이 승리 후 북쪽으로 돌아가던 도중
에 알라리크가 죽고, 아타울프스알라리크의 처남, 재위 410~415년가 뒤를 이
었다. 그는 새 황제들의 여동생인 갈라 플라키디아Galla Placidia를 아
내로 삼았다414년. 이 결혼으로 그는 갈리아와 스페인을 구원할 원
정군을 이끌었다. 이 지역들은 앞서 말한 이유로 반달족·부르군트
족·알란족·프랑크족 등의 공격을 받고 있었다.

　베티카Betica, 지금의 안달루시아라는 스페인 지역을 점령하고 있던 반달
족은 이때부터 서고트족과 격렬한 전쟁을 치렀고, 그러던 중 아프

리카를 통치하던 로마의 보니파키우스432년 사망 총독으로부터 아프리카로 와서 그곳을 차지하라는 제안을 받았다. 보니파키우스가 반달족에게 접근한 것은 스스로 반란을 일으키고는 서로마 황제가 자기 실수를 알아채지 않을까 두려웠기 때문이었다. 달리 의지할 곳도 없었던 반달족은 이 제안을 기꺼이 받아들이고, 가이세리크 왕재위 428~477년의 지휘하에 아프리카로 가서 그곳의 주인이 되었다430년.

그 사이 아르카디우스의 아들인 테오도시우스2세, 재위 408~450년가 동로마제국 황제의 자리를 계승했다. 그는 서로마에서 일어나는 일은 거의 신경 쓰지 않아서, 반달족은 자신들이 얻은 것을 계속 보유할 수 있겠다고 생각했다.

∽≫≫ 제2장 ≪≪∾

이렇게 해서 반달족은 아프리카의, 그리고 알란족과 서고트족은 스페인의 주인이 되었다. 프랑크족과 부르군트족은 갈리아를 차지한 후 부족 이름을 점령 지역에 붙였고, 그때부터 갈리아의 한 지역은 프란차 Francia(프랑스)로, 다른 지역은 보르고냐 Borgogna(부르고뉴)로 불리게 되었다. 그들의 성공과 번영은 새로운 부족들을 자극해 제국의 파괴에 박차를 가했다. 훈족은 다뉴브도나우강 너머에 자리한 판노니아를 장악했고, 그들의 이름을 딴 지역은 오늘날 웅게리아Ungheria(헝가리)라고 불린다.

황제호노리우스는 이런 혼란을 부채질했다. 사방에서 공격을 받은 황제는 적의 수를 줄이기 위해 때로는 반달족, 또 때로는 프랑크족과 협정을 맺었다. 그 결과 야만족의 힘과 명성은 크게 높아졌지만,

제국의 권위와 권력은 추락하고 말았다.

오늘날 영국이라고 불리는 브리튼섬도 파멸에서 안전하지는 못했다. 프란차를 차지한 부족들을 두려워한 브리튼족은 황제가 어떻게 자신들을 지켜줄지 알지 못했기에 게르만족의 일파인 앵글족에게 도움을 요청했다. 앵글족은 왕 보르티게른활동 시기 425~450년경의 지휘 아래 그 제안을 받아들였다. 처음에 그들은 브리튼족을 지켜주었지만, 나중에는 브리튼족을 내쫓고 그 섬을 차지했으며, 그곳에 자신들의 이름을 붙여 앵글리아Anglia(잉글랜드)라고 불렀다.

조국을 빼앗긴 섬사람들브리튼족은 살 곳이 필요해 사나워졌고, 비록 자기 땅은 지키지 못했지만 다른 땅을 빼앗으면 되겠다고 생각했다. 그렇게 그들은 가족을 이끌고 바다를 건너 해변에서 가장 가까운 지역을 빼앗고, 그곳을 자신들의 이름을 따 브레타냐Bretagna(브르타뉴)라고 불렀다.

⟫⟫ 제3장 ⟪⟪

앞서 말했듯 판노니아를 점령한 훈족은 게피다이족·헤룰리족·튀링겐족 및 동고트족 ─ 그들 말로는 오스트로고티Ostrogoti ─ 등과 섞여 살다가 새로운 정착지를 찾아 떠났다. 다른 야만족서고트족이 지키던 갈리아로 들어가는데 실패한451년 카탈라우눔 전투 그들은, 왕 아틸라Attila, 재위 434~453년의 지휘하에 이탈리아로 내려왔다452년. 아틸라는 몇 년 전 혼자 통치하기 위해 형 블레다를 죽여445년 매우 강력해졌으며, 그로 인해 게피다이족 왕 아르다리크Ardaric, 재위 450~460년경와 동고트족 왕 발라미르Valamir, 재위 447~469년는 그의 권위에 복종할 수밖에 없었다.

이탈리아에 도착한 아틸라는 아퀼레이아를 포위하고, 아무런 방해 없이 2년 동안 머물렀다. 아퀼레이아를 포위 공격하는 내내 그는 주변의 모든 지역을 초토화하고, 주민들을 모두 내쫓았다. 나중에 얘기하겠지만, 이는 베네치아라는 도시가 탄생하는 계기가 되었다. 아퀼레이아를 비롯한 많은 도시를 약탈하고 파괴한 뒤, 아틸라는 로마로 방향을 돌렸다. 하지만 아틸라는 교황레오 1세, 재위 440~461년의 간청을 받아들여, 로마를 파괴하는 짓은 삼갔다452년. 교황에 대한 존경심이 매우 컸던 아틸라는 이탈리아를 떠나 판노니아로 철수했고, 그곳에서 아름다운 어린 신부 일디코와 결혼식을 치른 다음 날 아침, 원인 불명의 과다출혈로 죽었다453년.

아틸라가 죽고 난 후, 동고트족의 왕 발라미르는 다른 부족의 수장들과 함께 아틸라의 세 아들 엘라크Ellac, 뎅기지츠Dengizich, 에르나

〈아틸라의 죽음〉 페렌츠 파츠카Ferenc Paczka

크Ernak에 대항해 군대를 일으켰다. 발라미르는 세 아들 중 하나엘라크를 죽이고454년 네다오(Nedao) 전투, 다른 둘은 훈족과 함께 다뉴브강을 건너 원래 있던 땅으로 돌아가게 만들었다. 동고트족과 게피다이족은 판노니아에 정착했고, 헤룰리족과 튀링겐족은 다뉴브의 다른 강기슭에 자리를 잡았다.

아틸라가 이탈리아를 떠나자 서로마제국의 황제 발렌티니아누스 3세, 재위 425~455년는 서로마제국을 재건하기로 결심하고, 야만족으로부터 제국을 조금 더 쉽게 지킬 수 있도록 로마를 버리고 라벤나에 거처를 마련했다라벤나는 402년 호노리우스 황제에 의해 서로마제국의 수도가 됐으며, 제국이 멸망하는 476년까지 제국의 수도였다. 발렌티니아누스 3세는 아틸라를 피해 라벤나에서 로마로 궁정을 옮겼고, 455년 로마에서 페트로니우스 막시무스에게 암살당했다.

서로마제국이 겪은 이런 고난들은, 콘스탄티노플동로마제국의 황제테오도시우스 2세, 재위 408~450년가 자주 제국의 재산영토을 다른 부족들에게 양도하는 원인이 되었다. 이는 실로 위험천만하고 커다란 대가를 치르게 한 행위였다. 버림받았다고 생각한 로마 시민들이 빈번히 자신들을 지켜줄 새 황제를 당사자의 허락 없이 옹립하거나 혹은 힘 있는 누군가가 제국을 강탈하는 것을 묵인했기 때문이었다.

이 무렵 발렌티니아누스를 암살하고455년 3월 16일 제국을 장악한3월 17일 로마 귀족 페트로니우스 막시무스가 발렌티니아누스의 미망인인 리키니아 에우독시아에게 자신을 남편으로 맞이하라고 강요하는 일이 발생했다. 황실의 혈통테오도시우스 2세의 딸으로 일반 시민과 결혼하는 고통을 견딜 수 없었던 에우독시아는 복수를 위해, 반달족의 왕이자 아프리카의 주인인 가이세리크에게 이탈리아를 얻는 일이 얼마나 쉽고 또 얼마나 큰 이득이 되는지 하나하나 짚어가며 이탈리아로 오라고 강력히 권고했다.

차지할 전리품에 매료된 가이세리크는 재빨리 이탈리아로 와서 버려진 로마를 약탈하며 14일간 머물렀고, 다른 많은 이탈리아 도시 역시 점령해 약탈한 뒤, 전리품을 가득 챙겨 군대와 함께 아프리카로 돌아갔다455년 6월. 가이세리크가 로마를 떠난 후, 로마 시민들은 로마로 돌아와 가이세리크를 피해 도망가다가 성난 로마 군중에게 살해당한455년 5월 막시무스 대신, 원로원 의원 출신의 로마 귀족 에파르키우스 아비투스를 황제로 추대했다455년 7월.

이후 이탈리아 안팎에서 많은 일이 일어나고 더 많은 황제가 죽은 뒤, 콘스탄티노플 제국은 플라비우스 제노재위 474~491년에게, 그리고 서로마제국은 책략으로 제위를 찬탈한475년 10월 로마의 장군 오레스테스와 그의 아들 로물루스 아우구스툴루스서로마제국의 마지막 황제로 원래 이름은 로물루스 아우구스투스다. 아우구스툴루스는 '작은 아우구스투스'라는 뜻으로, 열 살의 어린 나이에 황제가 된 그를 조롱하는 별명이다에게 돌아갔다.

오레스테스와 아우구스툴루스가 어떻게 해야 찬탈한 제위를 유지할 수 있을까 궁리하는 동안, 아틸라가 죽은 후 다뉴브의 또 다른 강기슭에 정착했다고 앞서 말한 헤룰리족과 튀링겐족이 서로 동맹을 맺고 대장 오도아케르의 지휘 아래 이탈리아로 내려왔다475년. 그리고 그들이 비운 자리에는 고도구스Godogus 혹은 고도고(Godogo)라는 왕이 이끄는 그들처럼 북쪽 부족인 롬바르드족이 들어왔다. 뒤에서 살펴보겠지만 롬바르드족은 이탈리아로서는 마지막 역병이었다. 그건 그렇고 이탈리아로 들어온 오도아케르는 파비아 인근의 피아첸차에서 오레스테스를 무찔러 죽였으며476년 8월, 아우구스툴루스는 도망쳤다476년 9월 4일 라벤나에서 퇴위당한 아우구스툴루스는 오도아케르의 배려로 친척들과 함께 캄파니아로 가서 살았다. 그는 511년 이후에 죽은 것으로 전해진다.

이 승리 후 오도아케르는 정복한 국가의 이름을 바꿔 황제 칭호를 버리고, 대신 자신을 '로마 왕실은 이탈리아 왕(Rex Italiae)'으로 선포했다476년 9월. 오도아케르는 그 당시 세상을 떠들썩하게 만든 모든 부족의 수장 중에서 이탈리아에 정착해 산 최초의 인물이었다. 다른 부족의 수장들은 이탈리아가 동로마제국 황제들의 도움을 쉽게 받을 수 있어 계속 가질 수 없으리라는 두려움 때문인지, 아니면 다른 숨겨진 이유 때문인지 이탈리아를 약탈한 뒤에는 왕국을 세울 곳을 찾아 이탈리아 밖으로 나갔다.

ᎧᎦ 제4장 ᎧᎦ

그러므로 이 시기 옛 로마제국은 다음의 군주들이 지배하고 있었다. 콘스탄티노플을 통치하는 제노는 동로마제국 전체를 다스렸고, 동고트족은 모에시아혹은 모이시아와 판노니아의 주인이었으며, 서고트족과 수에비족과 알란족은 가스코뉴와 스페인을, 반달족은 아프리카를, 프랑크족과 부르군트족은 갈리아를, 헤룰리족과 튀링겐족은 이탈리아를 차지하고 있었다.

동고트족의 왕권은 발라미르의 조카인 테오도리쿠스에게 이어졌으며471년, 그는 동로마제국 황제 제노와 좋은 관계를 유지했다. 그러던 어느 날 테오도리쿠스가 제노에게 편지를 써 이렇게 말했다.

'주변의 어느 부족보다 우월한 자신들이 다른 부족들보다 오히려 더 열악한 처지에 있는 것은 너무 부당하다며 부족 전체가 불만이 가득합니다. 이런 상황에서 제가 이들을 계속 판노니아 경계 안에 붙잡아 두는 것은 솔직히 말해 현실적으로 불가능합니다. 따라서 저는 부득이 이들이 군대를 일으켜 새로운 도시를 찾아 떠나는 걸 허락할 수밖에 없습니다. 사정이 이러하니, 임박한 이 위험을 피하기 위해서라도 우리 부족이 머물러 살 조금 더 쾌적하고 안전한 땅을 황제께서 제게 미리 넘겨주시는 것이 어떻겠습니까?'

제노는 한편으로 동고트족이 두렵고, 다른 한편으로 오도아케르를 쫓아내려는 욕심에484년 동로마제국의 장군 플라비우스 일루스가 반란을 일으켜 오도아케르에게 도움을 청하자, 오도아케르는 제노의 가장 서쪽 속주를 공격한 적이 있다. 이 사건으로 제노는 오도아케르를 미워했다 테오도리쿠스가 오도아케르를 공격해 이탈리아를 손에 넣는 것을 승인했다488년.

테오도리쿠스는 친구인 게피다이족을 판노니아에 남겨두고 신속하게 이탈리아로 내려와489년 오도아케르와 그의 아들을 죽이고493년 5월 오도아케르처럼 '이탈리아의 왕'이라는 칭호를 사용했다재위 493~526년. 그는 라벤나를 왕국의 수도로 삼았는데, 이는 예전에 발렌티니아누스3세가 그랬던 것과 같은 이유였다.

테오도리쿠스는 전시는 물론 평시에도 탁월한 능력을 발휘한 군주였다. 그는 항상 전쟁에서 승리했으며, 평시에는 자신에게 복종하는 이들과 도시에 아주 큰 혜택을 베풀었기 때문이었다. 그는 동고트족을 이탈리아의 모든 도시에 골고루 배치하며, 전투가 생기면 그들을 지휘하고 평화로울 때는 그들에게 정의를 집행할 지도자를 함께 보냈다. 그는 라벤나를 확장하고, 로마를 재건했으며, 무기 휴대를 제외한 다른 모든 특권을 로마 시민들에게 허용했다. 그는 무력에 의존하지 않고 오직 자신의 권위만으로 이전에 종종 제국을 침범하던 야만족 군주들을 그들의 국경 안에 머물게 했으며, 이탈리아를 공격하고 싶어 할지 모를 새 침략자들의 이동을 막기 위해 알프스산맥에서 아드리아해의 북쪽 해안에 이르는 광대한 지역에 수많은 도시와 요새들을 건설했다.

만일 이 위대한 공적들이, 매우 고결한 인물인 심마쿠스Quintus Symmachus와 그의 사위인 보이티우스Anicius Boethius를 죽였을 때526년으로 추정처럼 왕국을 해치려는 음모를 꾸민다는 의심에서 비롯된 말년의 잔혹한 행위들로 손상되지 않았더라면, 그에 대한 기억은 모든 면에서 최고의 찬사를 받을 만했다. 그의 미덕과 자비 덕분에 로마와 이탈리아뿐만 아니라 서로마제국의 거의 모든 지역이 그토록 오랜 기간, 그렇게 많은 야만족의 침략으로 겪었던 부단한 고통에서 벗어나 질서와 평화를 회복하고 번영할 수 있었기 때문이었다.

❧ 제5장 ❧

야만족의 침략을 받은 이탈리아와 로마제국의 다른 속주들은 사실 매순간 비참했지만, 그래도 가장 비참했던 때는 아르카디우스와 호노리우스의 통치가 시작된 395년부터 테오도리쿠스가 왕위에 오른 493년까지였다. 외부의 적이 아닌 내부의 불화로 인해 군주나 통치자가 바뀌는 것이 왕국이나 공화국에 얼마나 큰 해악을 끼치는지 숙고하고, 또 그런 몇 가지 변화만으로 어떻게 가장 위대하고 강력한 국가가 완전히 파괴되는지 주의 깊게 고찰해 본 사람이라면, 이탈리아와 제국의 다른 속주들이 그 시기에 얼마나 끔찍한 고통을 겪었는지 쉽게 상상할 수 있다.

그 시기에는 정부나 군주뿐만 아니라 법과 관습, 생활양식과 종교, 언어와 의상, 심지어 이름까지도 바뀌었다. 이 모든 변화는 직접 이들을 보고 겪는 것은 말할 것도 없고, 이중 어느 하나를 그저 상상하는 것만으로도 정녕 굳세고 견실한 영혼마저 소스라치게 할 수 있을 것이다. 이런 변화 속에 많은 도시가 파괴되었으며, 다른 많은 도시가 탄생하고 커졌다.

파괴된 도시 중에는 아퀼레이아·루니·키우시·포폴로니아·피에졸레 외에 많은 도시가 있었고, 새로 건설된 도시 중에는 베네치아·시에나·페라라·라퀼라 외에 장황하게 서술하지 않기 위해 생략한 다른 많은 도시와 요새들이 있었다. 작았다가 커진 도시들로는 피렌체·제노바·피사·밀라노·나폴리·볼로냐 등이 있었으며, 이 밖에도 로마의 파괴와 재건이 있었고 로마처럼 운명의 변화에 따라 무너졌다 회복된 도시도 많았다.

이런 옛것의 파괴와 새로운 종족의 유입 속에서 오늘날 프랑스·스페인·이탈리아 등의 언어에서 볼 수 있듯이 새로운 단어들이 도입되고, 새 부족들의 모국어와 고대 로마어가 뒤섞여 새로운 말이 만들어졌다. 나아가 속주의 이름들뿐만 아니라 호수, 강, 바다 그리고 사람의 이름마저 바뀌었다. 그 결과, 언급된 나라들에서는 이전에 사용된 것과 전혀 다른 낯선 이름들이 넘쳐났다. 다른 많은 사례는 제쳐두고라도 포강, 가르다호, 토스카나제도리구리아해와 티레니아해의 열도 등이 옛날과 완전히 다른 이름을 갖게 됐고, 남자들은 이제 카이사르와 폼페이우스 대신 피에로나 조반니 혹은 마테오로 불리게 되었다.

그러나 그때 일어난 변화 중에서 가장 중요한 것은 종교의 변화였다. 각 종교의 신자들 사이에서 옛 신앙의 전통과 새 신앙의 기적 간의 대립으로 인해 심각한 논쟁과 갈등이 발생했기 때문이다. 만일 기독교가 통일되어 있었다면 혼란은 훨씬 더 적었을 것이다. 그렇지만 제국이 동서로 나뉘고 서로마제국의 수도가 라벤나로 옮겨지며 생긴 그리스정교회와 로마교회 그리고 라벤나 교회 간의 분열과 이보다 한층 더 심했던 이단 분파와 가톨릭 분파 사이의 싸움은 여러모로 세상을 불행하게 만들었다.

그 증거가 아프리카였다. 아프리카는 반달족의 타고난 탐욕이나 잔인함보다 반달족이 신봉한 아리우스파예수그리스도의 신성을 부정한 아리우스의 주장을 교의로 삼는 일파로 인해 훨씬 더 많은 고통을 겪었고, 사람들은 수많은 박해 속에서 심장을 가득 채운 공포를 두 눈에 아로새기며 살아갔다. 왜냐하면 반달족의 지배라는 감내하기 힘든 무한한 악 외에도, 그들은 가련한 이들이 믿고 의지하는 신의 품 안에서조차 안식을 구하지 못했기 때문이었다. 그렇게 그들은 어느 신을 의지할지 알지 못한 채 아무런 희망도 도움도 없이 비참하게 죽어갔다.

☙ 제6장 ❧

테오도리쿠스는 그 수많은 해악을 가라앉힌 첫번째 인물이었다는 점에서, 그리고 38년실은 493년에서 526년까지 33년 동안 통치하며 과거의 불행한 흔적을 찾아볼 수 없을 정도로 크게 이탈리아를 번영시켰다는 점에서 칭찬받아 마땅하다.

하지만 그가 죽자 왕국은 그의 딸 아말라순타가 낳은 아들 아탈라리크당시 10세에게 맡겨졌고, 심술궂은 운명의 여신은 아직 만족하지 못했는지, 이탈리아는 다시 과거처럼 혼란에 빠졌다. 할아버지가 죽은 지 얼마 되지 않아 아탈라리크도 알코올 중독으로 죽고534년, 왕국은 그의 어머니한테 맡겨졌지만, 그녀는 통치를 도와달라고 부른 테오도리쿠스 왕의 조카이자 자기 사촌인 테오다하드에게 배신당했다.

그러나 아말라순타를 죽이고 스스로 왕이 된535년 테오다하드는 동고트족의 미움을 샀고, 그러자 유스티니아누스 황제재위 527~565년는 테오다하드를 이탈리아 밖으로 쫓아낼 수도 있겠다고 생각했다. 유스티니아누스는 이 원정을 수행할 대장으로 이미 아프리카에서 반달족을 쫓아버리고533~534년, 이를 동로마제국에 복속시킨 벨리사리우스를 임명했다.

황제의 명을 받은 벨리사리우스는 먼저 시칠리아를 장악한 후535년, 그곳에서 이탈리아로 들어가 나폴리와 로마를 차례차례 빼앗았다536년. 동고트족은 이 재앙의 책임을 물어 테오다하드를 죽이고, 대신 아말라순타의 사위인 비티게스를 왕으로 추대했다536년. 비티게스는 많은 전투 끝에 라벤나 성에 갇혔다가 벨리사리우스에게 사로잡혔다540년 5월, 비티게스는 542년에 콘스탄티노플에서 죽었다.

그렇지만 벨리사리우스가 이 승리를 이용하기 전, 유스티니아누스는 벨리사리우스를 소환하고계속된 패배에 낙담한 동고트족은 벨리사리우스에게 그를 서쪽의 황제로 삼겠다고 제안했고, 벨리사리우스는 이 제안을 받아들일 생각이 없었지만, 라벤나 공성전을 하루빨리 끝내기 위해 이를 수락하는 척했다. 이런 사정을 알게 된 황제가 벨리사리우스를 의심해 그를 소환했다, 그 자리에 벨리사리우스보다 미덕이 훨씬 떨어지는 요한네스Johannes와 비탈리우스Vitalius를 보냈다.

이에 용기를 되찾은 동고트족은 베로나 총독 일디바드헬데바두스를 왕으로 선출했다540년. 승승장구하던 일디바드가 암살당한541년 5월[1] 후, 왕국은 에라리크Eraric를 거쳐 일디바드의 조카 토틸라본명 바두일라에게 이어졌다541년 10월. 그는 황제의 군대를 궤멸시키고 토스카나와 나폴리를 회복했으며, 한때 벨리사리우스가 탈환했던 거의 모든 지역에 자신의 총독을 앉혔다543년.

급변한 정세에 놀란 유스티니아누스는 벨리사리우스를 다시 이탈리아에 보내기로 결정했다544년. 하지만 적은 병력을 이끌고 이탈리아로 돌아온 벨리사리우스는 이전보다 더 큰 명성을 쌓기는커녕, 이탈리아에 처음 와서 세웠던 명성마저 잃고 말았다. 벨리사리우스가 군대를 이끌고 오스티아에 주둔해 있을 때, 토틸라가 그의 눈앞에서 로마를 약탈했기 때문이었다546년 12월. 로마를 넘겨줄 수도, 또 안전하게 가질 수도 없다는 것을 잘 알고 있던 토틸라는 그 대부분을 파괴하고 주민들을 도시 밖으로 내쫓은 뒤, 벨리사리우스는 안중에도 없다는 듯 사로잡은 원로원 의원들을 데리고, 그를 도우러 그리스에서 오는 지원군을 막기 위해 칼라브리아로 갔다.

로마가 버려진 것을 본 벨리사리우스는 예전 명성에 걸맞은 과업에 착수했다. 그는 폐허가 된 로마에 들어가 최대한 빨리 도시 성벽을 복구하고, 주민들을 지체 없이 불러들였다547년 봄. 그러나 운명의 여신은 이 훌륭한 과업의 편이 아니었다. 바로 그때 파르티아의 공격을 받은 유스티니아누스가 또다시 벨리사리우스를 소환했기 때문이었다. 그는 황제의 명을 받들어 이탈리아를 떠났고549년, 이 지역을 나중에 다시 로마를 차지한550년 토틸라의 재량에 맡길 수밖에 없었다. 다행히 토틸라는 처음 점령했을 때처럼 냉혹하게 로마를 다루지는 않았다. 아니, 당시 그 고결함으로 큰 존경을 받던 성 베네딕토의 간청으로 오히려 로마를 재건하는 일에 힘을 쏟았다성 베네딕토는 547년에 사망했으므로, 이 설명은 시기상 맞지 않다. 토틸라가 로마를 재건한 이유는 적의 공격으로부터 로마를 지키기 위해서였다.

그사이 유스티니아누스는 파르티아와 강화를 맺고 이탈리아를 구원할 군대를 다시 보내려 했으나, 다뉴브강을 건너와 일리리아와

트라키아를 침략한 북쪽의 새로운 부족인 슬라브족의 방해를 받았다. 그래서 토틸라는 아무런 방해도 없이 이탈리아 대부분 지역을 차지할 수 있었다. 하지만 슬라브족을 정벌한 유스티니아누스는 환관 나르세스를 군대와 함께 이탈리아로 보냈다551년.

전장에서 누구보다 뛰어난 인물인 나르세스는 이탈리아에 도착해 토틸라의 군대를 괴멸시키고 그를 죽였다552년 타지나에 전투. 이 패배에서 살아남은 동고트족의 패잔병들은 파비아로 달아나, 토틸라 휘하의 장군이던 테이아를 왕으로 뽑았다. 나르세스는 토틸라와의 싸움에서 승리한 후 로마에 입성했고, 뒤이어 노체라 인근에서 테이아와 싸워 군대를 괴멸시키고 그를 죽였다553년 몬스 락타리우스 전투. 나르세스의 이 승리로 동고트족의 이름은, 그들이 테오도리쿠스부터 테이아까지 70년간[2] 지배했던 이탈리아에서 완전히 사라졌다.

〈몬스 락타리우스 전투〉 알렉산더 지크Alexander Zick

～ 제7장 ～

이탈리아가 동고트족의 지배에서 벗어나자마자 유스티니아누스가 죽고565년, 그의 아들실은 조카 유스티누스 2세, 재위 565~578년가 그의 뒤를 이었다. 유스티누스는 아내 소피아의 충고에 따라 나르세스를 이탈리아에서 소환하고나르세스는 소환에 응하지 않고 나폴리로 갔다. 참고로, 소환된 568년 당시 그의 나이는 놀랍게도 90이었다, 후임으로 롱기누스를 파견했다568년.

롱기누스는 전임자들처럼 라벤나에 거처를 마련했지만, 그들과 달리 이탈리아에 새로운 정부 형태를 만들었다. 그는 동고트족이 했던 것처럼 고베르나토레governatóre(총독)를 지방에 임명하는 대신, 중요한 모든 도시에 그가 두카duca(공작)라고 부르는 관리들을 보냈다. 이런 배치에 있어 그는 다른 도시들보다 로마를 더 특별히 대우해 주지도 않았다. 그는 그때까지 로마에서 유지되던 집정관과 원로원을 폐지하고 로마를 매년 라벤나에서 파견하는 두카의 관리하에 두었으며, '일 두카토 로마노Il Ducato Romano(로마 공국)'라는 새 이름을 로마에 주었다. 한편 라벤나에 머물며 이탈리아 전체를 다스리는 황제의 대리인, 즉 자신에게는 에자르카esarca(총독)라는 직함을 부여했다.

이런 권력의 분할은 이탈리아의 붕괴를 더 쉽게 만들었고, 롬바르드족에게 이탈리아를 점령할 기회를 더 빨리 제공했다.

～ 제8장 ～

자신의 미덕과 피로 구원한 로마의 통치권을 박탈당한 나르세스는 유스티누스 황제와, 특히 자신을 소환한 것에 그치지 않고, 빨리 돌아와 다른 환관들처럼 양털을 돌려 실을 뽑으라는 경멸에 찬 말을 서슴지 않는 황후에 대한 분노로 가득했다. 그래서 그는 이 모욕에 복수하기 위해 그 무렵 판노니아를 통치하던 롬바르드족의 왕 알보인Alboin에게 이탈리아로 내려와 이를 점령하라고 설득했다. 알보인은 나르세스가 동고트족과 싸울 때 그를 도와 우정을 쌓았었다.

이미 말했듯 롬바르드족은 오도아케르를 따라 이탈리아로 들어간 헤룰리족과 튀링겐족이 버리고 간 다뉴브강 유역을 차지하고 있었다. 롬바르드족은 한동안 그곳에 머물렀는데 사납고 용맹한 알보인이 왕위에 오르자, 다뉴브강을 건너 판노니아를 다스리던 게피다이족의 왕 쿠니문드와 싸워 그를 죽였다567. 전리품 중에서 쿠니문드의 딸 로사문드를 발견한 알보인은 그녀를 아내로 삼고, 스스로 판노니아의 주인이 되었다. 알보인은 부족의 야만적인 풍습에 따라 쿠니문드의 해골로 잔을 만들어 자주 그 잔으로 전쟁의 승리를 기념하며 술을 마시곤 했다.

그러던 중 나르세스가 이탈리아로 내려오라고 제안하자 알보인은 앞서 말했듯 아틸라가 죽은 후 조상의 땅으로 되돌아간 훈족에게 판노니아를 맡기고 이탈리아로 내려왔다. 이탈리아로 들어온 알보인은 이탈리아가 수많은 작은 국가두카가 다스리는 공국로 분할된 모습을 보고는, 단숨에 파비아·밀라노·베로나·비첸차 그리고 토스카나 전역과 지금은 로마냐로 불리는 플라미니아 대부분을 점령했다568~572년.

아주 넓은 지역을 너무 빨리 획득한 그는 이미 이탈리아를 정복했다고 자만하며 베로나에서 성대한 축하연을 벌였다. 술을 많이 마셔 흥이 오른 알보인은 쿠니문드의 해골 잔에 포도주를 가득 채운 뒤, 이를 하인을 시켜 맞은편에서 식사하던 여왕 로사문드한테 건네며, 오늘같이 좋은 날에는 아버지와 함께 술을 마시라고 그녀가 들을 수 있게 큰 소리로 말했다. 알보인의 그 잔혹한 농담은 날카로운 비수가 되어 로사문드의 가슴을 후벼 팠고, 복수심에 불탄 그녀는 남편을 죽이기로 마음먹었다.

〈로사문드에게 아버지의 해골 잔에 든 술을 강권하는 알보인〉 피에트로 델라 베키아Pietro della Vecchia

젊고 대담한 귀족 헬미키스Helmichis가 자기 하녀를 사랑한다는 것을 안 로사문드는 그가 여왕을 하녀로 착각하도록 몰래 일을 꾸몄다. 하녀와 약속한 대로 밤에 그녀의 방을 찾아간 헬미키스는 여왕을 하녀로 믿고 안았다. 그러자 로사문드는 그 즉시 자신이 누구인지 밝히며 왕을 죽이고 그 보상으로 자신과 왕국을 차지하든가, 아니면 여왕을 범한 죄로 왕에게 죽임을 당하든가 결정하라고 그를 협박했다.

헬미키스는 알보인을 죽이는 것을 선택했다. 하지만 알보인을 죽인 후572년 6월, 그들은 자신들이 왕국을 장악할 수 없다는 것을, 아니, 알보인을 사랑하는 롬바르드족에게 도리어 죽임을 당할 위기에 처했다는 사실을 깨닫고는 왕실의 보물을 전부 챙겨 라벤나의 롱기누스에게 달아났다. 롱기누스는 그들을 극진히 맞이했다.

이런 일들이 벌어지는 동안 유스티누스 황제가 죽고578년, 그 자리를 티베리우스2세, 재위 578~582년가 이었다유스티누스 2세는 572년 이후 정신 이상 증세를 보였고, 574년 티베리우스를 양자이자 후계자로 삼은 후 일선에서 물러났다. 티베리우스는 파르티아와 싸우느라 이탈리아 일에 신경 쓸 여유가 없었다. 그래서 롱기누스는 지금이 바로 로사문드와 그녀의 보물을 이용해 자신이 롬바르드족과 이탈리아의 왕이 될 기회라고 생각했다.

롱기누스는 로사문드에게 자신의 계획을 설명하며, 헬미키스를 죽이고 자신을 남편으로 삼으라고 설득했다. 롱기누스의 제안을 받아들인 로사문드는 독이 든 포도주를 한 잔 준비해 목욕 후 목말라하는 헬미키스에게 직접 건넸다. 독이 든 포도주를 반쯤 마시고 속이 뒤집히는 것을 느낀 헬미키스는 그 원인을 의심하고, 포도주의 나머지 반을 로사문드에게 강제로 먹였다. 몇 시간 뒤 둘은 모두 죽었고572년, 왕이 되려던 롱기누스의 꿈도 날아가 버렸다.

한편 롬바르드족은 왕국의 수도로 삼은 파비아에 모여 클레프Cleph, 572년를 왕으로 추대했다. 그는 나르세스가 파괴했던 이몰라를 재건하고, 리미니에서 로마에 이르는 거의 모든 지역을 점령했다. 그러나 그는 계속되는 승리의 와중에 자신의 호위병에게 살해당했다574년. 클레프는 외부인뿐만 아니라 자기 부족도 매우 잔인하게 대했다. 따라서 왕권에 진저리를 친 롬바르드족은 더는 왕을 선출하지 않기로 하고, 대신 그들 중에서 부족을 다스릴 30명의 지도자두카(duca)를 뽑았다.

이 집단지도체제는 롬바르드족이 이탈리아 전체를 점령하지 못하고 결국 영토가 베네벤토 너머로 확장되지 못한 원인이었으며, 로마·라벤나·크레모나·만토바·파도바·몬셀리체·파르마·볼로냐·파엔차·포를리·체세나 등이 롬바르드족의 침략으로 오랫동안 고통을 당했으나 결코 점령당하지 않은 이유가 되었다. 왕이 없어 전쟁준비가 소홀해진 롬바르드족은 다시 클레프의 아들 아우타리Authari

를 왕으로 추대했지만584년, 한동안 자유롭게 살았던 탓에 예전보다 왕의 명령을 잘 따르지 않고 내부의 불화에 더 집중했기 때문이었다. 다시 말하지만 처음에 그들의 이탈리아 정복을 저지하고, 마지막에 그들을 이탈리아 밖으로 내쫓은 것은 다름아닌 이 집단지도체제였다.

롬바르드족의 내부 사정이 이러했으므로 롱기누스와 로마 시민들은 롬바르드족과 협정을 맺어 무기를 내려놓고, 각자 자신들이 소유한 것을 안심하고 즐길 수 있었다실은 이 시기(585~589년)의 라벤나 태수는 롱기누스가 아니라 스마라그두스(Smaragdus)였으며, 그는 임기 내내 롬바르드족과 싸웠다.

∾ 제9장 ∾

이 시기 교황들은 이전보다 더 큰 권위를 얻기 시작했다. 성 베드로의 초기 후계자들은 고결한 삶과 그들이 행한 기적으로 민중의 추앙을 받았고, 그들의 모범적 사례는 기독교를 크게 확장시키는 계기가 되었다. 따라서 군주들은 세상에 널리 퍼진 혼란을 일소하기 위해 기독교를 받아들이지 않을 수 없었다. 게다가 황제콘스탄티누스 1세, 재위 306~337년가 기독교도로 개종한312년 추정 후 로마를 떠나 콘스탄티노플로 가자330년, 그 결과 앞서 말했듯 서로마제국은 더 빨리 파멸의 길로 떨어졌고, 로마교회는 더 급속히 성장하게 되었다.

하지만 롬바르드족이 오기 전까지 이탈리아 전역은 황제 아니면 왕에게 종속되어 있었고, 당시의 교황들은 그들의 인품이나 가르침으로 인한 공경을 제외하면 다른 어떤 권위도 얻지 못했다. 다시 말해, 교황 역시 모든 세속적인 일에서는 황제나 왕에게 복종했으며,

황제나 왕은 그들을 때로는 성직자로 고용하고 때로는 이런저런 이유를 들어 죽이기도 했다.

그러나 동고트족의 왕 테오도리쿠스가 라벤나를 왕국의 수도로 삼으면서부터 확실히 교황은 이탈리아 정세에 더 큰 영향력을 행사하기 시작했다. 로마에는 더 이상 세속 군주가 남아 있지 않았기에, 로마 시민들은 안전을 위해 이전보다 더 엄격하게 교황에게 복종했기 때문이었다. 그렇지만 로마교회가 라벤나 교회보다 우위에 있다는 인정을 받았을 뿐, 이때까지만 해도 교황의 권위는 그리 크지 않았다.

하지만 롬바르드족이 내려와 이탈리아를 여러 지역으로 나누자, 교황들은 더 큰 힘을 발휘할 기회를 얻게 되었다. 이제 교황은 거의 로마의 수장이나 다름없었으므로 콘스탄티노플의 황제와 롬바르드족은 그를 존중했고, 로마 시민들은 교황을 통해 신민이 아닌 협력자로서 롱기누스와 롬바르드족을 만날 수 있었다. 그렇게 때로는 그리스동로마제국와, 또 때로는 롬바르드족과 우호적인 관계를 형성하며 교황은 계속해서 자신의 위엄을 높여 나갔다.

그러나 헤라클리우스혹은 이라클리오스 황제재위 610~641년 치세에서 일어난 동로마제국의 붕괴와 더불어 교황의 영향력은 다시 줄어들었다. 그 무렵 앞서 언급한 슬라브족이 다시 일리리아를 공격해 점령한 후, 자신들의 이름을 따서 '슬라보니아'라고 불렀다. 제국의 다른 지역은 처음에는 사산 왕조 페르시아에게, 그 뒤에는 이슬람의 예언자 마호메트의 지휘하에 아라비아에서 온 사라센인에게, 그리고 마지막에는 제국으로부터 시리아·아프리카·이집트 등을 빼앗은 튀르크족에게 공격당했다.

이와 같은 침략들로 동로마제국은 쇠약해지고, 롬바르드족의 세력이 이탈리아에서 날로 강성해지자 혹시 모를 억압을 피할 안식처가 더는 제국 안에 없다는 것을 깨달은 교황은, 다른 곳에서 도움을 구하기로 하고 프랑크족의 왕들에게 의지했다. 이때부터 이탈리아 안에서 야만족들이 벌인 전쟁은 거의 다 교황들이 일으켰고, 이탈리아를 황폐화시킨 야만족들은 대개 교황들이 불러들였다. 이런 교황의 행동 방식은 우리 시대에도 여전히 계속되고 있으며, 지금껏 이탈리아가 분열되어 무기력해진 이유도 바로 이 때문이다.

그러므로 앞으로 이 이후부터 우리 시대까지 발생한 사건들을 서술할 때는 더 이상 먼지 속으로 사라진 제국의 쇠퇴를 추적하지 않고, 대신 훗날 프랑스의 샤를 8세가 이탈리아로 내려오기1494년 전까지 이탈리아를 지배했던 교황들과 다른 국가들의 흥망성쇠에 집중할 것이다. 그러면 교황들이 처음에는 영적 비난파문으로, 그리고 나중에는 면죄부와 결합한 영적 비난과 군대로마교회군로 어떻게 무시무시한 동시에 존경받는 존재가 되었는지 이해할 수 있으며, 급기야 이 두 무기파문과 군대를 모두 잘못 사용함으로써 어떻게 종교적 권위를 잃고, 또 군대마저 전적으로 남들의 재량에 맡기는 신세가 되었는지 파악하게 될 것이다.

᠃᠃᠃ 제10장 ᠃᠃᠃

원래의 순서로 돌아가자. 교황의 지위는 그레고리오 3세재위 731~741년[1]에게 이어지고, 롬바르드족의 왕위는 아이스툴프재위 749~756년한테 계승됐다. 그런데 아이스툴프가 이전의 왕들이 체결한 협정을 깨고 라벤나를 빼앗은 뒤750년, 교황자카리아, 재위 741~752년과 전쟁을 벌였다. 그러자 앞서 말한 침략들로 쇠약해진 콘스탄티노플의 황제콘스탄티노스 5세에게 더 이상 도움을 기대할 수 없었던 교황은 너무 자주 약속을 어기는 롬바르드족을 신뢰할 수도 없어서 프랑크 왕국카롤링거 왕조의 피핀 2세사실은 피핀 2세의 손자인 피핀 3세에게 의지했다.

아우스트라시아Austrasia, '동쪽의 땅'이란 뜻으로 메로빙거 왕조의 북동쪽을 일컫는 옛 지명와 브라반트Branbant, 오늘날 벨기에의 중북부에서 네덜란드의 남부에 해당하는 지역의 주인인 피핀3세은 자신의 공이 아닌 할아버지 피핀2세과 아버지 샤를 마르텔망치라는 뜻의 공적 덕분에 프랑크 왕국의 왕이 되었다751년. 프랑크 왕국메로빙거 왕조의 궁재Majordomus, 최고 궁정직(宮廷職)였던 샤를 마르텔은 루아르강 주변의 투르에서 20만 명이 넘는 사라센인우마이야 왕조의 군대을 도륙하며 그들에게 치욕스러운 패배를 안겼고732년 투르 푸아티에 전투, 그 후 아들인 피핀3세은 이런 아버지의 공덕과 명성에 자신의 뛰어난 자질을 더해 왕이 되었기 때문이었다.

앞서 얘기했듯 이런 피핀3세에게 교황스테파노 2세, 재위 752~757년이 도움을 요청했다. 피핀은 교황을 돕겠다고 약속했지만, 먼저 교황을 직접 만나 경의를 표하고 싶다고 말했다. 그래서 할 수 없이 교황은 알프스를 넘어 프랑스로 갔는데753년, 생각과 달리 그 당시 롬바르드족의 신앙심은 대단히 높아서 적인 롬바르드족의 영토를 아무런 방해도 받지 않고 통과했다. 프랑스에 도착한 교황은 피핀의 극진한 대접을 받은 뒤, 그와 함께 이탈리아로 돌아와 파비아의 롬바르드족을 포위했다.

수세에 몰린 아이스툴프는 화평을 청했고, 그의 죽음이 아니라 개종을 바란 교황의 중재로 프랑크족은 아이스툴프의 요청을 받아 주었다. 이 평화 조약에 따라 아이스툴프는 자신이 점령한 로마교회의 모든 도시를 교황에게 돌려주겠다고 약속했다755년.

그렇지만 피핀이 군대를 이끌고 프랑스로 돌아가자, 아이스툴프는 약속을 지키지 않았고, 교황은 다시 피핀에게 도움을 구했다. 피핀은 다시 이탈리아로 군대를 보내 롬바르드족을 정벌하고 라벤나를 탈환한 뒤, 그리스 황제콘스탄티노스 5세의 바람과는 반대로 라벤나를 포함해 그리스 황제의 직할지였던 다른 모든 도시를 교황에게 바치고, 덤으로 우르비노와 마르케까지 얹어주었다756년.

이 도시들의 양도가 다 끝나기 전에 아이스툴프가 사냥 중에 사고로 죽고756년 12월, 야심 많은 토스카나 공작 데시데리우스가 롬바르드 왕국을 차지하기 위해 군사를 일으켰다. 그가 우정을 약속하며 교황에게 도움을 요청하자, 교황은 그가 롬바르드족의 왕이 되는 것을 허락했고, 다른 군주들도 이를 승인했다757년 3월. 처음에 데시데리우스는 약속을 잘 지켰고, 피핀과 맺은 조약에 명시된 모든 도시를 교황에게 양도했다. 이때부터 어떤 에자르카Esarca(총독)도 콘스탄티노플에서 라벤나로 오지 않았고, 라벤나는 교황의 뜻에 따라 다스려졌다.

ꙮꙮ 제11장 ꙮꙮ

피핀3세이 죽은 후768년, 아들인 샤를재위 768~814년이 왕위를 계승했다. 샤를은 그가 이룬 위대한 업적들 때문에 샤를마뉴 대제라고 불렸다. 한편 몇 명의 교황을 거쳐 테오도로 1세실제로 이 시기의 교황은 하드리아노 1세, 재위 772년~795년가 교황의 지위에 올랐다. 이 교황은 데시데리우스와 사이가 나빠졌고, 로마에서 데시데리우스에게 포위당했다773년. 그러자 교황은 샤를한테 도움을 청했고, 샤를은 알프스산 맥을 넘어와 파비아를 포위하고 데시데리우스와 아들들을 붙잡아 프랑스로 보냈다774년. 그러고 나서 샤를은 로마에 있는 교황을 방문해 교황은 신의 대리인이므로 감히 인간이 심판할 수 없다고 선언했고, 교황과 로마 시민들은 한목소리로 샤를을 황제로 추대했다샤를이 신성로마제국 황제의 대관식을 거행한 것은 800년으로, 이때 교황은 레오 3세였다.

이렇게 해서 로마는 다시 서쪽에 황제를 갖게 되었다. 하지만 그 때까지 교황이 황제의 승인을 받는 것이 관례였다면, 그 뒤로는 황제가 그 자리에 앉기 위해 교황에게 의존해야 했다. 그리하여 제국은 명성을 잃기 시작했고 로마교회는 명성을 획득했으며, 이를 수단으로 교회는 세속 군주들에 대한 권한을 지속적으로 증가시켰다.

롬바르드족은 이탈리아에서 232년 동안이나 살아서 이름만 외국인이었다이탈리아인이나 마찬가지였다. 그래서 샤를은 교황 레오 3세재위 795~816년 시절 이탈리아를 재정비하며, 롬바르드족에게 그들이 태어

〈샤를마뉴의 황제 대관식〉 프리드리히 카울바흐Friedrich Kaulbach

나고 자란 곳에서 사는 것을, 또 그 지역을 그들의 이름을 따 롬바르디아라고 부르는 것을 허용했다. 그러나 샤를은 롬바르드족이 로마라는 이름에 대하여 외경심을 갖도록, 이전에 라벤나 총독의 직할지였던 롬바르디아 인근의 모든 이탈리아 지역을 로마냐로 부르기를 원했다. 이 밖에도 샤를은 셋째 아들인 피핀피피노 디탈리아(Pipino d'Italia), 당시 4세을 이탈리아 왕으로 삼았다재위 781~810년. 피핀의 지배권은 베네벤토까지 미쳤고, 나머지 지역은 샤를과 협정을 맺은 그리스동로마제국 황제가 차지했다.

이 무렵 파스칼 1세재위 817~824년가 교황의 지위에 올랐다. 로마교회의 성직자들은 교황과 더 가까웠고 보통 교황 선출에 참석했으므로 멋진 칭호로 위엄을 뽐내기 위해 스스로 카르디날레Cardinale(추기경)라고 부르기 시작했다. 특히 교황 선출에서 로마 시민들을 배제시킨1059년 후에는 자신들에게 매우 큰 권한을 부여해, 그들 집단 밖에서 교황이 선출되는 경우는 아주 드물었다. 파스칼 1세가 죽자, 성聖 사비나 교구의 추기경 에우제니오 사벨리Eugenio Savelli가 교황 에우제니오 2세재위 824~827년로 선출되었다.

이탈리아는 프랑크족의 수중에 떨어진 이후 형태와 질서에 변화가 생겼다. 교황은 세속적인 일에서 더 많은 권한을 획득했으며, 이전에 롱기누스가 공작이라는 칭호를 들여왔던 것처럼 프랑크족은 백작과 후작이라는 칭호를 이탈리아에 가져왔다. 몇몇 교황 이후, 교황의 지위는 오스포르코Osporco라고 불리던 로마인한테 이어졌다. 오스포르코란 이름이 싫었던 그는 교황으로 선출된 직후 이름을 세르지오이때 교황은 세르지오 3세, 재위 904~911년로 바꿨고, 그때부터 교황들은 원래 쓰던 이름을 바꾸기 시작했다[1].

그사이 샤를마뉴 대제가 죽고, 막내아들인 루이루트비히 1세가 황제가 되었다814년, 위로 세 형이 모두 죽었다. 루이가 죽은840년 후 아들들 간에 치열한 싸움이 일어났고, 그의 손자 대에 이르러 제국은 프랑스 왕조에서 독일 왕조로 넘어갔다. 최초의 독일인 황제는 아르눌프 폰 케른텐재위 896~899년이라고 불렸다.

샤를의 후손들은 내분으로 제국을 잃었을 뿐만 아니라 이탈리아의 주권마저 잃었다. 롬바르드족이 다시 세력을 규합해 교황과 로마를 공격하자, 누구에게 도움을 청해야 할지 모르던 교황스테파노 5세, 재위 885~891년이 할 수 없이 프리울리 공작 베렝가르혹은 베렝가리오 1세를 이탈리아 왕으로 임명했기 때문이었다888년 초. 이런 변화들은 판노니아에 정착해 있던 훈족을 자극해 이탈리아를 공격하게 만들었다. 하지만 베렝가르와 맞붙은 훈족은 판노니아, 아니, 그들의 이름을 딴 헝가리로 다시 돌아갈 수밖에 없었다.

이 시기 그리스의 실세 황제는 로마노스1세, 재위 920~944년였다. 콘스탄티노스7세, 재위 913~959년의 군사령관이던 그는 920년 사위인 열다섯 살의 콘스탄티노스와 공동 황제가 된 뒤, 콘스탄티노스에게서 제국의 실권을 빼앗았다. 앞서 말했듯 동로마제국에 속해 있던 이탈리아 반도의 풀리아와 칼라브리아가 이런 그의 불안정한 권위를 이용해 반란을 일으켰다.

그 반란에 격노한 로마노스는 파티마 왕조의 사라센인이 그 지방으로 들어가게 그냥 내버려 두었다. 그러자 그들은 손쉽게 그곳을 차지한 후 로마로 진격해 이를 포위 공격했다. 그러나 로마 시민들은 훈족과 싸우느라 정신이 없던 베렝가르1세 대신, 토스카나 공작실은 스폴레토 공작 알베리코1세를 대장으로 삼아 사라센인을 막고 로마를 구했다915년 가릴리아노 전투. 포위를 풀고 떠난 사라센인은 가르가노 산에 요새를 짓고, 풀리아와 칼라브리아를 지배하며 이탈리아의 나머지 지역을 괴롭혔다[1].

그렇게 그 당시 이탈리아는 알프스산맥 쪽에서는 훈족과 계속 전쟁 중이었고, 나폴리 방면에서는 사라센인의 끊임없는 공격을 받으며 극심한 고초를 치렀다. 이탈리아는 연속으로 군주가 된 3명의 베렝가르실은 베렝가르 1세와 그의 외손자 베렝가르 2세로 2명이다 치하에서 오랫동안 이런 재난을 겪었다. 이 기간 내내 교황들과 로마교회는 계속 불안에 떨었으며, 서쪽 군주들 간의 분열과 동쪽 군주들의 무능으로 의지할 곳을 찾지 못했다. 이때 제노바市와 그 모든 연안이 파티마 왕조의 사라센인에 의해 파괴되고, 이 때문에 고향에서 쫓겨난 많은 이가 피난처로 택한 피사가 크게 융성했다. 이 일은 그리스도력 931년실은 934년 6월과 935년 8월에 일어났다.

그러다 하인리히1세와 성녀 마틸다의 아들이자, 신중한 성격과 용기로 유명한 작센 공작 오토1세가 황제실은 동프랑크의 왕의 자리에 오르자, 교황 아가피토2세, 재위 946~955년는 그에게 베렝가르2세[2]의 압제에서 이탈리아를 구해 달라고 호소했다951년.

꽈ꔹ 제13장 ꕸꕷ

이 무렵 이탈리아는 다음과 같이 다스려지고 있었다. 롬바르디아는 베렝가르 3세실은 2세와 아들 아달베르토2세에게 속했고, 토스카나와 로마냐는 서쪽 황제신성로마제국 황제의 장관이 통치했으며, 풀리

아와 칼라브리아의 일부는 그리스비잔틴제국 황제에게, 또 다른 일부
는 사라센인에게 복종했다.

로마에서는 매년 두 명의 집정관이 귀족들 사이에서 선출되어
옛 관습에 따라 도시를 다스렸고, 그 외에 시민에게 법을 집행하는
프레페토Prefètto(지사) 한 명과 로마에 종속된 도시들을 다스릴 레토
리Rettóri(지방장관들)를 매년 임명하는 '12인회12명으로 구성된 위원회'가 있었다.
교황은 로마와 이탈리아 전역에서 황제나 그 지역의 유력자에게서 얻
은 호의의 크기에 따라 그 권위가 때로는 커지고 또 때로는 작아졌다.

이런 시기에 오토 황제가 이탈리아로 와서 55년[1] 동안 롬바르디
아를 지배한 베렝가르들로부터 그 왕국을 빼앗고, 교황요한 12세, 재위
955~964년의 위엄을 회복시켜 주었다오토 1세는 961년 12월 파비아를 점령하고 베렝
가르 2세의 폐위를 선언한 후, 로마로 와서 962년 2월에 신성로마제국의 황제로서 대관식을 치렀으
며, 963년 산 레오에서 마침내 베렝가르 2세의 항복을 받아냈다. 오토의 제국은 그와 이
름이 같은 아들과 손자가 차례대로 계승했다.

오토 3세재위 996~1002년 시대에 교황 그레고리오 5세재위 996~999년
가 로마 시민들에 의해 로마에서 쫓겨나자996년, 오토 3세가 이탈리
아로 들어와 그레고리오최초의 독일인 교황으로 오토 3세의 사촌를 다시 로마
로 복귀시켰다998년. 교황은 로마 시민들에게 복수하기 위해 그들의
황제 선출권을 박탈하고, 이를 독일의 여섯 군주, 즉 마인츠 · 트리
어 · 쾰른의 세 주교와 브란덴부르크 · 팔츠 · 작센의 세 군주에게 넘
겨주었다독일 귀족이 독일 왕을 선출한 것은 오토 1세 때부터였다. 이 일은 1002년[2]에
발생했다.

오토 3세가 죽은 후 이 여섯 군주는 바이에른 공작 하인리히2세를
황제실은 독일 왕로 추대했고1002년, 12년 후 교황 스테파노 8세사실 베네
딕토 8세, 재위 1012~1024년는 그에게 황제의 관을 씌워 주었다1014년. 하인

리히와 아내 시메온다실은 룩셈부르크의 쿠니군데(Cunigunde)는 그들이 세우고 제공한 많은 교회에서 알 수 있듯, 매우 경건한 삶을 살았다하인리히 2세와 그의 아내 쿠니군데는 훗날 모두 기독교의 성인으로 시성되었다. 그들이 세운 교회 중 하나가 피렌체 인근에 있는 산 미니아토 성당이다.

하인리히가 아들 없이 1024년에 죽자 슈바벤의 콘라트2세가 뒤를 이었으며, 그 뒤는 콘라트의 장남인 하인리히 2세실은 3세가 승계했다. 이 황제가 로마로 왔다. 그때 로마교회는 3명의 교황실베스테르 3세, 베네딕토 9세, 그레고리오 6세으로 분열되어 있었기 때문에 그는 그들 모두를 폐위하고 독일 출신의 클레멘스 2세재위 1046~1047년를 새 교황으로 선출했으며, 클레멘스 2세는 그에게 황제의 면류관을 씌워 주었다1046년.

ᕫᕬᕫ 제14장 ᕬᕫᕬ

그 뒤 이탈리아는 어떤 곳은 시민들에 의해, 다른 곳은 군주들에 의해, 그리고 또 다른 곳은 황제가 파견한 관리들에 의해 통치되었다. 황제가 보낸 관리들 가운데 지위가 가장 높아서 모두가 그 명령을 따르는 이를 '칸첼라리오Cancellario(장관)'라고 불렀다.

군주들 가운데 가장 강력한 인물은 하로렌 공작 고드프루아Godfrey 4세, 1076년 사망와 아내 마틸다 백작부인[1]이었다. 마틸다는 하인리히 2세실은 3세의 사촌누이인 베아트리체의 딸이었다. 그녀와 남편은 루카·파르마·레조·만토바 그리고 오늘날 성 베드로의 파트리모니오Patrimonio di San Pietro(교황령)라고 알려진 지역 전체를 소유하고 있었다.

이 당시 교황들은 로마 시민들의 야심 때문에 항상 괴로워했다. 처음에 그들은 황제의 지배에서 벗어나기 위해 교황의 권위를 이용했다. 하지만 도시의 지배권을 차지하고 자신들의 의도대로 도시를 재편하자, 곧바로 교황의 적이 되었다. 교황들은 다른 어떤 기독교 군주들보다 로마 시민들의 손에서 더 큰 모욕을 견뎌야 했다. 교황의 불신임파문으로 서쪽 세계 전체가 벌벌 떨 때도, 로마 시민들은 폭동을 일으켰다. 교황과 로마 시민들은 오직 상대의 명성과 권한을 빼앗으려는 생각뿐이었다.

그래서 그 무렵 교황의 자리에 오른 니콜라오 2세재위 1058~1061년는 그레고리오 5세가 로마 시민들의 황제선출권을 박탈했던 것처럼 그들의 교황선출권을 배제하고 그 특권을 추기경에 한정했다1059년 라테라노 교회 회의. 니콜라오는 이것으로 만족하지 않았다. 그 후 니콜라오는 뒤에 이야기할 방법으로제16장 로베르 기스카르 참조 칼라브리아와 풀리아를 지배하는 군주들의 지지를 확보한 뒤, 로마 시민들이 로마에 종속된 도시들을 다스리기 위해 파견한 모든 관리를 위협해 교회에 복종하도록 만들었으며, 그중 몇몇은 그 직위를 박탈해 버렸기 때문이었다.

출처 : Wikipedia

〈성 베드로 대성당에 있는 마틸다 백작부인의 무덤〉
잔 로렌초 베르니니Gian Lorenzo Bernini

～ 제15장 ～

니콜라오 사후, 교회에 분열이 생겼다. 롬바르디아의 성직자들이 로마에서 선출된 알렉산데르 2세재위 1061~1073년를 인정하지 않고, 파르마의 주교인 카달로Pietro Cadalo를 대립 교황호노리우스 2세, 재위 1061~1072년으로 선출했기 때문이었다. 교황의 권위를 증오했던 황제 하인리히4세 역시 알렉산데르 2세에게 교황직을 단념하라고 종용하는1061~1064년[1] 한편 추기경들에게는 독일로 와서 새 교황을 선출하라고 촉구했다하인리히 4세가 1076년 1월 두 명의 대주교와 24명의 독일 주교 등을 보름스 (Worms)에 소집한 이유는 알렉산데르 2세가 아니라, 알렉산데르 2세의 뒤를 이은 그레고리오 7세를 폐위하기 위해서였다.

그 결과 하인리히는 교황의 영적인 무기가 얼마나 강력한지 통감한 최초의 군주가 되었다. 교황그레고리오 7세, 재위 1073~1085년이 로마에서 종교회의를 열어 하인리히의 왕관과 왕국을 빼앗았기 때문이었다1476년 2월, 보름스 종교회의에 맞서 그레고리오 7세는 하인리히 4세를 성직 매매죄로 파문하고, 제국의 봉신들은 더 이상 하인리히에게 충성할 필요가 없다고 공표했다.

어떤 이탈리아인은 교황을, 다른 이탈리아인은 하인리히를 따랐다. 이 대립이 구엘프Guelph(교황파)와 기벨린Ghibellin(황제파)의 시작이었고, 이로 인해 이탈리아는 야만족의 침입이 사라진 뒤에도

출처 : Wikipedia

〈카노사의 하인리히〉
에두아르트 슈보이저Eduard Schwoiser

내전으로 갈기갈기 찢기게 되었다. 아무튼 파문당한 하인리히는 그의 신민들에 의해 강제로 이탈리아로 내려와 교황 앞에 맨발로 엎드린 채 용서를 구했다. 이 일카노사의 굴욕은 1080년실은 1077년에 일어났다.

그러나 그 직후 교황과 하인리히 사이에 고위 성직자의 임명을 둘러싸고 새로운 불화가 생겼다. 그러자 교황은 다시 하인리히를 파문했고1080년, 황제는 그의 아들인 하인리히5세를 군대와 함께 로마로 보냈다. 황제의 군대는 교황을 증오하는 로마 시민들의 도움에 힘입어 로마를 점령하고 교황의 요새산탄젤로성를 포위 공격했다1084년 3월[2].

그때 칼라브리아 공작 로베르 기스카르이탈리아명 로베르토 일 구이스카르도(Il Guiscardo)가 교황을 구하기 위해 풀리아에서 달려왔다. 하인리히 부자는 그를 기다리지 않고 독일로 돌아갔으나, 로마 시민들은 고집을 꺾지 않고 저항을 선택했다. 그렇지만 로베르는 손쉽게 도시를 함락해 약탈하고, 수많은 교황이 오랫동안 애써 복구했던 로마를 또다시 폐허로 만들어 버렸다. 이로 인해 로마 시민들의 원성을 사게 된 그레고리오 7세는 로마를 떠날 수밖에 없었다1084년 6월.

나폴리 왕국의 시작이 이 로베르 기스카르부터인만큼 그의 활동과 기원을 자세히 살펴보는 일도 나쁘지 않을 것 같다.

✨ 제16장 ✨

앞서 말한 것처럼 샤를마뉴의 후계자들 사이에 분열이 생기자, 노르만족이라는 북쪽의 새 부족에게 프랑스를 공격할 기회가 생겼다. 그들은 그 일부를 점령했고, 그곳은 오늘날 그들의 이름을 따

노르망디Normandie라고 불린다. 베렝가르들과 사라센인 그리고 훈족이 이탈리아를 횡행하던 시절, 이 부족의 일부가 이탈리아로 들어와 로마냐의 도시 몇 개를 차지한 후 계속되는 전쟁 속에서도 씩씩하게 자신들을 지켜냈다.

그 노르만족의 군주들 가운데 한 명인 탕크레디Tancredi d'Altavilla에게는 많은 아들이 있었는데, 그중에는 페라바크Ferabac(무쇠팔)라고 불린 굴리엘모Guglielmo, 1046년 사망와 기스카르Guiscard(영리한)라는 별명의 로베르도 있었다. 굴리엘모가 군주의 지위를 이었을 무렵, 이탈리아의 혼란은 어느 정도 가라앉았다.

하지만 사라센인이 시칠리아에 자리를 잡고, 거의 매일 이탈리아 해안을 습격했다. 그래서 굴리엘모는 시칠리아를 공격하기 위해 카푸아와 살레르노 군주들[1], 그리고 그리스 황제미하일 4세, 재위 1034~1041년를 대신해 풀리아와 칼라브리아를 다스리던 그리스 장군 요르요스 마니아케스Georgios Maniakes와 동맹을 맺고, 시칠리아를 정복하면 그 영토와 전리품을 1/4씩 똑같이 나눠 갖기로 약속했다. 원정은 성공해 그들은 시칠리아를 점령했고, 사라센인은 쫓겨났다.

그러나 이 승리 후 마니아케스는 몰래 그리스 병사들을 데려와 황제를 위해 섬 소유권을 빼앗고, 다른 이들에게는 단지 전리품만 나눠 주었다. 굴리엘모는 마니아케스의 배신에 몹시 분개했지만, 분노를 드러낼 더 좋은 때를 기다리며 카푸아와 살레르노의 군주들과 함께 시칠리아를 떠났다. 두 군주가 그와 헤어져 집으로 돌아가자, 굴리엘모는 로마냐로 돌아가는 대신 군대를 이끌고 풀리아로 진격했다. 그 뒤 그는 그리스군을 기습 공격해 멜피를 장악했으며, 여세를 몰아 짧은 시간 만에 그리스 황제콘스탄티노스 9세, 재위 1042~1055년의 군대를 몰아내고, 풀리아와 칼라브리아의 거의 전 지역을 차지했다.

니콜라오 2세재위 1058~1061년 시절, 그 지역의 군주는 굴리엘모의 동생인 로베르 기스카르였다. 그곳의 상속과 관련해 조카들[2]과 다툼이 많았던 로베르는 이를 해결하기 위해 교황에게 중재를 요청했고, 교황은 기꺼이 로베르에게 호의를 베풀었다. 로베르를 자기편으로 끌어들여 독일 황제의 오만과 로마 시민들의 심술로부터 자신을 지켜줄 수호자로 만들고 싶었기 때문이었다. 그렇게 해서 앞서 말한 그레고리오 7세의 사례처럼 로베르는 하인리히 부자를 로마에서 내쫓고 로마 시민들을 굴복시킨 것이다.

로베르의 뒤는 아들인 루제로Ruggero Borsa와 굴리엘모실은 구이도 달타빌라(Guido d'Altavilla)가 이었다. 그들 국가에는 나폴리市 외에 나폴리와 로마 사이의 모든 도시가 더해졌고, 이후 루제로는 시칠리아의 주인이 되었다. 하지만 굴리엘모는 황제알렉시오스 1세, 재위 1081~1118년의 딸

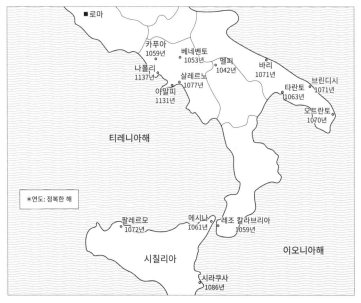

노르만족의 남부 이탈리아와 시칠리아 정복

과 결혼하기 위해 콘스탄티노플로 가는 도중, 루제로의 공격을 받고 나라를 빼앗겼다.

이 정복으로 우쭐해진 루제로는 처음에 스스로 이탈리아 왕을 칭했으나, 나중에는 '풀리아와 시칠리아 왕'이라는 칭호에 만족했다. 그는 군주의 혈통과 민족에 생긴 많은 변화에도 불구하고 지금까지 옛 경계를 유지하는 왕국을 세우고, 그 이름을 준 최초의 인물이었다시칠리아의 초대 왕은 루제로 보르사가 아니라, 로베르의 동생인 시칠리아 대백작 루제로 1세의 아들 루제로 2세 디 시칠리아(재위 1130~1154년)다.

그 왕국은 노르만족의 가계家系가 끊어지자 독일인들하인리히 6세~만프레디에게 넘어갔다가, 프랑스와 아라곤 왕가를 거쳐 지금은 플랑드르인들Fiamminghi이 차지하고 있다마키아벨리가 『피렌체사』를 쓰고 있던 시절 나폴리와 시칠리아 왕국의 왕은 페르난도 2세(Fernando el Católico)의 딸 조반나(Giovanna la Pazza)와 그녀의 아들인 신성로마제국 황제 카를 5세였다.

∽ 제17장 ⤢

우르바노 2세재위 1088~1099년가 교황의 지위에 올랐다. 그레고리오 7세의 충직한 친구이자 프랑스 출신으로 로마 시민들의 미움을 받던 그는 이탈리아에 만연한 분열특히 하인리히 4세와의 대립 때문에 로마에서는 자신의 안전을 장담할 수 없다고 생각하고, 성지 회복을 위한 숭고한 사업에 눈을 돌렸다.

그는 고위 성직자를 모두 데리고 프랑스로 가서 수많은 군중을 오베르뉴의 클레르몽에 모아 놓고, 이교도에 맞서 싸우자고 소리 높여 외쳤다1095년. 이 연설은 청중의 마음을 활활 불타오르게 했고,

〈클레르몽 광장에서 제1차 십자군 전쟁을 호소하는 교황 우르바노 2세〉
프란체스코 하예즈Francesco Hayez

그 결과 그들은 룸 셀주크의 사라센인에게서 아시아를 회복하는 전쟁을 벌이기로 결의했다.

이 원정은 이와 유사한 다른 모든 원정과 함께 나중에 십자군 전쟁으로 불렸다. 이 원정에 참여한 모든 이가 자기 무기와 의복에 빨간 십자가를 새겼기 때문이었다. 이 제1차 십자군 전쟁1096~1099년에 참여한 군주 중에는 불로뉴 백작들인 고드프루아 드 부용·외스타슈3세·보두앵1세, 훗날의 예루살렘 왕국 왕 등이 있었고, 이 밖에 지혜와 고결한 삶으로 유명한 은자隱者 피에르 레르미트프랑스 아미앵의 사제로 제1차 십자군 전쟁의 진정한 창시자라는 평가를 받기도 하지만, 쾰른과 마인츠 등지에서 자행된 유대인 학살에 참여했다는 오명도 남겼다도 있었다. 많은 군주와 공화국이 이 과업에 자금을 댔고, 많은 일반 시민들이 보수 없이 싸움에 나섰다. 당시의 종교는 그 수장들의 모범적 사례에 감동한 사람들의 영혼에 그토록 큰 영향을 미쳤다.

이 원정의 시작은 영광스러웠다. 모든 소아시아와 시리아 그리고 이집트 일부가 기독교도의 수중에 떨어졌으며1099년, 이 전쟁을 통해 예루살렘기사단예루살렘의 성 요한 구호기사단이 탄생했다. 그들은 지금도 여전히 로도스섬을 다스리며 홀로 이슬람교도의 세력을 막고 있다로도스섬은 오스만튀르크의 술레이만 1세에게 1522년 12월 22일 함락되었다. 성전聖殿기사단 역시 그 전쟁에서 태어났다. 하지만 그들은 사악한 관행비밀 입단식 때 비종교적이며 신을 모독하는 행위를 한다는 소문이 있었다 때문에 얼마 되지 않아 사라졌다1312년.

그 후 여러 시대를 거치며 예기치 못한 다양한 사건들이 뒤따랐고, 그 속에서 많은 국가와 특정 인물들이 유명해졌다. 프랑스 왕필리프 2세과 영국의 왕사자 왕 리처드 1세이 직접 이 전쟁제3차 십자군 전쟁, 1189~1192년에 참여했고, 피사·제노바·베네치아의 시민들이 그 전쟁에서 매우 큰 명성을 얻었다. 그들은 사라센인 살라딘아이유브 왕조의 창시자, 재위 1174~1193년이 나타날 때까지 시시각각 변화하는 운명과 싸웠다.

그러나 살라딘의 미덕지혜와 용기과 기독교도의 불화는 결국 그들이 처음에 이룩한 모든 영광을 앗아갔고, 90년1099~1187년 후 그들은 커다란 기쁨 속에 명예롭게 회복했던 예루살렘에서 쫓겨났다.

〈1187년 하틴 전투 후 살라딘과 기 드 뤼지냥Guy of Lusignan〉
사이드 타흐신Said Tahseen

제18장

우르바노가 죽고, 파스칼 2세재위 1099~1118년가 교황으로 선출됐으며, 아들 하인리히5세가 1105년 아버지 하인리히4세를 퇴위시키고 제국을 계승했다. 하인리히5세는 교황과 친한 척하며 로마로 와서 교황과 모든 추기경을 감옥에 가두고는 자기가 원하는 대로 독일교회를 처분할 권한을 받은 뒤에야 그들을 풀어 주었다1111년. 이 무렵 마틸다 백작부인이 69세를 일기로 세상을 떠났다1115년, 심장마비. 후사가 없던 그녀는 모든 영지와 재산을 로마교회에 기증했다.

파스칼과 하인리히5세, 1125년 사망 사후에 많은 교황과 황제가 그 뒤를 잇다가, 마침내 교황의 지위는 알렉산데르 3세재위 1159~1181년에게, 그리고 제국은 바르바로사붉은 수염라는 별명의 슈바벤 공작 프리드리히1세한테 이어졌다. 이 기간 내내 교황들은 로마 시민들이나 황제들과 심한 갈등을 빚었는데, 이런 갈등은 바르바로사 시기에 더욱 증가했다.

프리드리히는 전장에선 훌륭한 군인이었지만, 자존심이 아주 세서 교황에게 복종하는 것을 참지 못했다. 하지만 황제로 선출되자 로마로 와서 교황하드리아노 4세이 거행한1155년 황제의 대관식을 치르고 평화롭게 독일로 돌아갔다. 그러나 이 평화로운 분위기는 오래가지 못했다. 프리드리히가 자신을 따르지 않는 롬바르디아의 도시들을 정벌하기 위해 다시 이탈리아로 돌아왔으며1158년, 비슷한 시기 로마 태생인 산 클레멘테 추기경 오타비아노는 교황 알렉산데르와 관계를 끊고 몇몇 추기경들에 의해 대립 교황빅토르 4세, 재위 1159~1164년으로 추대되었기 때문이었다.

알렉산데르가 그 당시 크레마를 포위 공격하던 프리드리히 황제에게 대립 교황에 관해 불만을 제기하자, 프리드리히는 알렉산데르와 빅토르 모두 자신을 보러 오면 둘 중 누가 교황이 되어야 하는지 결정하겠다고 대답했다. 이 말에 화가 난 알렉산데르는, 프리드리히가 대립 교황에게 호의적이라고 판단해 프리드리히를 파문한1160년 후, 프랑스 왕 필리프실은 루이 7세에게 몸을 의탁했다1162년.

그사이 롬바르디아에서 전쟁을 계속하던 프리드리히는 밀라노를 점령해 파괴했으나1162년, 이 일로 베로나·파도바·비첸차가 그에 대항해 공동방어전선을 구축하게 되었다. 그러는 동안 대립 교황이 죽었다. 그러자 프리드리히는 그 자리에 구이도 다 크레마대립 교황 파스칼리스 3세, 재위 1164~1168년를 앉혔다.

이 시기 로마 시민들은 교황의 부재와 황제가 롬바르디아에서 맞닥뜨린 저항 덕분에 자신들의 권한을 어느 정도 되찾았고, 그래서 예전에 자신들이 지배했던 도시들의 복종을 회복하는 일에 열중했다. 그러던 중 자신들의 지배를 거부하는 투스쿨룸 주민들을 응징하기 위해 투스쿨룸으로 갔다가, 도리어 프리드리히의 도움을 받은 그들에게 크게 패했다1167년 5월 몬테 포르치오(Monte Porzio) 전투. 그 패배가 얼마나 심각했는지, 로마는 그 이후 결코 다시는 사람들로 붐비거나 강해지지 못했다.

한편 알렉산데르는 로마 시민들과 프리드리히 사이의 적대감 그리고 프리드리히가 롬바르디아에서 벌이는 전쟁 때문에 안전할 것으로 생각하고 이 무렵 로마로 돌아왔다1165년 11월. 그렇지만 프리드리히는 열 일 제쳐 놓고 서둘러 로마를 포위했다. 놀란 알렉산데르는 황급히 로마를 떠나서, 루제로실은 루제로 2세의 아들 굴리엘모 1세가 죽은 뒤 풀리아 왕국즉 시칠리아 왕국을 이어받은 굴리엘모 2세에게로 피신했다. 하지만 프리드리히 역시 역병에 쫓겨 포위를 풀고 독일로 돌아가지 않을 수 없었다1167년.

프리드리히에 대항해 동맹을 맺은 롬바르디아 도시들은 황제를 편든 파비아와 토르토나를 공격하기 위해 전쟁에 필요한 요새를 건설하고, 그 도시의 이름을 한편으로는 교황 알렉산데르를 기리고, 다른 한편으로는 프리드리히를 조롱하며 '알레산드리아'라고 불렀다1168년. 같은 해 대립 교황 구이도가 죽고, 그 자리에 조반니 다 페르모실은 스트루마가 선출되었다대립 교황 칼리스투스 3세, 재위 1168~1178년. 그는 황제파의 지원으로 몬테피아스코네에 거처를 마련했다.

⤳꙳ 제19장 ꙳⤳

1167년, 두 번째로 로마를 떠나 여러 도시를 전전하던 교황 알렉산데르는 교황의 권위로 로마 시민들로부터 자신들을 지켜달라는 투스쿨룸 주민들의 요청을 받고 그곳으로 갔다. 교황이 그곳에 머물 때 영국 왕 헨리2세가 보낸 사자들이 교황을 찾아와 비록 그들의 왕이 캔터베리 대주교 성 토머스 베켓의 죽음1170년과 관련해 공공연히 비난받고 있지만, 사실 왕은 대주교의 죽음과 아무 관련이 없다고 말했다. 이를 들은 교황 알렉산데르는 두 명의 추기경을 영국으로 보내 사건의 진상을 알아보라고 명령했다.

두 명의 추기경은 왕이 유죄라는 명백한 증거를 발견하지는 못했다. 그렇지만 그 범죄의 사악함과 대주교를 제대로 예우하지 않은 잘못을 이유로, 왕국의 모든 영주를 불러 그들 앞에서 결백을 맹세하는 서약을 하라고 판결했다. 그들은 또한 왕에게 즉시 200명의 중무장 기병에게 1년 치 봉급을 미리 준 후 예루살렘으로 보내고, 3년이 지나기 전에 소집할 수 있는 가장 강한 군대를 이끌고 직접 그곳으로 가라고 요구했다. 이외에도 그들은 교회의 자유에 반하는 왕의 모든 조치를 폐기하고, 왕의 신민은 누구나 그가 원하면 로마교회에 탄원할 수 있다는 점에 동의하라고 요구했다. 헨리는 이런 요구들을 전부 순순히 받아들였다. 그렇게 이 위대한 왕은 지금이라면 일반 시민도 따르기 부끄러워했을 판결에 복종했다.

그러나 저 멀리 떨어진 군주들에게는 엄청난 권위를 발휘한 교황도, 자신의 로마 신민들은 결코 복종시키지 못했다. 심지어 오직 교회 문제에만 힘쓰겠다고 약속했지만, 교황은 끝내 로마에서 사는 것이 허락되지 않았다. 이처럼 위험해 보이는 것은 가까이 있을 때보다 멀리 떨어져 있을 때 훨씬 더 무서운 법이다.

1174년, 프리드리히가 다시 이탈리아로 내려와 교황에 대한 적대 행위를 재개할 준비를 했다. 하지만 프리드리히의 모든 성직자와 영주들이 로마교회와 화목하게 지내지 않으면 그를 버리겠다고 위협했다.게다가 프리드리히는 1175년 알레산드리아 공성전과 1176년 레냐노 전투에서 롬바르디아 동맹에 연이어 패했다. 그 결과 그는 베네치아에 머물던 교황에게 가서 경의를 표할 수밖에 없었고, 마침내 교황과 황제 사이에 평화 조약이 체결됐다1177년. 이 협정으로 교황은 로마에 대한 황제의 모든 권한을 박탈하고, 시칠리아와 풀리아의 왕 굴리엘모2세를 자신의 조언자이자 동지로 지명했다1177년.

전쟁 없이는 살 수 없던 프리드리히는 예수 그리스도의 대리자를 상대로 충족할 수 없었던 야심을 이슬람교도에게 분출하기 위해 아시아에서 벌어지는 전쟁제3차 십자군 전쟁, 1189~1192년에 출전했다. 그렇지만 키드누스Cydnus, 현재의 타르수스(Tarsus) 또는 베르단(Berdan)강에 도착한 프리드리히는 그 강의 투명함에 매료되어 무심코 강에서 몸을 씻다가 그만 물에 빠져 죽었다1190년, 키드누스가 아니라 살레프(Saleph)강이라는 설이 지배적이다.

그러므로 교황의 파문이 기독교도를 위해 행했던 것보다 그 강이 이슬람교도를 위해 행한 호의가 훨씬 더 컸다. 파문은 프리드리히의 오만을 잠깐 억눌렀을 뿐이지만, 그 강은 그의 오만을 영원히 잠재웠기 때문이다.

๑๛ 제20장 ๛

프리드리히가 죽자 교황클레멘스 3세, 재위 1187~1191년에게 남은 일은 복종을 거부하는 로마 시민들을 제압하는 것이었다. 교황과 로마 시민들은 집정관 선출에 관한 많은 논쟁 끝에, 관례에 따라 로마 시민은 집정관을 선출할 수 있지만 선출된 집정관은 먼저 로마교회에 충성을 맹세해야 그 직무를 수행할 수 있다는 합의가 이루어졌다. 이 합의로 대립 교황 요한이 몬테 알바노로 달아났다가 얼마 뒤에 죽었다교회의 공식적인 기록에 따르면, 1179년 9월부터 1180년 1월까지 재위한 대립 교황 인노첸시우스 3세와 1328년 5월부터 1330년 7월까지 재위한 대립 교황 니콜로(Niccolò) 5세 사이에 다른 대립 교황은 없었다.

이 무렵 나폴리 왕 굴리엘모2세가 사생아인 탕크레디Tancredi di Sicilia[1] 외에 다른 아들을 남기지 않고 죽자1189년, 교황은 나폴리 왕국을 장악할 계획을 세웠다. 굴리엘모의 영주들은 이런 교황의 뜻에 따르지 않고, 오히려 탕크레디가 왕이 되기를 원했다. 그때 교황은 첼레스티노 3세재위 1191~1198년였다.

탕크레디에게서 왕국을 빼앗고 싶었던 교황은 프리드리히의 아들 하인리히6세를 황제로 추대하기로 하고1191년, 그가 로마교회에 속했던 도시들을 반환한다면 그에게 나폴리 왕국시칠리아 왕국을 주겠다고 약속했다. 그리고 이 일을 더 쉽게 만들기 위해 이미 나이가 든 굴리엘모의 딸 코스탄차Costanza d'Altavilla를 수녀원에서 데리고 나와 하인리히에게 아내로 주었다[2]. 그렇게 해서 나폴리 왕국은 그 왕국을 세운 노르만족에서 게르만족으로 넘어가게 되었다.

독일 내부가 안정되자 황제 하인리히는 아내 코스탄차1세와 프리드리히라는 네 살짜리 아들프리드리히 2세는 1194년 12월 26일생이므로, 아직 태어나기 전이었다과 함께 이탈리아로 와서, 루제로3세, 실은 굴리엘모 3세로 당시 아홉 살이었으며, 시칠리아를 통치한 노르만족의 마지막 왕이다. 루제로 3세는 탕크레디의 장남으로 아버지와 공동 왕이었으나, 1193년 12월에 죽었다라고 불리는 어린 아들만을 남긴 채, 이미 죽고1194년 2월 없는 탕크레디를 대신해 큰 어려움 없이 나폴리 왕국을 차지했다1194년 12월.

하인리히는 얼마 후 시칠리아에서 병말라리아로 추정으로 죽고1197년 그의 왕국나폴리 왕국은 아들인 프리드리히2세가, 그리고 제국신성로마제국은 교황 인노첸시오 3세재위 1198~1216년의 지지를 받아 황제가 된 작센 공작 오토4세가 계승했다1209년. 하지만 모두의 예상과 달리 오토는 황제의 관을 쓰자마자, 교황의 적이 되어 로마냐를 점령하고 나폴리 침공을 준비했다. 그러자 교황은 오토를 파문했고1210년, 그 결과 모든 이가 그를 버렸으며 선제후들은 나폴리 왕국의 프리드리히를 황제실은 독일 왕로 선출했다1211년.

프리드리히는 대관식을 위해 로마로 왔지만, 그의 세력이 커지는 것을 시기한 교황은 그에게 황제의 관을 씌워 주기를 꺼렸고, 오토처럼 프리드리히를 이탈리아 밖으로 내쫓을 궁리를 했다. 프리드리히는 매우 격노해 독일로 돌아갔고, 오토를 상대로 다시 전쟁을 벌여 승리했다.실제로 오토 4세를 끝장낸 인물은 1214년 부빈 전투에서 그를 격파한 프랑스의 필리프 2세였다. 이 전투에서 부상을 입은 오토 4세는 4년 후에 병사했다.

그러는 사이 인노첸시오가 죽었다. 다른 주목할 만한 업적들 외에도, 그는 로마에 산토 스피리토 병원을 세웠다. 그의 뒤는 호노리오 3세재위 1216~1227년가 이었다. 호노리오가 재위하던 1218년, 성 도미니크 수도회와 성 프란치스코 수도회가 생겼다.실은 성 프란치스코 수도회가 1209년, 성 도미니크 수도회가 1216년에 생겼다. 이 교황은 프리드리히에게 신성로마제국 황제의 관을 씌워 주었다.1220년.

프리드리히는 예루살렘 왕 보두앵1세의 후손으로, 기독교도들의 남은 세력과 함께 아시아에 살며 아직 그 칭호를 쓰고 있던 장 드 브리엔의 장녀 욜란데Yolande, 예루살렘 여왕 이사벨라 2세를 아내로 맞이했다1225. 장 드 브리엔은 딸의 지참금에 예루살렘 왕의 칭호를 포함시켰고, 그래서 이때부터 나폴리 왕국의 왕은 자신을 예루살렘의 왕으로도 칭하게 되었다.

∾ 제21장 ⥌

그 무렵 이탈리아는 다음과 같이 다스려졌다. 로마 시민들은 더 이상 집정관을 뽑지 않고, 대신 이와 동일한 권한을 갖는 한 명 혹은 여러 명의 원로원 의원을 그때그때 뽑았다. 프리드리히 바르바로사에 대항하기 위해 롬바르디아 도시들이 결성한 동맹은 계속 유지되었다. 그 동맹에는 밀라노·브레시아·만토바·베로나·비첸차·파도바·트레비소 그리고 로마냐 지역의 대다수 도시가 참여했다. 황제를 지지하는 도시들로는 크레모나·베르가모·파르마·레조넬 에밀리아·모데나·트렌토 등이 있었다. 롬바르디아·로마냐 그리고 마르카 트레비자나Marca Trevigiana, 트레비소 주변 지역의 다른 도시들과 요새 도시들은 필요에 따라 때로는 어느 한쪽을, 또 때로는 다른 한쪽을 편들었다.

오토 3세실은 프리드리히 1세, 1190년 사망 시절, 이탈리아에 에첼리노 다 로마노1세, 1183년경 사망라는 인물이 나타났다. 그는 이탈리아에 정착해 자기와 같은 이름의 아들 에첼리노 2세을 낳았고, 그 아들은 다시 또 다른 에첼리노3세를 낳았다. 부유하고 강력했던 이 마지막 에첼리노3세는 앞서 말했듯 교황그레고리오 9세, 재위 1227~1241년의 적이 된 프리드리히 2세프리드리히 1세의 손자의 편을 들었다그레고리오 9세는 프리드리히 2세를

프리드리히 1세와 2세 시절의 롬바르디아 동맹 vs 황제파 도시들

1227년과 1239년 두 번에 걸쳐 파문했다.

이탈리아로 들어온 프리드리히는 에첼리노의 도움을 받아 베로나와 만토바를 빼앗고 비첸차를 파괴했으며, 파도바를 장악한 뒤 롬바르디아 동맹 도시들의 군대를 격퇴했다1237년 코르테누오바 전투. 그후 프리드리히는 토스카나로 향했다. 한편 에첼리노는 마르카 트레비자나 전역을 정복했다. 하지만 아초7세 데스테 휘하의 롬바르디아 교황군이 지키는 페라라는 빼앗지 못했다. 그래서 교황은 포위가 풀리자 아초 데스테에게 페라라를 세습영지로 주었고, 지금도 그곳 영주는 그의 후손이다.

프리드리히는 토스카나의 주인이 되기를 바라며 한동안 피사에 머물렀다1239년. 그는 그 지역을 친구와 적으로 나눔으로써 전 이탈리아를 파멸로 이끈 분열의 씨앗을 뿌렸다. 그 후로 각각 구엘프와 기벨린이라고 불리는 교황파와 황제파가 급격히 증가했기 때문이었다. 이 명칭들은 피스토이아에서 처음으로 시작되었다. 피사를 떠난1240년 프리드리히가 다양한 방법으로 로마교회의 도시들을 공격해 초토화시키자, 이교도들에 대한 성전을 선포했던 전임 교황들처럼 교황은 마지막 수단으로 그에 대한 성전을 선포했다.

프리드리히는 프리드리히 바르바로사나 다른 전임자들이 당한 것처럼 신하들한테 갑자기 버림받지 않기 위해 많은 사라센인을 고용했다. 그는 그들을 자신과 더 강하게 결속시키고, 이탈리아 안에 교황의 저주에 흔들리지 않고 로마교회에 맞설 강력한 방어벽을 구축할 목적으로 그들에게 나폴리 왕국의 루체라를 주었으며1224년, 자신들만의 안식처를 갖게 된 그들은 그를 더 잘 섬기게 되었다.

인노첸시오 4세재위 1243~1254년가 교황의 지위에 올랐다. 프리드리히를 두려워한 그는 제노바로 갔다가, 거기서 다시 프랑스로 가서 리옹 공의회를 소집했다1245년. 리옹 공의회에서 인노첸시오 4세는 프리드리히 2세를 파문했으며, 독일의 군주들에게 새 왕을 선출하라고 권고했다. 프리드리히는 공의회에 참석하려 했으나, 파르마에서 일어난 반란으로 그러지 못했다1247년. 파르마 전투에서 참패한1248년 프리드리히는 토스카나로 갔다가 다시 시칠리아로 갔고, 그곳에서 이질에 걸려 죽었다1250년. 그는 아들 콘라트4세를 슈바벤에, 자신이 베네벤토 공작으로 세운 사생아 만프레디 디 시칠리아Manfredi di Sicilia를 풀리아에 남겼다.

콘라트는 나폴리 왕국을 차지하기 위해 이탈리아로 내려왔지만, 나폴리에 도착해 말라리아로 죽었다1254년. 그는 어린 아들 콘라딘콘라트 5세을 남겼는데, 그때 콘라딘은 독일에 있었다. 그러자 만프레디는 나폴리 왕국을 장악하고, 처음에는 콘라딘의 섭정이 되었다가 나중에 콘라딘이 죽었다는 소문을 퍼뜨려 스스로 왕이 되었다1258년. 교황 알렉산데르 4세, 재위 1254~1261년과 나폴리 시민들은 만프레디의 왕위 등극을 원하지 않았지만, 만프레디는 창칼로 그들의 동의를 받아냈다.

이런 일들이 나폴리 왕국에서 벌어지는 동안, 롬바르디아는 구엘프와 기벨린의 불화로 계속 갈기갈기 찢어졌다. 구엘프의 지도자는 교황 특사였고, 기벨린의 수장은 포강 너머의 롬바르디아를 거의 전부 차지한 에첼리노였다. 전쟁 중에 파도바가 반란을 일으키자, 그는 1만 2,000명의 파도바 시민들을 학살했다[1]. 하지만 그 역시 전쟁이 끝나기 전에 카사노Cassano 전투에서 패한 뒤, 손치노 성에서 죽었다1259년. 그때 그의 나이 팔십실은 65세이었다. 그가 죽은 후 그가 지배했던 모든 도시는 자유를 얻었다.

　나폴리의 왕 만프레디는 선조들처럼 로마교회에 대한 적의를 계속 불태우며, 교황 우르바노 4세재위 1261~1264년를 끊임없는 불안 속에 빠뜨렸다. 그래서 교황은 그를 제압할 목적으로 성전을 선포하고 페루자로 가서 군대가 집결하기를 기다렸다. 그렇지만 예정보다 늦게 온 군사의 수가 매우 적고 또 약해 보이자, 만프레디를 꺾기 위해서는 더 확실한 지원이 필요하다고 판단해 프랑스에 도움을 청했다우르바노 4세는 프랑스인이었다. 대신 교황은 그 대가로 프랑스 왕 루이9세의 동생인 앙주의 샤를1세, 혹은 카를로 1세을 시칠리아와 나폴리의 왕으로 임명하고나폴리와 시칠리아 왕국은 명목상 로마교회의 영토였다, 하루빨리 이탈리아로 내려와 왕국을 인수하라고 재촉했다.

　그러나 샤를이 로마에 도착하기 전에 우르바노 4세가 죽고, 프랑스 출신의 클레멘스 4세재위 1265~1268년가 그 자리에 앉았다. 클레멘스 4세 시절 샤를은 직접 갤리선 30척을 이끌고 오스티아로 왔으며, 나머지 부하들에게는 육로를 이용해 합류하라고 명령했다1265년. 샤를이 로마에 머무는 동안 로마 시민들은 그와 결속을 다지기 위해 그를 원로원 의원으로 선출했고, 교황은 매년 5만 플로린의 키네아Chinèa, 나폴리 왕이 교황의 봉신으로서 로마교회 바치는 일종의 지대(地代)를 로마교회에 바치는 조건으로 샤를에게 나폴리 왕국을 주었다. 또한, 교황은 앞으로는 샤를을 비롯해 나폴리 왕국의 왕이 되는 그 누구도 신성로마제국의 황제가 될 수 없다는 칙서를 발표했다.

　만프레디를 향해 진격한 샤를은 베네벤토 인근에서 적군을 괴멸시키고 그를 죽인 뒤, 시칠리아와 나폴리 왕국의 왕이 되었다1266년. 그러나 아버지 콘라트의 유언에 따르면 당연히 이 왕국을 소유했어야 할 콘라딘이 독일에서 많은 군사를 모은 후 이탈리아로 내려와 샤를과 대치했다. 콘라딘은 탈리아코초에서 샤를과 크게 싸웠으나 패하고, 신분을 숨긴 채 달아났다가 사로잡혀 죽임을 당했다1268년, 당시 16세.

ᨠᨠᨠ 제23장 ᨠᨠᨠ

하드리아노 5세실은 그레고리오 10세, 재위 1271~1276년가 교황의 지위를 계승할 때까지 이탈리아는 한동안 조용했다. 하지만 샤를이 로마에 머물며 원로원 의원의 자격으로 로마를 다스리자, 이를 견딜 수 없었던 교황은 비테르보에서 지내며 합스부르크가의 루돌프1세 황제재위 1273~1291년, 프리드리히 2세가 죽은 지 23년 만에 샤를 1세를 견제하기 위해 교황 그레고리오 10세가 임명한 신성로마제국 황제다. 다만, 교황이 주관하는 대관식을 치르지는 못해 공식 직함은 독일 왕이다에게 이탈리아로 와서 샤를을 처리해 달라고 간곡히 부탁했다.

그렇게 교황들은 때로는 종교를 위해, 또 때로는 자신들의 야심을 위해 새로운 이방인들을 이탈리아로 끌어들여 새로운 전쟁을 일으키는 짓을 결코 그만두지 못했다. 교황들은 어떤 군주든 그를 강력하게 만든 뒤에는 곧 이를 후회하고 그의 파멸을 추구했으며, 자신들이 약해서 계속 보유할 수 없는 지역을 다른 이들이 소유하는 것을 참지 못했다. 반면 군주들은 교황을 두려워했다. 우정의 탈을 쓴 황제들의 거짓 책략에 속아 넘어간 보니파시오 8세재위 1294~1303년, 제1권 제25장 참조나 그 밖의 몇몇 교황을 제외하면, 싸우든 도망가든 항상 교황이 이겼기 때문이었다.

그건 그렇고, 루돌프는 보헤미아 왕 오토카르Ottokar 2세와의 전쟁 때문에 이탈리아로 오지 못했다.

그러는 동안그레고리오 10세와 인노첸시오 5세 그리고 하드리아노5세가 죽고, 요한 21세재위 1276~1277년를 거쳐 오르시니 가문의 니콜라오 3세재위 1277~1280년가 교황이 되었다. 그는 대담하고 야심 찬 인물로, 어떻게 든 샤를의 힘을 약하게 만들 생각만 했다.

이런 니콜라오의 부추김을 받은 루돌프 황제는, 만프레디를 죽이고 토스카나의 구엘프교황파를 회복시킨 샤를이 구엘프를 회복시킨 것으로 만족하지 않고, 그들에게 호의적인 총독을 계속 토스카나에 두고 있다며 샤를을 비난했다. 황제의 비난에 굴복한 샤를이 총독을 철수시키자, 교황은 조카인 라티노 말라브랑카Latino Malabranca 추기경을 제국의 총독으로 토스카나에 보냈다. 황제는 교황이 해준 영예토스카나를 제국의 영토로 선포해 준 일에 대한 보답으로 전임 황제들이 로마교회에서 빼앗은 로마냐를 교황에게 돌려주었고1278년, 교황은 또다른 조카인 베르톨도 오르시니를 로마냐 공작으로 임명했다.

니콜라오는 이제 자신이 샤를에 맞설 만큼 충분히 강해졌다고 생각하고, 샤를의 원로원 의원직을 박탈했으며, 앞으로 왕실 혈통은 로마의 원로원 의원이 될 수 없다는 법령을 선포했다1278년. 또한, 샤를에게서 시칠리아를 가로챌 마음을 품고, 이를 위해 아라곤의 왕 페드로3세, 만프레디의 장녀인 코스탄차 2세의 남편와 몰래 계획을 세웠다. 그 계획은 나중에 니콜라오의 후임자마르티노 4세 시대에 결실을 보았다.

이 밖에도 교황은 자신의 가문에서 두 명의 군주, 즉 롬바르디아와 토스카나의 왕을 만들 계획을 꾸몄다. 그들의 힘이라면 이탈리아로 들어오려는 독일이나, 이미 나폴리 왕국에 자리 잡은 프랑스로부터 로마교회를 지켜낼 수 있을 것으로 믿었다. 그러나 그는 이런 꿈을 꾸다가 교황으로 선출된 지 3년이 채 못 되어 뇌졸중으로 죽고 말았다. 그는 개인적인 야심을 공개적으로 드러내고, 교회를 위대하게 만든다는 미명하에 대놓고 자신의 가문에 명예와 이익추기경의 지위나 영토 등을 부여한 최초의 교황이었다.

니콜라오 이전까지는 결코 교황의 조카나 친척들이 언급되지 않았지만, 이제부터 역사는 그들의 이름으로 가득 찰 것이고 우리는 심지어 교황의 아들과도 만나게 될 것이다. 교황들이 자신들의 영광과 이익을 위해 하지 않은 일은 없다. 우리 시대에 이르러서도 교황들식스토 4세와 알렉산데르 6세은 자신의 아들에게 군주의 자리를 마련해 줄 계획을 세웠다. 앞으로 그들은 그들의 아들에게 교황의 지위를 세습해 줄 계획을 꾸밀지도 모른다.

지금까지 교황들이 세운 공국의 수명이 짧았던 것은 사실이다. 교황은 대개 재위 기간이 짧았고, 그로 인해 나무를 제대로 심지 못했거나 설령 심어도 뿌리가 거의 없는 허약한 나무만을 심었기에, 그 나무는 자신을 지탱해 주는 버팀목이 사라지고 나면 첫 돌풍만 불어도 맥없이 쓰러졌기 때문이다.

✻✻✻ 제24장 ✺✺

프랑스 출신으로 샤를에게 우호적인 마르티노 4세재위 1281~1285년가 니콜라오 3세의 뒤를 이었다. 로마냐가 마르티노에게 반란을 일으키자, 샤를은 교황의 부탁을 받고 군대를 보냈다. 하지만 프랑스군이 포를리市 앞에 진을 치고 있는 동안, 점성가인 구이도 보나티가 포를리 시민들에게 자신이 신호를 보내면 그때 프랑스군을 공격하라고 조언했다. 그 결과 프랑스군 전체가 사로잡히거나 죽임을 당했다1282년 5월.

이 무렵, 교황 니콜라오와 아라곤 왕 페드로 사이에 세워진 계획이 실행되어 시칠리아인들이 그 섬에 살던 프랑스인들을 전부 죽였다시칠리아 만종 사건, 1282년 3월 30일 부활절에 시칠리아섬에서 앙주의 샤를 1세를 상대로 일어난 반란이다. 이 반란에서 시작된 전쟁으로 샤를 1세는 시칠리아섬을 잃었다. 페드로는 만프레디의 딸이자 자신의 아내인 코스탄차2세를 내세워 시칠리아의 소유권을 주장하며 스스로 시칠리아의 왕이 되었다.

시칠리아를 수복하기 위한 전쟁을 준비하다가 샤를이 죽고1285년 1월, 그의 뒤는 이전 전쟁1284년 6월, 시칠리아 함대와의 나폴리만 해전 중에 시칠리아의 포로가 된 아들 샤를 2세 당주d'Anjou, 혹은 카를로 2세 디 나폴리가 계승했다. 샤를 2세는 자유를 얻기 위해 만일 3년 안에 시칠리아 왕국을 아라곤 왕실에 준다는 교황의 동의를 얻어내지 못하면앞에서 설명했듯, 나폴리와 시칠리아 왕국은 명목상 로마교회가 그 주인이었다, 돌아와서 다시 포로가 되겠다고 약속했다실제로 샤를 2세가 자유의 몸이 된 것은 1288년이 되어서였다.

〈시칠리아 만종 사건〉 프란체스코 하예즈Francesco Hayez

출처 : Wikipedia

⁓⁂ 제25장 ⁂⁓

직접 이탈리아로 내려와 제국의 명성을 되찾는 대신, 루돌프 황제는 배상금을 내는 모든 도시에 자유를 줄 권한을 가진 특사를 이탈리아로 파견했다. 그러자 많은 도시가 배상금을 내고 자유를 산 후 정부 형태를 바꿨다.

작센실은 나사우 백작 아돌프재위 1292~1298년가 제국을 계승했고, 피에트로 다 모로네Pietro da Morrone가 교황이 되었다1294년 7월 5일. 그는 교황 첼레스티노5세라고 불렸다. 그는 외딴곳에 혼자 살던 수도자로 성인聖人과 같은 삶을 살았기 때문에 6개월 후1294년 12월 13일 스스로 교황의 지위에서 물러났다1. 그의 뒤를 이어 보니파시오 8세재위 1294~1303년가 교황으로 선출되었다.

언젠가 프랑스인과 독일인이 모두 이탈리아를 떠나고 이탈리아가 온전히 이탈리아인의 손에 맡겨질 때가 반드시 올 것이라고 예견한 저 운명의 여신은, 외국의 괴롭힘에서 벗어난 교황이 자기의 권력을 강화하거나 마음껏 누릴 수 없도록 로마에 매우 강력한 두 가문, 즉 콜론나 가문과 오르시니 가문을 일으켜 세워 그들이 가까이에서 계속 교황의 힘을 견제하게 했다.

이런 위험을 감지한 교황 보니파시오는 콜론나 가문을 제거하기로 마음먹고, 그들을 파문하는 데 그치지 않고 그들을 상대로 성전까지 선포했다1297. 이런 조치들은 확실히 콜론나 가문에 큰 타격을 입혔지만, 로마교회가 받은 타격에는 훨씬 못 미쳤다. 왜냐하면 우리의 고결한 신앙을 위해 정의롭게 사용되던 칼이 교황 자신의 야심을 위해 같은 기독교도를 향하자, 그 날카로움을 잃어버렸기 때문이었다. 결국 권력욕을 채우려는 교황의 과도한 열망이 도리어 교황을 점차 무장 해제시켰다.

아무튼 보니파시오가 콜론나 가문 출신의 두 추기경야코포와 그의 조카 피에트로의 지위를 박탈하고 파문하자1297년, 가문의 수장인 스키아라 는 보니파시오를 피해 변장을 하고 달아나다가 그의 신분을 모르던 카탈루냐 해적들에게 사로잡혀 노를 젓게 되었다. 나중에 마르세유 에서 신분이 밝혀진 그는, 보니파시오에게 파문당하고 왕권을 박탈 당한1303년 4월과 8월 프랑스 왕 필리프4세한테 보내졌다.

필리프는 교황과 공개적으로 전쟁을 벌인 이들이 모두 패배자로 끝나거나, 아니면 큰 위험에 빠졌다는 것을 알고 있었기에 계략을 쓰기로 했다. 그는 교황과 화해를 원하는 척하며 스키아라 콜론나를 비밀리에 이탈리아로 보냈다. 스키아라는 교황이 머물던 아나니Anagni 에 도착한 후 동료들을 모아 밤에 교황을 사로 잡았다1303년 9월. 비록 교 황은 며칠 뒤 아나니 시 민들에 의해 구조됐지 만, 그 모욕으로 인한 상 심 때문에 얼마 후 실성 해 죽었다1303년 10월.

〈보니파시오 8세의 뺨을 때리는 스키아라 콜론나〉
알퐁스 드 뉘빌레Alphonse de Neuville

᠂᠆᠊ 제26장 ᠊᠆᠂

로마교회에서 1300년을 '주빌레오Giubileo, 죽은 자와 산 자의 죄를 모두 사면
해 주는 전대사(全大赦)가 실시되는 해로, 희년(禧年) 또는 성년(聖年)이라고 한다'로 선포하고,
100년마다 이를 기념하라고 정한 교황은 보니파시오였다. 이 시기
에 구엘프와 기벨린의 불화로 수많은 충돌이 일어났다. 황제들이
이탈리아를 떠나있었기에 많은 도시가 자유로워졌지만, 반면 폭군
에게 장악된 도시도 많았다.

교황 베네딕토 11세재위 1303~1304년는 콜론나 가문의 추기경들한테
추기경의 모자를 돌려주고베네딕토 11세는 그들의 파문을 철회했으나, 지위를 복권해
주지는 않았다. 그들을 추기경에 재임명한 교황은 클레멘스 5세였다, 프랑스 왕 필리프4세
의 파문을 철회했다. 그의 뒤는 클레멘스 5세재위 1305~1314년가 계승
했다. 그는 프랑스인으로 1309년3월 교황청을 프랑스로 옮겼다1377년
까지 이어진 아비뇽 유수의 시작이다. 이 직후 나폴리 왕 샤를 2세가 죽고, 아들
인 로베르토1세가 왕위를 이었다1309년 5월.

그사이 제국은 합스부르크가의 알브레히트 1세를 거쳐 룩셈부
르크 가문의 하인리히4세, 신성로마제국 황제로는 하인리히 7세에게 돌아갔으
며1308년 독일 왕, 그는 교황이 없는데도 불구하고 황제의 관을 쓰기 위
해 이탈리아로 내려왔다1310년. 그의 방문은 롬바르디아에 큰 혼란
을 가져왔다. 그가 구엘프와 기벨린을 가리지 않고, 추방당한 이들
을 모두 각자의 고향으로 돌려보냈기 때문이었다. 이로 인해 그 지
역은 서로가 상대를 몰아내려는 전쟁으로 가득 차게 됐고, 황제는
모든 노력을 기울였지만 이를 막을 수가 없었다.

하인리히는 롬바르디아를 떠나 제노바를 거쳐 피사로 갔다. 거기서 그는 로베르토에게서 토스카나를 빼앗기 위해 분투했으나, 아무 성과도 얻지 못하고 로마로 떠났다. 그는 로마에서 며칠밖에 머무르지 못했다. 로베르토의 지원을 받은 오르시니 가문이 그를 로마에서 쫓아냈기 때문이었다1312년. 그는 피사로 돌아와 더 안전하게 싸우면서 토스카나를 로베르토로부터 더 쉽게 빼앗기 위해, 시칠리아의 페데리코3세, 아라곤 왕 페드로 3세의 아들에게 나폴리市를 공격하게 했다. 그렇지만 그는 토스카나를 장악하고, 또 로베르토의 영토나폴리 왕국를 빼앗기를 꿈꾸던 중, 그만 병말라리아로 추정에 걸려 죽고 말았다1313년.

그의 뒤를 이어 바바리아지금의 바이에른의 루트비히4세가 제국을 차지했다1314년부터 독일 왕, 1328년부터는 신성로마제국 황제. 이 무렵 요한 22세재위 1316~1334년가 교황의 자리에 올랐다. 요한 22세가 재위하는 동안, 루트비히 황제는 구엘프와 로마교회를 박해하는 일을 절대 멈추지 않았다. 구엘프와 로마교회는 주로 로베르토 왕과 피렌체의 보호를 받았다. 이로 인해 롬바르디아에서는 구엘프와 비스콘티 가문기벨린 간에, 그리고 토스카나에서는 피렌체구엘프와 루카의 군주 카스트루초 카스트라카니[1]재위 1316~1328년, 기벨린 간에 많은 전쟁이 벌어졌다.

비스콘티 가문은 훗날 이탈리아를 지배한 주요 5개국밀라노 공국·베네치아 공화국·피렌체 공화국·나폴리 왕국·교황청 중 하나인 밀라노 공국을 연 가문이므로, 여기서 이 가문의 역사를 이른 시기부터 자세히 서술하는 것이 적절할 듯싶다.

⸎ 제27장 ⸎

앞제18장에서 언급한 도시들이 프리드리히1세 바르바로사에 맞서 자신을 지키기 위해 롬바르디아 동맹을 결성하자1167년, 폐허에서 회복한 밀라노는 받았던 침해를 되갚기 위해 그 동맹에 합류했다. 동맹은 바르바로사를 제지하고, 한동안 롬바르디아에 로마교회의 세력을 존속시켰다. 뒤이은 전쟁의 혼란 속에서 델라 토레 가문구엘프이 밀라노를 장악하며 계속 명성을 높여 간 반면, 롬바르디아에서 황제의 권위는 점점 쇠약해졌다.

그러나 프리드리히 2세가 이탈리아로 들어오고 기벨린황제파이 에 첼리노3세의 노력으로 다시 세력을 얻자, 롬바르디아의 모든 도시에 서 황제를 지지하는 분위기가 나타나기 시작했다. 밀라노에서 기벨 린의 편을 든 이들 중에는 비스콘티 가문이 있었다. 그들은 한때 델 라 토레 가문을 밀라노 밖으로 쫓아내기도 했었다1277년 데시오 전투. 그 렇지만 델라 토레 가문은 잠시 밀라노 밖에 머물다가 황제와 교황 사이에 맺어진 협정 덕분에 얼마 뒤 고향으로 돌아왔다.

그러는 동안 교황이 교황청을 프랑스로 옮기고, 룩셈부르크의 하인리히가 로마에서 대관식을 치르기 위해 이탈리아로 들어왔 다1310년. 그는 밀라노에서 각 가문의 수장인 마테오 비스콘티와 구 이도 델라 토레의 영접을 받았다1311년.

마테오는 황제를 이용해 구이도를 쫓아낼 음모를 꾸몄다마테오 는 1302년 구이도에게 밀라노 통치권을 뺏기고, 몇 년간 망명 생활을 한 적이 있었다. 마테오 는 구이도가 제국에 반대하는 당파에 속해 계획이 쉽게 통할 것으 로 판단하고, 독일인들의 무례한 행동에 대한 밀라노 시민들의 불만 을 악용했다. 그는 은밀히 사람들을 독려하며, 무기를 들어 저 야만인들의 속박에서 벗어나자고 설득했다. 목적을 이룰 때가 무르익었다고 생각한 마테오는 신임하는 부하들을 시켜 소동을 일으켰고, 이 소란을 들은 모든 밀라노 시민이 독일인들을 상대로 무기를 들었다.

폭동이 일어나자마자 미리 무장한 채 대기하고 있던 아들들과 부하들을 데리고 곧장 하인리히에게 달려간 마테오는, 일반 시민으로 사는 것에 만족하지 못하는 델라 토레 가문이 황제를 사로잡아 이탈리아 내 구엘프교황파의 환심을 사 스스로 밀라노의 군주가 될 욕심으로 지금 폭동을 일으켰다고 설명한 뒤, 하지만 걱정하지 말라고, 만일 황제가 델라 토레 가문과 싸우기를 원한다면 자신들은 목숨을 걸고 황제를 지킬 준비가 되어 있다고 덧붙였다.

하인리히는 마테오의 말이 전부 사실이라고 믿고 자신의 군대와 마테오의 부하들을 합쳐, 폭동을 멈추기 위해 도시의 이곳저곳을 뛰어다니던 델라 토레 가문을 공격했다. 하인리히와 비스콘티의 연합군은 집 밖에 나와 있던 델라 토레 가문 사람들을 모두 붙잡아 죽였으며, 나머지는 재산을 몰수하고 도시 밖으로 추방했다1311년.

그렇게 해서 마테오1세 비스콘티는 밀라노의 군주가 되었으며, 그의 뒤는 장남인 갈레아초1세와 손자 아초네가, 그리고 그들의 뒤는 마테오의 둘째, 넷째 아들인 루키노와 조반니가 이었다. 조반니는 밀라노의 대주교가 되었다1342~1354년. 조반니보다 먼저 죽은 루키노1349년는 갈레아초2세와 베르나보를 남겼다사실 갈레아초 2세와 베르나보는 루키노의 조카. 그들의 아버지는 마테오의 셋째 아들인 스테파노 비스콘티로, 그는 1327년에 죽었다. 그렇지만 얼마 지나지 않아 갈레아초2세 또한 죽었다1378년.

갈레아초는 '덕의 백작1'으로 불린 잔 갈레아초를 남겼다. 대주교의 사후에 잔 갈레아초는 계략을 써서 삼촌인 베르나보를 독살하고, 밀라노의 단독 군주가 되었다1385년. 잔 갈레아초는 최초로 밀라노 공작Duca di Milano 칭호를 사용한 인물이었다1395년. 잔 갈레아초는 잔 마리아와 필리포를 남겼다. 잔 마리아가 밀라노 시민들에게 살해당하자1412년, 필리포가 그 뒤를 이었다. 필리포는 아들을 남기지 않고 죽었다. 그래서 밀라노는 비스콘티 가문에서 스포르차 가문으로 넘어갔다1450년. 그 과정은 뒤에서 자세히 설명하겠다.

∞≫ 제28장 ≪∞

원래 이야기로 돌아가서, 루트비히4세 황제는 황제파에게 힘을 실어주는 동시에 황제의 관도 쓰기 위해 이탈리아로 들어왔다1327년. 그는 밀라노에 도착한 후 밀라노 시민들들에게 자유를 주는 척하며 돈을 뺏을 구실을 찾다가, 전날 많은 포도주를 마시고 죽은 동생 스테파노를 죽인 혐의로즉 말도 안 되는 혐의로 형인 갈레아초 1세와 그의 아들 아초네를 감옥에 가두었다. 하지만 곧 황제파인 루카의 군주 카스트루초의 중재로 그들을 풀어 주었다1328년 3월.

그 뒤 로마로 간1328년 1월 루트비히는 더 쉽게 이탈리아의 평화를 깨뜨릴 목적으로, 피에트로 라이날두치Rainalducci를 대립 교황니콜로 5세(Antipapa Niccolò V), 재위 1328~1330년으로 세우고, 대립 교황의 명성과 비스콘티 가문의 세력을 결합해 토스카나와 롬바르디아에 있는 반대파교황파를 제거할 계획을 세웠다. 그런데 이때 갑자기 카스트루초가 열병으로 죽었다1328년 9월. 그의 죽음은 황제의 파멸을 알리는 서막이었다. 피사와 루카가 황제에 대항해 반란을 일으켰고, 피사 시민들은 대립 교황을 붙잡아 프랑스에 있는 교황요한 22세, 재위 1316~1334년에게 보냈다. 그러자 황제는 이탈리아 원정을 단념하고 독일로 돌아갔다1330년.

루트비히가 떠나자마자 브레시아의 기벨린황제파이 부른 룩셈부르크 가문의 보헤미아 왕 얀하인리히 7세의 아들, 재위 1310~1346년이 이탈리아로 들어와서 브레시아와 베르가모를 차지했다1330년. 비록 교황요한 22세은 아닌 척했지만 얀은 교황의 동의를 받고 이탈리아에 왔으므로, 볼로냐의 교황 특사아르노 사바티에 디 카오르(Arnaud Sabatier di Cahors)는 얀이 브레시아와 베르가모를 차지하는 편이 루트비히 황제가 이탈리아로 돌아오는 것을 막는 좋은 해결책이라고 판단해 얀을 지지했다.

이 일로 이탈리아의 정세는 완전히 바뀌었다. 교황 특사가 기벨린이 하는 일을 지지한다는 사실을 알게 된 피렌체와 로베르토 왕이, 교황 특사와 보헤미아 왕 얀의 친구가 된 모든 이를 적으로 돌렸기 때문이었다. 그러자 구엘프와 기벨린을 가리지 않고, 많은 군주가 그들과 뜻을 함께했다. 그 군주들 가운데는 밀라노의 비스콘티 가문, 베로나의 델라 스칼라 가문, 파도바의 카라라 가문, 페라라의 에스테 가문 그리고 만토바의 필리포 곤차가 등이 있었다.

이에 격분한 교황은 그들 모두를 파문했고, 이 동맹을 두려워한 얀은 고향으로 가서 더 많은 군사를 이끌고 돌아왔다. 하지만 그런데도 이탈리아 정복이 어렵다는 사실을 깨닫자 몹시 낙담했으며, 결국 불쾌해하는 교황 특사를 뒤로하고 보헤미아로 돌아갔다1333~1334년경. 왕은 레조와 모데나에만 수비대를 남기고, 파르마는 그 도시에서 매우 강력한 지위에 있던 로시 가문의 마르실리오와 피에로 형제에게 맡겼다.

얀이 떠난 후 볼로냐가 동맹에 합류했고, 동맹국들은 아직 로마교회 편에 서 있던 네 도시를 그들끼리 나눠 갖기로 하고, 파르마는 델라 스칼라 가문이, 레조는 곤차가 가문이, 모데나는 에스테 가문이 그리고 루카는 피렌체가 갖기로 합의했다. 그러나 이 도시들을 차지하려는 과정에서 많은 분쟁이 잇달아 일어났으며, 그 전쟁들은 대개 나중에 베네치아에 의해 해결되었다.

베네치아는 그 힘과 제도에 있어서 다른 모든 이탈리아 국가보다 더 칭찬받을 만한 공화국이기 때문에 이탈리아에서 일어난 사건들을 기록하는 이 글에서 내가 베네치아에 대한 언급을 이렇게 오래 미뤄온 것이 이상해 보일 수도 있다. 그러므로 나는 그런 의아함을 없애고, 그 이유를 설명하기 위해 시간을 거슬러 올라갈 것이다. 그러면 누구나 베네치아의 시작은 어떠했으며, 왜 베네치아 시민들이 그렇게 오랫동안 이탈리아 일에 관여하지 않았는지 이해할 수 있을 것이다.

∽»» 제29장 《«∾

훈족의 왕 아틸라가 아퀼레이아를 포위 공격했을 때452년, 그곳의 주민들은 오랫동안 저항했지만 결국 구원을 포기하고, 그들이 가져갈 수 있는 재물을 최대한 챙겨서 아드리아해의 입구지금의 베네치아만에 있는 암초로 이루어진 무인도로 탈출했다. 파도바 시민들 역시 가까운 이웃의 재난을 바라보며 아퀼레이아가 함락되면 다음은 자신들 차례가 되지 않을까 두려워했다. 그래서 그들 또한 가져갈 수 있는 재물 중 제일 귀한 것들을 챙겨 아드리아해의 리보알토오늘날 리알토라는 곳으로 노인과 여자와 아이들을 보내고, 젊은이들은 파도바에 남아 도시를 지켰다. 이들 외에도 몬셀리체 주민들 역시 공포에 질려서 주변 언덕의 주민들과 같이 아드리아해에 자리한 암초 섬으로 피했다.

그러나 아틸라가 아퀼레이아를 빼앗고, 파도바·몬셀리체·비첸차·베로나 등을 파괴하고 돌아간 뒤에도 파도바 시민들은 아주 강인한 다른 이들과 함께 계속 리보알토 주위의 습지대에 살았다. 비슷한 시기 먼 옛날 베네티아Venetia, 지금의 베네치아 주변 육지 로 알려진 지역의 주민 전체도 유사한 재난에 쫓겨 부득이 쾌적하고 비옥한 땅을 떠나 메마르고 기형적이며 안락함이라고는 눈곱만큼도 찾아볼 수 없는 곳에 피난처를 구했다.

그렇지만 이렇게 갑자기 모여 살게 된 수많은 이들은 매우 짧은 시간 만에 그곳을 단순히 살 수 있는 곳이 아니라 쾌적하고 즐거운 곳으로 바꿔 놓았다. 나머지 이탈리아가 황폐해지는 동안, 그들

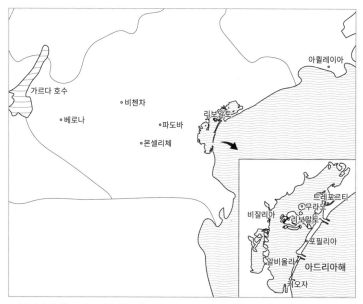

아틸라가 파괴한 도시들과 '가장 고귀한 베네치아 공화국Serenissima Repubblica di Venezia'의 시작

은 그곳에 법과 질서를 확립해 아주 안전하게 지내며, 급속히 명성
과 세력을 키웠다. 앞서 얘기한 정착민들 외에도 롬바르드족 왕 클
레프재위 572~574년의 잔혹함을 피해 롬바르디아의 여러 도시에서 도
망친 많은 피난민이 한꺼번에 그곳으로 몰려와 그 힘을 증가시켰기
때문이었다.

그래서 프랑스 왕 피핀3세이 롬바르드족을 내쫓아 달라는 교황스
테파노 2세의 요청을 받고 이탈리아로 내려왔을 때754~756년 피핀과 그
리스 황제콘스탄티노스 5세 사이에 맺어진 조약에는, 베네치아 시민들과
베네벤토 공작 리우트프란트Liutprand[1]는 피핀이나 그리스 황제 중
그 누구에게도 종속되지 않고, 또 누구의 간섭도 받지 않으며 자유
를 만끽할 것이라는 조항이 들어 있을 정도였다.

아무튼 그들은 어쩔 수 없이 물 위에서 살았고 이용할 땅도 없었
으므로, 어떻게 해야 제대로 살 수 있을까 고심할 수밖에 없었다.
그렇게 해서 그들은 배를 타고 전 세계 곳곳을 누비고 다녔다. 그
결과 도시는 전 세계의 다양한 상품으로 넘쳐났고, 이런 상품이 없
던 다른 도시 사람들은 자주 그들의 시장을 찾았다. 그 후로도 오
랫동안 베네치아 시민들은 영토의 확장 같은 것은 신경 쓰지 않고,
오직 어떻게 하면 상품을 더 쉽게 운송할 수 있을까를 고민했으며,
이를 위해 그리스와 시리아의 많은 항구를 인수했다. 제4차 십자군
전쟁 때 아시아로 들어가며 그들의 배를 많이 이용한 프랑스 십자
군은 그 대가로 칸디아현재의 이라클리온으로 크레타섬에서 가장 큰 도시를 베네치
아에 주었다1204년.

그들이 이런 식으로 사는 동안 그들의 이름은 바다에서는 무시무
시한 존재가 되었고, 이탈리아 안에서는 일어나는 분쟁마다 중재자

의 역할을 맡을 만큼 존경의 대상이 되었다. 그래서 도시를 나눠 갖는 일로 동맹국들 사이에 다툼이 발생하면, 동맹국들은 베네치아에 중재를 요청했고, 그들의 중재로 비스콘티 가문이 베르가모와 브레시아를 차지하는 일이 생겼다.

하지만 시간이 흐르며 지배욕에 사로잡힌 베네치아가 처음에 파도바·비첸차·트레비소를 빼앗고, 나중에 베로나·베르가모·브레시아 그리고 로마냐와 나폴리 왕국의 많은 도시까지 장악해서 이탈리아의 군주들뿐만 아니라 알프스산맥 너머의 왕들조차 두려워할 만큼 힘이 강해지자, 왕들과 군주들은 베네치아를 상대로 동맹을 맺고1508년 캉브레 동맹, 그들이 그토록 오랜 세월 무한한 비용을 들여 획득한 영토들을 단 하루 만에 빼앗았다1509년 5월 14일, 아냐델로 또는 바일라(Vailà) 전투. 비록 최근 들어 그들이 그 일부를 되찾기는 했지만, 그 명성과 세력을 아직 온전히 회복하지 못했기에 그들 역시 이탈리아의 나머지 군주들처럼 남의 재량에 휘둘리며 살고 있다.

ᗒᗊᕶ 제30장 ᕶᗊᗕ

베네딕토 12세재위 1334~1342년가 교황의 자리에 올랐다. 그는 자신이 이탈리아에 대한 지배권을 완전히 잃었다고 생각했고, 또 루트비히4세 황제가 스스로 이탈리아의 주인이 되려 하는 상황을 두려워했다. 그래서 예전에 황제에게 복종했던 도시들을 강탈한, 즉 제국을 두려워하고, 또 이탈리아를 지키기 위해 자기와 뜻을 함께할 이유가 있는 자들과 친구가 되기로 하고, 롬바르디아 지역의 모든 폭군은 과거에 황제로부터 강탈한 도시를 계속 보유할 정당한 권리를 가진다는 법령을 공포했다. 그렇지만 그는 이 법령을 공포한 직후에 죽고, 클레멘스 6세재위 1342~1352년가 새 교황으로 선출되었다.

베네딕토가 제국의 도시들을, 이를 강탈한 폭군들에게 아무 권한도 없이 얼마나 후하게 줬는지 들은 황제는, 남의 것을 주면서 죽은 교황보다 덜 관대해 보이지 않기 위해, 로마교회에 속한 도시들을 차지하고 있던 모든 폭군에게 그 도시를 가질 권한을 주면서, 제국의 이름으로 이를 다스리라고 명령했다.

황제의 이 칙령으로 갈레오토 말라테스타와 그의 형제들은 리미니와 페사로와 파노의 주인이 되었고, 안토니오 다 몬테펠트로는 우르비노와 마르케의 안코나를, 젠틸레 다 바라노는 카메리노를, 구이도 다 폴렌타는 라벤나를, 시니발도 오르델라피는 포를리와 체세나를, 조반니 만프레디는 파엔차를, 루도비코 알리도시는 이몰라를 차지했다. 이들 외에도 많은 이가 많은 도시의 군주가 되었고, 로마교회에 속한 도시들 가운데 군주가 없는 도시는 거의 남아 있지 않았다. 알렉산데르 6세재위 1492~1503년, 체사레 보르자의 아버지가 이 군주들의 후손을 파멸시키고 그 권위를 로마교회에 돌려줄 때까지 로마교회가 계속 허약했던 것은 바로 이 때문이었다.

이 칙령을 내렸을 때 트렌토에 있던 황제는 자신이 직접 이탈리아로 내려갈 것이라고 밝혔다. 이로 인해 롬바르디아에서는 많은 전쟁이 뒤따랐고, 그 과정에서 비스콘티 가문은 파르마의 주인이 되었다1341년.

이 무렵 나폴리 왕 로베르토1세가 죽었다1343년. 그에게는 자신보다 더 일찍 죽은 아들 카를로1328년한테서 태어난 두 명의 손녀가 있었다. 로베르토는 조반나1세라고 불리는 큰 손녀가 왕국의 후계자가 되어, 자기 조카이자 헝가리 왕이던 카로이1세의 차남 안드레아와 결혼하라는 유언을 남겼다. 그러나 안드레아는 조반나와 오래 살지 못했다. 그녀가 그를 죽이고 1345년, 사촌인 타란토의 군주 루도비코와 다시 결혼했기 때문이었다 1347년 8월.

〈창밖으로 내던져지는 조반나 1세의 남편 안드레아〉
카를 브률로프Karl Briullov

그러자 안드레아의 형으로 헝가리 왕인 러요시혹은로요슈 1세가 동생의 죽음에 복수하기 위해 군사를 이끌고 이탈리아로 와서 조반나 여왕과 남편을 왕국 밖으로 내쫓았다 1348년 1월.

ꙮ 제31장 ꙮ

이 시기 로마에서도 기억할 만한 사건이 일어났다. 노타이오 인 캄피돌리오notaio in Campidoglio, 증거를 수집하고 기록물을 보존하는 로마의 공증인이던 니콜라 디 로렌초콜라 디 리엔초가 원로원 의원들을 내쫓고, 자신을 호민관이라 칭하며 스스로 로마공화국의 수장이 되었다 1347년 5-6월. 그는 옛 제도를 되살려 로마를 다스리며 정의롭고 덕망 높다는 명성을 크게 쌓았고, 그래서 인근의 도시들뿐만 아니라 모든 이탈리아에서 그에게 사절을 보내왔다. 그러자 로마가 다시 새롭게 태어나는 것을 본 제국의 옛 속주들은 혼란에 빠졌으며, 일부는 두려움에 이끌리고 또 다른 일부는 희망에 부풀어 서둘러 로마에 경의를 표했다.

그러나 니콜라는 그토록 높은 명성에도 불구하고, 시작하자마자 용기를 잃었다. 왜냐하면 떠안게 된 책임에 압도라도 당한 듯 누가 쫓아내지도 않았는데사실 귀족들의 저항이 심했고 또 교황 클레멘스 6세가 그를 파문했다, 6개월 만에 몰래 로마를 빠져나와이탈리아 산속의 수도원에서 2년 이상을 숨어 지내다가, 보헤미아 왕 카를4세, 보헤미아 왕 얀의 아들에게 몸을 의탁했기 때문이었다1350년. 그렇지만 바바리아의 루트비히4세를 경멸한 교황클레멘스 6세에 의해 황제이때는 독일 왕, 카를 4세가 황제의 관을 쓴 해는 1355년이다로 선출된1346년 카를을, 교황에게 잘 보이기 위해 니콜라를 사로잡아 아비뇽으로 보냈다1352년.

얼마 후 프란체스코 바론첼리라는 자가 니콜라를 흉내 내, 로마의 호민관이 되어 원로원 의원들을 내쫓았다. 그러자 교황인노첸시오 6세, 재위 1352~1362년은 니콜라가 프란체스코를 제압할 가장 효과적인 수단이라고 생각하고, 그를 감옥에서 빼내 호민관으로 복직시킨 뒤실은 원로원 의원으로 임명한 뒤 로마로 보냈다1354년 8월.

그렇게 해서 니콜라는 권력을 회복하고 프란체스코를 죽였다. 하지만 콜론나 가문이 그의 적이었기 때문에니콜라가 직접 죽인 것은 아니지만, 교황 보니파시오 8세를 죽게 만든 스키아라 콜론나

《캄피돌리오 언덕에서 폐허가 된
로마를 내려다보는 니콜라 디 로렌초》
페데리코 파루피니Federico Faruffini

출처 : Wikipedia

의 조카인 스테파노 콜론나가 1347년 니콜라를 무너뜨리기 위한 전투에서 죽었다 니콜라 역시 그 직후 프란체스코와 같은 운명을 맞이했고1354년 10월 폭도에게 살해당했다. 로마를 다스리는 일은 다시 원로원이 맡게 되었다.

∗∾제32장∾∗

한편 조반나 여왕을 쫓아냈던 헝가리 왕은 나폴리에 흑사병이 퍼지자 할 수 없이 자기 왕국으로 돌아갔다1348년 5월. 헝가리 왕보다는 차라리 여왕을 로마 근처에 두고 싶었던 교황클레멘스 6세은 여왕의 남편인 루도비코가 타란토 후작 지위에 만족하고 왕을 칭하지 않는다는 조건으로 나폴리 왕국을 여왕에게 돌려주었다앞서 말했듯 나폴리 왕국은 명목상 로마교회의 땅, 즉 교황령이었다.

1350년이 됐을 때 교황클레멘스 6세은 보니파시오 8세가 100년마다 기념하라고 정해 준 희년禧年을 50년으로 줄여도 좋겠다고 생각하고, 이를 법령으로 정했다. 이 조치를 반긴 로마 시민들은 호의에 대한 보답으로 교황이 네 명의 추기경을 보내 로마를 재편하고, 원로원 의원들을 교황 뜻대로 임명하는 것에 동의했다. 교황은 또 타란토의 루도비코를 나폴리 왕으로 선포했고1352년, 그 대가로 조반나 여왕은 물려받은 재산 중 하나인 아비뇽을 로마교회에 주었다.

이 무렵 루키노 비스콘티가 죽고, 대주교 조반니가 밀라노의 단독 군주가 되었다1349년. 그는 롬바르디아의 다른 이웃 도시들과 토스카나를 상대로 많은 전쟁을 치렀고, 이를 통해 매우 강력해졌다. 그가 죽자 조카인 갈레아초2세와 베르나모가 그 뒤를 이었다1354년. 하지만 얼마 지나지 않아 갈레아초는 죽고, 그의 아들 잔 갈레아초가 삼촌인 베르나모와 공동으로 밀라노를 다스렸다1378년.

이 시기는 보헤미아 왕 카를4세, 재위 1355~1378년이 황제, 인노첸시오 6세재위 1352~1362년가 교황이었다. 교황은 스페인 출신의 추기경 에지디오 알보르노스Egidio Albornoz를 이탈리아로 보냈고1353년, 그의 노력으로 로마와 로마냐 뿐만 아니라 이탈리아 전역에서 로마교회의 명성이 회복되었다. 그는 1350년 밀라노 대주교가 빼앗아 간 볼로냐를 되찾고1360년, 오스만튀르크 제국에 대한 우르바노 5세재위 1362~1370년의 십자군 전쟁을 위해 비스콘티 가문과 명예로운 평화 협정을 이루어 냈으며1364년, 매년 교황이 보내는 한 명의 외국인 원로원 의원을 로마 시민들이 받아들이도록 만들었다. 또한, 그는 4,000명의 동포를 이끌고 토스카나의 기벨린을 돕던 영국인 용병대장 존 호크우드이탈리아명 조반니 아쿠토의 군대를 괴멸시키고, 그를 사로잡았다.

따라서 교황의 자리에 올라 이런 승전보를 접한 우르바노 5세는 이탈리아와 로마를 방문하기로 결정했고1367년, 카를 황제 역시 로마로 왔다1368년. 얼마 뒤 카를은 자신의 왕국으로 돌아갔고, 1370년 9월 교황은 아비뇽으로 돌아갔다.

몇 달 후 우르바노 5세가 죽고12월 19일, 그레고리오 11세가 선출되었다12월 30일, 재위 1370~1378년. 추기경 에지디오 역시 죽자1367년, 이탈리아는 이전의 분열 상태로 되돌아갔는데, 비스콘티 가문에 대항해 여러 도시가 맺은 동맹이 그 원인이었다. 그러자 교황은 먼저 6,000명의 브르타뉴 용병과 함께 교황 특사를 이탈리아로 보내고, 그 뒤 친히 이탈리아로 와 약 70년간의 프랑스 생활을 끝내고 1376년에 로마로 교황청을 옮겼다그레고리오 11세는 1376년 9월 아비뇽을 떠나, 1377년 1월 로마에 도착했다.

그레고리오가 죽고 우르바노 6세재위 1378~1389년가 교황이 되었으나, 그 직후 나폴리 왕국의 폰디에서 우르바노가 적법하게 선출되지 않았다고 주장한 열 명의 친프랑스파 추기경들에 의해 클레멘스 7세가 대립 교황재위 1378~1394년으로 추대되었다1417년까지 이어진 서구대이교(西歐大離敎, 로마교회의 대분열)의 시작이었다.

이 무렵 수년간1353~1356년 비스콘티 가문의 지배를 받았던 제노바 시민들이 그 멍에를 벗어던졌으며, 온 이탈리아를 분열시킨 매우 중대한 전쟁이 테네도스섬의 소유권을 둘러싸고 제노바와 베네치아 사이에서 일어났다1378~1381년 키오자 전쟁. 이 전쟁 중에 독일인이 발명한 대포라는 새로운 기계가 처음으로 선보였다. 처음에는 제노바가 한동안 전투에서 이기며 베네치아를 포위 공격했지만, 결국 베네치아가 승리했고, 교황의 중재로 1381년 평화 조약토리노 강화이 체결되었다.

☙ 제33장 ❧

앞서 말했듯 교회 안에 분열이 생겼고, 조반나 여왕은 대립 교황을 지지했다. 이 때문에 우르바노는 여왕을 몰아내고 나폴리 왕들앙주의 샤를 1세와 샤를 2세의 후손샤를 2세의 증손자인 두라초의 카를로3세를 나폴리 왕위에 앉히려는 공작을 펼쳤다. 그렇게 해서 두라초의 카를로가 나폴리로 와서 여왕한테서 나라를 빼앗고 스스로 나폴리 왕국의 주인이 되었으며1382년 5월, 여왕은 프랑스로 피신했다카를로 3세에게 사로잡힌 조반나 1세는 1382년 7월 무로 루카노(Muro Lucano) 성에서 살해당했다. 참고로, 카를로 3세는 조반나 1세의 6촌 동생이었다.

이에 격분한 프랑스 왕샤를 6세은 여왕을 위해 나폴리 왕국을 회복하고 우르바노를 로마에서 쫓아낸 뒤, 대립 교황을 로마의 주인으로 세우라며 숙부인 앙주 공작 루이1세, 조반나 1세의 양자를 이탈리아로 보냈다. 그렇지만 이 전쟁 중에 루이가 갑자기 죽고1384년, 그의 군대는 패해 프랑스로 돌아갔다.

　한편 교황은 나폴리로 가서 프랑스와 대립 교황의 편을 든 아홉 명의 추기경을 감옥에 가두었다. 그 직후, 교황은 자신의 조카를 카푸아 군주로 삼는 것을 거절한 카를로에게 몹시 화가 났지만, 겉으론 아닌 척하며 자신이 살게 노체라를 달라고 왕에게 부탁했다. 그러고는 거기서 힘을 기르며 왕에게서 나폴리 왕국을 뺏을 준비를 했다.

　이를 알아챈 왕은 교황과 싸우러 왔고, 그러자 교황은 제노바로 탈출해 그곳에서 이전에 체포한 추기경들을 죽였다1385년. 그 뒤 교황은 제노바에서 루카와 페루자를 거쳐 로마로 돌아왔고1388년, 자신의 세력을 강화하기 위해 29명의 추기경을 임명했다. 이즈음 나폴리의 왕 카를로가 헝가리로 가서 왕이 되었다가 얼마 되지 않아 살해당했다1386년. 그는 나폴리에 아내와 두 자녀, 라디슬라오와 조반나2세를 남겼다.

　이 무렵 잔 갈레아초 비스콘티가 삼촌인 베르나보를 죽이고 밀라노를 독차지했다1385년. 롬바르디아 공작만으로는 성이 차지 않던 그는 토스카나 역시 차지하기를 원했다. 하지만 토스카나를 거의 얻어 곧 이탈리아의 왕이 될 것이라고 확신한 순간, 그만 열병으로 죽고 말았다1402년.

　보니파시오 9세재위 1389~1404년가 우르비노 6세를 계승했다. 몇 년 뒤 아비뇽에서는 대립 교황 클레멘스 7세가 죽고, 베네딕투스 13세재위 1394~1417년가 그 자리에 앉았다.

⚜ 제34장 ⚜

이 시기 이탈리아에는 영국과 독일 그리고 브르타뉴에서 온 군인들이 많았다. 그중 일부는 여러 시대에 걸쳐 이탈리아로 들어온 군주들이 데려왔고, 또 다른 일부는 아비뇽의 교황들이 보냈다. 모든 이탈리아 군주들은 로마냐 출신의 로도비코 다 코니오Lodovico da Conio 백작실은 쿠니오(Cunio) 백작 알베리코 다 바르비아노(Alberico da Barbiano)로, 로도비코는 알베리코의 아들이다 이전까지, 오랜 세월 그들을 용병으로 쓰며 전쟁을 치렀다. 로도비코는 이탈리아인으로만 구성된 '콤파니아 디 산 조르조Compagnia di San Giorgio, 산 조르조는 용과 싸우는 그림에 자주 등장하는 성(聖) 게오르기우스를 뜻한다'를 창설했고1378년[1], 이 부대의 미덕용맹과 규율은 짧은 시간만에 외국 군대의 명성을 빼앗아 이탈리아군에 되돌려 주었다. 그 이후부터 이탈리아의 군주들은 자신들의 전쟁에서 외국 군대 대신

알베리코 다 바르비아노의 초상화

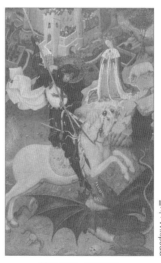

〈용을 죽이는 산 조르조〉
베르나트 마르토렐Bernat Martorell

출처 : Wikipedia

이 이탈리아 부대만 용병으로 고용했다.

그 당시 교황 보니파시오는 로마 시민들과의 불화로 셰시Scesi 혹은 아시시(Assisi)에 가 있었다. 교황은 그곳에서 1400년 희년이 될 때까지 머물렀다. 그해에 로마 시민들은 교황을 도시로 돌아오게 하려고, 교황이 보내는 외국인 원로원 의원 한 명을 다시 받아들이는 데 동의했으며 심지어 산탄젤로성을 강화하는 것도 허용했다. 이런 조건으로 로마에 돌아온 교황은 교회를 부유하게 만들기 위해 비어 있는 성직에 취임하는 이는 누구나 일 년 치 수입을 교황청에 내야 한다는 법령을 제정했다성직록을 받는 자가 첫 일 년 치의 수입을 교황청에 바치는 안나타에(Annatae) 제도로, 이에 대한 첫 언급은 호노리오 3세 시절인 1227년에 발견되며, 그 기원은 6세기까지 거슬러 올라간다고 한다.

밀라노 공작 잔 갈레아초는 두 명의 아들 잔조반니 마리아와 필리포를 남겼다. 하지만 그가 죽자1402년 밀라노는 여러 세력으로 분열되었고, 뒤이은 혼란 속에서 잔 마리아는 암살되고1412년 5월[2], 필리포는 한동안 파비아의 요새에 갇혀 지내다가 그곳 성주파치노 카네, 그도 산 조르조 부대 출신이다의 충성과 용기 덕분에 목숨을 건졌다.

잔 갈레아초의 도시를 강탈한 이들 중에는 굴리엘모 델라 스칼라라는 인물이 있었다. 아버지가 죽은 1359년 삼촌에 의해 조국에서 추방당했던 굴리엘모는 파도바 영주 프란체스코 노벨로 다 카라라의 보호를 받다가 그의 도움으로 베로나 통치권을 회복했다1404년 4월 8일 이후. 그러나 굴리엘모는 이 성공을 오래 즐기지 못하고 곧 폐위된 뒤, 며칠 후 프란체스코의 지시로 독살당하고1404년 4월 18일, 베로나는 프란체스코에게 넘어갔다1404년 5월.

그러자 비스콘티 가문의 깃발 아래 안전하게 살던 비첸차 시민들은, 자신들 역시 파도바 영주의 먹잇감이 되지 않을까 두려워 베네치아에 몸을 의탁했다1404년. 그리하여 베네치아는 비첸차 주민들 대신 프란체스코와 전쟁을 벌여 먼저 베로나를 빼앗고 나중에 파도바를 함락시킨 뒤1405년 그를 처형했다1406년 1월.

✽✽✽ 제35장 ✽✽✽

그러는 사이 교황 보니파시오가 죽고, 인노첸시오 7세재위 1404~1406년가 선출되었다. 로마 시민들은 새 교황에게 요새들을 넘겨주고 자유를 돌려달라고 탄원했다. 하지만 교황은 그러지 않았고, 그래서 로마 시민들은 나폴리 왕 라디슬라오에게 도움을 요청했다. 교황은 겁이 나 비테르보로 피신했고1405년 8월, 자기 조카인 루도비코 밀리오라티Migliorati를 마르케 백작으로 임명했다1. 나중에 교황과 로마 시민들 사이에 화해가 이루어져 교황은 다시 로마로 돌아왔다1406년 3월.

그 직후 그가 죽고, 대립 교황이 교황의 지위를 포기하면 자신도 언제든 교황의 지위를 포기하겠다고 서약한 그레고리오 12세재위 1406~1415년가 교황으로 추대되었다. 추기경들의 성화를 받은 그레고리오는 교회를 재통합할 수 있는지 알아보기 위해 루카로 갔고1408년, 대립 교황 베네딕투스13세는 포르토 베네레로 왔다. 거기서 그들은 많은 것을 논의했지만, 끝내 아무것도 결론짓지 못했다. 그러자 양측의 추기경들은 자신들의 교황을 버렸고, 베네딕투스는 스페인으로, 그레고리오는 리미니로 떠났다.

추기경들은 볼로냐의 교황 특사이자 추기경인 발다사레 코사의 지지를 얻어 피사 공의회1409년를 소집했고, 거기서 그레고리오와 베네딕투스를 퇴위시키고 대립 교황 알렉산데르 5세재위 1409~1410년를 선출했다. 그는 재빨리 그레고리오를 지지하는 라디슬라오 왕을 파문하고, 앙주의 루이2세에게 나폴리 왕국을 주었다앙주의 루이 2세를 명목상 나폴리 왕으로 선포했다. 그 후 피렌체와 제노바와 베네치아는 볼로냐의 교황 특사 발다사레 코사와 함께 라디슬라오를 공격해 그를 로마에서 내쫓았다1410년 1월.

그러나 이 전쟁이 한창일 때 알렉산데르가 죽고1410년 5월, 발다사레 코사가 교황으로 선출됐다. 그는 자신을 요한 23세재위 1410~1415년라고 칭했다오늘날 그는 대립 교황 요한네스 23세로 불린다. 새 교황은 자신이 선출된 볼로냐를 떠나 서둘러 로마로 가서, 프로방스에서 군대를 이끌고 미리 와 있던 앙주의 루이와 힘을 합쳤다. 그들은 라디슬라오와 전투를 벌여 그를 물리쳤으나1411년 5월, 용병대장들의 잘못으로 승리를 이어가지 못했다. 그 결과 루이는 라디슬라오가 산 제르마노에 설치한 방어선을 뚫지 못하고 프로방스로 돌아갔으며1411년, 라디슬라오는 곧 세력을 회복해 로마를 탈환하고 교황을 볼로냐로 쫓아버렸다1413년.

그 뒤 교황은 어떻게 하면 라디슬라오의 권력을 약화시킬 수 있을까 고민하다가 헝가리의 왕 지기스문트가 황제로 선출되도록 힘을 썼으며지기스문트가 독일 왕이자 로마인들의 왕이 된 것은 1411년, 신성로마제국 황제가 된 것은 1433년이다, 그를 이탈리아로 오라고 설득해 만토바에서 회담을 가졌다1413년. 그들은 교회를 재통합할 보편 공의회를 열기로 합의했다. 교회를 통합해야만 교회의 적들을 확실히 제압할 수 있다고 판단했기 때문이었다.

🎝 제36장 🎝

그렇게 그 당시 서구 교회에는 그레고리오·베네딕투스·요한 이렇게 3명의 교황이 있었다. 이로 인해 교회는 약해졌고 신망도 잃었다. 독일의 도시 콘스탄츠가 교황 요한의 뜻과 달리 공의회 장소로 선택되었다1414~1418년. 라디슬라오의 죽음1414년 8월으로 요한이 공의회를 제안한 이유는 사라졌지만, 미리 참석을 약속했으므로 가지 않을 수 없었다. 콘스탄츠에 도착한 요한은 몇 달 후 뒤늦게 자신의 실수를 깨닫고 탈출하려 했지만, 사로잡혀 감옥에 갇힌 뒤 퇴위를 강요받았다.

또 한 명의 대립 교황인 그레고리오는 대리인을 보내 사의를 밝혔고, 다른 대립 교황으로 사임을 거부했던 베네딕투스는 이단자로 규정되었다. 결국 자신의 추기경들에게서도 버림받은 베네딕투스는 사임할 수밖에 없었고[1], 공의회는 콜론나 가문의 오도를 교황으로 선출했다. 그때부터 그는 마르티노 5세재위 1417~1431라고 불렸다. 이런 식으로 교회는 많은 교황 사이에서 분열된 지 40년 만에 다시 하나로 통합되었다.

🎝 제37장 🎝

이 일이 있기 얼마 전에 필리포 비스콘티는 앞서 말했듯이 파비아 성채에 갇혀 있었다. 그렇지만 롬바르디아의 혼란을 틈타, 스스로 베르첼리·알레산드리아·노바라·토르토나 등의 군주가 되어 막대한 재산을 축적한 파치노 카네가 죽음을 앞두고 모든 유산을 아내인 베아트리체한테 물려주며, 그녀를 필리포와 결혼시키라는 유언을 친구들에게 남겼다1412년. 파치노는 자녀가 없었고, 이 결혼으로 세력이 강해진 필리포는 밀라노와 롬바르디아 전역을 되찾았다.

나중에 그는 군주들이 으레 그러하듯 자신이 받은 이 커다란 이득에 감사하는 마음으로, 정치에 무척 관심이 높았던 아내 베아트리체를 간통으로 고소해 죽였다1418년. 그리하여 더욱 강력해진 그는 아버지 잔 갈레아초의 계획이탈리아의 왕이 되려던 계획을 계속 추진하기 위해 토스카나에서의 전쟁을 구상하기 시작했다.

⸻ 제38장 ⸻

나폴리 왕 라디슬라오가 병에 걸려 죽었다1414년 8월. 그는 누나인 조반나2세에게 나폴리 왕국 외에도 이탈리아 최고의 용병대장 중에서도 둘째가라면 서러워할, 그 용맹함으로 명성이 자자하던 코티뇰라 출신의 용병대장 무치오 아텐돌로 스포르차[1]가 지휘하는 강력한 군대도 남겨 주었다.

여왕은 자기 집에서 자란 판돌펠로 피스코포대머리란 뜻의 알로포(Alopo)로 더 유명하다라는 자와 부정한 관계를 맺고 있다는 추문에서 벗어나기 위해 프랑스 왕족인 마르슈 백작 자크2세를 남편으로 삼았다1415년 8월. 나폴리 왕국의 왕위와 통치는 조반나가 맡고, 자크는 타란토의 군주로 불리는 것에 만족한다는 조건이었다. 하지만 자크가 나폴리에 도착하자마자, 프랑스 병사들은 그를 왕이라 불렀다게다가 자크 2세는 알로포를 참수하고 무치오를 투옥했다. 이로 인해 남편과 아내 사이에 불화가 생겨 전쟁까지 벌어졌고, 서로 제압하기를 여러 차례 반복하다 마침내 여왕이 승리하고 왕좌를 지켜냈다1419년.

　그 후 여왕이 교황마르티노 5세에게 전쟁을 선포했을 때1419년, 스포르차는 여왕이 오로지 자신한테만 의존하게 만들려고 사전에 상의도 없이 갑자기 용병대장직을 사임했다사실 스포르차는 나폴리 왕국의 왕위를 주장하는 앙주의 루이 3세 편에 섰다. 그렇게 예기치 않게 무장 해제가 된 여왕은 다른 방도가 없어 양자로 입양한 아라곤과 시칠리아의 왕 알폰소5세에게 도움을 청했다1421년 7월. 동시에 여왕은 브라초 다 몬토네산 조르조 부대 출신를 고용했다. 그는 전장에서 스포르차만큼 높은 명성을 떨치고 있었고, 페루자를 비롯해 로마교회의 몇몇 도시를 빼앗은 교황의 적이었다.

　얼마 뒤 여왕과 교황 사이에 화해가 이루어졌다1421년 9월 이후. 알폰소 왕은 여왕이 남편에게 그랬듯이자크는 1419년 쫓기듯 프랑스로 돌아갔다 자신을 처리하지 않을까 의심한 나머지, 나폴리 왕국 내의 요새들을 확보하기 위해 비밀리에 노력했다비밀리에 나폴리 왕국의 영주들을 포섭했다. 그러나 영리한 여왕은 이를 예상하고 나폴리市에 있는 자신의 요새에서 힘을 길렀다. 그렇게 서로를 점점 더 의심하게 된 그들은 결국 전쟁을 치르게 되었고, 용병대장으로 복귀한 스포르차의 도움을 받은 여왕은 알폰소를 격퇴해 나폴리 밖으로 쫓아냈으며, 그와 맺었던 양친자 관계를 파양하고 앙주의 루이3세를 입양했다1423년 5월 이후.

　그리하여 이번에는 알폰소를 편든 브라초와 여왕을 지지한 스포르차 간에 다시 새로운 전쟁이 일어났다. 그 와중에 스포르차가 페스카라강을 건너다가 익사해1424년 1월, 여왕은 또다시 무장 해제가 되었다. 만일 알폰소를 아라곤으로 쫓아버린 필리포 비스콘티의 도움이 없었다면2, 도리어 여왕이 왕국 밖으로 쫓겨났을 것이다.

　그렇지만 브라초는 알폰소가 자신을 버린 것에 낙담하지 않고,

여왕을 상대로 혼자 계속 전쟁을 벌였다. 그가 라퀼라를 포위하자, 브라초가 강해지는 것은 결코 교회에 득이 되지 않는다고 판단한 교황은 브라초를 제거하는 임무를 스포르차의 아들 프란체스코에게 맡겼다. 프란체스코는 브라초와 싸우러 라퀼라로 가서 그를 죽이고 그의 군대를 궤멸시켰다1424년 6월[3].

브라초는 오도라는 아들을 남겼다. 교황은 그에게서 페루자를 빼앗고, 몬토네를 주었다. 하지만 얼마 지나지 않아 그는 로마냐에서 피렌체를 위해 싸우다 살해당했다1425년 2월. 그래서 브라초 휘하에서 싸웠던 이들 중에는 니콜로 피치니노가 가장 높은 명성을 보유하게 되었다.

∞≫ 제39장 ≪∞

이제 우리 이야기는 내가 서문에서 언급했던 시대에 거의 다다랐다. 다시 말해 이 이후의 이야기 대부분은 피렌체와 베네치아가 밀라노 공작 필리포를 상대로 벌인 오랜 전쟁들과 관련되어, 피렌체를 다룰 때 상세히 설명할 것이므로 여기서 더 장황하게 말할 필요는 없을 것 같다. 다만 이 대목에서 우리는 이 무렵 이탈리아의 군주들과 그 군대가 과연 어떤 상태에 놓여 있었는지 간략히 상기할 필요는 있다.

이 시기 이탈리아의 모든 국가 중 더 중요한 위치에 있는 국가들을 꼽아보자면, 우선 여왕 조반나2세가 나폴리 왕국을 지배하고 있었다. 마르케 · 파트리모니오Patrimonio di San Pietro(교황령) · 로마냐의 일부 도시들은 로마교회에 복종했고, 또 다른 일부는 비카리오Vicario(제국의 대리인)나 폭군이 강탈했다. 그중 페라라·모데나·레조는 에스테 가문이, 파엔차는 만프레디 가문이, 이몰라는 알리도시 가문이, 포를리는 오르델라피 가문이, 리미니와 페사로는 말라테스타 가문이, 카메리노는 다 바라노 가문이 차지하고 있었다.

롬바르디아의 경우 일부는 필리포 공작에게 복종하고, 다른 일부는 베네치아를 따랐다. 만토바를 다스리는 곤차가 가문 외에, 그 지역에서 자신만의 국가를 보유했던 이들은 모두 사라졌다. 피렌체는 토스카나 대부분을 지배했고, 오직 루카와 시에나만이 피렌체가 아니라 자신들의 법에 따라 살았다. 루카는 구이니지 가문의 지배를 받았고, 시에나는 자유로웠다공화국이었다. 때로는 자유로웠고, 때로는 프랑스 왕들이나 비스콘티 가문의 지배를 받던 제노바는 이제 약소국 축에 껴서 거의 존중받지 못했다.

그러나 우리가 언급한 어떤 강대국도 그 나라만의 군대로 무장하지 못했다. 방에 틀어박혀 아무도 자신을 보지 못하게 할 만큼 폐쇄적인 필리포 공작은 용병을 이용해 전쟁을 지휘했다필리포는 어린 시절 구루병을 앓아, 성인이 되어서도 오랫동안 걷거나 서 있지 못했다. 베네치아는 육지에 집착한 뒤부터 바다 위에서 자신들을 무시무시하게 만들어 주었던 무기를 내던지고, 다른 이탈리아인들의 악습을 쫓아 자신들의 군대를 남이 지휘하게 내버려 두었다.

교황과 나폴리 여왕 조반나는 각각 성직자와 여성인 자신이 무기를 드는 것은 적절하지 않다고 판단했으므로, 다른 이들이 자발적으로 행한 잘못을 부득이 저지를 수밖에 없었다. 피렌체 역시 크게 다르지 않았다. 잦은 분열로 귀족 계급이 말살되자 공화국의 업무는 장사하며 자란 사람들의 손에 맡겨졌고, 그 결과 그들은 다른 이탈리아 국가들과 똑같은 방식을 선택해서 결국 똑같은 운명을 맞이했기 때문이었다.

그런 식으로 이탈리아 군대는 약소국의 군주나 자기 땅이 없는 자들의 수중에 떨어졌다. 약소국의 군주는 명성에 대한 열정이 아니라 더 부유하고 안전하게 살기 위해 군을 이끌었으며, 어린 시절부터 군사 훈련을 받고 자라 싸움 외에는 할 줄 아는 게 없던 자들은 군을 매개로 권력이나 부를 획득해 존경받고 싶어 했다.

어릴 때부터 군사 훈련을 받고 자란 자들 가운데 가장 유명한 인물로는 프란체스코 부소네 다 카르마뇰라, 프란체스코 스포르차, 브라초의 부하였던 니콜로 피치니노, 아뇰로 델라 페르골라, 로렌초와 미켈레토 아텐돌로 형제무치오 아텐돌로 스포르차의 사촌들, 일 타르탈리아안젤로 다 라벨로(Lavello)로 '타르탈리아(Tartalgia)'는 말더듬이라는 뜻, 야코파초Jacopaccio 혹은 쟈코파초(Giacopaccio)는 제38장 주 [3]에서 설명한 바리 공작 야코포 혹은 쟈코모(Giacomo) 칼도라로 추정, 체콜리노 다 페루자, 니콜로 다 톨렌티노, 구이도 토렐로, 안토니오 달 폰테 아데라 등이 있었다. 이 밖에도 많은 용병대장이 있었고, 앞서 말한 약소국의 군주나 나폴리와 롬바르디아의 귀족과 기사들 그리고 오르시니와 콜론나 가문 같은 로마의 영주 등도 빼놓을 수 없다.

이들에게 전쟁은 무엇보다도 먹고살기 위해 택한 직업이었기에 그들은 서로를 이해하고 일종의 결속을 맺었고, 상대를 죽이는 대신 시간을 질질 끌어 대부분 전쟁을 이를 벌이는 양측 모두 패자가 되게 만드는 형편없는 기술로 바꿔 놓았으며, 그리하여 마침내 전쟁을 옛 군인의 미덕이라고는 거의 찾아볼 수 없는, 아주 평범한 지휘관조차 경멸했을 정도의 부끄러운 수준까지 타락시켜 버렸다. 하지만 놀랍게도 분별력이 없던 이탈리아는 모두가 그들을 찬양했다.

그러므로 앞으로 이 글은 이런 게으른 군주들과 이런 비열한 군대들로 가득 찰 것이다. 하지만 그러기 전에 서두에서 약속했듯이 내가 말하려는 시대의 피렌체가 어떤 상태였고, 또 천 년 동안 이탈리아를 덮친 수많은 고통 속에서 어떻게 피렌체가 지금처럼 허약해졌는지 독자들이 분명히 이해할 수 있도록 시간을 거슬러 올라가 피렌체의 기원을 서술할 것이다.

제1권

제6장

1 일디바드는 자신의 근위병인 벨라스Velas에게 살해당했다. 일디바드가 벨라스의 연인을 벨라스가 없는 동안 다른 사람과 강제로 결혼시켰기 때문이다.

2 테오도리쿠스부터 테이아까지는 493~553년으로 60년이지만, 동고트족의 마지막 요새인 베로나와 브릭시아Brixia, 현재의 브레시아(Brescia)가 정복된 것은 562년으로, 이 기간까지 합치면 70년이다.

제10장

1 그레고리오 3세는 롬바르드족의 왕 리우트프란트의 위협에 맞서기 위해 739년 피핀 3세의 아버지인 샤를 마르텔에게 도움을 요청했다.

제11장

1 사실 오스포르코라고 불렸던 교황은 시칠리아의 팔레르모에 정착한 안티오크 출신의 세르지오 1세재위 687~701년다. 시칠리아에 살 때 그는 오스포르코 즉 '돼지 얼굴Face-de-Porc'이라고 불렸다. 교황으로 선출된 후 이름을 바꾼 최초의 교황은 요한 2세재위 533~535년다. 그의 본명은 로마신화에 등장하는 12명의 주신 중 하나인 메르쿠리우스Mercurius의 이탈리아식 이름인 메르쿠리오Mercurio, 영어로는 머큐리(Mercury)였다. 옥타비아노Octavianus였던 요한 12세 재위 955~964년도 이름을 바꿨다. 그렇지만 마키아벨리가 언급한 전통이 시작된 것은 요한 14세재위 983~984년부터라고 볼 수 있다. 본명이 피에트로Pietro, 다시 말해 베드로였던 요한 14세는 제1대 교황인 성 베드로의 이름을 사용하기를 꺼려 개명했다. 그의 뒤를 이은 요한 15세재위 985~996년는 자기 이름인 조반니Giovanni, 즉 요한을 그대로 사용했으며, 그 이후의 교황들은 교황으로 선출되면 이름을 바꿨다. 단, 네덜란드 출신의 하드리아노 6세재위 1522~1523년는 자기 이름Adrian을 그대로 사용했다.

제12장

1 사실 알베리코가 이끈 지원군은 베렝가르 1세가 보낸 것이었고, 그 공로로 교황 요한 10세는 915년 12월 로마에서 베렝가르의 황제 대관식을 거행했다.

2 베렝가르 1세는 924년에 아들 없이 죽었으므로, 여기의 베렝가르는 베렝가르 2세다. 그는 베렝가르 1세의 외손자로 950년부터 961년까지 이탈리아 왕이었으며, 960년 교황령을 침공했다.

제13장

1 베렝가르 1세와 2세가 이탈리아의 왕위에 있었던 기간은 각각 37년과 12년으로 총 49년이다. 이 둘 사이에는 부르고뉴의 루돌프 2세, 아를Arles의 휴Hugh, 휴의 아들 로타르Lothair 2세가 있었다. 다만 945년부터 베렝가르 2세는 휴와 로타르 2세를 압도하는 실질적인 군주였다. 이 기간을 합치면 총 55년이다.

2 이 해의 교황은 실베스테르 2세재위 999~1003년였다. 그는 최초의 프랑스인 교황으로 오토 3세의 가정교사이자 친구였으며, 1001년 오토 3세와 함께 로마 시민들에 의해 축출되었다가 1002년 오토 3세가 병으로 죽은 직후에 로마로 돌아왔다.

제14장

1 '카노사의 굴욕'으로 유명한 카노사성城이 바로 이 마틸다 백작부인의 1046~1115년 소유였다. 중세 최고의 여전사로 평가받는 마틸다는 공작부인, 후작부인, 비카리아 임페리알레Vicaria Imperiale(제국의 대리인) 등으로도 불렸으나 '라 그란콘테사La Grancontessa(위대한 백작부인)'로 더 잘 알려져 있다.

제15장

1 이때는 황제가 아니라 독일 왕이었다. 하인리히 4세는 1050년생으로, 알렉산데르 2세에게 교황직을 단념하라고 종용한 이는 당시 하인리히 4세의 섭정이던 쾰른 대주교 안노Anno였다.

2 이 무렵에는 하인리히 4세도 로마에 입성했고, 자신이 임명한 대립 교황 클레멘스 3세재위 1080~1100년에 의해 1084년 3월 31일 신성로마제국 황제가 되었다.

제16장

1 판둘프Pandulf 4세와 구아이마르Guaimar 4세를 지칭하는 것으로 보인다. 다만, 1038년부터 1047년까지는 구아이마르 4세가 카푸아와 살레르노 모두의 군주였다.

2 굴리엘모가 죽은 뒤 그 지위는 로베르의 형들인 드로고네Drogone와 움프레도Umfredo에게 차례대로 이어졌다가, 마지막에 로베르에게 왔다. 여기에 언급된 조카들은 이 두 형의 아들들을 말하는 것으로 보인다.

제20장

1 굴리엘모 2세 디 시칠리아는 자녀가 없었고, 탕크레디는 루제로 2세 디 시칠리아의 장남인 풀리아 공작 루제로 3세의 사생아이다. 탕크레디는 굴리엘모 2세의 사촌 형이다.

2 사실 코스탄차의 아버지는 루제로 2세 디 시칠리아이고, 코스탄차와 하인리히 6세의 결혼식은 교황 우르바노 3세 시절인 1186년에 밀라노에서 치러졌다. 당시 코스탄차는 32세, 하인리히 6세는 21세였다.

제22장

1 단테는 『신곡』 「지옥편」 12장 '이웃에 대한 폭력I violenti contro il prossimo'에서, 에첼리노 3세는 백성들에게 폭력을 행사한 폭군들과 함께 끓는 피의 강에 눈까지 잠겨 있다고 설명한 뒤, "그중에서 이마가 검은 자가 바로 아촐리노E quella fronte c'ha 'il pel cosi nero, è Azzolino" 즉 에첼리노라고 설명한다. 『Princeton Dante Project, Dante's Divine Comedy단테의 신곡』 「Inferno지옥편」, Canto XII, Line 109~110 참조.

제25장

1 스스로 사임한 최초의 교황은 지금까지 확인된 바로는 베네딕토 9세이다. 1032년, 열여덟 혹은 스물다섯 살에 교황으로 선출된 그는 방탕한 생활과 당파 간의 갈등으로 1044년 말 또는 1045년 초 강제 퇴위를 당했지만, 1045년 3월 복위한 뒤 같은 해 5월에 결혼하기 위해 스스로 교황직을 사임했다. 그러나 곧 이를 후회하고, 1047년 클레멘스 2세가 사망하자 라테란 궁

전을 장악해 다시 교황이 되었지만, 1048년 하인리히 3세에 의해 또다시 쫓겨났다 제1권 제13장 참조.

제26장

1 마키아벨리는 그의 『카스트루초 카스트라카니의 생애』라는 글의 끝에서, 만일 카스트루초가 루카가 아니라 마케도니아나 로마에서 태어났다면, 알렉산더 대왕의 아버지 필리포스 2세나 한니발을 격파한 스키피오 아프리카누스를 능가했을 것이라고 적었다.

제27장

1 잔 갈레아초는 1360년 프랑스 왕 장 2세의 딸 발루아의 이사벨라와 결혼하고, 그 지참금으로 베르튀 Vertus, 프랑스어로 '덕(德)'이라는 뜻 지방을 얻었다. 이 영지로 인해 잔 갈레아초는 콘테 디 비르투 Conte di Virtù, 즉 '덕의 백작'이라는 별명을 갖게 되었다.

제29장

1 롬바르드족의 왕 중에도 리우트프란트 Liutprand, 재위 712~744년가 있다 제1권 제10장 주[1] 참조.

제34장

1 알베리코는 외국의 용병대장들이 자행한 파엔차 1376년와 체세나 1377년에서의 민간인 학살과 약탈에 환멸을 느끼고, 1378년 이탈리아인들로만 구성된 산 조르조 부대를 창설했다.

2 잔 마리아 비스콘티와 파치노 카네는 우연히도 같은 날 1412년 5월 16일에 죽은 것으로 전해진다. 잔 마리아는 자신의 개들을 훈련 시켜 사람을 물어 죽인 것으로 악명 높았다. 그는 파치노 카네의 책략에 속아 어머니인 카테리나 비스콘티를 1404년 몬차 성에 가두었다. 카테리나는 두 달 후 독살당했다.

제35장

1 루도비코 밀리오라티는 인노첸시오 7세와 회담을 마치고 돌아가는 로마 귀족 11명을 사로잡아 자신의 집에서 죽였다. 교황이 비테르보로 피신한 것은

이 때문이었다. 나중에 루도비코가 한 일이 교황과 관계없다는 것이 밝혀져, 교황은 로마로 돌아올 수 있었다.

제36장

1 사실 베네딕투스 13세는 죽을 때까지 자신이 정당한 교황이라고 주장했고, 1422년에는 4명의 추기경을 새로 임명하기도 했다. 그는 1423년 발렌시아의 페니스콜라에서 사망했으며, 그곳에서는 지금도 '파파 루나Papa Luna(달빛 교황)'로 기억되고 있다. 루나는 그의 속명인 '페드로 마르티네즈 데 루나'에서 따온 것이다.

제38장

1 산 조르조 부대를 만든 알베리코 다 바르비아노는 무치오 아텐톨로의 강인함과 전세를 뒤집는 뛰어난 용기를 보고, 그에게 '스포르차Sforza(강한)'라는 별명을 붙여 주었다고 한다.

2 알폰소 5세는 다수의 적에게 둘러싸일 것을 두려워했는데, 필리포가 반 아라곤 동맹에 합류하고 동생들이 카스티야에서 어려움을 겪고 있다는 소식을 듣자, 나폴리를 떠나 아라곤으로 갔다.

3 스물세 살의 프란체스코 스포르차가 이 전투에 참여한 것은 맞지만, 브라초를 무찌른 연합군마르티노 5세·조반나 2세·루이 3세의 최고사령관은 55세의 바리 공작 야코포 칼도라Jacopo Caldora였다.

1216년 부온델몬테의 결혼과 죽음으로 시작하는 제2권은 부온델몬티와 우베르티 가문의 충돌 및 구엘프교황파와 기벨린황제파의 갈등을 거쳐, 비앙키백당와 네리흑당로 갈라졌다가 다시 귀족과 평민의 대립으로 갈기갈기 찢어지는 피렌체의 분열상을 극명하게 보여 준 뒤, 서로 외세를 이용해 상대를 제압하려다 급기야 피비린내 나는 전투 끝에 평민이 승리하고 귀족이 몰락하는 1343년에서 끝이 난다.

제2권

13~15세기 피렌체 시내 지도

메디치 궁전

조토의 종탑
산 조반니 세례당

산타 마리아 누오바 병원

산타 마리아 델 피오레 대성당
산 조반니 광장

단테 생가

파치 가문 저택

오르 산 미켈레 성당

산 프로콜로 성당

산 피에르 마조레 성당

카피타노 궁

시뇨리아 광장

산타폴리나레 광장

레 스틴케 감옥

시뇨리아 궁

산타 크로체 성당

산타 크로체 광장

산 피에르 스케라조 성당

바라디 가문의 집들

루바콘테 다리

아르노강

모치 광장

지금은 소홀히 여기지만, 옛 공화국과 군주국의 위대하고 경이로운 행위 중 하나는 처음부터 끝까지 많은 도시를 건설했다는 점이다. 사실 방어나 경작을 위해 사람들이 정착할 새로운 도시를 건설하는 것만큼 잘 조직된 공화국과 훌륭한 군주에게 더 가치 있는 일은 없으며, 또 국가에 더 유용한 일도 없다.

고대인로마인들은 이 일을 쉽게 했다. 그들은 자신들이 정복했거나 비어 있는 것을 알게 된 지역에 '콜로니Colòni(이민단)'라는 이름의 새로운 주민들을 보냈기 때문이었다. 이런 방법은 새로운 도시의 건설로 이어져 정복한 지역을 더 안전하게 만들고 버려진 곳을 주민들로 채웠으며, 사람들을 그 지역의 구석구석에 배치했다. 이로 인해 더 편하게 살게 된 사람들은 자연히 그 수가 급증했으며, 공격은 더 신속하게 그리고 방어는 더 확실하게 할 수 있었다.

이 좋은 전통이 오늘날 공화국과 군주들의 현명하지 못한 처신으로 사라지자 곳곳이 약해지고 쇠퇴했다. 앞서 말한 것처럼 이런 전통만이 제국의 안전을 확립하고, 지방을 사람이 살만한 곳으로 만들어 주기 때문이다. 다시 말하지만 안전은 이런 전통 덕분이다. 군주가 새로 장악한 지역에 건설한 정착촌은 그곳 주민들의 충성과 복종을 끌어내는 요새이자 수비대의 역할을 톡톡히 해내기 때문이다.

게다가 실제로 이런 방법을 쓰지 않고는 한 지역에 사람이 계속 살게 할 수도 없고, 또 그 지역 전체에 인구를 골고루 배분할 수도 없다. 한 지역의 모든 곳이 다 생산적이거나 위생적이지는 않을 것이므로, 어떤 곳은 사람들로 넘쳐나고 다른 곳은 사람들이 모자라는 일이 생기기 때문이다. 그럴 경우에 만약 사람들을 그 수가 급격히 늘어난 곳에서 빼내 너무 모자란 곳으로 가게 할 방법이 없다면, 그 지역은 곧 엉망이 될 것이다. 한 곳은 사람이 너무 없어서 황폐해지고, 다른 곳은 사람이 너무 많아서 가난해지기 때문이다.

자연은 이런 해악을 스스로 고칠 수 없으므로, 인간의 노력으로 이를 바로잡아야 한다. 비위생적인 지역은 수많은 사람이 그 지역에 정착해 농사를 지어 땅을 깨끗이 하고 불을 피워 공기를 정화할 때 위생적으로 바뀌기 때문이다. 이것은 절대로 자연이 이룰 수 없는 일이다.

이는 오염된 늪지대에 건설된 베네치아의 사례에서 똑똑히 알 수 있다. 앞서 얘기했듯이 한꺼번에 모여든 엄청난 수의 군중은 단번에 베네치아를 위생적인 곳으로 변모시켰기 때문이었다. 피사 역시 악취 나는 공기 탓에 제노바와 그 해안가가 파티마 왕조의 사라센인에 의해 황폐해질 때까지934년 6월과 935년 8월, 결코 사람들로 붐비지 않았다. 하지만 사라센인의 침략으로 조상 대대로 살던 집에서 쫓겨난 수많은 이가 동시에 피사로 몰려들자, 피사는 짧은 시간 만에 번화하고 강력한 도시로 탈바꿈했다.

그러나 이주민을 보내는 이런 전통이 없어지면서 정복한 지역들은 더 큰 어려움에 봉착하게 되었고, 비어 있는 지역들은 결코 사람들로 채워지지 않았으며, 사람이 너무 많은 지역은 끝내 인구의 과잉에서 벗어나지 못했다. 그 결과 세상의, 특히 이탈리아의 많은 지역이 고대로마 시대보다 훨씬 황폐해졌다. 이 모든 일은 이탈리아의 군주들이 진정한 영광에 대한 열망을 잃어버리고, 작금의 공화국들이 칭찬받을 만한 제도를 따르지 않아 일어났으며, 또 지금도 일어나고 있다.

그렇지만 고대에는 이런 이민화 정책 덕분에 많은 도시가 새로 건

설되거나 혹은 이미 있던 도시들이 성장했다. 그중 하나가 피에졸
레에서 시작해 로마의 이민화 정책으로 성장한 피렌체였다.

ᘒᚆᚆᚆ 제2장 ᚆᚆᚆᘒ

단테와 조반니 빌라니피렌체의 연대기 작가가 묘사한 것처럼 피에졸레
마을은 산 정상에 있었던 게 거의 확실하다[1]. 하지만 피에졸레 주민
들은 더 많은 상인이 더 많은 상품을 가져올 수 있게, 그리고 상품
을 가져온 상인들에게 더 많은 편의를 제공하기 위해서 시장을 산
허리가 아니라 산기슭과 아르노강 사이의 평원에 마련했다.

추측건대 이 시장과 상품을 보관할 넓은 창고를 원한 상인들 때
문에 처음으로 건물들이 세워졌고, 그것들은 세월이 지나면서 영구
적인 구조물로 바뀌었으며, 나중에 로마가 카르타고를 정복하고BC
146년 이탈리아를 외부의 적으로부터 안전한 나라로 만들었을 때 그
건물 수는 폭발적으로 증가했을 것이다. 왜냐하면 꼭 필요한 경우
가 아니면 결코 불편을 감수하지 않는 것이 인간의 속성이므로, 전
쟁을 두려워한 이들은 척박하나 접근하기 어려운 곳에서도 기꺼이
살지만, 전쟁이 끝나고 두려움이 사라지면 사람들은 당연히 더 편
리하고 안락한 곳으로 옮겨가기 때문이다.

따라서 로마공화국의 명성으로 이탈리아 전역에 안전이 확보되
자 앞서 말한 건물들의 수는 크게 늘어났고, 그렇게 해서 그곳은 그
초기에 '빌라 아르니나Villa Arnina [2]'라고 불린 도시가 되었다여기서 빌라
(Villa)는 시골에 있는 별장이나 저택이 아니라 '도시'라는 뜻이다.

그 후로 오랜 시간이 지나 로마에서 처음 마리우스와 술라 사이

에BC 88~82년, 그 뒤 카이사르와 폼페이우스 사이에BC 49~46년, 그리고 그 얼마 뒤 카이사르를 죽인 자들과 카이사르의 복수를 원하는 이들 사이에BC 44~42년 내전이 발발했다. 그 결과 처음에는 술라에 의해, 그리고 나중에는 카이사르의 복수를 끝내고 자기들끼리 제국을 나누어 가진 3인옥타비아누스·안토니우스·레피두스 위원회에 의해 피에졸레로 이주민들이 보내졌고, 이들 중 전부 또는 일부가 이미 존재하던 도시 인근의 평원에 주거지를 마련했다. 이로 인해 그곳은 사람들과 건물들은 물론이고 시민 생활에 필요한 모든 것으로 가득 차게 되었으며, 그 이후부터 이탈리아의 한 도시로 당당히 인정받을 수 있었다.

그렇지만 '플로렌치아Florenzia, 피렌체(Firenze)의 옛 이름'라는 이름이 어떻게 유래되었는지에 대해서는 의견이 분분하다. 어떤 이들은 이민단의 수장 중 한 명인 '플로리누스Florinus'에서 그 이름을 따온 것이라 하고, 다른 이들은 피렌체가 아르노강 옆에 위치해 있어 처음에 그 이름은 '플로렌치아Florenzia'가 아니라 '플루엔치아Fluenzia'였다고 하며, 그 증거로 "플루엔티니는 아르노강이 흐르는 근처에 산다I Fluentini sono propinqui ad Arno fluente"라고 말한 대(大)플리니우스『박물지』의 저자를 인용한다.

그러나 인용된 문장에서 플리니우스는 플루엔티니가 왜 그렇게 불렸는지가 아니라 그들이 어디에 거주했는지를 보여 주고 있으므로 이 주장은 설득력이 떨어진다. 게다가 플루엔티니란 단어는 플리니우스와 거의 같은 시대1세기 후반에서 2세기 초에 글을 썼던 프론티누스3와 코르넬리우스 타키투스『역사』의 저자가 모두 그 도시를 '플로렌치아'로, 그리고 그곳 사람들을 '플로렌티니Florentini'로 부른 점을 고려할 때 그 원형이 손상됐다고 보는 것이 맞다. 이미 티베리우스로마제국의 2대 황제 시대부터 피렌체는 다른 이탈리아 도시들과 같은 방식으로 다스려졌으며, 타키투스는 플로렌티니의 사절단이 황제를 찾아와 키아나강의 강물이 도시로 쏟아지지 않게 해 달라는 탄원을 올렸다고 언급하고 있기 때문이다.

또한 한 도시가 동시에 두 개의 이름으로 알려져 있었다고 가정하는 것은 전혀 합리적이지 않으므로, 어떤 이유로 그렇게 불렸든 그 도시는 항상 '플로렌치아'라고 불렸고, 그 기원이 어디든 그 도시는 로마제국의 보호 아래 생겨났으며, 최초 황제들의 시대에 이미 역사가들에 의해 기록되기 시작했다고 나는 믿는다.

훗날 제국이 야만인들의 침략으로 괴롭힘을 당할 때, 피렌체 역시 동고트족의 왕 토틸라재위 541~552에게 파괴되었다가 250년 후 샤를마뉴 대제에 의해 재건되었다. 그때부터 그리스도력 1215년까지, 피렌체는 이탈리아를 호령했던 이들의 운명을 따랐다. 그 시대에 피렌체를 지배했던 자들은 우리가 앞서 총론제1권에서 살펴본 것처럼 처음에는 샤를마뉴의 후손이었고, 그 뒤에는 베렝가르들이었으며, 마지막에는 독일의 황제들이었다. 이 시기 내내 피렌체 시민들은 그들을 지배하는 강자들에게 억눌려 인구를 늘리지도, 또 기억에 남을 만한 가치 있는 일을 이루지도 못했다.

그렇지만 피렌체 시민들은 1010년 피에졸레 주민들한테는 성스러운 기념일인 성 로물루스피에졸레의 수호성인으로 1세기경의 성직자였다. 전설에 따르면 그는 베드로의 제자였다고 한다의 날7월 6일에 피에졸레를 약탈하고 파괴하기도 했다. 그들은 황제의 승인을 얻었거나 혹은 한 황제오토 3세가 죽고1002년 다른 황제가 선출되지 않아오토 3세의 뒤를 이은 하인리히 2세는 1014년 제위에 올랐다 그들이 조금 더 자유롭게 행동할 수 있는 기간에 이 파괴를 자행했다.

하지만 이탈리아에서 교황이 더 많은 권한을 획득하고 독일 황제들이 힘을 잃게 되자, 제국은 존경을 점점 잃어가고 이탈리아의 많은 도시가 스스로 자신을 다스렸다. 그렇게 해서 1080년실은 1077년 카노사의 굴욕 하인리히 3세실은 4세 시대에 이르러 이탈리아는 하인리히와 로마교회 사이에서 완전히 분열되었다. 그럼에도 1215년까지 피렌체는 내부의 단결을 유지하고 외부의 정복자들에게 복종하며, 자신의 안전을 확보하는 것 외에는 다른 길을 모색하지 않았다.

그러나 가장 늦게 오는 질병이 우리 몸에 가장 위험하고 치명적이듯이, 이와 유사한 일이 피렌체에도 일어났다. 비록 이탈리아의 분열에는 가장 늦게 참여했지만, 그로 인해 훗날 피렌체는 다른 누구보다도 더 많은 고통을 겪었기 때문이었다. 첫 분열의 원인은 단테를 비롯한 많은 다른 작가들이 다루어 널리 알려졌지만[4] 그래도 여기서 잠깐 이를 언급할 필요는 있을 것이다.

ᗊᗊᗊ 제3장 ᗘᗘᗘ

이 당시 피렌체의 가장 유력한 가문은 부온델몬티와 우베르티 가문이었다. 이들 다음으로는 아미데이와 도나티 가문의 세력이 컸다. 도나티 가문에는 매우 아름다운 딸을 둔 부유한 미망인이 있었다. 이 미망인은 자기 딸을 젊은 기사이자 부온델몬티 가문의 수장인 부온델몬테와 결혼시킬 마음을 홀로 품고 있었다. 하지만 게을러서 그랬는지, 아니면 굳이 서두를 필요가 없다고 생각했는지 그녀는 누구에게도 속마음을 밝히지 않았다. 그러다가 부온델몬테가 아미데이 가문의 젊은 여인과 약혼하는 일이 발생했다. 그 소식을 들은 미망인은 짜증이 극에 달했으나, 결혼식 전에 딸의 미모로 이를 뒤집을 수 있기를 바랐다.

그러던 어느 날 자기 집 쪽으로 부온델몬테가 혼자 걸어오는 것을 본 그녀는 딸을 뒤따라오게 하고 황급히 계단을 내려갔다. 그녀는 부온델몬테가 막 집 앞을 지나가려 할 때 간신히 그를 붙잡았다.

"신붓감을 고르셨다니 정말 기뻐요. 아쉽게도 나는 당신을 위해 오랫동안 내 딸을 아껴두었지만 말이에요."

그렇게 말하며 미망인은 대문을 활짝 열어젖혀 그가 자기 딸을 볼 수 있게 했다. 딸의 보기 드문 미모를 본 젊은 기사는 그녀의 혈통과 지참금이 자신의 약혼녀에 절대 뒤지지 않는다고 판단하고, 그녀를 가지려는 욕망에 불타올라 자기가 한 맹세와 이를 깨뜨렸을 때 상대가 받을 상처 그리고 약혼을 깬 후 맞닥뜨릴 해악들은 전혀 고려하지 않고 대답했다.

"저를 위해 따님을 아껴두신 데다 아직 늦지 않았으니, 따님을 거절한다며 저는 정말 배은망덕한 인간이 되고 말 겁니다."

〈부온델몬테의 결혼식〉 프란체스코 사베리오 알타무라Francesco Saverio Altamura

그 뒤, 그는 곧바로 그 미망인의 딸과 결혼식을 올렸다.

이 일이 알려지자, 혼인을 통해 인척 관계에 있던 아미데이와 우베르티 가문은 크게 분노했다. 그들은 많은 가까운 지인들을 불러 모아 놓고, 이 치욕을 그냥 참고 넘어가면 자신들의 가문은 남들의 웃음거리가 될 게 분명하니 부온델몬테를 죽여 이 수모를 씻자고 결론 내렸다. 비록 그들 중 몇몇이 그런 행동에 뒤따를 해악을 지적했지만, 모스카 람베르티는 생각이 너무 많으면 결국 아무것도 하지 못한다며, 이제는 낡은 격언이 된 단테의 저 유명한 구절을 큰소리로 외쳤다.

"카포 아 코사 파타Capo ha cosa fatta (주사위는 던져졌다)![1]"

그리하여 그들은 이 살인을 모스카 람베르티 · 스티아타 우베르티 · 람베르투초 아미데이 · 오데리고 피판티에게 맡겼다. 부활절 아침, 베키오 다리폰테 베키오[2]와 산토 스테파노 성당 사이에 있는 아미데이 가문의 집에 숨어 있던 그들은, 부온델몬테가 자신이 결혼을 취소한 것처럼 상대도 자기가 입힌 상처를 쉽게 잊을 것이라고 제 편한 대로 생각하며 백마를 타고 아르노강 위를 건널 때, 갑자기 덤벼들어 다리 끝에 서 있던 마르스로마의 군신(軍神) 동상 밑에서 그를 죽였다1216년.

이 살인으로 도시 전체는 둘로 쪼개져 한쪽은 부온델몬티 가문을, 다른 한쪽은 우베르티 가문을 지지했다. 이 가문들은 모두 일족도 많고 요새와 부하들도 강해서 여러 해를 싸웠지만 한쪽이 다른 한쪽을 도시 밖으로 몰아내지 못했다. 그렇게 적의가 완전히 해소되지 않은 상태에서 휴전이 이루어졌기 때문에 서로에 대한 적의는 새로운 사건이 생길 때마다 때로는 가라앉고 또 때로는 끓어올랐다.

　나폴리 왕국의 왕으로 로마교회에 맞서 자신의 권한을 강화하려고 애쓴 프리드리히 2세재위 1198년~1250년 시대까지 피렌체는 계속 이런 혼란을 겪었다. 토스카나에서 자신의 세력을 확고히 하기 위해 황제는 우베르티 가문과 그 추종자들을 지지했고, 황제의 지지를 받은 그들은 부온델몬티 가문을 쫓아냈다1248년. 그렇게 해서 피렌체 역시 나머지 이탈리아와 마찬가지로 구엘프교황파와 기벨린황제파으로 분열되었다.

　여기서 각 파벌에 참여했던 가문들을 기록하는 일도 나쁘지는 않을 것이다. 그때 구엘프를 지지했던 가문으로는 부온델몬티·네를리·로시·프레스코발디·모치·바르디·풀치·게라르디니·포라보스키·바녜시·구이다로티·사케티·마니에리·루카르데시·키아라몬테시·콤피오베시·카발칸티·잔도나티·잔필리아치·스칼리·구알테로티·임포르투니·보스티키·토르나퀸치·베키에티·토신기·아리구치·알리·시치·아디마리·비스도미니·도나티·파치·델라벨라·아르딘기·테달디·체르키 등이 있었다.

　기벨린을 지지했던 가문은 우베르티·만넬리·우브리아키·피판티·아미데이·인판가티·말레스피니·스콜라리·구이디·갈리·카피아르디·람베르티·솔다니에리·치프리아니·토스키·아미에리·팔레르미니·밀리오렐리·필리·바루치·카타니·아골란티·부르넬레스키·카폰사키·엘레세이·아바티·테달디니·주오키·갈리가이 등이 있었다. 이 가문들 외에 많은 평민 가문 역시 두 당파 중 어느 한쪽과 행동을 함께했으므로, 도시 전체가 분열로 거의 파괴될 지경이었다.

피렌체市에서 추방당한 구엘프는 자신들의 요새가 많이 있는 발다르노 수페리오레Valdarno Superiore, 피렌체와 아레초 중간에 위치의 마을들로 물러났고, 거기서 최선을 다해 기벨린의 공격을 막았다. 그러다가 프리드리히가 죽자1250년 12월, 계속 중립을 지키며 사람들의 큰 신뢰를 받았던 일군의 시민들은 이렇게 분열된 채 싸우다 도시를 파멸에 빠뜨리느니 어떻게든 재통합하는 편이 더 낫겠다고 판단했다. 그래서 구엘프에게는 상처를 잊고 집으로 돌아오라고 촉구했으며, 기벨린한테는 구엘프에 대한 의심을 풀고 그들을 진심으로 받아들이라고 설득했다. 그리하여 재통합에 성공한 시민들은 새 황제가 세력을 얻기 전에 자유로운 정부 형태를 채택해서 자신을 지킬 수단을 마련할 좋은 기회가 찾아왔다고 생각했다.

ᘒᕽ 제5장 ᕽᘒ

피렌체 시민들은 도시를 여섯 구역sestière으로 나누고 구역당 2명씩, 도시를 다스릴 총 12명의 시민을 선출했다. 12명의 시민은 '안치아니Anziani(원로들)'라고 불렸고, 매년 교체되었다. 또한, 그들은 정의를 집행할 때 사적인 원한이 개입되는 것을 막기 위해 '카피타노 델 포폴로Capitano del Popolo(민중의 지도자)'와 '포데스타Podestà(중세 이탈리아 자치도시의 시장 혹은 장관)'로 불리는 2명의 외국인 판관을 임명해 시민들 사이에 발생하는 모든 민형사상 분쟁을 해결하게 했다.

한편 피렌체 시민들은 어떤 제도도 이를 지킬 수단이 없으면 절대 안정될 수 없다는 것을 알고 있었으므로, 도시 안에 20개 그리고 교외에 76개의 기치를 세워부대를 만들어 모든 젊은이를 그 기치 아래 등록시킨 뒤, 누구든 카피타노나 안치아니가 부르면 언제라도 무장하고 소속된 기치 아래로 모여야 한다고 규정했다. 그들은 지닌 무기에 따라 젊은이들에게 다른 휘장을 주었다. 그래서 석궁병과 방패를 들고 다니는 병사는 서로 다른 휘장을 사용했다.

매년 오순절성령강림절 피렌체 시민들은 아주 장엄한 의식을 통해 전 군에 배치된 신병들에게 새 휘장을 나눠 주고, 각 부대에 새 지휘관을 임명했다. 그들은 자신들의 군대에 위엄을 부여하는 동시에 전투에서 패한 이들이 퇴각할 수 있고 또 재집결해 다시 전투를 벌일 수 있는 지점을 알려 주기 위해, 붉은 천을 덮은 두 마리 혹은 네 마리 황소가 끄는 적색과 백색의 깃발이 꽂힌 '카로초Carroccio'라고 불리는 큰 마차중세 이탈리아에서 사용된 소가 끄는 전차(戰車)도 한 대 제공했다. 그들은 군대를 전장에 내보낼 때마다 이 마차를 메르카토 누오보Mercato Nuovo(신新 시장)로 가져와 장엄한 의식 속에서 군의 수장들에게 넘겨 주었다.

이 밖에도 그들은 자신들의 전쟁에 엄숙함을 부여하기 위해 마르티넬라Martinella란 이름의 커다란 종을, 적들이 방어를 준비할 시간을 충분히 가질 수 있도록 군대가 도시 밖으로 출격하기 한 달 전

출처 : Wikipedia

〈1176년 레냐노 전투 중에 사용된 카로초〉
마시모 다첼리오Massimo d'Azeglio

부터 계속 울렸다. 그 옛날에 사람들의 내면에는 미덕용기이 가득했고 그들의 정신은 그만큼 넓고 커서 몰래 적을 공격하는 짓을 현명하고 칭찬할 만한 전술로 평가하는 요즘과 달리, 이를 매우 수치스럽고 비열한 행위로 간주했기 때문이었다. 그들은 이 종을 전장에 가져가 경계를 서거나 전쟁에 필요한 다른 작전을 지시할 때도 사용했다.

◈◈ 제6장 ◈◈

이런 사회적·군사적 토대 위에서 피렌체는 자유를 확립했다. 짧은 시간 만에 피렌체가 얼마나 큰 권위와 세력을 획득했는지 상상하기 힘들 것이다. 피렌체는 토스카나의 1인자가 되었을 뿐만 아니라 이탈리아 전체의 제일가는 도시들에 포함됐다. 만일 계속 발생한 새로운 분열들이 피렌체의 발목을 잡지만 않았다면, 피렌체는 진실로 위대한 국가의 반열에 올라섰을 것이다.

아무튼 제5장에서 설명한 체제하에서 피렌체 시민들은 10년1251~1260년 동안 살았다. 그 시기에 그들은 자신들과 동맹을 맺도록 피사와 아레초와 시에나를 강제했으며, 시에나를 포위 공격하고 돌아오다 볼테라市를 점령하고, 그 주변의 요새 마을들을 파괴한 뒤 강제로 그 주민들을 피렌체로 이주시켰다.

이 모든 원정은 이 무렵 기벨린보다 훨씬 더 강한 힘을 갖게 된 구엘프의 주도로 이루어졌다. 전과 달리 기벨린보다 구엘프가 더 강해진 이유는, 한편으로 프리드리히2세 시대에 권력을 잡은 기벨린의 거만한 행동으로 인해 사람들이 기벨린을 미워했고, 다른 한편으로 황제 치하에서 자유를 잃을까 두려워한 시민들이 로마교회의 도움으로 자유를 지키기를 희망하며, 황제파인 기벨린보다 교황파인 구엘프를 더 선호했기 때문이었다.

하지만 권력을 잃어가던 이미 1251년에 상당수의 기벨린이 피렌체에서 추방되었다 기벨린도 잠자코 가만있지는 않았고, 다시 권력을 잡을 기회를 호시탐탐 노리고 있었다. 그들은 프리드리히2세의 아들 만프레디가 스스로 나폴리 왕국의 주인이 되어 1258년 8월 교회의 권위를 흔드는 것을 보자, 드디어 때가 왔다고 생각했다. 그리하여 그들은 권력을 되찾기 위해 몰래 만프레디와 음모를 꾸몄다.

그러나 기벨린은 이 음모를 감쪽같이 숨기지 못하고, 결국 안치아니에게 발각되었다. 안치아니는 즉시 우베리티 가문에 소환장을 보내 출석을 명령했다. 그렇지만 그들은 소환에 불응한 채 무기를 들고 집 안에서 방비를 강화했다. 그러자 이에 격분한 시민들 역시 스스로 무장을 갖춘 후, 구엘프의 도움을 받아 우베르티 가문이 모든 기벨린과 함께 시에나로 떠나도록 만들었다 1258년.

시에나에서 기벨린은 만프레디에게 도움을 청했고, 파리나타 델리 우베르티 덕분에 왕의 군대는 아르비아강 인근에서 구엘프를 크게 무찔렀다 1260년

〈파리나타 델리 우베르티〉
안드레아 델 카스타뇨 Andrea del Castagno

출처 : Wikipedia

몬타페르티 전투. 그 전투에서 살아남은 구엘프는 도시를 잃었다고 판단하고, 피렌체가 아니라 루카로 피신했다.

기벨린을 돕기 위해 만프레디가 보낸 군대는 당시 전장에서 명성이 자자하던 조르다노 달리아노d'Agliano 백작이 지휘하고 있었다. 전투에서 승리한 백작은 기벨린과 함께 피렌체로 들어가 행정장관직을 포함해 자유의 모습을 간직한 모든 제도를 폐지하고 피렌체를 만프레디에게 철저히 복종시켰다. 그러나 분별없이 행해진 이 침해는 도시 전체에 극도의 적대감을 불러일으켜, 단순히 기벨린을 좋아하지 않던 이들까지 기벨린을 매우 혐오하게 만들었으며, 그 결과 머지않아 기벨린이 파멸하는 원인이 되었다.

왕국의 긴급 사태로마교회와의 전쟁 때문에 나폴리로 소환된 조르다노 백작은 왕실의 대리인으로 카센티노 영주 구이도 노벨로 백작을 피렌체에 남겨 두었다. 구이도 노벨로는 엠폴리에서 기벨린 회의를 소집했고, 만일 기벨린이 토스카나 지방에서 계속 권력을 유지하려면, 능력 있고 수도 많은 내부의 구엘프로 인해 혼자서도 로마교회의 세력을 온전히 회복할 수 있는 피렌체를 아예 파괴할 필요가 있다고 결론지었다1260년 9월 말.

그토록 고귀한 도시에 내려진 이 잔인한 선고에 반대하는 피렌체 시민이나 친구는 아무도 없었다. 오직 파리나타 델리 우베르티만이 일말의 망설임이나 두려움 없이 자리에서 일어나 공개적으로 피렌체를 옹호했다.

엠폴리에 있는 파리나타 델리 우베르티 광장

　"만약 나와 내 아이들이 태어난 피렌체에서 다시 살 수 있을 것이라는 희망이 없었다면, 나는 절대 그렇게 많은 고난과 위험을 감수하지 않았을 것이며, 앞으로도 그토록 오랫동안 추구해왔던 소망피렌체에서 다시 사는 것을 포기하거나, 혹은 운명의 여신이 나한테 준 축복피렌체가 조국이라는 사실을 거부하는 일은 결코 없을 것이오. 그러므로 만일 여러분 중 이런 내 마음과 다른 결정을 하는 자들이 있다면, 나는 과거에 구엘프의 적이었던 것처럼 이제 기꺼이 그자들의 원수가 될 것이고, 만일 그들 중 누군가가 나의 조국 피렌체가 두려워 감히 이를 파괴하려 든다면, 구엘프를 몰아냈던 바로 그 용기와 의지로 끝까지 조국을 지켜낼 것이오."

　파리나타는 기벨린의 수장이자 강인한 의지의 소유자로 전장에서도 탁월했으며, 만프레디의 큰 존경을 받는 인물이었다. 따라서 그의 권위는 토스카나에서 기벨린이 권력을 계속 유지하려면 피렌체를 파괴해야 한다는 논의에 종지부를 찍었고, 그들은 피렌체를 보존하면서 자신들의 권력을 확고히 할 다른 방법을 숙고하기 시작했다.

<h2 style="text-align:center">꙳꙳꙳ 제8장 ꙳꙳꙳</h2>

루카로 피신했던 구엘프는 구이도 백작의 위협을 받은 루카 시민들에게 쫓겨나 다시 볼로냐로 갔다. 그곳에서 기벨린과 싸우던 파르마 구엘프의 요청을 받고 파르마로 달려가 자신들의 미덕으로 적을 물리치고, 적의 모든 재산을 차지했다1262년.

그렇게 해서 부와 명성을 회복한 그들은, 교황 클레멘스4세가 나폴리 왕국에서 만프레디를 쫓아내기 위해 앙주의 샤를1세을 불렀다는 소식을 듣고는 교황에게 사절을 보내 군대를 제공하겠다고 밝혔다1265년. 파리나타는 1264년 11월에 사망했다. 교황은 그들을 친구로 받아들였을 뿐만 아니라 자신의 기치를 수여했다. 그 깃발은 그 이후 줄곧 구엘프가 전쟁에 들고 다녔으며, 피렌체에서는 지금도 여전히 사용하고 있다.

그 후 만프레디는 샤를에게 나폴리 왕국을 빼앗기고 살해당했으며1266년 베네벤토 전투, 피렌체 구엘프는 그 일을 도왔기 때문에 세력이 강화된 반면 기벨린의 세력은 약해졌다. 그러자 구이도 노벨로 백작과 함께 피렌체를 다스리던 기벨린은 이제라도 뭔가 양보를 해서 그때까지 갖은 방법으로 괴롭히던 사람들을 달래는 것이 좋겠다고 판단했다.

그렇지만 상황이 이렇게 되기 전에 사용했다면 유익했을 그 해결책은 마지못해 그것도 너무 늦게 도입된 탓에 기벨린에게 전혀 도움이 되지 못하고, 도리어 그들의 파멸을 앞당기는 계기가 되었다. 여하튼 기벨린은 빼앗았던 명예와 권한을 일부 돌려주면 사람들을 자기편으로 만들 수 있다고 생각하고, 볼로냐에서 데려온 2명의 기사와 함께 피렌체를 재건할 36명의 덕망 있는 시민을 선출했다.

이 위원들은 첫 회의에서 도시 전체를 아르테Arte, 중세의 상인·수공업자 조합, 즉 길드로 나누고, 길드마다 그 구성원들에게 정의를 집행할 관리를 한 명씩 임명했다. 나아가 이들은 각 길드에 도시가 요구하면 언제라도 무장을 하고 출두해야 하는 깃발을 하나씩 부여했다. 처음에 길드는 보다 큰 길드 7개와 보다 작은 길드 5개로 총 12개였으나 작은 길드가 14개로 증가해 현재와 같이 총 21개가 되었다.

✽ 제9장 ✽

36명의 위원이 도시 전체의 이익을 위해 다른 개혁을 고민하는 동안, 구이도 백작은 병사들을 부양할 목적으로 시민들에게 세금을 부과했다가 커다란 저항에 직면했다. 그렇다고 세금을 징수하기 위해 무력을 사용할 용기까지는 없었던 백작은 정부의 권한을 잃었다고 생각하고 기벨린 수장들을 불러 회의를 열었다. 그 회의에서 그들은 사람들한테 무분별하게 양보했던 권한을 다시 강제로 빼앗기로 하고, 부하들을 무장시킨 뒤 36명의 위원이 회의실에 모여 있을 때 큰 소동을 일으켰다. 그러자 이에 놀란 위원들은 모두 겁에 질려 집으로 돌아갔다.

하지만 곧 무장한 많은 시민이 길드의 기치들을 휘날리며 나타났다. 그들은 구이도 백작과 그 일당이 산 조반니 세례당에 있다는 사실을 알아내고, 산타 트리니타 성당에 모여 조반니 솔다니에리를 자신들의 지도자로 뽑았다. 한편 무장한 시민들이 어디 있는지 알게 된 백작은 그들을 공격하러 갔다. 시민들 역시 싸움에서 도망치지 않고 오히려 적을 향해 전진했으며, 오늘날 토르나퀸치 가문의 로자Loggia, 한쪽에 벽이 없는 복도 혹은 복도 모양의 방가 서 있는 곳에서 백작과 크게 싸워 그의 많은 부하를 죽이거나 사로잡았다1266년 11월.

이 패배로 크게 낙담한 백작은 부하들이 지치고 기가 꺾인 것을 알아차린 적이 야음을 틈타 자신을 공격해 죽이려 들지 않을까 두려워했다. 백작의 이 망상은 매우 강렬했다. 그래서 백작은 안전을 확보할 다른 수단은 전혀 생각하지 않은 채 싸우다 죽느니 차라리 탈출해 목숨을 보전하기로 마음먹고, 기벨린 수장들의 조언과는 반대로 중무장 기병들을 데리고 프라토로 달아났다.

그러나 안전한 곳에 다다르자 두려움은 사라졌고, 그제야 자신의 실수를 깨달은 백작은 이를 바로잡을 생각으로 그다음 날 새벽 부하들을 이끌고 피렌체로 돌아가서 비겁하게 떠났던 도시 안으로 들어가기 위해 전력을 다했다. 그렇지만 그는 그럴 수 없었다. 왜냐하면 간신히 그를 쫓아냈던 사람들이 이제 손쉽게 그를 막아섰기 때문이었다. 상심한 백작은 치욕 속에 카센티노로 물러났고, 기벨린은 교외에 있는 자신들의 요새로 퇴각했다.

구이도 백작과의 싸움에서 승리한 시민들은 공화국의 안녕을 사랑하는 이들의 충고를 받아들여, 구엘프와 기벨린을 막론하고 피렌체에서 추방된 모든 시민을 불러들여 도시를 재통합하기로 했다. 그리하여 쫓겨난 지 6년 만에 구엘프는 피렌체로 돌아왔고, 기벨린 역시 최근의 악행을 용서받고 조국으로 돌아오게 되었다. 하지만 공화국의 선善을 사랑한 이들의 의도와 달리 기벨린은 구엘프와 시민들의 증오를 받았다. 구엘프는 추방당한 세월을 잊을 수 없었고, 시민들은 기벨린 치하에서 겪은 폭정을 똑똑히 기억하고 있었기 때문이었다. 이로 인해 어느 한쪽도 마음 편히 쉬지 못했다.

피렌체가 이런 상태로 지내는 동안, 만프레디의 조카인 콘라딘이 나폴리를 차지하기 위해 군대를 이끌고 독일에서 내려오고 있다는 소문이 퍼졌다1267년. 이 소식을 들은 기벨린은 권력을 되찾을 희망에 부풀었다. 반면 적들로부터 자신을 가장 잘 보호할 방법을 숙고한 구엘프는 콘라딘이 피렌체를 지나갈 때 자신들을 지킬 수 있도록 시칠리아의 왕 샤를1세에게 도움을 청했다. 얼마 후 샤를의 군대가 다가오자 한껏 거만해진 구엘프는 기벨린을 크게 위협했다. 그 결과 샤를의 군대가 도착하기 이틀 전에 구엘프가 쫓아내지도 않았는데 기벨린은 스스로 도시에서 도망쳐 버렸다1268년.

ᗓᔓᔓ 제10장 ᔐᔐᔐ

기벨린이 떠난 후 피렌체 시민들은 도시의 정부 조직을 개편했다. 그들은 두 달 동안 행정장관직을 수행할 12명의 지도자를 뽑아 안치아니원로들 대신 '부오니 우오미니Buoni Uomini(훌륭한 사람들)'로 불렀으며, 이들 외에 80명의 시민으로 구성된 '크레덴차Credenza(신앙·신념·믿음)'라는 이름의 평의회를 조직했다. 이 밖에도 6개로 나눈 도시의 각 구역에서 30명씩 뽑은 총 180명의 평민이 있었는데, 이들은 12명의 부오니 우오미니 및 크레덴차와 함께 '일 콘실리오 제네랄레Il Consiglio Generale(총회)'로 불렸다. 또한, 피렌체 시민들은 평민과 귀족 중에서 뽑은 120명의 시민으로 구성된 또 다른 평의회도 만들었다. 이 평의회는 다른 평의회들이 심의한 모든 사안을 최종적으로 결정하고, 공화국의 다양한 관직을 시민들에게 배분했다.

이렇게 정부 조직을 개편한 피렌체 시민들은 기벨린을 상대로 구엘프가 더 큰 힘을 갖고 스스로 지켜낼 수 있도록 주요 관직에 구엘프의 친구들을 앉히고, 구엘프에게 유리한 다양한 법령들을 제정해 구엘프당을 더욱 강화했다. 한편 그들은 도망친 기벨린의 재산을 셋으로 나눠 하나는 도시의 공공재산으로 배정하고, 다른 하나는 '카피타니Capitani'로 불린 구엘프당의 지도자들에게 부여했으며, 마지막 하나는 입은 손해를 보상해 주기 위해 구엘프들에게 주었다. 교황클레멘스 4세 역시 구엘프가 토스카나를 계속 보유할 수 있도록 친교황파인 시칠리아 왕 샤를1세를 그곳의 '비카리오 임페리알레Vicario Imperiale(제국의 대리인)'로 임명했다.

이 새 정부 아래에서 피렌체가 집에서는 법으로, 밖에서는 군대로 그 명성을 유지하는 동안, 교황 클레멘스가 사망하고1268년, 2년 넘게 지속된 오랜 논쟁 끝에 그레고리오 10세재위 1271~1276년가 새 교황으로 선출되었다. 새 교황은 오랫동안 시리아에 체류했고 선출된 당시에도 여전히 그곳에 있었기 때문에 당파적 기질과는 아주 거리가 멀었으며, 전임 교황들처럼 당파를 바라보지도 않았다. 그래서 제2차 리옹 공의회에 참석하기 위해 프랑스로 가는 도중 피렌체를 방문했을 때1274년, 교황은 피렌체를 재통합시키는 일을 진정한 목자의 책무라고 생각하고, 귀환 조건을 협의하기 위해 기벨린의 수장들이 도시로 들어오는 것을 허락하도록 피렌체 통치자들을 설득했다.

그러나 비록 양측 간에 어렵게 합의가 이루어졌음에도, 보복을 두려워한 기벨린은 감히 피렌체로 돌아오지 못했다. 이에 대해 교황은 피렌체를 비난했고, 화가 나서 피렌체를 파문했다. 피렌체는 교황 그레고리오 10세가 살아 있는 내내 파문 상태였다. 그렇지만 그의 사후 교황 인노첸시오 5세재위 1276년 1월~6월에 의해 다시 축성되었다.

교황의 지위가 하드리아노 5세와 요한 21세를 거쳐 오르시니 가문 출신의 니콜라오 3세재위 1277~1280년에게 이어졌다. 교황들은 늘 이탈리아 내에서 큰 권력을 획득한 이들을 두려워했으며, 심지어 교회의 지지를 통해 권력이 강화된 이들조차 시기해 언제나 그들을 파멸시키려고 애썼다. 이탈리아에서 일어났던 잦은 혼란과 변화는 모두 그 결과였다. 다시 말해 어느 한 군주가 강력해지면 그에 대한 두려움으로 교황들은 약한 다른 군주를 강하게 만들었고, 그 약한 군주가 강해지자마자 다시 그 강해진 군주를 시기해 그를 무너뜨리려고 온갖 노력을 다했다.

이런 이유로 교황들은 나폴리 왕국을 만프레디의 손에서 뺏어 앙주의 샤를에게 주었으며, 그 후에 샤를이 두려워 그의 파멸을 추구했다. 니콜라오 3세 역시 이런 이유로 황제합스부르크가의 루돌프 1세[1]를 이용해 샤를로부터 토스카나의 지배권을 빼앗고, 교황특사인 라티노 추기경니콜라오 3세의 조카을 황제의 이익을 위하는 척 그 지역에 파견했다1278년.

৵৯ 제11장 ৵ল

이 무렵 피렌체의 상황은 매우 나빴다. 왜냐하면 거만해진 구엘프 귀족들은 더 이상 행정장관들을 두려워하지 않았고, 매일 많은 살인과 다른 폭력들이 발생했지만, 귀족의 총애를 받는 가해자들

13세기 중후반 피렌체와 관련 있는 지역들

은 누구 하나 처벌되지 않았기 때문이었다. 따라서 평민의 수장들은 이 오만방자함을 바로잡기 위해서라도 추방당한 이들을 데려오는 것이 좋겠다고 생각하고, 교황특사라티노 추기경에게 피렌체를 재통합시킬 기회를 제공했다.

그렇게 해서 기벨린은 도시로 돌아왔고, 피렌체 시민들은 이제 12명의 행정장관 대신 구엘프와 기벨린 양측에서 각각 7명씩 총 14명의 장관을 임명했다. 이 14명의 장관은 1년 동안 도시를 다스렸으며, 교황에 의해 선출되었다. 피렌체는 이런 정부에서 겨우 2년간 살았다.

그러다 프랑스 출신의 마르티노 4세재위 1281~1285년가 교황의 자리에 올라 시칠리아 왕 샤를에게 니콜라오가 빼앗은 모든 권한을 되돌려주자, 그 즉시 당파 간의 불화가 토스카나에서 되살아났다. 피렌체 시민들즉 구엘프 평민이 제국의 대리인라티노 추기경을 상대로 무기를 들고 일어나 기벨린의 지위를 박탈하고 귀족들을 억제하기 위해 새로운 형태의 정부를 수립했기 때문이었다.

때는 바야흐로 1282년이었다. 부대를 통솔할 기치와 그들만의 관리를 갖게 된 '코르피 델레 아르티Corpi delle Arti(길드 조합)'의 명성이 크게 높아졌다. 그러자 길드 조합은 그 명성을 이용해 14명의 마지스트라티Magistrati 대신 '프리오리Priori, 3명의 장관을 총칭하는 복수형이고 그 단수형은 프리오레(Priore)'로 불리게 될 3명의 행정장관을 선출하는 법을 제정했다1282년 6월. 그들은 두 달 동안 공화국을 통치했는데, 상인이거나 기술을 익힌즉, 길드에 속한 사람이면 평민이든 귀족이든 누구나 프리오리가 될 수 있었다.

첫 임기가 끝난 후 프리오리는 6명으로 늘었고, 도시의 6개 구역에서 각각 한 명씩 임명됐다. 그 수는 1342년까지 계속 유지되다가 1342년실은 1343년, 뒤의 제39장 참조에 도시가 다시 크게 네 구역으로 조정되자 각 구역에서 2명씩 총 8명으로 증가했다. 하지만 이 시기에는 비상 사건들로 인해 때때로 12명의 프리오리가 임명되기도 했다.

그런데 곧 보게 되는 것처럼 이 행정장관직프리오리이 바로 귀족의 몰락을 초래한 원인이 되었다. 평민들은 이런저런 구실로 귀족을 행정장관직에서 배제했고, 결국 귀족들은 아무런 존중도 받지 못하고 파멸했기 때문이었다. 서로 대립하고 있던 귀족들은 처음에는 이런 변화에 저항하지 않았고, 그래서 각자가 상대한테서 정부를 빼앗으려 애쓰다가 마침내 그들 모두 권력을 잃고 말았다.

이전의 행정장관들이나 평의회는 성당에서 회의를 여는 것이 관례였다. 그러나 새 행정장관들에게는 거주할 수 있는 궁宮도 하나 배정되었다. 나아가 그 위엄을 높이기 위해 세르젠테Sergente, 수위관(守衛官)와 그 밖의 다른 필요한 관리들도 주어졌다. 처음에 행정장관들은 단순히 '프리오리'라고 불렸지만, 나중에는 자신들에게 더 큰 영예를 부여하기 위해 스스로 '시뇨리Signori, 각하들이라는 뜻으로 시뇨리는 복수형이고 단수형은 시뇨레(Signore)이다'라는 경칭을 추가했다.

피렌체 시민들은 한동안 도시 안에서 조용히 있었다. 그러다 그들은 구엘프를 축출한 아레초 주민들과 전쟁을 벌여 캄팔디노에서 그 유명한 승리를 거두었다1289년 캄팔디노 전투.

도시의 부가 커지고 인구가 늘어감에 따라 성벽은 확장되었고, 그리하여 도시의 둘레는 현재와 같이 넓어졌다. 그전에는 도시의 지름이 베키오 다리에서 산 로렌초 성당까지에 불과했었다.

출처 : Wikipedia

단테 생가에 있는 캄팔디노 전투의 소형 입체 모형

❦ 제12장 ❧

외부의 전쟁과 내부의 평화로 인해 구엘프와 기벨린은 거의 소멸했지만, 모든 도시의 귀족과 평민 사이에 널리 퍼진 오랜 갈등은 피렌체에서도 여전히 불타오르고 있었다. 평민들은 법에 따라 자유롭게 살기를 원하고, 귀족들은 법을 매개로 평민들을 지배하기를 원하기 때문에 양측이 오랫동안 서로 좋은 관계를 유지하는 것은 어찌 보면 불가능하다.

이런 갈등은 기벨린의 세력이 강력했을 때는 드러나지 않았다. 그렇지만 기벨린이 제압되자마자 그 갈등은 위력을 발휘하기 시작했다. 매일 평민 중 누군가가 침해를 당했지만, 법도 행정장관들도 그의 원수를 갚지 못했다. 그 이유는 모든 귀족이 친척이나 친구의 도움을 받아 프리오리시뇨리와 카피타노 델 포폴로의 권한에 맞서 자신을 변호했기 때문이었다.

이런 폐단을 없애기 위해 길드의 수장들은 각 시뇨리아가 두 달 임기를 시작할 때 평민 중에서 '곤팔로니에레 디 주스티치아Gonfalonière di Giustizia, '정의의 곤팔로니에레'라는 뜻으로 곤팔로니에레는 원래 기수(旗手)를 의미한다' 한 명을 임명하고, 그에게 20개 부대에 등록된 1,000명의 군사를 내주어야 하며, 정의의 곤팔로니에레는 프리오리나 민중의 지도자카피타노 델 포폴로가 부르면 자신의 깃발 아래 모인 1,000명의 무장 병력을 이끌고 언제라도 정의를 집행할 준비를 해야 한다는 법을 통과시켰다.

처음으로 임명된 곤팔로니에레는 발도 루폴리Baldo Ruffoli였다1293년 2월. 그는 자신의 깃발을 꺼내즉 1,000명의 무장 병력을 이끌고, 그 가족 중 하나가 프랑스에서 피렌체 평민을 살해했다는 혐의로 갈레티 가문을 몰살시켰다. 길드 수장들은 이런 법령을 통과시키는 데 아무런 어려움을 겪지 않았다. 서로 싸우느라 정신이 없던 귀족들은 그 집행의 가혹함을 목도할 때까지 자신들한테 불리하게 적용될 이 법령에 전혀 주의를 기울이지 않았기 때문이었다.

아무튼 발도 루폴리의 집행으로 귀족들은 몹시 놀랐지만, 얼마 지나지 않아 평소처럼 다시 오만해졌다. 그들 중 일부는 항상 시뇨리의 일원이었으므로, 곤팔로니에레가 법을 집행하는 것을 막는 일이 그리 어렵지 않았기 때문이었다. 더욱이 고소인은 항상 자신이 당한 범죄를 증언해 줄 목격자가 필요했지만, 자신한테 생길지 모를 불이익을 감수하고 귀족에게 불리한 증언을 해 줄 증인을 찾는 것은 말처럼 쉽지 않았다.

그러자 피렌체는 곧 다시 이전의 무질서로 돌아갔고, 판결은 방해받거나 지연되었으며, 심지어 선고된 형벌조차 집행되지 않았다. 그 결과 평민들은 예전처럼 귀족들의 침해에 속수무책으로 당할 수밖에 없었다.

✥ 제13장 ✥

낙담한 평민들이 무엇을 해야 할지 모르고 갈팡질팡하자 매우 고귀한 가문귀족 출신이지만 도시의 자유를 사랑하던 자노 델라 벨라가 길드의 수장들에게 도시를 쇄신하라고 권고했다.

자노의 충고에 따라 길드의 수장들은 '정의의 곤팔로니에레는 그에게 복종하는 4,000명의 병사를 가지고 시뇨리와 함께 근무한다'는 법을 제정했다. 또한 그들은 사회의 평판을 법적 증거로 인정하고, 범죄 관련자도 범죄자와 똑같이 처벌하며, 귀족은 시뇨리가 될 수 없다는 법도 만들어 공포했다[1293~1295년].

'오르디나멘티 디 주스티치아Ordinamenti di Giustizia(정의의 법령들)'라고 불린 이 법들로 인해 평민들은 큰 권한을 얻었지만, 반면 자노 델라 벨라는 많은 미움을 샀다. 귀족들은 그를 자신들의 힘을 파괴한 사악한 자로 증오했고, 부유한 평민들은 그의 명성이 너무 높다며 그를 시기했기 때문이었다. 그들은 자노에 대한 자신들의 미움을 기회가 주어지자마자 똑똑히 보여 주었다.

어느 날 평민 한 명이 많은 귀족이 연루된 싸움에서 살해당하는 사건이 발생했다[1294년 말]. 그 귀족들 가운데는 코르소 도나티도 있었다. 그는 다른 귀족들보다 더 뻔뻔했기 때문에 그에게 비난이 쏟아졌고, 카피타노 델 포폴로는 그를 체포했다. 하지만 코르소가 정말 죄를 짓지 않은 건지 아니면 카피타노가 그에게 유죄 판결을 내리는 것을 두려워한 건지 코르소는 무죄로 풀려났다[1295년 1월].

이 무죄 방면으로 격분한 평민들은 무기를 들고 자노 델라 벨라의 집으로 달려가 그가 고안한 법이 지켜질 수 있도록 도와달라고 호소했다. 코르소가 처벌받기를 원한 자노는 후대의 많은 이가 그가 그랬어야 한다고 판단한 행동, 즉 평민들에게 무기를 내려놓으라고 하는 대신에 시뇨리를 찾아가 그 사건에 대해 이의를 제기하고 시정을 요구하라며 그들을 부추겼다.

그렇지만 잔뜩 화가 나 있던 평민들은 자노의 이 말에 크게 실망했고, 자신들이 카피타노에게 무시당했을 뿐만 아니라 자노한테도 버림받았다고 생각했다. 그래서 시뇨리가 아니라 카피타노의 궁공관으로 가서 그 궁을 빼앗고 약탈했다.

이 폭동으로 많은 시민이 분노했다. 그러자 자노의 파멸을 원하던 이들은 모든 책임을 그에게 돌리며 그를 맹비난했다. 그리고 얼마 뒤, 선임된 새 시뇨리 중에 그의 적이 몇 명 있었기 때문인지 그는 평민들을 선동한 혐의로 카피타노에게 고발당했다.

자노의 재판이 진행되는 동안 평민들은 무장을 갖추고 그의 집으로 달려가서 그의 적과 시뇨리에 맞서 그를 지켜 주겠다고 제안했다. 그러나 자노는 이런 민중의 호의를 시험대에 올리는 것도, 자신의 목숨을 행정장관들에게 맡기는 것도 원치 않았다. 변덕스러운 민중의 호의도, 또 뿌리 깊은 행정장관들의 적의도 모두 두려웠기 때문이었다.

그리하여 그는 친구들이 조국을 망치는 잘못을 막고, 적들이 자신을 해칠 기회를 없애기 위해 피렌체를 떠나기로, 유력한 가문들의 예속에서 목숨 걸고 온 힘을 다해 해방시킨 그 도시를 떠나기로, 그렇게 해서 자신을 향한 동료 시민들 귀족들과 부유한 평민들의 시기와 두려움을 없애기로 결심한 뒤 스스로 망명길에 올랐다 1295년 2월.

∞ 제14장 ∞

자노가 떠난 후 귀족들은 이전의 지위를 회복할 것이라는 희망으로 가득 찼다. 귀족들은 이제까지의 불행이 모두 분열에서 기인했다고 생각해 힘을 합쳤으며, 그들 중에서 두 명을 뽑아 자신들에게 우호적이라고 판단한 시뇨리한테 보내 자신들에게 불리한 법들의 가혹함을 완화해 달라고 탄원했다.

귀족들이 이런 요구를 했다는 사실이 알려지자 시뇨리가 이를 허용할까 두려워한 평민들은 흥분했다. 그렇게 귀족의 욕망과 평민의 의심 속에서 양측은 서로 무장을 갖추었다1295년.

귀족들은 포레세 아디마리 · 반니 데 모치 · 제리 스피니의 지휘하에 산 조반니 세례당 · 메르카토 누오보신(新)시장 · 모치 광장피아차 데 모치이렇게 세 곳에 그들의 진지를 구축했다. 반면 평민들은 그 당시 산 프로콜로 성당 옆에 있던 시뇨리의 궁나중에 '베키오 궁전'이라 불린 시뇨리아 궁이 지어지기 전에 시뇨리가 근무하던 공관으로, 그 위치 역시 현재 시뇨리아 궁이 있는 곳이 아닌 산 프로콜로 성당 인근이었다 앞에 엄청난 수가 그들의 기치를 들고 모여 있었다. 평민들은 당시의 시뇨리를 믿지 못했기 때문에 그들 대신 도시를 다스릴 6명의 시민을 새로이 임명했다.

양측이 전투를 준비하고 있는 동안 일군의 귀족과 평민이 신망 높은 종교인들과 함께 양측을 진정시키기 위해 중재에 나섰다. 중재인들은 귀족들에게 오만과 폭정이 귀족의 명예를 앗아가고 불리한 법이 제정된 원인이었음을 상기시키고, 분열과 악행 때문에 잃은 권한을 힘으로 되찾으려 무기를 드는 것은 단지 조국을 파괴하고 그들의 상황을 더 악화시킬 뿐이라고 경고했다.

이어서 중재인들은 그 수와 자원은 물론이고 증오심 또한 평민이 귀족보다 훨씬 더 강하다는 것을 기억해야 하며, 귀족이 평민보다 우월하다고 자부하는 혈통의 고귀함은 막상 싸움이 벌어지고 나면, 수많은 평민을 막는 데 아무짝에도 쓸모없는 빛 좋은 개살구란 점이 여실히 드러날 것이라며 귀족들을 타일렀다.

그 뒤 평민들을 찾아간 중재인들은 선을 바라지 않는희망이 없는 자는 악도 두려워하지 않는 법이니, 지나치게 완벽한 승리를 추구해 귀족을 절망에 빠뜨리는 짓은 경솔하고 위험하며, 귀족도 이전의 전쟁에서 도시의 명성을 높인 공로가 있는 만큼 이를 완전히 잊고 증오심에 불타 귀족을 박해하는 것은 정당하지도 또 현명하지도 않다고 지적했다.

그리고 나서 중재인들은 귀족들이 말하길 최고 행정장관직에서 배제되는 것은 기꺼이 참을 수 있지만, 최근 법령에 근거해 누군가가 자신들을 추방할 권한을 갖는 것은 절대로 용인할 수 없다고 하니, 법령을 완화해 귀족이 무기를 내려놓도록 하는 것이 좋겠다고 평민들을 설득했다. 또한 수가 많은 쪽이 수가 적은 쪽한테 지는 경우도 종종 있으므로 수만 믿고 무운武運을 시험해서는 안 된다며 싸움을 만류했다.

이 조언을 들은 평민들은 의견이 갈렸으나, 그래도 아직 많은 이들이 싸우기를 원했다. 그들은 언젠가 한 번은 꼭 해야 할 싸움이라면 적이 더 강해지기를 기다리기보다 지금 하는 편이 더 낫다고 생각했고, 만일 법을 완화해서 귀족들이 만족한다면 법을 완화하는 것이 맞겠지만, 귀족들의 자존심은 너무 세서 강제하지 않으면 절대 가만있지 않을 것으로 판단했기 때문이었다.

그러나 더 현명하고 침착한 많은 다른 평민들은 법을 완화하는 것은 그리 큰일이 아니지만, 전투를 벌이는 것은 매우 심각한 일이라고 생각했다. 다행히 그들의 의견이 지배적이었기 때문에 귀족을 기소하려면 단순한 세간의 평판이 아니라 반드시 증인이나 증거 등이 필요하다는 지극히 당연한 규정이 다시 도입되었다.

⫷⫸ 제15장 ⫷⫸

비록 공개적인 적의는 사라졌지만, 양측은 여전히 상대에 대한 불신으로 가득했다. 그래서 자신들의 요새를 강화하고 무기를 비축했다. 평민들은 시뇨리가 귀족에게 너무 우호적이라고 생각하고 정부를 재정비해 시뇨리의 수를 줄였으며, 주로 만치니·마갈로티·알토비티·페루치·체레타니 가문에 최고의 권한을 주었다.

이렇게 새 정부를 구성한 평민들은 1298년실은 1299년 시뇨리의 위엄과 안전을 한층 강화하기 위해 새 궁전베키오 궁전의 기초를 다지고, 그 궁의 광장을 마련하기 위해 한때 우베르티 가문에게 속했던 집들을 부수었으며, 동시에 공영 감옥도 짓기 시작했다. 이 건물들은 몇 년이 지나 모두 완공되었다.

우리 도시가 이때보다 더 큰 번영을 누린 적은 결코 없었다. 당시 우리 도시는 사람과 재물과 명성이 넘쳐났다. 무기를 능숙하게 다루는 시민이 그 성벽 안에 3만 명, 주변 교외에는 7만 명이나 있었다. 토스카나 전체가 일부는 신하로서, 또 일부는 동맹으로서 피렌체를 따랐다. 귀족과 평민 사이에 여전히 분노와 시기가 남아 있었지만, 아직 도시에 나쁜 영향을 일으키지는 않았고 모든 이가 협력하며 평화롭게 살았다.

만일 이 평화가 내부에서 발생한 새로운 적의로 깨지지만 않았다면, 피렌체는 외부의 적들을 두려워할 필요가 없었을 것이다. 그 당시 피렌체는 자신이 추방

출처 : Wikipedia

〈시뇨리아 광장의 축제〉 조반니 스트라다노Giovanni Stradano
그림의 왼쪽이 시뇨리아 궁이다.

한 자들은 말할 것도 없고 황제조차 두려워하지 않을 만큼 매우 강력했으며, 자기 힘만으로 이탈리아의 모든 국가를 대적할 수 있었기 때문이었다. 그렇지만 외부의 강력한 적도 일으킬 수 없던 재앙이, 내부의 새로운 분열로 인해 피렌체에서 일어났다.

❧❧ 제16장 ❧❧

그 무렵 피렌체에는 체르키와 도나티라는 두 가문이 있었다. 그들은 혈통과 재물, 그 수數에 있어 가장 막강했다. 그들은 도시에서도 교외에서도 이웃이었기 때문에 항상 어느 정도의 갈등이 있었지만, 그렇다고 무기를 들고 싸울 만큼의 큰 불화는 없었다. 만일 새로운 증오의 씨앗이 그들 간의 갈등을 고조시키지 않았다면, 아마 심각한 결과는 일어나지 않았을 것이다.

예전에 피스토이아의 제일가는 가문 중에 칸첼리에리 가문이 있었는데, 그 가문에는 굴리엘모와 베르타카라는 이들이 있었다. 어느 날 굴리엘모의 아들 로레와 베르타카의 아들 제리가 같이 놀다가 말싸움을 벌였고, 그 와중에 로레가 제리를 살짝 다치게 하는 일이 발생했다. 이 일로 마음이 불편해진 굴리엘모는 적절한 사과로 사태가 커지는 것을 막으려다가 결과적으로는 상황을 더 악화시키고 말았다. 굴리엘모는 아들한테 다친 아이의 아버지에게 가서 용서를 구하라고 시켰다. 로레는 아버지의 말에 복종했다. 하지만 이 예의 바른 행동은 베르타카의 잔인한 심성을 조금도 누그러뜨리지 못했다. 베르타카는 하인들을 시켜 로레를 붙잡게 한 뒤, 더 큰 모욕을 주기 위해 여물통 위에서 그의 한 손을 자르고는 말했다.

"네 아비한테 돌아가 전해라. 상처는 칼로 치유되는 것이지, 말로 치유되는 게 아니라고."

이 야만적인 행위에 굴리엘모는 격분했고, 아들의 복수를 위해 부하들을 무장시켰다. 베르타카 역시 자신을 지키기 위해 무장을 했고, 그렇게 그 가문뿐만 아니라 피스토이아 전체가 싸움에 휘말렸다.

칸첼리에리Cancellieri 가문은 칸첼리에레Cancelliere[1], 활동 시기 1210~1240년 라는 사람의 후손으로 그는 아내가 둘 있었는데, 그중 한 명의 이름이 비앙카Bianca였다. 그래서 그녀의 후손들은 스스로 '비앙키Bianchi, 비앙카(하얀)의 복수형'라고 불렀으며, 다른 아내의 후손들은 이 비앙카의 후손들과 구분하기 위해 자신들을 '네리Neri, 네라(검은)의 복수형'라고 불렀다. 시간이 지나면서 이들 사이에 일어난 끊임없는 싸움으로 많은 사람이 죽거나 다쳤으며, 수많은 재물과 재산이 파괴되었다.

그들은 결코 어느 쪽도 굴복하지 않았지만, 일부는 자신들한테 일어난 불행에 지쳐서 그만 불화를 끝내기를 바라며, 또 다른 일부는 남들을 자신들의 싸움에 끌어들여 불화를 더 키우기를 기대하며 피렌체로 왔다1296년경. 네리는 도나티 가문과 가까워서 그 수장인 코르소제2권 제13장에 등장한 그 코르소 도나티로, 구엘프 흑당(黑黨)의 지도자의 환대를 받았다. 그러자 비앙키는 도나티 가문에 맞설 강력한 지원을 얻기 위해 어느 모로 보나 코르소한테 절대 밀리지 않는 비에리 데 체르키Vieri de' Cerchi, 구엘프 백당(白黨)의 지도자에게 도움을 청했다.

᚛᚜ 제17장 ᚛᚜

피스토이아에서 넘어온 이 새로운 불씨로 체르키와 도나티 가문 사이의 오랜 증오가 되살아났고, 얼마 지나지 않아 두 가문은 서로에 대한 적의를 노골적으로 표출했다. 따라서 프리오리시뇨리와 다른 선량한 시민들은 두 가문이 무기를 들지 않을까, 또 그 결과로 온 도시가 분열에 빠지지 않을까 계속 두려워했다. 그래서 그들은 교황보니파시오 8세, 재위 1294~1303년에게 자기들로서는 이 대립을 해결할 수 없으니, 교황의 권위로 점점 더 커지는 이 적의를 바로잡아 달라고 간청했다.

그러자 교황은 비에리를 로마로 불러 도나티와 화해하라고 명령했다. 교황의 이런 하교下敎를 들은 비에리는, 자신은 도나티 가문에 털끝만큼도 원한이 없다며 왜 그런 말씀을 하시는지 도무지 이해할 수 없다는 듯 매우 놀란 척했다1300년. 평화는 전쟁을 전제로 하는데 두 가문 간에는 아직 전쟁이 없었으므로, 비에리는 왜 평화가 필요한지 알지 못했다. 그렇게 비에리가 교황에게서 아무런 영향도 받지 않은 채 로마에서 돌아오자, 아주 작은 사건 하나만으로도 폭발할 만큼 분위기는 한층 악화되었고, 얼마 후 실제로 그런 일이 일어났다.

때는 피렌체 전역에서 크게 기념하는 5월의 축제일이었다봄의 도래(Esplosione)를 축하하는 칼렌디마조(Calendimaggio) 축제로, 5월 1일에 시작해 월말까지 계속된다. 도나티 가문의 젊은이 몇이 친구들과 말을 타고 가다가 산타 트리니타 성당 맞은편에서 춤을 추는 여인들을 구경하기 위해 멈췄다. 그 시각 역시 많은 귀족과 함께 그곳에 온 체르키 가문의 젊은이들이 앞에 있던 도나티 가문의 젊은이들을 알아보지 못하고, 무슨 일이 일어나고 있는지 보고 싶은 욕심에 말을 재촉해 앞으로 가려다

도나티 가문의 젊은이들을 밀쳤다.

그러자 모욕을 당했다고 생각한 도나티 가문의 젊은이들이 무기를 꺼냈고, 체르키 가문의 젊은이들도 이에 지지 않고 맞서 서로 많은 상처를 주고받은 뒤 흩어졌다. 하지만 이 싸움은 훨씬 더 큰 불행의 시작일뿐이었다. 그 후 도시 전체가 분열되면서 귀족은 물론이고 평민의 모든 가문도 비앙키와 네리 중 어느 한쪽을 편들었기 때문이었다.

비앙키파의 수장은 체르키 가문이었고, 아디마리 · 아바티 · 모치 · 스칼리 · 게르아르디니 · 카발칸티 · 말레스피니 · 보스티키 · 잔도나티 · 베키에티 · 아리구치 가문 전부와 토신기 · 바르디 · 로시 · 프레스코발디 · 네를리 · 만넬리 가문의 일부가 그들의 편을 들었다. 많은 평민 가문과 피렌체에 남아 있던 모든 기벨린도 이들 진영에 합류했기 때문에 비앙키파는 자신들을 따르는 엄청난 수의 추종자들을 통해 도시의 거의 모든 권한을 장악했다.

반면 네리파의 수장은 도나티 가문이었고, 위에서 언급한 가문들 중 비앙키파에 참여하지 않은 일부와 파치 · 비스도미니 · 마니에리 · 바녜시 · 토르나퀸치 · 스피니 · 부온델몬티 · 잔필리아치 · 브루넬레스키 가문 전부가 그들과 함께했다.

도시뿐만이 아니라 온 교외도 곧장 이 역병에 감염되었다. 그러므로 구엘프의 지도자들은 말할 것도 없고, 구엘프당이나 공화국의 안녕을 사랑하는 이들은 누구나 이 새로운 분열이 도시를 파멸로 몰고 가서 기벨린을 부활시키지 않을까 몹시 두려워했다. 그래서 그들은 다시 교황 보니파시오8세에게 사람을 보내 항상 교회의 든든한 방패막이 되었던 피렌체가 완전히 파멸하거나 혹은 기벨린의 손에 넘어가는 것을 원하지 않는다면 하루빨리 해결책을 마련해 달라고 간청했다.

교황은 그들의 요청을 받아들여 포르투갈 출신의 추기경 마태오 다쿠아스파르타를 교황특사로 피렌체에 파견했다1300년 6월. 그러나 그는 비앙키파와의 만남에서부터 난관에 부딪혔다. 세력이 더 강한 비앙키파가 그를 전혀 두려워하지 않았기 때문이었다. 그는 격분해 피렌체를 떠났고, 떠나면서 피렌체의 성무聖務를 금지시켰다1300년 9월. 그리하여 피렌체는 그가 오기 전보다 훨씬 더 큰 혼란 속에 빠지고 말았다.

∞≫ 제18장 ≪∞

이렇게 모든 이의 감정이 격앙돼 있던 그 무렵, 체르키와 도나티 가문이 참석한 한 장례식장에서 말싸움으로 시작해 칼싸움으로 번진 사건이 발생했다. 그렇지만 그 싸움은 더 크게 확대되지 않고 한순간의 소동으로 끝이 났다. 그러나 집에 도착한 체르키 가문은 이참에 도나티 가문과 끝장을 보기로 하고, 많은 부하를 이끌고 도나티 가문을 공격했다. 하지만 코르소의 반격을 받아 수많은 사상자를 내고 물러났다.

이제 도시 전체가 무기를 들고 일어섰다. 시뇨리와 법은 귀족들의 분노에 맥을 못 추었고, 가장 현명하고 선량한 시민들조차 불안과 두려움에 떨었다. 네리파는 비앙키파보다 세력이 약했기 때문에 당연히 더 두려워했으며, 따라서 코르소와 네리파의 다른 수장들은 자신들의 안전을 확보하기 위해 구엘프의 지도자들과 만나 교황에게 피렌체를 개혁할 왕족을 보내 달라고 요청하기로 합의했다. 그렇게만 되면 비앙키파를 이길 수 있다고 그들은 내심 기대했다.

　이 회합과 그 결정은 시뇨리에게 보고되었고, 비앙키파는 이를 도시의 자유를 해치는 음모로 비난했다. 양측이 전투를 준비하고 있는 것을 본 시뇨리는 그 당시 자신들의 동료였던 단테의 사려 깊은 충고에 용기를 얻어 평민들을 무장시키고 인근 교외에서 사람들을 불러 도움을 청한 후, 양측의 수장들에게 무기를 내려놓으라고 명령했다. 그러고 나서 시뇨리는 코르소 도나티와 수많은 네리파를 추방했으며, 자신들이 편파적이지 않다는 점을 보여 주기 위해 비앙키파도 일부 추방했다. 그렇지만 추방당한 비앙키파는 그 직후 그럴듯한 구실을 대고 피렌체로 돌아왔다1300년 6~8월.

ᘒᘒᘒ 제19장 ᘒᘒᘒ

　교황이 자신들에게 우호적이라고 믿은 코르소와 그의 추종자들은 로마로 가서 교황에게 자신들이 이전에 서면으로 했던 요청을 다시 직접 입으로 전했다. 그때 교황청에는 프랑스 왕필리프 4세의 동생인 샤를 드 발루아 백작이 머물고 있었다. 그는 나폴리 왕앙주의 샤를 2세의 부름을 받고, 시칠리아 원정을 위해 이탈리아로 내려왔다샤를 드 발루아는 앙주의 샤를 2세의 사위였다. 그래서 피렌체 추방자들의 간절한 애원을 들은 교황은 시칠리아 원정대가 출항할 때까지 그를 피렌체에 보내기로 결정했다.

　이렇게 해서 샤를은 피렌체로 왔다1301년 11월 초. 비록 피렌체를 다스리던 비앙키파는 백작을 의심의 눈초리로 바라보았지만, 구엘프의 수장이자 교황이 보낸 백작을 감히 막아서지는 못했다. 대신 비앙키파는 백작을 자기편으로 만들기 위해 샤를에게 그의 뜻대로 도시를 운영할 권한을 주었다. 이 권한을 받은 샤를은 즉시 자기 친구들과 추종자들을 모두 무장시켰다. 그러자 샤를이 자유를 빼앗지 않을까 두려워한 비앙키파 역시 샤를이 어떤 적대적인 행동을 취하면 곧바로 대응하기 위해 무기를 들고 집 안에서 기다렸다.

한편 한동안 공화국을 다스리며 거만하게 처신했던 체르키 가문과 비앙키파의 수장들은 사방에서 미움을 받았다. 이런 사실에 고무된 코르소와 추방당한 다른 네리파들은 샤를뿐만 아니라 구엘프 지도자들도 자신들에게 우호적이라고 확신하고, 피렌체로 돌아가기로 결정했다. 그렇게 도시가 백작을 믿지 못해 무장을 갖추고 있을 때 코르소가 추방당한 이들을 비롯한 많은 다른 추종자들과 함께 누구의 방해도 받지 않고 피렌체로 들어왔다.

코르소가 피렌체로 돌아왔다는 소식을 들은 친구들은 비에리 데 체르키를 찾아가 코르소에 맞서 싸우라고 촉구했지만, 그는 그러기를 거부하며 자신은 피렌체 시민들이 직접 코르소를 처벌하기를 바란다고 말했다. 하지만 그의 바람과는 정반대의 일이 벌어졌다. 시민들이 코르소를 처벌하지 않고 오히려 환영했기 때문이었다. 할 수 없이 비에리는 살기 위해 도망쳐야 했다사실 비에리는 1302년 초에 추방당했다.

핀티 성문피렌체의 옛 성문을 힘으로 열었던 코르소는 자기 집 근처에 있는 산 피에르 마조레 성당으로 가서 자리를 잡은 뒤, 많은 친구를 불러 모으고 새로운 세상을 원하는 다른 많은 이도 끌어 모았다. 그가 처음으로 한 일은 감옥에 구금되어 있던 모든 이를 이유 불문하고 풀어준 것이었다. 그다음으로 그는 기존의 시뇨리를 강제로 해산해 모두 집으로 돌려보내고, 네리파의 평민 중에서 새 시뇨리

를 임명했으며, 5일 동안 비앙키파 지도자의 집들이 약탈당하게 놔
두었다[1301년 11월].

샤를이 자신들을 싫어하고, 대다수 시민이 자신들에게 적대적이
란 사실을 이해한 체르키 가문과 비앙키파의 다른 수장들은 도시를
떠나 교외에 있는 자신들의 요새로 물러갔다. 그들은 전에는 결코
교황의 충고를 따르려 하지 않았지만, 이제 어쩔 수 없이 교황에게
도움을 청하며, 샤를이 피렌체를 통합시키기는커녕 도리어 전보다
더 분열시켰다고 투덜거렸다.

그러자 교황은 다시 마태오 다쿠아스파르타를 교황특사로 피렌
체에 파견했다. 그는 체르키와 도나티 가문을 화해시키고, 결혼과
새로운 인척 관계들로 이를 강화했다. 그러나 비앙키파도 시뇨리가
될 수 있어야 한다는 그의 제안을 권력을 장악한 네리파는 받아들
이지 않았다. 그 결과 이전보다 더 기분이 상한 그 교황특사는 이전
보다 더 격분해서 피렌체를 떠났으며, 불복종을 이유로 또다시 도
시의 성무를 금지시켰다.

ᨆᨆᨆ 제20장 ᨆᨆᨆ

두 파벌은 이제 피렌체에 같이 살게 되었지만, 둘 다 불만이 가득
했다. 네리파는 가까이 있는 적을 보며, 그들이 잃어버린 권한을 되
찾아 자신들을 파멸시키지 않을까 두려워했다. 반면 비앙키파는 아
무 권한도 명예도 없는 자신들을 돌아보며 분노했다. 이런 지극히
자연스러운 불안과 질투에 새로운 해악이 더해졌다.

비에리의 친척인 니콜로 데 체르키가 친구들과 자신의 소유지로 가던 중 아프리코강을 건너는 다리에서 코르소 도나티의 아들인 시모네의 공격을 받았다. 싸움은 격렬했고 양측 다 통탄할 만한 결말을 맞이했다. 니콜로는 현장에서 살해당했고1301년 12월 24일, 중상을 입은 시모네는 다음 날 밤에 죽었기 때문이었다. 이 사건으로 온 도시는 다시 공포에 휩싸였다.

비록 네리파가 더 비난받아 마땅했지만 통치자들은 네리파를 옹호했고, 판결이 내려지기 전에 비앙키파가 샤를의 남작 중 하나인 피에로 페란테와 권력을 되찾을 음모를 꾸미고 있었다는 새로운 사실이 발각되었다. 이 음모는 체르키 가문이 페란테한테 썼다고 알려진 일련의 편지들로 백일하에 드러났다. 그렇지만 그 편지들은 니콜로의 죽음으로 얻게 된 오명을 벗기 위해 도나티 가문이 위조했다는 의견이 지배적이었다.

아무튼, 체르키 가문 사람들은 시인 단테를 포함한 많은 비앙키파 추종자들과 함께 모두 추방당하고, 그들의 재산은 몰수됐으며, 집은 파괴되었다1302년 3월. 그들은 자신들을 편들었던 많은 기벨린과 함께 세상 여기저기로 흩어져 새로운 땅에서 새로운 운명을 찾아나섰다.

한편 이렇게 해서 피렌체에서의 임무가 끝이 난 샤를은 시칠리아 원정을 위해 피렌체를 떠나 교황에게 돌아갔다1302년 4월. 하지만 그는 시칠리아 전쟁을 수행하는 동안 피렌체에서 그랬던 것보다 더 현명하지도 또 더 능숙하지도 못했으며, 그 결과 많은 부하를 잃고 치욕 속에 프랑스로 돌아갔다1302년 9월.

〈베로나에 머물던 시절의 단테〉 안토니오 코티Antonio Cotti

∽ 제21장 ⫷

샤를이 떠난 후 피렌체는 한동안 조용했다. 다만 코르소만이 안절부절못했다. 그는 당연히 자신이 맡았어야 할 지위를 귀족이라는 이유로 맡지 못했다고 생각했으며, 평민에 의한 통치를 채택한 공화국이 자기보다 열등한 이들에 의해 운영되고 있다고 판단했기 때문이었다. 이런 감정에 빠져 있던 그는 자신의 불순한 의도를 그럴듯하게 포장해, 특정 시민들이 공금을 집행하면서 이를 사적으로 유용했다고 비방하며 이들을 찾아 엄벌해야 한다고 주장했다1303년 7월.

코르소의 이런 비방은 그와 유사한 욕망을 가졌던 다른 많은 이들을 사로잡았고, 또 조국을 사랑하는 마음에서 그가 그랬다고 믿은 많은 무지한 이들의 지지도 받았다. 한편 비방을 당한 시민들은 평민들의 지지를 등에 업고 적극적으로 자신들을 변호했다. 이 논쟁은 대단히 치열해서 끝내 시민 사회적 방식으로는 결론을 내지 못하고 무력 충돌로 번졌다.

이 충돌의 한쪽에는 코르소와 피렌체 주교 로티에리가 많은 옛 귀족과 일부 부유한 평민들의 지지를 받고 있었고, 다른 한쪽에는 시뇨리가 대부분의 평민과 함께 포진하고 있었다. 도시의 거의 전역에서 격렬한 싸움이 벌어졌고, 자신들이 처한 커다란 위험을 인지한 시뇨리는 루카에 도움을 청했다. 그리하여 갑자기 엄청난 수의 루카 시민이 피렌체로 들어왔다1304년 2월. 그들의 등장으로 다행히 싸움은 중단되고 사태는 안정되었으며, 평민들은 사건의 주동자들을 처벌하지 않고도 권력과 자유를 유지할 수 있었다.

교황베네딕트 11세, 재위 1303~1304년은 이런 피렌체의 혼란을 전해 듣고, 이를 멈추기 위해 니콜로알베르티니(Albertini) 다 프라토를 교황특사로 파견했다1304년 3월. 니콜로는 신분·학식·교양 모든 면에서 평판이 아주 좋았기 때문에 금방 큰 신뢰를 얻었고, 그의 뜻에 따라 국가를 정비할 권한을 위임받았다. 기벨린 출신으로 추방당한 자들의 송환을 원했던 그는 우선 평민들의 지지를 얻으려고 애썼으며, 이를 위해 평민들의 옛 부대를 되살려 그들의 권력을 크게 강화하고 귀족의 권한은 줄였다.

그렇게 해서 대중의 지지를 얻었다고 생각한 교황특사는 추방당한 자들을 송환할 방안을 찾기 시작했고, 이를 실현하기 위해 다방면으로 노력했다. 하지만 모두 실패했을 뿐만 아니라 통치자들의 의심까지 사게 되어 결국 강제로 피렌체를 떠나야 했다. 이에 잔뜩 화가 난 니콜로는 교황한테 돌아가며, 도시의 성무를 금지해 피렌체를 대혼란 속에 빠뜨렸다1304년 6월.

도시는 다시 평민과 귀족, 기벨린과 구엘프, 비앙키와 네리 간의 해묵은 원한들로 혼란스러웠다. 그 결과 온 도시가 무장했고, 싸움은 끊이질 않았다. 게다가 추방당한 자들이 돌아오기를 바랐던 사람들은 교황특사가 떠난 것에 불만을 품었다. 그중에서 맨 처음 사건을 일으킨 이들은 추방당한 자들을 위해 공개적으로 교황특사를 지지했던 메디치 가문과 주니 가문이었다. 그들로 인해 피렌체 곳곳에서 또다시 싸움이 벌어졌다.

이와 같은 불행에 더해 설상가상으로 오르Or 산 미켈레 성당 근처에 있던 아바티 가문의 집들에서 화재가 발생해 카폰사키 가문의 집들로 옮겨붙었고, 두 가문의 집들은 물론이고 마치 · 아미에리 · 토스키 · 치프리아니 · 람베르티 · 카발칸티 가문의 집들과 메르카토 누오보신(新)시장 전부를 불태웠다. 또한 이 불은 포르타 산타 마리아 성당으로도 번져 이를 전소시켰고, 베키오 다리에서 방향을 바꿔 게라르디니 · 풀치 · 아미데이 · 루카르데시 가문을 비롯해 다른 많은 가문의 집들마저 불태워 버렸다. 이날1304년 6월 10일 불에 탄 가옥의 수는 무려 1,700채가 넘었다.

많은 시민은 거리에서 싸움이 한창일 때 우연히 이 화재가 발생했다고 믿었다. 그러나 일부 다른 이들은 산 피에르 스케라조 성당의 수도원 원장인 네리 아바티가 일부러 불을 질렀다고 단언했다. 그들은 악을 열망하는 타락한 인간인 네리 아바티가 싸움에 열중한 사람들을 보자 그들이 싸움에 열중해 있는 동안에는 결코 막을 수 없는 사악한 짓을 저지를 수 있겠다고 생각하고, 이를 확실히 성공시키기 위해 자신이 쉽게 접근할 수 있는 친척들의 집에서 불을 질렀다고 주장했다.

1304년 6월, 피렌체는 이렇게 칼과 불에 시달리고 있었다. 오직 코르소 도나티만이 이 혼란 속으로 뛰어들지 않았다. 코르소는 싸움에서 멀찍이 떨어져 있어야 싸움에 지친 양측이 화해를 원하게 될 때 자신이 더 쉽게 양측의 중재자가 될 수 있다고 판단했기 때문이었다. 그렇지만 그들은 서로 화해하기를 원해서가 아니라 그저 악행을 저지르는 데 지쳐서 무기를 내려놓았다. 그러므로 이 싸움의 유일한 결과는 추방당한 자들이 돌아오지 못했다는 것이었고, 따라서 그들을 옹호했던 이들은 계속 열악한 처지에 놓이게 되었다.

᠁᠁ 제22장 ᠁᠁

로마로 돌아가 피렌체에서 다시 새로운 혼란이 일어났다는 소식을 들은 교황특사 니콜로는 피렌체를 통합하려면 도시의 으뜸가는 시민 12명을 로마로 오게 해야 한다고 주장하며, 불화를 일으킨 원인앞의 12명을 없애야 쉽게 불화를 멈출 수 있기 때문이라고 교황을 설득했다. 교황은 이 조언을 받아들였고, 부름을 받은 시민들은 교황의 명을 따랐다. 그들 중에는 코르소 도나티도 있었다.

이들이 피렌체를 떠나자 교황특사는 추방당한 자들에게 이제 피렌체에는 지도자가 없으니 지금이 돌아갈 적기라고 알려 주었다. 그래서 그들은 세력을 결집해 피렌체로 돌아왔고, 아직 다 완성되지 않은 도시의 성벽을 넘어 산 조반니 광장까지 들어왔다.

이때 주목할 만한 일이 일어났다. 얼마 전 추방당한 자들이 찾아와 제발 돌아오게 해 달라고 평화적으로 호소했을 때는 이들의 귀환을 위해 싸웠던 바로 그 시민들이, 추방당한 자들이 무장을 갖추고 힘으로 도시를 빼앗으려 하자 이에 맞서 무기를 들고 다른 모든 이들과 힘을 합쳐 그들을 원래 있던 곳으로 돌려보낸 것이다1304년 7월. 그렇게 그 시민들은 사적인 우정보다 공공의 이익을 훨씬 더 중요하게 여겼다.

그런데 추방당한 자들이 자신들의 과업을 달성하지 못한 이유는 한편으로는 군의 일부를 라스트라에 남겨 두었기 때문이고, 다른 한편으로는 전력보다는 속도가 승리를 가져다줄 것으로 믿고 300명의 기병과 함께 피스토이아에서 오기로 한 톨로세토 우베르티를 기다리지 않았기 때문이다. 이처럼 전쟁을 수행하다 보면 지체하다가 기회를 날려버리듯, 서두르다가 전력이 약해지는 경우도 종종 발생한다.

추방당한 자들이 떠나자 피렌체는 다시 이전의 분열로 돌아갔다. 평민들은 카발칸티 가문비앙키파의 영향력을 제거하기 위해 발 디 그레베 계곡에 있는, 먼 옛날부터 카발칸티 가문의 소유인 레 스틴케Le Stinche 요새를 빼앗았다. 요새가 점령당할 때 사로잡힌 이들이 도시 안에 새로 지은 감옥의 첫 죄수들이었기에 새 감옥은 요새의 이름을 따 레 스틴케1로 불리게 되었고, 지금도 여전히 그렇게 불린다.

또한 공화국의 지도자들평민들은 평민 부대를 부활시켜서 예전

〈레 스틴케 감옥〉 파비오 보르보토니Fabio Borbottoni

에 길드의 구성원들이 그들의 기치 아래 모였듯이 평민도 자신들의 기치 아래에 모일 수 있도록 각 부대에 그들만의 기치를 내주었고, 각 부대의 지휘관을 부대의 곤팔로니에레이자 시뇨리의 콜레조Collegio(동료)라고 불렀으며, 폭동이 생기면 무력으로 그리고 평시에는 조언으로 시뇨리를 도우라고 명령했다. 이 밖에도 그들은 원래 있던 2명의 레토레Rettore, 포데스타와 카피타노 델 포폴로 외에 평민 부대의 곤팔로니에레들과 함께 귀족의 오만함을 억누를 한 명의 '에제쿠토레Esecutore(집행관)'를 더 두었다.

그사이 교황이 죽고1304년 7월, 로마로 소환됐던 12명의 시민들이 돌아왔다. 만일 코르소의 불안정한 영혼이 도시에 새로운 혼란을 일으키지 않았다면, 피렌체의 삶은 아무 탈 없이 순조롭게 흘러갔을 것이다. 그러나 코르소는 명성을 쌓을 목적으로 항상 힘 있는 자들의 의견에 반대했고, 평민을 자기편으로 만들기 위해 그들의 마음이 어느 쪽으로 기우는지 살피다가 그게 어느 쪽이 됐든 자신도 그쪽으로 영향력을 행사했다. 그렇게 그는 모든 불만과 변화의 선두에 서게 됐고, 뭔가 별난 것을 얻기를 바라는 사람은 누구나 다 그에게 의지했다.

그 결과 명망 있는 많은 시민이 코르소를 미워했으며, 이런 미움이 눈에 띄게 커지면서 네리구엘프 흑당는 공공연한 분열로 치달았다. 이제 코르소는 목적을 이루기 위해 사병과 자신의 권위네리의 지도자를 이용했고, 그의 적들은 관병과 국가의 권위를 내세워 그에 맞서기 시작했다. 하지만 코르소의 권위와 영향력은 매우 커서 모두가 그를 두려워했다.

그러자 코르소의 적들은 그의 대중적 인기를 빼앗기 위해 코르소가 스스로 피렌체의 군주가 되려 한다는 소문을 퍼뜨렸다. 대중의 인기란 항상 이런 식으로 쉽게 없앨 수 있는 법이다. 아무튼 사람들이 이 소문을 믿게 하는 일은 그리 어렵지 않았다. 코르소의 생활방식은 이미 일반 시민을 훨씬 뛰어넘었기 때문이었다.

이런 소문은 그가 기벨린과 비앙키구엘프 백당의 수장으로 토스카나에서 가장 강력한 인물인 우구초네 델라 파주올라의 딸을 세 번째 아내로 삼은 후 더욱 널리 퍼졌다.

ᵚᵚᵚ 제23장 ᵚᵚᵚ

이 결혼 소식에 코르소의 적들은 용기를 얻었고, 그에 대항해 무기를 들었다. 같은 이유로 평민들은 그를 옹호하지 않았다. 아니, 대다수 평민이 그의 반대편에 섰다. 그들의 수장으로는 로소 델라 토사·파치노 데 파치·제리 스피니·베르토 브루넬레스키가 있었다. 이들은 자신들의 추종자와 대다수 평민을 무장시켜 시뇨리아 궁 앞으로 모여들었다.

시뇨리는 코르소가 우구초네의 도움을 받아 공화국을 뒤엎고 폭군이 되려 한다는 혐의로 그를 카피타노 델 포폴로인 피에로 브란카에게 고소했다. 고소 후 그는 곧바로 소환당했고, 소환에 응하지 않자 반역자로 선포되었다. 기소에서 선고까지는 채 두 시간도 걸리지 않았다. 판결이 내려지자 시뇨리는 자신들의 기치 아래에 모인 평민 부대를 이끌고 코르소를 찾아 나섰다1308년 10월.

한편 코르소는 많은 추종자가 이미 자신을 버렸다는 것을 알았지만 조금도 주눅 들지 않았고, 내려진 판결이나 시뇨리의 권위, 심지어 다가오는 엄청난 수의 적들도 전혀 두려워하지 않았다. 그는 사자를 보내 도움을 요청한 우구초네가 도우러 올 때까지 잘 버틸 수 있기를 바라며 묵묵히 가문의 방비를 강화했다.

그는 우선 자신의 집들과 그 집들로 이어지는 거리를 방책防柵으로 봉쇄하고, 추종 세력들을 속속 거리에 배치했다. 코르소의 추종자들은 아주 씩씩하게 싸웠기 때문에 평민들은 엄청난 수적 우위에도 불구하고 강제로 진입할 수 없었다. 그래서 전투는 갈수록 치열해졌고 양측 모두 많은 사상자가 발생했다.

탁 트인 거리에서 공격해서는 승리할 수 없다고 판단한 평민들은 코르소의 집들과 인접한 다른 집들을 먼저 빼앗아 그 벽을 부순 뒤 코르소가 예상하지 못한 통로를 만들어 그가 있는 집으로 난입했다. 적들에게 포위된 사실을 알게 된 코르소는 더 이상 우구초네의 도움을 기대할 수도 없었기 때문에 승리는 포기하고 살아서 나갈 방도가 없는지 직접 알아보기로 했다.

코르소는 게라르도 보르도니를 비롯해 가장 용감하고 믿음직한 다른 동료들과 함께 선두에 서서 적을 향해 돌진했고, 당황한 적들이 길을 터 주자 포위망을 뚫고 포르타 알라 크로체피렌체의 옛 성문 중 하나를 가로질러 도시 밖으로 탈출하는 데 성공했다.

그렇지만 그들은 곧 많은 이들의 추격을 받았고, 게라르도는 아프리코강을 건너는 다리 위에서 보카치오 카비치울리에게 살해당했으며, 코르소 역시 로베차노에서 시뇨리의 용병인 카탈루냐 기사들에게 추격당해 사로잡혔다.

그러나 코르소는 피렌체로 오는 도중에 승리한 적의 얼굴을 보는 것도, 또 그들에게 고문당하는 것도 싫어 일부러 말에서 떨어졌다. 코르소가 땅바닥에 쓰러져 있자 그를 사로잡은 기병 가운데 하나가 그의 목을 잘랐다1308년 10월 6일. 코르소의 시신은 산 살비 수도원의 수도

사들이 거두었고, 그 지위에 걸맞은 장례식도 없이 땅속에 묻혔다.

코르소 도나티의 끝은 그랬다. 그로 인해 조국과 당네리은 많은 이익을 누렸으며 또 많은 고통도 겪었다. 만일 그의 성격이 조금만 더 차분했더라면, 그를 기억하는 일은 훨씬 더 행복했을 것이다. 차분하지 못한 그의 성격이, 조국과 당이 그에게 빚진 큰 은혜를 기억하지 못하게 만들고, 급기야 조국과 당에 큰 해악을 끼쳤을 뿐만 아니라 그 자신까지 파멸시킨 것은 분명한 사실이다. 그럼에도 그는 우리 도시의 가장 위대한 인물 중 한 명으로 평가될 만하다.

우구초네는 사위를 도우러 달려오다 레몰레Remole에 도착해 코르소가 평민들의 공격을 받았다는 것을 알게 되었다. 우구초네는 지금 가 봐야 코르소를 도와줄 수 없다고 판단하고, 코르소를 돕지도 못하면서 자기마저 해를 당하는 일은 원치 않았기에 자신의 근거지로 되돌아갔다.

〈코르소 도나티의 죽음〉라파엘로 소르비 Raffaello Sorbi

❧ 제24장 ❧

1308년 일어난 코르소의 죽음으로 내부의 혼란은 끝나고 도시는 평온을 되찾았다. 그러다 이탈리아로 들어온 황제 하인리히7세가 모든 피렌체의 반역자와 함께 토스카나로 내려오고 있다는 소식이 들려왔다1311년 말. 황제는 모든 피렌체의 반역자에게 조국으로 돌아갈 수 있게 해 주겠다고 호언장담했다.

그러자 정부의 수장들은 더 적은 수의 적과 싸우려면 반역자 수를 줄이는 것이 좋겠다고 생각하고, 법이 명시적으로 귀환을 금지한 자들을 제외하면 누구든 조국으로 돌아올 수 있다는 법령을 공포했다. 그러나 대부분의 기벨린과 비앙키의 일부는 귀환이 허락되지 않았으며, 그중에는 단테 알리기에리를 포함해 비에리 데 체르키와 자노 델라 벨라의 아들들도 있었다.

이 조치 외에 정부의 수장들은 나폴리 왕 로베르토앙주의 샤를 2세의 아들에게 도움을 요청했다. 그렇지만 로베르토로부터 친구로서의 도움을 얻을 수는 없었기 때문에 왕이 자신들을 왕의 신민으로 지킬 수 있도록 5년간 왕에게 도시를 넘겨 주었다.

토스카나로 내려온 황제는 피사에서 출발해 마렘마를 거쳐 로마로 간 뒤, 1312년 6월 그곳에서 대관식을 치렀다. 그 후 황제는 피렌체를 정복하기로 결심하고, 페루자와 아레초를 지나 피렌체로 진격했다. 황제는 도시에서 약 1.5㎞ 떨어진 산 살비 수도원에 진을 쳤다. 황제는 50일 동안 그곳에 머물렀지만 아무런 소득도 얻지 못했다.

황제는 피렌체 정부를 전복할 생각을 단념하고 피사로 돌아가서 나폴리 왕국과 전쟁을 벌이기로 시칠리아 왕 페데리코3세, 아라곤의 페드로 3세의 아들와 협약을 맺었다. 하지만 로베르토가 다가올 파멸을 두려워하고 있는 동안, 승리를 확신하며 서둘러 나폴리를 향해 가던 황제는 부온콘벤토에 이르러 갑자기 열병으로 죽었다1313년 8월.

⟶⟶⟶ 제25장 ⟵⟵⟵

얼마 후 우구초네 델라 파주올라가 피사의 군주가 되었다1313년 9월. 피사 군주가 된 직후 그는 기벨린의 도움으로 루카를 차지했다1314년 6월. 이 두 도시의 지원을 받은 그는 인근 도시들에 매우 심각한 피해를 줬다.

우구초네의 위협에서 자신들을 보호하기 위해 피렌체 시민들은 나폴리 왕 로베르토에게 동생인 에볼리 백작 피에로가 자신들의 군대를 지휘하게 해 달라고 요청했다. 그동안 우구초네는 계속 자신의 세력을 강화했다. 그는 발다르노와 발디니에볼레피스토이아 지방의 남서부 지역 계곡의 많은 요새를 무력과 계략으로 빼앗았다.

그러다 그가 몬테카티니를 포위 공격하자, 피렌체 시민들은 만일 그 전화戰火가 자신들의 영토마저 불태우기를 원하지 않는다면, 몬테카티니를 도와줘야 한다고 판단했다. 그래서 그들은 대군을 소집해 발디니에볼레에서 우구초네와 싸웠으나 치열한 격전 끝에 그만 패배하고 말았다1315년 8월 몬테카티니(Montecatini) 전투.

이 전투에서 나폴리 왕의 동생인 피에로가 죽었고, 시신은 끝내 발견되지 않았다. 그 외에도 2,000명 이상이 학살당했다. 우구초네의 입장에서도 이날의 승리가 마냥 행복하지는 않았다. 군대의 많은 지휘관과 함께 그의 아들프란체스코로 추정이 그곳에서 죽었기 때문이었다.

이 패배 후 피렌체 시민들은 주변 도시들의 방비를 강화했고, 나폴리 왕 로베르토는 노벨로 백작으로도 불리는 단드리아 백작로베르토의 처남을 그들의 대장으로 파견했다. 그렇지만 백작의 거만한 태도 때문인지, 아니면 통제를 싫어하고 재난이 닥치면 분열하는 것이 피렌체 시민들의 본성이기 때문인지, 우구초네와의 전쟁에도 불구하고 도시는 다시 나폴리 왕의 친구와 적으로 분열되었다.

왕의 가장 큰 적들로는 시모네 델라 토사와 마가로티 가문, 그리고 정부에서 남다른 영향력을 행사하는 평민들의 일부가 있었다. 이들은 나폴리 왕의 총독인 백작을 쫓아낼 관리와 군대를 얻기 위해 처음에는 프랑스로 그리고 나중에는 독일로 사람을 보냈다. 하지만 운명의 여신이 그들의 편이 아니었는지 그들은 어느 나라에서도 도움을 받지 못했다. 그런데도 그들은 포기하지 않고 계속 숭배할 대상을 찾았으며, 마침내 구비오에서 그 대상을 찾았다.

그들은 먼저 노벨로 백작을 쫓아낸 뒤 란도데 베키 다 구비오를 '바르젤로Bargèllo(경찰청장)'라는 직책으로 데려와 그에게 시민들을 좌지우지할 전권을 주었다1316년 5월. 란도는 잔인하고 탐욕스러운 악한이었다. 그는 무장한 많은 부하를 대동하고 온 도시를 돌아다니며, 자신을 임명한 자들의 뜻에 따라 시민들의 목숨을 함부로 빼앗았다. 그의 오만방자함은 점차 극에 달해 피렌체의 화폐 제조기로 위조 주화를 만드는 지경까지 이르렀지만, 누구 하나 감히 그를 막지 못했다. 그렇게 피렌체의 불화는 그에게 그토록 강력한 권한을 안겨 주었다.

그 결과, 위대하지만 불행한 이 도시는 과거의 분열에 대한 기억이나 우구초네에 대한 두려움 그리고 나폴리 왕의 권위에도 불구하고 통합과 안정을 유지하지 못했으며, 결국 밖에서는 우구초네한테 짓밟히고, 안에서는 란도에게 약탈당하는 참으로 비참한 운명에 빠지고 말았다!

옛 귀족과 부유한 평민은 모든 구엘프와 함께 왕의 친구들로, 란도와 그의 추종자들을 싫어했다. 그러나 이미 도시가 적의 수중에 떨어져 있었으므로 자신들을 드러내는 것은 큰 위험을 감수해야만 했다. 그렇지만 그들은 이 수치스러운 폭정에서 자신들을 해방시키기로 결심하고, 비밀리에 로베르토에게 서신을 보내 구이도 다 바티폴레 백작을 왕의 대리인으로 임명해 피렌체에 파견해 달라고 요청했다. 왕은 즉각 이 요청을 실행했다.

왕의 적들은 비록 시뇨리가 그들의 편이었지만, 구이도 백작의 훌륭한 자질 때문에 공개적으로 그를 반대하지는 못했다. 하지만 시뇨리와 평민 부대의 곤팔로니에레들이 란도와 그 일파를 지지했기 때문에 구이도 백작은 실질적인 권한을 거의 갖지 못했다.

피렌체가 이런 괴로움에 빠져 있을 때 독일 왕 알브레히트1세의 딸 카테리나이 장래의 남편인 로베르토의 아들 카를로 칼라브리아 공작를 만나러 가는 도중에 피렌체에 들렀다. 왕의 친구들은 그녀를 극진히 환대했고, 그녀에게 도시의 어려운 상황을 이야기하며 란도와 그 후원자들의 폭정을 한탄했다.

그러자 왕의 친구들의 불행한 처지를 동정한 그녀는 피렌체를 떠나기 전 그녀의 개인적인 인기와 로베르트 왕의 며느리라는 영향력으로 시민들을 화해시키는 데 성공했으며, 란도의 권한을 빼앗아 피와 약탈이 가득한 구비오로 그를 돌려보냈다 1316년 10월.

이렇게 정부를 쇄신하면서 로베르토 왕의 통치가 3년 더 연장되었다. 7명의 시뇨리가 이미 란도 일파에서 선출되어 있었으므로, 왕의 친구들 가운데서 6명의 시뇨리가 새로 선출되었다. 따라서 한동안 시뇨리아최고행정기구는 13명의 시뇨리최고 행정장관들로 구성되었다. 그렇지만 시뇨리의 수는 나중에 이전의 관례대로 다시 7명으로 줄어들었다.

༺ঔৣ 제26장 ৣঔ༻

이 무렵 우구초네가 피사와 루카에서 쫓겨나고, 루카 시민인 카스트루초 카스트라카니가 피사와 루카의 주인이 되었다1316년 4월. 대담하고 씩씩한 젊은이인 카스트루초는당시 35세 하는 일마다 운도 좋았기 때문에 아주 짧은 시간 만에 토스카나의 기벨린 군주가 되었다.

위기감을 느낀 피렌체 시민들은 한동안 내부의 불화를 옆으로 치워두고, 처음 몇 년간 어떻게 하면 카스트루초의 힘이 세지는 것을 막을 수 있을까 생각하다가 자신들의 방해에도 불구하고 그의 세력이 날로 커지자 나중에는 어떻게 하면 그로부터 자신들을 지켜낼 수 있을까 고민하게 되었다.

그리하여 피렌체 시민들은 시뇨리가 더 나은 조언을 받아 숙고하고, 또 더 큰 권한으로 자신들의 결정을 집행할 수 있도록 '부오니 우오미니Buoni Uomini(훌륭한 사람들)'라고 명명한 12명의 시민을 임명했다. 이 12명의 자문과 동의가 없으면, 시뇨리는 어떤 중요한 일도 처리할 수 없었다.

그러는 사이 로베르토의 통치가 끝나고1319년, 도시는 스스로 그 주인이 되어 예로부터 내려온 레토리포데스타나 카피타노 델 포폴로와 행정장관들시뇨리로 도시를 재정비했다. 카스트루초에 대한 두려움은 도시의 통합을 유지시켜 주었다.

카스트루초가 루니자나Villafranca in Lunigiana에 많은 위해를 가한 후 프라토를 포위 공격하자, 피렌체는 프라토를 돕기로 결정한 뒤 상점 문을 닫아걸고 모두 한마음이 되어 그곳으로 달려갔다. 프라토에 도착해 세어 보니 모인 군사는 기병이 1,500명에 보병이 2만 명에 달했다.

이와 동시에 시뇨리는 카스트루초의 힘을 줄이고 자신들의 힘은 더하기 위해 프라토를 도우러 오는 구엘프 추방자는 누구나 전쟁이 끝난 후 조국의 품으로 돌아오게 될 것이라고 널리 공표했다. 그 약속을 믿고 4,000명 이상의 구엘프 추방자들이 합류했다. 이렇게 빠르게 집결한 대군을 본 카스트루초는 깜짝 놀라 자신의 무운을 시험해 보지도 않고 루카로 철군해 버렸다.

카스트루초의 후퇴는 피렌체 진영의 귀족과 평민 사이에 논쟁을 불러일으켰다. 평민들은 카스트루초를 쫓아가 전투를 벌여 그를 끝장내기를 원했다. 반면 귀족들은 프라토를 구하기 위해 피렌체를 위험에 빠뜨린 것으로 충분하다고, 피할 수 없을 때는 운을 시험하는 것도 괜찮지만 이제는 그럴 필요가 없다고, 그리고 얻을 것은 거의 없고 잃을 것만 많을 때 운을 시험하는 것은 현명하지 못하다며 피렌체로 돌아가기를 원했다.

끝까지 어느 쪽도 양보하지 않아서 이 문제는 시뇨리아에 회부됐다. 그러나 시뇨리 사이에서도 평민과 귀족 간에 있었던 의견 충돌이 똑같이 일어났다. 이 소식이 프라토市 전역에 알려지자 흥분한 군중이 광장으로 모여들어 거친 욕설로 귀족들을 위협했고, 겁에 질린 귀족들은 할 수 없이 양보했다.

하지만 많은 귀족이 마지못해, 그것도 뒤늦게 동의했기 때문에 카스트루초는 안전하게 루카로 돌아갈 시간을 벌 수 있었다1323년.

❧ 제27장 ❧

이 실책으로 평민은 귀족한테 매우 화가 났으며, 시뇨리는 추방자들에게 법으로 제시했던 약속을 지키려 들지 않았다. 이를 안 추방자들은 선수를 치기로 하고, 나머지 부대보다 먼저 도시로 들어갈 생각으로 피렌체 성문에 도착했다. 그렇지만 추방자들의 이 시도는 이미 예견됐기 때문에 성공하지 못했고, 그들은 피렌체에 남아 있던 시민들에 의해 쫓겨났다.

그러나 그들은 포기하지 않고, 힘으로 얻을 수 없던 것을 협의로 얻을 수 있는지 알아보기 위해 8명의 대표를 보내 시뇨리가 자신들에게 한 약속과 그 약속을 믿고 자신들이 무릅쓴 위험을 시뇨리한테 상기시켰다. 귀족은 시뇨리가 공표한 약속을 자신들도 함께 만들었기에 이를 이행할 책임이 있다고 느껴서 추방자들의 귀환을 위해 온 힘을 기울였지만, 카스트루초와의 싸움에서 승리하지 못한 것에 대한 평민의 분노가 너무 컸기 때문에 귀족의 의견은 관철되지 못했다. 그 결과 피렌체에는 큰 비난과 불신이 쏟아졌다.

이 약속의 파기로 많은 귀족이 격분했고, 설득으로 얻지 못한 것을 무력으로라도 얻으려고 시도했다. 귀족들은 추방자들이 무장하고 도시로 오면, 자신들은 안에서 거병해 그들을 돕겠다고 추방자들과 은밀히 입을 맞췄다. 그렇지만 그 음모는 실행 전에 발각됐다.

이로 인해 정부는 무기를 들어 외부의 공격을 막을 준비를 했고, 내부인들을 완벽하게 억눌러 감히 누구도 무기를 들지 못하게 만들었다. 그러자 거병으로 얻을 이익이 없다는 것을 이해한 귀족들과 추방자들은 계획을 포기했다.

추방자들이 떠난 후 그들을 불러들인 자들을 처벌하라는 목소리가 터져 나왔다. 그러나 비록 누가 범인인지 모두 알고 있었지만, 그들을 비난하기는커녕 그 이름조차 입 밖에 꺼내지 못했다. 그래서 진실을 공정하게 밝히려면 평의회 구성원은 한 명도 빠짐없이 자신이 유죄라고 생각하는 자들의 이름을 아무도 못 보게 적어 이를 카피타노 델 포폴로에게 제출해야 한다는 결정이 내려졌다. 이렇게 해서 테기아이오 프레스코발디 · 아메리고 도나티 · 로테링고 게라르디니 등이 기소됐다. 하지만 그들은 우호적인 판사를 배정받았는지, 저지른 죄에 비해 훨씬 가벼운 벌금형을 선고받고 석방되었다.

∽∾ 제28장 ∾∽

추방당한 자들이 성문에 도착하면서 발생한 피렌체의 혼란은 평민 부대에 각각 한 명의 지휘관만 있어서는 안 되겠다는 점을 여실히 보여 주었다. 그러므로 피렌체 통치자들은 앞으로 각 부대에 3~4명의 장교를 두기로 하고, 부대 전체가 호출될 필요가 없을 때는 그 일부가 장교 한 명의 지휘 아래 참전할 수 있도록, 한 명의 곤팔로니에레 외에 2~3명의 펜노니에레Pennoniere(창기병)를 추가로 두었다.

모든 공화국에서 그렇듯 정치적인 위기 이후에는 항상 어떤 옛 법은 폐기되고, 또 다른 옛 법은 갱신된다. 이때까지 시뇨리아는 그때 그때 구성되었다. 하지만 더 많은 권한을 갖고 있던 이 당시의 시뇨리와 콜레지Collegi[1]는, 앞으로 40개월 동안 시뇨리 자리에 앉게 될 사람들을 자신들이 결정하기로 했다. 그들은 시뇨리 자리에 앉게 될 사람들의 이름을 보르사Borsa(자루) 하나에 넣고, 그 자루에서 두 달마다 무작위로 시뇨리에 앉을 사람들의 이름을 꺼냈다. 그렇지만 40개월이 채 지나가기도 전에 많은 시민이 자기 이름이 빠지지 않았나 의심하며 자루 안에 새로 이름을 집어넣는 일이 벌어졌다.

이때부터 도시 안팎의 모든 행정관에 선출될 이들의 이름을, 선출되기 오래전에 자루 안에 넣는 관습이 생겨났다. 그 이전에는 전임자들의 임기가 끝날 때 후임자들을 선출했다. 자루 안에 이름을 집어넣는 이 '임보르사치오니Imborsazioni'는 나중에 '스퀴티니Squittini'라고 불렸다. 스퀴티니는 보통 3년마다, 길면 5년에 한 번 있었기 때문에 피렌체 시민들은 행정관을 선출할 때 많은 경쟁으로 인해 야기됐던 혼란의 원인을 제거하고, 그 번거로움을 해소했다고 생각했다. 그들은 언급했던 불편들을 해결할 다른 방법을 알지 못했기에 계속 이 방법을 채택했다. 그러나 끝내 이 작은 이익 아래 숨겨진 결함권력자가 자루에 들어갈 시민의 이름을 통제해 계속 권력을 독점할 위험을 이해하지 못했다.

⤜⤜⤜ 제29장 ⤛⤛⤛

때는 바야흐로 1325년이었다. 피스토이아를 손에 넣은 카스트루초의 세력은 매우 강해졌다. 점점 커지는 그의 세력을 두려워한 피렌체 시뇨리아는 그가 피스토이아의 지배권을 완전히 장악하기 전에 먼저 공격해 피스토이아를 그의 지배에서 해방시키기로 했다.

그들은 피렌체 시민과 동맹들로부터 2만 명의 보병과 3,000명의 기병을 모아 알토파시오로 갔다. 그들은 알토파시오를 빼앗아 카스트루초가 피스토이아를 구하기 위해 보낸 지원군을 막을 계획이었다. 어렵지 않게 그곳을 빼앗는 데 성공한8월 피렌체군은 루카로 진격하며 지나가는 교외의 마을들을 초토화시켰다. 하지만 현명하지도 또 충성스럽지도 않은 사령관 라이몬도 데 카르도나 때문에 피렌체군의 전진은 느렸다.

라이몬도는 피렌체 시민들이 그들의 자유를 어떤 때는 왕에게, 또 어떤 때는 교황특사, 아니, 심지어 그들보다 훨씬 열등한 자들한테 얼마나 선뜻 내주었는지 잘 알고 있었다. 그러므로 만일 그들을 절망적인 상태로 밀어 넣는다면, 자신을 군주로 받드는 일도 쉽게 일어나리라고 판단했다. 그래서 그는 군대에서 자신에게 부여된 것과 똑같은 권한을 도시 안에서도 허용해 달라고 요구하며, 그렇지 않으면 사령관이 전장에서 받아야 할 병사들의 복종을 확보할 수 없다고 끊임없이 주장했다.

하지만 이런 요구가 받아들여지지 않자 그는 계속 시간을 허비하며 다녔고, 이로 인해 카스트루초는 반사 이익을 얻었다. 라이몬도가 시간을 낭비하는 사이에 비스콘티 가문과 롬바르디아의 다른 폭군들이 카스트루초한테 약속한 지원군이 속속 토스카나에 도착했기 때문이었다.

이렇게 해서 적은 강해졌고, 그동안 충직하지 못해 승리하지 못했던 라이몬도는 이제 자신의 무능으로 인해 스스로 파멸하고 말았다. 군대를 이끌고 천천히 나아가다가 알토파시오 인근에서 카스트루초의 공격을 받고 치열하게 싸웠으나, 결국 패하고 말았기 때문

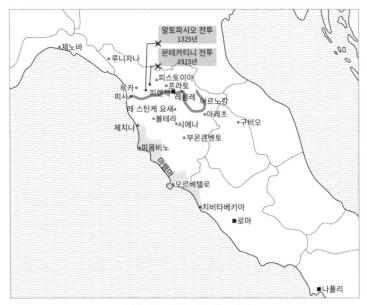

알토파시오 전투
1325년

몬테카티니 전투
1315년

제노바

루니자나

피스토이아
프라토
피렌체
레뮬레
루카
아르노강
피사
레 스틴케 요새
아레초
구비오
볼테라
시에나
체치나
부온콘벤토
피옴비노
마렘마
오르베텔로
치비타베키아
로마
나폴리

14세기 초반 피렌체와 관련 있는 지역들

이었다⁹월. 이 전투에서 많은 시민이 죽거나 사로잡혔고, 라이몬도 역시 포로가 됐다. 그렇게 그는 자신의 불충과 사악한 야심에 대해 피렌체 시민들로부터 받아 마땅한 징벌을 운명의 여신에게서 받았다.

이 승리 뒤, 카스트루초가 피렌체에 가한 구금·방화·약탈·파괴 등의 위해危害는 이루 다 말할 수 없을 정도였다. 그는 수개월 동안 말을 타고 원하는 곳은 피렌체 교외 어디든 달려가, 누구의 방해도 받지 않고 그곳을 약탈하고 파괴했다. 그 대재앙 이후, 피렌체 시민들은 교외를 완전히 포기하고 어떻게 하면 도시를 보존할지 오직 그것 하나만 걱정했기 때문이었다.

∞ 제30장 ∞

알토파시오 전투의 패배와 카스트루초의 갖은 위해에도 불구하고, 당시 피렌체의 상황이 거액의 돈을 모아 용병을 고용하거나 혹은 친구에게 도움을 청하지 못할 만큼 최악은 아니었다. 그렇지만 그 어떤 대비로도 카스트루초와 같은 강력한 적을 막기에는 충분하지 못했다.

피렌체 시민들은 할 수 없이 나폴리 왕 로베르토의 아들인 칼라브리아 공작 카를로를, 만일 그가 자신들을 구하러 온다면 10년 동안 자신들의 군주로 받아들이기로 했다1326년. 이미 그들 위에 군림하는 데 익숙해 있던 로베르토와 카를로는 그들의 우정보다는 복종을 더 원했기 때문이었다.

그러나 그때 시칠리아에서 시칠리아 왕 페데리코 3세를 상대로 한창 전쟁 중이던 카를로는 통치권을 받기 위해 직접 피렌체로 올 수가 없었다. 그래서 자기 대신 프랑스 출신의 아테네 공작 발테르Walter 2세를 피렌체로 보냈다. 그는 카를로의 대리인으로 도시를 장악하고, 자기 뜻에 따라 행정장관들을 임명했다. 하지만 그의 태도는 매우 겸손했고, 또 자신의 본성을 잘 감추었기 때문에 모두가 그를 좋아했다.

시칠리아 전쟁이 끝나자 카를로는 1,000명의 기병과 함께 1326년 7월 피렌체市로 입성했다. 그의 도착으로 카스트루초는 더 이상 마음대로 피렌체 교외를 약탈하지 못했다. 그렇지만 카를로가 피렌체 밖에서 얻었던 명성공정하고 정의롭다은 도시 안에서 사라지고 없었다. 그리하여 피렌체는 적이 더 이상 가하지 않는 침해를 친구로부터 받아야 했다.

시뇨리는 공작의 허락 없이는 아무것도 하지 못했고, 공작은 1년에 최대 20만 플로린까지만 가져가기로 한 계약을 무시하고, 한 해 동안 무려 40만 플로린을 피렌체에서 짜냈다. 카를로와 그의 아버지가 부과한 이 금액은 실로 엄청나서 피렌체 시민들은 이 돈을 마련하느라 매일매일을 허덕였다.

이런 고통에 새로운 적들로 인한 또 다른 두려움이 더해졌다. 카를로구엘프가 토스카나로 넘어오자 롬바르디아의 기벨린은 매우 놀랐고, 그래서 갈레아초1세 비스콘티와 롬바르디아의 다른 폭군들은 아비뇽에 있는 교황요한 22세의 뜻에 반해 최근1327년 5월 황제실은 이탈리아 왕로 추대된 바바리아의 루트비히4세를 돈과 약속을 미끼로 이탈리아로 불러들였기 때문이었다.

루트비히는 롬바르디아로 내려왔다가 다시 토스카나로 들어갔고, 그곳에서 카스트루초의 도움을 받아 피사의 군주가 되었다. 피사에서 자금을 보충한 그는 로마로 향했다. 이로 인해 왕국의 안위가 걱정된 카를로는 피렌체를 떠났고, 대신 필리포 다 산지네토Sangineto를 대리인으로 남겼다1327년 12월.

황제가 로마로 떠난 후 카스트루초는 다시 피사를 통치했고, 피렌체 시민들은 피스토이아 주민들과 협상해 피스토이아를 차지했다. 격분한 카스트루초는 피스토이아를 포위하고, 대단한 용기와 끈기로 그곳을 공격했다. 피렌체는 카스트루초의 군대를 공격하기도 하고 또 루카와 피사의 교외를 초토화시키기도 하며, 피스토이아를 구하기 위해 수없이 노력했지만 무력으로든 책략으로든 그를 막기에는 역부족이었다.

그만큼 피스토이아의 반군을 벌주고 피렌체를 제압하려는 그의 열망은 강했기 때문에 피스토이아 주민들은 다시 그를 군주로 받아들이지 않을 수 없었다. 그러나 이러한 성공은 비록 그에게 큰 영광을 안겨주기는 했지만, 큰 고초와 피로 역시 가져다주었고, 그 결과 카스트루초는 루카로 돌아간 지 얼마 안 돼 열병으로 죽었다1328년 9월.

하나의 선과 악을 거의 항상 또 다른 선과 악으로 뒤잇게 하는 운명의 여신의 오랜 습성 때문인지, 칼라브리아 공작이자 피렌체 군주인 카를로도 갑자기 나폴리에서 죽었다1328년 11월. 그리하여 피렌체는 우려와는 다르게 아주 짧은 시간 만에 한 사람에 대한 두려움과 다른 한 사람의 압제에서 모두 벗어나게 되었다.

자유로워진 피렌체 시민들은 정부를 개혁하는 데 힘을 써 옛 평의회를 모두 없애고 새로운 두 평의회를 만들었다. 그중 하나는 300명의 평민으로만 구성된 '콘실리오 디 포폴로Consiglio di Popolo(평민의회)'였고, 다른 하나는 귀족과 평민 중에서 뽑힌 250명으로 구성된 '콘실리오 디 코무네Consiglio di Comune(도시 의회)'였다.

✣✣ 제31장 ✣✣

로마에 도착한 황제루트비히 4세는 대립 교황니콜로 5세을 세우고1328년 5월 로마교회에 적대적인 많은 조치를 취했으며, 그밖에 다른 많은 일도 시도했다. 하지만 그는 아무 소득도 올리지 못하고, 결국 치욕 속에 로마를 떠나 피사로 돌아갔다1328년 8월. 피사에서 약 800명의 독일 기병이 급료를 받지 못해서인지, 아니면 무슨 다른 불만 때문인지 황제에게 반기를 들었고, 체룰리오Ceruglio 위에 자리한 몬테키아로Montechiaro라는 곳으로 가서 자리를 잡았다.

황제가 피사를 떠나 롬바르디아로 가자마자 이들은 루카를 점령하고 황제가 그곳에 남겨둔 프란체스코 카스트라카니카스트루초의 사촌를 내쫓았다1329년 4월. 노획물루카을 돈으로 바꿀 요량으로 독일 기병들은 피렌체에 루카를 8만 플로린에 팔겠다고 제안했다. 그렇지만 피렌체는 시모네 델라 토사의 조언에 따라 이를 거절했다1329년 5월.

만일 시민들이 이 입장을 끝까지 고수했다면, 이 결정은 우리 도시에 매우 이로웠을 것이다. 그러나 그들은 곧 마음을 바꿨고, 피렌체는 값비싼 대가를 치렀다. 처음에 피렌체는 루카를 낮은 가격에 평화롭게 살 수 있었지만 그러지 않았고, 나중에는 루카를 가지고 싶어 처음보다 훨씬 비싼 값을 주고 사려 했으나 이를 얻을 수 없었기 때문이었다. 이로 인해 많은 해로운 변화들이 피렌체 정부에 일어났다.

피렌체가 사지 않은 루카는 제노바 사람인 게라르디노 스피놀라 Gherardino Spinola가 3만 플로린에 구매했다1329년 6~9월. 인간은 항상 자신의 손이 닿을 수 있는 것보다 얻을 수 없는 것을 더 갈망한다. 루카가 얼마나 싼값에 팔렸는지 알게 된 피렌체 시민들은 루카를 가지려는 극단적인 욕망에 사로잡혀 루카를 사지 않은 자신들뿐만 아니라 루카를 사지 말라고 설득한 시모네를 비난했다. 그러고는 돈으로 사려 하지 않았던 것을 힘으로 차지하기 위해 군대를 보내 루카의 교외를 약탈하고 짓밟았다.

그러는 사이 황제가 이탈리아를 떠났고, 피사 시민들은 대립 교황을 붙잡아 프랑스아비뇽로 보냈다1330년 8월.

카스트루초가 죽은 1328년부터 1340년까지 피렌체는 내부적으로 조용했고, 외부의 일에 몰두했다. 롬바르디아에서는 보헤미아 왕 얀의 침략으로, 그리고 토스카나에서는 루카의 소유권을 두고 많은 전쟁을 치렀다.

또한 피렌체는 새로운 건축물로 도시를 아름답게 꾸몄다. 그중 하나가 당시 아주 유명한 화가인 조토 디 본도네Giotto di Bondone가 설계한1334년 산타 레파라타 성당훗날 이 위에 산타 마리아 델 피오레 대성당이 지어졌다. 산타 마리아 델 피오레 대성당은 보통 줄여서 이탈리아어로 대성당을 뜻하는 '두오모(Duomo)'로 불린다의 종탑이었다1359년 완공.

산타 마리아 델 피오레 대성당 정상에서 본 조토의 종탑

1333년11월 4일에는 아르노강의 강물이 도시의 여러 구역에서 12브라초braccio, 1브라초는 약 0.7m로 12브라초는 약 8.4m에 해당한다 이상까지 범람해 많은 공공건물과 여러 다리카라이아·트리니타·베키오 다리 등가 파괴되었고, 피렌체 시민들은 막대한 비용과 엄청난 노력을 들여 무너진 건물과 다리 등을 복구했다[1].

✨ 제32장 ✨

하지만 1340년실은 1339년에 이르러 새로운 불화의 원인이 나타났다. 통치자평민들은 자신들의 권력을 유지하거나 늘리는 두 가지 방법을 갖고 있었다. 하나는 항상 자신이나 친구들이 행정장관이 되

도록 임보르사치오니추첨으로 공직자를 선출하는 자루에 시민들의 이름을 집어넣는 행위,
제2권 제28장 참조를 제한하는 것이었고, 다른 하나는 자신들에게 우호
적인 레토리포데스타와 카피타노 델 포폴로를 갖기 위해 이들의 선출에 주도
적으로 참여하는 것이었다.

그들은 이 두 번째 방법을 매우 중요하게 여겼으며, 원래 있는 레
토리가 마음에 들지 않으면 때로는 제3의 레토레Rettore, 레토리의 단수형
를 영입했다. 그렇게 해서 이때 그들은 구비오의 야코포 데 가브리
엘리야코포의 아버지 칸테(Cante)는 피렌체의 포데스타이던 1302년 단테에게 추방령을 내렸다.
제2권 제20장 참조를 '카피타노 디 구아르디아Capitano di Guardia(경비대장), 실은 카
피타노 제네랄레 디 구에라Capitano Generale di Guerra(전쟁의 총사령관)'라는 직에 이례적
으로 임명하고1339년 1월, 그에게 시민들을 좌지우지할 막강한 권한을
주었다.

야코포는 날마다 수많은 악행을 저질러 자신을 임명한 통치자들
을 기쁘게 했다. 그에게 피해를 당한 이들 중에는 피에로 데 바르디
와 바르도 프레스코발디도 있었다. 귀족 출신으로 자부심이 강했던
그들은 몇몇 유력자의 지지를 받는 한 이방인이 부당하게 가하는
침해를 참을 수 없었다. 그래서 그들은 야코포 데 가브리엘리와 그
를 임명하고 지지하는 통치자들에게 복수하기로 공모했다. 이 음모
에는 많은 귀족 가문 외에 통치자들의 폭정을 증오하던 다른 평민
들도 가담했다1340년.

공모자들이 세운 계획은 각자 자기 집에 가능한 한 많은 무장 병
력을 소집해 두었다가, 만성절모든 기독교 성인을 기리는 대축일로 11월 1일 다음
날 아침 모든 사람이 교회에서 죽은 자들을 위해 기도할 때 군사를
일으켜 경비대장과 최고 통치자들을 죽이고 새로운 시뇨리와 법령
으로 도시를 재건하는 것이었다. 그러나 위험한 계획은 이를 고민

하면 할수록 실행하는 것이 더 어려워지고, 실행하기까지 상당한 시간이 소요되는 음모는 거의 대부분 발각되기 마련이다.

이 공모자들 가운데는 안드레아 데 바르디라는 인물도 있었다. 음모에 대해 곰곰이 생각할수록 그의 머릿속은 복수의 희망보다 처벌의 공포로 더 가득 찼다. 불안해진 그는 처남인 야코포 알베르티에게 음모를 털어놓았고, 알베르티는 이를 프리오리시뇨리에게, 프리오리는 실질적인 통치자들한테 이를 알렸다.

만성절이 코앞으로 다가와 사건은 촌각을 다툴 만큼 시급했기 때문에 당시 정부를 지지하는 많은 시민이 시뇨리아 궁에 모여 더 지체하면 위험하다고 판단하고, 시뇨리에게 어서 바카Vacca, 시뇨리아 궁의 종탑에 있던 종를 울려 사람들을 무장시키라고 촉구했다.

하지만 곤팔로니에레인 탈도 발로리와 바르디 가문의 친척으로 시뇨리 중 한 명인 프란체스코 살비아티는 사소한 사건이 생길 때마다 사람들을 무장시키는 것은 바람직하지 않다고 지적하며, 통제되지 않는 군중의 손에 권력이 떨어지는 것은 절대 도시에 도움되지 않기 때문이라고 설명했다. 이어서 그들은 폭동을 일으키기는 쉽지만 진압하는 것은 매우 어려우니, 실제로 어떤 범죄가 저질러졌는지 먼저 사건의 진상을 파악한 다음에 적법한 절차에 따라 그 범죄를 처벌해야 옳지, 단지 진술에 근거해 결국 피렌체를 파멸로 이끌 폭력으로 사태를 바로잡으려 하는 것은 현명하지 못하다며 이 요구에 반대했다.

그렇지만 궁에 모인 누구도 이들의 충고를 듣지 않고 저마다 험상궂은 얼굴로 모욕적인 언사들을 퍼붓자, 시뇨리는 어쩔 수 없이 바카를 울렸고, 경종을 들은 모든 평민은 무기를 들고 시뇨리아 광장으로 달려왔다.

한편 바르디와 프레스코발디 가문 역시 자신들의 모의가 발각되었다는 것을 알았지만, 영광스럽게 승리하든가 아니면 부끄러움 없이 죽기 위해 군사를 일으켰다. 그들은 자기 가문이 있는 강 너머의 지역을 방어하기 위해 다리 위에 자리를 잡고, 주변 교외에 사는 귀족들과 자신의 다른 친구들이 도와주러 오기를 기다렸다. 그러나 그들의 계획은 그들과 함께 그 지역에 살던, 시뇨리의 편에 서서 무기를 든 평민들에 의해 틀어졌다. 자신들이 고립되었다는 사실을 알아차린 그들은 다리에서 물러나 바르디 가문의 집들이 있는, 다른 어떤 곳보다 더 안전한 거리로 퇴각해 그곳을 아주 씩씩하게 지켰다.

모든 음모가 자신을 향해 있음을 알게 된 야코포 다 구비오는 완전히 겁에 질렸고, 죽음이 두려워 시뇨리아 궁 근처에 주둔한 자신의 부대 안으로 숨어 버렸다야코포는 1341년 1월 약 3만 플로린의 큰돈을 받고 피렌체를 떠났다.

반면 잘못이 없던 다른 레토레들은 큰 용기를 보여 주었고, 특히 마페오 다 폰테 카라디Ponte Caradi라는 포데스타는 그 기백이 넘쳤다. 그는 루바콘테 다리를 건너 격렬한 전투가 벌어지는 거리로 달려가 두려움 없이 바르디 가문의 창검 한가운데 홀로 선 후, 그들한테 말하고 싶다는 신호를 보냈다. 그러자 그의 지위와 용기 있는 행동 그리고 다른 훌륭한 자질들에 대한 존경으로, 그들은 즉시 무기를 내려놓고 조용히 그의 말에 귀를 기울였다.

그는 우선 정중하고 온화한 어조로 그들의 음모를 비난하고, 분노한 저 대중의 요구를 따르지 않을 경우 그들이 처할 위험에 대해 지적했다. 이어서 그는 그들의 말은 나중에 귀담아듣게 될 것이고, 그들의 재판은 관대하게 치러질 것이라는 희망을 주었으며, 그들의 당연한 분노가 그들에게 우호적으로 처리되도록 노력하겠다고 약속했다.

그 뒤 시뇨리아 궁으로 돌아온 그는 동료 시민들의 피를 대가로 승리를 추구하지 말라고, 또 저들의 말을 듣지도 않고 저들을 심판하지 말라고 시뇨리에게 호소했다. 그의 연설은 대단히 감동적이었고, 그래서 바르디와 프레스코발디 가문은 시뇨리의 동의하에 누구의 방해도 받지 않고 친구들과 함께 도시를 떠나 자신들의 성으로 조용히 물러났다1340년 11월.

그들이 떠나고 평민들이 무기를 내려놓자 시뇨리는 실제로 군사를 일으킨 바르디와 프레스코발디 가문에 대해서만 법적 조치에 나섰다. 시뇨리는 또한 바르디 가문의 힘을 없애기 위해 그들로부터 망고나와 베르니아의 성들을 구입하고, 어떤 시민도 도시에서 30㎞ 이내에는 성을 소유할 수 없다는 법을 통과시켰다. 몇 달 후 스티아타 프레스코발디가 참수당했고, 많은 프레스코발디 가문 사람들이 반역자로 선포되었다.

그렇지만 통치자들은 바르디와 프레스코발디 가문을 제압하고 짓밟은 것으로는 만족하지 못했다. 인간이라는 존재는 거의 항상 그렇듯, 권한을 더 많이 가질수록 이를 더 악용하고 오만해지기 때문이다. 그리하여 이전에 피렌체를 괴롭히는 경비대장은 단 한 명뿐이었으나, 이제 막강한 권한을 지닌 또 한 명의 경비대장이 주변 교외에도 선임되어 통치자들의 의심을 받는 이들은 도시 안은 물론이고 도시 밖에서도 결코 안전할 수 없었다.

이런 조치들로 모든 귀족은 크게 분노했고, 자신들이 받은 침해에 복수하기 위해 도시와 자신들을 팔아넘길 준비를 하며 가만히 때를 기다리다가 기회가 오자 이를 최대한 활용했다.

❖❖ 제33장 ❖❖

토스카나와 롬바르디아에서 일어난 많은 혼란으로 그 무렵 루카는 베로나 군주인 마스티노2세 델라 스칼라의 지배를 받고 있었다. 그는 루카를 피렌체에 넘기기로 약속했지만 그러지 않았다. 파르마를 차지한 이상 루카를 계속 가질 수 있다고 여겨 자신의 서약을 신경 쓰지 않았기 때문이었다1335년.

그러자 피렌체는 그를 벌주기 위해 베네치아와 손잡고 베로나를 맹렬히 공격했으며1336년, 그는 거의 모든 영토를 잃을 뻔했다. 하지만 피렌체는 그를 징벌했다는 작은 마음의 위안 외에 그 전쟁에서 아무런 이득도 얻지 못했다. 자신보다 힘이 약한 이들과 동맹한 자들이 다 그렇듯, 베네치아가 트레비소와 비첸차를 얻자마자 피렌체를 무시하고 마스티노와 강화 조약을 맺었기 때문이었다1339년.

그러나 그 직후 밀라노 영주인 비스콘티 가문이 마스티노한테서 파르마를 빼앗았다1341년. 이 때문에 더는 루카를 보유할 수 없다고 판단한 마스티노는 루카를 팔기로 했다. 피렌체와 피사 둘 다 루카를 사고 싶어 했다. 그렇지만 마스티노와 교섭하던 피사는 더 부유한 피렌체가 루카를 얻게 될 것을 염려해 무력을 쓰기로 했으며, 비스콘티 가문의 도움을 받아 루카를 포위했다.

그런데도 피렌체는 루카를 구매하는 일을 중단하지 않고 마스티노와 계약을 진행하여 대금의 일부는 돈으로 주고 나머지는 담보물을 제공한 뒤, 루카를 인수하기 위해 조반니 디 베르나르도 데 메디치·로소 디 리차르도 데 리치·나도 루첼라이 등을 그곳으로 보냈다. 이들은 무력을 사용해 루카로 들어갔고, 마스티노의 부하들은 그들에게 도시를 넘겨주었다1341년 8월.

하지만 피사는 전쟁을 멈추지 않고 루카를 차지하기 위해 전력을 다했다. 피렌체는 루카의 포위를 풀려고 애썼으나, 오랜 전투 끝에 돈뿐만 아니라 명성까지 잃고 루카에서 쫓겨났으며, 결국 피사가 루카의 주인이 되었다1342년 7월.

비슷한 경우에서 늘 그렇듯 루카에서의 패배로 피렌체 시민들은 통치자들에게 격분했고, 모든 거리와 공공장소에서 그들의 탐욕과 근시안적인 안목을 질책하며 공공연히 그들을 비난했다.

이 전쟁을 시작할 때, 20명의 시민20인회에게 전쟁을 수행할 권한이 주어졌다. 그들은 말라테스타2세 다 리미니를 사령관으로 임명했다. 그러나 그는 전투에서 전혀 용감하지도 또 지혜롭지도 못했기 때문에 그들은 나폴리 왕 로베르토에게 도움을 요청했고, 왕은 그들에게 아테네 공작 발테르2세를 보냈다. 임박한 재앙의 길을 마련하는 것이 그즈음 하늘의 뜻이었으니, 발테르는 피렌체가 루카 전쟁에서 완전히 패한 바로 그 순간에 피렌체에 도착했다1342년 7월.

사람들의 분노를 잘 알고 있던 이 20인회는 사람들에게 희망을 줄 새 지도자를 선출해 자신들에게 가해질 비난의 원인을 제거하거나 적어도 줄일 생각을 했다. 그래서 20인회는 한편으로는 사람들이 공작에게 외경심을 가지고, 다른 한편으로는 공작이 더 큰 권한으로 자신들을 지켜줄 수 있도록 공작을 처음에는 '콘세르바토레Conservatóre(수호자)'로, 그리고 나중에는 군의 '카피타노 제네랄레Capitano Generale(총사령관)'로 선임했다.

귀족들은 앞서 설명했던 이유로 불만이 아주 많았고, 그중 대다수는 발테르가 칼라브리아 공작 카를로의 이름으로 피렌체를 다스렸던 시절1326년을 기억하고 있었으므로, 지금이야말로 도시를 파멸로 몰고 가 자신들 안에서 불타오르는 원한의 불길을 끌 때가 되었다고 생각했다.

한 계급귀족의 가치와 다른 계급평민의 오만을 잘 알고 있던 귀족들은 후자평민를 억제하고 전자귀족를 우대할 그런 군주즉 발테르 2세 밑으로 들어가는 것 외에 자신들을 괴롭혀온 평민들을 제압할 방법이 없다고 확신했기 때문이었다. 게다가 귀족들은 자신들의 노고로 공작이 군주의 자리에 오르면, 이에 대한 보상도 받을 것으로 기대했다. 그래서 귀족들은 계속 공작과 가까이 지내며, 최선을 다해 도울 테니 피렌체의 군주가 되어 달라고 공작을 선동했다.

귀족들의 이런 간청과 그들이 가진 세력에, 페루치·아차이우올리·안텔레시·부오나코르시 등과 같은 일부 평민 가문들의 설득도 더해졌다. 그들은 빚에 허덕이고 있었고 자기 재산으로는 이를 감당할 수 없었기 때문에 남의 돈으로 그 빚을 청산하기를 바랐으며, 조국을 노예 상태로 만드는 한이 있더라도 자신들은 채권자의 예속에서 벗어나기를 열망했다.

이런 감언이설은 공작의 야심 찬 영혼에 불을 지피며 권력에 대한 더 큰 욕망을 불러일으켰다. 그렇게 해서 권력욕에 사로잡힌 공작은 매우 엄정하고 청렴하다는 평판을 얻어 자신에 대한 대중의 지지를 늘리기 위해 루카 전쟁을 지휘했던 이들을 기소해 조반니 디 베르나르도 데 메디치·나도 루첼라이·굴리엘모 알토비티 등의 목숨을 빼앗고1342년 많은 이를 추방했으며, 또 다른 많은 이에게 벌금을 부과했다.

이 가혹한 처벌을 본 중간 계층의 시민들은 모두 경악했지만, 귀족과 하층민은 만족해했다. 악을 기뻐하는 것은 하층민의 본성이고, 귀족은 이 처벌로 그동안 수없이 당하기만 하던 평민에게 복수했다고 생각했기 때문이었다.

그러므로 발테르 공작이 거리를 지나가면, 군중은 그의 정직한 영혼을 큰소리로 칭찬하며 통치자들의 부정을 찾아 처벌해 달라고 공개적으로 요청했다. 그러자 20인회의 권한은 줄어들고 공작의 명성은 커졌으며, 누구나 공작에 대한 자신의 지지를 증명하기 위해 자기 집에 공작의 문장紋章을 그려 넣을 정도로 공작에 대한 두려움은 훨씬 더 커졌다. 실제로 그는 군주의 칭호만 없을 뿐 절대 군주나 다름없었다.

이제 자기 마음대로 하지 못할 일이 없다고 판단한 공작은 도시의 이익을 위해 그 누구의 간섭도 받지 않고 자유롭게 도시를 통치할 권한이 자신에게 주어져야 한다고, 도시 전체가 이 의견에 찬성하고 있으니 시뇨리아도 이에 동의하라며 시뇨리를 겁박했다. 비록 오래전부터 조국의 파멸을 예견하고 있었지만, 발테르의 이 뻔뻔한 요구에 시뇨리는 몹시 괴로워했다. 그러나 자신들이 처한 위험을 잘 알고 있음에도 조국에 대한 자신들의 책무를 잊지 않은 그들은 용기를 내어 공작의 요구를 거절했다.

공작은 사람들에게 자신이 경건하고 자비롭다는 인식을 심어 주기 위해 산타 크로체 성당의 프라 미노리Fra' Minori, 아시시의 성 프란치스코가 창설한 작은형제회 수도원을 자신의 숙소로 사용하고 있었다. 그런 이유로 그는 자신의 요구를 거절한 시뇨리에 맞서 사악한 계획을 실행하기 위해 모든 시민은 다음 날 아침 그 수도원 앞 광장으로 나오라고 공표했다.

이 포고는 공작의 이전 요구보다 한층 더 시뇨리를 놀라게 했다. 그래서 그들은 조국과 자유를 사랑한다고 생각하는 시민들과 상의했다. 그렇지만 힘으로 공작을 당해낼 자신이 없던 그들은, 할 수 있는 유일한 방법은 공작에게 간청해 그의 계획을 단념시키거나 아니면 적어도 그의 통치를 덜 가혹하게 만드는 것뿐이라고 판단한 후, 시뇨리 몇몇이 공작을 방문해 그중 한 명이 이런 의미로 말했다.

"전하, 저희가 이렇게 전하를 뵈러 온 이유는 전하께서 요구하신 통치권과 내일 아침 시민들을 산타 크로체 광장 앞에 집결시키라는 전하의 하명 때문이옵니다. 저희 생각에 전하께서는 평소 같으면 저희가 결코 전하께 드리지 않을 예외적인 권한을 얻으려 하시는 것 같습니다.

저희가 감히 힘으로 전하의 계획을 막을 생각은 전혀 없습니다. 다만 저희는 그저 전하께서 얼마나 무거운 짐을 지려 하시고, 또 얼마나 위험한 길을 가려 하시는지 말씀드려 저희의 진심 어린 고언苦言과 전하의 이익이 아니라 오직 자신들의 원한을 풀기 위해 전하께 다른 말을 한 자들의 감언이설을 비교해 보시기를 바랄 따름입니다.

전하께서는 지금 항상 자유롭게 살아온 도시를 노예로 삼으려 하고 계십니다. 사실 저희가 과거에 나폴리 왕실에 양도한 통치권은 군주가 아니라 친구에게 준 것이었습니다. 전하, 이곳과 같은 도시에서 자유가 얼마나 중요한 것인지 숙고해 보셨습니까? 어떤 폭력으로도 굴복시킬 수 없고 어떤 이익으로도 대체할 수 없으며, 아무리 긴 시간이 지나도 소멸하지 않는 자유라는 이름이 얼마나 강력한 것인지 생각해 보셨습니까?

전하, 이 위대한 도시를 노예 상태로 유지하는 데 얼마나 많은 군대가 필요할지 곰곰이 한번 헤아려 보십시오. 전하께서 항상 지휘하실 수 있는 외국의 군대만으로는 절대 충분하지 않을 것입니다. 전하께서 의지하고 계신 내부의 세력 역시 절대 믿으실 수 없습니다. 오늘 전하의 친구를 자청하며 전하께 이 길을 가라고 부추기는 자들은 전하의 힘을 빌려 자신의 적들을 궤멸시키고 나면, 그 즉시 전하를 제거하고 스스로 도시의 주인이 되려 할 것이기 때문입니다.

또한 전하께서 신뢰하시는 하층민들 역시 아무리 사소한 사건이라도 자신들에게 불리한 상황이 오면, 그 입장을 손바닥 뒤집듯 뒤집을 것입니다. 그러면 얼마 지나지 않아 전하께서는 온 도시가 전하의 적으로 변해 버린 모습을 보게 될 테고, 이는 도시와 전하 모두를 파멸시키고 말 것입니다.

안타깝지만, 이런 위험에 대해 전하께서는 그 어떤 대비책도 마련하실 수 없을 것입니다. 적이 거의 없는, 그래서 죽음이나 추방으로 그들을 쉽게 제거할 수 있는 군주는 권력을 안전하게 유지하지만, 증오가 만연한 곳에서는 어디서 공격당할지 알지 못하고, 또 모두를 의심하는 자는 누구와도 친구가 될 수 없으므로 절대 안전해질 수 없기 때문입니다. 아니, 설령 자신을 지키기 위해 한두 명의 친구를 만든다고 해도, 이는 도리어 위험을 증가시킬 뿐입니다. 남겨진 이들은 더 격렬한 증오에 사로잡혀 더 철저히 복수를 준비할 것이기 때문입니다.

시간이 자유를 향한 열망을 없앨 수 없다는 것은 너무나 분명합니다. 우리는 결코 자유를 누리지 못했지만, 선조들이 남긴 기억만으로 자유를 사랑하게 된 이들에 의해 도시의 자유가 되살아나고,

또 그렇게 자유를 회복시킨 이들은 어떤 위험을 무릅쓰고라도 이를 꿋꿋하게 지켜내는 이야기들을 자주 듣기 때문입니다. 아니, 심지어 선조들이 자유를 전해 주지 않더라도 회의에 쓰이던 공공건물들이나 행정장관의 직무실, 혹은 자유 조합의 기치 등이 자유를 상기시킵니다. 확실히 이것들은 자유에 대한 간절한 열망 없이는 결코 바라볼 수 없는 그런 대상들입니다.

사정이 이럴진대 대체 무엇으로 자유의 기쁨을 능가하고, 대체 무엇으로 이전 상태^{자유로운 삶}로 돌아가려는 시민들의 갈망을 멈추게 할 생각이십니까? 토스카나 전체를 피렌체의 영토로 만들고, 매일 우리의 적을 물리치고 도시로 돌아오신다 해도 그러실 수는 없을 것입니다. 모든 영광은 피렌체가 아니라 전하의 것이 될 테고, 시민들은 동료 시민이 아니라 노예 동료를 얻어 그들을 보며 자신의 예속을 더욱 괴로워할 것이기 때문입니다.

비록 전하의 삶이 순수하고, 전하의 태도가 친절하며, 전하의 판단이 올바르다 할지라도, 그것들만으로 전하를 사랑하게 만들지는 못하실 것입니다. 하오나 만일 전하께서 그것들만으로 충분하다고 믿으신다면, 이는 자신을 기만하시는 것입니다. 자유롭게 사는 데 익숙한 사람에게는 아무리 가벼운 사슬도 무겁게 느껴지고, 아무리 느슨한 결박도 영혼을 옥죄기 때문입니다. 게다가 폭력적인 정부가 선한 군주를 수장으로 갖는 일은 불가능합니다. 선한 군주는 얼마 못 가 폭력적인 정부를 닮아가거나, 아니면 폭력적인 국가가 재빨리 선한 군주를 파멸시킬 것이기 때문입니다.

그러므로 전하께서는 전적으로 폭력에 의지해 이 도시를 장악하시든가, ─그럴 경우에 성채나 친위대는 물론이고 외국의 친구들도 거의 도움이 되지 못합니다─ 그게 아니면, 저희가 이미 전하께 드린 권한에 만족하시든가, 둘 중 하나를 선택하셔야 합니다. 전하, 머리 숙여 간곡히 요청드립니다. 후자의 길을 선택하십시오. 다스림을 받는 이들이 동의하지 않는 지배는 절대 지속될 수 없음을 잊지 마십시오. 작은 야심에 눈이 멀어, 멈출 수도 또 더 오를 수도 없는 진퇴양난의 질곡에 빠져 결국 전하 자신과 저희 모두를 파멸시킬 그곳으로 전하를 이끌고 가지 마십시오."

☙ 제35장 ❧

그러나 이 긴 간언諫言은 완고한 공작의 영혼을 조금도 움직이지 못했다. 공작은 도시의 자유를 빼앗는 것이 아니라 도시에 자유를 복원하는 것이 자신의 의도라며, 분열된 도시는 노예 상태에 빠지고 통합된 도시는 자유로워지므로, 만일 피렌체가 자신의 지시대로 파벌과 야심과 적의를 없애면 자유를 잃지 않고 오히려 얻게 될 것이라고 대답한 뒤, 자신에게 이런 과업을 맡긴 것은 자신의 야망이 아니라 많은 시민의 소망이니 시뇨리도 다른 이들을 만족시킨 것즉, 누구의 간섭도 받지 않는 절대적인 통치권을 자신에게 부여하는 것에 만족하는 것이 온당하다고 강조했다.

이어서 그는 이런 시도로 인해 자신이 감수해야 할 위험들에 대해선 전혀 신경 쓰지 않는다고, 왜냐하면 악이 두려워 선을 포기하고, 결과가 의심스러워 고귀한 사업을 철회하는 것은 겁쟁이들이나 하는 짓이기 때문이라고 역설한 후, 자신은 사람들이 공연히 자신을 믿지 않고 쓸데없이 너무 두려워했다는 사실을 곧 깨달을 수 있도록 올바로 처신하는 법을 잘 알고 있다며 말을 맺었다.

공작의 확고한 태도에 더 이상 할 수 있는 일이 없다는 점을 이해한 시뇨리는 다음 날 아침 사람들이 산타 크로체 광장이 아니라 시뇨리아 광장에 모이는 것과 이전에 칼라브리아 공작 카를로한테 주었던 권한과 똑같은 조건의 통치권을 자신들의 이름으로 1년 동안 공작에게 부여하는 것에 동의했다.

공작이 조반니 델라 토사를 필두로 자신의 모든 추종자와 다른 많은 시민을 대동하고 시뇨리아 광장으로 들어온 것은 1342년 9월의 여덟 번째 날이었다. 그는 시뇨리와 함께 시뇨리아 궁의 발치에 놓인, 그 당시 사람들이 '링기에라Ringhièra'라고 부르던 연단으로 올라갔다. 거기서 시뇨리는 자신들과 공작 사이에 체결한 합의문을 사람들에게 큰소리로 읽었다.

합의문을 읽어가다 공작의 권한이 1년이라는 대목에 이르자, 들

〈화형당하는 지롤라모 사보나롤라〉 필리포 돌차티Filippo Dolciati
그림 오른쪽 위에 있는 연단이 링기에라다.

고 있던 군중이 "아 비타A Vita(평생), 아 비타!" 하고 연거푸 외쳤다. 시뇨리 중 한 명인 프란체스코 루스트켈리가 연단에 올라 소동을 진정시키려 했지만 그의 말은 군중의 아우성에 묻혔고, 결국 군중의 열렬한 환호 속에 공작은 1년이 아니라 종신 군주로 선출되었다. 그 후 군중은 그를 들어 올리고 그의 이름을 연호하며 광장 주위를 돌아다녔다.

시뇨리가 부재 시, 시뇨리아 궁의 경비를 맡은 관리는 문을 잠그고 궁 안에 머무르는 것이 관례였다. 당시에 이 업무를 맡은 자는 리니에리 데 조토였다. 그는 공작의 친구들에게 매수되어 강요받지도 않았는데 공작을 궁 안으로 들어오게 해 주었다. 그러자 명예가 실추된 시뇨리는 겁에 질려 모두 자신들의 집으로 돌아갔고, 궁은 공작의 부하들에게 약탈당했으며, 평민의 기치는 갈가리 찢기고 대신 공작의 깃발이 궁전 위에 나부꼈다. 이 사건은 선량한 이들한테는 이루 다 말할 수 없는 슬픔과 고통으로 다가왔고, 무지하거나 사악해서 그 일에 동조한 자들에게는 더할 나위 없이 큰 기쁨으로 받아들여졌다.

᠅᠅ 제36장 ᠅᠅

그렇게 피렌체의 통치권을 얻은 공작은 그때까지 도시의 자유를 수호하는 일을 맡았던 이들의 명성을 파괴하기 위해 시뇨리가 시뇨리아 궁에 모이는 것을 막고, 대신 그들에게 회의할 장소로 개인 주택 한 채를 배정했으며, 평민 부대의 곤팔로니에레들한테서 그 기치를 빼앗았다. 또한 귀족에게 불리한 정의의 법령을 폐지하고 감옥의 죄수들을 풀어 주었으며, 바르디와 프레스코발디 가문의 추방을 해제하고 시민의 무기 휴대를 금지했다.

한편 그는 도시 안에 있는 이들로부터 자신을 더 잘 지키기 위해 도시 밖에 있는 자들을 친구로 삼기로 했다. 이런 목적으로 그는 피렌체에 종속된 아레초와 다른 모든 도시의 주민들에게 많은 호의를 베풀었으며, 피사와 전쟁을 벌이기 위해 군주로 선임되었지만 도리어 피사와 화친을 맺었다1342년 10월.

이 밖에도 그는 루카 전쟁 중에 공화국에 돈을 빌려준 상인들에게 발행된 채권을 몰수했으며, 기존의 세금은 올리고 새로운 세금을 신설했다. 또 시뇨리의 모든 권한을 빼앗고, 자신이 레토레장관로 임명한 발리오네 노벨로 다 페루자·굴리엘모 다 아시시·체레티에리 비스도미니라는 인물들하고만 국정을 논의했다.

발테르 공작이 시민들에게 부과한 세금은 가혹했고 그의 판결은 부당했으며, 그가 처음에 가장假裝했던 성실함과 친절함은 교만함과 잔인함으로 바뀌었다. 그 결과 많은 훌륭한 시민과 뛰어난 평민들이 벌금을 물거나 추방되거나 살해당했으며, 들어본 적도 없는 방법으로 고문을 받기도 했다. 그는 피렌체 성벽 밖의 통치가 그 안의 통치와 다르지 않도록, 피렌체 교외에도 새로 6명의 레토레관리를 임명했으며, 그들은 공작이 시키는 대로 농민들을 억압하고 수탈했다.

비록 그는 귀족들의 지지를 받았고 또 그들 중 상당수는 자신이 다시 조국으로 돌아오게 해준 이들이었지만, 그럼에도 줄곧 귀족들을 의심했다. 자부심 강한 귀족이 계속 자신의 절대 권력에 순종하며 살지 확신이 서지 않았기 때문이었다. 이런 이유로 그는 하층민에게 이득을 주기로 했다. 외국의 용병과 하층민의 지지만 있으면 독재를 유지할 수 있다고 판단했기 때문이었다.

그래서 그는 피렌체 시민들이 항상 기념하고 축하하는 5월1343년

이 오자칼렌디마조(Calendimaggio) 축제, 하층민으로 구성된 군대를 많이 만들어 그 부대들에게 멋진 칭호로 경의를 표하고 돈과 기치를 수여했다. 기치를 받은 부대들 중 일부는 축제 행렬을 지어 도시의 거리를 행진했고, 다른 일부는 그들을 위해 마련된 곳으로 가서 아주 멋지고 화려한 축하 행사를 즐겼다.

공작의 새로운 통치에 대한 소문이 퍼지자 프랑스 혈통의 많은 사람이 그의 궁정으로 몰려들었고, 그는 그들 모두한테 가장 신뢰하는 이들에게 주는 관직을 내주었다. 그리하여 피렌체는 얼마 안돼 프랑스인들의 지배를 받았을 뿐만 아니라, 심지어 그들의 의복과 관습까지 받아들였다. 남녀 모두 이전의 가정적인 생활 태도를 내팽개치고, 아무런 수치심도 없이 그들을 모방했기 때문이었다. 그렇지만 그중에서도 가장 참을 수 없던 것은 공작과 그의 부하들이 모든 피렌체 여성에게 똑같이 자행한 폭력이었다.

그렇게 정부의 위신은 땅에 떨어지고, 질서는 완전히 무너지고, 법은 지켜지지 않고, 정직한 것은 타락하고, 모든 겸양은 사라진 조국을 바라보며, 양식 있는 피렌체 시민들은 분노에 가득 차 살았다. 또 왕의 행차 같은 것을 보는 일에 익숙하지 않았으므로 무장한 보병과 기병에 둘러싸여 돌아다니는 공작의 모습을 견디지 못했다. 하지만 후회해도 소용없었다. 그들은 자신들의 수치공작가 점점 가까이 다가오는 것을 보며, 그토록 증오하는 자에게 서둘러 경의를 표할 수밖에 없었기 때문이었다.

이런 분노에 잦은 유혈 사태를 목격하며 생긴 공포와 도시를 빈곤에 허덕이게 한 끊임없는 과세가 더해졌다. 이런 분노와 공포는 당연히 공작에게 알려졌고, 공작은 이를 두려워했다. 그러나 공작은 여전히 자신이 모두의 사랑을 받는 척했다. 따라서 마테오 디 모로초가 공작의 환심을 사기 위해서든 아니면 스스로 위험에서 벗어나기 위해서든, 메디치 가문이 다른 가문들과 함께 공작에 대한 음모를 꾸미고 있다고 폭로했을 때 공작은 그 사건을 조사하기는커녕 오히려 음모를 폭로한 마테오를 비참하게 죽였다. 이런 처신으로 인해 공작은 자신의 안전을 경고하려는 자들을 억압하고, 반대로 자신의 파멸을 바라는 이들을 격려하는 위기를 자초하고 말았다.

한편 공작은 베토네 치니가 시민들에게 부과한 과세를 비판하자 그의 혀를 잔인하게 잘랐고, 결국 베토네는 그 때문에 죽었다. 이 잔혹한 행위로 공작에 대한 시민들의 분노와 증오는 한층 배가 되었다. 예로부터 모든 것을 아주 자유롭게 말하고 행하던 피렌체 시민들로서는 손이 묶이고 입까지 봉해진 작금의 상태를 더 이상 참을 수 없었기 때문이었다.

이렇게 부글부글 끓어오르던 도시의 분노와 증오는 자유를 유지하는 방법은 모르지만 예속만큼은 참을 수 없던 시민들은 말할 것도 없고, 마침내 가장 순종적인 사람들에게조차 잃어버린 자유를 되찾으라고 자극할 만큼 커졌다. 그리하여 모든 계급에서 많은 이들이 목숨을 잃을 각오를 하고 자유를 회복하기로 결심했다. 그 결과 귀족과 평민과 장인匠人, 이 세 부류의 시민들이 서로 모르게 독립적으로 세 가지 모의를 꾸몄다. 공통된 분노의 원인들을 제외하면 귀족은 권력을 회복하지 못해서, 또 평민은 권력을 잃어서, 그리고 장인들은 수입이 계속 감소해서 불만이 쌓였다.

피렌체 대주교 아뇰로Agnolo 혹은 안젤로(Angelo) 아차이우올리는 이전에 설교를 통해 여러 번 공작의 행적을 칭송해 공작에 대한 대중의 큰 지지를 끌어냈었다. 그렇지만 공작이 군주가 되어 폭군처럼 행동하는 것을 보고는 자신이 조국을 기만했다고 생각했다. 그는 속죄할 수 있는 유일한 길은 상처 입힌 손으로 상처를 치유하는 것뿐이라고 판단하고, 스스로 첫 번째 음모의 수장이 되었다. 여기에는 바르디 · 로시 · 프레스코발디 · 스칼리 · 알토비티 · 마가로티 · 스트로치 · 만치니 가문 등이 참여했다.

두 번째 음모의 수장들은 만노와 코르소 도나티_{앞서 등장한 구엘프 네리의 지도자 코르소 도나티의 손자이다.} 만노가 누군지는 확실하지 않다였고, 파치 · 카비출리 · 체르키 · 알비치 가문 등이 함께했다. 세 번째 음모의 수장은 안토니오 아디마리였고, 메디치 · 보르도니 · 루첼라이 · 알도브란디니 가문 등이 뜻을 같이했다. 이 두 번째 음모의 주동자들은 공작을 알비치 가문의 집에서 죽일 계획을 세웠다. 공작은 산 조반니_{성 세례 요한}의 축일_{6월 24일}에 그 집으로 경마를 보러 오기로 되어 있었다. 하지만 그는 오지 않았고, 계획은 실패했다.

공모자들은 공작이 거리를 돌아다닐 때 습격하는 방안도 검토했으나, 곧 실행하기 어렵다는 것을 깨달았다. 공작은 항상 완전 무장한 병사들의 경호를 받았으며, 또 어디서 그를 기다려야 할지 알 수 없도록 매일 이동 경로를 바꿨기 때문이었다. 그들은 그를 회의장에서 죽이는 것도 고민해 보았다. 그렇지만 이 방법은 설령 공작을 죽이는 데 성공한다 해도, 그들의 목숨 역시 공작의 부하들 손에 잃게 될 것이 뻔했다.

이런 다양한 계획들이 논의되는 동안 안토니오 아디마리가 몇몇 시에나 친구들한테 자신의 비밀을 털어놓았다. 안토니오는 그들에게 일부 공모자들의 이름을 알려 주며, 도시 전체가 공작의 멍에를 벗어 버릴 준비가 되어 있다고 주장하여 그들의 도움을 얻으려는 생각이었다. 그런데 그들 중 하나가 안토니오를 배신할 목적이 아니라, 프란체스코 브루넬레스키 역시 공모자라고 믿고 그에게 이에 관해 말했다. 그러나 두려워서 그랬는지 아니면 다른 이들을 증오해서 그랬는지, 프란체스코는 모든 일을 공작한테 고해 바쳤다.

공작은 즉시 파올로 델 마르체카Marzecca와 시모네 다 몬테라폴리를 체포했다. 그 둘은 공모자들의 수와 그 수준을 밝혀 공작을 경악시켰다. 부하들과 상의한 공작은 관련자들을 비밀리에 체포하기보다 공개적으로 소환하라는 조언을 받았다. 만약 공모자들이 도망치면, 공작은 그들을 폭도로 선포해 쉽게 자신의 안전을 확보할 수 있기 때문이었다.

공작은 우선 안토니오 아디마리에게 사람을 보내 당장 출두하라고 명령했다. 동료들을 굳게 신뢰한 그는 곧장 소환에 응했으나 바로 구금당했다1343년 7월. 안토니오가 구금당한 것을 본 프란체스코 브루넬레스키와 우구초네 부온델몬티는 이제 음모가 백일하에 드러난 이상, 도시 전역으로 부하들을 보내 공모자들을 체포해 죽이라고 공작한테 강력하게 권고했다. 하지만 자신의 군이 수많은 적과 싸우기에는 너무 적다고 판단한 공작은 이 권고를 거부하고, 다른 방법을 택했다. 만약 그 방법이 성공한다면, 적을 제거하고 자신의 힘을 강화할 수 있을 것으로 공작은 기대했다.

그 무렵 공작은 시민들을 불러 다양한 현안에 대해 조언을 구하곤 했다. 그래서 그는 교외에 주둔한 자기 군사들을 도시 안으로 들어오게 한 후, 시민 300명즉, 공모자들의 목록을 만들어 세르젠테Sergente(수위관)들에게 주며, 그들을 데려오라고 시켰다. 공작은 이 시민들과 함께 상의하고 싶은 일이 있는 척했지만, 실은 그들이 다 모이면 죽이거나 투옥해 적을 일망타진할 계획이었다.

그렇지만 안토니오 아디마리의 체포와 군사들의 소환은 비밀리에 진행되지 못했으며, 그래서 시민들, 특히 음모에 가담한 시민들은 소스라치게 놀랐다. 그러나 그들 중 더 대담한 이들은 각자 그 목록을 읽어 누가 음모에 가담했는지 알게 되었으므로, 공작의 소환에 불응하고 서로를 찾아가 짐승처럼 맥없이 도살장으로 끌려가느니 차라리 손에 칼을 들고 남자답게 죽는 것이 낫다며, 군사를 일으켜 공작과 싸우자고 서로를 격려했다.

이런 식으로 아주 짧은 시간 만에 세 음모의 모든 공모자가 자신들의 계획을 공유했으며, 다음 날인 1343년 7월 26일성모 마리아의 어머니인 성녀 안나(Sant'Anna)의 축일에 먼저 메르카토 베키오구(舊)시장에서 봉기한 뒤, 무력으로 사람들을 해방시키기로 결의했다.

ᨎᨆᨆ 제37장 ᨆᨆᨆ

다음 날이 밝고 정오를 알리는 종이 울려 퍼지자 약속대로 봉기한 그들은 모두 '리베르타Libertà(자유)'를 외치며 무장을 하고, 각자의 구역에서 평민 부대의 기치 아래 모여 대기했다. 이 모든 것을 공모자들은 비밀리에 준비했다. 그리고 귀족과 평민을 막론하고 모든 가문의 수장들이 만나 서로에게 충성하고 공작을 죽이기로 맹세했다. 단, 부온델몬티와 카발칸티 가문의 일부와 공작을 군주로 만드는 데 도움을 준 네 평민 가문은 빠져 있었다. 그들은 백정 및 다른 최하층민들과 함께 공작을 지원하기 위해 무장을 하고 시뇨리아 광장으로 달려갔다.

이 소란을 들은 공작은 시뇨리아 궁의 경계를 강화했고, 도시의 이곳저곳에 주둔하고 있던 그의 부하들은 시뇨리아 광장으로 가기 위해 말에 올랐다. 가는 도중에 그들은 계속 공격을 받아 많은 이들이 살해당했지만, 그래도 300여 명의 기병이 광장에 도착했다. 공작은 나가서 적과 싸워야 할지, 아니면 안에서 궁을 지켜야 할지 확신이 서지 않아 갈팡질팡했다.

한편 공작으로부터 더 많은 박해를 당한 메디치·카비치울리·루첼라이와 다른 가문들은 만약 공작이 궁 밖으로 나오면, 그에 대항해 군사를 일으킨 많은 이가 도리어 그를 지지하지 않을까 두려웠다. 그래서 공작이 지원군을 얻을 기회를 막기 위해 대담하게 먼저 광장으로 가서 공작의 추종자들을 공격했다. 메디치 가문 등의 자신감 넘치는 모습을 목격하자, 공작을 도우러 왔던 평민 가문들은 공작의 운이 다했다고 생각하고 마음을 바꿔 모두 공격자의 편으로 돌아섰다.

하지만 우구초네 부온델몬티는 공작이 있는 궁전으로 들어갔고, 잔노초 카발칸티는 몇몇 친척들과 함께 메르카토 누오보신(新)시장로 물러났다. 거기서 잔노초는 긴 의자 위로 올라가, 무기를 들고 광장으로 달려가는 대중에게 공작의 편에 서라고 소리치며, 그들을 겁주기 위해 공작이 지닌 군대의 규모를 과장하고, 만일 그들이 고집스럽게 공작의 뜻에 반하는 일을 추구한다면 모두 죽임을 당할 것이라고 위협했다. 그렇지만 누구 하나 자신을 따르지도 또 자신의 오만을 책망하지도 않자, 여기서 이래 봐야 아무 소용이 없다는 것을 깨닫고 집으로 돌아가 더는 자신의 운을 시험하지 않았다.

그사이 광장에서는 평민들과 공작의 중무장 기병 간에 격렬한 전투가 벌어졌다. 공작의 기병은 비록 궁의 도움을 받기는 했지만 결국 패했으며, 그들 중 일부는 적에게 항복하고 또 다른 일부는 말에서 내려 궁으로 달아났다. 광장의 전투가 계속되는 동안, 코르소와 아메리고 도나티[1]는 두 번째 음모의 공모자들을 이끌고 스틴케 감옥의 문을 강제로 열었다. 그 뒤 포데스타 궁과 다른 관리들의 집무실에 있던 서류들을 불태우고, 공작이 임명한 레토리장관들의 집들을 약탈한 후 자신들이 잡은 공작의 추종자들을 모두 죽였다.

광장이 적에게 떨어지고 도시 전체가 자신한테 적대적이며, 달리 도움을 기댈 곳도 없다는 것을 깨달은 공작은 무언가 자비로운 행동을 취해 사람들의 마음을 돌려 보기로 했다. 그래서 공작은 죄수들을 데려와 친근하고 듣기 좋은 말로 위로한 뒤 풀어 주었으며, 심지어 안토니오 아디마리를, 비록 안토니오는 그런 짓을 몹시 불쾌하게 여겼지만, 기사로 임명했다. 그는 또한 궁의 탑에서 자신의 기치를 내리고 대신 평민들의 깃발을 올렸다.

그러나 이 모든 것은 너무 늦게, 그것도 필요에 쫓겨 억지로 행해졌기 때문에 공작한테 아무런 도움이 되지 못했다. 그러므로 그는 큰 불안 속에 자신의 궁에 계속 갇혀 있었다. 너무 많은 것을 원하다 모든 것을 잃게 되었다는 점을 마침내 이해한 그는 며칠 안에 굶어 죽거나 아니면 칼에 찔려 죽게 되지 않을까 두려워하기 시작했다.

새 정부를 구성하기 위해 시민들은 산타 레파라타 성당에 모였다1343년 7월 28일. 그들은 대주교와 함께 도시의 제도를 개혁할 권한을 가진 14명의 시민을, 귀족과 평민 중에서 각각 7명씩 선출했다. 그들은 또한 새 포데스타가 선출되어 올 때까지포데스타는 보통 외부인이었으므로, 선출되어 오는 데까지 다소 시간이 걸렸다. 그 직무를 수행할 6명의 시민도 선출했다.

많은 외부인이 시민들을 돕기 위해 피렌체로 왔다. 그중에는 자신들의 조국에서 큰 존경을 받는 6명의 시에나 사절도 있었다. 이들이 피렌체 시민들과 공작 사이의 협상을 중재하려 했다. 하지만 시민들은 만약 굴리엘모 다 아시시와 그의 아들을 체레티에리 비스도미니와 함께 자신들에게 먼저 넘겨주지 않는다면, 어떤 제안도 듣지 않겠다며 협상을 거부했다. 처음에 공작은 이 요구를 단호히 거절했다. 그렇지만 같이 갇혀 있던 부하들의 위협에 굴복해 나중에 뜻을 바꾸었고, 결국 굴리엘모와 그의 아들은 수많은 적에 둘러싸이게 되었다.

확실히 자유를 지킬 때보다 박탈당했던 자유를 회복할 때, 인간의 분노는 더 크고 복수는 더욱 잔혹하다. 그 젊은이는 그때 아직 채 열여덟 살이 되지 않았다. 그러나 그의 어린 나이나 준수한 용모, 또 그의 결백도 군중의 무자비한 분노에서 그를 구하지는 못했다. 부자는 순식간에 살해당했고, 굴리엘모와 아들이 살아있을 때 해를 가하지 못한 자들은 죽은 그 둘의 사지를 절단했으며, 사지를 칼로 자르는 데 만족하지 못하고 손과 이로 갈기갈기 찢었다. 이렇게 그 둘의 울부짖음을 듣고, 그 둘의 상처를 보고, 그 둘의 찢긴 살점들을 손으로 만진 뒤에도 군중은 자신들의 모든 감각이 복수를 만끽할 수 있도록 그 둘을 음미하기를 원했으며, 그래서 외부의 모든 기관器官을 충분히 만족시킨 후 그 둘의 살로 자신들의 내부 기관 역시 충족시켰다.

이 광적인 분노는 굴리엘모와 그의 아들에게는 끔찍한 재앙이었지만, 반대로 체레티에리한테는 구원이었다. 그 부자에게 가한 잔인한 폭력에 지친 군중이 체레티에리를 까맣게 잊었기 때문이었다. 그는 군중의 요구가 없어서 궁에 그대로 남아 있었고, 그날 밤 친척과 친구들의 도움을 받아 안전하게 탈출했다.

군중의 분노는 그 둘의 피로 가라앉았고, 시민들과 공작 사이에 합의가 성사되었다. 공작은 피렌체에 대한 모든 권리를 포기하고, 이를 피렌체 경계 밖인 카센티노에서 공식적으로 확인하는 대신 자신의 소유물을 갖고 부하들과 안전하게 피렌체를 떠나기로 합의했다1343년 8월 1일.

이 합의 후 8월의 여섯 번째 날에 그는 피렌체를 떠났고, 많은 시민이 권리 포기를 강제하기 위해 그를 따라갔다. 카센티노에 도착한 그는 마음이 내키지 않았지만, 할 수 없이 권리 포기를 확인했다. 만약 시모네 디 바티폴레Simone di Battifolle 백작이 그를 다시 피렌체로 데리고 가겠다고 위협하지 않았다면, 그는 절대로 자신이 한 약속을 지키지 않았을 것이다.

이 공작은 그의 행동에서 알 수 있듯 탐욕스럽고 잔인했으며, 다가가기 어렵고 대답할 때는 거만했다. 그는 사람의 선의가 아니라 굴종을 원했고, 사랑받기보다는 두려움의 대상이 되기를 바랐다. 키는

출처 : Wikipedia

〈축출당하는 아테네 공작 발테르 2세〉 스테파노 우시Stefano Ussi

작고 얼굴은 거무스름한 데다가 길고 가는 수염을 가진 그의 외모는 그의 성격 못지않게 혐오스러웠다. 한마디로 말해, 그는 모든 면에서 밉살스러웠다. 이렇게 해서 그는 남들의 사악한 충고로 얻었던 피렌체의 통치권을, 자신의 사악한 행위로 10개월 만에 잃고 말았다.

⟫⟫ 제38장 ⟪⟪

피렌체에서 일어난 이 사건은 피렌체에 종속된 모든 도시를 자극해 그들도 자유를 되찾을 수 있다는 희망을 품게 했다. 아레초·카스틸리오네데이 가티·피스토이아·볼테라·산 지미냐노·콜레발 델 사 등이 이런 희망으로 반란을 일으켰고, 피렌체는 폭군한테서 해방되자마자 동시에 많은 영토를 잃어버렸다. 그렇게 피렌체는 자신의 자유를 회복하면서 자신한테 종속된 도시들에게 자유를 회복하는 방법을 가르친 것이다.

아무튼 잃어버린 도시들을 상대할 때 대주교와 14명의 위원회는 전쟁을 선포해 그 도시들을 더 멀어지게 하는 것보다 부드러운 방법으로 반군을 달래는 편이 더 현명하다고 생각했다. 그러므로 그들은 피렌체가 자유를 되찾은 만큼이나 그 도시들이 자유를 회복한 것을 기뻐하는 척하며, 아레초로 사절을 보내 지배권을 포기한다고 선언했으며, 신하로서 보유할 수 없다면 친구로라도 곁에 둘 수 있도록 그 시민들과 새로운 협정을 맺었다. 그들은 또한 다른 도시들과도 앞으로 항상 서로 우호적인 관계를 유지하며 자유인으로서 서로의 자유를 지키는 것을 도와준다는, 자신들이 얻을 수 있는 가장 좋은 조건으로 합의했다.

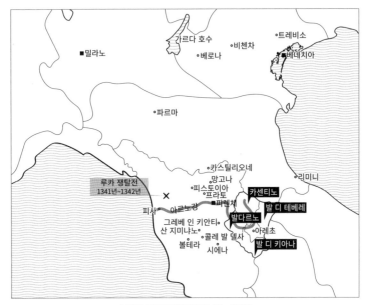

14세기 중반 피렌체와 관련 있는 지역들

신중하게 취해진 이 조치는 매우 행복한 결말을 가져다주었다. 다른 도시들은 몇 달 만에 예전처럼 피렌체에 복종했으며, 아레초 역시 몇 년 지나지 않아 다시 피렌체의 지배 안으로 들어왔기 때문이었다. 이처럼 어떤 일을 억지로 고집스럽게 추구하기보다 오히려 자제하고 무관심한 척해서 더 적은 위험과 더 적은 비용으로 더 빨리 목적을 달성하는 경우들도 아주 많다.

∽≫ 제39장 ≪∾

도시 밖의 일들이 정리되자 14인회는 내부의 일들로 눈을 돌렸다. 귀족과 평민 간의 많은 논쟁 끝에 그들은 귀족이 시뇨리의 1/3과 다른 공직의 1/2을 갖는다는 결정을 내렸다. 그런데 앞서 말했듯 당시 도시는 6개 구역으로 나누어져 있었고, 구역마다 한 명씩 총 6명의 시뇨리가 선출되었다. 종종 어떤 긴급 사태로 인해 일시적으로 12명 혹은 13명의 시뇨리가 임명되기도 했지만, 긴급 사태가 종료되면 시뇨리의 수는 늘 원래대로 6명이 되었다.

그러나 도시의 6개 구역은 불균등하게 나누어져 있었을 뿐만 아니라, 만일 귀족에게 그들의 몫을 주려면 시뇨리의 숫자를 늘릴 필요가 있었기 때문에 이 부분을 개혁하는 것이 바람직해 보였다. 그래서 그들은 다시 도시를 크게 4개 구역으로 나누고, 각 구역에서 3명의 시뇨리를 선출했다. 그들은 또 정의의 곤팔로니에레와 평민 부대의 곤팔로니에레들을 모두 없애고, 12명의 부오니 우오미니훌륭한 사람들 대신에 귀족과 평민 중에서 각각 4명씩, 총 8명의 콘실리에리Consiglieri(자문관들)를 뽑았다.

정부가 이런 토대 위에 재수립되었으므로, 만일 귀족들이 자유로운 시민사회가 요구하는 자제력을 가지고 살았더라면, 도시는 안정되었을 것이다. 하지만 귀족들은 정반대로 행동했다. 그들은 일상 생활에서는 평등의 개념을 경멸했고평민과 어울리기를 거부했고, 공직에 오르면 군주가 되기를평민을 지배하기를 원했다. 매일 그들의 오만방자한 행태가 새로 터져 나왔고, 이로 인해 화가 난 평민들은 한 명의 폭군을 제거했더니 천 명의 폭군이 나타났다고 한탄했다.

그렇게 한쪽에서는 오만이, 다른 한쪽에서는 분노가 증가하다가 더 이상 이 상황을 참지 못한 평민의 수장들이 대주교를 찾아가 평민을 향한 귀족의 모욕적인 행동에 대해 불만을 토로하며, 귀족은 다른 공직을 맡는 데 만족하고 시뇨리직은 오직 평민만 맡도록 하는 법안을 지지해 달라고 간청했다.

대주교는 본래 천성은 착하지만, 귀가 매우 얇은 인물이었다. 공작의 사례에서도 볼 수 있듯이 그는 처음에 아테네 공작을 지지했지만, 나중에 다른 시민들의 조언을 받아들여 공작을 상대로 모의를 꾸몄다. 정부를 개혁할 때도 처음에 그는 귀족들을 지지했으나, 이제 이 평민 지도자들의 말을 듣고 평민을 편드는 것이 옳다고 생각했다.

그는 다른 이들 역시 자신처럼 불안해할 것이라 믿고, 이 일을 협의해 처리하기로 했다. 그래서 그는 아직 권한을 잃지 않은 14명의 시민을 소집해서 자신이 아는 가장 좋은 말로 그들에게 시뇨리직을 평민한테 넘겨주라고 열심히 설득하며, 그래야만 도시에 평화가 찾아오고 그렇지 않으면 도시는 파멸하고 말 것이라고 주장했다.

대주교의 제안에 귀족들은 몹시 흥분했다. 리돌포 데 바르디는 대주교를 신뢰하지 못할 인간이라고 욕하며, 공작과 친구가 된 바보이자 공작을 내쫓은 배신자라고 거칠게 비난한 후, 귀족들은 그들이 목숨 걸고 얻은 이 명예시뇨리직를 반드시 목숨 걸고 지킬 것이라고 단언했다. 그러고는 대주교한테 크게 화가 난 다른 귀족들과 함께 대주교를 떠났고, 자신의 친구들과 모든 귀족 가문에 이 사실을 알렸다.

평민의 지도자들도 마찬가지로 자신들의 계획을 다른 평민들한테 전했다. 귀족들이 그들의 시뇨리를 지키기 위해 지지자들을 모으자, 그들이 준비될 때까지 기다려서는 안 된다고 판단한 평민 지도자들은 서둘러 무기를 들고 시뇨리아 궁으로 달려간 뒤 귀족은 시뇨리직을 포기하라고, 그것이 자신들의 뜻이라고 큰소리로 외쳤다. 시뇨리아 광장에 모인 평민들의 기세는 실로 엄청나서 모든 평민이 무장한 것을 본 귀족들은 감히 군사를 일으키지 못하고 각자 집 안에서만 머물렀다. 따라서 귀족 출신의 시뇨리는 자신들이 버림받았다고 생각했다.

그러자 평민 출신의 시뇨리가 나서서 자신들의 동료들은 신중하고 훌륭한 시민들이라고 설명하며 평민들을 진정시키려 애썼다. 그렇지만 그들의 노력은 성공하지 못했고, 할 수 없이 그들은 더 큰 해악을 피하기 위해 귀족 출신의 시뇨리를 모두 집으로 돌려보내기로 결정했으며, 귀족 출신의 시뇨리는 많은 우여곡절을 겪고 나서야 겨우 집으로 돌아갈 수 있었다.

귀족 출신의 시뇨리가 궁을 떠난 후, '콘실리에레Consigliere(자문관)이란 뜻으로 콘실리에리(Consiglieri)의 단수형'로 선출된 다른 네 명의 귀족도 그 직책을 박탈당하고, 대신 네 명의 평민이 새 콘실리에레로 임명되었다. 남은 여덟 명의 평민 출신 시뇨리는 정의의 곤팔로니에레 한 명과 16명의 평민 부대 곤팔로니에레들을 선출하고, 평의회를 개편해 정부 전체를 평민의 통제하에 두었다.

✺✺✺ 제40장 ✺✺✺

이런 일들이 벌어지는 동안 대기근이 피렌체를 덮쳤고, 귀족과 하층민의 불만은 똑같이 높아졌다. 귀족은 평민에게 밀려 위엄을 잃었고, 하층민은 식량 부족으로 굶주림에 시달렸기 때문이었다.

이런 상황은 안드레아 스트로치에게 잘하면 도시의 군주가 될 수도 있겠다는 엉뚱한 생각을 품게 해 주었다. 그래서 그는 곡물을 시세보다 싸게 팔았고, 그로 인해 그의 집에는 수많은 이가 모여들었다.

그러던 어느 날 아침, 그는 대담하게 말에 올라 옆에 있던 예닐곱 명의 하층민 출신 부하들과 함께 무기를 들라고 사람들에게 소리쳐서 짧은 시간 만에 4,000명 이상을 끌어모았다. 그 뒤 그들을 데리고 곧장 시뇨리아 광장으로 가서 시뇨리아 궁의 문을 열라고 시뇨리에게 요구했다.

그러나 시뇨리는 위협과 무력으로 폭도들을 광장 밖으로 쫓아낸 후, 연이은 포고문으로 겁을 줘 하나둘씩 모두 각자의 집으로 돌아가게 만들었다. 그리하여 홀로 남겨진 안드레아는 악전고투 끝에 간신히 시뇨리의 손에서 도망쳤다1343년 9월.

이는 비록 무모한 시도였고 또 그런 시도가 대개 맞이하는 흔한 결말을 맞이했지만, 그럼에도 귀족에게 무력으로 평민을 굴복시킬 수 있다는 희망을 안겨 주었다. 왜냐하면 이 사건은 하층민이 평민을 미워하고 있다는 사실을 귀족에게 똑똑히 보여 주었기 때문이었다. 그래서 귀족들은 힘으로 부당하게 빼앗긴 것을 무력으로 정당하게 되찾아올 기회를 놓치지 않기 위해 할 수 있는 모든 방법을 동원해 자신들의 세력을 강화하기 시작했다.

시간이 갈수록 점점 더 승리를 확신하게 된 귀족들은 공공연히 무기를 마련하고 집들을 요새화했으며, 저 멀리 롬바르디아의 친구들한테까지 사자를 보내 도움을 요청했다. 평민들 역시 시뇨리와 힘을 합쳐 무장을 갖추고, 페루자와 시에나에 도움을 요청하며 차근차근 싸움에 대비했다. 실제로 양측의 지원군은 제때 도착했고, 그래서 온 도시는 일촉즉발의 위기감이 팽배했다.

아르노강 위쪽에 사는 귀족들은 산 조반니 세례당 인근의 카비치울리 가문의 집들과 산 피에르 마조레 성당 근처의 파치와 도나티 가문의 집들 그리고 메르카토 누오보新시장와 가까운 카발칸티 가문의 집들, 이렇게 세 곳에 진지를 구축했다. 아르노강의 아래쪽에 거주하는 귀족들은 자신들의 집으로 가는 다리와 거리의 방비를 강화했다. 네를리 가문은 카라이아 다리를, 프레스코발디와 만넬리 가문은 산타 트리니타 다리를, 그리고 로씨와 바르디 가문은 베키오와 루바콘테 다리를 각각 지켰다.

한편 평민들은 정의의 곤팔로니에레와 평민 부대의 곤팔로니에레들의 지휘하에 각자가 속한 평민 부대에 모여 있었다.

⤜⤜ 제41장 ⤛⤛

이런 식으로 대치가 계속되자 평민들은 더는 교전을 미뤄서는 안 되겠다고 생각했다. 제일 먼저 움직인 것은 메디치와 론디넬리 가문이었다. 그들은 산 조반니 광장에서 카비치울리 가문의 집들로 이어지는 길을 통해 카비치울리 가문을 공격했다. 이곳의 전투는 매우 치열했다. 공격하는 이들은 탑요새에서 쏟아지는 돌에 짓이겨졌고, 방어하는 자들은 밑에서 날아오는 석궁에 부상을 당했다.

그렇지만 세 시간을 쉬지 않고 싸운 뒤에도 평민들의 공격이 점점 더 거세지자, 자신들이 수적으로 압도당했고 또 도우러 오는 이들도 없다는 것을 깨달은 카비치울리 가문은 용기를 잃고 평민들에게 항복했다. 평민들은 카비치울리 가문의 무기만 빼앗고 집과 재산은 지켜 주었으며, 그들에게 흩어져 평민인 친척이나 친구 집에가 있으라고 명령했다.

이 첫 공격이 성공한 후, 두 번째 공격이 도나티와 파치 가문에 가해졌으며, 귀족들 가운데 가장 힘이 약했던 그들은 카비치울리 가문보다 더 쉽게 제압당했다. 이제 아르노강의 위쪽에는 카발칸티 가문만이 남아 있었다. 그들은 병력의 수와 방어하는 집의 위치가 모두 강했다. 하지만 모든 곤팔로네Gonfalóne, 원래는 깃발이란 뜻이지만 여기서는 평민 부대를 말한다가 자신들을 향해 오는 것을 보고, 또 다른 가문들이 단지 세 개의 곤팔로네에게 패했다는 소식을 듣자 큰 저항 없이 항복했다. 이로써 도시의 세 구역이 평민들의 수중에 들어왔고, 오직 한 구역만이 귀족의 지배 아래 남게 되었다.

그러나 그 구역은 지키는 이들의 힘과 아르노강의 보호를 받는 위치 때문에 공략하기가 가장 어려웠다. 따라서 앞서 말한 방식으로 요새화된 다리들을 먼저 빼앗아야만 했다. 평민들이 맨 처음 공격한 다리는 베키오 다리였다. 하지만 베키오 다리의 방어벽은 높고 튼튼했다. 탑들은 단단히 무장했고, 거리는 방책과 장애물이 가득 쳐져 있었으며, 이를 지키는 귀족들은 매우 용맹했다. 그래서 평민들은 번번이 심각한 타격을 입고 후퇴할 수밖에 없었다.

베키오 다리에서 싸우는 것이 무익하다고 판단한 평민들은 루바콘테 다리를 통해 강을 건너려고 시도했다. 그렇지만 루바콘테 다리도 베키오 다리처럼 어렵다는 것을 알고는 그 두 다리를 지키도록 4개의 곤팔로네를 남겨두고 나머지를 총동원해 카라이아 다리를 공격했다.

카라이아 다리를 지키고 있던 네를리 가문은 씩씩하게 방어에 나섰지만, 평민들의 맹렬한 공격을 끝까지 막아낼 수 없었다. 한편으로 카라이아 다리는 방어탑이 없어 다른 다리들보다 약했고, 다른 한편으로 그 근처에 사는 카포니와 다른 평민 가문들이 공격에 합류했기 때문이었다. 그렇게 사방에서 공격을 받은 네를리 가문이 방책을 버리고 길을 열어 주자 평민들은 곧 로씨와 프레스코발디 가문을 손쉽게 제압했다. 아르노강의 남쪽에 있던 모든 평민 가문

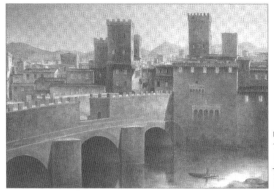

〈요새화된 베키오 다리의 모습〉 파비오 보르보토니Fabio Borbottoni

들이 승자의 편에 섰기 때문이었다.

이제 남은 건 바르디 가문뿐이었다. 그러나 그들은 다른 귀족 가문의 파멸이나 자신들을 상대로 한 평민들의 일치단결 그리고 자신들이 기댈 수 있는 도움이 거의 없다는 사실에도 전혀 주눅 들지 않았다. 그들은 적에게 무릎을 꿇느니 차라리 싸우다 죽겠다고, 또 적의 자비에 몸을 맡기느니 차라리 자신들의 집이 불타고 약탈당하는 것을 보겠다며 결의를 다졌다. 실제로 그들은 매우 꿋꿋하게 잘 버텼고, 평민들은 베키오와 루바콘테 다리에서 몇 번이고 그들을 몰아내려 시도했지만 매번 많은 사상자를 내고 쫓겨났다.

그런데 옛날에 로마냐 가도에서 시작해 피티 가문의 집들 사이를 지나, 산 조르조 언덕 위의 성벽까지 이어지는 도로가 건설된 적이 있었다. 평민들은 이 길로 여섯 개의 곤팔로네를 보내 바르디 가문의 집들을 뒤에서 공격했다. 이 공격으로 바르디 가문은 용기를 잃었고, 평민들은 그 전투에서 승리할 수 있었다. 거리에서 방책과 장애물을 지키던 바르디 가문 사람들이 집이 공격당하고 있다는 소식을 듣자 교전을 포기하고 집을 지키러 달려갔기 때문이었다. 그리하여 베키오 다리는 평민들에게 장악당했고, 바르디 가문은 사방에서 달려드는 적에게 패해 쿠아라테지·판차네시·모치 가문들로 달아났다1343년 9월 말.

한편 평민들, 그중에서도 특히 하층민들은 전리품이 탐이 나 바르디 가문의 집들을 약탈하고 파괴했으며, 그러고도 성에 차지 않자 가문의 궁전과 탑들을 부수고 불태웠다. 그들의 무자비했던 그날의 파괴는 피렌체에 가장 냉혹했던 적들조차 부끄러워할 정도였다.

∞꽈 제42장 ∾

귀족을 제압한 평민은 정부를 재정비했다. 평민은 유력자와 중간 계층과 하층민, 이렇게 세 부류로 나뉘어 있었기 때문에 유력자는 2명, 중간 계층과 하층민은 각각 3명씩 시뇨리직을 맡고, 정의의 곤팔로니에레는 계층별로 돌아가면서 맡기로 했다. 이외에도 평민은 귀족에게 불리한 모든 정의의 법령들을 회복시켰고, 귀족의 세력을 더 약화시키기 위해 대다수 귀족을 평민들 사이에 뿔뿔이 흩어 놓았다.

평민과의 전투와 이런 일련의 조치들로 귀족은 거의 궤멸하다시피 했고, 그 결과로 그들은 평민을 상대로 다시는 무기를 들지 못했다. 아니, 실제로 귀족은 점점 더 유순하고 무기력한 존재가 되었고, 이것이 피렌체에서 군대가 없어지고 고귀한 정신마저 사라지게 된 이유였다.

이 충돌 이후 도시는 1353년까지 평온을 유지했다. 그사이 조반니 보카치오가 『데카메론』을 통해 아주 생생하게 묘사한 치명적인 역병흑사병이 온 이탈리아를 덮쳤다1348년. 그 전염병으로 피렌체에서만 9만 6,000명 이상의 영혼이 세상을 떠났다.

비슷한 시기에 피렌체는 비스콘티 가문과 처음으로 전쟁을 벌였다1351~1353년. 이 전쟁은 그 당시 밀라노 공국의 군주였던 밀라노 대주교조반니 비스콘티의 야심 때문에 발발했다.

이 전쟁이 끝나자마자 도시는 다시 내부의 분열로 들끓었다. 비록 귀족은 파멸하고 없어졌지만, 운명의 여신에게는 새로운 분열을 촉발해 또 다른 고통을 일으킬 수단이 결코 부족하지 않았다.

<출처 : Wikipedia>

〈죽음의 승리, 이탈리아를 덮친 흑사병〉 피터르 브뤼헐 더 아우더Pieter Bruegel de Oude

제2권

제2장

1 "그러나 오래전에 피에졸레에서 내려온, 지금도 산과 대리석 냄새가 풀풀 나는 저 사악하고 배은망덕한 자들은 당신의 정의로운 행동 때문에 당신의 적이 될 것이오Ma quello ingrato popolo maligno che discese di Fiesole ab antico, e tiene ancor del monte e del macigno, ti si farà, per tuo ben far, nimico" 『Princeton Dante Project, Dante's Divine Comedy단테의 신곡』 「Inferno지옥편」, Canto XV, Line 61~64 참조.

2 빌라 아르니나는 로마 이전에 고대 에트루리아인들이 건설한 도시, 즉 피렌체가 토스카나에 있었다는 가설을 입증하는 증거로 사용된다. "고대부터 오늘날 피오렌차Fiorenza가 있는 곳에는 두 개의 빌라, 즉 빌라 아르니나와 빌라 카마르치아Camarzia가 있었다E ab antico, dov'è Fiorenza, si avea due ville, la prima si chiamava Villa Arnina, l'altra Camarzia" 리코르다노 말리스피니Ricordano Malispini, 『피렌체사Storia Fiorentina』, 제18장 참조.

3 로마의 군인으로 브리타니아 총독이었다. 로마시의 상수도 시설에 대한 『로마시의 물에 관하여De aquis urbis Romae』라는 책을 썼다.

4 『Princeton Dante Project, Dante's Divine Comedy단테의 신곡』 「Paradiso 천국편」, Canto XVI, Line 136~150 참조.

제3장

1 단테의 『신곡』 「지옥편」에 나오는 구절이다. 여기서는 이미 일어난 일은 되돌릴 수 없으니 그 끝을 보아야 한다는 의미로, '주사위는 던져졌다!' 정도로 의역할 수 있다. 『Princeton Dante Project, Dante's Divine Comedy단테의 신곡』 「Inferno지옥편」, Canto XXVIII, Line 107 참조.

2 베키오 다리는 폭이 가장 좁은 지점에서 아르노강을 가로지르는 돌로 만든 아치교로, 로마 시대 카시아 가도가 건설되었을 때 처음 지어졌다고 한다. '폰테 베키오오래된 다리'라는 이름은 1218년 '폰테 누오보Ponte Nuovo(새로운 다리)'라고 불린 카라이아Carraia 다리가 만들어지면서 이와 구분하기 위해 지은 이름이다. 제2차 세계 대전 중 피렌체에서 유일하게 파괴되지 않은

이 다리는 다리 위에 지어진 상가로도 유명하다. 초기에는 정육점·피혁 상점·곡물 및 채소 가게 등이 주를 이루었지만, 현재는 보석상·미술품 판매상·기념품 판매상 등이 들어서 있다. 또한 다리를 중심으로 한쪽에는 산타 마리아 델 피오레 대성당과 베키오 궁전시뇨리아 궁이, 그 반대쪽에는 산토 스피리토 성당과 피티 궁전이 자리하고 있어 매년 수많은 관광객이 찾고 있다.

제10장

1 제1권 제23장 주[1]에서 설명했듯이 루돌프 1세는 1273년 그레고리오 10세가 황제로 지명했지만, 황제 대관식을 치르지 못해서 공식 칭호는 신성로마제국의 황제가 아닌 독일 왕이다.

제16장

1 실은 '칸첼리에로Cancelliero'로, 칸첼리에리 가문의 문장에 돼지가 그려진 이유는 칸첼리에로의 아버지 시니발도Sinibaldo의 별명이 '포르코Porco(돼지)'였기 때문이라는 견해가 있다. 단테의 『신곡』에도 무장한 부대로 피스토이아를 공포에 떨게 했던 '포카차Focaccia'라는 이 가문의 후손이 등장한다. 『Princeton Dante Project, Dante's Divine Comedy단테의 신곡』 「Inferno지옥편」, Canto XXXII, Line 63 참조.

제22장

1 레 스틴케는 주로 정치범과 전쟁 포로를 가두었으며, 마키아벨리도 반 메디치 음모에 가담한 혐의로 1513년 2~3월에 약 3주 동안 이곳에 구금돼 고문당한 후 풀려난 적이 있었다.

제25장

1 바르젤로는 폭동 같은 비상사태 시, 도시 내부의 치안을 책임지는 오늘날의 경찰청장과 유사한 직책으로, 정실情實(사사로운 정이나 사적인 관계에 이끌리는 것)을 막기 위해 포데스타처럼 대개 도시 밖의 외부인이 선임되었다.

제28장

1 제2권 제22장에는 '각 부대의 지휘관을 부대의 곤팔로니에레이자 시뇨리의 콜레조Collegio, 동료라고 불렀으며,'라는 대목이 나온다. 여기의 콜레지는 이 콜레조의 복수형으로 평민 부대의 지휘관들을 뜻한다.

제31장

1 13세기 후반부터 14세기 전반까지의 피렌체 역사를 기록한 조반니 빌라니의 『신 연대기Nuova Cronica』에 의하면, 이때의 홍수로 3,000명 이상이 목숨을 잃었으며, 포데스타 궁의 안뜰에 찬 물의 높이가 무려 3m에 달했다고 한다.

제37장

1 여기 나오는 코르소 도나티의 아버지 이름도 아메리고 도나티이다. 다만, 이 코르소의 아버지가 언제 죽었는지 확실하지 않아서 여기의 아메리고가 코르소의 아버지인지 아니면 동명이인同名異人인지는 확인할 수 없다. 원문의 'Corso e messer Amerigo Dontai코르소와 아메리고 도나티'를 'Corso di messer Amerigo Donati아메리고 도나티의 아들 코르소'의 오기誤記라고 주장하는 견해도 있다. Messer는 Mr. 혹은 Sir라는 뜻이다.

1354년부터 1414년까지 피렌체 내부를 중점적으로 다룬 제3권은 리치와 알비치 가문의 불화 속에 권력을 차지한 구엘프당, 그에 맞서 개혁을 시도한 살베스트로 데 메디치, 급료와 처우에 불만을 품은 하층민의 봉기, 파르테 포폴라레평민당(유력한 평민과 마조리 길드가 주축)와 파르테 플레베아민중당(하층민과 미노리 길드가 주축)의 갈등 그리고 옛 귀족·마조리 길드·미노리 길드·하층민 간의 무력 투쟁 끝에 권력을 되찾은 유력한 평민과 구엘프당의 모습 등을 상세히 묘사한다. 또한 밀라노의 잔 갈레아초 공작 및 나폴리의 라디슬라오 왕과 치른 전쟁에 관해서도 간략히 서술하고 있다.

제3권

⚜ 제1장 ⚜

지배하려는 귀족의 욕망과 복종을 거부하는 평민의 저항에서 비롯되는, 귀족과 평민 간의 심각하지만 자연스러운 적의가 공화국에 창궐하는 모든 악의 근원이다. 공화국을 뒤흔드는 다른 모든 것이 대립하는 이 두 기질에서 그 자양분을 얻기 때문이다. 대립하는 이 두 기질이 로마를 반목시켰고, 감히 작은 것을 큰 것과 비교하는 일이 허용된다면 피렌체 역시 계속 분열시켰다.

그러나 불행히도 분열의 결과는 두 도시가 달랐다. 우선 평민과 귀족 간의 불화가 로마에서는 논쟁을 통해 해결됐지만 피렌체에서는 싸움으로 결정되었고, 로마의 불화는 법을 제정하며 끝났지만 피렌체는 많은 시민의 죽음과 추방으로 끝이 났기 때문이었다. 또한 로마의 불화는 항상 시민의 군사적 미덕을 증가시켰지만 피렌체는 이를 완전히 없애 버렸고, 로마의 불화는 사회에 다양한 계급을 형성했지만즉, 시민들 사이의 획일적 평등을 놀랄만한 다양성으로 변모시켰지만 피렌체는 이전에 존재했던 구분을 폐지했기즉, 시민들 사이의 계급적 다양성을 매우 획일적으로 바꿔 놓았기 때문이었다.

이 상이한 결과는 두 도시의 평민이 가진 서로 다른 목적, 다시 말해 로마의 평민은 귀족과 함께 최고의 영예를 누리기를 원했지만, 피렌체의 평민은 귀족을 배제하고 정부를 독차지하기 위해 싸웠기 때문에 발생했다. 실제로 로마 평민의 목적은 더 합리적이었기에 귀족에 대한 로마 평민의 공격이 더 참을 만했다. 그래서 귀족들은 무력에 의존하지 않고 기꺼이 양보했으며, 그렇게 특정 사안들에 관해 몇 번의 의견 충돌을 겪은 후 평민을 만족시키고 자신들의 권위를 유지하는 법을 제정하는 데 동의했다. 반면 피렌체 평민의 목적은 유해하고 부당했다. 따라서 귀족은 자신을 지키기 위해 더 큰 노력을 기울였고, 이로 인해 많은 추방과 유혈 사태가 일어났으며, 나중에 제정된 법들조차 공동의 이익이 아니라 전적으로 승자의 이익을 위해 만들어졌다.

이런 차이로 평민이 승리한 로마는 더욱 고결해졌다. 왜냐하면 평민이 귀족과 똑같이 군대와 정부의 요직들에 올라 도시를 통치할 수 있게 되자, 귀족과 똑같은 '비르투virtù(미덕·능력)'로 자신을 채워 나갔기 때문이었다. 그 결과 로마의 미덕은 커졌고, 미덕이 증가함에 따라 도시의 세력 역시 확대되었다.

하지만 피렌체에서는 평민이 승리하자 귀족은 정부의 요직에서 철저히 배제당했다. 그러므로 만일 귀족이 다시 관직에 오르려면 행동, 성격, 생활방식 모두 진짜 평민이 되거나 적어도 평민처럼 보여야 했다. 이런 이유로 평민의 호의를 얻기 위해 가문의 문장紋章과 이름을 바꾸는 귀족이 많아졌다. 그리하여 귀족 안에 있던 관용의 정신과 군사적 미덕은 사라지고 말았고, 단 한 번도 이것들을 가져본 적 없는 평민의 내면에서 다시 살려낼 수도 없었다. 그 결과 피렌체는 점점 더 초라하고 비루해졌다.

그렇게 시간이 흘러 로마가 전례 없는 승리들로 마침내 군주가 아니면 다스릴 수 없을 정도로 거대해지고 거만해졌다면, 반대로 피렌체는 앞서 제2권에서 보았듯이 현명한 입법자라면 누구나 자신이 원하는 대로 쉽게 그 정부를 재편할 수 있을 만큼 왜소해졌다.

앞의 제2권에서 우리는 피렌체의 탄생과 자유의 시작 그리고 그 분열의 원인을 살펴보았으며, 귀족과 평민 간의 불화가 어떻게 아테네 공작의 폭정과 귀족의 몰락으로 끝나게 되었는지 다루었다.

여기 제3권에서는 평민과 하층민 사이의 적의와 그로 인해 야기된 다양한 사건들을 이야기할 것이다.

❦ 제2장 ❧

귀족 세력이 억제되고 밀라노 대주교와의 전쟁이 끝나자 피렌체에는 더 이상 불행한 싸움의 원인이 남아 있지 않은 듯했다. 그렇지만 우리 도시의 모질고 사나운 운명과 완벽하지 못한 제도가 리치와 알비치 가문 사이에 불화의 씨앗을 뿌렸고, 두 가문의 불화는 부온델몬티와 우베르티 가문 간의 적의나 도나티와 체르키 가문 간의 적개심이 그랬던 것처럼 피렌체를 분열시켰다.

그 무렵아비뇽 유수 시기 프랑스에 머물던 교황들과 독일에 살던 황제들은 이탈리아 내의 영향력을 유지하기 위해 여러 차례 다양한 국적의 많은 군대를 이탈리아로 보냈는데, 이 시기에는 영국과 독일 그리고 브르타뉴의 용병들이 이탈리아에 있었다. 이들은 자신들이 복무했던 전쟁이 끝나고 일자리가 사라지자 자기들끼리 용병 부대를 만들어 힘이 약한 이탈리아 군주들에게 세금을 부과했다즉, 군주들을 약탈했다.

이런 용병 부대 중 하나가 프로방스 출신의 프라 모리알레Fra Moriale[1]의 지휘하에 1353년실은 1354년 6~7월 토스카나로 들어왔다. 그의 출현은 토스카나 지방의 모든 도시를 공포에 떨게 했다. 그래서 피렌체 통치자들은 도시를 지키기 위해 국비로 군인들을 고용했다. 하지만 정부의 이런 조치에도 불구하고 많은 사람이 자신의 안전을 위해 사적으로 무장을 갖추었다. 그중에는 알비치와 리치 가문도 있었다.

이 두 가문은 서로에 대한 증오로 가득했으며, 어떻게 하면 상대를 파멸시키고 도시의 권력을 독차지할 수 있을까 고민했다. 그러나 아무리 그래도 그때까지는 아직 무기를 들지 않고, 오직 시뇨리아시뇨리와 정의의 곤팔로니에레로 구성된 최고 행정기구와 평의회에서만 논쟁을 벌였다. 그러던 중 앞서 말한 이유로 도시 전체가 무장을 갖추었을 때, 메르카토 베키오구(舊)시장에서 두 가문 사이에 우연히 말다툼이 일어났고, 그런 사건이 발생하면 늘 그렇듯 많은 사람이 곧 그 주위로 모여들었다. 그런데 이 소란이 퍼지면서 알비치 가문이 리치 가문을 공격했다는 소문이 되어 리치 가문으로 흘러들어 갔고, 반대로 알비치 가문에게는 리치 가문이 싸우기 위해 알비치 가문을 찾아다닌다는 소문으로 전해졌다.

이로 인해 온 도시는 들끓었다. 하지만 갖은 고생 끝에 행정장관들은 간신히 두 가문이 싸움에 휘말리는 것을 막을 수 있었고, 양측의 잘못이 아닌 우연과 소문에 의해 불거졌던 갈등은 다행히 실제의 재앙으로 이어지지는 않았다. 그러나 비록 사소한 사건이었지만 이 일은 서로에 대한 그들의 증오심을 더욱 증폭시켰으며, 각 가문은 자기편을 늘리는 일에 한층 더 열을 올렸다.

그렇지만 이제 피렌체는 귀족의 파멸 이후, 행정장관들이 그 어느 때보다 더 큰 존경을 받는 그런 완전한 평등의 시대에 있었기 때문에 두 가문은 사적인 폭력을 행사하지 않고 법의 테두리 안에서 상대를 제압할 계획을 짰다.

ᕫᕦᕫ 제3장 ᕫᕦᕫ

우리는 앞제2권 제9~11장에서 나폴리 왕 카를로 1세앙주의샤를가 1266년베
네벤토 전투 만프레디 그리고 1268년탈리아코초 전투 콘라딘에게 승리한
뒤, 어떻게 피렌체에서 구엘프당교황파의 정부가 탄생했고, 또 어떻
게 그 정부가 기벨린황제파을 억누르는 권력을 갖게 되었는지 살펴보
았다. 하지만 시간이 흐르고 이런저런 사건과 새로운 분열이 발생
하면서, 이런 권력은 기억의 저편으로 완전히 사라지고, 그 무렵에
는 많은 기벨린 가문의 후손들이 공화국의 최고 행정관직을 수행했
다. 이 기벨린 중에는 알비치 가문도 있었는데, 그들은 아주 오래전
에 아레초에서 피렌체로 이주해 왔다고 알려졌다.

이 점에 주목한 리치 가문의 수장 우구초네 데 리치는 기벨린에게
불리한 옛 법을 갱신하기로 마음먹었다. 그는 기벨린의 후손이 행
정장관직을 수행한 사실이 밝혀지면 처벌받도록 규정했던 옛 법을
되살려서 알비치 가문을 제거할 계획을 세웠다. 그렇지만 우구초네
의 이런 의도를 간파한 피에로디 필리포 델리 알비치는 이 법에 반대
하면 스스로 기벨린임을 자백하는 꼴이 될 테니 우구초네의 제안을
지지하는 편이 현명하겠다고 판단했다.

그리하여 이 법은 두 가문의 극한 대립 속에서 되살아났고, 피에
로 델리 알비치의 명성권력을 줄이기는커녕 오히려 증가시켰으며, 많
은 해악의 시초가 되었다. 진실로 오래전의 일들을 되돌아보는 법法
보다 공화국에 더 해를 끼치는 법은 없다. 아무튼 피에로는 이 법에
찬성했고, 그 결과 우구초네가 그의 걸림돌로 고안한 법을 도리어
절대적 지위로 올라가는 디딤돌로 바꾸어 놓았다. 그가 그럴 수 있
었던 것은 이 새로운 질서를 앞장서서 옹호하며 계속 권위를 확대

해 갔기 때문이었다. 그러자 그는 우구초네의 바람과 달리 새로운 구엘프당의 열렬한 지지를 받아 그들의 수장이 되었다.

그러나 누가 기벨린인지 조사할 관리가 법으로 정해져 있지 않아서 이 법은 실질적인 효과가 거의 없었다. 그래서 피에로는 누가 기벨린인지 밝히고, 그렇게 밝혀진 자들에게 그 사실을 통보해 어떤 관직도 맡지 말라고 경고할 권한을 새 구엘프당의 지도자들에게 주며, 만일 기벨린으로 밝혀진 자들이 이 경고를 무시하면 유죄 판결을 받을 것이라는 법을 제정했다. 이로부터 훗날 관직을 수행할 권리를 박탈당한 모든 피렌체인을 '암모니티Ammoniti(경고 받은 자들)'라고 부르게 되었다.

한편 시간이 갈수록 더욱 대담해진 구엘프당의 지도자들은 법이 실제로 적용되는 이들기벨린의 후손뿐만 아니라 자신들의 탐욕이나 야심 같은 사적인 이유로, 자격을 박탈하는 것이 적절하다고 생각하는 누구한테나 마구 경고를 남발했다. 그리하여 그 법이 시행된 1357년부터 1366년까지 무려 200명 이상의 시민이 경고를 받았다. 이런 수단으로 새 구엘프 지도자들과 그 당의 힘은 막강해졌다. 모두가 경고 받는 것이 두려워 그들에게, 특히 그 당의 수장인 피에로 델리 알비치·라포 다 카스틸리온키오·카를로 스트로치 등에게 알아서 먼저 고개를 숙였기 때문이었다.

이 새 구엘프 지도자들의 오만한 행동은 많은 이를 불쾌하게 했지만 그중에서도 가장 불쾌해한 이들은 리치 가문이었다. 리치 가문은 자신이 이 무질서의 원인을 제공했으며, 이 무질서로 인해 공화국이 파멸하고 있고, 또 계획과는 반대로 자신의 적인 알비치 가문이 매우 강력해졌다고 생각했기 때문이었다.

이런 이유로 새로 시뇨리직에 오른 우구초네 데 리치는 자신과 친구들이 시작한 이 해악을 끝낼 수 있기를 바라며, 누가 기벨린인지 밝힐 권한을 6명의 구엘프당 지도자들 외에도 더 작은미노리 길드 출신 2명이 포함된 총 3명의 시민한테 추가로 주는 새 법을 통과시켰다. 또한, 새로 통과된 법에 따라 6명의 구엘프당 지도자들과 3명의 시민에 의해 기벨린으로 선언된 모든 이는 24명의 구엘프 시민으로 구성된 위원회에서 한 번 더 이를 확인받게 되었다.

이 법은 한동안 구엘프당 지도자들의 권한을 상당히 억제해 경고를 주는 행위는 거의 사라졌으며, 간혹 경고를 받는 이들이 있긴 해도 그 수는 극히 적었다. 하지만 리치파와 알비치파는 여전히 서로에게 의심의 눈길을 던졌고, 상대에 대한 증오로 협력을 거부하며 다른 파벌의 사업과 정책을 무조건 반대했다. 그런 갈등과 분열은 1366년부터 1371년까지 지속되었고, 그 기간에 리치파는 구엘프당에서 어느 정도 세력을 회복했다.

부온델몬티 가문에는 벤키라는 이름의 기사가 있었다. 그는 피사와의 전쟁1364년 카시나 전투에서 세운 공로로 평민이 되었고, 시뇨리로 선출될 자격을 갖추었다.

그런데 그가 시뇨리직에 앉기를 기대하는 동안, 평민이 된 귀족은 시뇨리직을 맡을 수 없다는 신법이 리치파에 의해 제정되었다. 이 법의 시행으로 몹시 기분이 상한 벤키는 피에로 델리 알비치와 힘을 합쳐 경고 주기를 통해 더 작은 길드들을 공격한 후 스스로 정권을 차지하기로 결심했다.

〈1364년 카시나 전투〉
바스티아노 다 상갈로Bastiano da Sangallo가 그린 미켈란젤로의 잃어버린 밑그림 사본

그렇게 해서 손을 잡은 벤키와 피에로는, 벤키가 옛 귀족들에게 받고 있던 지지와 피에로가 다수의 유력한 평민들한테 얻고 있던 지지를 통해 구엘프당 안에서의 영향력을 되찾고, 당을 재정비해 자신들의 입맛에 맞게 새로 당 지도부와 24명의 위원들을 선출했다. 그 결과 도시는 예전보다 훨씬 더 대담한 경고 주기로 고통받았으며, 구엘프당을 이끄는 알비치 가문의 힘은 꾸준히 확대되었다.

반면 리치 가문은 그 친구들과 함께 알비치 가문의 계획을 막기 위해 할 수 있는 모든 노력을 다 기울였지만, 극심한 불안 속에 살며 곧 자신들에게 닥칠 재앙을 두려워했다.

᭥᭥ 제5장 ᭥᭥

그러자 조국을 사랑하는 많은 시민이 산 피에르 스케라조 성당에 모여 도시에 만연한 이 무질서에 대해 서로 허심탄회하게 논의한 뒤, 시뇨리를 찾아가 그들 중 가장 권위 있는 시민이 이런 의미로 말했다.

"위대하신 시뇨리시여, 저희는 비록 공적인 목적을 위해서였지만 사적으로 모임을 하는 것이 두려웠습니다. 주제넘다고 여겨지거나 뭔가 다른 속셈이 있다고 비난받지 않을까 걱정했기 때문입니다. 그렇지만 매일 많은 자들이 공익을 위해서가 아니라 사적인 야심을 위해 아무 거리낌 없이 회랑이나 그들의 집에서 모임을 갖는 것을 고려할 때, 공화국을 파괴하기 위해 모이는 자들도 이처럼 두려워하지 않는데 공익을 위해 모이는 우리가 모임을 두려워해서는 안 된다고, 남들도 우리가 그들을 어떻게 생각하든 전혀 신경 쓰지 않으니 우리도 그자들이 우리를 어떻게 생각하든 조금도 신경 쓰지 말자고 판단했습니다.

고결하신 시뇨리시여, 처음에 저희를 하나로 모으고, 오늘 이렇게 감히 당신들 앞에 서서 우리 공화국 안에 이미 크게 자라 있고 또 지금도 계속 자라고 있는 해악에 관해 당신들께 말씀드리며, 만일 당신들께서 그 해악을 제거하시려 한다면 기꺼이 이를 도울 준비가 되어 있다고 선언하게 만든 것은, 조국을 사랑하는 저희의 작은 마음이었습니다. 물론 그 해악을 제거하는 일은 쉽지 않을 것입니다. 하지만 모든 사적인 고려를 접어두고, 공적으로 부여받은 권한을 올바로 행사하신다면 충분히 성공하실 수 있습니다.

존엄하신 시뇨리시여, 모든 이탈리아 도시에 만연한 부패가 우리 도시 역시 감염시켰고, 또 여전히 타락시키고 있습니다. 왜냐하면 이탈리아가 제국의 굴레에서 벗어난 이후, 그 도시들은 줄곧 자신들을 바로잡아 줄 강력한 권위를 세우지 못한 채 자유로운 정부가 아니라 당파로 분열된 정부로 자신들을 다스렸기 때문입니다. 바로 여기서 이 도시들을 괴롭히는 다른 모든 해악과 혼란이 생겨났습니다.

우선 무엇보다 도시나 개인을 상대로 사악한 짓을 꾸미는 자들을 제외하면, 그 시민들 사이에 우정이나 동료애라는 것이 사라졌습니다. 모든 곳에서 신앙심과 신에 대한 두려움이 소멸됐기 때문에 맹세와 서약은 맹세한 자들의 목적에 도움이 되는 경우가 아니면 더이상 지켜지지 않습니다. 그러므로 사람들은 지키기 위해서가 아니라 더 쉽게 속이기 위해 맹세를 합니다. 더 쉽고 더 확실히 속일수록, 더 많은 칭찬을 듣고 더 큰 영광을 누리기 때문입니다. 이런 까닭에 사악한 자들은 영리하다며 칭송을 받고, 선량한 이들은 바보라며 멸시를 당합니다.

진실로, 이탈리아의 도시들에는 이미 타락했거나 남을 타락시킬수 있는 모든 것이 한데 섞여 있습니다. 젊은이는 게으르고 노인은 음탕하며, 나이와 성별에 상관없이 모두가 나쁜 풍습에 젖어 있습니다. 하지만 좋은 법들은 악용되어 그 본연의 가치를 잃어버렸기에 그 어떤 해결책도 제시하지 못합니다.

따라서 시민들 사이에는 탐욕이, 진정한 영광에 대한 열망이 아니라 증오와 시기가, 그리고 분열과 불화를 일으키는 비열한 명예욕이 자라납니다. 이런 탐욕과 비열한 명예욕은 죽음과 추방을 가져오고, 선량한 이들을 억압하며 무가치한 자들을 높입니다. 악인들은 자신을 지키거나 출세하기 위해 어떠한 일도 서슴지 않는 자들옆에 착 달라붙어 있지만, 자신의 결백을 확신하는 선량한 이들은 악인들과 달리 자신을 지켜 주거나 출세시켜 줄 자들을 구하지 않으므로 무방비 상태에서 파멸하기 때문입니다.

이런 일을 겪으며, 당파에 대한 애착과 당파의 힘이 생겨납니다.

악인들은 탐욕과 야심에 불타 당파에 참여하고, 선량한 이들은 다른 방도가 없어 합류하기 때문입니다. 그러나 가장 끔찍한 것은 당파를 세우고 이끄는 지도자라는 자들이 어떻게 자신들의 저열한 의도와 목적을 경건하고 아름다운 말로 그럴듯하게 치장하는지 지켜보는 일입니다. 그자들은 모두 자유의 진짜 적이지만, 항상 최고의 정부나 인민의 정부를 수호한다는 구실로 자유를 억압하기 때문이며, 또한 그자들이 승리해 얻으려는 상은 도시를 자유롭게 하는 영광이 아니라 경쟁자들을 제압하고 권력을 빼앗은 것에 대한 자기만족이기 때문입니다.

그런 자들이 도시의 최고 자리에 오르면, 자신들의 탐욕을 채우기 위해 저지르지 못할 잔인하고 부당한 짓은 하나도 남지 않게 됩니다. 그러면 공익이 아니라 사적인 목적을 위해 법과 질서가 만들어지고, 공동의 영광이 아니라 소수의 만족을 위해 전쟁과 평화와 동맹 같은 큰일이 결정됩니다."

갈증이 나는지 말을 하다 말고 그가 마른침을 꿀꺽 삼켰다. 그 모습을 본 시뇨리 중 한 명이 테이블 위에 놓인 투명한 유리잔에 포도주를 반쯤 따른 뒤, 세르젠테수위관를 불러 그에게 갖다 주었다. 한모금 조심스럽게 목을 축인 그가 시뇨리를 향해 가볍게 허리를 숙여 예를 표한 후 다시 말을 이었다.

"이탈리아의 다른 도시들이 이런 무질서로 가득 차 있다면, 우리 도시는 다른 어느 도시보다 더 이런 무질서가 넘쳐나고 있습니다. 우리 도시의 법과 제도는 항상 자유로운 삶을 확보하기 위해서가 아니라, 정쟁에서 승리한 당파의 야심을 충족시키기 위해 만들어졌고 또 만들어지고 있기 때문입니다. 그래서 우리 도시에서는 하나의 당파가 축출되어 하나의 분열이 종식되면, 즉시 다른 분열이 나타납니다. 법이 아니라 당파에 의한 지배를 선택한 도시에서 하나의 당파가 승리해 반대파가 사라지면, 이전에 반대파를 상대로 자신의 안전을 보호하기 위해 도입한 음흉한 방법으로는 더 이상 자신을 보호하지 못하므로, 그 당파는 필연적으로 곧 다시 분열할 수밖에 없기 때문입니다.

제 말이 진실임은 우리 도시의 옛 분열과 지금의 분열이 여실히 보여 주고 있습니다. 기벨린황제파이 억제되고 나면, 누구나 구엘프교황파가 서로를 존중하며 오래도록 행복하게 잘살 것이라 믿었습니다. 그렇지만 얼마 뒤 구엘프는 비앙키백당와 네리흑당로 분열되었으며, 비앙키가 제압된 후에도 우리 도시가 분열에서 안전했던 적은 결코 없었습니다. 아니, 도리어 때로는 추방당한 자들이 돌아오는 문제를 둘러싸고, 또 때로는 평민과 귀족 간의 오랜 원한 때문에 그 이후로도 끊임없이 싸웠습니다. 서로 합의하여 가지지 못하거나 가질 수 없는 것은 마치 남들이 소유하게 하는 것이 해결책인 양, 우리는 우리의 자유를 처음에는 나폴리 왕 로베르토에게, 다음에는 그의 동생 그리고 그다음에는 그의 아들에게 차례대로 내주었으며, 마지막에는 아테네 공작 같은 자한테까지 갖다 바쳤습니다.

그러나 우리는 자유롭게 사는 데 합의하지도 못하지만, 또 노예처럼 사는 것에 만족하지도 못하기 때문에 어떤 정부 밑에서도 안식을 얻지 못했습니다. 아니, 우리는 너무 쉽게 잘 분열해 로베르토 왕에게 복종하며 사는 동안에도 구비오 출신의 천박한 악한란도 데 베키에게 충성하느라 왕에 대한 복종을 포기했습니다. 아테네 공작 같은 인간에 대해서는, 우리 도시의 명예를 위해 말을 아낄수록 더 좋겠지만, 여하튼 그자의 잔인하고 포악한 기질은 우리를 더 현명하게 만들고 우리가 어떻게 살아야 할지 가르쳐 주고도 남음이 있었습니다만, 불행히도 우리는 그가 쫓겨나자마자 다시 손에 무기를 들고 옛 귀족이 처참하게 패해 평민의 뜻에 완전히 굴복할 때까지, 그전보다 더 큰 증오와 더 큰 분노로 계속 서로 싸웠습니다.

그렇지만 그 후 당파로 인한 분열과 혼란이 다시 피렌체에 일어날 거라고 믿는 시민들은 그리 많지 않았습니다. 거만함과 꺾이지 않는 야심 탓에 불화의 주원인으로 지목됐던 귀족이 완벽하게 제압됐다고 생각했기 때문입니다. 하지만 지난 몇 년간의 경험을 통해 우리는 그들의 의견이 얼마나 잘못됐으며, 또 그들의 판단이 얼마나 틀렸는지 똑똑히 보고 있습니다. 왜냐하면 귀족의 오만과 야심은 소멸하지 않고 그저 우리 평민들에게 옮겨졌으며, 속이 시커먼 자들이 항상 그렇듯, 이제 야심 많은 평민들은 공화국의 최고 권력을 차지하기 위해 온갖 술수를 다 부리고 있는데, 다만 내분을 이용하지 않고는 다른 방법이 없으므로 또다시 도시를 분열시키고, 심지어 이미 죽고 없어진, 이 공화국에서 절대 다시는 듣지 않으면 좋았을 구엘프와 기벨린의 망령까지 되살렸기 때문입니다.

인간사에 영원하거나 안전한 것은 아무것도 없게 할 목적으로, 하늘은 모든 공화국에 이를 파괴할 치명적인 가문들이 태어나도록 예정해 놓으셨습니다. 그런데 우리 공화국은 다른 어느 공화국보다 이런 가문들이 더 차고 넘칩니다. 한 가문이 아니라 많은 가문이 공화국을 혼란에 빠뜨리고 괴롭혔습니다. 아시다시피, 처음에는 부온델몬티와 우베르티 가문이, 나중에는 도나티와 체르키 가문이 그러했습니다. 그리고 지금, 아, 정말 수치스럽고 또 말도 안 되는 일입니다만, 리치와 알비치 가문이 다시 공화국을 선동하고 분열시키고 있습니다.

위대하신 시뇨리시여, 저희는 우리 도시의 타락한 관습과 오래되고 끊임없는 분열을 상기시켜 감히 당신들을 놀라게 하거나 낙담시키려는 것이 아닙니다. 저희는 단지 분열의 원인을 상기시켜 당신들처럼 저희 역시 이를 확실히 기억하고 있지만, 그렇다고 저 옛 분열들의 끔찍한 결과 때문에 지금의 이 분열을 막는 일을 두려워해서는 안 된다는 점을 말씀드리려는 것뿐입니다.

저 옛 가문들은 그 권력이 실로 막강했고 외국의 군주들하고도 매우 친했기 때문에 그 당시 시민사회의 법과 제도로는 그들을 억제할 수가 없었습니다. 그러나 이제 제국은 더 이상 우리에게 그 어떤 영향력도 행사하지 못하며, 교황도 더는 두려움의 대상이 아닙니다.

또한 온 이탈리아와 이 도시는 이제 스스로 다스릴 수 있을 만큼 평등하게 운영되고 있으므로, 분열을 막는 어려움은 훨씬 줄었다고 할 수 있습니다. 게다가 다른 공화국과 달리 우리 공화국은, 비록 예전의 사례들은 그 반대의 모습을 보여 주고 있지만, 이제 도시를 단결시킬 힘이 있을 뿐만 아니라 만일 시뇨리께서 그럴 의지를 품기만 한다면 훌륭한 풍습과 시민사회의 규율로 도시를 개혁할 수도 있습니다.

그러니 존엄하신 시뇨리시여, 저희가 다른 사심 없이 오직 조국에 대한 사랑으로 여기에 이렇게 서 있듯이 조국의 안정과 평화를 위해 분연히 떨쳐 일어나 주십시오. 비록 이 도시의 타락이 정녕 크다 할지라도 우리를 감염시키는 이 역병을, 우리를 삼키는 이 분노를, 우리를 파괴하는 이 독을 제거해 주십시오. 과거의 혼란을 인간의 본성이 아니라 시대의 상황 탓으로 돌려주십시오. 그러면 우리는 이제 시대가 변했으니 이 도시는 더 나은 제도를 세워 더 좋은 운명을 누리게 되리라는 희망도 품을 수 있을 것입니다.

운명의 여신의 악의는 리치와 알비치 가문의 야심을 억제하고, 당파를 조장하는 법령을 폐지하고, 진정한 자유와 시민 사회적 정부에 부합하는 그런 제도를 채택하면 현명하게 극복하실 수 있습니다. 우물쭈물하다가 훗날 다른 이들이 무력으로 분열을 끝내게 놔두는 것보다는 지금 법의 온화한 효력으로 이를 막으시는 편이 훨씬 바람직할 것입니다."

᭗᭗᭗ 제6장 ᭗᭗᭗

자신들도 이미 알고 있는 사실에다 추가로 이렇게 말한 시민들의 권위와 촉구에 이끌린 시뇨리는 56명의 시민에게 공화국의 안전을 확보할 권한을 주었다. 인간은 대개 스스로 좋은 제도를 만들기보다 기존의 제도를 유지하려는 경향이 더 강하다는 것은 부인할 수 없는 진실이다. 이 56명의 시민도 마찬가지였다. 그들은 미래에 일어날 분열의 원인을 없애기보다 현재의 분열을 제거하는 데 더 관심을 쏟았고, 그 결과 어느 것도 달성하지 못했다. 다시 말해, 그들은 미래에 일어날 분열의 원인은 손도 대지 않고, 대신 현존하는 두 파벌 중에서 한 당파를 다른 당파보다 더 강하게 만들어 공화국을 훨씬 더 큰 위험 속에 빠뜨렸다.

56명의 시민은 알비치와 리치 가문에서 각각 3명씩, 총 6명의 공무담임권을 박탈해 그들이 3년 동안 구엘프 당직을 제외한 정부의 어떤 관직도 맡지 못하게 했다. 이 6명 중에는 피에로 델리 알비치와 우구초네 데 리치도 포함되어 있었다. 그들은 또한 시뇨리가 그 안에 없으면 누구도 시뇨리아 궁에 들어가지 못하게 했고, 폭행을 당하거나 소유물을 빼앗긴 이는 비록 그가 귀족이라 할지라도제2권 마지막 장들에서 보았듯이, 평민에게 패한 귀족의 처지는 이 무렵 평민보다 훨씬 열악했다, 평의회에 사건을 제출해 가해자를 고소할 수 있으며, 범죄가 입증되면 피고인은 통상적인 처벌을 받는다는 법도 통과시켰다.

이런 입법은 리치파의 용기는 떨어뜨리고앞의 제4장에서 봤듯이 리치파는 귀족에게 적대적이었다, 알비치파의 대담함은 증가시켰다. 겉으로 보기에는 두 가문 모두 똑같이 제약을 받은 것 같지만, 실상은 리치 가문이 훨씬 더 큰 고통을 겪었기 때문이었다. 그 이유는 비록 이 조치로 우구초네와 마찬가지로 피에로 역시 시뇨리아 궁에 들어갈 길은 막혔지만, 피에로가 막강한 영향력을 행사하는 구엘프당의 궁은 여전히 그에게 활짝 열려 있었기 때문이었다.

그리하여 그때껏 피에로와 그 추종자들이 이른바 경고 주기에 열을 올렸다고 한다면, 이 침해 이후 그들은 전보다 두 배는 더 경고 주기에 열중했다. 게다가 그들의 적의를 자극하는 새로운 원인들도 절대 부족하지 않았다.

≫≫ 제7장 ≪≪

이 무렵 교황은 그레고리오 11세재위 1370~1378년였다. 그는 아비뇽에 살면서 전임자들처럼 교황특사를 통해 이탈리아를 지배했다. 교황특사들은 탐욕과 오만에 가득 차 많은 도시를 가혹하게 다루었다. 그중 하나베르나르도 데 본네발레(Bernardo de Bonnevalle)가 이 시기 볼로냐에 머물다가 그해 피렌체에 발생한 기근을 틈타 스스로 토스카나의 주인이 되기로 마음먹었다.

　자신의 계획을 촉진하기 위해 그는 피렌체에 식량을 제공하기는 커녕 미래의 수확에 대한 희망마저 빼앗으며, 이른 봄 대군을 이끌고 피렌체를 공격했다1375년. 그는 굶주리고 비무장 상태인 피렌체를 쉽게 제압할 수 있을 것으로 기대했다. 만일 그의 군대가 충직하지 않고 돈에 좌우되는 용병 부대가 아니었다면, 아마 그는 성공했을 것이다. 그렇지만 다른 더 좋은 방어책이 없던 피렌체 통치자들은 교황특사의 군대존 호크우드가 이끄는 용병 부대에 13만 플로린을 주고 전쟁을 그만두게 만들었다.

　우리는 우리 마음대로 전쟁을 시작할 수는 있지만, 우리 마음대로 전쟁을 끝낼 수는 없다. 교황특사의 야심 때문에 시작된 이 전쟁은 피렌체 시민들의 분노로 인해 계속되었다. 피렌체는 베르나보 비스콘티를 비롯해 로마교회에 적대적인 모든 도시와 동맹을 맺었으며, 승인 없이 행동하고 보고 없이 돈을 지출할 권한을 지닌 전쟁을 수행할 8명의 시민을 임명했다.

　교황을 상대로 벌인 이 전쟁8성인 전쟁(Guerra degli Otto Santi), 1375~1378년은 비록 우구초네는 이미 죽고 없었지만사실 우구초네는 '8성인 전쟁'이 끝나고 약 5년 뒤인 1383년 8월 초 역병으로 죽었다, 리치파가 소생하는 계기를 만들어 주었다. 알비치파와 반대로 리치파는 항상 베르나보를 좋아하고 로마교회를 싫어했으며, 앞서 말한 8명이 모두 구엘프당에 적대적이었기 때문에 더욱더 그랬다. 이로 인해 피에로 델리 알비치 · 라포 다 카스틸리온키오 · 카를로 스트로치와 나머지 구엘프 당원들은 자신들의 적을 해치기 위해 더욱 긴밀하게 협력했고, 그 8명이 전쟁을 수행하는 동안 계속 경고 주기에 열을 올렸다.

〈아비뇽에서 로마로 귀환하는 그레고리오 11세〉 조르조 바사리Giorgio Vasari

전쟁은 3년 동안 이어졌고, 교황이 죽은 후에야 끝이 났다1378년 7월 티볼리 조약. 전쟁은 아주 훌륭하게 수행되어 도시 전체가 만족했기 때문에 임기가 1년에 불과했던 8명의 지위는 매년 갱신되었다[1]. 그들은 자신들에 대한 교황의 파문을 무시하고 교회의 재산을 약탈했으며, 또 교황의 지시에 따라 성무를 거부하는 피렌체와 토스카나의 성직자들에게 예배를 재개하라고 강요했지만, 그럼에도 흔히 '산티Santi(성인들)'로 불렸다.

그렇게 그 당시 피렌체 시민들은 그들의 영혼보다 조국을 훨씬 더 소중히 여겼으며, 이전에 친구로서 교회를 지켰던 것처럼 이제는 적이 되어 교회를 괴롭힐 수 있다는 점을 로마교회에 확실히 보여주기 위해 로마냐 전역은 물론이고, 마르케와 페루자까지 로마교회에 반기를 들도록 만들었다로마냐·마르케·페루자 등은 명목상 교황의 지배를 받는 로마교회의 영토였다.

❧ 제8장 ❧

그러나 교황을 상대로 그토록 용감하게 전쟁을 치러낸 피렌체 시민들도 구엘프당의 지도자들이나 그 추종자들로부터 자신을 지켜내지는 못했다. 구엘프당이 그 8명에 대해 품고 있던 시기는 그들의 뻔뻔함을 증폭시켰고, 그 결과 다른 고귀한 시민들은 말할 것도 없고 그 8명조차 그들의 공격에서 벗어나지 못했기 때문이었다.

그 후 구엘프당의 오만함은 하늘을 찌를 만큼 커졌고, 사람들은 구엘프당의 지도자들을 시뇨리보다 더 두려워해 그들에게 더 큰 경의를 표했다. 그리하여 구엘프당의 궁은 시뇨리아 궁보다 훨씬 더 높은 명성을 얻었고, 어느새 피렌체를 방문하며 구엘프당의 지도자들에게 전달할 서신을 들고 오지 않는 외국의 사절은 단 한 명도 없게 되었다.

이렇듯 교황 그레고리오의 죽음과 함께 도시는 외부와의 전쟁에서는 벗어났지만, 내부의 큰 혼란 속에 빠져 버렸다. 구엘프당의 거만함은 도저히 참을 수 없을 정도였지만, 그 적들은 이를 막을 방법을 찾지 못했기 때문이었다. 결국 어느 당파가 더 센지 결판을 내기 위해서라도, 두 당파는 부득불 무기를 들지 않을 수 없을 것이라고 다들 생각했다.

구엘프당 편에는 모든 옛 귀족과 대부분의 유력한 평민들이 참여했고, 앞서 말했듯이 피에로 · 라포 · 카를로가 그들의 수장이었다. 구엘프당의 반대편에는 중간 계층의 모든 평민이 속해 있었고, 그들의 수장은 오토 델라 구에라Otto della Guerra(8성인으로 불린 전쟁을 수행한 8명) · 조르조 스칼리 · 톰마소 스트로치[1]였고 리치 · 알베리티 · 메디치 가문이 그들과 함께했다. 나머지 하층민은 거의 항상 그렇듯 불만을 품은 이들구엘프의 적들 편에 섰다.

적의 세력이 점점 강화되는 것을 감지한 구엘프당의 지도자들은 이럴 때 적대적인 시뇨리가 자신들의 권한을 줄이려 한다면 커다란 위험에 직면할 것이 불보듯 뻔하다고 확신하고, 다가올 재앙에 대비하기 위해 함께 모여 도시의 상황과 자신들의 처지를 꼼꼼히 살폈다. 구엘프당의 수장들은 경고 받은 자들이 너무 많은 것을 발견하고 대다수 시민을 적으로 돌려놓은 자신들의 잘못을 뒤늦게 후회했으나, 이미 시민의 권리관직에 오를 권리를 박탈당한 자들을 조국에서 추방하는 것 말고는 이 위기를 빠져나갈 마땅한 해결책이 떠오르지 않았다.

그러므로 그들은 모든 적을 쫓아낸 후 도시 안에서 안전하게 살았던 옛 구엘프의 방식을 모방해, 먼저 시뇨리아 궁을 무력으로 점령하고 정부조직 전체를 구엘프당이 장악하기로 결론을 내렸다. 참석한 모든 구엘프당의 수장들은 이 계획에 동의했다. 하지만 이를 실행할 시기에 대해서는 의견이 분분했다.

⋙ 제9장 ⋘

때는 바야흐로 1378년 4월이었다. 더 이상 계획의 실행을 미루는 것은 현명하지 않다고 판단한 라포는 "시간은 기회의 최악의 적"이라고 단언하며, 자신들의 경우는 특히 더 그러한데, 다음에 구성되는 시뇨리아최고 행정기구에서 자신들의 당파를 싫어하는 것으로 잘 알려진 살베스트로 데 메디치조반니 디 비치 데 메디치의 재종숙가 정의의 곤팔로니에레로 선출될 가능성이 높기 때문이라고 주장했다.

반면에 피에로 델리 알비치는 자신이 생각하기에 계획이 성공하려면 더 많은 병력이 필요한데, 이목을 끌지 않고 병력을 도시 안에 소집하는 일은 불가능하고, 또 군사들을 급히 소집하다가 계획이 발각되면 분명 위험에 빠질 테니, 다가오는 산 조반니의 축일피렌체의 수호성인인 세례자 요한의 축일로 6월 24일까지 기다리는 것이 좋겠다고 주장하며, 그날은 도시의 가장 엄숙한 축일로 수많은 군중이 도시로 몰려들 것이므로 그때 그 인파 속에 원하는 만큼의 군사들을 숨길 수 있기 때문이라고 조언했다.

그러고 나서 피에로는 만일 살베스트로가 두려우면 그에게 경고를 주자고, 하지만 그것이 여의치 않으면 그가 사는 구역의 콜레지collegi(관리들) 중 한 명에게 경고를 주자고 제안한 뒤, 그러면 경고를 받은 자를 대신할 관리를 새로 선출해야 하는데 그 구역의 관리를 뽑는 자루는 거의 비어 있으니 살베스트로나 그의 친척이 뽑힐 확률이 매우 크고, 그렇게 되면 살베스트로는 곤팔로니에레가 될 자격을 잃게 된다고 설득했다당시의 피렌체 법은 한 가문에서 동시에 둘 이상이 공직을 맡지 못하도록 규정했다.

구엘프당의 수장들은 피에로의 의견을 채택했다. 라포는 마지못해 동의했지만, 여전히 미루는 것은 해롭고 또 모든 면에서 완벽한 기회를 가질 수는 없기 때문에 일하기 딱 좋은 때를 기다리는 자는 결국 어떤 일도 시도할 수 없거나, 설령 시도한다 해도 불리한 환경에서 시도하게 된다며 끝까지 이의를 제기했다.

그건 그렇고, 구엘프당의 수장들은 계획대로 살베스트로가 사는 구역의 콜레지 중 한 명에게 경고를 주었지만, 살베스트로의 자격을 박탈하는 데는 성공하지 못했다. 그들의 의도를 알아챈 오토 델라 구에라가 경고 받은 이를 대신할 새 관리가 뽑히지 않도록 일정을 조정했기 때문이었다.

그 결과 알라마노 데 메디치의 아들인 살베스트로가 곤팔로니에레로 선출되었다 1378년 5월. 고귀한 평민 가문 출신의 이 새 곤팔로니에레는 소수의 유력자에 의해 도시가 억압받는 현실을 참을 수 없었다.

그는 이 폭정을 어떻게 끝내야 할지 고민하다가 많은 이가 자신을 지지하고 또 많은 주요 시민이 자신과 함께할 준비가 되어 있다는 것을 알고는, 자신의 계획을 베네데토 알베르티·톰마소 스트로치·조르조 스칼리 등에게 이야기했다. 그들은 살베스트로의 계획이 이루어질 수 있도록 최선을 다해 돕겠다고 약속했다. 그 뒤 그들은 비밀리에 귀족에게 불리한 정의의 법령을 되살리고, 구엘프당 지도자들의 권한을 줄이고, 경고 받은 이들의 시민적 권리관직에 오를 권리를 회복시킬 법의 초안을 작성했다.

그러나 발의된 법은 먼저 콜레지[1]에서 심의하고 나중에 다시 콘실리Consigli(평의회)에서 심의하는 절차를 고려해, 그 두 기관의 프로포스토Proposto(의장) —이 직책이 있을 당시 그 지위에 오른 이는 도시에서 거의 절대적인 권한을 행사했다—였던 살베스트로는 그 법이 발의와 동시에 시행될 수 있도록 콜레지와 평의회를 같은 날 아침에 소집했다 1378년 6월.

그는 우선 평의회와 따로 떨어져 있던 콜레지에 준비한 법안을 제출했다. 그렇지만 그 법안은 무언가 너무 새로웠고, 결국 소수의 반대에 부딪혀 통과하지 못했다. 계획한 법안을 입법화하는 첫 단계부터 실패하자, 그는 화장실에 가는 척하고 회의실을 나와 아무도 눈치채지 못하게 평의회실로 갔다. 거기서 살베스트로는 모두가 자신을 보고 자기 말을 들을 수 있는 높은 곳으로 올라가 다음과 같이 역설했다.

"제가 곤팔로니에레로 선출된 이유는 일반 법정에서 다루어도 좋을 사인私人 간의 소송을 판단하기 위해서가 아니라 국가를 지키고, 힘 있는 자들의 오만을 바로잡고, 공화국을 파멸시키고 있는 악법을 억제하기 위해서였다고 저는 굳게 믿었습니다.

그러므로 저는 이런 곤팔로니에레의 책무에 관해 많이 고민했고 제가 할 수 있는 최선을 다했습니다. 하지만 비뚤어진 일부 시민들은 저의 모든 정당한 노력을 악착같이 방해하며 제가 선善을 행하는 것을 아예 불가능하게 만들어 버렸습니다. 그 비뚤어진 시민들이 평의회가 제 법안을 논의하는 것은 고사하고 그 법안이 어떤 내용인지 들을 기회조차 박탈해 버렸으며, 그 결과 저는 이제 더 이상 공화국을 이롭게 하지도 또 공익을 증진하지도 못하게 되었기 때문입니다.

사정이 이러하니 저는 실제로 그 책무를 수행할 만한 그릇이 못 되거나, 그게 아니면 다른 이들이 제가 그 책무를 수행할 만한 그릇이 아니라고 확신하는 이 곤팔로니에레직을 왜 계속 맡아야 하는지 잘 모르겠습니다. 따라서 저는 시민들이 저보다 더 큰 미덕을 갖고 있거나 혹은 운이 더 좋은 누군가를 저 대신 그 자리에 앉힐 수 있도록 그만 집으로 돌아가 보겠습니다."

그러고 나서 살베스트로는 말을 마치기가 무섭게 진짜 집으로 돌아가려는 듯 평의회실을 나갔다.

꼬ꕥ 제10장 ꕥ꼬

살베스트로의 계획에 관여했던 평의회 의원들과 변화를 열망하던 다른 이들은 들끓었고, 이 소식을 들은 시뇨리와 콜레지는 평의회실로 달려갔다. 그들은 자신들의 곤팔로니에레가 떠나가는 모습을 보자, 한편으로는 애원하고 다른 한편으로는 자신들의 권위를 내세워 그를 붙잡은 뒤 다시 평의회실로 데려갔다.

하지만 이미 극도의 혼란에 빠진 평의회실은 많은 저명한 시민들이 형언할 수 없는 심한 욕설을 들으며 위협받고 있었다. 그중에는 한 장인匠人, 베네데토 다 카를로네(Carlone)에게 옷의 가슴께가 붙잡힌 카를로 스트로치도 있었는데, 그 장인은 카를로를 죽이려 했으나 다행히 주변에 있던 이들의 제지로 그는 가까스로 목숨을 부지했다.

그렇지만 더 큰 혼란을 일으켜 상황을 극단으로 몰고 간 이는 다름 아닌 베네데토 델리 알베르티였다. 그가 시뇨리아 궁의 창문에서 시민들에게 무기를 들라고 목청 높여 소리치자 곧 시뇨리아 광장이 무장한 사람들로 가득 찼기 때문이었다. 그렇게 위협을 받은 콜레지는 겁에 질려 그 전에 간청 받았을 때는 동의하기를 거부했던 살베스트로의 법안에 동의했다.

바로 그 시각 구엘프당의 지도자들은 많은 추종자를 자신들의 궁에 모아 놓고, 시뇨리의 조치에 맞서 자신들을 지키기 위해 어떤 길을 가야 할지 논의하고 있었다. 그렇지만 군중이 일으킨 소란을 듣고, 평의회가 어떤 결정을 내렸는지 알게 되자 서둘러 각자 자신의 집으로 피신했다.

누구든 자신이 원하면 언제든 변화를 멈출 수 있으며, 또 자기 방식대로 이를 조정할 수 있다고 믿고, 도시를 변화시키려 해서는 안 된다. 살베스트로의 의도는 앞서 언급한 법을 제정해 도시를 안정 시키는 것이었지만, 일은 그의 의도와는 전혀 다른 방향으로 흘러 갔다. 고삐 풀린 욕망이 모두를 지배하자 상점들은 문을 닫고, 시민 들은 집에 틀어박혀 밖으로 나오지 않았으며, 많은 사람이 몰래 성 당과 수녀원에 귀중품을 숨겼기 때문이었다. 확실히 모두가 다가올 재앙을 두려워하고 있었다.

그사이 길드 조합은 서로 만나서 각 길드의 신다코Sindaco(대표)를 선출했다. 그러자 시뇨리는 콜레지와 길드의 대표들을 전부 불러서 어떻게 하면 도시의 평온을 회복하고 모두를 만족시킬 수 있을지 논의하며 온종일을 보냈다. 그러나 의견만 분분할 뿐 아무것도 결 정하지 못했다.

다음 날 길드들은 자신들의 기치를 꺼냈다무장했다. 이 소식을 듣고 무슨 안 좋은 일이 일어나지 않을까 두려워한 시뇨리는 대책을 강 구하기 위해 급히 평의회를 소집했다. 하지만 평의회가 열린 직후, 엄청난 굉음이 울리더니 금방 수많은 무장 인원을 대동한 길드의 기 치들이 시뇨리아 광장을 가득 메웠다. 당황한 평의회는 길드와 평민 들을 달래고 그들이 폭력을 행사할 기회를 없애기 위해 시뇨리·콜 레지·오토 델라 구에라 그리고 구엘프당의 지도자들과 길드의 대 표들에게 공동의 이익을 위해 도시의 정체政體를 개혁할 수 있는, 오 늘날 피렌체에서 발리아[1]라고 불리는 무제한의 권한을 주었다.

이런 일들이 진행되는 동안, 최근 구엘프당한테서 받은 부당한 침해에 복수하려는 시민들에게 선동당한 미노리Minori, 규모가 작은 길드 의 부대 일부가 그 대열에서 이탈해 라포 다 카스틸리온키오의 집을 약탈하고 불태웠다.

구엘프당이 만든 질서를 시뇨리가 공격하고 있다는 소식을 들은 라포는 평민들이 무장한 것을 두 눈으로 직접 보자, 숨거나 달아나는 것 외에 다른 방법이 없다고 판단하고는 처음에 산타 크로체 수녀원에 숨었다가, 나중에는 탁발 수사로 변장해 카센티노로 달아났다. 그는 거기서 망명하며 산 조반니의 축일까지 기다렸다가 정부를 장악하자던 피에로 델리 알비치와 그런 피에로의 주장에 동조한 자기 자신을 자주 원망했다고 한다.

피에로 델리 알비치와 카를로 스트로치 역시 폭동이 시작되자 숨었다. 그렇지만 그들은 폭동이 가라앉고 나면, 많은 친구와 친척들이 있는 피렌체에서 다시 안전하게 지낼 수 있을 것으로 믿었다.

싹을 틔우기는 어려워도 일단 싹이 트면 쉽게 자라는 악의 속성 때문인지, 라포의 집이 불에 타자마자 다른 많은 집도 공동의 증오나 사적인 원한으로 약탈당하고 불태워졌다. 폭도들은 남의 재물을 훔치는 일을 자신들보다 훨씬 더 탐욕스럽게 해낼 동료들을 만들기 위해 공공 감옥을 부순 뒤, 많은 시민이 재물을 숨겨 놓은 델리 아뇰리 수도원과 산토 스피리토 수녀원을 약탈했다. 일군의 무장 병력을 거느리고 말을 탄 채 폭도들의 분노에 꿋꿋하게 맞선 한 시뇨레signore, 시뇨리의 단수형가 없었다면, 국고國庫 역시 이 약탈자들의 손에서 안전하지 못했을 것이다.

군중의 광증狂症은 시뇨리의 권위와 일몰로 인해 차츰 누그러졌다. 다음 날 발리아최고 행정회의는 경고 받은 자들에게 앞으로 3년 동안 최고행정장관직을 맡을 수 없다는 조건으로 그 권리를 회복시켜 주고, 대다수 시민한테 해가 되는 구엘프당의 모든 법률을 폐기했으며, 라포 데 카스틸리온키오와 그의 동료들을 비롯해 널리 대중의 미움을 받던 많은 이를 폭도로 선포하고 추방했다.

이렇게 결정된 후 다음 시뇨리아를 구성할 새 시뇨리가 자루에서 뽑혔으며, 그들 중에서 루이지 구이차르디니가 곤팔로니에레로 선출되었다1378년 7월. 새 시뇨리아의 구성원들이 공표되자, 사람들은 혼란이 멈출 것이라는 희망을 품었다. 새 시뇨리는 평화적인 성격에 도시의 안녕을 사랑하는 인물들로 여겨졌기 때문이었다.

୬ଉଉ 제11장 ଉଉ୬

그러나 여전히 상점은 문을 열지 않았고, 시민들은 무기를 치우지 않았으며, 도시 전역에는 삼엄한 경계가 펼쳐졌다. 이로 인해 새로 임명된 시뇨리는 평소처럼 시뇨리아 궁 밖에서 화려한 의식을 치르며 직책을 인수하는 대신, 모든 의식을 생략하고 그냥 궁에 모여 업무를 시작했다.

새 시뇨리는 임기 초에 할 수 있는 가장 유익한 일은 하루라도 빨리 도시의 평온을 회복하는 것이라고 확신했다. 그래서 그들은 상점을 열게 하고, 평민들에게 무기를 내려놓으라고 명령했으며, 또 도와달라는 시민들의 부름을 받고 도시 인근에서 올라온 많은 시골 사람들을 원래 그들이 살던 곳으로 돌려보내고, 도시 곳곳에 감시 초소를 세웠다.

그러므로 만일 경고 받은 자들이 가만히 있었더라면, 도시는 평온했을 것이다. 그렇지만 경고 받은 자들은 행정장관이 될 권리를 회복하기 위해 3년이나 기다려야 하는 것을 참지 못했다. 따라서 그들을 만족시키기 위해 다시 모인 길드들은, 시뇨리에게 도시의 평화와 공익을 위해 과거 언젠가 시뇨리나 콜레지의 일원이었거나 혹은 구엘프당의 지도자나 길드의 대표자였던 시민은 기벨린으로 경고 받을 수 없다공직에 오를 권리를 박탈당하지 않는다는 규정을 제정해 달라고 요구했다. 그들은 또한 새로운 구엘프당이 시기 피렌체 시민들은 공식적으로는 모두 구엘프였다을 위한 새 자루공직자를 뽑는 자루가 만들어져야 하며, 옛피에로 델리 알비치의 구엘프당이 만든 기존의 자루들은 모두 불태워야 한다고 요구했다.

이 요구들은 시뇨리아뿐만 아니라 모든 평의회에서 즉시 받아들여졌다. 이 요구들을 수용하면 새로 발생한 혼란이 곧 끝날 것으로 기대했기 때문이다. 하지만 인간이란 보통 자기 것을 되찾는 정도로는 결코 만족하지 않고, 복수를 위해 남의 것까지 빼앗으려 한다. 그렇게 더 큰 혼란을 일으켜 그 속에서 이득을 취하려던 자들이, 만일 지금 적들을 더 많이 죽이거나 추방하지 않으면 절대 미래의 안전을 장담하지 못할 것이라며 길드의 장인들을 부추겼다.

이 말을 들은 시뇨리는 길드의 마지스트라티Magistrati(행정관들)와 그 신다키Sindachi(대표들)를 소환했으며, 정의의 곤팔로니에레인 루이지 구이차르디니가 그들에게 이런 의미로 말했다.

"만일 여기 이 시뇨리와 내가 외부와의 전쟁이 끝나자마자 내부의 투쟁을 재개하는 우리 도시의 오랜 불행에 익숙하지 않았다면, 우리는 최근 목격한 폭동에 더 놀랐을 것이고 더욱 화가 났을 것입니다. 그러나 혼란이 일상이 되면 불안의 강도도 그만큼 약해지기 때문에 우리는 대개 우리의 잘못 없이 시작된 최근의 소요들을 인내심을 갖고 견뎠습니다. 특히 우리한테서 그토록 많은 중대한 양보들을 얻은 이상, 과거의 경우처럼 곧 당신들의 폭력이 끝날 것이라고 기대했기에 더더욱 그럴 수 있었습니다.

그렇지만 잠잠해지기는커녕 당신들이 도리어 새로운 침해를 동료 시민들에게 가하고, 또 새로운 추방을 그들에게 선고하기를 원하고 있음을 알게 된 지금, 우리의 불만과 우려는 당신들의 잘못된 행동들로 인해 점점 더 커지고 있습니다. 진심으로 말하건대, 우리 임기 동안 우리가 당신들의 요구를 따르거나 반대해 결과적으로 이 도시가 파괴될 것을 미리 알았다면, 우리는 도망치거나 망명을 해서라도 결코 이 자리에 앉는 영광만은 피했을 것입니다.

하지만 우리는 인간애와 조국애가 넘치는 이들과 함께한다고 생각했기에, 우리의 자비로운 행위가 당신들의 야심을 확실히 억제할 수 있다고 믿고 기꺼이 이 공적 의무를 맡았습니다. 그러나 우리가 더 겸손하게 행동하고 더 많이 양보할수록, 당신들은 더 오만해지고 더 불합리한 것들을 요구한다는 사실을 이제 경험으로 알게 되었습니다.

우리가 이렇게 솔직하게 말하는 이유는 당신들을 비난하기 위해서가 아니라 당신들이 뉘우치기를 진심으로 바라기 때문입니다. 당신들을 기쁘게 하는 말은 다른 누군가에게 들으십시오. 우리는 당신들이 깨달으면 도움이 되는 것들을 말하겠습니다."

길드의 지도자들과 천천히 눈을 마주치는 곤팔로니에레의 눈빛이 타는 듯 이글거렸다.

"자, 한번 가슴의 손을 얹고 대답해 보십시오. 도대체 이 이상 우리에게 무엇을 더 요구할 수 있습니까? 당신들은 구엘프당 지도자들의 권한을 빼앗기를 원했고, 그렇게 되었습니다. 당신들은 그들이 만든 자루가 불태워지고 개혁이 시행되기를 바랐습니다. 우리는 당신들의 바람을 따랐습니다. 당신들은 경고 받은 자들의 권리가 회복되기를 열망했고 이는 승인되었습니다. 당신들의 요청으로 우리는 집을 불태우고 교회를 약탈한 자들을 용서했습니다. 당신들을 만족시키기 위해 우리는 존경받고 힘 있는 많은 시민을 추방했으며, 당신들을 기쁘게 하려고 우리는 새로운 법령들로 귀족을 억제했습니다.

그런데도 불구하고, 당신들은 또다시 새로운 요구를 하려고 합니다. 대체 당신들의 요구는 언제 가야 끝나고, 대체 당신들은 얼마나 더 우리의 관용을 악용할 생각입니까? 승리한 원하는 걸 모두 얻은 당신들보다 패배한 당신들이 원하는 걸 전부 다 준 우리가 더 참고 있는 이 상황이 정말 안 보입니까? 대체 이런 분열을 통해 당신들은 조국을 어디로 끌고 가려는 것입니까?

이전에 우리가 분열되어 있을 때 이 위대한 도시가 저 하찮은 루카의 카스트루초에게 패배하고, 우리 자신이 고용한 일개 용병에 불과한 아테네 공작한테 예속됐던 일들을 벌써 잊어버린 것입니까? 그러나 이 도시가 통합되어 있었을 때는 저 밀라노의 대주교 조반니 비스콘티도, 또 어떤 교황도 이 도시를 이길 수 없었고, 오랜 전쟁이 끝난 후 그들에게 남은 것은 오직 단 하나, 치욕스러운 패배뿐이었습니다.

사실이 이럴진대, 수많은 강적들도 굴복시키지 못했던 이 자유로운 도시를, 왜 당신들은 이 평화로운 시기에 노예로 전락시킬 불화를 끝까지 고집하는 것입니까? 예속을 제외하고 이 분열로 당신들이 얻는 것은 도대체 무엇입니까? 당신들이 힘으로 빼앗았거나 빼앗으려는 재물로 당신들이 얻을 수 있는 것은 빈곤을 빼고 대체 무엇이 있습니까?

빼앗은 재물로 얻을 것이 빈곤뿐이라고 말한 이유는, 아시다시피 재물이라는 것은 이를 가지고 부지런히 일하고 힘쓰면 도시 전체를 풍요롭게 하지만, 만일 이를 빼앗기면 빼앗긴 자들은 더 이상 도시를 풍요롭게 할 수 없고, 또 힘으로 재물을 빼앗은 자들은 부당하게 취득한 것을 잘 유지하는 방법을 당연히 모를 테니, 그 결과 궁핍과 불행이 그들과 도시를 기다리고 있을 것이 분명하기 때문입니다.

그러므로 여기 이 시뇨리와 나는 우리의 권한으로 명령합니다. 아니, 우리의 지위가 허락한다면 간청합니다. 이번 한 번만이라도 마음을 가라앉히고 우리가 당신들을 위해 통과시킨 법령들에 만족하며 차분히 기다려 주십시오. 만일 우리한테 요구할 무언가가 다시 생기면, 소란을 일으키거나 무기를 들지 말고 절차에 따라 정중하게 요청해 주십시오. 당신들의 요구가 정당하다면 항상 수용될 것이고, 그러면 당신들은 사악한 자들이 당신들의 망토 아래 숨어 당신들의 조국을 찌를 기회 같은 것은 절대 주지 않을 것이며, 그렇게 되면 그런 일로 자신에게 상처 주고 스스로 비난하는 일도 결코 없을 것이기 때문입니다."

곤팔로니에레가 진심을 담아 전한 이 말은 듣는 이들의 심금을 울렸다. 그래서 그들은 곤팔로니에레에게 정직한 시뇨레_{시뇨리의 단수형}이자 훌륭한 시민으로서 그 본분을 다해 준 것에 대해 깊은 사의_{謝意}를 표하며, 그가 어떤 명령을 내리든 기꺼이 복종하겠다고 약속했다.

그러자 시뇨리는 그들이 약속을 지킬 수 있도록 그들 중에서 두 명의 시민을 '마조리 마지스트라티_{Maggiori Magistrati(상급 행정관들)}'로 임명해 사회의 평온을 회복하기 위해 무엇을 해야 할지 길드의 대표들과 상의한 후 이를 시뇨리아에 보고하라고 명령했다.

❧ 제12장 ❧

그러나 이런 조사가 진행되는 동안 처음의 소요보다 공화국에 훨씬 더 해로운 새 소요가 일어났다. 그 이전에 발생한 방화와 약탈은 대부분 하층민의 소행이었다. 그런데 그중에서 가장 대담하게 악행을 저질렀던 폭도들은, 분쟁의 주요 사안들이 조정되어 해결되면 자신들이 행한 잘못에 대해 처벌을 받지 않을까, 또 흔히 그렇듯 악행을 부추긴 자들로부터 버림받지 않을까 두려워했다. 이 두려움에 하층민이 부유한 시민과 길드의 지도자들한테 품고 있던 증오가 더해졌다. 하층민들은 자신들의 노동에 대해 부유한 시민이나 길드의 지도자들이 정당한 대가를 지급하지 않고 있다고 생각했다.

나폴리 왕 카를로(앙주의 샤를) 1세 시절(1266~1285년), 도시가 여러 길드로 나누어져 있을 때 각 길드는 신다코(대표)와 자치권을 얻었고, 민사 사건인 경우 각 길드의 구성원들은 그 대표의 판단에 따라야 한다는 규정이 제정됐다. 앞서 말했듯 처음에 길드의 수는 12개였지만, 시간이 흐르면서 21개까지 늘었다. 그렇게 해서 그들은 매우 강력해졌으며, 몇 년이 지나지 않아 도시를 완전히 장악했다.

길드 중에서 어떤 길드는 더 많은 영예(권한)를 얻었고, 다른 길드는 이보다 더 적은 영예를 얻었기 때문에 길드들은 자신들을 '마조리(Maggiori, 더 큰) 길드'와 '미노리(Minori, 더 작은) 길드'로 분리했다. 21개의 길드 중 7개가 더 큰 세력의 길드였으며, 14개가 더 작은 세력의 길드였다.

이런 분리와 이미 살펴본 다른 이유들로 인해 구엘프당 지도자들의 오만이 자라났다. 원래부터 구엘프였던 시민들은 ─그들 중에서 항상 그 당의 지도자들이 나왔다 – 세력이 더 큰 길드의 구성원들을 지지하고, 세력이 더 작은 길드와 그 구성원들을 박해했기 때문이었다. 이에 따라 앞에서 이야기했던 구엘프당을 상대로 한 많은 폭동이 발생했다.

그런데 길드를 조직할 때 하층민과 최하층민이 종사하는 많은 작업은 그 작업만의 고유한 길드를 구성하지 못하고, 그 작업과 관련 있는 다른 길드에 소속되어 지배를 받았다. 따라서 그런 작업에 종사하는 이들은 급료에 만족하지 못하거나 혹은 이런저런 이유로 마에스트로Maestro(장인)에게 부당한 대우를 받아도 자신들이 가입된 길드의 대표를 제외하면 도움을 청할 사람이 딱히 없었다. 하지만 그렇다고 그 대표로부터 합당한 도움을 받지도 못했다.

그건 그렇고, 모든 길드 중에서 자신에게 종속된 다른 산업의 종사자를 가장 많이 가졌고 또 아직도 가지고 있는 길드는, 과거에도 그랬고 지금도 그렇지만 아르테 델라 라나Arte della Lana(양모 길드)이다. 다른 길드들보다 훨씬 더 강력하고 훨씬 더 큰 권한을 행사하는 이 길드는 하층민과 최하층민 대부분에게 일자리를 제공했으며, 현재도 여전히 제공하고 있다.

출처 : Wikipedia

〈양모 길드의 문장〉
안드레아 델라 로비아Andrea della Robbia

⸎ 제13장 ⸎

그렇게 양모 길드뿐만 아니라 다른 길드에 종속되어 있던 이 계층_{하층민}과 최하층민의 기능공들은 앞에서 언급한 이유로 분노가 가득했다. 게다가 자신들이 저지른 방화와 약탈로 인한 두려움 때문에 그들은 자주 밤에 만나서 그간 있었던 일들을 논의하며 서로 자신들이 처한 위험을 상기했다. 그러던 어느 날 밤, 가장 대담하고 제일 경험이 많은 한 사람이 다른 이들의 용기를 북돋우기 위해 이런 식으로 말했다.

"만일 지금 우리가 무기를 들고 일어나 교회를 약탈하고 다른 시민들의 집을 강탈해 이를 불태울지 말지 결정해야 한다면, 내 생각에 그건 깊이 고민해 봐야 할 문제이지만, 아마도 내 목소리는 위험한 이득보다는 평온한 가난을 원할 것입니다. 그러나 우리는 이미 무기를 들어 많은 일을 부적절하게 행했기 때문에 이제 와서 무기를 버릴 수는 없으며, 우리의 잘못된 행위로부터 어떻게 하면 우리 자신을 지킬 수 있을지 숙고해야 할 것입니다.

만일 아무도 우리에게 어떻게 해야 할지 가르쳐 주지 않는다면, 필요가 대신 가르쳐 줄 것이라고 나는 확신합니다. 우리는 도시 전체가 우리에 대한 증오와 원망으로 가득 차 있다는 것을 잘 알고 있습니다. 시민들은 서로 머리를 맞대고 있으며, 시뇨리는 계속 관리들을 부르고 있습니다. 그들이 우리를 옭아맬 덫을 짜고, 우리를 굴복시킬 새로운 법령을 계획하고 있다는 사실을 의심치 말아야 합니다.

따라서 오늘 여기서 앞으로 무엇을 어떻게 할지 숙고할 때, 우리는 반드시 다음의 두 가지 목적을 가지고 두 가지 일을 추구해야 합니다. 하나는 최근 행위들로 인해 우리가 처벌받는 일이 없도록 하는 것이고, 다른 하나는 우리가 과거보다 더 큰 자유와 더 큰 만족 속에 살 수 있게 하는 것입니다.

그런데 내 판단으로는, 우리가 이미 저지른 잘못을 용서받으려면 새로운 잘못들을 더 저지르는 것이, 즉 약탈과 방화를 늘려 악행을 배가하고 가능한 한 많은 사람을 범죄에 동참시키는 것이 유리합니다. 왜냐하면 많은 사람이 죄를 범하면 아무도 처벌받지 않고, 작은 과실은 처벌받지만 크고 무거운 잘못은 보상받기 때문이며, 또 많은 사람이 고통을 당하면 복수를 원하는 자는 거의 없고, 인간은 공동의 침해를 개별적인 침해보다 훨씬 더 큰 인내로 참아내기 때문입니다. 그러므로 악행을 늘리면 우리는 더 쉽게 용서받을 것이고, 우리의 자유를 위해 늘 요구했던 것들을 얻을 길도 곧 열릴 것입니다.

내가 보기에 우리의 성공은 확실합니다. 우리를 좌절시킬 수 있는 저 부자들은 분열되어 있고, 그들의 분열은 우리에게 승리를 가져다줄 것이며, 그들의 부는 일단 우리의 것이 되면 우리를 지켜줄 것이기 때문입니다. 우리 앞에서 자랑스럽게 떠들어대는 그들의 오랜 혈통에 주눅 들지 마십시오. 모든 인간은 그 기원이 같아서 너나 없이 똑같이 오래되었으며, 자연에 의해 단 한 가지 방식으로 만들어졌기 때문입니다.

우리와 그들을 모두 발가벗겨 보십시오. 우리와 그들이 똑같다는 사실을 알게 될 것입니다. 우리에게 그들의 옷을 입히고, 그들에게 우리의 옷을 입혀 보십시오. 두말할 필요도 없이 우리는 고귀해 보이고, 그들은 천해 보일 것입니다. 오직 빈곤과 풍요만이 우리와 그들을 다르게 만드는 유일한 원인이기 때문입니다.

여러분 가운데 많은 분이 우리가 이미 행한 일들에 대해 양심의 가책을 느끼고, 앞으로 해야 할 일들에 동참하려 들지 않는다는 말을 들으면, 나는 몹시 가슴이 아픕니다. 만일 이 말이 정말이라면, 확실히 여러분은 내가 생각하는 그런 인물들은 아닙니다. 양심이나 오명 따위에 결코 움츠러들어서는 안 됩니다. 승자는 어떤 수단을 써서 승리하든 절대 비난받지 않기 때문입니다. 그러니 우리 역시 양심을 신경 써서는 안 됩니다. 우리처럼 거의 매순간 기아와 감옥을 두려워해야 하는 이들은, 지옥의 공포_{양심}가 들어설 자리를 내줄 수도 없고 또 내줘서도 안 되기 때문입니다.

만일 사람들이 어떻게 해서 입신양명하는지 그 점에 여러분이 주목한다면, 막대한 부를 축적하고 막강한 권력을 장악한 자들은 누구 하나 할 것 없이 힘이나 사기로 이를 손에 넣고도, 나중에 이 추한 과정을 숨기기 위해 폭력이나 속임수로 빼앗은 것을 마치 정직하게 노력해 얻은 것인 양 그럴듯하게 꾸며댄다는 사실을 알게 될 것입니다."

시간이 갈수록 좌중의 이목을 사로잡은 화자_{話者}의 기이한 격정에 동화되었는지, 걱정과 불안으로 풀이 죽어 있던 기능공들의 얼굴에 차츰 생기가 돌기 시작했다.

"반면 부주의하거나 어리석어서 이런 방식을 사용하지 않은 이들은 언제나 빈곤과 예속에서 허덕이게 됩니다. 그래서 충실한 하인들은 영원히 하인이고, 선량한 사람들은 영원히 가난합니다. 남을 배신할 만큼 뻔뻔하지 못하면 누구도 예속에서 빠져나올 수 없으며, 남을 속일 정도로 탐욕스럽지 않으면 누구도 가난에서 벗어날 수 없습니다. 신과 자연은 인간의 모든 부를 인류 한가운데에 던져 놓는데, 그 부는 근면보다는 폭력으로, 선한 기술보다는 사악한 기술로 더 빠르고 더 확실하게 얻을 수 있으며, 그 결과 인간들이 서로를 잡아먹고 가장 약한 자들은 나락으로 떨어지는 일이 벌어지기 때문입니다.

그러므로 기회가 왔을 때 무력을 사용해야 합니다. 지금보다 더 좋은 기회는 결코 오지 않을 것입니다. 시민들은 분열되어 있고, 시뇨리는 우유부단하며, 관리들은 겁에 질려 있는 지금이라면, 그들이 어떤 합의에 이르거나 무슨 결정을 내리기 전에 쉽게 궤멸시킬 수 있기 때문입니다. 그러면 우리는 도시를 완전히 장악하거나 적어도 상당한 권한을 차지해 과거의 잘못을 사면할 수 있을 뿐만 아니라 심지어 새로운 침해로 적들을 위협할 힘도 가지게 될 것입니다.

나는 이 계책이 무모하고 위험하다는 점을 인정합니다. 하지만 피치 못할 때는 무모함도 현명하다고 평가되고, 큰 이익이 걸려 있을 때 씩씩한 이들은 위험을 거의 신경 쓰지 않습니다. 위험 속에서 시작된 과업은 보상으로 끝이 나고, 위험에서 벗어나기 위해서는 위험을 감수해야 하기 때문입니다. 더욱이 투옥과 고문과 죽음이 우리에게 준비되는 것을 보고도, 이에 맞서 안전을 확보하지 않고 그냥 가만히 앉아 있는 것이야말로 우리가 두려워해야 할 행동이라고 나는 확신합니다. 그냥 가만히 앉아 있기만 한다면 해를 당할 것이 불을 보듯 뻔하지만, 우리를 지키려고 노력하다 보면 해악을 피할 수도 있기 때문입니다.

아, 지금까지 여러분은 얼마나 자주 상사의 탐욕과 관리의 불의를 한탄해 왔습니까! 이제는 단지 그들한테서 벗어나는 데 그치지 않고, 그들을 여러분의 발아래 무릎 꿇게 해서 여러분이 아니라 저들이 한탄하고, 여러분이 아니라 저들이 두려워하도록 해야 할 차례입니다. 아, 하늘이 가져다준 기회가 지나가고 있습니다. 만약 지금 이 기회를 놓치면, 아무리 애를 써도 이런 기회는 두 번 다시 얻지 못할 것입니다.

적들이 대비하는 것을 보십시오. 적들의 계획보다 한발 앞서 나갑시다. 우리 중 누구라도 먼저 다시 무기를 드는 자는 틀림없이 정복자가 되어 적을 파멸로 몰아넣고 자신의 이름을 크게 드높일 것이며, 그 결과 우리 중 많은 이가 명예를 얻고 우리 모두 안심하고 잘살게 될 것입니다."

이런 설득은 이미 악행에 경도되어 있던 그들의 영혼에 불을 확 붙였다. 그래서 그들은 자신들의 음모에 가담할 더 많은 동료를 확보하자마자 군사를 일으키기로 결의하고, 만일 그들 중 누군가가 관리들에게 제압당하면 서로 앞장서서 지켜 주기로 맹세했다.

❧ 제14장 ❧

이들이 이렇게 공화국을 전복할 준비를 하는 동안, 이 계획을 탐지한 시뇨리는 즉시 시모네 델라 피아차라는 자를 체포했고, 그로부터 음모의 전말과 다음 날이 그 실행일이라는 사실을 알아냈다. 위험을 깨달은 시뇨리는 콜레지를 소환하고, 길드의 대표들과 함께 도시를 통합할 방안을 강구하던 다른 시민들도 서둘러 불렀다. 그런데 모두가 모이기도 전에 벌써 밤이 찾아왔다.

한편 소환을 받고 달려온 콜레지[1]와 시민들은 시뇨리에게 비록 늦었지만 길드의 대표들 역시 부르라고 조언했다. 그 조언에 따라 밤늦게 시뇨리아 궁에 도착한 길드의 수장들은 시뇨리에게, 사자를 보내 피렌체에 있는 모든 중무장 기병을 소집하고, 평민 부대의 곤팔로니에레*수장*들에게도 부대를 무장시켜 다음 날 아침 일찍 시뇨리아 광장으로 오라는 명령을 내리라고 권고했다.

시모네가 고문을 당하고 시민들이 속속 시뇨리아 궁으로 모이고 있던 바로 그때, 니콜로 다 산 프레디아노San Frediano라는 인물이 시뇨리아 궁의 시계를 수리하고 있었다. 무슨 일이 벌어지고 있는지 엿들은 그는 황급히 집으로 달려가 자신이 들은 것을 이웃들에게 전했고, 그의 말을 들은 주민들은 크게 흥분해 눈 깜짝할 사이에 1,000명 이상의 무장 인원이 산토 스피리토 광장에 모였다. 이 소식은 다른 음모자들에게 전달되었고, 다음 날 모이기로 약속했던 산 피에르 마조레와 산 로렌초 성당 역시 얼마 지나지 않아 무장한 음모자들로 가득 찼다.

1378년 7월 21일살은 20일, 날이 밝자 시뇨리아 광장에는 채 80명도 안 되는 중무장 기병만이 시뇨리를 지지하러 나타났을 뿐, 평민 부대의 곤팔로니에레는 단 한 명도 모습을 보이지 않았다. 도시 전체가 무장했다는 소식을 들은 그들이 지레 겁을 먹고 집에서 나오지 않았기 때문이었다.

시뇨리아 광장에 제일 먼저 도착한 하층민은 산 피에르 마조레 성당에 모여 있던 이들로, 이들이 도착했을 때 80명의 중무장 기병은 전혀 움직이지 않았다. 잠시 뒤 나머지 군중이 시뇨리아 광장으로 들어왔고, 역시 아무런 제지도 받지 않자 그들은 죄수들을 석방하라고 시뇨리에게 사납게 요구했다. 하지만 위협이 통하지 않자

〈촘피Ciompi의 난〉 주세페 로렌초 가테리Giuseppe Lorenzo Gatteri

강제로 죄수들을 빼내기 위해 루이지 구이차르디니 가문의 집들에 불을 질렀다. 그래서 시뇨리는 더 나쁜 일이 일어나지 않도록 죄수들을 풀어 주었다.

죄수들을 넘겨받은 후, 그들은 정의의 깃발을 그 집행자정의의 곤팔로니에레인 루이지 구이차르디니에게서 빼앗아 그 기치 아래 많은 시민의 집을 불태우고, 공적인 이유로든 사적인 이유로든 미움을 받고 있던 많은 이에게 위해를 가했다. 이를 본 수많은 하층민이 개인적인 원한을 갚기 위해 폭도들을 자신이 미워하던 자의 집으로 이끌었다. 폭도들을 그 집으로 데려가는 일은 아주 쉬웠다. 군중 한가운데 서서 "아 카사 일 탈레A Casa il Tale(누구누구의 집으로)!"라고 단 한 구절만 외치거나, 정의의 깃발을 들고 있던 이가 그 집 쪽으로 방향을 바꾸는 것만으로 충분했기 때문이었다. 폭도들은 또한 양모 길드의 모든 기록도 불태웠다.

그러고 나서 폭도들은 자신들이 행한 많은 악행에 무언가 칭찬받을 만한 일을 결합시키기 위해 살베스트로 데 메디치를 비롯한 64명의 시민에게 기사의 작위를 수여했다. 그중에는 베네데토와 안토니오 델리 알베르티베네데토와 안토니오는 친척으로 베네데토가 삼촌뻘이다 · 톰마소 스트로치 외에 폭도들이 친구라고 생각한 다른 이들도 여럿 포함되어 있었다. 그렇지만 기사의 작위를 받은 대다수는 마지못해 그 명예를 받아들였다. 그러나 그날 폭도들이 일으킨 모든 사건 중 가장 괴이한 일은 아침에 자신들이 불태웠던 집의 주인들을 오후에 기사로 임명했다는 것이다. 이런 일은 정의의 곤팔로니에레인 루이지 구이차르디니한테도 일어났다. 호의가 침해를 바짝 뒤따라온 형국으로, 군중의 변덕스러움이란 이렇듯 예측하기 어려운 법이다.

이 폭동이 계속되는 동안, 시뇨리는 중무장 기병과 길드의 대표 그리고 평민 부대의 곤팔로니에레 모두에게 버림받은 것을 깨닫고는 망연자실했다. 누구도 예정대로 자신들을 도우러 달려오지 않았다. 16개나 되는 깃발평민 부대 중에서 조벤코 델라 스투파가 지휘하는 황금 사자와 조반니 캄비 휘하의 흰 담비Vaio 부대만이 겨우 나타났지만, 이 두 부대 역시 극히 짧은 시간 동안만 시뇨리아 광장에 머물렀다. 다른 부대들이 합류하지 않자 두 부대도 곧바로 광장을 떠났기 때문이었다.

이 고삐 풀린 폭도들의 분노와 버림받은 시뇨리아 궁을 본 많은 시민들이 집 안에서 나오지 않았으나, 반면에 다른 많은 시민은 이 무장한 폭도의 일원이 되면 자신과 친구들의 집을 더 잘 지킬 수 있겠다고 판단해 폭도들을 따라갔다. 이런 식으로 폭도들의 힘은 갈수록 커졌고, 시뇨리의 권위는 갈수록 땅에 떨어졌다. 이 혼란은 온종일 계속되었고, 밤이 되자 폭도들은 산 바르나바 성당 뒤에 있는 스테파노 씨의 저택 앞에 멈춰 섰다. 그들의 수는 이제 6,000이 넘었고, 날이 밝기 전에 자신들에게 길드의 기치들을 넘기라고 길드를 협박했다1378년 7월 20일, 촘피(Ciompi)의 난.

✥ 제15장 ✥

다음 날 7월 21일 아침이 오자, 정의의 깃발과 길드의 기치들을 앞세운 폭도들은 포데스타 궁으로 행진했다. 그렇지만 포데스타가 그들에게 궁을 내주기를 거부하자 공격해 빼앗았다. 힘으로는 하층민들을 제지할 방법이 없다고 생각한 시뇨리는 그들과 타협할 수 있는지 알아보기로 하고, 그들의 의중을 파악하기 위해 콜레지 중에서 뽑은 4명을 포데스타 궁으로 보냈다. 이 4명은 하층민의 지도자들이 길드의 대표들을 포함한 일부 시민들과 함께 이미 시뇨리에게 요구할 사항을 결정했다는 사실을 알게 되었다. 그래서 이 4명은 하층민의 위임을 받은 다른 4명과 함께 시뇨리아 궁으로 돌아왔다. 하층민의 요구는 다음과 같았다.

첫째, 양모 길드는 더 이상 외국인 판관을 둘 수 없다. 둘째, 3개의 새로운 길드, 즉 춈포Ciómpo(양털 깎는 사람)와 염색공을 위한 길드, 이발사 · 재단사 · 더블릿Doublet(르네상스 시기에 입던 몸에 꽉 붙는 남자 조끼) 제조업자 등과 같이 정확하고 규칙적인 기술을 위한 길드, 그리고 일반기술이 없는 하층민 노동자를 위한 길드를 추가로 만든다. 셋째, 이 새로운 세 길드에서 항상 2명의 시뇨리를 선출하고, 이미 존재하는 14개의 미노리세력이 약한 길드에서 3명의 시뇨리를 선출한다. 넷째, 시뇨리아는 이 새로운 세 길드가 회합할 수 있는 공관을 제공한다. 다섯째, 이 세 길드에 속한 구성원은 향후 2년간 50두카트Ducat[1] 미만의 부채를 갚도록 법으로 강요받지 않는다. 여섯째, 은행은 기존 대출에 대해 이자는 받지 않고 원금의 상환만 요구한다. 일곱째, 추방당했거나 수감 중인 모든 이를 사면한다. 여덟째, 경고 받은 모든 이들암모니티의 권리를 회복한다.

이 밖에도 그들은 자신들의 편에 섰던 시민들에게 유리한 많은 다른 규정들을 제정하는 동시에, 그들의 많은 적이 경고받고 추방되기를 집요하게 요구했다. 이 요구들은 공화국의 입장에서는 모두 수치스럽고 해로웠지만, 사태가 더 나빠질 것을 우려한 시뇨리와 콜레지와 일 콘실리오 델 포폴로평민의회는 이를 즉시 수용했다.

하지만 이 요구들이 최종 승인되기 위해서는 일 콘실리오 델 코무네도시의회의 동의 역시 필요했고, 두 의회가 같은 날에 열릴 수 없었기 때문에 요구의 법제화는 다음 날로 연기되었다. 그렇지만 당장은 길드도 만족하고, 하층민도 흡족해한 것 같았다. 그래서 하층민의 대표단은 법이 제정되면 모든 소요를 멈추겠다고 약속했다.

다음 날7월 22일 아침, 일 콘실리오 델 코무네가 법안을 심의하고 있을 때, 변덕스럽고 제멋대로인 폭도들이 평소처럼 자신들의 기치를 앞세우고 또다시 광장으로 난입해 큰소리로 무시무시한 말들을 마구 쏟아내며 의회 전체와 시뇨리를 소스라치게 했다. 이 때문에 시뇨리 가운데 한 명인 구에리안테 마린욜리Guerriante Marignolli라는 인물이 딴마음이 있어서라기보다 그냥 무서워서 아래층으로 급히 내려가 그 문들이 잘 잠겼는지 확인하는 척하다가 그대로 집으로 달아났다.

그런데 궁 밖으로 나왔을 때, 그는 폭도들이 자신을 알아채지 못하도록 몸을 숨길 수가 없었다. 다행히 폭도들은 직접 그에게 위해를 가하지는 않았다. 대신 그들은 그를 보자마자 다른 모든 시뇨리 또한 당장 궁을 떠나라고, 만일 그러지 않으면 시뇨리의 아이들을 죽이고 집을 잿더미로 만들겠다고 고래고래 소리를 질렀다.

그동안 하층민의 요구를 수용한 법이 통과되었고, 시뇨리는 자신들의 집무실로 물러났다. 한편 일 콘실리오 델 코무네 의원들은 집으로 돌아가기 위해 회의실에서 아래층으로 내려갔으나, 감히 궁 밖으로 나가지 못하고 궁의 회랑과 안뜰 주변에 삼삼오오 모여서 서성거렸다. 왜냐하면 참을성 없는 군중의 타락한 모습을 보고, 또 그런 군중을 제지하거나 진압했어야 할 자들의 비겁과 배신을 실감하자, 도시의 안전에 대해 완전히 절망했기 때문이었다. 시뇨리 역시 자신들의 동료구에리안테마저 자신들을 버리고, 또 단 한 명의 시민도 자신들을 돕거나 조언하러 오지 않는 처지에 빠지자 당황해서 어찌할 바를 몰라 했다.

그렇게 그들이 무엇을 할 수 있고, 또 해야 좋을지 몰라 얼이 빠져 있을 때, 톰마소 스트로치와 베네데토 알베르티가 시뇨리아 궁의 주인이 되려는 야심 때문인지, 아니면 그것이 가장 현명한 방책이라고 정말 믿었기 때문인지, 그만 군중의 분노에 굴복하고 사인私人의 신분으로 집에 돌아가자고 다른 시뇨리를 설득했다. 다수의 시뇨리는 이번 소요의 주동자였던 톰마소와 베네데토의 권고를 따르려 했다. 그러나 알라만노 아차이우올리와 니콜로 델 베네는 격노했다. 이 둘은 만일 다른 시뇨리가 궁을 떠나고자 한다면 이를 막을 수는 없겠지만, 자신들은 임기가 종료되기 전에 권한을 내려놓느니 차라리 일찍 죽는 편을 택하겠다고 씩씩하게 선언했다.

이런 논쟁은 시뇨리의 공포와 하층민의 분노를 다시 배가시켰다. 그 결과 위험보다는 수치심 속에서 자신의 임기를 끝내기로 한 정의의 곤팔로니에레구이차르디니는 자신을 톰마소 스트로치의 손에 맡겼고, 스트로치는 곤팔로니에레를 궁에서 빼내 그의 집으로 안전하게 데려다 주었다. 나머지 시뇨리도 비슷한 방식으로 차례차례 궁을 떠나고, 자신들만 남게 된 알라만노와 니콜로 역시 대담하게혹은 무모하게 보이기보다는 현명하게 여겨지기를 원해 마침내 궁을 나갔

디. 그리하여 시뇨리아 궁은 하층민들과 아직 그 직에서 물러나지 않은 오토 델라 구에라의 수중에 떨어졌다.

ᔰᔰ 제16장 ᔰᔰ

군중이 시뇨리아 궁으로 난입할 때, 정의의 곤팔로니에레 깃발은 미켈레 디 란도라는 촘포가 들고 있었다. 이 남자는 맨발에 변변한 옷도 입지 못한 채 계단 위를 올라갔으나 모든 하층민이 그 뒤를 따랐다. 그는 시뇨리의 알현실에 들어가자, 걸음을 멈추고 군중을 향해 몸을 돌려 말했다.

"보시다시피 이제 이 궁은 여러분의 궁이고, 이 도시는 여러분의 손안에 있습니다. 자, 앞으로 여러분은 무엇을 하고 싶으십니까?"

그들은 모두 입을 모아 그가 정의의 곤팔로니에레이자 지도자가 되어, 그가 좋다고 판단하는 대로 자신들과 도시를 다스려 달라고 대답했다1378년 7월 22일.

미켈레는 이를 수락하고 포르투나Fortuna(운명의 여신)보다는 나투라Natura(자연)에 더 많은 빚을 진 명석하고 분별 있는 인물답게, 도시를 진정시키고 소요를 멈추기로 결정했다. 그는 사람들을 계속 바쁘게 만들어 자신이 질서를 확립할 시간을 벌 목적으로, 라포 다 카스틸리온키오가 바르젤로bargello(경찰청장)[1]로 임명한 치타 디 카스텔로 출신의 세르 누토Ser Nuto를 잡아 오라고 명령했다. 그러자 그와 함께 있던 하층민 대부분이 이 임무를 수행하러 나갔다.

이어 그는 대중의 지지로 얻은 권한을 정의롭게 시작하기 위해 방화와 약탈을 중단하라고 공표하고, 이를 따르지 않는 자들을 겁주기 위해 시뇨리아 광장에 교수대를 설치했으며, 도시를 개혁하는 첫 단추로 길드의 모든 대표를 해임하고 새로운 대표들을 임명한 후 기존의 시뇨리와 콜레지의 지위를 박탈하고, 관리를 뽑는 자루들을 모두 불태웠다.

그사이 군중이 세르 누토를 광장으로 끌고 와 그의 한쪽 다리를 교수대에 매달았다. 하지만 주위에 있던 모두가 그의 사지를 잘라 가는 바람에 순식간에 세르 누토한테는 교수대에 매달린 한쪽 발 외에는 아무것도 남지 않게 되었다.

한편 시뇨리가 떠나자 자신들이 도시의 유일한 지도자라고 생각한 오토 델라 구에라는 새 시뇨리를 지명했다. 이를 전해 들은 미켈레는 그들에게 즉시 시뇨리아 궁에서 나가라는 전갈을 보냈다. 모두에게 그들의 도움 없이도 자신이 피렌체를 잘 다스릴 수 있다는 것을 보여 주고 싶었기 때문이었다. 그 뒤 그는 길드의 새 대표들을 소집해 새로 만든 하층민의 세 길드에서 4명, 마조리세력이 강한 길드와 미노리세력이 약한 길드에서 각각 2명씩, 총 8명의 시뇨리를 선임했다. 이외에도 그는 관리를 뽑을 새 자루를 만들고, 공직을 크게 셋으로 나눠 하층민의 세 길드와 미노리 길드 그리고 마조리 길드에 각각 하나씩 할당했다.

또한 그는 살베스트로 데 메디치에게 폰테 베키오 다리 위 상점들의 임대료를 주고, 자신에게는 엠폴리[2]의 포데스테리아Podesteria[3]를 주었으며, 그밖에 하층민에게 우호적인 많은 다른 시민들한테도 과거의 노고에 보상하기 위해서라기보다는, 미래에 있을 대중의 악의에 맞서 항상 자신을 지지할 수 있도록 다른 많은 이익을 주었다.

ᕯᕘ 제17장 ᕘᕯ

그러나 하층민들은 미켈레가 도시를 개혁하면서 세력이 큰 평민들을 부당하게 편애하고 있으며, 자신들의 권한과 안전을 확보하고 유지하는데 필요한 만큼의 지분을 정부에서 얻지 못했다고 생각했다. 따라서 그들은 평소처럼 자신들의 대담함에 이끌려 다시 군사를 일으킨 후 자신들의 기치를 들고 떠들썩하게 시뇨리아 광장으로 몰려가서, 시뇨리는 광장의 링기에라Ringhièra(연단)로 내려와 자신들의 안전과 복리를 위한 새 방안을 추가로 제시하라고 요구했다.

그들의 무례한 태도를 본 미켈레는 불쾌했지만 그들을 더 자극하고 싶지는 않았다. 그래서 그들의 요구 사항을 묻는 대신 그들의 요구 방식을 비난하며 무기를 내려놓으라고 촉구했고, 그러면 힘으로는 뺏을 수 없는 것들을 평화롭게 얻게 될 것이라고 설명했다.

그렇지만 이 말을 들은 군중들은 도리어 미켈레와 시뇨리에 격분했으며, 곧장 산타 마리아 노벨라 성당으로 가서 자신들 중에 8명을 카피Capi(지도자들)로 세우고, 그들에게 명성을 부여하고 존경을 불러일으킬 관리들과 다른 제도들을 마련했다. 그렇게 해서 도시는 2개의 정부로 분열되었고, 서로 다른 지도자들의 통치를 받게 되었다.

이 군중의 수장들은 자신들의 길드에서 선출한 8명은 항상 시뇨리와 함께 그 궁에서 살아야 하고, 시뇨리가 제정한 법령이 효력을 발생하려면 그 8명의 승인을 반드시 받아야 한다는 규정을 제정했다. 또한, 이전 심의에서 살베스트로 데 메디치와 미켈레 디 란도에게 수여했던 모든 특권과 영예를 박탈하고, 반면 자신들의 지위와 위엄을 뒷받침할 수 있도록 그 군중 중에서 많은 이를 뽑아 관직과 보수를 주었다.

자기들끼리 통과시킨 이 결정들에 효력을 주기 위해 그들은 그들 중 2명을 시뇨리아 궁으로 보내, 그들이 원하는 것을 합의로 얻을 수 없다면 힘으로라도 얻을 생각이니 한시라도 빨리 평의회가 이 결정들을 승인해 달라고 요구했다. 이 2명의 사절은 시종일관 자신들의 입장을 아주 건방지고 뻔뻔한 태도로 시뇨리한테 전달했으며, 곤팔로니에레미켈레가 자신들이 그에게 부여한 위엄과 그한테 표한 경의를 잊고 배은망덕하게 자신들을 대한다고 비난했다.

하지만 이런 비난이 다 끝난 후 그 둘이 또다시 다른 위협을 가하자, 더는 그 둘의 오만을 참을 수 없었던 미켈레는 이전의 비천한 처지양털 깎는 사람가 아니라 자신이 현재 맡은 지위정의의 곤팔로니에레를 더 유념하고, 그들의 이 오만을 인상 깊은 방법으로 억누르기로 했다. 그래서 그는 허리에 차고 있던 칼을 뽑아 먼저 그 둘에게 심각한 상처를 입힌 뒤, 그들을 묶어 감옥에 집어넣었다.

이 일이 알려지자 폭도들의 분노는 극에 달했다. 그들은 무기를 들지 않아 효과를 보지 못했던 것을 무기를 들면 얻을 수 있다고 믿고, 크게 군사를 일으켜 자신들의 분노로 시뇨리를 압박하기 위해 시뇨리아 궁을 향해 진격했다.

한편 무슨 일이 일어날지 예견한 미켈레는 궁 안에 숨어 적을 기다리다가 전임자들처럼 시뇨리아 궁과 자신의 얼굴에 먹칠을 하고 쫓겨나기보다는, 차라리 자신이 먼저 폭도들을 공격하는 편이 설령 실패하더라도 훨씬 더 명예롭다고 판단하고 선수를 치기로 했다. 그래서 그는 자신들의 실수너무 쉽게 하층민에게 권력을 넘긴 것를 반성하기 시작한 많은 시민을 모아 무장시킨 뒤, 그들을 이끌고 적과 싸우기 위해 말에 올라 산타 마리아 노벨라 성당으로 달려갔다.

앞서 애기한 대로 하층민들은 미켈레와 똑같은 결정을 내렸고, 미켈레가 시뇨리아 광장을 떠난 거의 바로 그 시각에 시뇨리아 광장으로 가기 위해 산타 마리아 노벨라 성당을 출발했다. 그런데 양측은 우연히도 서로 다른 길을 택해 도중에 마주치지 않았다. 산타 마리아 노벨라 성당에 도

〈메르카토 누오보 로자에 있는 미켈레 디 란도의 동상〉
이파치오 안토니오 보르토네Ippazio Antonio Bortone

출처 : Wikipedia

착해서 적이 이미 떠나고 없는 것을 알게 된 미켈레는 서둘러 군을 돌려, 시뇨리아 광장을 점령한 채 그 궁을 습격하던 반도들을 맹렬히 공격해 마침내 그들을 광장에서 쫓아냈으며, 패한 폭도들 중 일부는 도시 밖으로 달아나고, 다른 일부는 무기를 버리고 숨었다1378년 8월 31일.

이 승리로 폭동은 멈췄고, 이는 순전히 곤팔로니에레의 미덕능력 덕분이었다. 그는 용기와 선량함과 현명함에서 당시의 다른 모든 시민을 능가했으며, 자신의 조국을 크게 이롭게 한 몇 안 되는 인물로 손꼽힐 만하다. 만일 그의 영혼이 사악하고 야심에 차 있었다면, 공화국은 그 자유를 완전히 잃어버리고 아테네 공작의 폭정보다 더 심한 폭정으로 떨어졌을 것이기 때문이다.

그러나 그의 선량함은 공동의 번영과 상반되는 음흉한 생각이 머

릿속에 떠오르는 것을 절대 허락하지 않았고, 그의 현명함은 그 당의 대다수가 그를 따르게 만들었으며, 따르지 않는 자들은 무력으로 제압할 수 있게 도와주었다. 그의 이런 선량함과 현명함으로 인해 하층민들은 빠르게 용기를 잃었고, 마조리 길드의 조합원들은 귀족의 오만을 제압한 자신들이 폭도의 악취하층민의 무질서한 통치를 참아야 했던 것이 얼마나 수치스러운 일이었는지 이해하고 반성하게 되었다.

∽≫ 제18장 ≪∾

미켈레가 폭도들을 상대로 승리를 거두었을 무렵, 새로운 시뇨리가 이미 그전에 뽑혀 있었다. 그런데 그중에는 트리아Tria, 조반니 디 도메니코와 바로초Baròccio, 바르톨로 디 야코포 코스타라고 불리는 아주 비천한 출신의 비열한 두 인물이 포함되어 있었고, 이런 이유로 많은 이가 그 둘을 시뇨리아에서 배제하기를 원했다.

그런 분위기 속에서 새 시뇨리가 직책을 인수하는 9월의 첫날이 되자 시뇨리아 광장은 무장한 사람들로 발 디딜 틈이 없었고, 전 기수의 시뇨리가 궁을 나오자마자 어떤 하층민도 시뇨리의 구성원이 되어서는 안 된다는 몹시 흥분한 외침이 무장한 사람들 사이에서 터져 나왔다. 그러자 새 시뇨리는 무장한 이들을 진정시키기 위해, 이 둘의 행정장관직을 박탈하고 대신 조르조 스칼리와 프란체스코 디 미켈레[1]를 그 자리에 앉혔다.

또한 새 시뇨리는 하층민의 길드들을 없앴으며, 미켈레 디 란도와 로렌초 디 푸초를 비롯해 훌륭한 명성을 지닌 몇몇 다른 이들을 제외하고 하층민의 길드에 속했던 모든 이의 공직을 박탈하고, 그 관직을 둘로 나눠 마조리 길드와 미노리 길드에 각각 하나씩 배정 했으며, 시뇨리 가운데 5명은 미노리 길드, 4명은 마조리 길드에서 항상 선출하고 곤팔로니에레는 양측에서 교대로 맡기로 결정했다.

이렇게 변화된 정부는 한동안 도시에 평온을 가져다주었다. 이제 정부는 하층민의 수중에서 벗어났고, 비록 미노리 길드의 조합원들 이 유력한 평민들보다 여전히 더 세력이 강했지만, 유력한 평민들은 미노리 길드의 조합원들을 만족시키고, 하층민에 대한 미노리 길드 의 지지를 없애기 위해 자신들의 권한을 축소하는 데 기꺼이 동의 했기 때문이었다.

게다가 구엘프당 치하에서 무수한 폭력으로 수많은 동료 시민들 을 해친 자들을 계속 억누르기를 원하던 이들 역시 이 변화를 환영 했다. 이 새로운 형태의 정부를 지지하는 이들 중에는 조르조 스칼 리·베네데토 알베리티·살베스트로 데 메디치·톰마소 스트로치 등도 있었으며, 그들은 거의 도시의 군주와도 같았다.

그러나 이런 일련의 변화는 알비치와 리치 가문의 야심에서 시작 된 유력 평민들과 미노리 길드 조합원들 간의 분열을 한층 더 심화 시켰다. 이 분열은 이후 여러 차례에 걸쳐 매우 심각한 결과들을 초 래했고, 이는 뒤에서 자주 언급되므로 나는 이들 중 한 당파를 '파 르테 포폴라레Parte Popolare(평민당), 유력한 평민과 마조리 길드가 주축'로, 다른 하 나는 '파르테 플레베아Parte Plebea(민중당), 미노리 길드와 하층민이 주축'로 부를 것이다.

아무튼 이 정부는 3년간 이어졌고, 그동안 많은 사람이 이 정부에 의해 죽거나 추방당했다. 도시 안팎에는 불만이 가득했고, 통치자들은 끊임없는 의심 속에 살았기 때문이었다. 내부의 불만 세력들은 정부를 상대로 매일 새로운 음모를 실제로 계획했거나 계획하고 있다는 의심을 받았고, 아무런 제약도 받지 않던 외부의 불만 세력들은 이 군주나 저 공화국의 지원을 받아 계속 이 당 혹은 저 당에 대한 적의의 씨앗들을 뿌렸다.

ᕯᕯᕯ 제19장 ᕯᕯᕯ

이 무렵 잔노초 다 살레르노라는 군인이 볼로냐에 있었다. 잔노초는 나폴리 왕가의 후손으로 나폴리 왕좌를 놓고 조반나1세 여왕을 상대로 전쟁을 계획한 두라초의 카를로3세, 나폴리 왕 카를로 2세, 즉 앙주의 샤를 2세의 증손자의 사령관이었다. 두라초의 카를로는 조반나 여왕의 적인 교황 우르바노6세, 재위 1378~1389년가 자신에게 보여 준 호의 덕분에 이 사령관을 계속 볼로냐에 머물게 할 수 있었다. 그런데 볼로냐에는 피렌체의 망명자들 역시 많았고, 그들은 잔노초나 카를로와 긴밀히 접촉하며 비밀스러운 관계를 유지하고 있었다.

이 때문에 피렌체 통치자들은 매우 불안해했으며, 자신들이 불신하는 시민들에 대해 제기된 모든 중상모략에 기꺼이 귀를 기울였다. 피렌체 통치자들의 머릿속이 그런 불안으로 가득하던 그때, 잔노초 다 살레르노가 추방당한 자들과 함께 곧 피렌체로 쳐들어올 예정이고, 그러면 내부의 많은 이가 군사를 일으켜 그에게 도시를 갖다 바치려 한다는 첩보가 통치자들에게 전해졌다.

이 첩보로 많은 시민이 고발당했다. 제일 먼저 고발당한 이들은 피에로 델리 알비치와 카를로 스트로치였고, 그다음으로는 치프리아노 만조네·야코포 사케티·도나토 바르바도리·필리포 스트로치·조반니 안셀미 등이었다. 그들은 달아난 카를로 스트로치를 빼고 모두 체포됐다.

시뇨리는 감히 누구도 체포당한 이들을 위해 군사를 일으키지 못하도록 톰마소 스트로치와 베네데토 알베르티에게 많은 무장 병력을 주어 도시의 치안을 맡겼다. 체포된 시민들은 철저한 조사를 받았지만, 혐의를 입증할만한 어떤 증거도 발견되지 않았다. 그래서 카피타노델 포폴로는 그들에게 유죄 선고를 내리려 하지 않았다. 하지만 그사이 그들의 적은 사람들을 선동해 기소된 자들에 대한 분노를 폭발시켰고, 그러자 카피타노는 어쩔 수 없이 기소된 자들에게 사형을 선고했다.

비록 피에로 델리 알비치는 오랫동안 다른 어떤 시민보다 더 높은 자리에 올라 많을 이들을 두려움에 떨게 했지만, 가문의 강력함도 또 그가 이전에 누렸던 큰 명성도 그의 목숨을 구하는 데는 아무런 도움도 되지 못했다.

이 일이 있기 훨씬 전, 그러니까 피에로가 아직 가장 높은 위치에 있을 때 동료 시민들을 위해 베푼 한 연회에서, 조금 더 겸손하게 처신하라고 경고한 친구였는지 아니면 운명의 여신의 변덕스러움으로 그를 위협한 적이었는지 모르지만, 누군가가 그한테 단것이 가득 든, 그러나 그 속에 쇠못이 숨겨진 은잔銀盞을 보냈다. 이 쇠못이 발견되고 손님들이 모두 그것에 주목하자, 어떤 이가 앞으로 나와 이 쇠못은 피에로가 운명의 수레바퀴에 못을 박아 바퀴를 고정시켜야 한다는 것을 알려 주는 점괘라고 풀이했다. 운명이 그를 정상으로 이끈 이상 만일 운명이 그 회전을 계속한다면, 그를 바닥으로 끌어 내릴 수도 있기 때문이었다.

이 해석은 처음에는 피에로의 실각으로1378년 촘피의 난 이후, 피에로는 베네 치아에서 약 1년간 망명 생활을 하고 피렌체로 돌아왔다. 나중에는 그의 죽음으로 입증되었다1379년 12월.

기소된 자들에 대한 형이 집행된 후, 도시는 완전히 혼돈에 빠졌다. 그 이유는 승자와 패자 모두 두려움에 떨었기 때문이었다. 그렇지만 최악의 결과들은 정부를 장악한 이들의 공포에서 비롯됐다. 그들은 아주 사소한 사건만 발생해도, 관련 시민들에게 유죄를 선고하거나 경고를 주었고, 때로는 그 시민들을 추방해 구엘프당에 새로운 위해를 가했기 때문이었다.

게다가 그들은 정부의 권한을 강화하고, 그들에게 해가 된다고 의심되는 자들에게 해를 가하기 위해 새로운 법과 제도를 추가로 계속 통과시켰으며, 시뇨리와 함께 정부에 해가 된다고 의심되는 자들을 공화국에서 제거할 목적으로 46명으로 구성된 위원회를 새로 만들었다. 이 위원회는 39명의 시민에게 경고를 주었으며, 많은 평민을 귀족으로 선포하고 또 많은 귀족을 평민으로 인정했다귀족으로 선포된 평민의 공무담임권을 박탈하고, 평민으로 인정된 귀족에게 공무담임권을 부여했다.

그들은 또한 외부의 공격에 대비해 오랫동안 교황과 이탈리아의 다른 군주들을 위해 싸워온, 전장에서 명성이 자자한 영국 출신의 용병대장 존 호크우드Hawkwood 경을 고용했다1380년 전후. 외부의 적대 행위에 대한 그들의 두려움은 나폴리 왕국을 상대로 전쟁을 준비 중인 카를로의 여러 중무장 기병 부대에 많은 피렌체 추방자들이 소속돼 있다는 사실을 알게 되면서 생겨났다. 이 위험에 대처하기 위해 그들은 군대용병를 모집했을 뿐만 아니라 많은 자금도 마련해야 했으며, 카를로가 아레초에 도착했을 때는 피렌체를 괴롭히지 않는다는 조건으로 그에게 4만 두카트를 주었다.

그 뒤 카를로는 조반니 여왕과 전쟁을 치러 성공적으로 나폴리 왕국을 차지했으며1382년 5월, 여왕을 사로잡아 헝가리로 보냈다제1권 제33장에서는 여왕이 프랑스로 피신했다고 적혀 있다. 그러나 앞서 언급했듯이 조반나 1세는 1382년 7월 나폴리 왕국의 무로 루카노(Muro Lucano)성에서 살해당했다. 카를로의 이 승리로 피렌체 통치자들의 불안은 다시 커졌다. 그들은 자신들이 카를로에게 준 돈이, 자신들이 그토록 심하게 탄압한 구엘프당과 카를로 가문앙주가 사이의 저 오랜 우정보다 더 큰 힘을 발휘할 것이라고 확신할 만큼 순진하지는 않았기 때문이었다.

출처 : Wikipedia

〈카를로 3세의 나폴리 정복〉 두라초 카를로의 마스터Master of Charles of Durazzo

ᐠᙣ 제20장 ᙤᐟ

이렇게 의심이 커지자 그만큼 침해도 커졌다. 하지만 침해는 의심을 없애지 못하고 도리어 증가시켰고, 시민들은 매우 큰 불만을 품고 살았다. 이 불만 위에 조르조 스칼리와 톰마소 스트로치의 오만이 더해졌다. 그 둘의 권위는 행정장관들의 권위를 능가했으며, 민중당Parte Plebea, 제3권 제18장 참조의 지지를 등에 업은 그들의 공격을 받을까 봐 모두가 전전긍긍했다. 평화적인 시민들은 말할 것도 없고, 선동적인 이들의 눈에조차 정부는 전제적이고 폭력적으로 보였다.

그러나 조르조의 오만이 언젠가 끝나야만 했기 때문인지, 그의 가문 사람 중 한 명이 조반니 디 캄비오를 국가에 대한 반역 행위로 고발하는 사건이 발생했다. 그렇지만 사건을 조사한 카피타노 델 포폴로는 캄비오가 무죄라고 판단하고, 고발인을 피고발인이 유죄였다면 받았을 형벌로 처벌하기로 결정했다.

조르조는 탄원도 해 보고 여기저기 힘도 써 봤지만, 그를 구할 수 없었다. 그러자 톰마소 스트로치와 함께 많은 무장 병력을 이끌고 가서 강제로 그를 풀어 주고, 카피타노 궁을 공격해 약탈했으며, 놀란 카피타노는 목숨을 보전하기 위해 달아나 숨어야 했다.

하지만 이 무도한 행위로 많은 시민이 조르조에게 격분했기 때문에 조르조의 적들은 잘하면 이번에 그를 제거하고 그의 손에서뿐만 아니라 3년 동안 거만하게 도시를 지배해온 민중당의 수중에서 도시를 구할 수 있겠다는 희망을 품었다. 조르조의 적들이 이런 희망을 품고 있을 때, 조르조를 피해 몸을 숨겼던 카피타노가 이를 실현할 좋은 기회를 제공했다.

폭동이 끝나자 그는 시뇨리 앞으로 가서 이렇게 말했다.

"피렌체 시뇨리아가 저를 카피타노로 임명했을 때 제가 기꺼이 그 직을 맡은 이유는, 정의를 방해하기 위해서가 아니라 지키기 위해 무기를 드는 훌륭한 주인들을 섬길 것으로 믿었기 때문입니다. 그렇지만 이 도시가 다스려지고 그 일이 이루어지는 방식을 직접 눈으로 보고 몸으로 겪어 보니, 유익하고 명예로운 것으로 받아들였던 이 위엄을, 이제 위험과 위해를 피하기 위해서라도 시뇨리께 돌려드려야 할 것 같습니다."

시뇨리는 카피타노를 진심으로 위로한 뒤 지난 침해에 대한 보상과 미래의 안전을 약속하며 재신임했다. 그러고는 자신들이 생각하기에 공공의 안녕을 사랑하는 동시에 남들보다 지배 세력의 의심을 덜 받는 일군의 시민들과 비밀리에 상의한 끝에, 조르조의 이 마지막 오만으로 대다수 시민이 그에게 등을 돌렸으니 조르조와 민중당의 손아귀에서 도시를 해방시킬 좋은 기회가 찾아왔다고 결론지었다.

그들은 대중의 지지는 아주 작은 사건으로도 쉽게 얻을 수 있지만, 또 그만큼 쉽게 상실된다는 사실을 잘 알고 있었기에, 대중의 분노가 가라앉기 전에 이 기회를 이용하기로 했다. 그러나 그들은 베네데토 알베르티의 동의가 없으면 자칫 일이 위험해질 수 있다고 생각하고, 계획을 성공시키기 위해서는 그를 자기들 편으로 끌어들여야 한다고 판단했다.

베네데토는 대단히 부유한 시민으로 검소하고 친절했으며, 자유의 헌신적인 친구로 모든 전제적인 방식을 아주 싫어했으므로, 그를 설득해 조르조를 파멸시키는 일에 동참시키는 것은 쉬웠다. 베네데토가 유력한 평민들과 구엘프당을 멀리하고 민중당의 친구가된 유일한 이유는 바로 유력한 평민들과 구엘프당의 거만한 행동과 전제적인 조치들이었기 때문이었다.

그래서 그는 나중에 민중당의 수장들이 그 적들의 행동을 따라하는 것을 보자, 얼마 전부터 거리를 두고 그들이 수많은 시민에게 가하는 침해에 관여하지 않았다. 그처럼 이전에 베네데토를 민중당의 편이 되게 한 바로 그 이유가 이제는 그가 민중당을 버리도록 만들었다.

그렇게 베네데토와 길드의 수장들을 자신들의 대의에 끌어들인 시뇨리가 군사를 일으키자, 조르조는 사로잡히고 톰마소는 도망쳤다. 체포된 다음 날, 조르조는 참수당했다1382년 1월. 형의 집행을 위해 조르조가 시뇨리아 광장으로 끌려 나오는 모습을 본 그의 당파는 대경실색해 누구도 그를 위해 손가락 하나 까딱하지 않았다. 아니, 사실 모두가 그의 파멸을 앞당기기 위해 경쟁했다.

반면 불과 얼마 전까지만 해도 자신을 숭배하던 사람들 앞에서 죽임을 당하게 된 조르조는, 자신의 불행한 운명을 탄식하며 자신에게 잘못된 영향을 끼쳐 충성심도 없고 고마움도 모르는 민중을 지지하고 격려하게 만들었던 시민들의 사악함을 한탄하다가, 무장한 이들 사이에 서 있는 베네데토를 알아보고 소리쳤다.

"베네데토 당신마저, 내가 당신이었다면 결코 당신한테 가해지는 것을 허락하지 않았을 이 형벌을, 이자들이 내게 가하는 것에 동의했단 말이오? 내 당신에게 분명히 경고하리라. 나의 악행이 끝나는 오늘이, 당신의 악행이 시작되는 첫날이 될 것이오."

그리고 나서 그는 모든 말과 행동과 의혹에 영향받고 흔들리는 갈대 같은 자들을 과신한 자신의 어리석음을 나무랐다. 이런 탄식과 함께, 그는 자신의 파멸을 기뻐하는 무장한 적들에 둘러싸여 죽었다. 그가 처형된 후 그의 가장 친한 친구들 역시 살해당했고, 군중은 그 시체들을 도시 여기저기로 질질 끌고 다녔다.

ᨠᨡᨠ 제21장 ᨠᨡᨠ

조르조의 처형으로 피렌체 전역은 큰 혼란에 빠졌다. 비록 그를 처형하는 과정에서 많은 시민이 시뇨리와 카피타노 델 포폴로를 돕기 위해 무기를 들었지만, 다른 많은 이들 역시 개인적인 야심이나 자신에게 쏟아진 의심으로부터 자신을 지키기 위해 무기를 들었기 때문이었다. 그러므로 도시는 대립적인 분위기로 가득 찼으며, 자신의 목적을 염두에 두고 있던 사람들은 모두 무기를 내려놓기 전에 이를 달성하고 싶어했다.

공직에 나갈 권리가 박탈된 것을 참을 수 없던 '그란디Grandi'라는 옛 귀족들은 이를 회복하기 위해 부단히 애를 썼고, 이를 위해 권력이 구엘프당의 지도자들에게 돌아가기를 간절히 원했다. 유력한 평민들과 마조리 길드는 미노리 길드나 하층민의 장인과 정부를 공유하는 것을 기뻐하지 않았다. 반면 미노리 길드는 자신들의 위엄권한을 줄이기보다 늘리기를 원했으며, 하층민의 장인들은 자신들의 콜레지Collegi, 자신들의 길드와 그 대표자들를 잃을까 두려워했다.

이런 대립으로 인해 피렌체는 1년 내내 많은 혼란을 겪었다. 어느 때는 옛 귀족이, 다른 때는 마조리 길드가, 또 어떤 때는 하층민과 연합한 미노리 길드가, 또 가끔은 그들 모두가 한꺼번에 도시의 다른 구역들에서 무기를 들었고, 그 결과 수많은 충돌이 그들끼리, 혹은 시뇨리아 궁의 군과 빈번히 일어났다. 왜냐하면 시뇨리는 때로는 양보하고 때로는 싸우면서, 무질서를 바로잡기 위해 할 수 있는 모든 노력을 다했기 때문이었다.

그러는 동안 도시를 개혁하기 위해 두 번의 파를라멘토Parlamento(의회)가 소집되고, 그보다 많은 발리아최고 행정회의가 구성되었지만, 또다시 많은 사건과 위험과 고통을 겪은 후에야 마침내 새 정부가 수립되었다. 이 정부는 살베스트로 데 메디치가 곤팔로니에레에 오른 뒤 추방당했던 이들을 모두 조국의 품으로 돌아오게 해 주었다1382년 말.

동시에 이 정부는 1378년의 발리아에서 제공한 모든 특권과 특혜를 폐지하고, 구엘프당의 명예를 회복시켰다. 또한, 두 개의 새 길드를 해산하고 그 지도자들의 지위를 박탈했으며, 거기에 속했던 모든 조합원을 이전에 그들이 속했던 길드에 재배정했다. 미노리 길드는 정의의 곤팔로니에레가 될 권리를 빼앗겼고, 공직의 몫은 1/2에서 1/3로 줄어들었으며, 최고위직예컨대 시뇨리에서도 철저히 배제당했다.

이런 식으로 유력한 평민과 구엘프당은 권력을 되찾았고, 1378년부터 1381년까지 도시의 주인으로 군림했던 민중당은 이 새로운 질서가 확립되자 권력에서 완전히 밀려났다.

❧ 제22장 ❧

이 정부는 그 초기에 민중당이 그랬던 것만큼이나 시민들한테 해롭고 가혹했다. 민중당의 대의를 지지한 것으로 알려진 많은 유력한 평민들이 민중당의 수장들과 함께 추방당했기 때문이었다. 추방당한 민중당의 수장 중에는 미켈레 디 란도1401년 루카에서 사망도 있었다살베스트로 데 메디치도 이때 같이 추방되었다. 고삐 풀린 군중이 제멋대로 도시를 파괴하던 시절, 그의 권위가 도시에 베푼 모든 이익도 구엘프당의 격렬한 분노로부터 그를 구하지는 못했다. 조국이 그의 뛰어난 공적에 감사하는 태도는 그렇게 형편없었다. 군주와 공화국이 자주 이런 잘못을 저지르기 때문에 유사한 사례에 낙담한 신민이 통치자의 배은망덕을 통감하기 전에, 먼저 통치자를 공격하는 일이 발생하는 것이다.

아무튼 이런 추방과 죽음은 언제나처럼 베네데토 알베르티의 기분을 몹시 불쾌하게 했고, 따라서 그는 공석에서든 사석에서든 그런 행위들을 매우 강하게 비난했다. 그러자 정부의 수장들은 그를 두려워하기 시작했다. 그들은 그를 민중당의 으뜸가는 친구로 간주했고, 그가 조르조 스칼리의 죽음에 동조했던 이유는 조르조의 통치 방식이 불쾌했기 때문이 아니라 정부를 독차지하기 위해서라고 믿었다. 그때부터 베네데토의 말과 행동은 점점 그에 대한 통치자들의 의혹을 키웠으며, 그들은 그를 파멸시키기 위해 모든 시선을 그에게 집중했다.

도시 내부의 일들이 이렇게 진행되는 동안, 외부의 상황은 그다지 심각하지 않았다. 밖에서 전해오는 소식들은 대개 직접적인 위해를 가하는 것보다 경각심을 일깨우는 것들뿐이었다. 그런데 이 무렵1382년 말 앙주의 루이1세가 두라초의 카를로3세를 쫓아내고, 조반나1세 여왕에게 나폴리 왕국을 되찾아주기 위해 이탈리아로 들어왔다앙주의 루이 1세는 조반니 1세의 양자였고, 그래서 조반니 1세가 죽었다는 소식을 듣자, 자신이 나폴리의 합법적인 왕이라 주장하며 이탈리아로 내려왔다.

루이의 남하는 피렌체 통치자들을 크게 불안하게 했다. 카를로가 오랜 친구들의 관례에 따라 그들에게 도움을 요청했고, 새 친구를 찾는 이가 대부분 그러하듯 루이는 그들에게 중립을 지키라고 요구했기 때문이었다. 그러자 피렌체 통치자들은, 실제로는 카를로를 도와주는 것이었지만 루이의 요구를 들어주는 모양새를 갖추기 위해 존 호크우드를 해임한 척하며 그를 카를로의 친구인 교황 우르바노6세 밑에서 복무하게 했다. 그렇지만 이 술책은 루이에 의해 쉽게 간파당했고, 결과적으로 그들은 루이에게 큰 상처를 주고 말았다.

루이와 카를로가 풀리아에서 전쟁을 벌이고 있을 때, 프랑스에서 루이를 돕기 위한 새로운 병사들이 내려왔다. 이 병사들이 토스카나에 이르자 아레초에서 추방당한 자들이 그들을 아레초로 안내했고, 그들은 카를로를 위해 그곳을 장악하고 있던 이들을 쫓아냈다. 그들이 아레초 정부를 바꿨듯, 피렌체 정부를 바꾸려고 계획하는 동안에 갑자기 루이가 죽었다1384년 9월.

그 결과 풀리아와 토스카나의 정세는 새로운 국면을 맞이했다. 카를로는 거의 잃을 뻔했던 왕국의 안전을 확보했으며, 피렌체를 지키는 일을 걱정하던 피렌체 통치자들은 루이를 위해 아레초를 장악하고 있던 프랑스군한테서 아레초를 구매해 다시 차지했기 때문이었다1384년.

풀리아를 차지한 카를로는 상속받은 헝가리 왕국을 손에 넣기 위해, 앞서 말했듯제1권 제33장 아내와 아직 어린 두 자녀 라디슬라오당시 9세와 조반나훗날의 조반나 2세로 당시 15세를 풀리아에 남겨 놓고 헝가리로 갔다. 하지만 카를로는 새 왕국을 얻은 지 몇 달 만에 그곳에서 독살당했다1386년 2월.

⤛ 제23장 ⤜

아레초를 구매해 얻은 피렌체 시민들은 이를 기뻐하며, 다른 도시라면 제대로 된 전쟁에서 크게 승리했을 때나 했음직한 큰 축하연을 열었다. 정부에서 주최한 장엄한 행사뿐만 아니라 많은 가문이 경쟁적으로 축하 행사를 거행했기 때문에 사적으로 열리는 화려한 행사들도 피렌체 곳곳에서 볼 수 있었다.

그러나 그 화려함과 웅장함에서 다른 모든 가문을 능가한 가문이 있었으니, 그건 다름 아닌 알베르티 가문이었다베네데토 알베르티는 피렌체가 아레초를 구매하는 일을 직접 담당했다. 알베르티 가문이 개최한 전시회와 마상 무술 시합 등은 일개 한 가문이 준비한 행사가 아니라 군주가 마련한 행사라고 해도 전혀 손색이 없었다. 하지만 이런 행사들은 알베르티 가문에 대한 시기를 증폭시켰고, 베네데토에 대해 품고 있던 정부의 의심과 합쳐져 그가 몰락하는 원인이 되었다.

도시의 통치자들은 도저히 그를 좋게 볼 수가 없었다. 그들은 베네데토가 민중의 지지를 등에 업고 권좌를 되찾은 뒤, 자신들을 도시 밖으로 쫓아내는 일이 언제든 가능하다고 생각했기 때문이었다. 그들이 그런 의심과 두려움 속에서 지내고 있을 때, 공교롭게도 베네데토가 평민 부대의 곤팔로니에레가 되고, 그의 사위인 필리포 마갈로티는 정의의 곤팔로니에레로 뽑히는 일이 일어났다1387년 4월. 그 일로 권력을 쥔 이들의 두려움은 더욱 배가 되었다. 그들은 베네데토가 너무 큰 권력을 얻었고, 이로 인해 도시는즉 자신들은 극도의 위험에 처하게 됐다고 이해했기 때문이었다.

그러나 큰 소동 없이 이를 해결하고 싶던 통치자들은 필리포의 친척으로 그와 원수지간인 베세 마갈로티를 꼬드겨서 필리포는 정의의 곤팔로니에레직을 수행하기에는 아직 나이가 어리니당시 24세, 그 직책을 맡아서도 안 되고 맡을 수도 없다고 시뇨리에게 고하게 했다. 베세의 청원을 검토한 시뇨리는 어떤 이들은 필리포를 싫어해서, 또 다른 이들은 분쟁을 피하기 위해 필리포가 그 직위에 적합하지 않다고 판단했다.

그리고 나서 그들은 필리포 대신 민중당을 극도로 싫어하고, 베네데토에게 매우 적대적인 바르도 만치니라는 인물을 정의의 곤팔로니에레로 선출했다. 바르도는 그 직책을 맡자마자 발리아를 만들어 정부를 개편하고 베네데토 알베르티를 추방했으며, 안토니오 알베르티를 제외한 모든 알베르티 가문 사람들에게 경고를 주었다.

베네데토는 도시를 떠나기 전에 일가친척들을 불러 모은 후, 비탄에 잠겨 눈물을 흘리는 그들을 바라보며 차분히 말했다 1387년 5월.

"사랑하는 나의 형제 가족 여러분, 여러분은 지금 운명이 어떻게 나를 파멸시키고, 어떻게 여러분을 위협하는지 보고 있습니다. 하지만 나는 이런 결과에 전혀 놀라지 않습니다. 그러니 여러분도 놀라지 마십시오. 이런 일은 많은 사악한 자들 사이에 살면서 선을 추구하려 하고, 우매한 다수가 파괴하기를 원하는 것 자유을 지키려 애쓰는 소수의 현명한 이들한테는 항상 일어나는 일이기 때문입니다.

조국에 대한 나의 사랑은 내가 살베스트로 데 메디치와 함께 행동하게 했고, 조르조 스칼리와 결별하도록 만들었습니다. 같은 이유로 나는 지금껏 자신들을 호되게 책망하는 사람이 없었다고, 앞으로도 그 누구의 질책도 듣지 않겠다고 결심한 현 통치자들의 통치 방식을 미워하게 되었습니다.

나는 나의 추방으로 인해 저들을 사로잡은 두려움에서 저들을 자유롭게 해줄 수 있어 기쁩니다. 저들은 나뿐만 아니라 저들이 판단하기에 자신들의 무도하고 전제적인 통치 방식을 알아보는 모든 이들에 대해 늘 두려움을 품고 있었습니다. 그런 까닭에 저들은 다른 이들을 위협할 목적으로 먼저 나를 공격한 것입니다.

나 자신을 생각하면, 나는 전혀 슬프지 않습니다. 자유로웠던 조국이 내게 준 영예를 노예가 된 조국이 빼앗을 수는 없고, 영광스러운 과거의 삶에 대한 기억은 외로운 망명 생활이 가져올 불행이 주는 고통보다 훨씬 더 큰 기쁨을 언제나 내게 선사할 것이기 때문입니다.

그렇지만 나는 조국이 계속 소수의 손에 놀아나고, 그들의 오만과 탐욕의 먹이가 되어야 하는 현실을 생각하면 가슴이 몹시 아리고, 무엇보다 여러분을 생각하면 더더욱 가슴이 먹먹해집니다. 나한테는 오늘로써 끝이 나는 이 해악들이 여러분에게는 이제부터 시작되지 않을까 두렵고, 또 이 해악들이 나한테 그랬던 것보다 훨씬 더 나쁜 위해를 여러분한테 가하지 않을까 두렵기 때문입니다.

그러므로 나는 여러분에게 간청합니다. 모든 불행에 맞서 늘 마음을 굳건히 하고 어떤 역경이 닥치더라도, 틀림없이 지금보다 더 많은 역경이 닥치겠지만, 그 역경들은 아무 잘못도 없는 여러분한테 부당하게 닥친 것임을 모두 다 인식하고, 항상 당당하게 행동해 주기를 말입니다."

그 뒤 그는 피렌체에서 얻은 평판보다 못한 평판을 피렌체 밖에 남기지 않기 위해 그리스도의 성묘예수가 십자가에 못 박혀 돌아가신 후 묻혔다고 전해지는 장소에 세운 교회로 성지순례를 떠났다가 돌아오는 도중에 로도스섬에서 병에 걸려 죽었다1388년 1월. 그의 유골은 피렌체로 옮겨졌고, 그가 살아 있을 때 온갖 중상모략으로 그를 박해했던 자들의 깊은 경의를 받으며 산타 크로체 성당에 묻혔다.

⚜ 제24장 ⚜

알베르티 가문만 도시의 혼란으로 고통받은 것은 아니었다. 그 혼돈 속에서 많은 시민이 경고를 받거나 추방을 당했는데, 추방당한 이들 중에는 미노리 길드에 속한 많은 장인과 함께 피에로 베니니·마테오 알데로티·조반니와 프란체스코 델 베네둘은 사촌지간이다·조반니 벤치·안드레아 아디마리 등이 포함되었고, 코보니·베니니·리누치·포르미코니·코르비치·만넬리·알데로티 가문 등은 경고를 받아 공직 취임이 금지되었다.

당시에는 일정 기간 발리아를 설치하는 것이 관례였다. 하지만 선출된 이들은 위임받은 업무를 끝내고 나면, 임기가 끝나지 않아도 사임하는 것이 명예로운 사람으로서의 예의였다. 그래서 정부가 부여한 의무를 충분히 이행했다고 생각한 이 시기의 발리아 위원들 역시 관례대로 사임하기를 원했다.

그러나 이 소식을 전해 들은 사람들은 무기를 들고 시뇨리아 궁으로 달려가 사임하기 전에 새로이 더 많은 자를 추방하고 경고하라고 발리아 위원들에게 요구했다. 이 요구로 시뇨리는 기분이 몹시 상했지만 그들의 요구를 거부할 힘이 없어, 일단 좋은 말로 달래고 나중에 지원군이 도착하면 화가 나서 들었던 무기를 두려움에 떨며 황급히 내려놓도록 폭도들을 응징하기로 했다.

그렇지만 그 전에 격앙된 폭도들의 마음을 어느 정도 가라앉히고, 또 민중당의 권한을 추가로 더 줄이기 위해 시뇨리는 미노리 길드가 가지고 있던 1/3의 공직 취임 권한을 1/4로 줄이는 법을 제정했다. 그리고 시뇨리 중에 정권이 믿고 의지할 수 있는 시뇨레가 항상 2명 이상은 될 수 있도록, 정의의 곤팔로니에레와 다른 4명의 시민에게 시뇨리아를 구성할 때마다 2명의 시뇨레가 뽑히게 될, 자기편의 이름들이 들어간 별도의 자루를 하나 더 만들 권한을 부여했다.

◈≫ 제25장 ≪◈

1381년실은 1382년 말 정비된 정부 조직은 6년 동안 지속되다가 끝이 났고, 도시는 1393년까지 내부적으로는 상당히 평온했다.

그사이 '덕의 백작'으로 불리던 잔 갈레아초 비스콘티가 삼촌인 베르나보를 사로잡고 1385년, 롬바르디아 전체의 군주가 되었다. 그는 책략으로 밀라노 공작이 된 것처럼 무력으로 이탈리아 왕이 될 수 있다고 믿고, 1390년 피렌체와 아주 격렬한 전쟁을 시작했다. 전쟁의 양상은 시시각각 변했고 공작은 여러 차례 큰 위험에 빠지기도 했지만, 만일 그가 살아 있었다면 결국 피렌체는 전쟁에서 패배했을 것이다.

그런데도 피렌체 시민들은 매우 용감하고 참으로 훌륭하게 공화

〈세 자녀와 함께 성모 마리아에게
파비아 수도원Certosa di Pavia 모형을
선물하는 잔 갈레아초 비스콘티〉
암브로조 베르고뇨네Ambrogio Bergognone

잔 갈레아초 비스콘티의 부하들에게
사로잡히는 베르나보

출처 : Wikipedia

국을 방어했으며, 그 결과 전쟁의 결말은 끔찍했던 과정보다는 훨씬 덜 해로웠다. 볼로냐·피사·페루자·시에나를 차례대로 정복하고, 피렌체에서 거행될 자신의 이탈리아 왕 대관식을 위해 왕관을 준비하고 있던 공작이 갑자기 역병으로 죽었기 때문이었다 1402년 9월. 죽음은 그렇게 그가 과거의 승리를 즐기지 못하도록 막았으며, 피렌체 시민들이 현재의 패배를 괴로워하는 것을 누그러뜨려 주었다.

공작과의 전쟁이 계속되는 동안, 삼촌인 피에로가 죽은 1379년 후부터 알베르티 가문에 적개심을 품고 있던 마소 델리 알비치루카(Luca) 디 피에로의 아들로, 다섯 살 무렵 아버지가 사망해 삼촌인 피에로의 집에서 자랐다가 정의의 곤팔로니에레로 선출되었다 1393년 9월. 비록 베네데토는 망명 생활 중에 죽었지만, 상대에 대한 각 당파의 증오는 조금도 누그러지지 않았으므로, 마소는 자신의 임기가 끝나기 전에 나머지 베네데토 가문 사람들한테 복수하기로 마음먹었다.

기회는 추방당한 자들과 은밀한 거래를 한 혐의로 기소된 한 인물로부터 찾아왔다. 심문을 받던 그는 알베르토와 안드레아 델리 알베르티를 공범자로 지목했다. 이 둘은 곧바로 체포됐고, 온 도시는 크게 동요했다. 그러자 시뇨리는 스스로 무장을 갖추고, 파를라멘토의회를 소집하고 발리아를 구성했으며, 발리아를 통해 많은 시민을 추방하고 공직에 뽑힐 이름들이 들어간 새 자루를 만들었다.

거의 모든 알베르티 가문 사람들이 추방되었으며, 많은 미노리 길드의 조합원들이 경고를 받거나 죽임을 당했다. 이런 식으로 수많은 박해를 당하자 미노리 길드와 하층민은 명예관직는 말할 것도 없고 자칫하면 목숨까지 잃을 수 있다고 생각하고 군사를 일으켜, 그들 중 일부는 시뇨리아 광장으로 난입하고, 다른 일부는 살베스트로 데 메디치가 죽은 뒤1388년 가문의 수장이 된 비에리Vieri 디 캄비오 데 메디치살베스트로의 사촌 형으로, 1378년 '촘피의 난' 때 임명된 64명의 기사 중 한 명이었다. 로렌초 일 마니피코의 증조부인 조반니 디 비치 데 메디치가 비에리의 은행에서 근무했다의 집으로 달려갔다1393년 10월.

광장으로 난입한 이들을 달래기 위해 시뇨리는 유력한 평민 중에서 민중당이 가장 받아들일 만한 인물인 리날도 잔필리아치와 도나토 아차이우올리를 그들의 수장으로 임명하고, 구엘프당과 평민 부대의 기치를 그 둘에게 주어 광장으로 보냈다. 한편 비에리의 집으로 달려간 이들은 그에게 정부를 접수해, 모든 선량한 이들을 죽이고 공화국을 파괴하는 저 무도한 통치자들의 폭정에서 자신들을 구원해 달라고 간청했다.

그 시대의 기록을 남긴 사람은 누구나, 만일 비에리가 정직한 인물이 아닌 야심만만한 인간이었다면, 아무런 장애 없이 피렌체의 절대 군주가 되었을 것이라는 데 동의한다. 옳든 그르든 미노리 길드의 조합원들과 그 친구들에게 가해진 최근의 심각한 침해들은 복수에 대한 그들의 열망에 불을 붙였고, 이를 만족시키기 위해 그들에게 필요했던 것은 오직 자신들을 이끌어줄 지도자뿐이었기 때문이다.

비에리한테 그의 손안에 무엇이 들어왔는지 알려준 사람이 없었던 것도 아니었다. 그때는 화해했지만, 오랫동안 비에리한테 사적인 원한을 품고 있었던 안토니오 데 메디치비에리의 조카로 추정가 어서 시뇨리아 궁으로 가 공화국의 지도자가 되라고 그를 강하게 설득했기 때문이었다. 그러자 비에리가 안토니오에게 말했다.

"안토니오, 과거에 자네가 나의 적이었을 때, 나는 결코 자네의 위협을 두려워하지 않았네. 이제 자네는 나의 벗이지만, 그렇다고 자네의 충고가 나를 나쁜 길로 이끌지는 못할 걸세."

그러고는 군중을 향해 몸을 돌려 기운을 내라고 촉구했다. 만일 군중이 자신의 충고를 받아들이기만 한다면, 기꺼이 그들의 옹호자가 될 생각이었기 때문이었다. 그 뒤 그는 그들과 함께 시뇨리아 광장으로 가서 그들을 거기에 놔두고, 자신은 서둘러 시뇨리아 궁으로 올라갔다.

궁으로 들어간 비에리는 곧장 알현실로 가서 그곳에 모여 있던 시뇨리에게 이런 의미로 말했다.

"존경하는 시뇨리시여, 저는 피렌체 시민들이 저를 사랑하도록 살아온 것에 대해서는 조금도 후회하지 않지만, 그들이 저에 관해 제가 살아온 이력과는 전혀 상관없는 판단을 내린 것에 대해서는 매우 유감스럽게 생각하고 있습니다. 저는 한 번도 선동적이거나 야심 있는 모습을 보인 적이 없는데, 왜 제가 난폭하고 무도한 사람으로 혼란을 좋아하거나, 혹은 야심 많은 인간으로서 정부를 탈취하기를 원한다고 여겨지게 됐는지 그 이유를 알지 못하기 때문입니다.

하지만 보시는 바와 같이 저는 이 혼란의 와중에서 최대한 빨리 저 자신을 이 시뇨리아 궁에 맡겼으니, 저 군중의 무지를 저의 잘못으로 전가하지는 말아 주십시오. 그리고 이왕 이렇게 이곳에 올라온 김에 어리석은 제가 감히 한 말씀 올리자면, 힘이 있을 때는 이를 절제해 사용하는 것이 좋고, 완벽한 승리를 추구하다가 도시를 파괴하기보다는 차라리 안전한 도시에서 절반의 승리를 즐기는 편이 낫다는 격언을 한 번만 더 유념해 주시기를 간청드립니다."

그러자 시뇨리는 비에리의 행동을 치하한 뒤, 무기를 내려놓도록 군중을 설득해 달라고 그에게 요청하며, 만일 군중이 무기를 내려놓는다면 그와 다른 시민들의 조언을 반드시 따르겠다고 약속했다.

이런 약속을 받아낸 비에리는 광장으로 돌아가 자신의 추종자들을 리날도와 도나토가 이끌고 있던 이들과 합쳤다. 그 후 그는 그들 모두에게, 자신은 시뇨리가 그들에게 매우 우호적이라는 사실을 알게 됐다고, 비록 시간이 부족하고 부재중인 행정장관들도 있어 논의를 완전히 끝내지는 못했지만 시뇨리와 많은 것을 논의했으니 무기를 내려놓고 시뇨리의 명을 따르라고 간곡히 부탁했다. 이어서 그는 오만과 위협보다는 겸손과 탄원이 시뇨리를 더 쉽게 움직일 것이므로, 그들이 자신의 말을 따른다면 그들의 지위와 안전은 절대 사라지지 않을 것이라고 단언했다.

비에리의 확신에 찬 설득에 광장에 모였던 사람들은 각자 자신의 집으로 돌아갔다.

✤ 제26장 ✤

하층민이 무기를 내려놓자 시뇨리는 우선 광장의 방비를 강화한 뒤, 그들이 믿을 만하다고 생각하는 시민 2,000명을 소집해 도시의 각 구역에 있는 평민 부대에 균등하게 배치했다. 시뇨리는 그들에게 자신들이 부르면 언제든 구하러 올 준비를 하라고 명령했으며, 이들을 제외한 어느 누구도 무기를 휴대하지 못하게 했다.

이런 준비를 마치자 시뇨리는 지난 소요 중에 동료들보다 더 난폭했던 미노리 길드 조합원 가운데 상당수를 추방하고 살해했으며,

정의의 곤팔로니에레에게 더 큰 위엄과 권위를 주기 위해 45세 미만은 그 직책을 맡을 수 없다는 법령을 제정했다. 또한, 그들은 자신들의 권한을 더 강화할 목적으로 많은 새로운 규정을 만들었다. 그렇지만 그 규정의 적용으로 불이익을 받는 이들은 말할 것도 없고, 심지어 그들 당파에서조차 선량한 시민들은 모두 그 규정들을 혐오했다. 선량한 시민이라면 그 존립을 위해 과도한 폭력이 필요한 정부를 훌륭하거나 안전하다고 생각할 수는 없기 때문이었다.

정부의 그런 과도한 폭력은 피렌체에 남아 있던 알베르티 가문이나 시뇨리에게 속았다고 생각한 메디치 가문뿐만 아니라, 많은 다른 사람도 불쾌하게 만들었다. 하지만 이 정부에 처음으로 저항한 이는 야코포 아차이우올리의 아들 도나토 아차이우올리였다. 도나토는 비록 그 당시 정부에서 매우 높은 지위를 차지하고 있었고, 심지어 곤팔로니에레로 재직할 때 행한 일들 때문에 거의 공화국의 수장이나 다름없던 마소 델리 알비치보다도 더 중요한 인물로 여겨졌지만, 수많은 이가 불만을 품고 있는 상황에서 혼자만 행복하게 살 수는 없었고, 또 대부분의 유력한 평민과 달리 사회적 혼란을 이용해 사적인 이익을 챙기지도 않았다.

그래서 그는 추방당한 자들을 조국으로 돌아올 수 있게 하거나 아니면 최소한 경고 받은 이들에게 그 박탈당한 권리를 회복시켜 주는 일을 시도해 보기로 했다. 그는 이런 자기의 생각을 많은 시민에게 널리 알리면서, 이 방법 외에는 사람들을 진정시키거나 당파적 기질을 억제할 수 없다고 지적했으며, 자신이 시뇨리의 일원이 되면 반드시 이를 실현할 것이라고 공개적으로 말하고 다녔다.

인간사에서는 일을 미루면 권태가 찾아오고 서두르면 위험이 따라오기 마련인데, 도나토는 권태를 피하기 위해 위험을 택했다. 자신의 친척인 미켈레 아차이우올리와 친구인 니콜로 리코베리가 시뇨리의 일원이 되자, 지금이 적기라고 생각한 도나토는 그 둘에게 추방당하거나 경고받은 시민들의 복권을 내용으로 하는 법안을 평의회에 발의하라고 요구했다. 도나토에게 설득당한 이 둘은 동료 시뇨리한테 이 법안에 관해 설명했지만, 다른 시뇨리는 얻는 것은 의심스럽고 위험은 확실할 때 변화를 시도하는 것은 좋지 않다고 대답했다.

그렇게 할 수 있는 모든 방법을 동원해도 아무 소용이 없자 격분한 도나토는, 시뇨리가 그들이 사용할 수 있는 수단평화적 방법으로 도시를 개혁하는 것을 거절했으므로 자신은 무력으로 이를 행할 것이라는 말을 시뇨리에게 전했다. 그의 이 위협으로 시뇨리는 매우 불쾌해했고, 이 일이 정부의 수장들에게 알려지자 도나토는 소환되었다. 소환에 응해 출두한 도나토는 자신이 시뇨리에게 보낸 서신을 주었던 심부름꾼의 증언으로 유죄 판결을 받고 바를레타로 추방당했다.

알라만노와 안토니오 데 메디치 역시 알라만노[1]에서 이어져 내려온 그 가문의 모든 후손 및 사람들에게 신망 높던 하층민 출신의 다른 많은 길드 장인들과 함께 추방당했다. 이 사건은 마소 델리 알비치가 정권을 회복하고 2년여 만에 발생했다1396년 1월.

ᯤ 제27장 ᯤ

이렇게 피렌체가 내부의 많은 불만 세력과 외부의 많은 추방된 이들로 인해 곤경에 처해 있을 때, 피키오 카비치울리·톰마소 데

리치·안토니오 데 메디치·베네데토 델리 스피니·안토니오 지롤라미·크리스토파노 디 카를로네 등이 하층민 출신의 다른 두 명과 함께 볼로냐에서 망명 생활을 하고 있었다. 그들은 모두 젊고 혈기가 넘쳤으며, 조국으로 돌아갈 수만 있다면 어떠한 과업에도 기꺼이 참여할 준비가 되어 있었다.

이런 그들에게, 비록 경고는 받았지만 여전히 피렌체에 살고 있던 피젤로와 바로초 카비치울리가 비밀리에 사람을 보내, 만일 그들이 몰래 피렌체로 돌아오면 자신들의 집에 숨겨 주겠다고, 그러면 그들은 기회를 봐서 마소 델리 알비치를 죽이고, 조금만 자극해도 쉽게 봉기할 불만이 가득한 사람들을 무장시킬 수 있다고, 게다가 그들의 계획은 리치·아디마리·메디치·만넬리와 다른 많은 유력 가문들이 지지해 줄 것이기 때문에 어렵지 않게 성공할 것이라고 전했다.

희망에 부푼 젊은이들은 1397년 8월 4일 피렌체로 와서 그들을 위해 준비된 곳을 통해 몰래 도시 안으로 들어간 후, 마소를 죽임과 동시에 폭동을 일으키기로 하고는 매일 그들 중 하나를 보내 마소를 감시하기 시작했다. 그러던 어느 날 마소가 집을 나와 산 피에르 마조레 성당 근처의 약국에 들렀다. 마소를 감시하던 자가 뛰어가 동료들에게 이 사실을 알렸고, 공모자들은 무기를 들고 서둘러 약국으로 달려갔다. 그러나 이미 마소는 그곳을 떠나고 없었다.

마소를 죽이려던 계획은 실패했지만, 그들은 실망하지 않고 메르카토 베키오구(舊)시장로 가서 반대파 한 명을 살해했다. 그리고는 "포폴로, 아르메, 리베르타Popolo, Arme, Libertà(민중이여, 무기를, 자유를)!", "무오이아노 이 티라니Muoiano i Tiranni(독재자들에게 죽음을)!" 등을 외치며 소란을 일으킨 뒤, 메르카토 누오보신(新)시장로 방향을 돌려 칼리말라Calimala(직물 길드의 건물) 구석에서 또 한 명의 반대파를 살해했다.

그런데 똑같은 구호를 목이 터지도록 외치며 계속 거리를 돌아다 녔지만 누구 하나 그들을 위해 무기를 들지 않았고, 결국 그들은 로 자 델라 네기토사Loggia della Neghittosa, 지금은 사라진 '네기토사'라고 알려진 아디마 리 가문의 로지아로 보인다로 물러났다. 거기서 그들은 연단 위로 올라갔고, 잠깐 사이에 그들을 지지하기 위해서가 아니라 구경하기 위해 달려 온 수많은 군중에게 둘러싸였다. 그런 군중을 향해 그들은 큰 목소 리로 다음과 같이 연설했다.

"존경하는 동료 시민 여러분, 어서 무기를 들어 여러분이 그토록 미워하는 예속에서 벗어나십시오. 오늘 우리가 이런 행동을 하는 이유는 우리에게 가해진 사적인 침해 때문이 아니라, 바로 고통받 는 동료 시민들의 불만 때문입니다. 우리는 수많은 시민이 복수할 기회를 달라고 신께 기도하며, 자신들을 이끌 지도자를 얻기만 하 면 언제든지 행동에 나서겠다고 맹세하는 소리를 자주 들었습니다.

사랑하는 동료 시민 여러분, 이제 그 기회가 왔고 여러분을 이끌 수장들도 지금 여기 이렇게 있습니다. 상황이 이런데도, 왜 여러분 은 여러분에게 자유를 가져다 줄 이들이 살해당하고, 왜 여러분 자 신이 전보다 훨씬 더 나쁜 예속에 빠질 때를 바보같이 기다리며, 서 로를 멀뚱멀뚱 쳐다보고만 있는 것입니까? 아아, 전에는 아주 작은 침해에도 곧장 무기를 들던 여러분이 왜 이제는 가장 큰 침해를 당 하고도 그저 가만히 숨죽이고 있는 것입니까? 왜 추방당한 이들에 게는 조국을 돌려주고 경고받은 이들한테는 명예를 찾아줄 힘이 있 는데도, 어째서 수많은 동료 시민이 다시 추방당하고 경고받는 것 을 그냥 구경만 하는 것입니까? 도대체 왜, 왜 그러는 것입니까?"

도무지 믿기지 않는다는 듯 크게 탄식하는 젊은이들의 말은 모두 사실이었지만, 두려움 때문인지 아니면 살해당한 두 명의 죽음이 그 살인자들을 미워하게 만들었기 때문인지, 군중의 마음을 조금도 움직이지 못했다. 그러자 이 실패한 선동가들은 그들의 말과 행동이 어느 누구한테도 영향을 미치지 못하는 것을 보며 기꺼이 노예 상태에 머물기를 원하는 사람들을 해방시키려는 시도가 얼마나 위험한 일이었는지를 뒤늦게 깨닫고는, 자신들의 과업에 절망한 채 산타 레파라타 성당으로 들어가서 목숨을 구하기 위해서라기보다 죽음을 늦추기 위해 문을 걸어 잠갔다.

　처음 폭동이 일어났다는 소식을 들은 시뇨리는 놀라서 스스로 무장을 갖추고 궁의 문을 걸어 잠갔다. 그렇지만 상황이 어떻게 돌아가는지 이해하고, 폭동의 주모자들이 누구이며 또 그들이 어디에 있는지 알게 되자, 정신을 차리고 카피타노에게 많은 무장 병력을 데리고 가서 그들을 잡아 오라고 명령했다.

　산타 레파라타 성당의 문은 별 어려움 없이 열렸고, 추방자들 가운데 일부는 저항하다 죽고 나머지는 사로잡혀 구금됐다. 사로잡힌 이들은 철저히 조사받았지만, 피젤로와 바로초 카비치울리를 제외하고 유죄 판결을 받은 사람은 아무도 없었다. 피젤로와 바로초는 다른 죄수들과 함께 처형당했다.

~~✽~~ 제28장 ~~✽~~

이 사건이 있은 지 얼마 후 이보다 훨씬 더 중요한 또 다른 사건이 일어났다. 이 무렵 피렌체는 앞서 언급했듯이 밀라노 공작 잔 갈레아초 비스콘티와 전쟁 중이었다. 공작은 공개적인 공격만으로는 피렌체를 굴복시킬 수 없다고 판단하고 은밀한 음모를 꾸몄다. 즉, 공작은 롬바르디아 지방에 넘쳐나던 피렌체 추방자들과 협력해 피렌체를 정복할 계획을 세웠으며, 이 계획은 추방자들을 통해 도시 안의 많은 사람에게 전달되었다.

이 계획에 의하면, 어느 정해진 날 무기를 다룰 줄 아는 수많은 추방자가 피렌체와 아주 가까운 여러 마을에서 동시에 출발해 아르노강을 통해 도시로 들어간 뒤, 성 안의 친구들과 재빨리 합류해 최고 통치자들의 집으로 가서 그들을 죽이고, 자신들의 뜻대로 공화국을 재편하기로 되어 있었다.

도시 안의 공모자들 가운데는 삼미니아토라는 리치 가문 사람이 있었다. 음모를 꾸미다 보면 소수의 공범자로는 충분하지 않아서 뜻하지 않게 많은 인원한테 음모가 노출되는 일이 종종 일어난다. 그처럼 삼미니아토 역시 동료를 구하려다가 그만 고발인을 맞닥뜨리게 되었다. 삼미니아토는 그 계획을 살베스트로 카비치울리에게 말했다. 살베스트로가 그 자신과 친척들에게 가해진 침해로 인해 그 음모에 선선히 동참할 것이라고 확신했기 때문이었다.

하지만 미래의 희망보다는 눈앞의 위험에 더 큰 가치를 둔 살베스트로는 곧장 그 음모를 시뇨리에게 폭로했고, 시뇨리는 삼미니아토를 체포해 음모의 전모를 털어놓으라며 고문했다. 그러나 삼미니아토의 공범 중에서 체포된 이는 톰마소 다비치를 빼고는 아무도 없었다. 톰마소는 피렌체에서 무슨 일이 일어났는지 듣지 못한 채 볼로냐에서 피렌체로 오는 도중에 체포됐지만, 다른 공모자들은 삼미니아토가 체포되자마자 공포에 질려 모두 달아났기 때문이었다.

삼미니아토와 톰마소가 그들 범죄의 중대함에 상응하는 처벌을 받은1400년 후, 또 다른 공모자들을 찾아내고 정부의 안전을 확보할 권한이 주어진 새 발리아가 구성되었다. 발리아는 6명의 리치 가문 사람, 6명의 알베르티 가문 사람, 2명의 메디치 가문 사람, 3명의 스칼리 가문 사람, 2명의 스트로치 가문 사람, 빈도 알토비티[1], 베르나르도 아디마리 그리고 그 밖의 많은 다른 하층민들을 반역자로 선포했다. 또한 그들은 극소수의 예외를 제외하고 알베르티 · 리치 · 메디치 가문의 모든 이에게 10년 동안 경고를 내렸다.

경고를 받지 않은 알베르티 가문 사람 중에는 평소 조용하고 평화로운 인물로 평가받던 안토니오 알베르티[2]도 있었다. 그런데 음모에 의해 촉발된 의혹이 아직 다 가라앉기도 전에, 한 수도사가 체포되는 사건이 발생했다. 공모자들이 한창 음모를 꾸미고 있을 때, 그 수도사가 피렌체와 볼로냐 사이를 오가는 것이 자주 목격되었기 때문이었다. 그는 수차례에 걸쳐 안토니오에게 편지를 전해 주었다고 자백했으며, 안토니오는 즉시 체포되었다. 비록 안토니오는 처음부터 끝까지 모든 혐의를 부인했지만, 수도사의 증언으로 유죄 판결을 받고 벌금을 냈으며, 피렌체에서 약 500㎞ 떨어진 곳으로 추방당했다1401년.

그리고 나서 발리아는 알베르티 가문이 날마다 정부를 새로운 위험에 빠뜨리는 일을 사전에 방지한다는 명목으로, 열다섯 살이 넘은 모든 알베르티 가문 사람을 추방했다1402년. 그러나 알베르티 가문은 1428년에 피렌체로 돌아왔으며, 나중에 코시모 데 메디치를 도와 알비치 가문을 피렌체에서 축출했다.

제29장

14세기 후반에서 15세기 초반까지 피렌체와 관련 있는 지역들

이런 일들은 1400년에 일어났으며, 2년 뒤 밀라노 공작 잔 갈레아초 비스콘티가 볼로냐 인근의 카잘레키오Casalecchio 전투1402년 6월에서 승리한 후 갑자기 죽었다1402년 9월. 앞서 얘기했듯 제3권 제25장 참조 그의 죽음으로 인해 12년간 계속됐던 전쟁이 끝났다. 내외부의 적으로부터 해방된 정부는 이제 더 큰 권위를 갖게 되었고, 피사로 원정을 떠나 대승을 거두었다1406년, 피렌체의 피사 병합. 1400년부터 1433년까지 도시의 내부는 평온했다. 다만 1412년 알베르티 가문이 정해진 망명지를 이탈했기 때문에 그들을 제재하기 위해 새로운 발리아가 구성되었다. 새 발리아는 새로운 규정들로 정부의 권한을 강화하고, 알베르티 가문에 무거운 벌금을 부과했다.

이 무렵 피렌체는 나폴리 왕 라디슬라오와 전쟁을 벌였고1409년, 이는 1414년 왕의 죽음과 함께 끝이 났다. 이 전쟁을 치르다 수세에 몰린 왕은, 전쟁 초기1409년 자신이 정복했던 코르토나라는 도시를 1411년 피렌체에 양도했다. 하지만 곧 세력을 회복하고, 다시 전쟁을 벌였다1413년. 이 두 번째 전쟁은 처음의 전쟁보다 훨씬 더 심각했으며, 밀라노 공작의 경우처럼 왕의 죽음으로 전쟁이 끝나지 않았다면, 그때와 마찬가지로 피렌체의 독립과 자유는 큰 위험에 빠졌을 것이다.

아무튼 이 전쟁은 그전의 다른 전쟁밀라노 공작과의 전쟁만큼이나 행운으로 끝났다. 로마·시에나·마르케를 비롯해 로마냐 전역을 차지한 라디슬라오 왕이, 전군을 이끌고 롬바르디아로 들어가기 위해 오직 피렌체 하나만 더 정복하면 될 때 갑자기 병에 걸려 죽었기 때문이었다1414년 8월. 그렇게 죽음은 항상 다른 어떤 동맹보다 피렌체 시민들에게 더 우호적이었으며, 그들이 가진 미덕보다 그들을 구하는 데 더 강한 힘을 발휘했다.

라디슬라오 왕의 죽음 이후, 피렌체는 8년 동안 대내외적으로 평온했다. 그러다가 그 8년이 끝나갈 무렵, 밀라노 공작 필리포 마리아 비스콘티잔 갈레아초 비스콘티의 차남와의 전쟁이 발발했고1423년, 동시에 당파 간의 갈등도 되

〈모자를 쓴 필리포 마리아 비스콘티〉
피사넬로Pisanello

실아났다. 이 당파 간의 갈등은 1381년실은 1382년부터 1434년까지 수많은 전쟁을 아주 멋지게 치러내며 아레초·피사·코르토나·리보르노·몬테풀차노 등을 피렌체 영토에 추가했던 정권알비치 가문이 무너질 때까지 진정되지 않았다.

만일 도시가 통합을 유지하고, 다음 제4권에서 자세히 나오는 것처럼 예전의 당파적 기질이 다시 불타오르지 않았다면, 분명 피렌체는 훨씬 더 위대한 일들을 이루어냈을 것이다.

제3권

제2장

1 프라 모리알레의 본명은 나르보나Narbona의 장 몬트리올 뒤 바Jean Montréal du Bar이며, 이탈리아식 이름은 조반니 모리알레 달바르노Giovanni Moriale d'Albarno이다. 그는 형제들과 함께 1354년 8월 로마에서 제1권 제31장에 등 장하는 니콜라 디 로렌초에게 참수당했다.

제7장

1 1375년 7월에 임명된 '오토 데이 프레티Otto dei Preti(8인의 사제들)'는 불가침조 약의 대가로 용병 부대에 주기로 한 13만 플로린을 마련하기 위해 성직자 에게 세금을 징수했고, 1376년 8월 새로 임명된 '오토 델라 구에라Otto della Guerra(전쟁의 8인 혹은 8성인)'는 그레고리오 11세와의 전쟁을 수행했다. 사실 이 둘은 완전히 다른 인물들로 구성되어 있었다.

제8장

1 톰마소 스트로치는 오토 델라 구에라의 일원이었다. 따라서 톰마소 스트 로치를 오토 델라 구에라와 별도로 표기한 이 구절과 앞장제7장의 주[1]과 관 련된 문단을 두고 볼 때, 마키아벨리는 오토 데이 프레티의 구성원이 그대 로 오토 델라 구에라의 구성원이 되었다고 오인한 듯하다.

제9장

1 여기의 콜레지는 정의의 곤팔로니에레, 프리오리시뇨리와 함께 피렌체 최고 행정기관인 트레 마조리Tre Maggiori 중 하나로, 두 개의 자문위원회인 부오 니 우오미니Buoni Uomini(훌륭한 사람들)와 곤팔로니에리 디 콤파니아Gonfalonieri di Compagnia(평민 부대의 곤팔로니에레들 즉 수장들)를 합친 조직이다.

제10장

1 피렌체를 비롯한 중세 이탈리아 도시국가에 비상사태가 발생했을 때 정해진 임기 동안 절대적 권한을 행사한 최고 행정권 혹은 최고 행정회의를 말한다.

제14장

1 여기의 콜레지는 "평민 부대의 곤팔로니에레수장들에게도 부대를 무장시켜 다음 날 아침 일찍 시뇨리아 광장으로 오라는 명령을 내리라고 권고했다"라는 아래 문장을 볼 때, 부오니 우오미니만을 지칭한 것 같다.

제15장

1 1284년 베네치아 공화국에서 처음 발행된 후 중세 유럽의 여러 나라에서 발행된 금화로, 제1차 세계 대전 이전까지 유럽 각국에서 통용되었다. 이탈리아어로 단수는 '두카토Ducato', 복수는 '두카티Ducati'이다. 1두카트는 현재2022년 가치로 약 150달러USD이다.

제16장

1 바르젤로는 제2권 제25장 주**1**에서 설명한 것처럼, 폭동 같은 비상사태 시 도시 내부의 치안을 책임지는 오늘날의 경찰청장과 유사한 직책으로, 정실情實(사사로운 정이나 사적인 관계에 이끌리는 것)을 막기 위해 포데스타처럼 대개 도시 밖의 외부인을 선임했다.

2 1260년, 파리나타 델리 우베르티가 피렌체를 파멸의 운명에서 구한 기벨린 회의가 열린 곳이 바로 이 엠폴리였다제2권 제7장 참조.

3 포데스테리아는 원래 포데스타의 사무실·주거지·재임 기간·관할 구역 등을 뜻하지만, 여기서는 포데스타와 같이 중세 자유 도시의 행정장관직을 가리킨다.

제18장

1 이 프란체스코가 산 바르톨로메오 성당의 프레스코화 〈두 기증자와 함께 있는 성모 마리아와 아기 예수〉를 그린 화가 프란체스코 디 미켈레인지는 확실치 않다.

제26장

1 살베스트로 데 메디치의 아버지 이름도 알라만노였으나, 이 알라만노가 누군지는 확실치 않다. 비에리 데 메디치는 1395년 9월 피렌체에서 죽었다.

제28장

1 이 빈도는 1483년생인 라파엘로 산치
   오가 1515년경에 그린 것으로 추정되는
   〈빈도 알토비티의 초상〉에 나오는 그
   아름다운 빈도가 아니다.

2 여기의 안토니오 알베르티1358?~1415년
   경는 작가이자 인본주의자로, 15세기에
   페라라와 볼로냐에서 주로 활동한 화
   가 안토니오 알베르티와는 다른 인물
   이다.

출처 : Wikipedia

〈빈도 알토비티의 초상〉
라파엘로 산치오 Raffaello Sanzio

14세기 말부터 15세기 초까지 피렌체의 내부 상황을 짤막하게 소개하며 시작하는 제4권은 내부적으로는 메디치 왕조의 창시자 조반니 데 메디치의 등장, 조세를 둘러싼 평민당과 민중당의 갈등, 조반니의 아들 코시모의 세력 확대, 코시모의 추방과 1년 만의 귀환 등을 다루고, 외부적으로는 1·2차 롬바르디아 전쟁, 볼테라 반란, 루카 전쟁과 뒤이은 3차 롬바르디아 전쟁 등을 깊이 있게 서술한다.

제4권

ㅇ‎»> 제1장 ‹«‹

공화국으로 불리는 도시들, 특히 그 제도가 잘 정비되어 있지 않은 도시들은 많은 이가 생각하는 것처럼 자유리베르타와 억압 혹은 그 결과로서 예속 사이가 아니라, 억압과 방종리첸차(licenza) 사이를 번갈아 오가며 자주 그 통치자와 정부 형태를 바꾼다. 방종의 대리인인 평민이나 억압의 대리인인 귀족이 모두 찬양하는 것은 오직 자유라는 이름뿐이지만, 그들 중 누구도 법이나 통치자한테 기꺼이 복종하려 들지 않기 때문이다즉 평민은 방종을, 귀족은 억압을 자유라 부르며 자기들 마음대로 나라를 다스린다.

진실로 어느 도시에 너무나 운 좋게도 선량하고 현명하며 강력한 한 시민이 나타나서 —물론 이런 일은 좀처럼 일어나지 않는다— 그에 의해 법과 제도가 정비되고, 이를 통해 귀족과 평민의 사악한 기질들이 가라앉거나 혹은 해를 가하지 못하게 억제되는 일이 생기면, 그 도시는 자유롭다고 말할 수 있고 그 정부는 강하고 안정적이라고 평가할 수 있다. 훌륭한 법과 제도로 다스려지는 도시는 다른 도시들과 달리 더 이상 어느 한 사람의 미덕능력에 의지할 필요가 없기 때문이다. 이런 성격의 법과 제도를 갖춘 많은 고대의 공화국들은 하나의 정체政體 아래에서 오랫동안 유지되었다.

반면 훌륭한 법과 제도가 부족했거나 부족한 공화국들은 자주 자신들의 정부를 전제적인 정권에서 방종한 정권으로, 그리고 다시 방종한 정권에서 전제적인 정권으로 계속 바꾸었으며, 또 지금도 바꾸고 있다. 이런 국가에서는 각각의 정권이 필연적으로 갖게 되는 강력한 적으로 인해 그 어떤 안정도 존재하지 않으며 또 존재할 수도 없다.

전제적인 정부는 선량한 사람들을 불쾌하게 하고 방종한 정부는 현명한 이들을 불쾌하게 하며, 전제적인 정부는 쉽게 악을 행하고 방종한 정부는 아주 드물게만 선을 행하며, 전제적인 정부에서는 오만한 사람들이, 그리고 방종한 정부에서는 어리석은 사람들이 너무 많은 권한을 행사하기 때문이다. 그러므로 전제적인 정부와 방종한 정부는 모두 틀림없이 단 한 사람의 미덕과 행운에 의지해 유지될 수밖에 없는데, 문제는 그가 이런저런 방해와 불운으로 쓸모없어지거나 아니면 어느 날 갑자기 죽어 버릴 수도 있다는 점이다.

᚛᚛ 제2장 ᚜᚜

이런 이유로 1381년실은 1382년 조르조 스칼리의 죽음제3권 제20장 참조과 함께 피렌체에서 시작된 정부는, 처음에는 마소 델리 알비치1417년 사망의, 그리고 나중에는 니콜로 다 우차노1431년 사망의 지혜와 능력 덕분에 유지되었다고 말할 수 있다. 니콜로 다 우차노가 죽은 뒤, 가장 큰 권한을 지닌 시민들로는 바르톨로메오 발로리·네로네 디 니지·리날도 델리 알비치·네리 디 지노·라포 니콜리니 등이 있었다.

1414년부터 1422년까지 피렌체는 평온했다. 라디슬라오 왕이 죽고 롬바르디아의 국가밀라노 공국는 여러 도시로 나뉘어, 대내외적으로 피렌체를 동요시킬 원인이 거의 없었기 때문이었다. 하지만 알비치와 리치 가문 간의 불화에서 시작되고, 이후 살베스트로 데 메디치에 의해 매우 폭력적인 결과로 되살아난 당파들은 결코 소멸하지 않았다. 비록 대다수 평민하층민과 미노리 길드의 지지를 받은 그 당민중당이 겨우 3년 동안 통치하다가 1381년실은 1382년 1월 권력을 잃었지만,

대다수 시민이 그 당의 기질에 물들어 있어서 그 당파를 완전히 없앨 수는 없었기 때문이었다.

잦은 발리아의 소집과 1381년부터 1400년까지 그 당의 수장들에게 가해진 지속적인 박해로 인해 당이 거의 소멸 직전까지 간 것은 사실이다. 이런 공격의 주요 대상이 된 가문들은 알베르티·리치·메디치 가문이었다. 그들 모두는 계속해서 그 수가 감소했고즉 목숨을 잃거나 추방당했고 재산을 빼앗겼으며, 그들 중 아직 도시에 남은 몇 안 되는 이들은 시민적 권리공무담임권를 박탈당했다. 이 반복된 공격들로 당의 지위는 낮아져 거의 없어질 지경에 이르렀다. 그렇지만 많은 이가 자기가 받은 침해를 똑똑히 기억하고 있었고, 의지할 곳을 구하지 못해 실행하지 못한 복수의 열망을 가슴 깊이 숨기고 있었다.

한편 저 유력한 평민들은 겉으로는 아무런 반대 없이 평화롭게 피렌체를 다스리는 것처럼 보였지만, 결국 그들을 파멸로 이끈 두 가지 큰 실수를 저질렀다. 그 하나는 계속 권력을 행사하게 되자 거만해졌다는 것이고, 다른 하나는 오랜 권력의 소유와 서로에 대한 시기로 자신들을 해칠 수 있는 이들에 대해 당연히 해야 했을 경계를 게을리했다는 것이다.

ᏄᎢᎢᏄ 제3장 ᏄᎢᎢᏄ

그렇게 유력한 평민들은 매일 사악한 행동으로 대중의 증오를 나날이 키웠고, 자신들도 해를 당할 수 있다는 두려움이 전혀 없었기에, 나중에 자신에게 해가 될 것 같은 행동들에 대해 조금도 주의를 기울이지 않았다. 아니, 그들은 서로에 대한 시기로 심지어 스스로 위험의 씨앗들을 조장하기도 했으며, 그 결과 메디치 가문이 권력을 회복할 기회를 제공했다.

메디치 가문을 다시 일으키기 시작한 인물은 조반니 디 비치 데 메디치였다. 친절하고 자비로운 성격에 매우 부유하던 그는 지배 당파의 승인 아래 최고 행정관직_{정의의 곤팔로니에레}에 올랐다_{1421년}. 이 일로 도시의 대다수 평민들은 드디어 자신들의 수호자를 얻었다고 생각하고 크게 기뻐했다. 그런데 이런 민중당_{하층민과 미노리 길드}의 반응은 예전의 당파적 기질이 다시 깨어나는 것으로 예측될 수 있어, 현명한 이라면 당연히 걱정해야 할 현상이었다.

그래서 이를 우려한 니콜로 다 우차노는 동료_{즉 자기 당}의 시민들에게, 조반니는 살베스트로보다 훨씬 더 뛰어난 능력의 소유자로 조반니처럼 이미 대중에게 큰 인기를 얻고 있는 인물의 명성을 강화하는 일이 얼마나 위험한 짓인지 지적하며, 발병 초기에 병을 치료하는 것은 쉽지만 병이 자라난 뒤에 이를 치료하는 것은 매우 어렵다고 경고했다. 그러나 니콜로의 동료들은 그 말을 귓등으로도 듣지 않았다. 그들은 니콜로의 명성을 시기해 그를 무너뜨릴 새 친구를 원했기 때문이었다.

은밀하게 발효되기 시작한 이 분열의 분위기 속으로 피렌체가 점점 빠져드는 동안, 형_{잔 마리아 비스콘티}의 죽음으로 롬바르디아의 군주가 되었던_{1412년} 필리포 마리아 비스콘티_{잔 갈레아초 비스콘티의 차남}가 어느 정도 내치를 다진 후, 이제는 무슨 일이든 도모할 수 있다고 생각하고 제노바의 통치권을 회복하려 했다_{비스콘티 가문은 1353년부터 1356년까지 제노바를 지배했다}. 그때 제노바는 도제_{doge(최고 지도자)} 토마소 디 캄포프레고소_{첫 번째 재임 시기 1415~1421년}의 통치하에 자유롭게 살고 있었다.

필리포 공작은 피렌체의 명성국력이 자신의 계획을 달성하게 해줄혹은 막을 만큼 크다고 생각했기 때문에 먼저 그들과 새로 협정을 체결해 공포하지 않으면, 이번 제노바 정벌은 말할 것도 없고, 훗날 자신이 벌일 그 어떤 다른 과업전쟁도 성공하기 어렵다고 판단했다. 그래서 그는 피렌체로 사절을 보내 협정의 체결을 요구했다.

많은 시민이 공작과 새로 협정을 체결하는 것은, 공작에게는 큰 이익이 되겠지만 피렌체에는 거의 유용하지 않을 것이란 점을 간파하고, 공작의 요구를 받아들여 협정을 체결하는 대신 여러 해 동안 이어온 평화적 관계를 계속 그대로 유지하기만 하면 된다고 조언했다.

하지만 다른 많은 이는 공작의 제안을 받아들이되 다만 새 협정에는, 만일 공작이 그 조건을 어긴다면 그의 사악한 의도가 백일하에 드러나게 되어 공작과 벌이는 전쟁을 더욱 정당화시켜 줄 조건을 넣어야 한다고 주장했다. 그리하여 오랜 논쟁 끝에 마그라와 파나로 이 두 강과 피렌체 사이의 지역에 대해서는 필리포 공작이 일절 간섭하지 않기로 약속한 협정이 체결되었다1420년.

ᏇᏇ 제4장 ᏇᏇ

이 조약을 체결한 후 필리포 공작은 먼저 브레시아를 장악하고, 그 직후 제노바를 빼앗았다1421년. 이는 조약의 체결을 주장한 피렌체 시민들의 예상과는 완전히 반대되는 결과였다. 그들은 브레시아는 베네치아가 지켜줄 것이고, 제노바는 스스로 지켜낼 수 있다고 생각했기 때문이었다.

그리고 필리포 공작과 제노바 도제 간에 맺은 협약에 따라 마그라강과 피렌체 사이에 있는 제노바 소유의 모든 도시와 사르차나가 공작에게 양도되었다. 그런데 만일 그가 그 도시들을 처분할 때는 반드시 제노바에 처분해야 한다는 조건이 붙었으므로, 결과적으로 공작은 피렌체와의 협정 마그라강과 피렌체 사이의 지역에 대해서는 일절 간섭하지 않기로 한 협정을 위반한 셈이 되었다. 또한, 필리포 공작은 볼로냐의 교황 특사 니콜로 알베르가티(Albergati)와도 협정을 맺었다 당시 교황은 로마교회의 적인 브라초 다 몬토네와 동맹을 맺은 피렌체를 못마땅하게 여기던 마르티노 5세였다. 이런 일련의 일들은 피렌체 통치자들을 불안하게 만들었고, 새로운 해악을 두려워한 그들은 새로운 해결책을 모색하기 시작했다.

피렌체 통치자들의 동요를 눈치챈 필리포 공작은 자신을 정당화하기 위해서인지, 아니면 그들의 성향을 파악하기 위해서인지, 또 이도 아니면 그들의 불신을 달래기 위해서인지, 피렌체로 사절을 보내 그들이 자신을 의심해서 매우 놀랐다며, 자기가 한 일 중에서 그들의 불안을 야기한 일이 무엇이든 당장 철회하겠다고 밝혔다 1422년.

이 사절은 즉각 피렌체를 분열시켰다. 정부에서 가장 높은 지위에 있는 이들과 그들이 속한 당파는 무장을 갖추고 적의 계획을 좌절시킬 준비를 하는 것이 현명한 방책이라고 주장했다. 그들은 만일 이 준비 후 필리포 공작이 가만히 있으면, 전쟁은 시작되지 않고 평화가 보장될 것이라고 강조했다.

그러나 다른 이들은 통치자에 대한 시기 때문인지 아니면 전쟁에 대한 두려움 때문인지, 친구를 가볍게 의심해서는 안 되고 또 필리포 공작이 행한 일 중에서 의심을 살 만한 일도 아직 없다고 역설하며 다음과 같이 단언했다.

"전쟁의 수행을 책임질 10인회를 임명하고 용병을 고용하는 것은 곧 선생을 의미하는데, 필리포 공작과 같이 강력한 군주를 상대로 전쟁을 벌인다면, 이 도시는 완전히 파멸하게 될 것이라는 점을 똑똑히 인식해야 합니다. 게다가 필리포 공작과의 전쟁에서 피렌체가 얻을 수 있는 이득은 하나도 없습니다. 왜냐하면 피렌체와 롬바르디아 사이에는 로마냐가 있어, 설령 우리 피렌체가 전쟁에서 승리해 롬바르디아의 어떤 지역을 획득한다고 해도 영원히 그 지역의 주인이 될 수는 없으며, 또 그 지역을 영구히 차지할 목적으로 로마교회와 밀접한 로마냐에 해를 가할 수도 없기 때문입니다."

그렇지만 전쟁을 준비하자는 의견이 평화를 유지하자는 의견보다 우세했기 때문에 얼마 후 10인회가 선출되고 군대가 소집되었으며 새로운 세금이 부과되었다. 그런데 이 새로운 세금이 높은 계층의 힘 있는 시민들보다 낮은 계층의 힘없는 평민들에게 더 무겁게 부과되었다. 그 바람에 도시는 불만과 원성으로 들끓었고, 모두가 권력자들의 야심과 탐욕을 욕하며 권력자들이 자기 욕망을 만족시키고 힘없는 이들을 짓밟고 억누르기 위해 필요하지도 않은 전쟁을 조장하고 있다며 힘 있는 자들을 맹비난했다.

ᐅᐳᐳᐳ 제5장 ᐸᐸᐸᐸ

아직 공개적으로 공작과 단교하지는 않았지만, 돌아가는 모든 정황은 의심을 불러일으키기 충분했다. 볼로냐의 교황특사 니콜로 알베르가티가, 볼로냐에서 추방되어 1420년 7월 카스텔 볼로네제에 머물던 안톤 갈레아초 벤티볼리오를 두려워한 나머지 필리포 공작으로부터 군대를 빌렸기 때문이었다. 필리포 공작의 군대가 자신들의 경계 가까이에 접근하자 피렌체 통치자들은 의혹이 가득한 눈길로 이 상황을 지켜보았다. 하지만 모두를 더 깜짝 놀라게 하고, 전쟁을 선포하게 만든 주요 원인은 포를리에 대한 공작의 행동이었다.

포를리의 영주인 조르조 오르델라피는 죽어가면서1423년 1월 필리포 공작을 어린 아들 테발도Tebaldo, 당시 10세의 후견인으로 삼았다. 그런데 그 후견인을 불신한 테발도의 어머니는 아들을 그녀의 아버지인 이몰라의 영주 루도비코 알리도시에게 보냈다. 그러나 포를리 시민들은 남편의 유언에 따라 아들을 다시 공작의 손에 맡기라며 그녀에게 반기를 들었다.

그러자 필리포 공작은 사람들의 의심을 피하고 자기 계획을 은폐하기 위해 페라라 후작니콜로 3세 데스테에게 구이도 토렐리실은 아뇰로 델라 페르골라를 그페라라 후작의 대리인으로 삼아 포를리 정부를 장악하러 군대와 함께 보내라고 시켰다. 이런 식으로 도시는 필리포 공작의 지배를 받게 되었다1423년, 이것이 1454년까지 이어진 롬바르디아 전쟁의 서막이었다.

이 소식이 필리포 공작의 군대가 볼로냐에 도착했다는 소식과 거의 동시에 피렌체에 알려지자, 공작과의 전쟁이 불가피하다는 결정이 이전보다 더 쉽게 내려졌다. 물론 그 결정에 강하게 반대하는 이들도 적지 않았으며, 그중에는 조반니디 비치 데 메디치도 있었다.

"공작의 의도가 적대적이라는 것을 아무리 확신한다고 해도, 먼저 공작을 공격하기보다는 공작이 우리를 공격할 때까지 기다리는 편이 더 좋소. 우선 공작의 공격을 기다려야 전쟁이 발발했을 때 이탈리아의 다른 모든 열강, 즉 우리 피렌체를 지지하는 이들만큼이나 공직과 친한 자들도 피렌체는 아무 잘못이 없다는 것을 알게 되고, 그렇게 해서 공작의 야심이 드러나면 공작은 우리처럼 자신 있게 친구들의 도움을 요청할 수는 없기 때문이오. 또한 인간은 남을 공격할 때보다 자신을 지킬 때 훨씬 더 큰 용기와 힘을 발휘하므로 전쟁을 먼저 개시하는 것은 결코 현명한 선택이 아니오."

하지만 조반니의 이 말에 대해 전쟁의 주창자들은 집에서 적을 기다리는 것보다 적과 싸우러 나가는 것이 더 이롭다고, 왜냐하면 운명의 여신운勢는 수세守勢를 취하는 자보다 공격하는 이에게 더 우호적이기 때문이라고, 게다가 적의 집에서 치르는 전쟁이 비록 비용은 더 들지만 자기 집에서 벌이는 전쟁보다 어쨌든 고통은 덜하다고 주장했다.

이 호전적인 의견이 압도적인 지지를 받았고, 포를리를 공작의 손에서 구하기 위해 10인회는 할 수 있는 모든 노력을 기울여야 한다는 결정이 내려졌다1423년 3월.

᠃᠁᠁ 제6장 ᠁᠁᠃

필리포 공작은 자신의 수중에 있는 포를리를 피렌체가 빼앗으려 하자 모든 가면을 벗어 던지고, 이몰라 군주가 자신을 지키는 일에 급급해 손자를 보호하는 일은 꿈도 꾸지 못하게, 아뇰로혹은 안젤로 델라 페르골라를 대군과 함께 이몰라로 보냈다포를리에 주둔하고 있던 아뇰로 델라 페르골라는, 1423년 9월 판돌포 3세 말라테스타가 이끄는 피렌체군과 론코(Ronco)강 인근에서 이미 한 차례 싸워 승리한 적이 있었다.

피렌체군이 아직 모딜리아나에 있을 때 아뇰로는 이몰라에 도착했고, 갑자기 몰아닥친 추위로 이몰라를 둘러싼 해자가 꽁꽁 얼어 붙은 것을 발견하고는 야밤에 해자를 건너 이몰라를 빼앗고 루도비 코 알리도시를 사로잡아 밀라노로 압송했다 1424년 2월. 루도비코는 1426년 에 풀려나 1430년 로마에서 죽었다. 한편 이때 풀려난 테발도 오르델라피는 아뇰로 델라 페르골라를 해방자로 맞이하고, 감사의 표시로 그에게 포를리 시민권을 주었다.

이미 이몰라를 빼앗기고 전쟁이 선포되었다는 사실을 깨달은 피 렌체 통치자들은 군대를 포를리로 돌려 도시를 포위하고 사방에서 맹공을 펼쳤다. 동시에 그들은 이몰라 교외에 흩어져 있는 공작의 군대가 하나가 되어 포를리를 구하러 오는 것을 막기 위해 알베리 고Alberigo[1] 백작을 고용해 그의 요새인 차고나라에서 이몰라의 성문 앞까지 매일 약탈하라고 시켰다.

피렌체군이 확보한 유리한 위치 때문에 자신이 포를리를 무사히 구할 수 없다는 것을 안 아뇰로 델라 페르골라는, 포를리를 구하러 가는 대신 차고나라를 공격하기로 마음먹었다. 피렌체는 결코 자신 이 차고나라를 차지하게 놔두지 않을 것이고, 따라서 이를 구하려 면 어쩔 수 없이 포를리의 포위를 풀고 불리한 상황에서 자신과 싸 우게 될 것으로 판단했기 때문이었다. 그리하여 공작의 군대는 차 고나라로 가서 알베리고가 강화를 요청하지 않을 수 없게 만들었 다. 알베리고는 피렌체군이 15일 안에 구하러 오지 않는다면 요새 를 넘기겠다고 약속했고, 공작의 군대는 그의 요청휴전을 받아들였 다 싸우거나 다치지 않고 돈을 버는 것이 주된 목적인 용병들이었기 때문에 이런 협상이 가능했던 것 으로 보인다.

이 위험천만한 소식을 들은 피렌체 시뇨리아와 군은 적이 차고나 라를 차지해서는 안 된다고 걱정하다가 도리어 적에게 훨씬 더 큰

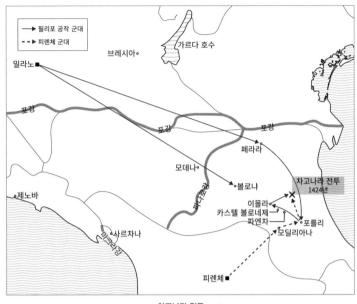

차고나라 전투

승리를 갖다 바쳤다. 서둘러 포를리를 떠나 차고나라를 구하러 간 피렌체군이 적과 맞닥뜨리자마자 대패했기 때문이었다. 피렌체군이 적에게 패한 것은 적이 용맹해서라기보다 기상 악화가 그 원인이었다. 등 뒤로 쏟아지는 거센 빗줄기를 맞으며 몇 시간 동안 진창 속을 행군한 피렌체군은 곧바로 생생하고 활기찬 적군과 전투를 벌여야 했고, 그 결과 적들은 지친 피렌체군을 손쉽게 제압해 버렸기 때문이었다1424년 7월, 차고나라 전투.

그렇지만 온 이탈리아에 널리 알려진 이 유명한 전투에서 죽은 사람이라고는, 말에서 떨어져 진흙 속에서 질식사한 루도비코 델리 오비치Ludovico degli Obizzi와 그의 두 부하뿐이었다그들은 모두 무거운 갑옷을 착용한 중무장 기병이었다. 참고로 이 전투에 참여한 양측 군의 수는 합쳐서 약 2만 명가량이었다.

❧❧ 제7장 ❧❧

이 패전 소식에 온 피렌체가 비통해했지만, 그중에서도 특히 전쟁을 주창했던 유력한 시민들은 더 큰 비탄에 빠졌다. 그들은 여전히 강성한 적과 싸워야 했는데, 이제 그들한테는 싸울 군대도 남아 있지 않았고, 그렇다고 도와줄 동맹도 없었으며, 게다가 그들과 대립하는 평민미노리 길드와 하층민들은 모든 거리와 광장에서 그들이 부과한 무거운 세금과 합당한 이유 없이 시작된 전쟁에 대해 불만을 터뜨리며 그들을 욕하고 또 욕했기 때문이었다.

"자, 과연 저 통치자들이 임명한 10인회가 적의 심장에 공포를 안겨 주었습니까? 정말 저들이 포를리를 구원하고, 이를 공작의 손에서 탈환했습니까? 네, 아닙니다. 절대 아닙니다. 저들의 계획은 다 드러났고, 지금 우리는 저들의 조치가 어떤 결말을 향해 가는지 똑똑히 보고 있습니다. 통치자들은 자신들의 적이라고 생각하는 자유를 지키기 위해서가 아니라, 신께서 정당하게 축소해 놓으신 그들의 권력을 강화하기 위해 행동할 뿐입니다.

이번 전쟁은 우리 도시에 해를 끼친 수많은 전쟁 가운데 하나일 따름입니다. 라디슬라오 왕과의 전쟁도 이와 똑같았습니다. 이제 저들이 누구에게 도움을 청하겠습니까? 브라초 다 몬토네를 기쁘게 하려고 저들이 모욕하고 조롱한 교황 마르티노5세한테 청하겠습니까[1]? 아니면 저들이 도와주기를 거부해 결국 아라곤 왕알폰소 5세의 품에 몸을 맡길 수밖에 없었던 조반나2세 여왕에게 청하겠습니까[2]?"

이 밖에도 평민들은 분노한 이들이 흔히 쏟아내는 모든 비난을 사정없이 퍼부어댔다.

대중의 불만이 심상치 않다는 사실을 간파한 시뇨리는 이 격앙된 감정을 좋은 말로 달랠 수 있는 시민들을 소집하는 것이 좋겠다고 생각했다. 그리하여 마소의 장남으로, 자신의 능력과 아버지에 대한 추억으로 도시의 가장 높은 자리에 오르기를 열망하던 리날도 델리 알비치가 군중을 향해 긴 연설을 시작했다.

"존경하는 동료 시민 여러분, 여러분도 아시다시피 잘 짜인 계획도 종종 좋지 않은 결과를 낳고 잘못된 조언도 때로 행복하게 끝나곤 하니, 결과를 놓고 일의 잘잘못을 판단하는 것은 결코 현명한 이들이 취할 올바른 태도는 아닐 것입니다. 만일 잘못된 조언이 성공했다고 해서 칭찬을 받는다면 이는 사람들에게 잘못을 저지르라고 부추기는 것과 다르지 않으며, 또 그런 조언이 언제나 운이 좋은 것은 아니니 결국에는 공화국에 커다란 재앙을 가져올 것이기 때문입니다. 마찬가지로 불행한 결과를 낳을지도 모른다고 현명한 방책을 책망하는 것 역시 지혜로운 이들이 취할 올바른 태도는 결코 아닐 것입니다. 이는 조국을 사랑하는 시민에게서 정부에 진정한 조언을 할 용기를 빼앗아가기 때문입니다."

이어서 리날도는 이 전쟁을 치를 수밖에 없었던 이유와 만약 전쟁이 로마냐에서 시작되지 않았다면 그것은 분명 토스카나에서 시작되었을 것이란 점을 자세히 설명한 후, 다음과 같이 역설했다.

"사랑하는 동료 시민 여러분, 비록 신께서 그렇게 예정하시는 바람에 차고나라에서는 우리 피렌체군이 패했으나, 만일 지난 패배에 굴복한다면 도시의 손실은 훨씬 더 심각해지겠지만, 운명의 여신 앞에 당당히 서서 서둘러 해결책을 마련한다면 공화국은 패배의 손실을 절감하지 않을 것이고, 공작은 승리의 기쁨을 만끽하지 못할 것입니다. 그리고 앞으로 내야 할 세금과 비용에 대해서도 미리 겁먹을 필요는 없습니다. 공격하러 가는 자에게 필요한 장비보다 방어하는 이에게 필요한 장비가 훨씬 적으므로, 과거보다 당연히 비용은 줄고 따라서 세금도 가벼워질 것이기 때문입니다."

그러고 나서 리날도는 마지막으로 어떤 역경에도 용기를 잃지 않고, 강력한 군주들을 항상 성공적으로 물리쳤던 조상을 본받자고 군중에게 촉구했다.

ᐧᐧᐧ 제8장 ᐧᐧᐧ

이런 리날도의 촉구에 용기를 얻은 시민들은 브라초1424년 6월 사망의 아들인 오도 백작을 대장으로 삼고, 그에게 브라초 밑에서 자라고 브라초의 기치 아래 싸웠던 그 누구보다 명성이 높은 니콜로 피치니노를 부관으로 주었으며, 몇몇 다른 용병대장들도 보태 주었다. 그들은 또한 차고나라 전투에서 말을 잃어버린 중무장 기병들도 다시 고용했다1424년 8월.

한편 새로이 세금을 징수할 20명의 위원이 임명됐다. 이 20인회는 최근의 패배로 풀이 죽은 통치자들의 모습을 보고 대담해져서 그들에게 기치 없이 세금을 부과했다. 이 때문에 그들은 몹시 기분이 상했으나, 처음에는 공정하게 보이기 위해 자신들한테 부과된 세금에 대해 아무 불평도 하지 않았다. 하지만 나중에는 이 과세 정책이 전체적으로 부당하다고 비판하며, 어느 정도 세금을 내리는 것이 좋겠다고 권고했다.

그러나 통치자들의 속셈을 눈치챈 20인회가 그들의 충고를 거부했다. 그래서 그들은 세금의 가혹함을 실질적으로 보여 줌으로써 모두가 세금을 혐오하게 만들기 위해, 징세관이 아주 엄격하게 세금을 징수할 수 있는 제도를 신설했으며, 심지어 징세관에게 세금 징수를 거부하는 자를 죽일 수 있는 권한까지 부여했다. 그 결과 많은 시민이 죽거나 다치는 실로 통탄할만한 사건들이 뒤따랐다.

그러자 도시는 당장에라도 적대하는 당파끼리 서로 피를 흘리며 싸울 것 같은 위기감이 팽배했고, 분별 있는 사람이라면 누구나 다 가올 미래의 해악을 두려워했다. 다르게 취급받는 것特혜를 받는 것에 익숙한 유력한 평민들은 자신에게 부과된 징세관의 폭력을 참을 수 없었고, 다른 이들은 모두가 똑같이 세금을 내기를 원했기 때문이었다.

이런 이유로 도시에서 가장 높은 지위에 있던 시민들은 종종 따로 만나서 어중이떠중이들에게 정부의 정책을 비난하고 군중이나 이끌던 자들한테 공무에 개입할 용기를 준 것은 다 자신들이 부주의했던 탓이므로, 이 난국을 타개할 유일한 해결책은 정부를 다시 장악하는 방법밖에 없다고 한목소리로 말했다. 그 이후로도 그들은 자주 이 일에 관해 이야기했으며, 그러다가 그들 당파가 모두 모이는 회합에서 이 일을 숙고하기로 마음먹었다. 그리하여 그 당시 시뇨리였던 로렌초 리돌피와 프란체스코 잔필리아치의 허가를 받아

70명이 넘는 시민이 산 스테파노 성당에 모였다.

조반니 데 메디치는 그를 수상쩍다고 여긴 시민들이 초대하지 않았기 때문인지, 아니면 그들의 목적에 반대한 그가 스스로 그 자리에 가기를 마다했기 때문인지 이 회합에 참석하지 않았다.

❧ 제9장 ❧

리날도 델리 알비치가 그곳에 모인 이들을 향해 입을 열었다. 그는 먼저 도시가 처한 상황을 설명하고, 그들의 아버지들이 각고의 노력 끝에 1381년실은 1382년 1월 민중당미노리 길드와 하층민이 주축의 손에서 구해낸 도시가 자신들의 부주의로 어떻게 다시 민중당의 수중에 떨어졌는지 지적한 후, 1378년에서 1381년까지 도시를 지배했던 정권의 무도함을 상기시키며, 거기 참석한 모든 이가 어떻게 그 치하에서 아버지나 할아버지를 잃었는지 일깨웠다. 그런 뒤 그는 차분하지만 단호한 목소리로 이렇게 말했다.

"지금 우리는 그때와 똑같은 위험으로 돌아가고 있고, 도시는 그때와 똑같은 혼란 속으로 빠져들고 있습니다. 이미 군중은 자신들에게 이로운 방식으로 세금을 부과했으며, 만일 더 큰 힘으로 억제되거나 더 나은 질서에 의해 인도되지 않는다면, 점점 자기들의 입맛에 맞는 행정장관들을 선임할 것이기 때문입니다.

그런데 만일 그런 일이 실제로 발생하면, 현 통치자들즉 자신들은 그 지위를 빼앗기고 42년 동안 그토록 영광스럽게 도시를 통치했던 정부는 전복될 것이며, 피렌체는 결국 어떤 계층의 시민들민중당은 제멋대로 살고, 어떤 계층의 시민들평민당은 끊임없는 위험 속에 사는 이른바 군중의 자의적 지배하에 놓이거나, 아니면 대중이 군주로 선택한 어느 한 사람의 폭정에 시달리게 될 것입니다.

따라서 조국과 명예를 사랑하는 사람이라면 반드시 스스로 분발해야 하고, 알베르티 가문을 무너뜨려 도시를 혼란에서 구한 바르도 만치니제3권 제23장 참조의 불굴의 의지를 되새길 필요가 있습니다. 대중이 이렇게 대담하게 나오는 이유는 우리의 부주의로 너무 넓어진 스퀴티니원래 공직자를 추첨하는 자루 안에 이름을 집어넣는 행위를 뜻하나, 여기서는 자루 그 자체를 의미한다. 제2권 제28장 참조와 이를 통해 뽑힌 형편없는 작자들로 시뇨리아 궁이 가득 채워졌기 때문입니다.

그러므로 이 해악을 치유할 유일한 방법은 귀족에게 그 시민적 권리공직에 오를 권리를 회복시켜 주고, 미노리 길드의 수를 14개에서 7개로 줄여 그 세력을 축소하는 것입니다. 그렇게 하면 평의회에서 민중당의 발언권은 약화될 것인데, 그 이유는 길드의 수가 줄어 평의회에 참석하는 민중당의 수가 줄어들 뿐만 아니라, 오랜 원한으로 인해 민중당과 사사건건 대립할 게 확실한 귀족이 평의회에서 전보다 더 큰 권한을 행사하게 될 것이기 때문입니다.

주지하다시피, 상황에 맞게 사람을 이용하는 것이 정치입니다. 우리의 선조들이 귀족의 오만을 억누르기 위해 민중당을 이용했다면, 이제 귀족은 겸손해지고 민중당은 오만해졌으므로 우리는 귀족의 도움으로 민중당의 오만을 제압하는 것이 합당합니다. 다만 이일이 성공하려면 책략이나 무력이 뒷받침되어야 하는데, 다행히 우리 중 다수가 10인회에 속해 있어 비밀리에 군대를 도시 안으로 데려오는 게 가능하니 우리는 무력에 의지하는 것이 좋을 듯합니다."

리날도는 많은 박수갈채를 받았고, 참석한 모두가 그의 조언에 동의했다. 잠시 후 니콜로 다 우차노가 조용히 자리에서 일어나 리날도를 칭찬하며 이런 식으로 말했다.

"방금 리날도가 말한 것은 모두 진실이고, 만일 그가 제시한 해결책이 도시에 공개적인 분열을 일으키지 않고 진행될 수만 있다면, 훌륭하고 안전한 방법이 될 것입니다. 하지만 만일 조반니 데 메디치를 우리의 계획에 동참시키지 못한다면, 리날도의 방책은 쉽게 성공하지 못할 것입니다. 만일 조반니가 우리와 뜻을 같이한다면 군중은 수장을 잃고 약해져 우리에게 아무 위해도 가하지 못하겠지만, 만일 조반니가 우리와 뜻을 달리한다면 무력에 의지하지 않고는 아무것도 이룰 수 없기 때문입니다. 그런데 무력을 쓰는 방법은 내가 생각하기에 승리를 얻지 못하거나, 설령 승리한다고 해도 이를 이용하지 못할 가능성이 커서 매우 위험합니다."

그러고 나서 그는, 자신이 과거에 그들에게 했던 경고조반니를 곤팔로니에레로 선출하지 말라는 경고를 상기시키고, 이 혼란을 쉽게 해결할 방법이 있었을 때 그들이 어떻게 이를 거부했었는지 겸손하게 지적한 후, 이제는 더 큰 해악내란을 초래할 위험 없이 이 혼란을 해결할 수 없게 되었으니, 이 혼란을 안전하게 수습할 유일한 방법은 조반니를 자기들 편으로 끌어들이는 것뿐이라고 역설했다.

그리하여 리날도는 조반니를 만나서 그가 그들과 함께할 수 있는지 알아보는 임무를 맡게 되었다.

໑ 제10장 ໑

리날도는 즉각 자신의 임무를 실행했다. 조반니를 찾아간 그는 자신이 생각할 수 있는 가장 좋은 논리와 근거로 자신들이 수행하려는 과업을 도와달라고 설득하며, 어리석은 민중을 편들다가 그들을 대담하게 만들어 결국 정부와 도시를 파멸로 이끄는 일만은 제발 하지 말라고 간청했다. 이에 대해 조반니는 다음과 같이 설명했다.

"오랫동안 유지된 제도는 바꾸지 않는 것이 선량하고 현명한 시민의 의무라고 나는 믿고 있소. 오랫동안 유지된 제도를 멋대로 조작하는 것보다 도시에 더 해로운 것은 없으며, 또 그러한 변화는 많은 이를 불쾌하게 만드는데, 그런 곳에서는 매일 무언가 끔찍한 사고가 일어나지 않을까 두려워하며 살게 되기 때문이오."

사실 조반니는 그들의 결정이 치명적인 두 가지 결과, 다시 말해 단 한 번도 시민적인 권리를 누려 보지 못해_{한 번도 관직에 오른 적이 없어} 이를 덜 소중히 여기고, 따라서 이것이 없어도 이렇다 할 불만을 제기하지 않을 이들_{귀족}에게 이를 부여하고, 반면 시민적 권리를 갖는 데 익숙해서 빼앗기면 절대로 가만있지 않을 이들_{미노리 길드}로부터 이를 빼앗는 매우 위험한 결과를 초래할 수 있다고 생각했다.

그리고 그로 인해 한 당파_{민중당}에 가해진 침해는 다른 당파_{귀족}에 주어진 이익보다 훨씬 크기 때문에 이 변화의 주창자는 친구는 거의 얻지 못하고 적만 아주 많이 만들게 될 것이라고 보았다. 또한 본래 인간은 받은 이익에 보답하기보다 당한 침해에 복수하려는 경향이 더 강하고, 또 은혜를 갚는 것은 무언가 손해를 보는 기분이지만 복수는 즐거우면서도 이득이 되는 일이라 믿기 때문에 적들은 친구가 그 주창자를 옹호하기보다 더 맹렬히 공격할 것이라고 판단했다. 그래서 조반니는 자신의 의견을 더 직접적으로 리날도에게 전했다.

"그건 그렇고, 이보시오 리날도, 만일 당신이 우리 도시에서 일어났던 사건들을 기억하고, 또 우리 피렌체인들이 어떤 함정에 잘 빠지는지 알고 있다면, 이 결정을 지금처럼 열렬히 추진하려 들지는 않았을 것이오. 이 결정을 권고한 이가 누구든 그는 당신의 힘을 빌려 사람들미노리 길드에게서 그 권한을 빼앗자마자, 그 침해로 인해 당신의 적이 될 그들의 도움을 받아 당신의 권한마저 빼앗을 것이기 때문이오. 그러면 당신은 자신을 사랑하지 않던 자들의 설득으로 조르조 스칼리와 톰마소 스트로치의 파멸에 동의했으나, 그 얼마 후 자신을 설득했던 바로 그자들에 의해 추방당한 베네데토 델리 알베르티제3권 제20장, 제23장 참조와 똑같은 운명을 맞이하게 될 것이오."

이어서 조반니는, 그러므로 모두의 호의지지를 확보하기 위해 소금값을 내리고, 세금이 1/2 플로린 미만인 사람은 자기 뜻대로 세금을 내거나 혹은 내지 않을 수 있으며, 또 평의회가 소집되는 날에는 누구나 채권자로부터 안전해야 한다는 법을 제정한 그의 아버지마소를 본받아, 현재의 상황을 조금 더 신중하게 숙고해 보라고 리날도에게 조언했다. 그런 후 조반니는, 마지막으로 자신의 생각을 말하자면 도시의 제도는 지금 있는 그대로 놔두는 것이 좋겠다며 말을 맺었다.

둘의 만남에서 오간 내용이 외부로 널리 알려지자 리날도와 그 당파에 대한 증오는 더 커졌고, 조반니의 명성은 더욱 높아졌다. 하지만 조반니는 자신을 지지한다며 새로운 변화를 추구하려는 자들을 용인하는 인상을 주지 않기 위해 이런 평가에 무관심한 척했고, 그와 얘기하는 모든 이에게 자신이 원하는 것은 당파를 조장하는 것이 아니라 없애는 것이며, 자신한테 무엇을 기대하든 자신은 오직 도시의 화합만을 추구할 것이라고 강조했다.

반면 조반니를 따르던 사람들은 그가 공적인 업무에서 더 큰 역할을 해 주기를 바랐기 때문에 이런 조반니의 태도에 불만을 품었다. 그런 이들 중에는 그의 친척인 알라만노 데 메디치도 있었다. 알라만노는 천성이 난폭한 사람으로, 적을 무너뜨리고 친구를 도와주라며 끊임없이 조반니를 선동했고, 조반니의 부족한 열정과 느린 일 처리 방식을 비난했다. 알라만노는 바로 이런 점들 때문에 적들이 아무 거리낌 없이 조반니를 상대로 음모를 꾸미는 것이고, 적들의 그런 책략은 언젠가 조반니의 가문과 그 친구들을 파멸로 이끌 것이라고 주장했다.

조반니의 아들 코시모 역시 알라만노와 똑같이 조반니를 부추겼다. 그러나 조반니는 그런 질책과 불길한 예언에도 불구하고, 자신의 결심을 바꾸지 않았다. 그렇지만 조반니의 노력과는 상관없이 당파적 기질은 이제 분명해졌고, 도시는 완전히 분열되었다.

그 당시 시뇨리아 궁에는 시뇨리의 일을 돕는 마르티노와 파골로라는 두 명의 칸첼리에레Cancellière(서기관·공증인)가 있었는데, 파골로는 우차노의 추종자였고, 마르티노는 메디치 가문을 지지했다. 조반니가 자신들의 뜻에 동참하지 않을 것을 알게 된 리날도는 마르티노의 직위를 박탈하기로 결심했다. 그러면 시뇨리아 궁을 자신들한테 더 유리하게 만들 수 있다고 판단했기 때문이었다.

하지만 리날도의 계획은 적들에게 사전에 간파되었고, 리날도의 당으로서는 너무 애석하게도, 마르티노가 아니라 도리어 파골로가 해임되는 일이 발생했다. 이 사건은 최근 차고나라에서 당한 패배의 고통과 뒤이어 도시를 위협한 또 다른 전쟁이 사람들의 무모함을 억제하지 않았다면, 그 즉시 아주 해로운 결과로 이어졌을 것이다.

그렇지만 이런 사건들이 피렌체에서 벌어지는 동안 아뇰로 델라 페르골라가 공작의 군대를 이끌고 피렌체가 로마냐에 소유하고 있던 도시들을, 한편으로 그 도시들의 지리적 취약함을 이용하고, 다른 한편으로 그 도시들을 지키던 자들의 태만과 무능에 편승해, 카스트로카로와 모딜리아나만 제외하고는 모두 빼앗아 갔다.

그건 그렇고 이 도시들을 뺏고 뺏기는 과정에서 일어난 두 사건은 적들조차 진정한 용기를 얼마나 높이 평가하고 또 배신과 비겁함을 얼마나 혐오하는지 새삼 일깨워 주었다.

∞≫ 제12장 ≪∞

공작의 군대는 몬테 페트로소 요새를 공격할 때 요새 사방에 불을 놓았다. 요새를 구할 방법이 없다는 것을 깨달은 성주 비아조 델 멜라노는 성벽에 올라 아직 불길이 닿지 않은 곳으로 짚과 천 조각들을 던지고 나서, 그 위로 다시 자신의 두 어린 자녀를 조심스럽게 딘진 뒤 적군을 향해 큰소리로 외쳤다.

"내가 운명에게서 받은 재물들은 다 가져가라. 그것들이 너희가 내게서 앗아갈 수 있는 전부다. 그러나 내 영광과 내 명예가 깃든 이 영혼의 재물조국애 만큼은 결코 너희에게 내어 주지도, 빼앗기지도 않을 것이다!"

요새를 포위한 이들은 서둘러 달려와 아이들을 구하고, 비아조가 자기 목숨을 구할 수 있게 밧줄과 사다리를 건네주었다. 하지만 그는 끝내 이것들을 받지 않았다. 조국의 적에게 목숨을 빚지느니, 차라리 불길 속에서 죽는 편을 원했기 때문이었다.

아, 진실로 옛 선인의 영웅적 행위에 견줄만한, 아니, 우리 시대에는 정녕 보기 드물어 오히려 그보다 더 훌륭한 일화로다!

적들은 화재 속에서 건질 수 있는 물건은 모두 모아 비아조의 자녀들에게 돌려주었고, 아이들을 극진히 돌보다가 그 친척 집으로 보냈다. 공화국 역시 적들 못지않은 호의를 아이들에게 베풀었으니, 그들은 살아 있는 내내 공화국의 지원을 받았다.

이와는 정반대되는 일이 차노비 델 피노가 포데스타로 있던 갈레아타에서 일어났다. 그는 방어할 생각조차 하지 않고 적에게 요새를 넘겨주었을 뿐만 아니라, 위험은 덜하고 이득은 더 큰 상태에서 전쟁을 수행할 수 있도록 로마냐의 산악을 떠나 토스카나의 구릉으로 가라고 아뇰로를 열렬히 설득했다.

차노비의 배신과 비열함에 역겨움을 느낀 아뇰로는 그를 부하들에게 던져 주었고, 부하들은 차노비를 실컷 조롱한 후 뱀이 그려진

〈흰색 바탕에 붉은 백합〉
피렌체 구엘프의 문장

〈아이를 삼키는 비시오네Biscione〉
비스콘티 가문의 문장

종이 뭉치를 먹으라고 주며, 이렇게 해서 그를 구엘프교황파에서 기벨린황제파으로 바꾸고 싶다고 말했다당시 피렌체는 구엘프였고 밀라노는 기벨린이었으며, 뱀은 비스콘티 가문의 문장(紋章)이다. 그리하여 그는 며칠 뒤 굶어 죽었다.

✨ 제13장 ✨

그사이 오도 백작은 파엔차 군주구이단토니오 만프레디를 피렌체의 친구로 만들거나, 적어도 아뇰로 델라 페르골라가 너무 자유롭게 로마냐를 약탈하고 다니는 것을 막을 계획으로 니콜로 피치니노와 함께 발 디 라모네로 들어갔다. 그렇지만 그 계곡은 매우 험준하고 주민들은 아주 호전적이었기 때문에 오도 백작은 거기서 죽임을 당하고당시 15세, 니콜로 피치니노는 사로잡혀 파엔차로 호송되었다1425년 2월.

그러나 운명의 여신은 만일 피렌체군이 승리했다면 얻지 못했을 것을 패배로 인해 얻게 해 주었다. 니콜로가 파엔차의 젊은 군주당시 18세와 그 어머니의 마음을 사로잡아, 그들이 피렌체와 동맹을 맺도록 설득했기 때문이었다. 그리고 니콜로는 이 협정에 따라 풀려났다. 하지만 정작 니콜로 자신은 그가 다른 이들에게 한 충고피렌체의 친구가 되라는 충고를 따르지 않았다. 그는 급료에 관해 피렌체와 논의하다가 제시된 조건이 너무 형편없었는지 아니면 다른 곳에서 더 나은 조건을 제의받았는지, 돌연 군영이 있던 아레초를 떠나 롬바르디아로 간 뒤 필리포 공작의 휘하로 들어갔기 때문이었다1425년 11월.

니콜로의 이탈에 경악하고, 반복된 패배에 낙담한 피렌체 통치자들은 외부의 도움 없이는 더 이상 전쟁을 계속할 수 없다는 사실을 똑똑히 깨달았다. 그래서 그들은 베네치아에 사절을 보내, 만일 지금 그 팽창을 막지 않으면 현재 피렌체에 그러하듯 곧 베네치아에도 큰 위험이 될 공작의 세력에 함께 맞서자고 간청하며, 이는 아직 가능한 일이라고 베네치아 의회를 설득했다.

피렌체 통치자들의 호소는 그 당시 가장 뛰어난 무장으로 여겨지던 프란체스코 카르마뇰라의 지지를 받았다. 그는 한때 공작을 위해 일했지만 나중에는 이를 그만두었다카르마뇰라는 공작을 위해 많은 공을 세웠지만, 그의 세력이 커지는 것을 경계한 공작이 군권을 빼앗고 대신 제노바 총독으로 임명하자, 이에 불만을 품고 1425년 2월 베네치아로 왔다.

그렇지만 베네치아 의회는 결정을 내리지 못하고 망설였다. 카르마뇰라와 공작 사이의 적의가 혹시 꾸며진 것이 아닐까 의심해 그를 어디까지 믿어야 할지 알지 못했기 때문이었다. 그런데 그들이 주저하는 동안, 공작이 카르마뇰라의 하인을 사주해 그를 독살하려 한 사건이 발생했다. 그 독은 비록 그를 죽이는 데는 실패했지만, 그를 죽기 일보 직전까지 몰고 갔다.

카르마뇰라가 아픈 이유가 밝혀지자 베네치아 의회는 의심을 거두고, 계속 도움을 요청해 온 피렌체와 동맹을 맺었다. 베네치아와 피렌체는 공동의 비용으로 전쟁을 수행하며, 롬바르디아에서 획득한 영토는 베네치아가 갖고, 로마냐와 토스카나에서 획득한 지역은 피렌체가 가지며, 카르마뇰라가 동맹군의 '카피타노 제네랄레Capitano Generale(총사령관)'가 된다는 조건이었다1425년 12월.

그러나 이 협정을 이행하기 위해 시작된 전쟁은 롬바르디아 지방으로 국한됐고, 카르마뇰라는 롬바르디아에서 훌륭히 전쟁을 치러내며, 몇 달 만에 그 당시 가장 빛나는 전과戰果로 평가받은 브레시아市 탈환을 포함해 많은 요새를 공작한테서 빼앗았다1426년 11월.

⤜⤛ 제14장 ⤙⤚

1422년실은 1423년에 시작된 전쟁은 5년째 계속됐다. 피렌체 시민들은 이 기간 내내 부과된 무거운 세금에 지쳐 세금 제도를 개선하기로 하고, 모두가 재산에 비례해 균등하게 세금을 납부하도록 100플로린의 가치 당 1/2 플로린을 세금으로 책정했다. 이렇게 세금 징수관의 재량이 아닌 법으로 정해진 세율은 부유한 통치자들한테는 매우 큰 부담이 되었다. 그래서 법안이 통과되기 전부터 그들은 이를 탐탁지 않게 여겼다. 오직 조반니 데 메디치만이 공개적으로 이 법안을 칭찬했고, 덕분에 그 법이 시행될 수 있었다1427년.

재산에 따라 세금을 부과하기 위해서는 먼저 개개인의 전 재산을 정부의 명부에 등재해야 했다. 피렌체 시민들은 재산을 등재하러 다니는 관리 혹은 그 일을 '아카타스타레Accatastare, '장부(帳簿)에 기입하다'라는 뜻' 그리고 그 세금을 '카타스토Catasto, '장부'라는 뜻'로 불렀다. 이 조치는 권력자들의 횡포를 어느 정도 억제하는 역할을 해서 권력자들

출처 : Archivio di Stato di Firenze

키안티 지역인 빌라 빈냐마조Villa Vignamaggio의 카타스토 사본

은 예전처럼 평민들을 위협하거나 겁을 줘 평의회에서 침묵하도록 만들 수 없었다. 그 결과 이 법은 대다수 평민의 열렬한 지지를 받았지만, 유력자들은 극도로 싫어했다.

하지만 결코 만족을 모르고, 하나를 얻으면 다시 또 하나를 더 얻을 때까지 절대 가만있지 않는 것이 인간의 속성이므로 대중은 새 법으로 확보한 과세 평등에 만족하지 않고, 과거에 낸 세금도 공개해서 카타스토가 정한 대로 계산했을 때 유력자들이 얼마나 많은 세금을 덜 냈는지 조사한 후, 내지 않아도 될 세금을 내기 위해 소유물까지 팔아야만 했던 이들가난한 평민과 동등한 수준의 세금을 유력자들에게서 징수하라고 요구했다.

이 요구는 카타스토보다 훨씬 더 유력자들을 심란하게 했다. 그래서 그들은 자신들을 지키기 위해, 카타스토는 오늘 소유했다 내일 사라지는 동산動産에도 부과되는 가장 부당한 세금이고, 게다가 벌써 많은 사람이 카타스토가 부과되지 않도록 자기 동산을 숨겼다며 끊임없이 카타스토를 비난했다. 유력자들은 또한 공화국의 이익을 위해 자기 일을 제쳐둔 이들은 공화국에 봉사한 것으로 이미 충분한 역할을 했다고 할 수 있기 때문에 세금 부담을 줄여 주는 것이 합당하며, 다른 이들은 돈만 내고 마는데 국가가 그들 공화국의 이익을 위해 자기 일을 제쳐둔 이들의 자질과 노력 외에 돈까지 요구하는 것은 불합리하다고 역설했다.

그러자 카타스토의 옹호자들은 다음과 같이 반박했다.

"동산 규모가 변하면 과세액도 달라지므로, 이 변동 사항을 자주 반영하면 제기된 불편을 해소할 수 있소. 또 동산을 숨긴 이들은 전혀 신경 쓸 필요가 없소. 수익을 창출하지 못하는 돈에 세금을 부과하는 것은 합리적이지 않으며, 수익을 창출한 돈은 반드시 발각되기 때문이오.

그리고 만일 공화국을 위해 무보수로 일하는 것이 기쁘지 않다면, 공화국의 일은 내버려 두고 더는 걱정하지 마시오. 공화국의 일에 참여하며 얻는 명예와 이점은 너무 크고 많아서, 충성스러운 시민이라면 누구나 다 자신의 사회적 의무 세금 납부를 회피하지 않으면서도 공화국을 위해 무보수로 일하는 데 만족할 것이고, 따라서 공화국은 자기 돈과 조언으로 조국을 돕는 일을 큰 희생이라고 생각하지 않는 많은 충성스러운 시민들을 금방 발견하게 될 것이기 때문이오.

사실 유력자들의 진짜 불만은 그들이 말하지 않은 다른 곳에 숨겨져 있다고 생각하오. 비록 입 밖으로 꺼내고 있지는 않지만 유력자들을 정말로 괴롭히는 것은 이제 남들과 똑같이 전쟁 비용을 부담해야 하는 탓에 더 이상 자신들한테 손실을 끼치지 않고 전쟁을 수행할 방법이 없다는 바로 그것이오.

그러므로 만일 이 새로운 과세 제도가 좀 더 일찍 시행되었다면 라디슬라오 왕과의 예전 전쟁도, 또 필리포 공작과의 이번 전쟁도 일어나지 않았을 것이오. 왜냐하면 이 전쟁들은 꼭 필요해서가 아니라 유력자들을 더 부자로 만들기 위해 시작되었기 때문이오."

이 과열된 분위기는 다행히 조반니 데 메디치에 의해 진정되었다. 그는 자꾸 지난 일을 들추지 말고 미래를 대비하는 것이 좋겠다며, 비록 과거의 과세는 부당했지만 지금이라도 이를 바로잡을 방법을 찾은 것을 신께 감사하고, 이 방법이 도시의 분열이 아니라 통합에 기여할 수 있도록 노력하자고 권고했다. 그는 과거에 낸 세금을 조사하고 공개해서 오늘의 기준대로 다시 세금을 부과하려 든다면 이는 도시의 분열을 초래할 뿐이며, 절제된 승리에 만족하는 이는 항상 그 승리에서 좋은 것을 이끌어 내지만 일을 극단으로 몰고 가는 자는 종종 모든 것을 잃게 된다고 양측을 설득했다.

이와 같은 조언으로 조반니는 사람들의 흥분을 가라앉히고, 과거의 과세를 재조정하자는 논의를 중단시켰다.

ᨺ 제15장 ᨺ

한편 공작과의 전쟁이 계속되는 동안 페라라실은 베네치아에서 교황 특사니콜로 알베르가티의 중재로 협정이 체결되었다1426년 12월. 필리포 공작은 이 중재를 얻기 위해 포를리와 이몰라를 교황 마르티노 5세에 넘겨주었다.

그렇지만 공작은 처음부터 그 조건을 지키지 않았고, 그래서 동맹은 다시 군사를 일으켜 공작의 군대와 전투를 벌였으며, 마클로디오에서 크게 적을 무찔렀다1427년 10월. 이 패배 후 공작은 평화협정을

위한 논의를 재개했고, 동맹은 공작과의 조약에 합의했다1428년 4월,

페라라.

동맹이 전쟁에서 승리하고 있는데도 불구하고 서둘러 공작과 협정을 맺은 이유는, 피렌체는 자기 돈으로 오직 베네치아만 강성하게 만들고 있다고 생각했고, 베네치아는 마클로디오 전투에서 승리한 후 카르마뇰라가 전쟁을 느릿느릿 수행하는 모습에 더 이상 그를 신뢰할 수 없다는 판단을 내렸기 때문이었다카르마뇰라는 1432년 5월 베네치아 의회에 의해 참수당했다.

아무튼 그렇게 1428년에 평화 조약이 체결되어 피렌체는 잃었던 로마냐의 모든 도시를 되찾았고, 베네치아는 브레시아를 계속 차지했을 뿐만 아니라 새로 베르가모와 그 주변 교외까지 공작한테서 양도받았다. 피렌체는 이 전쟁에 무려 350만 두카트서문에는 두카트가 아

1, 2차 롬바르디아 전쟁의 주요 전투

니라 플로린으로 적혀 있다. 그 대략적인 가치는 서문 주² 참조라는 막대한 돈을 쓰며 베네치아의 영토와 세력을 크게 확대해 주었다. 그러나 정작 피렌체 안에는 빈곤과 분열만이 가득했다.

　그러므로 외부의 평화가 회복되자마자 내부의 싸움이 다시 시작 되었다. 카타스토를 참을 수 없었던 유력한 평민들은 그렇다고 이를 없앨 방법도 찾지 못하자 더 많은 이와 함께 카타스토를 공격하기 위해 그 적카타스토를 싫어할 사람을 늘리는 방안을 고안해냈다.
　이런 목적으로 그들은 세금 징세관에게 피렌체가 지배하는 지역에 피렌체인의 재산이 얼마나 있는지 알아보려면, 그 지역에 거주하는 모든 주민의 재산을 피렌체 정부에 등록하도록 법으로 강제해야 한다고 지적했다. 그렇게 해서 피렌체의 지배를 받는 도시에 거주하는 모든 주민은 정해진 기한 내에 문서로 된 재산 목록을 제출하라는 요구를 받았다.
　이 요구에 대해 볼테라가 피렌체 시뇨리아로 사절을 보내 불만을 제기하자 세금 징세관들이 사절을 공격해 그중 18명을 감옥에 가두었다. 이런 취급에 온 볼테라가 몹시 분노했으나 피렌체에 갇힌 동료 시민들의 안전을 고려해 무기를 드는 일만은 삼갔다.

⤳⤳⤳ 제16장 ⤜⤜⤜

　이 무렵 조반니 데 메디치가 병에 걸렸고, 병이 위중하다는 사실을 안 조반니는 아들인 코시모와 로렌초일 베키오(il Vecchio), 1440년 사망를 불러 말했다.

"신과 자연이 내게 주신 시간을 이제는 다 쓴 것 같구나. 나는 흡족하며 죽을 수 있다. 너희는 부유하고 건강하며 또 사회적 지위도 있으니, 나와 같은 길을 걸어간다면 피렌체에서 모두의 존경을 받으며 명예롭게 살 수 있을 테니 말이다. 무엇보다 고의로 남한테 해를 가한 적은 없고, 또 가능한 한 모든 이에게 친절을 베풀려고 노력했으니 지금 이 순간 행복하게 떠날 수 있구나. 너희도 항상 그러길 빈다.

애들아, 나랏일을 하며 안전하게 살려면 법과 동료 시민들이 너희에게 주는 만큼만 받아야 한다. 사람이 미움을 받는 이유는 기꺼이 그에게 준 것 때문이 아니라 그가 스스로 부당하게 가져간 것 때문이니, 주는 만큼만 받아들이면 시기를 받지도 또 위험에 빠지지도 않을 게다. 그리하면 남의 것을 탐하다가 자기 몫마저 잃거나, 심지어 자기 몫을 잃기도 전에 끝없는 불안과 걱정 속에 사는 자들보다는 분명 더 잘살 수 있을 게다.

수많은 적과 수많은 분열 속에서 나는 이런 태도를 견지해 이 도시에서 명성을 유지하고 확대해왔다. 그런 내 발자취를 따라간다면, 너희 역시 명성을 보존하고 확대하게 될 게다. 그러나 만일 너희가 달리 행동한다면, 너희의 끝은 자신을 파괴하고 가문을 파멸시켰던 자들의 끝보다 결코 더 행복하지는 못할 게다. 명심하거라."

그 직후 그는 죽었고1429년 2월, 도시 전체가 그의 죽음을 깊이 애도했다. 존경할만한 그의 여러 자질은 그런 예우를 받을 가치가 충분했다.

조반니는 본디 천성이 자애롭고 인정이 많은 사람으로, 도움을 요청하는 모든 이에게 도움을 준 것은 물론이고, 그런 요청이 없어도 자주 가난한 이들한테 필요한 물품을 전달해 주었다. 그는 사는 내내 누구한테나 자비를 베풀었고 선량한 이들을 사랑했으며, 사악한 자들을 측은히 여겼다. 그는 결코 명예를 구하지 않았으나 이를 다 가졌다.

그는 부름을 받지 않으면 결코 시뇨리아 궁에 가지 않았다. 그는 평화를 사랑하고 전쟁을 자제했으며, 곤경에 처한 이들을 구해 주는 데 그치지 않고 그들이 잘살 수 있도록 지원해 주었다. 그는 결코 공금을 사적으로 유용하지 않았으며, 항상 공공복리를 증진하는 데 힘썼다. 행정장관으로서 관대했던 그는 달변가는 아니었지만, 매우 지혜로웠다.

그는 겉보기에는 침울해 보였지만, 대화가 시작되면 상냥하고 재치가 넘쳤다. 그는 죽었을 때 엄청난 부자였지만, 그의 덕망과 명성은 그의 재산보다 훨씬 더 컸다. 조반니의 막대한 재산과 훌륭한 정신적 자질은 아들인 코시모에 의해 계승되었을 뿐만 아니라 더욱 확대되었다.

༖ 제17장 ༖

감옥에 갇혀 있는 것에 지친 18명의 볼테라 사절들은 풀어 주기를 간청하며, 자신들한테 주어진 요구 사항을 준수하겠다고 약속했다. 그들이 석방되어 돌아간 시기는 볼테라의 새 행정장관들이 막 취임했을 때였다1429년 5월경. 장관으로 뽑힌 이들 중에는 주스토 란디니라는 인물도 있었다. 그는 하층민 출신으로 대중들 사이에서 인기가 높았으며, 피렌체에 수감되었던 18명의 사절 중 한 명이었다.

주스토는 자신과 도시볼테라가 받은 모욕과 침해로 인해 피렌체에 대한 증오로 불타고 있었다. 그런데 그와 함께 행정장관직을 맡은 귀족 출신의 조반니 디 콘투지가 그에게 시뇨리의 일원이라는 지위와 대중의 지지를 이용해 무장봉기를 일으켜, 볼테라를 피렌체의 수중에서 빼앗고 그 군주가 되라고 권하자 크게 고무되었다. 그래서 주스토는 조반니의 권고에 따라 무기를 들고 거리를 급습해 피렌체를 위해 도시를 지키던 카피타노를 사로잡아 가둔 뒤, 사람들의 동의 속에 스스로 볼테라의 군주가 되었다.

이 갑작스러운 반란으로 피렌체 통치자들은 매우 기분이 상했다. 하지만 이제 그들은 공작과 평화롭게 지내고 있었고 협정도 잘 지켜지고 있었으므로, 반란을 일으킨 도시를 되찾을 기회는 충분하다고 판단했다. 그래도 때를 놓치지 않기 위해 그 즉시 리날도 델리 알비치와 팔라 스트로치를 이 임무를 수행할 최고사령관으로 뽑아 볼테라로 보냈다.

피렌체가 공격할 것을 예측한 주스토는 시에나와 루카에 도움을 요청했다. 그렇지만 시에나는 이미 피렌체와 동맹을 맺었다며 주스토의 요청을 거절했다. 루카 군주 파올로 구이니지 역시 지난 전쟁에서 필리포 공작을 편들다가 피렌체의 우의를 잃었다고 생각해서 이를 회복하기 위해 주스토를 돕는 것을 거절했을 뿐만 아니라 도움을 요청하러 온 주스토의 사자를 붙잡아 피렌체로 압송했다.

그사이 리날도와 팔라는 반군이 아직 준비가 덜 되었을 때 공격하기 위해 동원할 수 있는 모든 중무장 기병을 소집하고, 발다르노 인페리오레Valdarno Inferiore, 쉽게 말해 엠폴리와 피사 사이 지역. 제2권 제11장의 〈13세기 중후반 피렌체와 관련 있는 지역들〉 참조와 피사의 교외에서 대규모 보병을 편성한 후, 볼테라를 향해 진격했다. 그러나 주스토는 비록 이웃들에게 버림받고 또 피렌체의 공격을 목전에 두고 있었지만, 용기를 잃지 않은 채 볼테라의 지리적 강점과 그 부유함을 믿고 도시를 지키기 위한 만반의 준비를 착실히 해나갔다.

한편 그 당시 볼테라에는 군주가 되라고 주스토를 부추긴 조반니 디 콘투지의 형이자, 귀족들 사이에서 신망이 높은 아르콜라노라는 인물이 살고 있었다. 그가 믿을 만한 친구들을 불러 놓고 말하기를, 이번에 피렌체가 볼테라를 공격하러 오는 것은 신께서 곤경에 처한 그들의 도시를 구하러 오시는 것이라고 주장하며, 그 이유는 만일 자신들이 무기를 들어 주스토를 제거하고 이 도시를 피렌체에 돌려준다면, 자신들은 분명 도시의 통치자가 되어 예전의 모든 특권을 보장받게 될 것이기 때문이라고 설명했다.

아르콜라노의 말에 동의한 친구들은 다 같이 주스토가 거처하는 궁으로 갔다. 그중 몇몇이 궁 밑에 남아 주변을 경계하는 동안 아르콜로나와 다른 3명은 계단을 올라 궁 안의 대회의실로 들어갔다. 거기서 주스토가 몇 명의 시민들과 함께 있는 것을 발견한 그들은 마치 그에게 전할 중요한 일이 있는 것처럼 그를 옆으로 끌어당겨 이런저런 얘기를 하는 척하며 어느 작은 방으로 데려간 뒤, 넷이 한꺼번에 칼을 뽑아 주스토를 공격했다.

하지만 그들은 주스토가 칼을 빼기 전에 죽일 만큼 재빠르지 못했고, 그들의 선공을 가까스로 피한 주스토는 자신의 칼을 뽑아 그들 중 둘에게 심각한 상처를 입혔다. 그렇지만 수에서 밀린 그는 결국 살해당했고, 궁의 창을 통해 땅바닥으로 내던져졌다1429년 11월.

그러고 나서 군사를 일으켜 도시를 장악한 아르콜로나와 그 일파는, 군대를 이끌고 인근에 주둔해 있던 피렌체 최고사령관들에게 도시를 넘겨주었으며, 피렌체군은 어떤 추가 교섭도 벌이지 않고 즉시 도시로 입성했다.

그러나 이런 아르콜로나의 협력에도 불구하고 볼테라의 사정은 전보다 더욱 악화되었다. 그 이유는 피렌체 시뇨리아가 아르콜로나의 바람대로 볼테라를 그 일파에게 맡기는 대신, 볼테라 교외의 대부분을 볼테라市에서 분리하고, 볼테라를 비카리아토Vicariato(피렌체에서 파견한 관리)가 직접 다스리는 지역으로 축소해 버렸기 때문이었다.

⤜⤜ 제18장 ⤛⤛

그렇게 볼테라를 갑자기 잃었다가 또 거의 동시에 되찾았으므로, 만일 야심 많은 인간들이 다시 전쟁의 불씨에 불을 붙이지 않았다면, 새로운 전쟁을 벌일 이유는 아마 없었을 것이다.

브라초 다 페루자브라초 다 몬토네의 조카인 니콜로 포르테브라초브라초 다 몬토네의 본명은 안드레아 포르테브라초이다는 공작과의 전쟁에서 오랫동안 피렌체를 위해 싸웠다. 평화 협정이 체결되자 그는 피렌체 통치자들에게 해고당했다. 볼테라와의 전쟁이 발발했을 때 그는 아직 피렌체 인근의 푸체키오에서 숙영하고 있었고, 리날도와 팔라는 그와 그의 중무장 기병을 볼테라 전쟁에 적절히 이용했다.

그런데 니콜로와 함께 그 전쟁을 수행하는 동안, 리날도가 니콜로에게 이런저런 이유로 루카를 공격하라고 설득했고, 만일 니콜로가 자기 말대로 루카를 공격하면 자신은 피렌체가 루카를 상대로 전쟁이 벌이도록, 그리고 니콜로가 그 전쟁의 사령관이 되도록 피렌체에서 일을 꾸미겠다는 제안을 했다는 소문이 널리 퍼졌다.

아무튼 피렌체가 볼테라를 회복하자 푸체키오의 숙영지로 돌아간 니콜로는 리날도의 설득 때문인지, 아니면 그 자신의 의지에 의한 것인지, 1429년 11월 300명의 기병과 이와 비슷한 수의 보병으로 루카의 요새인 루오티와 카스텔베키오 디 콤피토카판노리 안에 있다를 빼앗은 후, 평원으로 내려가 그 주민들로부터 엄청난 양의 전리품을 약탈했다.

이 공격에 대한 소식이 피렌체에 전해지자 모든 계층의 사람들이 도시 곳곳에 모여 이에 대해 이야기했고, 그들 중 대다수는 루카를 상대로 전쟁을 벌이는 데 찬성했다. 전쟁을 찬성한 유력한 시민 중에는 메디치 가문을 따르는 이들이 많았고, 리날도는 그 전쟁이 공화국에 이익이 된다고 판단했기 때문인지, 아니면 전쟁에서 이기면 전쟁을 찬성한 자신이 명성을 얻을 것이라는 개인적인 야심 때문인지 그들의 편을 들었다. 하지만 니콜로 다 우차노와 그를 수장으로 삼은 이들은 전쟁에 반대했다.

같은 도시 안에서 전쟁을 벌이는 것에 대해 사람들의 의견이 이렇게 갑자기 완전히 뒤바뀌었다는 것이 놀랍다. 10년 동안의 평화와 번영을 누린 후즉 전쟁을 치를 능력이 있음에도 자신들의 자유를 지키기 위해 어쩔 수 없이 치러야 했던 필리포 공작과의 전쟁마저 격렬히 비난했던 바로 그 사람들이, 막대한 비용을 지출하며 오랜 기간 전쟁을 치르느라 도시가 극심한 고통에 빠져 있는 그때, 도리어 남의 자유를 파괴하기 위해 루카를 상대로 새로운 전쟁을 벌이자고 요구하고, 반대로 필리포 공작과의 전쟁을 열렬히 찬성했던 이들이 이제는 이 전쟁을 비난했다는 사실이 잘 믿기지 않는다.

그렇지만 상황이 바뀌면 의견 역시 크게 달라지고, 군중은 자신의 것을 지키는 것보다 남의 것을 빼앗는 것을 훨씬 더 좋아한다. 또한, 인간은 잃을 두려움보다 얻을 탐욕에 훨씬 더 쉽게 끌린다. 상실은 만일 그것이 가까이 있지 않으면 크게 신경 쓰이지 않지만, 획득은 비록 그것이 멀리 떨어져 있을 때조차 기대로 흥분되기 때문이다.

니콜로 포르테브라초의 계속된 성공은 피렌체 시민들의 기대를 키웠고, 루카 인근의 레토레Rettore, 피렌체 지방관리를 부르는 명칭 중 하나들로부터 받은 전갈 역시 그들의 희망을 부풀렸다. 비코와 페시아의 비카리오Vicario, 피렌체 피렌체의 지방관리를 부르는 명칭 중 하나들이 항복하러 오는 모든 도시와 마을을 인수할 권한을 자신들한테 부여해 준다면, 곧 루카 주변의 모든 교외를 얻을 수 있을 것 같다고 적었기 때문이었다. 게다가 루카의 군주 파올로 구이니지가 피렌체로 대사를 보내 니콜로가 자신의 영토를 침략한 것에 대해 불만을 토로하며, 항상 피렌체에 우호적이었던 이웃 도시를 상대로 전쟁을 벌이지 말아 달라고 시뇨리에게 간청하자, 피렌체 시민들의 희망은 더욱 커졌다.

파올로가 피렌체에 파견한 대사는 야코포 비비아나라는 자였다. 과거 언젠가 그는 파올로에 대한 음모를 꾸민 혐의로 파올로에 의해 감옥에 갇혔었다. 파올로는 그의 유죄를 확신했지만 목숨만은 살려주었으며, 나중에 과거는 잊혔다고 생각하고는 야코포를 발탁해 쓰며 신뢰했다. 그러나 자신에게 베풀어진 은혜파올로가 목숨을 살려준 일보다 겨우 피한 위험사형을 더 마음에 두고 있었던 야코포는, 피렌체에 도착하자마자 어서 빨리 전쟁을 시작하라며 피렌체 통치자들을 몰래 부추겼다.

이렇게 야코포의 선동과 다른 희망들이 결합하자, 시뇨리아는 일 콘실리오Il Consiglio(평의회)를 소집했고, 498명의 시민이 그 회의에 참석

했다. 그들 앞에서 도시의 가장 중요한 이들이 이 전쟁에 대해 논쟁
을 벌였다.

᠁᠁ 제19장 ᠁᠁

앞서 말했듯 리날도 알비치는 전쟁을 찬성한 주요 시민 중 한 명
이었다. 그는 우선 루카를 차지해 얻을 이득을 언급한 뒤, 이런 의
미로 주장했다.

"루카는 베네치아와 필리포 공작에 의해 우리 피렌체의 먹잇감으
로 남겨졌고, 교황마르티노 5세은 나폴리 왕국의 정사후사가 없는 조반나 2세
의 왕위 계승을 둘러싼 분쟁에 빠져 있어 우리를 방해할 수 없으므로, 지금
이야말로 루카를 정복할 적기라고 할 것입니다.

게다가 루카는 오래전1400년부터 한 사람의 시민파올로 구이니지에게
예속되어 그 타고난 활력과 자유를 지키려는 이전의 열정을 모두
잃어버리고 말았습니다. 따라서 폭군을 쫓아내려는 시민들이든 아
니면 시민들을 두려워한 폭군이든, 전쟁이 시작되면 곧 항복할 것
이 확실하니, 루카를 차지하는 일은 어린아이의 손목을 비트는 것
보다도 훨씬 더 쉬울 것입니다."

그러고 나서 리날도는 루카 군주가 필리포 공작과의 전쟁 때 공
화국에 가했던 위해와 피렌체에 늘 품고 있던 적의를 상기시키고,
만일 교황이나 공작이 피렌체를 상대로 전쟁을 재개한다면 그가 공
화국에 얼마나 위험한 존재가 될지 역설했으며, 이제껏 피렌체가 벌

인 그 어떤 전쟁도 이보다 더 쉽고 더 유용하며 더 정당한 전쟁은 없었다고 단언했다.

잠시 후 이 의견에 반대하며 천천히 자리에서 일어난 니콜로 다 우차노가 결연한 목소리로 다음과 같이 말했다.

"존경하는 동료 시민 여러분, 피렌체가 과거에 이보다 더 부당하고 더 위험하며, 미래의 재앙이 더 확실히 예견되는 전쟁을 감행한 적은 결코 없었습니다. 만일 우리가 내일 루카와 전쟁을 벌인다면, 이는 언제나 피렌체에 우호적이었으며 자주 커다란 위험을 무릅쓰고 조국에서 추방당한 구엘프들을 기꺼이 보호해 준 구엘프의 도시를 공격하는 배은망덕한 짓을 저지르는 것입니다.

우리 피렌체 역사에서 자유로웠던 루카가 피렌체에 해를 가한 적은 단 한 번도 없었습니다. 과거의 카스트루초나 현재의 파올로처럼 만일 루카를 노예로 만든 자들이 피렌체에 잘못을 저질렀다면, 책임은 루카가 아니라 그 폭군들에게 있습니다. 그러니 만일 루카의 시민들이 아니라 그 폭군과 전쟁을 벌일 수만 있다면 덜 불쾌할 것입니다. 그렇지만 안타깝게도 그건 불가능하기 때문에 저는 피렌체에 우호적이던 도시가 약탈당하는 일에 절대로 동의할 수 없습니다.

사랑하는 동료 시민 여러분, 하지만 오늘날 사람들은 어떤 것이 정당하고, 또 어떤 것이 부당한지 크게 신경 쓰지 않고 살아가기 때문에 저도 이에 대해서는 더 이상 왈가왈부하지 않고 무엇이 피렌체에 이로운지 그것만 숙고하겠습니다. 제가 생각하기에 이롭다고 부를 수 있는 것은 손실이 수반되지 않는 것입니다. 따라서 손실은 확실하고 이득은 의심스러운 루카와의 전쟁을 어떻게 이롭다고 할 수 있는지 저는 도무지 이해하지 못하겠습니다.

여기서 확실한 손실이란 바로 루카와의 전쟁 비용인데, 이는 피렌체처럼 길고 괴로운 전쟁에 지친 도시는 말할 것도 없고, 오랫동안 평화를 누린 도시조차 두려움에 떨게 할 만큼 아주 커 보입니다. 반면 우리가 얻을 수 있는 이득은 루카를 차지하는 것으로, 그건 물론 큰 이득입니다만, 그 시도의 위험성을 간과해서는 안 되는데 제가 보기에 그 위험성은 너무 커서 우리 도시가 루카를 차지할 가능성은 매우 희박하다고 할 것입니다.

위대한 동료 시민 여러분, 베네치아나 필리포 공작이 이 전쟁을 진심으로 지지할 거라고 믿어서는 안 됩니다. 사실 베네치아는 얼마 전에 우리 피렌체 돈으로 엄청난 영토를 얻었기에, 배은망덕한 인간처럼 보이지 않기 위해 그저 동의하는 척할 뿐입니다. 그리고 필리포 공작은 원래 우리 도시가 새로 비용을 들여 새로운 전쟁을 벌이는 것을 몹시 기뻐합니다. 우리가 새 전쟁으로 완전히 지쳐 기진맥진해지면, 아니, 심지어 한창 전쟁이 진행 중일 때라도 다시 등 뒤에서 우리를 공격할 수 있기 때문입니다. 따라서 필리포는 승리에 대한 우리의 희망이 한껏 고조될 때 몰래 자금을 지원하든 아니면 자신의 군대를 해산한 다음 마치 용병처럼 이를 루카로 보내든, 어떤 식으로든 루카를 구할 것입니다.

그러므로 지금은 루카와의 전쟁을 삼가고 그 폭군과 함께 지내며, 그가 내부에 가능한 한 많은 적을 만들도록 놔두어야 합니다. 루카 시민들이 폭군 치하에서 괴롭힘을 당해 허약해지도록 내버려두는 것보다 그들을 복종시키는 더 좋은 방법은 없기 때문입니다. 만일 우리가 이 문제를 신중하게 잘 처리한다면 머잖아 루카는 저절로 폭군이 지배할 수 없는 지경에 이를 것이고반란이 일어날 것이고, 그때가 오면 스스로 통치하는 데 필요한 자질과 지식을 모두 잃어버린 루카 시민들은 결국 우리 피렌체의 발아래로 떨어질 것입니다.”

　우차노는 청중이 진작 마음을 정해 자기 말을 전혀 귀담아듣지 않는다는 것을 알았다. 그러나 마지막으로, 만일 전쟁을 시작한다면 많은 돈을 들여 큰 위험을 사는 꼴이 될 것이고, 루카를 차지하기는커녕 루카를 그 폭군한테서 해방시켜서, 폭군의 지배를 받아 나약하지만 그래도 피렌체에 우호적이던 도시를 자신들에게 적대적이며 조만간 공화국의 성장을 방해할 자유로운 도시로 만들 것이라고 한 번 더 경고했다.

᠀ᢟᢟ 제20장 ᢟᢟᢟ

　전쟁에 대한 찬반 의견을 들은 후, 관례대로 비밀투표가 이루어졌고 전체 참석 인원 중 오직 98명만 전쟁에 반대했다. 그렇게 결정이 내려지자 전쟁을 수행할 10인회가 구성되었다. 10인회는 서둘러 보병과 기병을 고용하고, 아스토레 잔니와 리날도 델리 알비치를 최고사령관으로 임명했으며, 루카에서 빼앗은 도시들을 피렌체에 넘기고 피렌체 편에서 계속 루카와 싸운다는 조건으로 니콜로 포르테브라초와 다시 계약을 체결했다.

　군을 이끌고 루카 영내로 들어간 최고사령관들은 루카市를 주위의 교외와 차단하면 나중에 도시를 함락시키기가 더 쉬울 것으로 판단하고, 군을 둘로 나눠 아스토레는 평원을 가로질러 카마이오레와 피에트라산타를 향해 나아가고, 리날도는 산악 지대를 향해 진격했다. 이 둘의 원정은 그들이 도시들을 많이 점령하지 못했기 때문이 아니라, 전쟁을 수행하는 동안 그들 각자에게 쏟아진 비난 때문에 불행했다.

확실히 아스토레 잔니에게 제기된 혐의는 근거가 충분했다. 피에트라산타 근처에는 주민들로 가득한 세라베차라고 불리는 부유한 계곡 마을이 있었다. 그 주민들은 아스토레가 왔다는 소식을 듣고 그의 앞에 나가서 자신들을 피렌체 공화국의 충실한 종복으로 받아 달라고 간청했다.

아스토레는 그들의 항복을 받아들이겠다고 공언했다. 하지만 나중에 군대를 보내 골짜기로 통하는 모든 고개와 요새들을 빼앗고, 그곳의 제일 큰 교회에 마을의 모든 남자를 모이게 했다. 그러고는 그들을 전부 감금한 뒤, 군사들을 시켜 온 계곡을 약탈하고 파괴했다. 아스토레의 방식은 잔인함과 탐욕스러움의 전형이라 부를 만했는데, 성스러운 장소라고 해서 예외는 아니었으며 여인은 처녀든 유부녀든 모두 해를 당했다1429~1430년 겨울.

이 악행은 일어나자마자 피렌체에 알려졌고, 행정장관들뿐만 아니라 도시 전체를 분노로 들끓게 했다.

❧ 제21장 ❧

아스토레의 손에서 탈출한 세라베차 주민 일부가 피렌체로 피신해 거리에서 만나는 모든 사람에게 자신들이 겪은 고통을 자세히 이야기했다. 그러자 아스토레가 사악한 인간이기 때문인지, 아니면 자기 당파에 반대되기 때문인지, 그가 처벌받기를 원한 많은 시민의 도움을 받아 마침내 세라베차 주민들은 10인회 앞에서 자신들의 얘기를 들어달라고 부탁할 수 있었다. 그들의 요청이 허락되자, 그들 중 하나가 이렇게 말했다.

"위대하신 시뇨리시여, 각하들의 최고사령관이 어떻게 저희의 터전을 빼앗고 또 나중에 어떤 식으로 저희를 취급했는지 듣게 되시면, 저희 이야기는 각하들의 믿음을 얻고, 분명 각하들의 연민을 자아낼 것이라 확신합니다.

피렌체의 옛 기록들이 잘 보여 주듯 저희 골짜기는 언제나 구엘프였으며, 기벨린의 박해를 받고 몸을 피한 피렌체 구엘프들의 든든한 피난처였습니다. 저희 선조들과 저희는 이 고명한 공화국을 구엘프당의 수장이자 지도자로 항상 우러러 공경했습니다. 루카 시민들이 구엘프였던 동안 저희는 기꺼이 그들의 권위에 복종했습니다. 하지만 그들이 옛 친구들을 버리고 기벨린에 합류한 폭군의 지배를 받게 되었을 때, 저희가 그 폭군에게 복종했던 것은 저희의 자유 의지가 아니라 폭군의 강요를 못 이겼기 때문이었습니다.

다른 누구보다 신께서는 저희가 얼마나 자주 구엘프당에 저희의 충성심을 보여 줄 기회를 달라고 당신께 기도드렸는지 확실히 아실 것입니다. 아, 그러나 저희가 안전을 위해 그토록 갈구하던 그것이 도리어 저희를 파멸시키고 말았으니, 인간의 바람은 어찌 이리한 치 앞을 못 본다는 말입니까! 저희는 피렌체의 기치들이 저희를 향해 다가오고 있다는 소식을 듣자마자 싸워야 할 적이 아니라 그리던 옛 주인을 맞이하는 자세로 최고사령관을 찾아가, 피렌체인의 영혼까진 아니더라도 최소한 인간의 영혼은 가지고 있을 것으로 믿으며, 그의 손에 우리 골짜기와 재산과 우리 자신을 맡기고 그의 처분을 기다렸습니다.

　존경하는 시뇨리시여, 저희가 이제부터 하려는 말을 용서하십시오. 저희가 겪은 고통보다 더 나쁜 일을 겪을 수 없다는 사실이 저희에게 이 말을 할 용기를 주고 있습니다. 각하들의 저 최고사령관은 외모는 사람일지 몰라도 사람이 아니며, 이름은 피렌체인일지 몰라도 피렌체인이 아닙니다. 그는 죽음을 부르는 치명적인 역병이자 잔인한 야수이며, 지금껏 그 어떤 작가가 그려냈던 것보다 더 끔찍한 괴물입니다. 예, 그렇습니다. 그렇지만 이 단어들로도 그의 악행을 다 표현하기에는 너무나 부족합니다.

　그는 저희와 상의하고 싶은 것이 있는 척하며, 저희를 교회에 모이게 했습니다. 그러고는 저희를 가두고 온 골짜기를 불태우고 파괴했습니다. 주민들을 사로잡아 때리고 죽였으며, 그들의 재물을 약탈했습니다. 유부녀들을 강간하고 처녀들을 범했으며, 그 어린 소녀들을 어머니의 품에서 억지로 떼어내 병사들의 먹잇감으로 내던졌습니다.

　만일 저희가 그런 사악한 짓을 당해도 쌀 만큼 피렌체나 그에게 어떤 잘못을 저질렀다면, 만일 저희가 무장을 하고 저항을 해서 그가 그랬다면, 이렇게 슬퍼하지는 않았을 것입니다. 아니, 만일 그랬다면 저희는, 우리가 먼저 그런 위해를 가했으니까 혹은 우리가 그렇게 오만했으니까 그런 짓을 당해도 싸다고 오히려 저희 자신을 비난했을 것입니다.

　하지만 하늘에 맹세코 저희는 절대로 무장하지 않았고, 아무런 저항 없이 자발적으로 그에게 항복했습니다. 그럼에도 그는 저희의 재물을 훔치고 저희에게 그런 악행을 자행하며, 씻을 수 없는 치욕을 안겨줬습니다. 그렇기 때문에 저희는 지금 이렇게 각하들 앞에

서서 억울함을 호소하는 것입니다.

비록 저희는 롬바르디아 전역을 저희의 원통함으로 가득 채우고, 저희가 받은 부당한 침해를 온 이탈리아에 퍼뜨려 이 도시를 오명에 빠뜨릴 수도 있었지만, 사악한 한 시민의 무도함과 잔인함으로 이토록 품위 있고 자비로운 공화국을 욕되게 할 수는 없었기에 그러지 않기로 했습니다.

만일 저희가 파멸에 빠지기 전에 그의 게걸스러운 탐욕을 미리 알았다면, 설령 이를 전부 만족시킬 수는 없었다 할지라도 어떻게든 그의 탐욕스러운 영혼을 달래려고 노력했을 것이고, 그렇게 저희의 일부를 희생해서 저희의 나머지를 지켜냈을 것입니다. 그렇지만 이제 그 방법을 쓸 시간은 이미 지나가고 없으므로, 다른 이들이 저희에게 닥친 일을 보고 피렌체의 권위에 반기를 드는 일이 생기지 않도록, 이렇게 각하들 앞에 와서 피렌체의 신민인 저희의 고통을 조금이나마 덜어 주시기를 각하들께 간청하기로 결심했던 것입니다.

만일 수많은 저희의 잘못 때문에 마음이 움직이지 않으신다면, 신의 분노에 대한 두려움 때문에라도 응분의 조치를 취해 주시기 바랍니다. 신께서도 그분의 집들이 약탈당하고 불태워지는 광경을, 그리고 그분의 백성이 그분의 품 안에서 배신당하는 모습을 똑똑히 보셨으니 말입니다."

그렇게 말한 뒤 그들은 바닥에 몸을 던지고 펑펑 울며 자신들의 터전과 재산을 돌려달라고, 비록 자신들의 명예는 회복시킬 수 없겠지만 적어도 아내를 남편에게, 딸을 부모에게 돌려달라고 애원하고 또 애원했다.

이미 알려졌던 사건의 극악무도함이 직접 고통을 겪은 이들의 생생한 목소리로 한 번 더 확인되자, 마음이 움직인 시뇨리는 지체 없이 아스토레를 소환했다1430년 2월. 아스토레는 나중에 재판을 받아 유죄가 확정되고, 공직에 오를 권리를 박탈당했다사실 아스토레는 무죄 방면되었다. 시뇨리는 또한 세라베차 주민들의 재물을 찾아 돌려주었으며, 다른 피해들도 기회가 닿는 대로 이런저런 방법을 통해 최대한 보상해 주었다.

ᔒ᠍ᚗᚗ 제22장 ᚗᚗᔒ

리날도 델리 알비치에 대해서는 피렌체가 아니라 자신의 이익을 위해 전쟁을 수행하고 있다는 비난이 쏟아졌다. 사람들은 그가 최고사령관이 된 후, 루카의 교외를 약탈해 얻은 소 떼와 전리품으로 자신의 농장과 저택을 채우는 일에 더 큰 기쁨을 느껴서 루카를 빼앗으려는 열망을 잃어버렸으며, 심지어 그의 부하들이 가져온 전리품에 만족하지 못하고 용병들에게 전리품을 구매하는 지경에 이르러, 결국 최고사령관의 지위에서 행상인의 신세로 추락했다고 떠들어댔다.

이런 비방이 리날도의 귀에 들어가자 거만하지만 고상한 그의 영혼은 크게 동요했으며, 그와 같은 지위에 있는 사람이 빠져서는 안 되는 커다란 분노에 휩싸였다. 그 결과 동료 시민들에 대한 화를 주체하지 못한 그는, 10인회에 허가를 요청하거나 또는 그 허가를 기다리지도 않고, 무단으로 피렌체로 돌아와1430년 3월 스스로 10인회 앞에 출두해서 큰소리로 말했다.

"나는 분열된 도시와 변덕스러운 이들을 섬기는 일이 얼마나 어렵고 위험한지 누구보다 잘 알고 있소. 변덕스러운 이들은 온갖 소문에 휘둘리며, 분열된 도시는 실패를 벌하고 성공에 대한 보상을 보류하고 의심스러운 행위는 고발하기 때문이오.

따라서 같은 편은 시기하고 반대편은 미워해, 설령 승리한다 해도 아무도 칭찬하지 않고, 잘못하면 사방에서 비방하며, 패하면 모두가 앞다퉈 욕을 하오. 그러나 나는 근거 없는 비난이 두려워 스스로 판단하기에 도시에 이로운 행위를 하지 않은 적은 단 한 번도 없었소. 하지만 솔직히 고백하건대, 나에 대한 작금의 상스러운 중상은 내 인내심의 한계를 넘어섰고 내 본성마저 바꿔 놓고 말았소.

그러므로 시뇨리는 나와 같이 전쟁에 나간 시민들이 조국을 위해 더 열심히 전투에 전념할 수 있도록, 앞으로는 조금 더 빨리 더 적극적으로 그 시민들을 옹호하고 나서야 할 것이오. 충실하게 조국을 섬긴 이들한테 개선식을 열어 주는 것이 피렌체의 관례는 되지 못한다 해도, 최소한 거짓된 비방으로부터 그들을 지키는 것은 피렌체의 관례가 되어야 하기 때문이오.

그리고 시뇨리 역시 이 도시의 시민이니 언제든 비슷한 공격을 당할 수 있다는 점을 잊지 마시오. 그러면 그때는 중상모략이 고결한 인간의 정신에 얼마나 큰 상처를 주는지 똑똑히 알게 될 것이오."

10인회는 말을 마치고도 분을 삭이지 못하는 리날도를 달래기 위해 최선을 다하는 한편, 네리 디 지노와 알라만노 살비아티에게 루카와의 전쟁을 새로 맡겼다네리와 알라만노는 리날도가 피렌체로 돌아오기 이전부터 전쟁에 참여하고 있었으며, 혹독한 겨울 추위에도 불구하고 콜로디(Collodi) 요새를 함락시켰다. 이들은 루카 교외를 공격하는 일을 그만두고 진영을 도시에서 더 가까운 곳으로 옮겼다.

그렇지만 날씨가 매우 추워지는 바람에 할 수 없이 카판노리로 이동해 숙영지를 세웠다. 이 소식을 전해 들은 10인회는 그들이 시간을 허비하고 있다고 판단하고는 어서 빨리 공성전을 벌이라고 다그치며, 그들이 하는 어떤 말도 귀담아듣지 않았다. 그러나 그들이 아무리 군사용병들에게 루카를 향해 진격하라고 말해도 군사들은 매서운 추위를 이유로 그들의 명령에 응하지 않았다.

ᕱᕱᕱ 제23장 ᕱᕱᕱ

그 무렵 피렌체에는 필리포 디 세르 브루넬레스키라는 아주 뛰어난 건축가가 있었다. 오늘날 우리 도시는 그의 걸작들로 가득하다. 브루넬레스키의 공적은 실로 대단해서 사후에 그를 기리는 대리석상이, 지금도 이를 읽는 모든 이에게 그의 위대함을 증언해 주는 그 밑의 비문碑文[1]과 함께 산타 마리아 델 피오레 대성당에 세워졌다 현재 두오모 광장에 있는 그의 좌상은 1838년경에 제작된 것이다.

그건 그렇고 그는 루카의 위치와 세르키오강 바닥의 높이를 고려할 때, 그 도시를 쉽게 침수시킬

출처 : Wikipedia

〈산타 마리아 델 피오레 대성당의 돔을
바라보는 브루넬레스키의 좌상〉
루이지 팜팔로니Luigi Pampaloni

수 있다고 제안했다. 그는 이 계획을 굉장히 설득력 있게 주장했고, 10인회는 그 계획을 시도해 보도록 허가했다. 하지만 그 시도로 인해 도리어 우리 진영은 혼란에 빠졌고, 적의 안전은 강화되었다.

왜냐하면 강물이 루카로 들어가도록 피렌체군이 만든 도랑 방향으로 루카 시민들이 높은 제방을 쌓고, 어느 날 밤 그 도랑의 둑을 무너뜨리자 높은 제방에 막혀 루카로 가지 못한 강물이 루카 시민들이 연 새 물길을 통해 온 평원을 덮쳤기 때문이었다. 이 재앙으로 결국 피렌체군은 루카에 더 가까이 가기는커녕 아주 멀리 후퇴해야 했다1430년 6월.

ᡒᡒᡒ 제24장 ᡒᡒᡒ

브루넬레스키의 시도가 실패하자 새로 선출된 10인회는 조반니 구이차르디니를 최고사령관으로 임명했고1430년 6월, 그는 최대한 빨리 루카市를 포위했다. 궁지에 몰린 루카 군주 파올로 구이니지는, 그때 마침 시에나 공화국의 대사로 루카에 와 있던 안토니오 델 로소의 권고에 따라 살베스트로 트렌타와 레오나르도 부온비시를 밀라노의 필리포 공작에게 보내 도움을 청했다.

그들은 자신들의 군주를 위해 공작한테 도움을 요청했으나 반응이 싸늘한 것을 보자, 다시 루카 시민들을 대신해 먼저 파올로를 사로잡아 공작에게 넘기고 나중에 루카의 소유권도 넘겨주겠다며 군대를 빌려달라고 은밀히 간청했다. 그들은 만일 공작이 신속히 움직이지 않는다면, 파올로는 루카를 얻기 위해 많은 것을 제안하고 있는 피렌체에 도시를 넘겨줄 것이라고 경고했다.

그런 일이 일어날 것을 두려워한 필리포 공작은 모든 일을 제쳐 두고, 자신의 용병대장인 프란체스코 스포르차 백작에게 자기공작와의 계약이 종료된 척하고, 자기공작한테 자신백작의 군대를 이끌고 나폴리 왕국으로 가는 것을 허락해 달라는 요청을 공개적으로 하라고 명령했다스포르차 백작은 나폴리 왕국 안에 아리아노·코젠차(Cosenza) 등의 영지를 보유하고 있었다. 공작의 허락이 떨어지자 프란체스코는 비록 이 책략을 듣고 그 저의를 의심한 피렌체 통치자들이 백작의 친구인 보카치노 알라만니를 백작에게 보내 만류했지만, 자신의 전군을 이끌고 루카로 진격했다.

백작이 루카 영내로 들어오자1430년 7월 피렌체군은 진영을 리파프라타Ripafratta로 옮겼고, 백작은 즉시 페시아를 향해 진군했다. 그 당시 페시아의 비카리오피렌체의 지방장관는 파골로 다 디아체토였다. 그는 어떤 다른 좋은 계획이 있어서라기보다 그저 공포에 휩싸여 피스토이아로 달아났다. 만일 수비대를 독려해 용감히 싸운 조반니 말라볼티가 없었다면, 페시아는 백작에게 빼앗기고 말았을 것이다. 페시아를 함락시키는 데 실패한 백작은 그 뒤 보르고 아 부짜노Buggiano로 가서 그곳을 빼앗고 인근 요새인 스틸리아노를 불태웠다.

이 재앙을 목격한 피렌체 통치자들은 돈이 목적인 용병을 힘으로 제압할 수 없을 때는 뇌물이 종종 도움이 된다는 것을 잘 알고 있었으므로, 여러 차례 그들을 구해 주었던 그 방법을 이번에도 사용하기로 했다. 그래서 그들은 루카를 떠나거나 루카를 자신들에게 넘겨주면 큰돈을 주겠다고 백작에게 제안했다.

피렌체가 제시한 금액보다 더 많은 돈을 루카에서 얻어낼 수 없다고 판단한 백작은 돈이 있는 이들에게서 돈을 받기로 하고 기꺼이 피렌체 통치자들의 제안을 받아들였다. 하지만 백작은 체면을 이유로 루카를 피렌체에 넘겨주는 것은 거부하고, 5만 두카트를 받자마자 루카를 떠나기로 합의했다. 이렇게 합의한 후 백작은 루카 시민들이 필리포 공작에게 자신에 대해 변명해 주기를 바라며, 루카 시민들이 그들의 군주를 쫓아내는 일을 도와주었다.

⤳ 제25장 ⤆

앞서 말했듯 이때 안토니오 델 로소는 시에나 대사로 루카에 머물고 있었다. 그는 프란체스코 백작의 권위를 등에 업고, 루카 시민들과 함께 루카 군주 파올로를 파멸시킬 계획을 세웠다. 이 음모의 수장은 피에로 첸나미와 조반니 다 키비차노였다. 백작은 도시에서 그리 멀지 않은 세르키오강 인근에 군대를 주둔시켰고, 파올로의 아들인 란칠라오Lanzilao, 또는 라디슬라오(Ladislao)가 백작과 함께 있었다.

어느 날 밤 40여 명에 달하는 공모자들이 무기를 들고 파올로를 잡으러 나섰다. 그들의 갑옷이 덜그럭거리는 소리에 깜짝 놀란 파올로는 밖으로 나가 그들이 오는 이유를 물었다. 그러자 피에로 첸나미가 앞으로 나와 자신들은 오랫동안 그의 지배를 받았지만, 이제 그가 데려온 사방의 적들로 인해 칼에 맞아 죽거나 굶어 죽게 생겼다고, 그래서 앞으로는 자신들이 스스로 통치하기로 결정했으니 순순히 도시의 열쇠와 보물을 내놓으라고 요구했다.

파올로는 보물은 이미 다 썼고, 열쇠와 자신은 그들의 손에 있다고 대답했다. 이어 그는 그들에게 한 가지 부탁할 것이 있다며, 자신의 통치는 피 흘리지 않고 시작되었고파올로는 가문의 수장인 형 라짜로(Lazzaro)를 죽인 또 다른 형제 안토니오와의 혈투 끝에 1400년 11월 스스로 '카피타노 에 디펜소레 델 포폴로(Capitano e Difensóre del Popolo, 민중의 지도자이자 수호자)'에 오르며, 루카의 실질적인 군주가 되었다, 또 피 흘리지 않고 계속되었으니, 그 끝도 피 흘리지 않게 해 달라고 간청했다1430년 8월. 프란체스코 백작은 파올로와 아들을 공작한테 데려갔고, 그 둘은 나중에 파비아의 감옥에서 죽었다1432년.

백작이 떠나자 피렌체는 백작의 군대에 대한 두려움에서 벗어났고, 루카는 그 폭군으로부터 자유로워졌다. 그 후 루카 시민들은 자신들을 지킬 준비를 했고, 피렌체군은 공격을 재개했다. 피렌체군이 우르비노 백작구이단토니오 다 몬테펠트로을 용병대장으로 삼아 루카를 맹렬히 공격하자, 루카 시민들은 다시 공작에게 도움을 청했다.

공작은 이전에 프렌체스코 백작을 보냈을 때처럼 자신의 개입 사실을 숨기고 루카를 돕기 위해 니콜로 피치니노를 보냈다. 니콜로가 막 루카로 들어가려 할 때 피렌체군은 그와 싸우기 위해 세르키오강으로 진격했고, 강을 건너다 그와 전투를 벌였다. 그렇지만 피렌체군은 패했고, 최고사령관조반니 구이차르디니은 패잔병들과 함께 간신히 피사로 피신했다1430년 12월.

이 패배로 피렌체 전역이 슬픔에 빠졌다. 그러나 루카와의 전쟁은 대다수 피렌체 시민의 동의로 착수되었기 때문에 사람들은 전쟁을 결정한 자들을 비방할 수는 없었다. 그래서 그들은 전쟁을 수행한 이들을 비방하고, 리날도한테 제기됐던 혐의도 되살렸다. 하지만 가장 많은 비난을 받은 이는 조반니 구이차르디니였다. 사람들은 조반니가 프란체스코 백작이 떠난 직후 전쟁을 끝낼 힘을 충분히 갖고 있었지만, 돈에 매수되어 그러지 않았으며 받은 뇌물은 집으로 보냈다고 그를 힐난한 뒤, 그 액수는 물론이고 돈을 전달한 자들과 이를 받은 자들도 거론했다.

이런 소문과 비방은 어느 순간 최고조에 달했으며, 카피타노 델 포폴로는 한편으로 이런 대중의 목소리에 이끌리고, 다른 한편으로 조반니에게 적대적인 당파의 압박을 받아 그를 소환했다. 조반니는 소환에 응해 출두했지만 분노를 참지 못했고, 그의 친척들은 가문의 명예를 지키기 위해 그에 대한 조사를 그만두도록 카피타노를 설득했다조반니 구이차르디니가 유죄라는 증거는 발견되지 않았고, 결국 1431년 1월 8일부터 2월 10일까지 진행된 재판은 중단되었다.

한편 세르키오강 전투에서 승리한 루카는 피렌체에 빼앗겼던 도시들을 되찾았을 뿐만 아니라, 비엔티나·칼치나이아·리보르노·리파프라타 등을 제외하고 피사 영토에 속하는 모든 도시도 장악했다. 만일 피사에서 꾸며진 음모피사에 주둔하고 있던 일부 용병들이 니콜로 피치니노에게 매수되어 약속한 날에 피사의 성문을 열어 주기로 모의했다가 미리 발각되지 않았다면, 피렌체는 피사市마저 잃고 말았을 것이다1431년 1월.

피렌체 통치자들은 군대를 재정비하고 무치오 아텐돌로 스포르차 휘하에서 함께 싸웠던 미켈레토 아텐돌로무치오의 사촌를 새 용병대장으로 삼았다. 반면 필리포 공작은 승리를 이어가고 더 큰 군대로 피렌체를 괴롭히기 위해 제노바와 시에나뿐만 아니라 피옴비노의 군주이아코포 2세 아피아니까지 루카를 지키기 위한 동맹에 참여시키고, 니콜로 피치니노를 동맹의 장군으로 임명했다.

그러나 이것으로 공작의 적의는 명백하게 드러났기 때문에 베네치아와 피렌체는 다시 동맹을 맺었고, 이에 따라 롬바르디와 토스카나에서 새로운 전쟁이 벌어지기 시작했으며, 두 지역에서 치러진 전투는 시시각각 다른 운명을 맞이했다때로는 공작의 동맹이 이기고, 또 때로는 피렌체 동맹이 승리했다. 그렇게 모두가 지쳐가던 1433년 5월 페라라에서 평화 협정이 체결되었으며, 피렌체와 루카와 시에나는 전쟁 중 상대로부터 빼앗은 모든 도시를 포기하고 각자 원래 자신의 것이었던 도시들을 다시 소유했다.

ᘒᘓ 제26장 ᘔᘕ

이 전쟁이 계속되는 동안, 당파들의 모든 사악한 기질이 또다시 피렌체 안에 들끓었다. 아버지 조반니가 죽은 후 코시모 데 메디치는 더 과감하게 공무에 참여했고, 아버지가 그랬던 것보다 친구들을 위해 더 큰 열의와 관용을 보여 주었다. 그 결과 조반니의 죽음을 기뻐했던 자들은 코시모가 어떤 사람인지 알게 되자 몹시 불안해했다.

코시모는 듬직하고 품위 있는 인상에 매우 신중하며, 아주 관대하고 자비로운 인물이었다. 그는 결코 정부나 그 지지자들_{유력한 평민과 마조리 길드가 중심인 평민당}을 공격하려 들지 않았으며, 모든 이에게 선善을 행하고 자신의 관대함으로 동료 시민들 사이에서 가능한 한 많은 지지를 얻으려고 노력했다.

그런 그의 행동은 통치자들의 인기를 떨어뜨렸고, 따라서 코시모는 계속 이렇게 하다 보면 어떤 다른 시민보다 더 강력하고 안전하게 피렌체에서 살 수 있을 것이고, 혹시 적들이 자신을 시기해 무언가 극단적인 행동을 취하더라도 무력이나 대중의 지지 모두 자신이 적들보다 우월할 것이라고 믿었다.

코시모의 힘을 강화한 주요 인물은 아베라르도 데 메디치와 푸초 푸치Puccio Pucci였다. 대담한 아베라르도와 신중하고 현명한 푸초는 코시모의 인기와 명성에 큰 도움을 주었다. 사실 푸초의 조언과 판단은 매우 높이 평가되고 또 널리 인정받았기 때문에 코시모의 추종자들은 당명을 코시모가 아니라 푸초의 이름에서 따 푸치나Puccina로 불렀다.

루카와의 전쟁을 수행한 것은 바로 이 분열된 도시였으며, 전쟁이 진행되는 그 순간에도 당파적 기질은 사라지지 않고 오히려 전보다 더 기승을 부렸다. 비록 전쟁에 찬성한 것은 코시모의 추종자들이었지만, 그럼에도 전쟁을 수행하는 데 임명된 이들은 대개 정부의 권력을 쥔 반대당의 유력한 시민들이었다.

권력을 쥔 반대당의 시민들이 전쟁을 수행하는 것을 막을 수 없던 아베라르도와 그 친구들은, 이런 이유로 전쟁을 수행하는 이들을 비난하기 위해 최선을 다했다. 그래서 그들은 안 좋은 일이 생기면, 사실 이런 일은 상당히 자주 발생했는데, 이는 적의 행운이나 강성함 때문이 아니라 최고사령관들의 부족한 미덕 때문이라며 전쟁을 지휘한 이들을 공격했다.

이런 비난들이 아스토레 잔니의 범죄를 부풀리고, 리날도 델리 알비치를 격분시켜 10인회의 허락도 없이 군영을 이탈하게 했으며, 또 카피타노 델 포폴로가 조반니 구이차르디니를 기소하도록 만들었다. 행정장관들10인회과 다른 최고사령관들에게 제기된 혐의 역시 모두 이 비난에서 비롯되었다. 비록 진실은 과장되고 거짓은 날조되었지만, 비난받은 자들을 오랫동안 증오해 온 사람들미노리 길드와 하층민은 그 모든 비난을 진실 여부를 떠나 그냥 다 믿어 버렸기 때문이었다.

ᙢ 제27장 ᙢ

이 같은 아베라르도의 책략을
완벽히 간파하고 있던 니콜로
다 우차노와 그 당의 다른 수장
들은 전부터 자주 한자리에 모
여 대책을 논의했으나 그 해법
을 찾지 못했다. 일을 이대로 내
버려 두는 것도 위험하지만, 그
렇다고 무턱대고 이에 반대하는
것 역시 어렵다는 사실을 이해
했기 때문이었다.

〈니콜로 다 우차노의 흉상〉
도나텔로Donatello

니콜로 다 우차노는 폭력적인 조치를 아주 싫어했다. 그래서 같
은 당의 니콜로 바르바도로라는 젊은이가, 밖에서는 전쟁에 시달리
고 집에서는 아베라르도의 책략으로 고초를 겪자, 코시모를 파멸시
키는 데 우차노가 동참해 주기를 바라며 그의 집을 찾아가서, 수심
에 잠긴 채 서재에 앉아 있는 우차노에게 자신이 생각할 수 있는 최
상의 논거들을 모두 제시하며 리날도와 힘을 합쳐 코시모를 축출하
라고 촉구했을 때 이렇게 대답했다.

"만일 자네나 자네와 생각을 같이하는 다른 이들이, 자네의 이름
에서 알 수 있듯이 황금 수염이탈리아어로 황금 수염은 'barba d'oro'다. 니콜로의 성
(姓)인 바르바도로(Barbadoro)를 익살스럽게 풀이한 것이다이 아니라 차라리 은 수염을
갖고 있었다면, 이는 자네와 자네 가문은 말할 것도 없고 우리 공화
국을 위해서도 훨씬 더 좋았을 것이네. 경험이 충만한 백발의 머리에

370 *Istorie Fiorentine*

서 나오는 조언이 모두를 위해 더 현명하고 유익하니 말일세.

내가 보기에, 코시모를 피렌체 밖으로 쫓아내려는 이들은 무엇보다 먼저 자신들과 코시모의 힘을 비교해 봐야 하네. 사람들은 우리 당을 파르테 데 노빌리Parte de' Nobili(귀족당), 그리고 상대 당을 파르테 델라 플레베Parte della Plebe(서민당)로 명명해왔네파르테 데 노빌리는 제3권 제18장에 나오는 파르테 포폴라레(Parte Popolare, 유력한 평민과 마조리 길드 중심의 평민당)와 일맥상통하고, 파르테 델라 플레베는 파르테 플레베아(Parte Plebea, 미노리 길드와 하층민이 주축인 민중당)의 지지를 받았다.

만일 이 이름이 제대로 지어진 것이라면 우리의 승리는 매우 의심스러울 수밖에 없고, 평민들에 의해 사라진 이 도시의 옛 귀족의 운명이 경고하듯, 우리는 코시모 당의 파멸을 희망하기보다 오히려 우리 당의 파멸을 더 두려워해야 할 걸세.

그러나 우리는 내가 조금 전에 말한 이유보다 훨씬 더 두려워해야 할 이유가 있네. 바로 우리는 분열되어 있는 반면, 적들은 일치단결해 있다는 걸세. 우선, 우리가 우리 당의 인물이라 굳게 믿고 싶은 이 도시의 제일가는 시민인 네리 디 지노와 네로네 디 니지는 그들이 우리의 친구인지, 아니면 적의 친구인지 단 한 번도 자기 입으로 명확히 밝힌 적이 없네.

그리고 우리 당에 대해 말하자면 많은 가문이, 아니, 사실 많은 가족이 분열되어 있네. 많은 이가 형제나 친척을 시기해서 우리에게 반대하고 적을 지지하지. 그들 중 가장 중요한 두세 명을 자네한테 상기시켜 주고 싶군. 내 얘기를 듣고 나면 아마 자네도 다른 이들이 떠오를 걸세.

구이차르디니 가문에서는 루이지의 큰아들인 피에로가 동생인 조반니와 사이가 틀어져 적과 함께하고 있고, 니콜로와 톰마소 소데리니 형제는 삼촌인 프란체스코에게 품은 증오 때문에 공공연히 우리 당에 반대하고 있네. 우리 당의 수장이던 마소 델리 알비치의 아들 중에는 동생인 루카가 형인 리날도를 시기해 저들에게 넘어갔지.

그러므로 누가 우리의 적이고 또 누가 우리 당에 속하는지 잘 숙고해 보면, 나는 우리의 적당이 아니라 왜 우리 당이 귀족당이라고 불리는지 그 이유를 모르겠네. 민중당 전부가 그들을 추종하기 때문에 그렇다면, 그건 그저 우리가 더 나쁜 처지에 놓여 있고, 그들은 더 나은, 아니, 훨씬 더 나은 위치에 서 있다는 것을 말해 줄 뿐이지. 만일 이런 상황에서 무력 충돌이 생기거나 투표가 이루어지면, 우리가 그들에게 저항하는 건 거의 불가능하기 때문일세.

그래, 자네 말대로 우리는 여전히 위엄도 있고 정부의 가장 높은 자리도 차지하고 있지. 사실이네. 그렇지만 그건 지난 50년간 유지되어 온 이 정부의 옛 명성 덕분이네. 하지만 이 정부가 시험대에 올라 우리의 허약함이 드러난다면, 우리는 그마저도 곧바로 잃게 될 걸세.

우리를 움직이는 의로운 동기가 우리 명성세력을 확대하고 저들의 명성을 감소시킬 거라고 주장한다면, 그 의로움은 우리뿐만 아니라 남들 역시 인정하고 믿어야 한다고 대답하겠네. 그러나 현실은 전혀 그렇지가 않네. 우리를 움직이는 정의로운 명분이란 게, 코시모가 스스로 이 도시의 군주가 되려 한다는 우리의 의심뿐이기 때문이지. 비록 우리는 그런 의심을 품고 있고 또 그것이 옳다고 믿고 있지만, 남들은 우리와 생각이 전혀 다르네. 아니, 더 나쁜 건 우리가 코시모를 비난하는 바로 그 범죄로 도리어 사람들이 우리를 비난한다는 점일세."

여기까지 쉼 없이 말한 우차노가 숨이 가쁜지 잠시 호흡을 가다듬었다. 하지만 조국을 걱정하는 일흔이 넘은 노정객의 목소리에는 아직 여느 젊은이 못지않은 기백이 넘쳤다.

"우리가 코시모를 의심하는 건 다음과 같은 그의 행동들 때문일 걸세. 그는 모든 이에게, 개인은 물론이고 도시에도 그리고 피렌체인은 말할 것도 없고 외국의 용병까지도 차별 없이 돈을 빌려주지. 게다가 그는 정부의 도움이 필요한 시민들을 돕고, 그렇게 해서 얻은 사람들의 신용으로 친구들을 더 높은 지위로 끌어올려 주네.

따라서 우리는 코시모가 친절하고 관대하며 친구들에게 도움이 되고, 또 모든 이의 사랑을 받고 있으므로 그를 쫓아내야 한다고 주장해야 할 걸세. 그러니 내게 말해 주게. 도대체 어떤 법이 인간의 자비와 관용과 사랑을 금지하거나 비난한다는 말인가?

그래, 자네 말처럼 그게 군주가 되려는 자들이 보통 채택하는 방식이기는 하지. 그렇지만 사람들은 그게 군주가 되려는 자들이 보통 채택하는 방식이라고 믿지 않으며, 또 우리는 사람들이 그렇게 믿도록 만들 힘도 갖고 있지 못하다네. 우리의 못난 행동들로 인해 사람들은 우리에 대한 신뢰를 거두었으며, 원래가 당파적이고 그래서 쭉 그런 분열 속에 살며 타락한 도시는 그와 같은 비난에 전혀 귀를 기울이지 않기 때문일세.

그러나 앞서 말한 사정에도 불구하고, 우리가 그를 내쫓는 데 성공했다고 가정해 보세. 이는 우리에게 우호적인 시뇨리아가 구성되면 쉽게 일어날 수도 있네. 하지만 여기 남아 우리를 계속 비난하며 그가 돌아오기만을 열렬히 갈망하는 수많은 그의 친구들 사이에서, 우리가 어떻게 그의 귀환을 영원히 막을 수 있겠는가? 그것은 불가능할 걸세. 그는 친구들이 정말 많고 또 그 당은 대중의 절대적인 지지를 받고 있어서, 우리는 결코 그 전부를 상대로 우리의 안전을 지킬 수 없기 때문이네.

우리가 우리의 안전을 위해 코시모와 함께 그의 가까운 친구들을 가능한 한 많이 추방한다고 해도, 그건 우리에게 그만큼 더 많은 적 추방자와 그들의 가족·친구 등을 안겨줄 뿐이고, 결국 그는 얼마 후 반드시 되돌아올 걸세. 그러면 우리가 다시 마주하는 건, 우리가 쫓아낸 선량한 시민이 아니라 사악하게 변해 버린 괴물일 테지. 코시모의 본성은 그를 불러들인 자들에 의해 타락할 것이고, 그들에게 빚을 진 그는 그들의 뜻을 거부할 수 없을 것이기 때문이네.

만일 그를 죽일 계획이라면, 시뇨리를 통해서는 결코 그 목적을 이루지 못할 걸세. 그가 지닌 부와 타락하기^{매수하기} 쉬운 인간의 영혼이 항상 그를 구할 것이기 때문이지. 그렇지만 그가 추방당한 후 돌아오지 못하거나 죽었다고 가정해 보세. 그렇다 한들 그로 인해 우리 공화국이 얻는 이득이 무엇인지 나는 모르겠네. 설령 코시모한테서 벗어난다 해도, 공화국은 곧 리날도의 노예가 될 테니 말일세.

나는 어떤 시민도 권력과 권위가 다른 시민을 능가하지 않기를 간절히 바라는 사람이네. 하지만 코시모와 리날도 이 둘 중 어느 한 명이 권력을 장악할 수밖에 없는 경우가 생긴다고 해도, 내가 왜 코시모보다 리날도를 더 선호해야 하는지 그 이유를 모르겠네. 아무튼 내가 말하고 싶은 것은 어떤 시민도 이 도시의 군주가 되지 못하도록 신께서 피렌체를 지켜 주시기를, 비록 우리의 죄가 군주의 지배를 받아 마땅하다고 해도, 이 도시가 군주에게 복종해야 하는 운명만큼은 신께서 막아 주시기를 간절히 기도드린다는 것뿐이네.

그러니 모든 면에서 해로운 길을 가라고 나한테 권하지 말게. 또 자네와 자네를 따르는 몇몇 친구들이 대중의 뜻을 꺾을 수 있다고 착각하지도 말게. 그들 가운데 일부는 무지해서 그리고 다른 일부는 원한이 많아서 언제라도 공화국을 팔아먹을 준비를 미리부터 해왔으며, 운명의 여신 역시 그들을 총애해 그들은 이미 공화국을 살 사람코시모을 구했으니 말이네.

당장은 성에 차지 않겠지만 내 충고를 따르게. 정신 똑바로 차리고 조심히 삼가며 살게. 자유에 관한 한 저들의 당만큼이나 우리 당도 의심해야 한다는 걸 잊지 말게. 중립을 유지하면 어떤 시련이 닥쳐도 양측 모두에게 좋은 평가를 받을 것이고, 그러면 나라에 해를 끼치지 않고도 자신을 이롭게 할 수 있을 걸세."

≫≫ 제28장 ≪≪

이 같은 우차노의 말은 바르바도로의 열의를 어느 정도 누그러뜨렸고, 그래서 도시는 루카와 전쟁하는 동안은 그나마 물리적 충돌 없이 평온했다. 그러나 니콜로 다 우차노가 죽고1431년 4월 2년 뒤에 평화가 찾아오자1433년 5월, 비록 전쟁에서는 벗어났지만 내부의 분열을 막을 사람도 사라지고 없었으므로, 도시에는 사악한 당파적 기질이 무서운 속도로 증가했다.

리날도는 이제 자신이 당의 유일한 지도자라고 생각하고, 향후 곤팔로니에레가 될 가능성이 커 보이는 모든 시민에게 무기를 들어, 소수의 원한과 다수의 무지를 이용해 조국을 예속 상태로 몰아가고 있는 자코시모로부터 조국을 구원해야 한다고 끊임없이 촉구하고 또 촉구했다.

리날도와 코시모를 지지하는 이들이 똑같이 사용한 방식들은 서로 경쟁하듯 계속 도시를 불안하게 만들었다. 따라서 새로운 행정장관들이 선임될 때마다 이 당과 저 당의 인물들이 얼마나 그 자리에 앉았는지 공공연히 논의되었으며, 그 결과 시뇨리아를 구성할 때마다 피렌체 전역이 온통 들썩거렸다.

나아가 행정장관들 앞에 제출된 모든 사건은, 가장 사소한 사건조차 그들 간에 논쟁을 불러일으켰고, 비밀들은 전부 폭로되었으며, 소송은 공과에 상관없이 호불호로 결정이 내려졌다. 또한 사악한 자들뿐만 아니라 선량한 이들 역시 부당한 대우를 받았으므로, 그 어떤 행정장관도 자신의 책무를 제대로 이행하지 못했다.

피렌체가 이런 혼란 속에 빠져 있는 동안 코시모를 몰락시키는 일에 여념이 없던 리날도는, 베르나르도 구아다니가 곤팔로니에레로 선출될 가능성이 크다는 것을 알고 그가 세금 체납 때문에 자격이 박탈되지 않도록 세금을 대신 내주었다. 이윽고 시뇨리를 뽑는 날이 되자 운명의 여신은 피렌체의 불화를 조장할 목적으로, 베르나르도를 1433년 9월과 10월의 곤팔로니에레로 선출했다.

리날도는 즉시 그를 찾아가, 귀족당과 도시의 평온을 바라는 사람들은 그가 그 지위에 오른 것을 크게 기뻐하고 있으며, 그들의 환호가 근거 없는 것이 되지 않도록 하는 일은 이제 전적으로 그에게 달려 있다고 강조했다. 이어서 리날도는 도시에 닥친 분열의 위험을 지적하며, 다음과 같이 역설했다.

"이제 코시모를 궤멸시키는 것 외에 도시의 단결을 확보할 방법은 없소. 코시모는 그의 막대한 부를 등에 업고 계속 사람들을 약하게 만들고 있으며, 이미 너무 강력해져서 만일 지금 그를 막지 못한다면 조만간 피렌체의 절대 군주가 될 것이기 때문이오. 그러니 그런 재앙을 막기 위해 사람들을 광장에 소집하고 다시 정부를 통제해 조국의 자유를 회복하는 일은, 선량한 시민이라면 마땅히 해야 할 책무라 할 것이오.

선조들이 흘린 피 덕분에 정부를 소유하게 된 구엘프당을, 정의롭지 못했던 살베스트로 데 메디치가 어떻게 억제할 수 있었는지 새 곤팔로니에레도 기억할 것이오. 그러나 살베스트로가 수많은 이를 상대로 부당하게 이룬 것을살인과 추방 등을 새 곤팔로니에레는 단 한 명을 상대로 쉽고 정당하게 행할 수 있소.

친구들이 새 곤팔로니에레를 돕기 위해 기꺼이 무기를 들 준비가 되어 있으니 조금도 두려워하지 마시오. 코시모를 숭배하는 하층민은 하나도 신경 쓸 필요가 없소. 하층민은 과거 조르조 스칼리의 경우에서 알 수 있듯제3권 제20장 참조 코시모에게 그리 큰 도움이 되지 못할 것이오. 또 코시모의 재산도 전혀 두려워할 필요가 없소. 새 곤팔로니에레가 시뇨리아를 장악하고 있는 한 코시모의 재산 역시 우리 당의 소유가 될 것이기 때문이오."

그리고 나서 리날도는 마지막으로, 만일 자신이 말하는 대로 행동한다면코시모를 제거한다면 공화국을 통합해 공화국의 안전을 확보할 뿐만 아니라, 베르나르도 자신도 영광스러운 길로 계속 나아가게 될 것이라며 말을 맺었다.

리날도의 이 말에 대해 베르나르도는, 자신은 진작부터 리날도가 권하는 일을 할 필요가 있다고 생각했는데 리날도의 말을 들으니 때가 무르익은 것 같고, 또 자신이 동료 시민들의 지원을 받을 것도 확실한 것 같으니, 곧바로 최대한 세력을 규합하겠다고 짧게 대답했다.

얼마 후 곤팔로니에레직을 인계받고 추종자들을 준비시킨 베르나르도는 리날도와 은밀히 계획을 짜고 코시모를 소환했다. 비록 많은 친구가 소환에 응하지 말라고 충고했지만, 코시모는 시뇨리의 자비를 기대했다기보다 자신의 결백을 믿고 소환에 응했다. 그렇지만 코시모는 시뇨리아 궁에 들어가자마자 체포당했다.

그사이 리날도는 많은 무장 병력을 거느리고 집에서 나와 구엘프당 전체의 지지를 받으며 시뇨리아 광장으로 갔고, 시뇨리는 시민들을 소집해 도시를 개혁하기 위한 200명의 발리아<small>최고 행정회의</small>를 구성했다. 이 발리아는 지체 없이 도시의 개혁과 코시모의 운명을 논의했다. 많은 이가 코시모의 추방을 원했고, 다른 많은 이는 그를 죽이기를 바랐지만, 또 다른 많은 이는 코시모를 동정해서인지 아니면 남들의 시선을 두려워했기 때문인지 침묵했다. 그리고 이런 의견 차이로 인해 그들은 어떤 결론에도 이르지 못했다.

❧ 제29장 ❧

시뇨리아 궁의 아르놀포Arnolfo 탑에는 그곳을 다 차지하는 '알베르게티노Alberghettino'라는 방감옥이 있다<small>알베르게티노에 갇힌 죄수는 1433년 코시모 데 메디치와 1498년 지롤라모 사보나롤라 두 사람밖에 없었다고 한다.</small>

코시모는 그곳에 갇혀 페데리고 말라볼티의 감시를 받고 있었다. 그곳에서 코시모는 광장에 모인 군중의 떠들썩한 소음과 시끄럽게 부딪히는 무구武具 소리, 그리고 발리아의 개최를 알리는 잦은 종소리를

시뇨리아 궁과 아르놀포 탑

알베르게티노 내부 모습

들으며 자신이 살 수 있을지 몹시 불안해했다. 그러나 훨씬 더 두려운 것은 개인적인 원한을 품은 자들이 특이한 방식으로 자신을 죽이지 않을까 하는 점이었다. 이런 이유로 그는 음식을 삼가고, 나흘 동안 빵만 아주 조금 먹었다. 이를 눈치챈 페데리고가 그에게 말했다.

"코시모 님, 독살당할까 봐 두려워하시는군요. 하지만 이러시다간 굶어 죽게 될 겁니다. 그리고 제가 그런 사악한 범죄에 관여할 거라 생각하시다니, 저를 정말 잘못 보셨습니다. 목숨을 잃지는 않으실 겁니다. 궁 안팎에 수많은 친구분이 계시잖습니까. 그렇지만 설령 목숨을 잃게 되신다고 하더라도, 코시모 님의 목숨을 뺏는 자는 제가 아닌 다른 누군가라는 것을 확신하셔도 좋습니다. 저는 그 누구의 피로도 제 손을 더럽히지 않을 것이며, 제게 어떤 해도 끼치지 않으신 코시모 님의 피로는 더더욱 그러지 않을 것이기 때문입니다.

그러니 어서 기운을 차리시고 음식을 드십시오. 친구분들과 조국을 위해 목숨을 보전하십시오. 더 안심하시고 드실 수 있도록 저도 코시모 님과 똑같은 음식을 먹겠습니다."

페데리고의 말에 크게 안도한 코시모는 눈시울을 적시며 그의 목을 껴안고 볼에 입을 맞췄다. 그러고는 그의 친절하고 따뜻한 행동에 대해 진심으로 고마움을 표시하며, 만일 운명의 여신이 기회를 준다면 오늘 일을 절대로 잊지 않겠다고 약속했다.

그렇게 코시모가 어느 정도 안정을 되찾고, 시민들이 그를 어떻게 처리할지 여전히 격렬하게 논의하던 어느 날, 페데리고가 코시모를 즐겁게 하려고 곤팔로니에레의 친구로 유쾌하고 익살맞은 파르가나초Farganaccio, 또는 파르나가초(Farnagaccio)라는 인물을 저녁 식사에 데려왔다. 식사가 거의 끝나갈 무렵, 파르가나초를 잘 알고 있던 코시모는 그의 방문을 이용해야겠다고 생각하고, 페데리고에게 나가보라는 뜻으로 신호를 보냈으며 그 신호를 본 페데리고는 식사를 마치는 데 필요한 무언가를 가지러 가는 척하며 방을 나갔다.

둘만 남게 되자 코시모는 파르가나초에게 몇 마디 다정한 말을 건넨 다음, 서명한 어음 한 장을 주며 산타 마리아 누오바 병원 원장한테 가서 1,100두카트를 찾은 후, 그중에서 100두카트는 파르가나초가 갖고 나머지 1,000두카트는 곤팔로니에레한테 주며, 적당한 구실을 붙여 언제 한번 꼭 자신을 만나러 와 달라고 청해 주기를 부탁했다. 파르가나초는 이 제안을 받아들였고, 돈이 건네지자 베르나르도는 전보다 한층 더 부드러워졌다.

그 결과 코시모를 죽이고 싶어 했던 리날도의 바람과는 반대로, 코시모는 파도바로 추방당했다. 푸초와 조반니 푸치 형제 역시 아베라르도와 메디치 가문의 많은 다른 이들과 함께 추방당했다. 그러고 나서 그들권력자들은 코시모의 추방에 불만을 품은 이들을 겁주기 위해 오토 디 구아르디아Otto di Guardia(8인의 경비대장)와 카피타노 델 포폴로에게 발리아의 권한최고 행정권을 주었다.

앞서 말한 결정들이 내려졌지만 아직 실행되기 전인 1433년 10월의 세 번째 날, 코시모는 시뇨리 앞에 불려 나와 추방형을 선고받고 추방지를 지정받았으며, 만일 자신들이 그와 그의 재산에 대해 더 가혹한 조치를 취하기를 바라지 않는다면 판결에 복종하라는 시뇨리의 경고를 받았다.

코시모는 밝은 얼굴로 추방형을 받아들이고 나서, 시뇨리가 자신을 어디로 보내든 기꺼이 그곳에 머물 것이라고 맹세했다. 그러나 코시모는 자신의 목숨을 원하는 사람들이 지금 시뇨리아 광장에 모여 있다고 들었으므로, 시뇨리에게 이미 자신의 목숨을 살려 주었으니 이제 이를 지켜달라고 부탁했으며, 마지막으로 자신이 어디에 있든 자신과 그 재산은 언제나 피렌체와 피렌체 시민들 그리고 피렌체 시뇨리아를 위해 쓰일 것이라며 말을 맺었다.

그러자 곤팔로니에레는 코시모를 위로하고, 밤이 올 때까지 시뇨리아 궁에 같이 남아 있다가 어둠이 찾아오자 코시모를 자기 집으로 데려가 함께 저녁을 먹은 뒤, 많은 무장한 병사들의 호위 하에 국경까지 안전하게 데려다 주었다.

코시모는 어디를 가든 큰 환대를 받았다_{코시모는 처음 파도바로 갔다가, 나}중에 베네치아에 머물렀다. 일례로 베네치아 시민들은 코시모를 공식적으로 방문해서 추방자가 아닌 그의 도시_{피렌체}에서 가장 높은 지위에 있는 인물로 대우하며 경의를 표했다.

ᨏᨏ 제30장 ᨏᨏ

모두의 사랑을 받던 그토록 위대한 시민을 빼앗긴 피렌체는 절망에 빠진 것처럼 보였으며, 패한 이들뿐만 아니라 이긴 자들도 똑같이 두려워했다. 그러므로 자신에게 닥칠 미래의 해악을 예견한 리날도는 자신과 당의 실패를 막기 위해 많은 친구를 소집해서 이런 의미로 말했다.

"적들의 애원과 눈물과 돈에 미혹되다가는 머잖아 우리를 기다리는 파멸을 마주하고, 반대로 우리가 애원하고 울어야 하는 처지가 될 것이오. 하지만 우리의 애원은 누구에게도 들리지 않고, 또 그 눈물은 누구의 동정도 사지 못할 것이오. 게다가 우리가 받은빼앗은 돈에 대해 말하자면 원금은 당연히 돌려주고, 그 이자로 고문과 추방과 죽음까지 당하게 될 것이오.

코시모를 살려두고 그 친구들을 그대로 피렌체에 놔둘 작정이었으면 차라리 아무것도 안 하는 편이 훨씬 더 나았을 것이오. 위대한 인물은 건드려서는 안 되지만, 일단 건드리기로 했으면 반드시 없애 버려야 하기 때문이오. 그러니 이제 유일한 해결책은 적들이 이빨을 드러내면, 아마도 곧 그렇게 할 것인데, 그때 적들을 무력으로 쫓아낼 수 있을 만큼 우리를 강하게 만드는 것뿐이오. 우리는 합법적인 방법으로 적들을 제거하는 데 이미 한 번 실패했기 때문이오.

우리를 강하게 만드는 방법은 오래전에 내가 주장한 바로 그 방법, 다시 말해 귀족의 명예를 회복시키고 공직을 양보해 그들을 같은 편으로 끌어들인 후, 적들이 하층민과 함께하며 강대해졌듯이 귀족의 도움으로 우리를 강력하게 만드는 그 방법뿐이 없소. 그렇게 되면 우리는 더 큰 세력과 더 큰 열정 그리고 더 많은 미덕과 더 높은 명성을 보유하게 되어 적들보다 더 강해질 것이오. 그러나 만일 이 마지막이자 유일한 해결책이 신속히 채택되지 않는다면, 수많은 적들 가운데서 어떻게 정권을 지켜내고, 또 어떻게 당의 급속한 몰락과 도시의 임박한 파멸을 막을지 나는 모르겠소."

그렇지만 모인 이들 중 마리오토 발도비네티가 벌떡 일어나서 귀족의 오만과 그 참을 수 없는 기질을 비난한 뒤, 민중당이 가할지 모를 불확실한 위험을 피하려고 귀족의 확실한 폭정 밑으로 들어가는 것은 결코 바람직한 방책이 아니라며, 리날도의 의견에 강하게 반대했다. 자신의 조언이 받아들여지지 않자 리날도는 자신과 당의 불운을 개탄하며, 모든 것을 인간의 무지와 맹목이 아니라 미리 그렇게 결정한 운명의 여신 탓으로 돌렸다.

이렇게 아무런 대책도 없이 시간만 흘러가던 그 무렵, 아뇰로 아차이우올리 디 카사노가 코시모에게 쓴 편지가 발각되었다. 편지에서 아뇰로는 코시모에게 우호적인 도시의 분위기를 자세히 전하면서, 첫째 가능하면 전쟁을 일으키고, 둘째 네리 디 지노를 친구로 삼으라고 조언했다.
아뇰로가 이런 편지를 쓴 이유는, 첫째 피렌체에 돈이 귀해지기 시작했지만 도시에 돈을 제공할 사람은 코시모밖에 없어서 전쟁이 일어나면 코시모에 대한 기억이 시민들의 마음속에 생생하게 되살아날 것이고, 그러면 결국 그들은 코시모가 돌아오기를 열망하게 될 것이며, 둘째 만일 네리 디 지노가 리날도와 결별한다면 그의 당은 크게 약해져 당을 유지하기도 힘들 것으로 판단했기 때문이었다.

이 편지가 행정장관들의 손에 들어가자, 아뇰로는 체포되어 고문받은 뒤 추방당했다. 하지만 이 사건에도 불구하고, 코시모 당의 인기는 조금도 수그러들지 않았다.

그러다 코시모가 추방된 지 거의 1년이 지난 1434년 8월 말이 다가왔을 때, 니콜로 디 코코가 그다음 두 달 동안의 곤팔로니에레로 뽑히고, 그와 함께 8명의 새 시뇨리도 뽑혔다. 그런데 그들은 모두 코시모의 추종자였고, 따라서 그 아홉으로 구성된 시뇨리아는 리날도와 그의 당을 두려움에 떨게 했다. 그러나 구 시뇨리가 그 직을 사임하고 새 시뇨리가 그 직을 인수하기까지는 보통 3일이 걸렸으므로, 리날도는 다시 당의 수장들을 소집했다.

리날도는 그들에게 임박한 확실한 위험을 지적하며, 유일한 해결책은 무력을 쓰는 것뿐이니, 그 당시 곤팔로니에레였던 도나토 벨루티를 시켜 사람들을 광장에 모이게 한 뒤 새 발리아를 구성해서 이미 선출된 새 시뇨리의 권한을 박탈하고 믿을 수 있는 시민들로 새로 시뇨리아를 구성해야 하며, 현재 있는 자루들을 모두 불태우고 새 자루들을 만들어 친구들의 명단으로 채워야 한다고 역설했다.

많은 이가 이 방책을 안전하고 꼭 필요한 것으로 판단했지만, 또 다른 많은 이가 이 방법이 너무 폭력적이라 미래에 큰 분란을 불러올 가능성이 있다고 생각했다. 이 방안을 싫어한 이들 중에는 팔라 스트로치 리날도와 함께 볼테라 반란을 진압하러 간 최고사령관이었다. 제4권 제17장 참조도 있었다. 그는 친절하고 온화하며 인정이 많은 사람으로, 한 당을 관리하며 도시 내부의 불화와 싸우는 일보다는 학문 연구에 더 적합한 인물이었다. 그런 팔라가 자리에서 일어나 다음과 같이 주장했다.

"교묘하고 대담한 방책은 처음 들었을 때는 좋아 보이지만, 실행하기 어려울 뿐만 아니라 그 끝은 대개 해로운 법이오. 또한, 내가 보기에 새 시뇨리는 내부의 불화보다 외부와의 새 전쟁을 더 두려워하고 있소마키아벨리에 의하면 밀라노 공작의 군대가 이 당시 로마냐의 피렌체 국경에 와 있었다. 하지만 만일 새 시뇨리가 뭔가 새로운 변화를 꾀한다면 이는 눈에 띄지 않고 진행될 수는 없으므로, 군사를 일으켜 공공의 안전을 위해 필요하다고 생각되는 조치를 취할 시간은 항상 충분할 것이오. 그리고 부득이하게 행해진 일들만이 사람들을 덜 놀라게 하며, 그만큼 우리의 책임도 덜 수 있소."

그렇게 해서 새 시뇨리가 업무를 시작하는 것은 막지 않되 그들의 움직임을 예의주시하다가, 만일 당의 이익에 반하는 일이 벌어진다는 소식이 들리면 모두 무기를 들고, 가야 할 곳은 어디든 갈 수 있는즉 전략적 요충지인 시뇨리아 궁 인근의 산 폴리나리실은 산타폴리나레(Sant'Apollinare)로 지금의 산 피렌체 광장에서 집결하기로 결론을 내리고, 리날도와 친구들은 헤어졌다.

❧❧ 제31장 ❧❧

얼마 후 새 시뇨리가 업무를 시작했다. 새 곤팔로니에레니콜로 디 코코는 자신의 위엄을 세우고 자신과 맞서려는 자들을 겁주기 위해, 전임자인 도나토 벨루티를 공금 횡령 혐의로 감옥에 가두었다. 그 다음으로 그는 코시모의 귀환에 관해 동료들시뇨리의 의견을 들었으며, 그들이 귀환을 원한다는 것을 알고는 메디치당의 수장이라고 생각한 이들과 그 문제를 상의했다. 그리고 그들의 권고에 따라 곤팔로니에레는 적당의 수괴들인 리날도 델리 알비치·리돌포 페루치·니콜로 바르바도로를 소환했다.

소환을 받은 리날도는 이 이상 일을 미루는 것은 위험하다고 판단하고, 수많은 무장 병력을 대동하고 집을 나섰다. 리돌포 페루치와 니콜로 바르바도로도 곧 합류했고, 많은 시민과 그 당시 피렌체에서 해고된 용병들도 뒤를 따랐다. 그들 모두는 이전에 약속한 대로 산 풀리나리 광장에 집결했다.

팔라 스트로치와 조반니 구이차르디니는 비록 많은 수의 추종자들을 모았지만, 광장으로 나가지 않고 집에 남아 있었다. 그러자 리날도는 급히 사자를 보내 그들의 더딤을 책망하며, 서둘러 광장으로 나오라고 재촉했다. 이에 대해 조반니는 집에 머물며 형인 피에로가 시뇨리를 도우러 나가지 못하게 막는 것으로, 이미 적과 최선을 다해 싸우고 있다고 대답했다. 팔라는 리날도가 보낸 많은 전령의 압박을 받고 나서야, 걸어서 따라온 2명의 수행원과 함께 무장도 하지 않은 채 말을 타고 산 풀리나리 광장에 나타났다.

그런 모습을 보자마자 리날도는 팔라의 태만을 격렬히 비난하며, 그를 엄하게 꾸짖었다.

"팔라 당신이 다른 이들과 같이 오지 않은 것은 신념이 부족하거나 아니면 용기가 없어서일 것이오. 그러나 평판을 신경 쓰는 사람은 이 두 치욕을 모두 피해야 하오. 그리고 적들과 싸우지 않고 적들이 승리했을 때 그들이 당신을 추방하거나 죽이지 않을 거라고 믿었다면, 당신은 크게 잘못 생각한 것이오.

나로 말할 것 같으면 나는 앞으로 무슨 일이 일어나든, 위험이 닥치기 전에는 조언하는 일을 소홀히 하지 않았고, 위험이 실제로 닥쳤을 때는 행동하는 것을 두려워하지 않았다는 사실로 나 자신을 위로할 것이오. 그렇지만 당신이나 당신과 같은 자들은 당신들이 조국을 세 번이나 배신한 것을 기억하게 된다면, 나중에 몇 배나 가중된 후회를 경험하게 될 것이오.

처음에 당신들은 코시모의 목숨을 살려 주어 조국을 배신했고, 그다음에는 나의 충고들귀족을 같은 편으로 만들어 힘을 강화하자는 충고와 새 새뇨리가 업무를 인수하기 전에 군사를 일으키자는 충고을 무시해 한 번 더 조국을 배신했소. 그리고 지금 이 순간, 이전에 약속한 대로 무기를 들어 우리 당의 대의를 지키는 대신 또다시 비겁하게 조국을 배신하는 대역죄를 자행하고 있소."

리날도의 이런 비난에 대해 팔라는 그곳에 있던 사람들이 알아들을 수 있는 말은 단 한마디도 하지 않고, 낮은 목소리로 혼자 무언가를 중얼거리다 말을 돌려 자기 집으로 돌아갔다.

리날도와 추종자들이 무기를 들었다는 소식을 전해 들은 시뇨리는 아무도 자신들을 도우러 오지 않자 시뇨리아 궁의 문을 안에서 걸어 잠갔다. 누구의 조언도 받지 못한 그들은 무엇을 해야 할지 알지 못했다. 하지만 결코 오지 않은 지원군을 기다리느라 시뇨리아 광장으로 가는 것을 지체한 리날도는, 자신의 당이 승리할 기회를 날려 버렸을 뿐만 아니라 시뇨리에게는 정신을 차리고 방어를 준비할 용기를 주었고, 많은 시민한테는 시뇨리를 찾아가 모든 수단을 동원해 적리날도 당과 휴전할 방법을 강구하라고 조언할 시간을 허용했다.

그리하여 시뇨리가 가장 신뢰하는 몇 사람이 시뇨리 대신 리날도에게 가서, 시뇨리는 정말 리날도를 해칠 의도가 조금도 없는데 왜 이런 소란이 일어났는지 그 이유를 모르겠다고, 혹시 코시모 때문에 이러는 거라면 솔직히 코시모에 관해 시뇨리 사이에 약간의 논의가 있었지만 시뇨리는 그를 귀환시킬 생각이 전혀 없다고, 그러니 리날도와 친구들의 의심을 불러일으킨 것이 코시모의 귀환 문제라면 안심해도 좋다고 설명했다. 그리고 나서 그들시뇨리가 가장 신뢰하는 몇 사람은, 만일 리날도와 친구들이 궁으로 들어온다면 극진한 환대를 받을 것이고, 그들리날도와 친구들의 불만과 요구는 전부 다 수용될 것이라며 리날도를 설득했다.

그렇지만 이런 그들시뇨리가 가장 신뢰하는 몇 사람의 말은 리날도의 마음에 아무런 감흥도 주지 못했다. 그는 우선 현재의 시뇨리를 사임시켜 자신들의 안전을 확보한 후, 모두가 혜택을 누릴 수 있도록 도시를 재정비하겠다고 그들에게 대답했다.

그러나 세력은 비슷한데 의견이 상반되면, 일이 좋게 끝나는 경우가 거의 없게 마련이다. 왜냐하면 시뇨리가 보낸 시민들의 말에 마음이 움직인 리돌포 페루치가 자신이 원한 것은 오직 코시모의 귀환을 막는 것인데, 시뇨리가 이를 약속했으니 자신이 보기에는 충분한 승리를 거둔 것 같다고, 따라서 자신은 더 큰 승리를 얻어내기 위해 도시를 피로 물들이는 짓은 하지 않고 기꺼이 시뇨리의 명을 따르겠다고 말한 뒤, 자기 부하들을 데리고 시뇨리아 궁으로 들어가 큰 환영을 받았기 때문이었다.

그렇게 리날도의 산 풀리나리 광장에서의 지체와 팔라의 소심함, 그리고 리돌포의 이탈로 인해 리날도가 승리할 가능성은 날아가 버렸고, 이에 따라 리날도를 따르던 시민들의 열정도 시들해지기 시작했다. 게다가 그 열정이 완전히 사그라지는 데는 교황의 권위도 한몫했다.

❧ 제32장 ❧

이때 교황 에우제니오4세, 재위 1431~1447년는 로마 시민들에 의해 로마에서 축출당한1434년 6월[1] 후 피렌체에서 지내고 있었다. 이 혼란을 들은 에우제니오는 이를 진정시키는 것이 목자牧者인 자신의 책무라고 생각했다. 그는 시민들이 다치거나 피 흘리는 불상사 없이도, 리날도를 만족시키고 리날도의 안전을 확보할 만큼의 힘과 권위를 자신이 시뇨리아에 갖고 있다고 확신했으므로, 리날도와 매우 가까운 총대주교 조반니 비텔레스키를 리날도한테 보내 교황인 자신을 보러 오라고 청했다.

그래서 총대주교의 설득을 받은 리날도는 자신을 따르는 추종자들을 모두 데리고, 교황이 머물던 산타 마리아 노벨라 수도원으로 갔다. 에우제니오는 리날도에게 시뇨리가 그들 간의 의견 차이를 해결할 권한을 자신에게 위임했다고 알려주며, 그러므로 만일 리날도가 무기를 내려놓는다면 그가 만족할 수 있도록 모든 상황이 정리될 것이라고 말했다.

팔라 스트로치의 냉담함과 리돌포 페루치의 변덕을 이미 경험한 리날도는 달리 더 좋은 계획도 없었기 때문에 교황의 권위가 자신의 안전을 보장해 주기를 바라며 자기 운명을 교황의 손에 맡겼다. 그러자 교황은 밖에서 기다리고 있던 바르바도로와 다른 이들에게, 리날도는 시뇨리와 협상을 진행하기 위해 교황 옆에 남아 있어야 하니, 그들은 그만 집으로 돌아가 무기를 내려놓으라는 말을 전했다. 이 전갈을 들은 그들은 그 즉시 해산하고, 집으로 돌아가 무기를 옆으로 치웠다.

ᨦ᠅ 제33장 ᠅ᨦ

적들이 무장을 해제한 것을 본 시뇨리는 교황을 통해 계속 협상을 진행하는 한편, 몰래 피스토이아의 산악 지방으로 사람을 보내 그곳의 보병 부대를 불렀다. 그러고는 야음을 틈타 이들을 자신들의 모든 중무장 기병과 함께 피렌체市로 들어오게 해 도시의 주요 거점을 장악한 뒤, 사람들을 광장으로 소집해 새 발리아최고 행정회의를 만들었다. 새 발리아는 그 첫 회의에서 코시모뿐만 아니라 그와 함께 추방당한 이들을 전부 조국으로 불러들였으며, 이와 동시에 리날도 델리 알비치 · 리돌포 페루치 · 니콜로 바르바도로 · 팔라 스트로치를 비롯해 적당의 많은 시민을 추방했다.

그때 얼마나 많은 시민이 추방당했는가 하면, 이탈리아 도시 중에 추방당한 피렌체 시민이 없는 도시는 거의 없었으며, 이탈리아 밖의 많은 도시 역시 추방당한 피렌체 시민들로 넘쳐날 정도였다. 이 불행한 사건의 여파로 피렌체는 훌륭한 시민들은 물론이고, 부유하고 근면한 이들까지 셀 수 없이 잃고 말았다.

자신의 부탁으로 무기를 내려놓은 이들에게 닥친 파멸을 목격한 교황 에우제니오는 몹시 불쾌해했으며, 자신의 보호 아래 있는 동안 리날도가 받은 침해에 대해 리날도와 함께 괴로워했다. 하지만 교황은 인내심을 갖고 변화하는 운명 속에 희망을 품으라며 리날도를 위로했다. 그런 교황의 말에 리날도가 대답했다.

"나를 믿어야 했던 이들의 불신과 내가 당신께 드린 과신이 결국 나와 우리 당을 파멸시키고 말았소. 그러나 무엇보다 나는 자기 나라에서도 쫓겨난 당신이, 나를 내 조국에 계속 머물게 해 줄 거라고 믿은 나 자신한테 특히 더 화가 나오. 운명의 여신의 변덕이라면 나 역시 이미 충분히 맛보았고, 나 자신의 번영에 대해서는 믿음이 거의 없었기 때문에 역경이 와도 그리 고통스럽지는 않소. 나도 알고 있소. 운명의 여신은 그녀가 원하면 언제든 내게 다시 친절한 미소를 보낼 수 있다는 것을.

그렇지만 비록 운명의 여신이 절대로 변하지 않는다고 해도, 나는 법이 개인보다 덜 존중받는 도시에서 추방당한 것을 큰 역경이라 여기지는 않을 것이오. 무엇보다 재산과 우정을 안전하게 누릴 수 있는 조국만이 바람직하며, 쉽게 재산을 빼앗기고 또 한 친구가 도움이 절실한 다른 친구를 자신에게 미칠 해악이 두려워서 버리게 만드는 조국은 결코 바람직하지 못하기 때문이오. 게다가 선량하고 지혜로운 이들에게는 조국의 불행을 직접 목격하는 것보다 차라리 멀리서 듣는 편이 항상 덜 비통하며, 조국에서 노예로 살기보다는 명예로운 반역자가 되어 외국을 떠도는 쪽이 언제나 더 높이 평가받기 때문이오.”

이렇게 말하고 나서 분노에 가득 차 교황을 떠난 리날도는 친구들의 비열함과 어리석음은 말할 것도 없고, 자기 자신과 자신의 조언들까지 원망하며 망명길에 올랐다.

한편 자신이 복권復權되었다는 소식을 통보받은 코시모는 피렌체로 돌아왔다. 전쟁에서 승리하고 의기양양하게 귀환한 그 어떤 왕이나 장군도, 코시모가 망명 생활을 청산하고 피렌체로 돌아왔을 때 받았던 절대적인 환영과 존경을 받지는 못했을 것이다. 코시모가 지나가는 곳마다 구름처럼 운집한 수많은 인파가 코시모를 민중의 은인이자, '파드레 델라 파트리아Padre della Patria, 국부(國父)'라고 부르며 열렬히 환호했기 때문이었다.

<망명길에서 돌아오는 코시모 데 메디치> 조르조 바사리Giorgio Vasari

출처 : www.visit-florence-italy.com

제4권

제6장

1 알베리고가 아니라 알베리코 노벨로 다 바르비아노Alberico Novello da Barbiano 로, 산 조르조 부대를 창설한 알베리코 다 바르비아노의 손자다. 제1권 제 34장에 나오는 '로도비코 다 코니오'가 그의 아버지다.

제7장

1 앞서 말했듯, 교황 마르티노 5세는 로마교회의 영토를 빼앗은, 그래서 자신 이 파문까지 한 브라초 다 몬토네와 동맹을 맺은 피렌체를 못마땅해 했다.

2 1420년 앙주의 루이 3세가 나폴리 왕국을 정복하기 위해 캄파니아에 상륙했 을 때 조반나 2세는 피렌체에 지원을 요청했으나 거절당했다. 그러자 여왕 은 아라곤의 알폰소 5세에게 왕위를 물려주겠다고 약속하며 도움을 청했다.

제23장

1 필리포의 비문은 다음과 같다. "다이달로스의 기술에서 필리포가 얼마나 뛰어났는지는 신과 같은 독창력으로 만든 이 유명한 교회산타 마리아 델 피오레 대성당의 웅장한 돔과 많은 다른 작품들이 여실히 보여 주고 있다. 그러므로 그의 훌륭한 영혼과 비상한 재능에 경의를 표하기 위해 그에게 감사하는 조국은 1446년 5월 15일 그를 영원히 기억하며 이곳에 묻는다"
참고로, 다이달로스는 크레타섬의 미노스 왕을 위해 미노타우로스를 가둔 미궁迷宮을 만든 그리스 신화에 등장하는 건축가다. 태양에 너무 가까이 가지 말라는 아버지의 말을 무시하다가 깃털로 만든 날개의 밀랍이 녹아 바다에 떨어져 익사한 이카로스가 바로 그의 아들이다.

제32장

1 교황의 자리에 오른 에우제니오 4세는, 전임 교황 마르티노 5세가 친척인 콜론나 가문에 수여한 성들과 영지의 반환을 끈질기게 요구하다가, 명목 상 교황의 이익에 대항해 로마 시민의 권리를 옹호하던 콜론나 가문과 심 각한 대립을 빚었으며, 결국 그들에 의해 로마에서 축출되었다.

코시모 데 메디치가 복귀한 1434년에서 추방당한 리날도 델리 알비치의 당이 완전히 궤멸하는 1440년까지 비교적 짧은 기간을 다룬 제5권에서는 이 시기에 일어난 크고 작은 전쟁들과 레오나르도 다 빈치의 사라진 그림으로 유명한 앙기아리 전투 등이 생생하게 묘사된다. 이밖에 산타 마리아 델 피오레 대성당의 축성식 및 로마교회와 그리스교회가 역사적 합의를 이룬 피렌체 공의회도 간략하게 소개된다.

제5권

⋙ 제1장 ⋘

프로빈체Provincie, 지방 혹은 속주를 뜻하는 프로빈차(Provincia)의 복수형이지만, 여기서는 국가로 해석하는 것이 옳을 듯하다가 겪는 변화의 과정을 살펴보면 거의 항상 질서에서 무질서로 갔다가, 다시 무질서에서 질서로 돌아간다. 자연은 이 세상의 것들이 멈춰 있는 것을 결코 용납하지 않기 때문이다. 그래서 그것들은 가장 완벽한 경지에 도달해 더 이상 올라갈 곳이 없으면 반드시 내려간다. 마찬가지로 혼란이 일어나 가늠할 수 없는 나락까지 떨어지면 더는 내려갈 수 없으므로 필연적으로 다시 올라가게 된다.

이런 식으로 우리 인간 역시 항상 선에서 악으로 떨어졌다가 다시 악에서 선으로 올라간다. 왜냐하면 미덕은 평온을, 평온은 여가를, 여가는 혼란을, 혼란은 파멸을 낳으며, 거꾸로 파괴에서 질서가, 질서에서 미덕이, 미덕에서 영광스러운 운명이 탄생하기 때문이다.

그러므로 현명한 이들은 뛰어난 문학학문의 시대가 큰 전란이 끝난 뒤에 오며, 모든 국가와 도시에서는 위대한 전사가 훌륭한 철학자 앞에 나타난다는 사실을 잘 알고 있다. 강한 군대는 승리를 그리고 승리는 평화를 가져오는데, 이런 무인의 활기찬 기운은 문학만큼 교묘한 도락道樂이 아니고서는 타락시킬 수 없으며, 그 어떤 탐닉도 문학보다 더 음흉하고 더 위험한 가면을 쓴 채 잘 규율된 사회로 침입하지는 못하기 때문이다.

바빌론 출신의 스토아학파 철학자 디오게네스알렉산더 대왕에게 햇빛을 가리지 말고 비키라고 말한 시노페의 디오게네스가 아니다와 키레네의 카르네아데스형법에서 위법성 조각 사유 중 하나인 긴급 피난 사례를 논할 때 자주 등장하는 '카르네아데스의 널빤지'로 유명하다가 아테네의 사절로 로마 원로원을 찾아왔을 때BC 155년,

대大 카토는 이 의미를 아주 잘 이해하고 있었다. 따라서 그는 로마의 젊은이들이 그 둘을 찬탄하며 따르기 시작하는 것을 보자 이 겉만 번지르르한 '무위無爲'가 자신의 나라에 일으킬 해악을 인지하고, 그 후로 어떤 철학자도 로마에 들어오지 못하게 막는 법을 제정했던 것이다.

그런 식으로 국가는 타락하고, 타락에서 고통을 느끼며, 고통으로 인해 현명해지고, 만일 어떤 이례적인 힘에 의해 완전히 파괴당하지 않는다면, 앞서 말했듯 다시 질서를 회복한다. 이런 이유로 이탈리아는 처음에 고대 토스카나인기원전 7세기 중엽, 토스카나에 뿌리를 내린 에트루리아인의 다스림을 받고 나중에는 로마인의 통치를 받으며, 때로는 행복했고 때로는 비참했다.

그 뒤 로마의 폐허 위에서 그 옛 위대함에 필적하는, 다시 말해 어떤 영웅적인 통치자 아래에서 찬란한 영광을 꽃피우는 그런 제국은 세워지지 못했다. 하지만 로마의 폐허 위에서 일어난 몇몇 새로운 도시들과 국가들이 훗날 보여 준 '비르투Virtù(미덕·능력)'는 매우 커서, 그들 중 누구도 이탈리아를 하나로 통일시키지는 못했지만, 그래도 그들은 서로를 제어하며 균형을 이루었고, 그래서 자유롭게 살며 야만인들로부터 이탈리아를 지켜낼 수 있었다.

이 국가들 사이에서 피렌체 시민들이 세운 국가는 비록 그 영토는 다른 국가들보다 작았지만, 힘이나 권위는 어떤 국가에도 절대 뒤지지 않았다. 아니, 사실 이탈리아 중부에 자리한 위치 덕분에 부유하면서도 항상 싸울 준비가 되어 있던 피렌체 시민들은 자신들을 상대로 벌어진 전쟁에 늘 성공적으로 저항하거나 함께 싸운 동맹국에 승리를 안겨주었다.

그러나 이 새로운 국가들의 미덕으로 오랫동안 평화가 지속되는 일은 일어나지 않았지만, 그렇다고 전쟁의 가혹함에 시달리는 일도 없었다. 국가들이 군사를 일으켜 계속 서로를 공격하는 것을 평화롭다고 말할 수는 없겠지만, 그렇다고 사람이 죽지 않고 도시는 약탈당하지 않으며 국가가 전복되지 않는 싸움을 두고 전쟁이라 부를 수도 없었기 때문이다. 그렇게 그 무렵 이탈리아에서의 전쟁은 두려움 없이 시작되고, 위험 없이 수행되며, 손실 없이 끝날 만큼 무의미해져 있었다.

그리하여 다른 나라에서는 오랜 평화를 거치며 소멸하는 군사적 미덕이, 이탈리아에서는 경멸할만한 방식으로 수행된 전쟁의 미약함으로 인해 사라졌다. 이는 앞으로 서술할 1434년부터 1494년까지의 사건들에서 똑똑히 볼 수 있으며, 그 결과 어떻게 야만인들이 다시 이탈리아로 들어오게 되었으며, 또 어떻게 이탈리아가 한 번 더 야만인들의 지배를 받게 되었는지 1494년 프랑스 샤를 8세의 침공으로 시작해 마키아벨리가 죽은 뒤인 1559년까지 여덟 차례에 걸쳐 일어난 이탈리아 전쟁을 가리킨다 분명히 알 수 있을 것이다.

비록 우리 군주들이 국내외에서 행한 일들이 고대인들의 업적처럼 그들의 미덕과 위대함에 감탄하며 읽히지는 않겠지만, 얼마나 많은 훌륭한 인물들이 그처럼 나약하고 무질서한 군대에 의해 억제되어 왔는지 이해한다면, 그 일들 역시 고대인들의 사례에 못지않은 놀라운 일로 평가될 수 있을 것이다.

그리고 이 타락한 시대에서 일어난 사건들을 서술할 때, 비록 군인의 용기와 사령관의 미덕과 시민의 애국심 등은 일일이 다 기록하지 못하더라도, 받을 자격도 없던 명성을 유지하기 위해 군주와 용병과 공화국의 수장들이 어떤 속임수를 쓰며 얼마나 교활하게 행동했는지, 적어도 그것만은 보여 줄 것이다.

이런 사건들을 아는 것은 어쩌면 고대 역사를 아는 것만큼이나 유용할 수 있다. 고대 역사가 관대하고 자유로운 영혼을 자극해 그 것을 본받게 한다면, 이런 사건들은 관대하고 자유로운 영혼에게 어떤 것을 피하고, 또 어떤 것을 바로잡아야 하는지 그 방법을 알려 줄 수도 있기 때문이다.

ᕐᔕ 제2장 ᔐᕐ

이탈리아는 자신의 군대를 보유하지 못하고 용병을 고용해 전쟁 을 벌이던 통치자의 잘못으로 인해, 군주 간의 합의로 평화가 찾아 와도 곧이어 그들이 고용했던 용병들에 의해 평화가 파괴되는 그런 시대로 떨어졌다. 그래서 사람들은 전시에는 영광을 얻지 못했고, 평시에는 안녕을 얻지 못했다. 1433년 5월 동맹피렌체와 베네치아과 밀 라노 공작필리포 마리아 비스콘티 간에 평화 협정이 체결되자, 전쟁이 계속 되기를 원한 군인들은 그 칼끝을 로마교회로 돌렸다.

그 당시 이탈리아에는 무치오 아텐돌로 스포르차1424년 1월 사망와 브라초 다 몬토네1424년 6월 사망로부터 각각 그 이름을 따온 두 용병 부대, 즉 '스포르체스카Sforzesca'와 '브라체스카Braccesca'가 있었다. 전자의 수장은 무치오의 아들인 프란체스코 백작이었고, 후자의 수 장은 브라초의 부하였던 니콜로 피치니노와 조카인 니콜로 포르테 브라초였다. 이 두 부대의 기치 아래 거의 모든 이탈리아의 군대가 모여 있었다. 두 부대 중 명성이 더 높은 쪽은 스포르차 부대였다. 프란체스코 백작의 탁월한 군사적 능력 외에도, 밀라노 공작 필리포가 자신의 사생아인 마돈나 비앙카를 백작과 결혼시키겠다고 약속했기 때문이었다. 이 결혼에 대한 기대로 백작의 세력은 크게 강화되었다비앙카는 필리포 공작의 유일한 상속인으로, 그녀와 결혼하면 프란체스코 백작은 밀라노 공국을 차지할 수 있게 된다.

여하간 롬바르디아에 평화가 찾아오자, 이 두 부대는 서로 다른 이유로 교황 에우제니오4세를 공격했다. 니콜로 포르테브라초는 브라체스카가 로마교회에 대해 항상 품고 있던 오래된 원한브라초 다 몬토네와 사이가 좋지 않던 전임 교황 마르티노 5세는 그를 파문했을 뿐만 아니라, 용병대장 야코포 칼도라를 보내 그를 죽였다. 제1권 제38장 주3 참조 때문에 움직였지만, 백작은 자신의 야심 때문에 움직였다. 그런 이유로 니콜로는 로마를 공격했고1433년 8월부터 약 1년간, 백작은 교황령이던 마르케 지방을 점령했다1434년 1월.

전쟁에 휘말리는 것을 원치 않았던 로마 시민들은 에우제니오를 로마에서 내쫓았고, 가까스로 위험에서 벗어난 에우제니오는 피렌체로 피신했다1434년 6월, 에우제니오 4세가 피렌체로 피신한 이유는 제4권 제32장 주1에서 언급했듯이 에우제니오 4세와 심각하게 대립하던 콜론나 가문이 밀라노 공작 및 로마 시민들과 힘을 합쳐 반란을 일으켰기 때문이었다. 피렌체에서 자신이 처한 위험을 숙고한 교황은, 최근에 아주 기쁜 마음으로 내려놓은 무기를 자신을 위해 다시 들지 않는 이탈리아 열강들을 보며, 자신이 이미 그들에게 버림받았음을 깨닫고는 할 수 없이 백작과 협정을 맺어 마르케에 대한 지배권을 양도했다.

그러나 백작은 마르케를 뺏는 데 그치지 않고 에우제니오한테 심한 모욕까지 주었다. 자신이 편지를 쓰는 장소를 대리인들에게 언급하며, 라틴어로 적는 이탈리아인의 관습에 따라 다음과 같이 적었기 때문이었다.

Ex Girifalco nostro Firmiamo, invito (Sancto) Petro et Paulo 1

(성 베드로와 성 바울의 뜻에도 불구하고, 지금 내가 살고 있는 페르모 근처의 지리팔코에서).

게다가 백작은 이 영토를 양도받는 것으로 만족하지 않고, 자신을 로마교회의 곤팔로니에레정치·군사 최고위직로 임명해 달라고 교황한테 집요하게 요구했으며, 위험한 전쟁을 수치스러운 평화보다 훨씬 더 두려워했던 에우제니오는 백작의 어떤 요구도 거부하지 못했다1434년 3월.

그렇게 해서 교황의 친구가 된 백작은 니콜로 포르테브라초를 공격했고, 수개월에 걸쳐 서로 물고 물리는 전투가 로마교회 영토 안에서 여러 차례 일어났다. 그렇지만 그 모든 충돌은 전쟁을 벌이는 자들보다 교황과 그 신민에게 더 큰 상처를 남겼다. 그 뒤 밀라노 공작의 중재로 그들은 휴전 협정을 맺었고1434년 7~8월, 그 협정으로 프란체스코 백작과 니콜로 포르테브라초 모두 로마교회의 도시들에서 군주의 지위를 유지하게 되었다.

❧ 제3장 ❧

로마에서 사그라진 전쟁의 불씨는 바티스타 다 칸네토실은 카네톨리(Canetoli)에 의해 로마냐에서 다시 불붙었다. 그는 볼로냐에서 그리포니 가문 사람 몇을 죽이고, 교황의 총독판티노 단돌로을 자신에게 반대하는 다른 이들과 함께 도시 밖으로 쫓아냈으며, 힘으로 정권을 유지하기 위해 필리포 공작에게 도움을 구했다1434년 5~6월. 교황은 이 침해에 복수하기 위해 베네치아와 피렌체에 도움을 청했다. 칸네토와 교황 둘 다 요청한 지원을 받았고, 그리하여 곧 로마냐에는 양측의 대군이 대치하게 되었다.

필리포의 사령관은 니콜로 피치니노였고, 베네치아와 피렌체 동맹군은 가타멜라타'얼룩 고양이'라는 뜻, 도나텔로가 만든 청동 기마상으로 유명한 에라스모 다 나르니의 별명와 니콜로 다 톨렌티노가 지휘했다. 큰 전투가 이몰라 인근에서 벌어졌고 동맹군은 패했다1434년 8월. 니콜로 다 톨렌티노는 사로잡혀 공작에게 호송됐으며, 패전에 대한 울분 때문인지 아니면 공작 쪽의 부당한 수단이를테면 독살에 의해선지, 밀라노에 도착한 지 며칠 후 죽었다사실 톨렌티노는 포로로 잡힐 때 입은 부상으로 이듬해인 1435년 보르고 발디 타로에서 죽었다.

〈가타멜라타의 청동 기마상〉 도나텔로Donatello

출처 : Wikipedia

이몰라 전투에서 승리한 공작은 최근 치른 전쟁들로 재정이 고갈됐기 때문인지, 아니면 이 패배를 맛본 동맹이 서둘러 전쟁을 재개하지는 않을 것으로 생각했기 때문인지, 자신의 성공을 이어가는 것을 그만두고 교황과 동맹이 군대를 재정비할 시간을 주었다.

그러자 새 사령관으로 프란체스코 스포르차 백작을 선임한 피렌체와 베네치아는, 니콜로 포르테브라초를 로마교회의 영토에서 몰아내고 교황을 위해 시작한 전쟁을 그만 끝내려 했다. 한편 교황이 대군의 지원을 받고 있다는 사실을 알게 된 로마 시민들은 교황과 화해하기를 원했고, 교황과 강화를 맺은 후 교황의 대리인 조반니 비텔레스키을 로마로 받아들였다1434년 10월.

이 무렵 니콜로 포르테브라초는 티볼리·몬테피아스코네·치타 디 카스텔로·아시시 등을 장악하고 있었는데 더는 야전에 머물 수 없어 아시시로 몸을 피했고, 백작은 그곳을 포위 공격했다. 하지만 포르테브라초가 씩씩하게 성을 지켜냈기 때문에 포위 공격은 오랫동안 이어졌다. 이를 안 공작은 동맹이 승리하지 못하게 막거나, 혹은 승리할 경우를 대비해 자신의 영토를 지킬 준비를 해야겠다고 생각했다.

그래서 공작은 포위 공격 중인 백작을 끌어내기 위해 니콜로 피치니노에게 로마냐를 지나 토스카나로 들어가라고 명령했다. 이에 놀란 동맹은 아시시를 차지하는 것보다 토스카나를 지키는 일이 더 중요하다고 판단하고, 군대와 함께 이미 포를리에 와 있는 니콜로 피치니노를 막으라고 백작에게 명령했다. 명령을 받은 백작은 자신의 영토를 지키며 마르케에서의 전쟁을 계속 수행하는 일을 동생인 레오네Leone한테 맡기고, 자신은 군대를 이끌고 체세나로 진격했다.

니콜로 피치니노는 지나가려 하고 백작은 막으려 하는 동안, 포르테브라초가 용감하게 레오네를 공격해서 그를 사로잡고 그 군대를 괴멸시키는 영광스러운 승리를 얻었다1435년 7월. 이어 포르테브라초는 승리의 여세를 몰아 마르케의 많은 다른 도시를 공격해 단번에 빼앗았다.

이 상황을 전해 들은 백작은 몹시 괴로워했다. 자신의 모든 영토를 잃었다고 생각했기 때문이었다. 그래서 백작은 군대의 일부를 니콜로 피치니노를 막기 위해 남겨두고, 자신은 나머지 군대를 이끌고 포르테브라초를 공격해 마침내 승리했다. 이 싸움에서 진포르테브라초는 상처를 입고 감옥에 갇혔다가 그 부상으로 죽었다1435년 8월. 사실 니콜로 포르테브라초는 전투 중 개천을 건너다 말에서 떨어졌으며, 니콜로 다 톨렌티노의 아들 크리스토포로에게 치명상을 입고 현장에서 몇 시간 후 죽었다.

이 승리로 교황은 니콜로 포르테브라초에게 빼앗겼던 모든 도시를 회복했고, 수세에 몰린 밀라노 공작은 화평을 청할 수밖에 없었다. 얼마 뒤 페라라 후작 니콜로 데스테3세의 중재로 평화 협정이 체결됐다1435년 8월. 이 협정으로 공작이 로마교회로부터 빼앗았던 로마냐의 도시들은 전부 반환되었고, 공작의 군대는 롬바르디아로 돌아갔다.

힘 있는 자의 동의를 받거나 그 힘을 빌려 권력을 유지하는 이들이 다 그러하듯, 공작의 군대가 로마냐를 떠나자 자신의 세력이나 미덕능력으로는 계속 볼로냐를 소유할 수 없었던 바티스타 다 칸네토는 달아났고1435년 10월, 상대 당의 수장인 안톤 갈레아초 벤티볼리오가 볼로냐로 돌아왔다1435년 12월 4일. 그러나 안톤 갈레아초는 같은 달 23일 그를 의심한 볼로냐의 새 교황 총독 다니엘레 스코티(Scoti)에게 살해당했다.

✎ 제4장 ✎

이 모든 사건은 코시모가 추방당해 있을 때 일어났다. 코시모가 돌아온 후, 그를 돌아오게 만든 시민들과 적당의 침해를 받았던 수

많은 이들은 무슨 수를 써서라도 정부를 독차지하기로 했다. 그러므로 1434년 11월과 12월의 시뇨리아로 선출된 이들은 전임자들이 자기 당을 위해 했던 일에 만족하지 않고, 이미 추방당한 이들의 기간을 연장하고 그 지역을 변경했으며, 또 새로이 다른 많은 이를 추방했다. 이런 해악들에 더해, 많은 시민이 적당敵黨에 속하기 때문이 아니라 그들이 지닌 재산이나 가족 관계, 혹은 사적인 원한 때문에 더 큰 해를 당했다.

만일 이런 조치들이 유혈 사태를 동반했다면, 술라나 옥타비아누스의 추방과 유사했을 것이다다시 말해 많은 이가 죽지는 않았다. 하지만 그렇다고 이 추방에 유혈 사태가 전혀 없었던 것은 아니었다. 베르나르도 구아다니코시모를 추방한 곤팔로니에레의 아들 안토니오가 추방지를 이탈한 죄로 참수당했고베르나르도 역시 코시모가 돌아온 지 얼마 안 돼 갑자기 죽었다, 차노비 데이 벨프라텔리와 코시모 바르바도리가 포함된 다른 네 시민의 비극도 있었기 때문이었다. 이 네 명은 추방당한 지역을 벗어나 베네치아로 갔고, 자신들의 명예보다 코시모 데 메디치와의 우정을 더 소중히 여긴 베네치아 의회는 그 넷을 체포해 코시모에게 보냈으며, 결국 그들은 모두 부당한 죽음을 맞이했다.

베네치아의 이런 행동은 그토록 강력한 공화국조차 피렌체 앞에서는 작아지는 것으로 보여 코시모 당에는 커다란 명성을 가져다주었고, 반면 적들에게는 극도의 공포를 안겨 주었다. 그러나 베네치아가 이렇게 행동한 이유는 코시모에게 이익을 주려고 했다기보다, 피렌체에 당파의 불길을 일으키고 유혈 사태를 통해 시민들 사이의 분열을 더욱 확대하려는 것이었다. 베네치아는 우리 도시의 단결만큼 자신들의 성장을 방해하는 장애물은 없다고 이해했기 때문이었다.

아무튼 앞서 말한 것처럼 도시가 통치자에게 적대적이거나 그들의 의심을 산 자들로부터 자유로워지자, 코시모 당은 세력을 강화하기 위해 다른 이들에게 호의와 혜택을 베풀어 새로운 추종자를 만드는 데 매진했다. 그들은 알베르티 가문을 비롯해 이전 정부에 의해 추방당했던 이들을 모두 조국으로 돌아오게 해 주었고, 극소수를 제외한 모든 귀족을 평민의 신분으로 바꾸었으며즉 공직에 나갈 길을 열어 주었고, 추방자들의 재산을 자기들끼리 헐값에 나눠 가졌다.

그리고 나서 그들은 새로운 법과 제도로 자신들의 힘을 늘렸으며, 새 스쿠티니공직에 오를 이들의 이름이 적힌 명단를 만들어 공직자를 뽑는 자루에서 적들의 이름을 빼내고 대신 친구들의 이름을 집어넣었다. 그렇지만 적들의 파멸을 보며, 고위 공직자를 단순히 추첨으로 선출해서는 정권을 지킬 수 없다고추첨으로 뽑힌 1434년 9월과 10월의 시뇨리아는 모두 코시모의 추종자들이었고, 이것이 리날도 당이 몰락하는 원인이 되었다. 제4권 제30장 참조 확신한 그들은, 사람들의 생사여탈권을 가진 행정장관직을 항상 자기 당의 지도자들로 채워야겠다고 판단했다. 그래서 그들은 공직자를 선출하는 자루에 새 이름을 집어넣는 일을 맡은 관리, 즉 '아코피아토리Accoppiatori(연결자들)'가 퇴임하는 시뇨리아정의의 곤팔로니에레와 시뇨리와 함께 새 시뇨리아를 선임할 권한을 갖는다는 법령을 제정했다.

또한, 그들은 오토 디 구아르디아8인의 경비대장에게 사형을 집행할 권한을 주고, 추방 기간을 다 마친 추방자라도 만일 총 37명의 시뇨리아와 콜레지부오니 우오미니와 평민 부대의 곤팔로니에리 중에서 34명 이상의 동의를 얻지 못하면 피렌체로 돌아올 수 없다는 법을 통과시켰으며, 추방자들에게 편지를 쓰거나 그들로부터 편지를 받는 것을 일절 금지하고, 조금이라도 통치자들을 불쾌하게 만드는 모든 단어·신호·행위 등을 매우 엄하게 처벌했다. 그리고 만일 이런 각종

규제로도 처벌하지 못하는 밉살스러운 인간이 아직 피렌체에 남아 있으면, 감당할 수 없는 새로운 세금으로 그를 짓밟았다.

이런 조치로 단기간에 반대파 전체를 몰아내거나 궁핍하게 만든 이 새 통치자들은 정부를 확실히 장악했으며, 외부의 도움을 받기 위해서뿐만 아니라 외부의 도움을 받아 자신들을 공격하려는 적들을 막기 위해 교황과 베네치아는 물론이고 밀라노 공작과도 상호방위 조약을 체결했다1435년 8월.

<h2 align="center">ॐॐ 제5장 ≪≪</h2>

피렌체에서 이런 일들이 벌어지는 동안 나폴리 여왕 조반나2세가 63세를 일기로 죽고1435년 2월, 유언에 따라 앙주의 르네앙주의 루이 3세의 동생가 나폴리 왕국의 후계자가 되었다. 그때 아라곤의 왕 알폰소5세는 시칠리아에 있었는데알폰소 5세는 1416년부터 아라곤과 시칠리아 왕이었다, 나폴리 왕국의 영주들과 친분을 쌓으며 왕국을 차지할 준비를 하고 있었다. 하지만 나폴리 시민들과 대다수 영주는 르네를 지지했다. 교황은 르네나 알폰소가 나폴리 왕국을 차지하는 것을 바라지 않았으며, 내심 자기가 임명한 총독을 통해 직접 나폴리 왕국을 다스리기를 원했다.

그러던 중 알폰소가 나폴리 왕국으로 들어와서 세사 아우룬카 공작마리노 마르차노(Marzano)의 환대를 받았다마리노 마르차노는 이로부터 약 9년 뒤인 1444년 알폰소 5세의 딸 엘레오노라 다라고나(Eleonora d'Aragona)와 결혼한다. 거기서 알폰소는 예전에제1권 제38장 참조 자신이 고용했던 영주들을 소집했다. 무엇보다 타란토 영주조반니 안토니오 오르시니 델 발초(Balzo)가 이미 자신알폰소의 이름으로 카푸아나폴리에서 북쪽으로 약 25km 떨어져 있다를 장악하고 있었으므로, 그곳을 거점으로 나폴리를 정복할 생각이었기 때문이다. 그래서 알폰소는 함대를 보내 나폴리 시민들이 르네를 위해 보유하고 있던 가에타 요새를 공격했다.

그러자 그들은 필리포 공작에게 도움을 구했다. 공작은 가에타를 도우러 가라고 제노바에 명령했으며, 제노바는 한편으로 자신들의 군주인 공작을 만족시키고, 다른 한편으로 나폴리와 가에타에 보관한 자신들의 상품을 구하기 위해 강력한 함대를 편성했다.

이 소식을 들은 알폰소는 자신의 함대를 보강한 뒤, 몸소 배를 타고 제노바 함대와 싸우러 나갔다. 그러나 폰차 제도 인근에서 치러진 전투에서 알폰소의 아라곤 함대는 패했고, 알폰소는 자신을 따르던 많은 영주와 함께 제노바 함대에 사로잡혀 필리포 공작의 손에 넘겨졌다1435년 8월.

이 승리로 필리포 공작의 힘을 두려워하던 이탈리아의 모든 군주

⟨14세기 초 제노바 항구와 함대⟩ 퀸토 첸니Quinto Cenni

가 경악했다. 그들은 필리포 공작이 이탈리아 전체의 주인이 될 아주 좋은 기회를 잡았다고 생각했기 때문이었다. 그렇지만 필리포 공작은 이런 우려와는 완전히 상반되는 길을 택했다. 그 이유에 대해서는 지금도 사람마다 의견이 분분하다.

알폰소는 매우 현명한 사람으로 필리포 공작과 이야기할 기회를 얻자, 먼저 공작에게 자신을 반대하고 르네를 지지하는 것은 정말로 치명적인 잘못을 저지르는 것이라고 지적했다.

"만일 르네가 나폴리 왕국의 왕이 되면, 위급할 때 친구들한테 길을 열어 달라고 요청할 필요 없이 가까운 곳에서 도움을 받을 수 있도록, 밀라노를 프랑스 왕에게 넘기기 위해 최선을 다할 것인데르네는 프랑스 발루아 왕가의 제2대 국왕인 장 2세의 증손자다, 그 일은 전하필리포 공작를 파멸시키고 롬바르디아를 프랑스 속주로 만들지 않으면 달성할 수 없기 때문입니다.

하지만 만일 제가 나폴리 군주가 된다면 상황은 전혀 달라질 것입니다. 저는 오직 프랑스만을 두려워하므로 적프랑스에게 길을 열어 줄 힘이 있는 사람필리포 공작을 필연적으로 공경하고 지지할 수밖에, 아니, 그에게 복종할 수밖에 없기 때문입니다. 따라서 나폴리 왕국의 왕위는 저 알폰소한테 가지만, 그 힘과 권한은 전하의 소유가 될 것입니다.

그러니 만일 전하께서 개인적인 감정르네를 나폴리 왕으로 세우는 것이 좋겠다는 생각을 만족시키기보다 밀라노의 안전을 확보하고 싶으시다면, 한 방책르네가 왕이 되는 경우의 위험과 다른 방책알폰소가 왕이 되는 경우의 이익을 저보다 훨씬 더 깊이 숙고하셔야 할 것입니다. 후자의 경우 전하는 자유롭고 독립적인 군주가 되시겠지만, 전자의 경우에는 두 명의 강력한 군주프랑스 왕과 르네 사이에 끼여 밀라노를 강탈당하거나, 아니면 끊임없는 불안 속에 살며 노예처럼 그들을 섬겨야 하기 때문입니다."

알폰소의 이 말은 공작의 마음을 크게 흔들어 놓았고, 그래서 공작은 계획을 바꿔 알폰소를 풀어준 뒤, 격식을 갖춰 제노바로 보냈다가 다시 나폴리 왕국으로 돌려보냈다. 나폴리 왕국에 도착한 알폰소는, 그의 석방 소식이 알려지자마자 그를 지지하는 영주들이 빼앗은 가에타로 이동했다.

ᔕᕼ 제6장 ᕼᕼ

제노바 시민들은 공작이 자신들을 조금도 고려하지 않고 알폰소를 풀어주자 기분이 몹시 상했다. 공작은 처음에 자신들의 비용과 희생으로 승리의 영광을 차지했을 뿐만 아니라 나중에 알폰소를 석방해 관대하다는 명성까지 누렸지만, 정작 자신들에게는 전투에 패해 포로가 되었던 알폰소의 원한만이 쏟아졌기 때문이었다.

제노바市가 자유롭던 시절 그들은 '도제Dòge'라고 부르는 수장을 자유 투표로 선출했다. 도제는 절대적인 군주가 아니며, 단독으로 모든 것을 결정하지도 않았다. 그는 단지 정부의 수장으로서 행정장관들이나 평의회가 숙고하고 결정해야 할 국가의 대소사를 제시했다.

그런데 그 도시에는 아주 유력한 귀족 가문이 많았고, 그들은 행정장관들의 권위에 잘 복종하지 않았다. 그중에서도 가장 강력한 가문은 캄포프레고소와 아도르노 가문이었다. 이 두 가문으로 인해 도시에 분열이 생겼고 질서가 파괴되었다. 그들은 도제의 권력을 두고 시민사회적 방식보다는 대개 무력으로 다투었고, 따라서 거의 항상 어느 한쪽은 권력을 쥐고 다른 한쪽은 고통을 당하는 일이 일어났으며, 종종 권력을 잃은 자들이 외국 군대를 끌어들여 자신들이 다스릴 수 없게 된 조국을 외국 정부에 종속시키는 일까지 벌어졌기 때문이었다.

그런 연유로 롬바르디아를 통치하는 자들이 거의 언제나 제노바를 지배하는 일이 발생했으며, 또 지금도 여전히 발생하고 있다. 아라곤의 알폰소가 사로잡혔을 때도 마찬가지였다. 제노바를 필리포 공작에게 갖다 바친 제노바의 제일가는 시민 중에는 프란체스코 스피놀라라는 인물이 있었다. 그는 조국을 필리포 공작의 노예로 만든 지1421년 얼마 되지 않아, 그런 경우 흔히 그러하듯 공작의 의심을 사게 되었다.

이에 격분한 그는 자발적으로 가에타로 망명길을 떠났고, 그곳에서 알폰소와의 해전이 발발했을 때 아주 용감하게 싸웠다. 그러므로 그는 자신이 다시 공작의 신임을 받을 만한 큰 공을 세웠으니, 그 보답으로 이제 제노바에서 안전하게 지낼 수 있을 것으로 생각했다.

그러나 공작이 계속 자신을 의심하자 ─공작이 계속 스피놀라를 의심한 이유는, 조국의 자유를 사랑하지 않은 자가 자신을 끝까지 사랑할 것이라고 믿지 않았기 때문이었다─ 그는 언젠가 다시 자신의 운을 시험해, 단 일격으로 조국의 자유를 복원하고 자신의 명성과 안전도 회복하기로 마음먹었다. 스스로 끌어들인 이 예속을 자기 손으로 끝내지 않으면, 동료 시민들과 화해할 방법이 전혀 없다는 것을 잘 알고 있었기 때문이었다.

그러던 중 알폰소를 풀어준 일을 계기로 공작에 대한 분노가 온 제노바를 뒤덮는 것을 보자, 스피놀라는 자신의 계획을 실행에 옮길 적기가 왔다고 판단했다. 그리하여 자기와 생각이 비슷하다고 알려진 사람들에게 자신의 계획을 이야기하며, 함께 거사를 도모하자고 끈질기게 설득했다.

᠙᠙᠙᠙ 제7장 ᠙᠙᠙᠙

세례자 성 요한의 축일실은 사도 요한의 축일인 1435년 12월 27일이 다가왔을 때, 공작이 보낸 새 총독 에라스모 트리불치오Erasmo Trivulzio가 제노바로 들어왔다. 새 총독이 물러나는 총독 오피치노 달차테Opizzino D' Alzate와 더불어 많은 제노바인을 대동하고 도시 안으로 들어오자, 프란체스코 스피놀라는 이 이상 시간을 지체해서는 안 되겠다고 생각했다. 그래서 자신의 계획을 알고 있는 이들과 함께 서둘러 무장을 갖추고 집을 나와, 곧장 집 앞 광장으로 달려가 자유를 소리 높여 외쳤다.

이 신성한 외침을 듣고 그토록 많은 시민이, 그것도 놀라울 만큼 빠른 속도로 한꺼번에 광장으로 몰려드는 광경은 얼마나 장관壯觀이었을까! 아무튼 쇄도하는 군중의 맹렬함이 어찌나 무서웠던지, 사적인 이익을 위해서든 혹은 다른 어떤 이유에서든, 공작의 정부를 지지하던 그 누구도 무기를 들 엄두는 고사하고 도망칠 생각조차 하지 못했다.

새 총독은 급한 대로 주위에 있던 몇몇 제노바인과 함께 공작의 병사들이 지키는 요새Castelletto로 피신했다새 총독은 결국 사로잡혀 투옥되었으나, 나중에 니콜로 피치니노에 의해 풀려났다.

한편 오피치노는 자신의 명령을 받는 2,000명의 무장 병력이 주둔하는 궁총독 관저으로 가면, 일단 자신의 안전을 확보할 수 있으며, 또 거기서 친구들에게 포기하지 말고 견디라고 독려할

출처 : www.infogenova.info

폭군 오피치노 달차테가 민중의 분노로 이곳에서
권력과 목숨을 모두 잃었다고 설명하는 명판

수도 있다고 생각해 그쪽으로 방향을 잡았다. 그렇지만 궁 앞 광장에 도달하기도 전에 그는 살해당했고, 갈기갈기 찢긴 시체는 거리 곳곳으로 질질 끌려다녔다.

이런 식으로 도시를 되찾은 제노바 시민들은 '카피타니 디 리베르타Capitani di Libertà('자유의 지도자들'이라고 불린 8명)'의 지휘하에 불과 며칠[1]만에 공작의 군사들이 차지하고 있던 도시 안의 성채와 그 밖의 다른 요새들을 빼앗고, 필리포 공작의 멍에를 완벽하게 벗어던졌다.

ᘺ៛ 제8장 ᙏᙏ

제노바에서 일어난 이 사건이 온 이탈리아에 전해지자, 이전에 공작이 너무 강력해지지 않을까 두려워하던 이탈리아의 군주들은 이제 공작을 억제할 수도 있겠다고 생각하기 시작했다. 그래서 최근 1435년 8월에 맺은 공작과의 동맹에도 불구하고, 피렌체와 베네치아는 새로 제노바와 협정을 맺었다.

이 소식을 들은 리날도 델리 알비치와 추방당한 피렌체의 다른

수장들은 정세가 바뀌어 새로운 혼란이 일어날 가능성이 크다고 판단하고, 피렌체와 전쟁을 벌이도록 공작을 유인할 수도 있겠다는 희망을 품었다. 그렇게 부푼 희망을 품고 밀라노로 간 리날도는 필리포 공작에게 다음과 같이 말했다.

"비록 한때 전하의 적이었던 저희가 감히 전하께 조국으로 돌아갈 수 있도록 도와주시기를 간청하러 이렇게 전하 앞에 섰습니다만, 전하는 물론이고 인생의 영고성쇠와 운명의 변덕스러움을 숙고해 본 사람이라면 어느 누구도 지금의 이 상황에 놀라지는 않을 것입니다. 저희는, 과거 저희가 전하께 행한 일과 앞으로 조국에 행할 일에 대해 정당하고 합리적인 이유를 수없이 제시할 수 있기 때문입니다.

공정한 사람은 무슨 수를 써서라도 조국을 지키려는 이들을 절대 비난하지 않을 것입니다. 과거 저희가 전하와 맞섰던 이유는 오직 조국의 파멸을 막으려던 것뿐, 전하를 해치려는 의도는 전혀 없었습니다. 저희피렌체와 베네치아 동맹의 승리가 최고조에 달한 순간, 전하께서 진정으로 평화를 원한다는 사실을 알게 되자마자, 저희가 전하보다 더 적극적으로 평화 협정1433년 5월 페라라 협정에 나섰다는 점이 바로 그 증거라고 할 수 있습니다. 그러므로 현재의 저희는, 지금 전하의 호의를 얻는 것을 막는 일들을 했던 과거의 저희를 비난할 수 없습니다.

저희 조국 역시, 이전에 불굴의 의지로 전하로부터 조국을 지켜냈던 저희가, 이제 조국을 상대로 무기를 들라고 전하를 설득한다고 해서 저희를 비난할 수는 없습니다. 모든 시민을 똑같이 사랑하는 조국만이 모든 시민의 사랑을 받을 자격이 있으며, 선택받은 극소수의 시민만을 사랑하고 남은 다수를 소홀히 대하는 조국은 그럴 자격이 없기 때문입니다.

실제로 조국을 상대로 무기를 든 이들이 항상 비난을 받았던 것은 아닙니다. 도시는 비록 각양각색의 사람과 제도로 이루어져 복잡하지만 인간의 신체와도 많이 닮아 있어서, 마치 인간의 몸에 칼이나 불을 사용해야만 치료할 수 있는 질환들이 자주 생기는 것처럼, 도시에도 종종 가장 선량하고 자비로운 시민들조차 필요하다면 칼을 써서라도 치료하는 것이 치료하지 않고 그냥 놔두는 것보다 훨씬 더 낫다고 생각하는, 아주 크고 심각한 폐해가 발생하기 때문입니다.

그러면 공화국이라는 몸에 예속보다 더 나쁜 질병이 달리 무엇이 있으며, 이 질환을 제거하는 것보다 더 절실한 치료가 대체 또 무엇이 있겠습니까? '필요한 전쟁보다 더 정당한 전쟁은 없으며, 다른 희망이 남아 있지 않을 때는 무력도 경건하다'[1]라고 했습니다. 저는 어떤 필요가 저희 필요보다 더 큰지 알지 못하며, 조국을 예속에서 벗어나게 하는 것보다 더 경건한 의무가 무엇인지 알지 못합니다. 그러므로 단언컨대 저희의 대의는 정당하고 경건하며, 저희뿐만 아니라 전하께서도 그리 생각하실 것이라 확신합니다.

물론 정의는 전하의 편에서도 절대 부족하지 않습니다. 지금의 피렌체 통치자들코시모 당은 그토록 엄숙하게 전하와 평화 협정을 체결해 놓고도1435년 8월, 전하를 상대로 반란을 일으킨 제노바와 동맹을 맺는 것을 조금도 부끄러워하지 않았기 때문입니다. 그러니 만일 저희의 대의가 전하를 움직이게 하지 못한다면, 그들에 대한 전하의 정당한 분노가 전하를 움직이게 하십시오.

더욱이 이 과업은 아주 수월하게 이루실 수 있습니다. 이제 전하는 더 이상 예전에 겪으셨던 기억, 다시 말해 과거 자신들을 지켜내던 피렌체 시민들리날도 당의 강인함과 그 집요함에 대한 기억으로 두려워하실 필요가 없기 때문입니다. 만일 지금의 피렌체 시민들이 여전히 그때와 똑같은 미덕을 발휘한다면, 그들을 두려워하시는 게 어찌 보면 너무나 당연한 일입니다. 그렇지만 이제 상황은 완전히 변했습니다. 최근에 도시의 부와 산업의 대부분을 쫓아낸 국가에 무슨 활력을 기대할 수 있으며, 그토록 수많은 새로운 적의로 사분오열된 시민들 안에 무슨 불굴의 의지 같은 것이 남아 있겠습니까?

그 도시에 만연한 분열은 이제 아직 그곳에 남아 있는 재물조차 더는 예전처럼 쓰이지 못하게 막을 것입니다. 인간은 전시에 쓴 것을 평시에 되찾을 수 있을 것이라는 희망으로, 자신의 명예와 영광과 조국의 안녕을 위해 기꺼이 자기 재산을 사용하는데, 전시에는 적의 침해를 참고 평시에는 통치자의 오만을 참아야 하는, 전시나 평시나 똑같이 억압받고 있다고 생각할 때는 결코 돈을 쓰려 하지 않기 때문입니다. 아니, 사실 사람들은 적의 강탈보다 동료 시민들의 탐욕에 훨씬 더 깊은 상처를 받습니다. 적의 탐욕은 언젠가 끝이 날 것이라고 기대할 수 있지만, 동료 시민들의 탐욕은 절대로 끝나지 않기 때문입니다.

그러므로 지난 전쟁에서 전하는 단결된 피렌체 전체와 싸우셨다면, 이제는 단지 도시의 극히 일부분과 싸우시면 됩니다. 이전에 전하는 많은 선량한 시민으로부터 피렌체를 빼앗으러 오셨지만, 이제 소수의 사악한 자들과 싸우러 가시는 것입니다. 과거 전하는 한 도시의 자유를 빼앗으러 오셨으나, 이제 전하는 그 도시에 자유를 돌려주러 가시는 것입니다. 사정이 이처럼 확연히 다른데, 전과 똑같은 결과가 나올 것이라고 지레짐작하는 것은 전혀 합리적이지 않으며, 그래서 수월하고 확실한 승리를 기대하셔도 좋다고 말씀드린 것입니다.

이 승리로 전하의 힘이 얼마나 강력해질지는 쉽게 판단하실 수 있으실 것입니다. 전하께서는 자유를 되찾아 준 일을 매우 감사해하는, 아주 큰 빚을 진 강력한 친구들을 토스카나에 갖게 될 것이며, 그 결과, 미래에 어떤 과업을 진행하실 때는 밀라노보다 오히려 그 친구들로부터 더 많은 지원을 받게 되실 것이기 때문입니다.

게다가 과거라면 야심적이고 폭력적인 것으로 여겨졌을 이 획득피렌체 정벌이, 이제는 정당하고 자비로운 것으로 평가될 것입니다. 그러니 이 기회를 놓치지 마십시오. 피렌체를 향한 전하의 이전 전쟁들이 고난과 불신과 비용만을 안겼다면, 이번 원정은 전하께 막대한 이득과 고결한 명성을, 그것도 아주 손쉽게 가져다줄 것입니다. 부디 이 점을 잊지 마십시오."

✎ 제9장 ✎

피렌체와 전쟁을 벌이도록 공작을 설득하는 데는 많은 말이 필요하지 않았다. 공작은 항상 타고난 증오와 맹목적인 야심에 이끌린데다 피렌체가 제노바와 맺은 협정에 격노했기 때문이었다. 하지만 과거의 전쟁들이 초래한 막대한 비용과 커다란 위험, 그리고 최근의 손실에 대한 기억과 피렌체 추방자의 헛된 희망은 공작을 망설이게 했다.

공작은 제노바의 반란 소식을 듣자마자, 즉시 자신이 보유한 모든 중무장 기병과 자기가 밀라노에서 끌어모을 수 있는 보병 전부를 니콜로 피치니노와 함께 제노바로 급파해서, 제노바 시민들의 마음이 안정되고 새 정부가 확립되기 전에 제노바를 되찾으려고 시도했다. 자기 병사들이 지키고 있는 제노바市 안의 성채를 크게 신뢰했기 때문이었다.

그러나 니콜로 피치니노는 비록 교전 초기에 제노바의 산악 지대를 장악하고, 제노바인이 요새화한 폴체베라Polcevera 계곡을 빼앗은 뒤 그들을 도시의 성벽 안으로 몰아넣었지만, 도시를 지키려는 제노바 시민들의 완강한 저항에 막혀 그 이상 앞으로 나아가지 못하고 포위를 풀 수밖에 없었다.

그러자 공작은 피렌체 망명자들의 조언에 따라 니콜로에게 리비에라 디 레반테Riviera di Levante, 리구리안 리비에라(Ligurian Riviera)라고도 하며, 제노바의 동부 해안을 가리킨다를 공격한 후 피사 국경으로 가서 제노바 교외에서 했던 것만큼 격렬한 전쟁을 벌이라고 명령했다. 공작은 이런 움직임이 시간이 흐르면서 자신이 채택해야 할 방책을 알려줄 것으로 생각했다. 그리하여 니콜로는 제노바가 다스리던 사르차나를 공격해 빼앗은 뒤 그 교외를 초토화시켰다. 그러고는 피렌체 통치자들을 더욱 놀라게 할 목적으로 루카를 향해 진격하며, 자신은 아라곤 왕알폰소 5세을 도우러 나폴리로 가는 중이라는 소문을 널리 퍼뜨렸다.

한편 이 새로운 사건들이 발발하자 에우제니오4세는 피렌체를 떠나 볼로냐로 갔고1436년 4월, 거기서 동맹피렌체·베네치아과 공작 간에 화해를 끌어내기 위해 노력했다. 교황은 만일 공작이 자신의 제안에 동의하지 않는다면, 그 당시 교황의 친구로 교황의 돈을 받고 싸우던 프란체스코 백작을 동맹에 보내겠다고 은근히 공작을 위협하기도 했다.

교황은 이 문제를 해결하려고 무던히도 애를 썼다. 하지만 그런 그의 노력은 모두 수포로 돌아갔다. 공작은 자신에게 제노바를 돌려주겠다는 내용이 들어 있지 않은 그 어떤 제안도 받아들이지 않았고, 동맹은 제노바가 자유롭게 남아 있기를 원했기 때문이었다. 그러므로 양측은 평화가 지속될 것을 믿지 못하고, 각자 전쟁을 준비했다.

✦✧ 제10장 ✧✦

그사이 니콜로 피치니노가 루카에 도착하자, 앞으로 있을 새로운 공격에 대비하기 위해 피렌체 통치자들은 네리 디 지노카포니에게 중무장 기병을 이끌고 피사를 순찰하라고 명령하고피사는 1406년 피렌체에 합병됐다. 제3권 제29장 참조 교황의 허락을 받아 프란체스코 백작을 네리의 군대에 합류시켰으며, 연합군은 산타 곤다에 진지를 세웠다1436년 10~11월.

루카에 있던 니콜로 피치니노는 나폴리 왕국으로 가는 길을 요구했으나 거부당하자, 이를 힘으로 빼앗겠다고 위협했다. 양측의 군대는 그 병력이나 지휘관들의 능력이 막상막하여서 어느 쪽도 선뜻 무운을 시험하려 들지 않았으며, 더욱이 1436년 12월의 매서운 추위에 막혀 서로를 공격하지 않은 채 여러 날을 그냥 보냈다.

먼저 움직인 것은 니콜로 피치니노였다. 야음을 틈타 비코피사노Vicopisano를 공격하면 쉽게 장악할 수 있다는 정보를 탐지한 니콜로는 공격에 나섰고, 비록 이를 빼앗는 데는 성공하지 못했지만 주변의 교외를 약탈했다. 그리고 나서 그는 산 조반니 알라 베나 마을을 약탈하고 불태웠다.

사실 이 공격은 그리 큰 성과라고 할 수 없었다. 하지만 이에 고무된 니콜로는, 특히 백작과 네리가 자기 진영에 틀어박혀 아무런 움직임도 보이지 않자 더 많은 시도를 해보기로 마음먹었다. 그래서 그는 성탄절 당일 프라토市 인근의 카스텔로 산타 마리아와 프라토 교외의 필레톨레Filettole 산타 마리아를 공격해 그 두 곳을 모두 빼앗았다.

그러나 이런 공격들에도 불구하고 피렌체군은 움직이지 않았다. 피렌체군이 움직이지 않은 이유는 백작이 니콜로를 두려워했기 때문이 아니라, 평화 협정을 위해 노력 중인 교황을 존중해 피렌체 정부가 전쟁의 최종 승인을 미루고 있었기 때문이었다. 그렇지만 니콜로는 피렌체군의 그런 신중한 태도를 자신에 대한 두려움의 결과라고 믿고 용기백배해, 바르가를 공격하기로 마음먹고 전군을 이끌고 진격했다1437년 1월.

이 새 도발에 피렌체 통치자들은 이제 다른 모든 고려 사항은 제쳐두고, 바르가를 구하는 동시에 루카의 교외까지 공격하기로 했다. 이런 결정에 따라 백작은 니콜로를 쫓아 바르가로 달려가 그 성벽 아래에서 니콜로와 전투를 벌였으며, 싸움에서 지고 큰 혼란에 빠진 니콜로는 포위를 풀고 퇴각했다1437년 2월.

한편 베네치아는 공작이 이미 평화 협정을 깨뜨렸다고 판단하고, 그들의 용병대장인 만토바 후작 잔프란체스코 곤차가1세를 공작의 영지인 기아라다따Ghiaradadda로 보냈다. 곤차가가 기아라다따 일대를 쑥대밭으로 만들자 공작은 서둘러 니콜로를 토스카나에서 소환했다1437년 3월.

프란체스코 백작의 승리와 니콜로의 소환에 힘을 얻은 피렌체 통치자들은, 지금 루카와 전쟁을 벌이면 루카를 얻을 수 있을 것이라는 희망에 부풀었다. 이 당시 루카와의 전쟁에 뛰어들며 그들은 아무런 두려움도, 또 어떤 양심의 가책도 느끼지 않았다. 그들이 유일하게 두려워하는 필리포 공작은 베네치아와 싸우느라 정신이 없었고, 루카는 피렌체의 적공작의 군대을 자기 도시에 받아들여 피렌체를 공격하게 내버려 두었으므로, 피렌체의 공격을 받아도 불평할 자격이 없었기 때문이었다.

✥ 제11장 ✥

1437년 4월, 프란체스코 백작은 루카를 향해 군대를 움직였다. 하지만 피렌체 통치자들이 남의 도시를 공격하기 전에 먼저 그들의 도시들부터 회복하기를 원했기 때문에, 우선 카스텔로 산타 마리아를 비롯해 니콜로 피치니노가 점령했던 모든 곳을 탈환했다.

그 뒤 백작은 루카로 말을 돌려 카마이오레를 공격했다. 그곳 주민들은 루카에 충직했지만, 멀리 있는 친구에 대한 애정보다 가까이 있는 적에 대한 두려움으로 항복하고 말았다. 같은 식으로 마사와 사르차나도 탈환되었다. 5월 말이 되자 피렌체군은 루카市로 향했고, 진군하면서 마을을 불태우고 곡식과 농작물을 파괴했으며, 포도나무와 다른 나무들을 베고 가축을 쫓아버리는 등 통상 적에게 가할 수 있는 해를 모두 다 가했다.

한편 자신들이 공작한테 버림받았다는 것을 깨달은 루카의 지도자들은, 사방이 탁 트인 교외를 지킬 가망은 없었으므로 이를 포기하고, 성벽을 보강하고 보루를 쌓는 등 도시를 방어하기 위한 대책들을 세우기 시작했다. 그들은 도시를 지키는 일에 대해서는 별로 걱정하지 않았다. 성 안에는 강한 수비대가 가득해 한동안 도시를 지키는 데는 큰 무리가 없을 것으로 판단했으며, 그사이 피렌체가

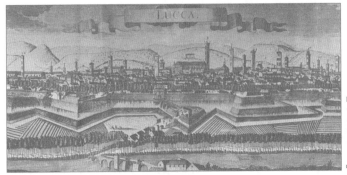

출처 : luccanews.org

루카 성곽

자신들과 벌인 이전의 전쟁들처럼 자신들을 구원해 줄 어떤 사건이 일어날 것이라고 확신했기 때문이었다.

그들이 유일하게 두려워하는 것은 하층민의 변덕스러운 영혼이었다. 포위에 지친 하층민이 조국의 독립보다 자신들의 위험을 더 고려해, 그들에게 불리하고 수치스러운 평화를 강요할 수도 있었기 때문이었다. 그런 이유로 그들은 사기를 북돋우기 위해 하층민을 광장에 모아 놓고, 그들 중 가장 나이 많고 현명한 시민이 이렇게 연설했다.

"부득이 행한 일들은 칭찬이나 비난을 받아서도 안 되고, 또 받을 수도 없다는 사실을 여러분은 이미 잘 알고 있을 겁니다. 그러니 만일 여러분이 지금 피렌체가 우리를 상대로 벌이는 이 전쟁을, 우리가 공작의 군대를 손님으로 받아들여 그들이 피렌체를 공격하는 걸 허용했기 때문에 우리가 자초한 거라고 비난한다면 크게 잘못 생각하는 겁니다.

우리에 대한 피렌체의 적의가 얼마나 뿌리 깊은지는 여러분 모두익히 알고 있을 겁니다. 그러므로 이 전쟁이 일어난 이유는 우리가 피렌체에 가한 침해나 우리에 대한 저들의 두려움이 아니라, 바로 우리의 유약함과 저들의 야심입니다. 우리의 유약함은 저들에게 우리를 지배할 수 있다는 희망을 주었고, 저들의 야심은 그렇게 해보라고 저들을 부추겼기 때문입니다.

따라서 우리의 친절한 행동이 저들의 지배욕을 막을 수 있다고 기대해서는 안 되며, 또 우리가 공격한다고 저들이 우리를 더 크게 해칠 것이라고 오해해서도 안 됩니다. 저들은 오직 우리의 자유를 빼앗는 것만 생각할 테니, 우리는 어떻게 해야 이를 지킬지 그것만 고민해야 합니다.

사실 왜 저들이 이토록 우리를 못 잡아먹어 안달이냐고 한탄할 수는 있습니다. 하지만 그렇다고 저들의 악의를 이상하게 여길 필요는 없습니다. 그러니 저들이 우리를 공격하고, 우리의 마을들을 빼앗고, 우리의 집들을 불태우고, 우리의 교외를 약탈하는 것을 보면, 우리 다 함께 한탄합시다. 그러나 우리 중에 누가 이를 보고 놀랄 만큼 그렇게 어리석고 단순하단 말입니까? 우리 역시 할 수만 있다면 저들에게 똑같은 짓을, 아니, 심지어 더 나쁜 짓도 서슴지 않고 저지를 텐데 말입니다."

냉담한 표정 일색이던 군중 틈에서 고개를 끄덕이는 이들이 하나둘 보이기 시작하자, 말하는 노인의 입가에 은은히 미소가 번졌다.

"저들은 니콜로 피치니노가 우리 도시로 들어왔기 때문에 이 전쟁이 시작됐다고 주장하지만, 설령 니콜로가 오지 않았더라도 다른 구실로 분명 전쟁을 벌였을 겁니다. 그리고 만일 그 해악이 연기되었다면, 아마 그 악은 지금보다 더 커졌을 겁니다.

그러므로 전쟁의 원인으로 비난받아야 할 것은 니콜로가 여기로 왔다는 사실 자체가 아니라, 바로 우리의 불운과 저들의 검은 야심입니다. 우리는 공작의 군대가 들어오는 걸 거부할 수 없었고, 일단 들어온 이상 그들이 전쟁을 벌이는 것을 막을 수도 없었기 때문입니다.

　여러분도 아시다시피 강력한 동맹의 도움이 없이는 우리 자신을 지킬 수 없고, 현재 공작보다 더 강력하고 충실하게 우리한테 도움을 줄 수 있는 세력은 없습니다. 공작은 우리에게 자유를 돌려주었습니다 파올로 구이니지를 퇴위시키고, 니콜로 피치니노를 보내 피렌체군을 물리친 일을 말한다. 제4권 제25장 참조. 그러니 공작이 우리를 위해 이를 지켜줄 거라고 기대하는 것이 합리적입니다. 공작은 또한 항상 우리 원수들의 숙적이었습니다.

　따라서 만일 우리가 피렌체를 해치지 않으려다 공작을 화나게 한다면, 우리는 제일 친한 친구를 잃고 결국 우리를 억압할 준비를 더 잘할, 더 강력한 적을 얻게 될 뿐입니다. 그러므로 공작을 화나게 하는 평화를 얻기보다는, 공작의 지지를 받으며 우리 손으로 이 전쟁을 수행하는 쪽이 훨씬 더 낫습니다. 우리가 스스로 우리 자신을 버리지만 않는다면, 공작은 틀림없이 그가 끌어들인 이 위험에서 우리를 구해줄 것이기 때문입니다.

　피렌체가 얼마나 맹렬히 우리를 자주 공격했으며, 그때마다 우리가 얼마나 멋지게 그들을 무찔렀는지 여러분도 잘 기억할 겁니다. 언제나 우리는 신과 시간 외에 다른 희망을 품지 못했지만, 신과 시간은 항상 우리를 구원해 주었습니다. 그렇게 과거에도 우리가 스스로 씩씩하게 지켜냈는데, 지금 우리가 우리를 지키지 못할 이유가 어디 있겠습니까?

지난날에는 온 이탈리아가 우리를 저들의 먹잇감으로 내버려 두었습니다. 그렇지만 이제 우리에게는 공작이 있습니다. 게다가 베네치아는 결코 피렌체가 강해지는 걸 바라지 않기 때문에 우리를 공격하러 온다 해도 천천히 올 게 확실합니다.

예전에 피렌체는 더 자유로웠고 도움을 얻을 가능성도 더 컸으며, 더 강력했습니다. 그때 우리의 적은 도시 전체가 일치단결해 우리를 공격했으나, 지금 저들은 온 이탈리아를 저들의 망명자로 가득 채울 만큼 분열되어 있습니다. 반면 지금 우리는 모든 면에서 그때보다 더 강합니다. 그때 우리는 폭군을 지켜야 했지만, 이제는 우리 자신을 지키기 때문이며, 그때 적을 막는 영광은 다른 자들폭군과 그 측근들의 것이었지만 이제는 우리의 것이기 때문입니다.

하지만 우리에게 용기를 주는 이런 희망적인 상황들이 없다고 할지라도, 우리가 저들한테 끝까지 완강하게 저항해야 할 궁극적인 이유가 하나 더 있습니다. 모든 적은 자신의 영광과 우리의 파멸을 바라기 때문에 우리가 모든 적을 두려워하는 것은 어찌 보면 당연합니다. 그러나 우리는 다른 적들보다 특히 피렌체를 더 두려워해야 합니다. 저들은 우리의 복종과 우리가 내는 세금 그리고 이 도시를 지배하는 것만으로는 결코 만족하지 못하고, 우리의 피로 저들의 잔혹함을 달래고, 우리의 재산으로 저들의 탐욕을 채우기 위해 우리의 전 재산과 우리 모두를 원할 것이기 때문입니다. 그러니 우리는 그 지위 고하를 막론하고, 다른 적들보다 특히 더 저들을 두려워해야 합니다.

우리 농작물이 파괴되고, 우리 마을이 불타고, 우리 요새가 점령당하는 슬픈 광경을 보더라도 절대 흔들리지 맙시다. 만일 우리가 이 도시를 지켜낸다면 나머지는 저절로 구해질 것이지만, 만일 우리가 이 도시를 잃는다면 그것들을 보존한다 한들 아무 소용이 없기 때문이며, 만일 우리가 자유를 유지한다면 적들은 절대로 그것들을 쉽게 소유할 수 없지만, 만일 우리가 자유를 잃는다면 설령 우리가 그것들을 소유한다 해도 다 쓸모없는 일이기 때문입니다.

그러니 자, 이제 무기를 드십시오! 그리고 명심하십시오. 적과 싸워 이긴다면 여러분은 그 보상으로 여러분의 조국은 물론, 여러분의 집과 아내와 아이들을 구하게 될 것입니다!"

이 노인의 마지막 말은 사람들의 영혼을 불타오르게 했고, 그래서 그들은 모두 한마음 한뜻으로 대의전쟁을 포기하거나 자유를 훼손하는 조약에 굴복하느니 차라리 싸우다 죽겠다고 맹세한 후, 누가 시키지도 않았는데 스스로 도시를 방어하기 위한 준비에 박차를 가했다.

⤋ 제12장 ⤊

그러는 동안 피렌체군은 시간을 낭비하지 않고 몬테카를로의 교외에 큰 피해를 입혀 몬테카를로의 항복을 받아낸 뒤, 우차노를 포위 공격하러 갔다. 우차노까지 차지하면, 사방에서 압박을 받은 루카의 시민들이 어디에서도 도움을 구하지 못하고 굶주림에 지쳐 항복할 수밖에 없다고 판단했기 때문이었다. 그렇지만 우차노 성은 매우 튼튼하고 수비대도 강해서 다른 성들과는 달리 쉽게 무너지지 않았다.

한편 루카 시민들은 예상대로 피렌체군의 강한 공격을 받자, 필리포 공작을 찾아가 갖은 말로 도움을 간청했다. 그들은 과거에 자신들이 공작을 위해 행한 공로와 피렌체가 공작에게 가한 침해를 지적하고, 만일 공작이 그들을 지켜준다면 공작의 다른 친구들이 얼마나 큰 용기를 얻을지 강조하는 동시에, 반대로 만일 공작이 자신들을 지켜주지 않고 내버려 둔다면 친구들이 얼마나 큰 공포를 느낄지 상기시켰다.

이어서 그들은, 만일 자신들이 자유와 함께 목숨을 잃는다면 공작은 친구들 사이에서 명예를 잃게 될 뿐만 아니라, 공작을 위해 어떤 위험도 기꺼이 감수하려던 이들의 신뢰도 잃게 될 것이라고 호소했다. 그러면서 그들은 만일 자신들에 대한 고마움과 책임니콜로 피치니노를 루카로 들어오게 한 것에 대한 고마움과 그 일로 인해 전쟁이 발발한 것에 대한 책임이 공작을 움직이게 하지 못한다면, 동정심으로라도 자신들을 지켜달라며 눈물까지 흘렸다.

그러자 피렌체에 대한 오랜 적의와 루카가 행한 최근의 공로에 마음이 움직인 공작은, 무엇보다 피렌체가 루카를 차지해 더욱 강성해지는 일만큼은 원하지 않았으므로, 토스카나에 대군을 파견하거나 아니면 베네치아를 맹렬히 공격해 피렌체 통치자들이 루카와의 전쟁을 포기하고 서둘러 그들의 동맹을 구하러 가도록 만들기로 했다.

ᨳᨳᨳ 제13장 ᨳᨳᨳ

공작이 토스카나에 보낼 군대를 준비하고 있다는 소문이 곧 피렌체에 알려졌다. 이 소문으로 피렌체 통치자들은 루카 전쟁의 성공을 걱정하기 시작했고, 공작을 계속 롬바르디아에 붙잡아두기 위해 전력을 다해 공작을 압박하라고 베네치아 의회를 재촉했다.

하지만 베네치아 의회 역시 크게 낙담해 있었다. 그들의 오랜 친구인 만토바 후작잔프란체스코 1세 곤차가이 그들을 버리고, 공작의 휘하로 들어갔기 때문이었다1437년 12월. 만토바 후작의 이탈로 자신들이 거의 무장 해제를 당했다고 판단한 베네치아 의회는, 그래서 피렌체가 보낸 사절을 통해 오히려 피렌체 시뇨리아에게 다음과 같이 요구했다.

"지금의 상태로는 전쟁을 확대하는 것은 고사하고 이를 유지하기도 힘든 실정이오. 그러니 프란체스코 백작이 베네치아군을 지휘할 수 있도록 하루빨리 베네치아로 보내 주시오. 다른 장수가 아니라 반드시 백작 본인이 직접 포강을 건너와야 하오.

한 번 더 말하지만, 우리 의회는 더 이상 백작이 포강을 건널 필요가 없다고 규정한 옛 계약을 받아들이지 않을 것이오. 우리는 사령관 없이 전쟁을 벌이고 싶지도 않고, 또 백작을 제외한 어떤 다른 장군도 신뢰할 수 없기 때문이오. 게다가 백작을 고용하는 비용을 귀국과 공동으로 부담하면서도 우리가 필요하다고 생각하는 곳에서 백작이 전쟁을 수행하지 않는다면, 우리에게 백작은 아무런 쓸모도 없는 무익한 존재에 불과하기 때문이오."

피렌체 통치자들은 치열한 공방전이 계속 롬바르디아에서 벌어져야 한다고 생각했다. 그러나 만일 백작이 없으면 루카와의 전쟁은 파국을 맞을 것이 뻔했다. 또한 피렌체 통치자들은 베네치아 의회의 이런 요구가 그들이 정말 백작이 필요해서라기보다는, 자신들이 루카를 획득하는 것을 좌절시키기 위한 구실임을 아주 잘 이해하고 있었다.

백작의 생각을 말하자면, 백작은 동맹이 요구하면 언제든 롬바르디아로 갈 준비가 되어 있었다. 그렇지만 '포강을 건너지 않는다'라는 자신의 계약 조건을 바꾸는 것에는 반대했다. 필리포 공작이 자신에게 약속한 결혼에 대한 희망을 잃고 싶지 않았기 때문이었다.

그렇게 피렌체 통치자들은 두 가지 상반된 감정, 다시 말해 루카를 차지하려는 욕망과 공작과의 전쟁에 대한 두려움으로 마음이 어수선했다. 하지만 항상 그렇듯 공포가 이겼고, 그들은 백작이 우차노를 함락시킨 뒤 롬바르디아로 가는 데 동의했다.

그러나 여전히 또 다른 난관이 남아 있었다. 그 난관은 그들이 해결할 수 있는 문제가 아니었으므로, 처음의 난관보다 그들을 더 괴롭혔고 더 불안하게 만들었다. 백작은 포강을 건너려 하지 않을 것이고, 베네치아는 백작이 포강을 건너오는 것에 동의하지 않으면 백작을 자신들의 사령관으로 인정하지즉 돈을 주지 않을 것이기 때문이었다.

백작과 베네치아가 서로 한발씩 양보하지 않고는 합의에 이를 방법이 없었다. 따라서 피렌체 통치자들은 백작에게 피렌체 시뇨리아최고 행정기구에 포강을 건너겠다는 편지를 쓰라고 설득했다. 그들은 무엇보다 사적인 약속포강을 건너겠다는 편지은 공적인 계약포강 이남에서만 전쟁을 수행한다는 계약에 영향을 주지 않으니 나중에 강을 건너는 것을 거부할 수도 있다고 주장하며, 다만 이렇게 하면 베네치아는 전쟁을 재개할 것이고 일단 재개한 이상 계속 진행할 수밖에 없을 테니, 피렌체에 드리운 폭풍우공작의 피렌체 공격 혹은 공작과 개별적으로 강화를 맺으려는 베네치아의 시도를 피할 수 있다고 백작에게 설명했다.

그러고 나서 피렌체 통치자들은 베네치아 의회에 백작의 이 사적인 서신으로도 충분히 백작을 구속할 수 있으니 그것에 만족하라고 권하며, 미래의 장인과 관련된 문제만큼은 가능한 한 백작의 입장을 존중해 주는 편이 좋고, 또 꼭 그럴 필요가 없는데도 새로 계약서를 써서 백작이 동의한 내용 포강을 건너겠다는 약속을 세상에 공표하는 것은 백작과 베네치아 모두에게 아무런 이득이 되지 않는다고 두 번 세 번 강조했다.

이렇게 해서 백작이 롬바르디아로 가는 것이 결정되었다. 그 뒤 우차노를 점령하고 루카 시민들을 억누르기 위해 루카 주변에 몇 개의 요새를 세운 백작은 그 전쟁을 피렌체의 최고 사령관들에게 맡기고, 자신은 아펜니노 산맥을 넘어 레조넬 에밀리아로 갔다.

그런데 백작의 이동 경로를 이상하게 여긴 베네치아 의회가 그의 의도를 파악하기 위해 백작에게 사자를 보내 즉시 포강을 건너와 자신들의 군대에 합류하라고 요구했다. 백작이 이 요구를 거부하자 베네치아 의회에서 보낸 안드레아 마우로체노와 백작 간에 격렬한 언쟁이 일어났고, 그러다 각자 서로를 오만방자하기만 하지 털끝만큼도 신뢰할 수 없는 후안무치한 작자라며 원색적으로 비난했다. 그렇게 그들 사이에 상대방을 향한 끝없는 항의와 불만이 이어진 후, 포강을 건너 싸울 의무가 없다고 주장한 백작은 토스카나로 돌아가고, 백작이 포강을 건너길 거부한다면 베네치아 공화국은 더 이상 돈을 지급하지 않겠다고 단언한 마우로체노는 베네치아로 돌아갔다.

피렌체 통치자들은 토스카나로 돌아온 백작을 설득해 루카에 대한 전쟁을 재개할 생각으로 피사 영내에 백작을 위한 숙영지를 마련했다. 그렇지만 백작은 그럴 마음이 전혀 없었다. 왜냐하면 자신을 고려해 백작이 포강을 건너기를 거부했다는 것을 알게 된 필리포 공작이 백작을 통해 루카를 구할 수 있다고 판단하고는, 루카와 피렌체 사이에 평화 협정이 체결될 수 있도록 힘써 달라고 그리고 가능하면 그 협정에 자신도 포함시켜 달라고 부탁하며, 백작이 원할 때 딸과 결혼식을 치러 주겠다는 뜻을 내비쳤기 때문이었다. 이 결혼에 대한 기대는 프란체스코 백작을 강하게 흔들어 놓았다. 백작은 이 결혼을 통해 아들이 없던 공작의 뒤를 이어 밀라노의 주인이 되기를 열망했기 때문이었다.

그런 이유로 백작은 루카를 공격하라는 피렌체의 계속된 요구를 단호히 거절하고, 만일 베네치아가 밀린 급료를 지급하고 계약을 원래대로 유지하지 않는다면 절대 움직이지 않을 것이라고 선언했다. 그리고 나서 그는 솔직히 피렌체가 주는 급료만으로는 만족할 수 없다고 토로하며, 무엇보다 자신이 자기 영토마르케에서 안전하게 살려면 피렌체의 지원 외에 추가로 다른 이들의 지원도 필요하기 때문이라고, 따라서 만일 베네치아가 자신을 버린다면 자신도 다른 대책이 필요하므로 공작과 협정을 맺을 수밖에 없다며 은근히 피렌체 통치자들을 위협했다.

❧ 제14장 ❧

백작의 이런 트집과 핑계로 피렌체 통치자들은 매우 기분이 상했다. 루카와의 전쟁은 이미 실패하기 직전이었으며, 만일 백작과 공작이 동맹을 맺으면 조국의 안위까지 걱정해야 했기 때문이었다. 그래서 그들은 코시모 데 메디치의 영향력이라면 백작과의 계약을 유지하도록 베네치아 의회를 설득할 수 있을 것으로 기대하고, 코시모를 급히 베네치아로 보냈다.

베네치아에 도착한 코시모는 곧장 그 의회로 가서 지금 이탈리아의 국가들이 어떤 상황에 놓여 있고, 공작의 세력이 얼마나 크며, 또 그 군대의 명성은 얼마나 높은지 등을 상세히 설명한 후, 만일 백작이 공작과 손을 잡는다면 베네치아는 다시 바다로 돌아가고, 피렌체는 자유를 지키기 위해 악전고투해야 할 것이라고 역설했다.

그러나 이에 대해 베네치아 의회는, 자신들은 자국의 힘과 나머지 이탈리아 국가들의 힘을 익히 알고 있어서 스스로 잘 지켜낼 수 있으니 너무 걱정하지 말라고 거들먹거린 후 쌀쌀맞은 태도로 이렇게 대답했다.

"분명히 말씀드리지만, 다른 자를 섬기는 군인에게 돈을 지급하는 것은 결코 베네치아의 관례가 아니고, 또 백작의 섬김을 받는 것은 귀하의 위대한 조국 피렌체이므로 피렌체가 돈을 지급하는 것이 마땅하오.

솔직히 말해, 우리 의회는 베네치아의 안전을 위해서는 백작에게 돈을 지급하기보다 오히려 백작의 오만함을 꺾는 것이 지금은 더 시급하다고 판단하고 있소. 인간의 욕심이란 끝이 없어서 만일 백작이 지금처럼 베네치아를 섬기지 않고도 베네치아에서 돈을 받는다면, 조만간 그는 훨씬 더 부당하고 위험한 다른 요구까지 할 것이기 때문이오.

그러므로 우리는 이번에 백작의 오만함을 꺾어 그것이 고칠 수 없을 정도로 자라지 못하게 막을 필요가 있다고 확신하고 있소. 하지만 만일 피렌체가 두려움 때문이든 아니면 다른 어떤 이유에서든 백작을 계속 친구로 곁에 두고 싶다면, 그것은 피렌체의 선택이니 피렌체 시뇨리아가 백작에게 돈을 지급하면 그뿐이오."

코시모는 그렇게 아무런 성과도 거두지 못하고 돌아갔다. 그렇지만 피렌체 통치자들은 백작이 동맹을 떠나지 못하게 최선을 다했고, 백작도 마지못한 척 그런 그들의 뜻을 따랐다. 그러나 자신의 결혼을 성사시키려는 백작의 열망은, 얼마 후 실제로 일어난 것처럼 아주 사소한 사건조차 백작이 가야 할 길을 결정할 만큼 그를 걱정과 불안 속에 가두어 버렸고, 그 결과 그는 모든 것을 의심의 눈초리로 바라보게 되었다.

백작은 마르케에 있는 자기 도시들을 지키기 위해 자신의 가장 뛰어난 용병대장 중 한 명인 탈리아노 프룰라노Taliano Furlano를 그곳에 남겨두었다. 그런데 그가 공작의 제안에 넘어가서 백작과의 관계를 끊고 공작 밑으로 들어갔다1438년 2월. 이 소식에 매우 놀란 백작은 다른 모든 고려 사항을 제쳐두고, 자신의 안위를 걱정해 공작과 협정을 맺었다. 그 협정을 체결하며 공작은 로마냐와 토스카나의 일에는 일절 간섭하지 않겠다고 백작에게 약속했다.
그 후 백작은 여러 이유를 들어 루카와 강화를 맺으라고 피렌체를 강하게 압박했으며, 다른 방법이 없던 피렌체 통치자들은 결국 1438년 4월 루카와 강화를 맺었다. 이 강화로 루카는 자유를 지켰고, 피렌체는 몬테카를로를 비롯해 루카의 요새 몇 개를 가질 수 있었다.
하지만 루카를 얻지 못해 화가 난 피렌체 시민은 얼마 뒤, 신과 인간 모두 루카가 자신들의 지배를 받는 것을 원하지 않았기 때문에 루카와 평화 협정을 맺을 수밖에 없었다고 주장하는 불만과 한탄으로 가득 찬 서신을 이탈리아 전역에 뿌렸다. 진실로 자신의 것을 잃어 화가 난 사람도, 남의 것을 얻지 못해 화를 낸 당시의 피렌체 시민들만큼 성낸 경우는 보기 드물다.

᠁ 제15장 ᠁

이 시기에 비록 많은 외부의 일에 깊이 관여하고 있었지만, 그렇다고 피렌체 통치자들이 그들의 이웃을 생각하지 않고, 그들의 도시를 가꾸지 않은 것은 아니었다.

앞서 말했듯 니콜로 포르테브라초가 죽었다1435년 8월. 그는 포피 백작프란체스코 구이디의 딸루도비카 다 바티폴레과 결혼했다. 니콜로 포르테브라초가 살아 있는 동안 포피 백작은 보르고 산세폴크로와 그 도시의 다른 요새들을 사위의 이름으로 장악하여 통치했고, 사위가 죽은 뒤에는 딸의 지참금이라고 주장하며, 니콜로 포르테브라초가 강탈해 간 로마교회의 재산이니 그만 돌려달라는 교황에우제니오 4세의 요구를 거부했다.

그러자 교황은 그곳을 되찾아오라며, 알렉산드리아의 총대주교조반니 비텔레스키를 군대와 함께 보르고 산세폴크로로 보냈다. 교황의 군대를 막을 수 없다고 생각한 포피 백작은 그 도시를 피렌체에 넘기려 했으나, 피렌체 통치자들은 받아들이지 않았다. 대신 그들은 교황이 볼로냐에서 피렌체로 돌아오자, 교황과 백작 간의 합의를 끌어내기 위해 둘 사이에 개입했다.

그러나 협상은 난항을 겪었고, 그사이 총대주교는 카센티노 계곡을 공격해 프라토베키오와 로메나를 빼앗고, 포피 백작과 마찬가지로 그곳을 피렌체에 주겠다고 제안했다. 하지만 피렌체 통치자들은 만일 교황이 그곳들을 백작한테 돌려줘도 좋다는 데 동의하지 않는다면 받지 않겠다고 대답했다. 많은 고민 끝에 교황은 보르고를 로마교회에 돌려주도록 그들이 포피 백작을 설득한다는 조건으로 이에 동의했다.

교황의 마음이 이렇게 정리되자, 피렌체 시민들은 오래전1296년에 공사가 시작되어 이제 성무일도聖務日禱가 거행될 수 있을 만큼 진척된, 이전에 '산타 레파라타Santa Reparata'라고 불렸던 산타 마리아 델 피오레 대성당'피렌체 대성당'이라고도 불리며 정식 명칭은 '꽃의 성모 마리아 대성당(Cattedrale di Santa Maria del Fiore)'이다의 완공을 직접 축성해 달라고 교황에게 부탁했다.

미켈란젤로 광장에서 바라본 산타 마리아 델 피오레 대성당과 조토의 종탑

교황은 흔쾌히 이를 승낙했으며, 피렌체는 도시의 부와 성당의 장엄함을 더 크게 연출하고 교황의 명예를 더욱 높이기 위해 교황이 머물던 산타 마리아 노벨라 수도원부터 축성식이 거행될 산타 마리아 델 피오레 대성당까지 폭이 4브라초약 2.8m에 높이가 2브라초약 1.4m인, 그 위와 주변을 가장 화려한 드라피Drappi(주름 잡힌 휘장)로 장식한 무대를 만들었다.

그 무대 위로는 교황과 교황청의 인사들이 걸어갔고, 도시의 행정장관들과 행렬 참여가 허락된 특정 시민들이 그 뒤를 따라갔다. 나머지 모든 시민과 평민들은 집과 거리 혹은 교회에 모여 그 장엄한 광경을 지켜보았다.

그러한 축성식1436년 3월 25일, 피렌체 달력으로 새해 첫날인 3월 25일은 천사 가브리엘이 성모 마리아에게 예수의 잉태를 알린 것을 기념하는 성모 영보 대축일(Sollemnitas in Annuntiatione Domini)이다에서 흔히 거행되는 모든 의식이 끝난 뒤, 교황은 도시에 대한 특별한 애정의 표시로 그 당시 정의의 곤팔로니에레이자 가장 높은 명성을 지닌 시민인 줄리아노 다반차티에게 기사의 작위를 수여했다. 이를 본 시뇨리는 교황보다 덜 자비로워 보이지 않기 위해 그에게 1년 동안 피사의 통치권을 수여했다.

⤙⤙ 제16장 ⤚⤚

그 당시 로마교회와 그리스정교회는 어느 정도 차이가 있어서 성무가 완전히 일치하지는 않았다. 스위스 바젤에서 열린 최근의 공의회1431~1437년에선 서방교회로마가톨릭교회의 고위 성직자들 간에 이 문제에 관해 많은 논의가 있었고, 그리스교회와 로마교회가 화합할 수 있는지 알아보기 위해 바젤에서 열리는 공의회에 그리스 황제와 고위 성직자들이 참석할 수 있도록 모든 노력을 기울이기로 했다.

비록 이 결정은 그리스제국 황제의 위엄을 건드리고 그리스정교회 고위 성직자의 자존심에 상처를 주기는 했지만, 그때 튀르크족의 압박을 강하게 받던 그들은 외부의 도움 없이는 자신들을 지킬 수 없다고 판단하고, 서유럽의 도움을 더 확실히 요청할 수 있도록 일단 교황의 뜻에 따르기로 했다. 그리하여 그리스 황제요안니스 8세, 재위 1425~1448년는 총대주교콘스탄티노플의 요셉 2세, 1439년 6월 사망를 비롯해 많은 다른 고위 성직자들과 봉건 영주들을 대동하고, 바젤 공의회의 결정에 따라 바젤에 가기 위해 베네치아로 왔다.

하지만 그 무렵 창궐한 역병에 놀란 로마교회와 그리스교회의 고위 성직자들은 피렌체에서 로마교회와 그리스교회의 차이점들을 매듭짓기로 의견을 모았다[1]. 그렇게 해서 로마와 그리스의 고위 성직자들이 여러 날 동안 피렌체 대성당에서 회의를 열고 긴 논쟁을 벌인 끝에, 마침내 그리스인들이 승복하고 로마교회 및 교황과 합의를 이루었다1439년 7월,

에우제니오 4세는 "하늘이여 기뻐하소서!"라는 뜻의 교황 칙서 '레뗀뚜르 카엘리(Laetentur Caeli)'를 발표했다.

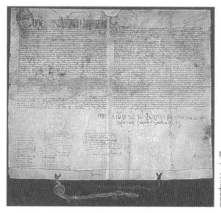

로마교회와 그리스정교회의
단결을 공표한 교황 칙서, 레뗀뚜르 카엘리

᠁᠁ 제17장 ᠁᠁

앙주의 르네와 아라곤의 알폰소5세는 나폴리 왕국을 차지하기 위해 둘 중 한쪽이 패망할 때까지 계속 싸우겠지만, 루카와 피렌체 사이에 평화가 회복되고 공작과 백작이 친구가 되자 이탈리아의 군대, 특히 롬바르디아와 토스카나를 괴롭히던 군대만큼은 곧 사라질 것으로 기대되었다. 비록 교황이 수많은 도시를 잃은 것에 불만을 품고 있었고, 필리포 공작과 베네치아의 검은 속내는 이미 백일하에 다 드러났지만, 그럼에도 교황은 어쩔 수 없이즉 싸울 힘이 없어서 그리고 공작과 베네치아는 전쟁에 지쳐서 평화를 받아들일 수밖에 없을 것으로 보았기 때문이었다.

그러나 상황은 기대와는 다르게 전개되었다. 필리포 공작과 베네치아 모두 현재 상태에 만족하지 못했기 때문이었다. 그 결과 그들은 다시 무기를 들었고, 롬바르디아와 토스카나는 다시 전란의 소용돌이에 빠지고 말았다.

우선 필리포 공작의 오만한 영혼은 베네치아가 자신의 영토이던 베르가모와 브레시아를 점령하고 있는 것을 견디지 못했으며, 그들이 군사를 일으켜 매일 자신의 영토 이곳저곳을 습격하고 약탈하는 것을 보자 더더욱 그랬다. 공작은 자신이 그들을 억제할 수 있을 만큼 충분히 강하다고 생각했으며, 만일 베네치아가 교황과 백작과 피렌체로부터 버림을 받는다면 그들에게 잃었던 도시들도 언제든 회복할 수 있다고 확신했기 때문이었다.

그래서 필리포 공작은 교황에게서 로마냐를 빼앗기로 했다. 만일 자신이 로마냐를 차지하면 교황은 더 이상 자신을 해칠 위치에 있지 않게 되며, 눈치 빠른 피렌체 통치자들은 전쟁이 임박했음을 직감하겠지만 두려움 때문에 함부로 움직이지 못하거나, 설령 움직인다 해도 쉽게 자신을 공격할 수는 없을 것으로 판단했기 때문이었다.

또한 공작은 루카 일로 인해 피렌체가 베네치아에 품은 분노를 익히 알고 있었고, 그런 이유로 피렌체가 베네치아를 지켜주기 위해 군사를 일으킬 가능성은 그리 크지 않다고 생각했으며, 프란체스코 백작은 자신과 맺은 새로운 협정과 결혼에 대한 뜨거운 열망으로 인해 조용히 있을 것이라고 믿었다.

하지만 필리포 공작은 한편으로 의심과 책임을 피하고, 다른 한편으로 누구에게도 자신을 경계할 구실을 주지 않기 위해, 게다가 자신은 로마냐와 토스카나의 일에는 일절 간섭하지 않겠다고 이미 백작과 협정을 맺었으므로, 니콜로 피치니노에게 마치 그의 개인적 야심에 이끌려서 행동하는 것처럼 로마냐를 침공하라고 명령했다.

공작과 백작이 협정을 맺을 무렵, 니콜로는 로마냐에 있었다1438년 3~4월. 그는 공작의 지시대로, 공작이 자신의 영원한 맞수[1]인 백작과 새로운 친교를 맺은 것에 격분한 척했다. 그는 포를리와 라벤나 사이에 자리한 카제무라테Casemurate로 군대를 철수시키고, 마치 새 전쟁을 다시 수행할 때까지 오랫동안 그곳에 머물 계획인 양 그곳의 방비를 튼튼히 했다.

자신이 화가 나 있다는 소문이 사방으로 퍼지자, 니콜로는 자신이 공작에게 얼마나 큰 공헌을 했고, 공작이 얼마나 은혜를 모르는지 교황에게 편지를 써 하소연하며, 이런 의미로 말했다.

'가장 복되고 가장 거룩하신 교황 성하, 공작은 자신이 이탈리아의 거의 모든 군대를 두 명의 제일가는 사령관 휘하에 가지고 있으므로, 곧 이탈리아의 유일한 통치자가 될 것으로 확신하고 있습니다. 하지만 만일 성하께서 원하신다면 미천한 이 니콜로는 공작이 자기 소유라고 자만하는 그 두 명의 사령관 중 한 명니콜로 피치니노은 공작의 적으로 돌리고, 다른 한 명프란체스코 스포르차은 쓸모없게 만들 수 있습니다. 만약 성하께서 제게 돈을 하사해 계속 휘하의 군대용병를 유지할 수 있게 해 주신다면, 저는 그 즉시 백작이 로마교회로부터 강탈한 도시들을 공격할 것이고, 그러면 백작은 자기 일을 돌보느라 바빠서 필리포 공작의 야심을 도울 수 없게 될 것이기 때문입니다.'

이 말이 그럴듯하다고 생각한 교황은 이 말을 믿고 니콜로에게 5,000두카트를 보냈으며, 니콜로와 자녀들한테 영지를 내리겠다는 약속까지 했다1438년 5월경. 비록 많은 이가 교황에게 니콜로의 책략을 경고했지만, 교황은 그들의 경고를 듣지 않았으며 그를 의심하는 자들은 상대조차 하지 않았다.

니콜로는 아들인 프란체스코가, 교황의 입장에서 보자면 치욕스럽게도, 이미 교황령인 스폴레토를 약탈했으므로 더 이상 로마냐 원정을 미룰 수는 없다고 판단했다. 그리하여 그는, 라벤나를 함락하는 일이 더 쉽다고 생각했기 때문인지, 아니면 로마교회를 대신해 라벤나를 다스리고 있던 오스타시오 다 폴렌타3세와 미리 무슨 비밀 음모를 꾸몄기 때문인지, 먼저 라벤나를 공격해 며칠 만에 항복을 받아냈다. 그 후 니콜로는 볼로냐·이몰라·포를리를 차례대로 빼앗았다1438년 6월.

놀라운 것은 교황을 위해 그 지역로마냐을 지키던 스무 곳의 요새 가운데 니콜로에게 굴복하지 않은 곳이 단 한 곳도 없었다는 점이다. 그

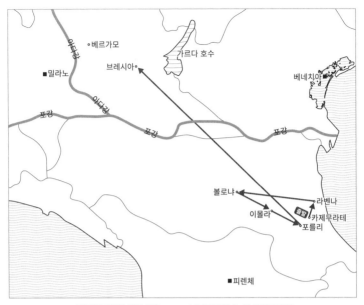

4차 롬바르디아 전쟁 초기1438년, 니콜로 피치니노의 로마냐 공략

렇지만 니콜로는 교황에게 가한 이 모든 침해에 만족하지 않고 행동으로 그랬던 것처럼 말로도 교황을 조롱하기로 했다. 그래서 니콜로는 다시 교황한테 편지를 써 자신에게 도시들을 빼앗긴 것은 당해도 싼 일이라고, 왜냐하면 교황은 파렴치하게 자신이 필리포 공작을 버리고 베네치아의 편이 됐다는 식의 헛소문을 온 이탈리아에 퍼뜨려서 자신과 공작의 오랜 우정을 깨뜨리려 했기 때문이라며 놀렸다.

⪼ 제18장 ⪻

로마냐를 장악한 니콜로는 그곳을 아들 프란체스코에게 맡기고, 자신은 군의 대부분을 이끌고 롬바르디아로 들어갔다. 거기서 그는 공작의 나머지 부대와 합류한 뒤 브레시아를 공격해 짧은 시간 만에 그 교외를 점령하고 도시를 포위했다1438년 9월.

그사이 베네치아가 자신의 먹잇감으로 남아 있기를 열망한 필리포 공작은, 니콜로가 로마냐에서 행한 일들은 우선 백작과의 협정에도 어긋나지만 자기 뜻에도 반한다고 지적하며, 교황과 백작과 피렌체 모두에게 양해를 구했다. 그러고는 비밀 전령을 통해 언제고 적당한 때가 오면, 니콜로는 이 불복종에 대해 반드시 그 죗값을 치르게 될 것이라고 약속했다.

그러나 피렌체와 프란체스코 백작은 공작의 이런 주장을 신뢰하지 않았으며, 진실이 그러하듯이 니콜로는 공작의 지시로 자신들의 주의를 분산시키기 위해 로마냐에서 군을 움직였고, 그동안 공작은 베네치아를 정복할 준비를 마쳤다고 판단했다. 한편 자부심이 강한 베네치아 의회는 자신들의 힘만으로도 충분히 공작의 군대를 물리칠 수 있다고 확신하고, 도움을 요청할 계획 같은 것은 아예 세우지도 않은 채 가타멜라타를 사령관으로 삼아 공작과 계속 전쟁을 벌였다.

프란체스코 백작은 만일 로마냐와 롬바르디아에서 일어난 최근의 사건들이 그를 막아서지 않았다면, 피렌체의 승인을 받아 르네 왕을 구하러 갔을 것이다. 피렌체 역시 프랑스 왕가와 항상 유지해온 오랜 우정을 고려하면, 백작과 함께 기꺼이 르네를 지지했을 것이다. 반면, 공작은 알폰소를 사로잡았을 때 그와 맺은 우정으로 인해 알폰소를 지지했을 것이다. 그렇지만 양쪽 모두 가까운 전쟁에 사로잡혀 멀리 떨어진 곳의 전쟁에는 신경을 쓰지 못했다.

로마냐가 공작의 군대에 의해 장악되고 또 베네치아가 공작에게 잇달아 패하자1439년 초부터 베네치아는 레냐고와 소아베를 비롯해 롬바르디아의 많은 도시를 잃었다. 피렌체 통치자들은 다른 이의 파멸에서 자신의 파멸을 본 사람처럼 두려움에 빠졌고, 백작에게 토스카나로 와서 이전보다 훨씬 더 강력해진 공작의 군대에 맞서기 위해 무엇을 해야 좋을지 같이 숙고해 보자고 간청했다. 그들은 만일 공작의 오만이 어떤 식으로든 억제되지 않으면, 이탈리아의 모든 국가는 곧 공작에게 굴복하게 될 것이라고 단언했다.

백작은 그들의 두려움이 당연하다고 생각했다. 하지만 공작 가문과의 결혼에 대한 백작의 열망은 계속 그를 주저하게 만들었고, 이 욕망을 누구보다 잘 알고 있던 공작은 자신을 상대로 군을 움직이지 않는다면, 머잖아 백작의 소망이 꼭 실현될 것이라는 약속을 반복해서 백작한테 이야기했다.

실제로 공작은 자주 딸이 이제 결혼식을 치를 나이가 되었으므로1439년 당시 필리포 공작의 딸 비앙카의 나이는 그 당시 교회법상 결혼이 가능한 14세다, 결혼식을 치르는 데 필요한 모든 준비를 거의 다 마쳤다가도, 다시 이런저런 핑계를 대고 이를 취소하곤 했다. 그러나 그때 공작은, 백작이 자신의 말을 더 잘 믿도록 그저 말만으로 그치지 않고, 둘 사이의 결혼 계약에 따라 딸의 지참금 명목으로 지급하기로 되어 있던 3만 플로린을 백작에게 보냈다.

☙ 제19장 ❧

그러는 동안 롬바르디아에서의 전쟁은 점점 커지고 있었다. 베네치아는 매일 새로운 도시들을 잃었고, 강가에 정박시킨 함대는 모두 공작의 군대에 나포拿捕당했다. 베로나와 브레시아 주변의 교외는 완전히 점령당했으며, 두 도시는 아주 강한 압박을 받고 있어 이제 얼마 못 가서 함락될 것이라는 의견이 지배적이었다. 게다가 이미 앞제5권 제13장에서 살펴보았지만, 오랜 세월 베네치아 공화국의 용병 대장으로 복무했던 만토바 후작잔프란체스코 1세 곤차가이 베네치아로서는 너무나 충격적이게도 베네치아를 버리고 공작의 편으로 돌아섰다.

따라서 베네치아 의회는 전쟁 초기에 자존심이 허락하지 않아 하지 않았던 일을, 전쟁을 하며 생긴 두려움 때문에 할 수밖에 없었다. 다시 말해, 수세에 몰린 베네치아 의회는 피렌체와 백작의 우정 외에는 다른 대책이 없다는 점을 깨닫고 도움을 요청하기 시작한 것이다.

그렇지만 베네치아 의회는 한편으로는 도움을 청하는 자신들이 부끄럽고, 다른 한편으로는 피렌체가 정말 자신들을 도와줄지 불안해했다. 루카와의 전쟁이나 백작의 일백작이 포강 이남에서 싸우는 한 급료를 지불하지 않겠다고 한 일에 관해 자신들이 그랬던 것처럼 피렌체가 자신들의 요청에 대답하지 않을까 두려웠기 때문이었다. 하지만 베네치아 의회는 감히 그들이 바라던 것보다, 아니, 그들이 최근에 한 행동들에 비하면 훨씬 더 쉽게 피렌체의 도움을 얻었다. 피렌체 시민들에게는 옛 친구들의 배신에 대한 분노보다, 오랜 적에 대한 증오가 월등히 컸기 때문이었다.

일찍이 베네치아가 겪게 될 어려움을 예견하고 있었던 피렌체 통치자들은 진작부터 프란체스코 백작에게 베네치아의 파멸은 곧 백작 자신의 파멸이 될 것이라고 경고하며, 지속적으로 백작을 설득했다.

"곤경에 처해 있을 때보다 번영을 누릴 때 공작이 백작을 더 높이 평가할 것으로 믿는다면, 이는 크게 잘못 생각하시는 것이오. 사실 공작이 딸을 주겠다고 약속한 것도 백작을 두려워하기 때문이오. 그런데 약속은 필요에서 나오고 또 필요가 있을 때만 지켜지므로, 공작을 계속 이 필요 속에 가두어 두는 것이 바람직하오.

하지만 이것은 베네치아의 강성함이 없으면 가능하지 않으니, 만일 베네치아가 육지에 있는 영토를 전부 잃게 되는 상황이 온다면, 백작은 베네치아에서 직접 얻을 이익은 말할 것도 없고, 베네치아를 두려워하는 이들예컨대 공작로부터 얻을 이득예컨대 비앙카와의 결혼까지 모두 잃게 될 것이오.

이보시오, 백작, 만일 백작이 이탈리아의 여러 국가를 차분히 살펴보면 어디가 약하고 또 어디가 적인지 확실히 이해하게 될 것이오. 그리고 스스로도 종종 말씀하셨듯이 백작이 공公의 영토에서 안전하게 살기 위해서는 우리 피렌체의 지원만으로는 충분하지 않을 테니, 베네치아가 육지에서 계속 힘을 가질 수 있도록 그들을 돕는 편이 모든 면에서 백작에게 유리할 것이오."

피렌체 통치자들의 이런 설득은 결혼 문제로 자신을 바보로 만들어 버린 공작에 대해 백작이 품고 있던 증오와 합쳐져, 비록 여전히 포강을 건너는 데는 동의하지 않았지만, 백작으로 하여금 옛 동맹과 새 협정을 맺게 했다. 이 협정은 1438년실은 1439년 2월에 체결되었고, 이 협정에 따라 베네치아는 전쟁 비용의 2/3를 그리고 피렌체는 1/3을 내기로 했으며, 베네치아와 피렌체는 각각 자기 비용으로 마르케에 있는 백작의 도시들을 방어하기로 약속했다.

그러나 동맹은 백작만으로는 안심하지 못하고, 파엔차 군주인 구이단토니오 만프레디, 리미니의 판돌포 말라테스타3세의 아들들인 시지스몬도 판돌포와 말라테스타 노벨로 형제, 포를림포폴리Forlimpopoli 영주인 피에트로 잠파올로 오르시니 등을 동맹에 합류시켰다. 또한, 동맹은 많은 것을 약속하며 만토바 후작을 끌어들이려고도 했다. 하지만 공작의 우정과 보수로부터 그를 떼어낼 수는 없었다.

한편 파엔차 군주는 동맹과 계약을 맺은 후, 필리포 공작으로부터 더 좋은 조건을 제시받자필리포 공작은 구이단토니오에게 니콜로 피치니노가 교황 에우제니오 4세로부터 빼앗은 이몰라를 넘겨주었다. 재빨리 공작의 편으로 돌아섰다1439년 3월. 이 배신으로 동맹은 로마냐의 문제를 신속하게 해결할 수 있을 것이란 희망을 잃었다.

∽≫ 제20장 ≪∾

이 무렵 롬바르디아도 로마냐와 마찬가지로 큰 위험에 빠져 있었다. 브레시아는 오랫동안 공작의 군대에 포위 공격을 당해 기근으로 언제든 항복할지 모른다는 우려가 만연했으며, 베로나 역시 강한 압박을 받고 있어 브레시아와 똑같은 운명을 맞이하지 않을까 염려되었기 때문이었다. 만일 이 두 도시 중 어느 하나라도 잃게 된다면 지금까지 한 모든 전쟁 준비는 무용지물이 될 것이고, 그때까지 들인 비용도 전부 날리게 될 판이었다. 이를 해결하기 위해서는 프란체스코 백작이 직접 롬바르디아로 넘어가는 방법 말고는 다른 대안이 없을 것 같았다.

그렇지만 여기에는 풀어야 할 다음의 세 가지 난제가 있었다. 첫째, 포강을 건너가 필요한 곳은 어디에서든즉 롬바르디아 전역에서 전쟁을 벌이도록 백작을 설득해야 했다. 둘째, 백작이 롬바르디아로 넘어가고 없으면, 공작은 그의 강력한 요새로 물러나 일부의 군대만으로 쉽게 백작을 막으면서, 다른 한편으로 나머지 대군을 피렌체 추방자들과 함께 토스카나로 보낼 수 있기 때문에 자신들은 결국 공작의 처분에 전적으로 휘둘리게 될 것이라는 ─이는 당시 피렌체 정부가 가장 두려워하는 상황이었다─ 피렌체 통치자들의 공포를 없애야 했다. 셋째, 베네치아군이 주둔하고 있는 파도바 영내까지 백작과 그 군대가 안전하게 도착할 수 있는 이동 경로를 찾아야 했다.

세 개의 난제 중에서 가장 심각한 것은 피렌체 통치자들과 관련된 두 번째였다. 하지만 사태의 위급함을 모르지 않던 그들은, 백작이 없으면 항복할 수밖에 없다고 위협하며 어서 빨리 백작을 보내달라는 베네치아의 끈질긴 요구가 계속되자, 자신들의 두려움에 마음을 쏟기보다는 베네치아의 위기를 먼저 구원하기로 결정했다.

그러나 경로의 문제는 여전히 남아 있었다. 이 경로는 베네치아가 확보하는 것이 좋겠다고 피렌체 통치자들은 판단했다. 따라서 그들은, 이런 계획들을 상의하고 포강 너머의 롬바르디아로 들어가도록 백작을 설득할 목적으로 이미 네리.디 지노를 백작한테 파견했으므로, 다시 네리에게 사람을 보내 백작을 만난 후 베네치아로 가서 의회에 이 이득백작이 포강 너머의 롬바르디아로 들어가 싸우는 일이 가져다줄 이득의 크기를 더 잘 설명해 베네치아가 더 기꺼이 백작의 군대가 통과할 안전한 경로를 마련하게 하라고 지시했다.

❦❦ 제21장 ❦❦

이 명령에 따라 네리는 체세나를 떠나 배를 타고 베네치아로 갔다1439년 봄. 네리는 베네치아 의회로부터 어떤 군주가 받았던 것보다 더 큰 환대를 받았다. 베네치아 의원들은 베네치아의 구원이 네리의 도착과 그를 통해 정리되고 확정될 조치에 달려 있다고 보았기 때문이었다. 극진한 환대를 받은 뒤 베네치아 의회에 나간 네리는 그 도제프란체스코 포스카리 앞에서 이런 식으로 말했다.

"거룩하신 도제 전하, 우리 피렌체 시뇨리아는 밀라노 공작의 강성함은 귀 공화국과 우리 피렌체의 파멸로 이어질 것이고, 따라서 우리 두 공화국의 안전을 위해서는 귀국도 피렌체도 모두 강성해져야 하며 또 서로 믿고 의지해야 한다고 항상 생각했습니다. 만일 귀국이 전부터 우리와 똑같은 생각을 하셨다면 우리는 지금보다 더 나은 처지에 있었을 것이고, 귀국은 현재 귀국을 위협하는 위험에서 자유로웠을 것입니다.

하지만 귀국은 그래야 했을 때 도리어 우리에게 아무런 도움과 믿음을 주지 않았으므로, 우리는 귀국을 도우러 즉시 달려올 수 없었고, 과거의 잘못을 의식한 귀국 역시 적극적으로 도움을 요청하지 못했습니다. 그렇지만 귀국이 꼭 필요할 때 우리에게 도움을 청하지 않은 것은, 번영을 누릴 때도 또 곤경에 처했을 때도 우리를 잘 알지 못했기 때문이며, 한 번 사랑한 이는 영원히 사랑하고 또 한 번 미워한 자는 영원히 미워하는 우리의 본성을 이해하지 못했기 때문입니다.

존경하는 의원 여러분, 우리가 귀국에 대해 품고 있는 사랑은 여러분 모두 잘 알고 계실 것입니다. 귀국을 돕기 위해 우리의 돈과 군대가 롬바르디아에 넘쳐나던 모습을 자주 보셨으니 말입니다. 우리가 필리포 공작에게 품고 있고, 또 그의 가문에 앞으로도 영원히 품을 증오는 온 세상이 이미 다 알고 있습니다. 그토록 오랜 세월 켜켜이 쌓인 사랑과 미움이 최근의 새로운 이익이나 침해로 쉽게 사라지는 일은 절대 일어날 수 없는 법입니다.

우리는 이 전쟁에서 중립을 지켜 공작을 매우 기쁘게 해도_{공작이 승리하게 놔두어도}, 우리한테는 별 위험이 없다고 확신했으며, 또 지금도 그렇게 확신하고 있습니다. 설령 귀국의 파멸로 공작이 롬바르디아의 주인이 된다고 할지라도, 한 국가의 힘과 영토가 커지면 그 국가에 대한 원한과 시기 또한 커져서 거의 항상 새로운 전쟁과 손실이 뒤따르기 마련이므로, 귀국이 파멸한 후에도 여전히 이탈리아에는 우리의 안전에 대해 절망할 필요는 없을 만큼 많은 삶이 남아 있을 것이기 때문입니다.

우리는 현재 벌어지고 있는 이 전쟁을 회피하면 얼마나 큰 비용을 절약하고, 또 얼마나 많은 임박한 위험을 예방할 수 있는지 잘 알고 있습니다. 반면에 만일 귀국을 위해 개입한다면 지금 롬바르디아에서 벌어지고 있는 이 전쟁이 어떻게 토스카나로 번지게 될지 그 점 역시 잘 알고 있습니다. 그렇지만 이 모든 불안과 고려는 귀국에 대한 우리의 오랜 애정 앞에서 봄눈 녹듯이 사라져 버렸고, 우리는 우리 자신이 공격당했을 때 방어하는 것과 똑같은 마음으로 신속하게 귀국을 돕기로 결정했습니다.

그 결과 우리 피렌체 시뇨리아는 베로나와 브레시아를 구원하는 일이 다른 무엇보다 더 절실하며, 이는 프란체스코 백작이 없으면 불가능하다고 판단해, 아시다시피 계약에 따르면 백작은 포강을 건널 의무가 없습니다만, 저를 먼저 백작에게 보내 롬바르디아로 들어가 필요한 곳은 어디에서든 전쟁을 벌이도록 백작을 설득하라고 지시했습니다. 그래서 저는 그 지시에 따라 체세나로 가서 우리를 움직인 바로 그 상황과 이유를 들며 롬바르디아에서 전쟁을 치르라고 백작을 강하게 설득했습니다.

다행히 전장에서 무적이라고 평가받는 백작은 예의에서도 지기를 싫어해, 우리가 귀국에 보여준 관대함을 능가하기를 원했습니다. 왜냐하면 백작은 자신이 떠난 후 토스카나에 얼마나 큰 위험이 닥칠지 아주 잘 알고 있었지만, 우리가 귀국의 안전을 우리의 위험보다 우선시하는 것을 듣자, 같은 목적을 위해 자신의 모든 사적인 고려필리포 공작의 딸 비앙카와의 결혼를 뒤로 미루는 데 선뜻 동의했기 때문입니다.

그렇게 해서 저는, 어디로 가라고 하든 적을 향해 진격할 준비를 마친, 협정에 따라 원래 제공하기로 되어 있던 병력보다 훨씬 많은 7,000명의 기병과 2,000명의 보병을 백작과 함께 귀국에 바치기 위해 이렇게 여기에 왔습니다. 그러니 귀국 또한 우리 시뇨리아와 백작이 바라는 것처럼 백작이 귀국을 섬기러 온 것을 후회하지 않고 또 우리가 귀국을 섬기라고 백작을 설득한 일을 후회하지 않도록 귀국의 관대함을 백작에게 아낌없이 베풀어 주시기를 간곡히 부탁드립니다.”

베네치아 의회는 마치 신탁을 듣는 듯 온 정신을 집중해 네리의 연설을 들었고, 그가 말을 마치자 감정이 크게 복받쳐 오른 의원들은 관례대로 도제가 대답할 때까지 참지 못하고, 대부분 눈물을 글썽거리며 자리에서 일어나 두 손을 번쩍 들고, 그토록 관대한 결정을 내려준 피렌체 정부와 자신의 임무를 신속하고 정확하게 수행해 준 네리에게 깊은 사의謝意를 표했다.

그러고 나서 그들은, 아무리 긴 시간이 흘러도 이 은혜는 그들의 가슴뿐만 아니라 그 후손들의 가슴 속에서도 절대 사라지지 않을 것이며, 앞으로 베네치아 공화국은 그들 자신한테 속하는 것만큼이나 항상 피렌체 시민들에게도 속할 것이라고 선언했다.

᠄᠄᠄ 제22장 ᠄᠄᠄

이 감사의 열기가 가라앉자 베네치아 의회와 네리는, 다리를 놓고 땅을 평평하게 만들고 또 그밖에 안전을 확보하는 데 필요한 일들을 미리 진행할 수 있도록 백작이 건너올 경로를 논의했다. 최종적으로 네 개의 길이 검토되었다.

첫 번째는 라벤나에서 출발해 해안아드리아해을 따라 올라오는 길이었다. 그렇지만 이 길 대부분은 해안과 습지대 사이에 있어 받아들여지지 않았다.

두 번째 길은 직진하는 방법이었다. 그러나 이 길은 공작의 군대가 지키는 우첼리노[1] 요새가 가로막고 있었다. 그러므로 이 길을 통과하려면 우첼리노를 정복해야 하는데, 그것도 브레시아와 베로나를 구원하기 위해서는 아주 짧은 시간 안에 이를 정복해야만 했다. 하지만 그러기는 현실적으로 어려웠다.

세 번째는 루고Lugo, 제4권 제6장의 차고나라 전투가 벌어진 곳의 숲을 가로지르는 길이었다. 그렇지만 그 무렵 포강이 둑을 범람해 그 길은 통행이 어려운 정도가 아니라 아예 불가능했다.

남은 것은 네 번째 길이었다. 볼로냐의 드넓은 평원을 지나 풀레드라노 다리를 건너고, 첸토와 피에베를 경유해 피날레와 본데노 사이를 통과한 뒤, 페라라에 이르러 수로와 육로를 번갈아 이용하면 파도바 지역에 도착해 베네치아 군과 합류할 수 있었다. 이 길역시 많은 난관이 있었고 또 여러 곳에서 적의 공격을 받을 가능성이 있었지만, 그래도 이 길이 가장 반대가 적었다.

백작은 이 길을 통보받자마자 매우 빠른 속도로 행군을 시작해 6월 20일1439년 파도바 영내에 도착했다. 이 뛰어난 장군이 롬바르디아로 오자 베네치아와 그에 속하는 모든 지역은 희망에 부풀었고, 불과 얼마 전까지만 해도 존립 자체를 걱정하던 베네치아 의회는 이제 오히려 새로운 획득을 기대하기 시작했다.

프란체스코 백작은 우선 서둘러 베로나市를 구원하러 갔다. 그를 막기 위해 니콜로는 군대를 이끌고, 비첸차와 베로나 사이에 있는

프란체스코 백작의 베로나 구출 작전

소아베Soave 요새로 갔다소아베는 베로나에서 동쪽으로 약 23㎞ 떨어져 있다. 그 성은 아디제강의 습지대까지 이어진 크고 넓은 해자로 둘러싸여 있었다. 평원을 가로지르는 길이 가로막힌 것을 본 백작은 산을 넘어 베로나로 접근하기로 결심했다.

백작은 넘어가기가 불가능해 보일 만큼 가파르고 험준한 이 산길을 자신이 택할 것이라고 니콜로가 생각하지 않거나, 혹시 뒤늦게 그럴 수 있겠다고 생각해도 그때는 이미 자신을 막기에는 너무 늦을 것으로 판단했다. 그래서 백작은 8일 치 식량을 병사들에게 지급한 후, 군을 이끌고 산을 넘어 소아베성 너머의 평원으로 내려갔다. 비록 그 길에도 만약을 대비해 니콜로가 몇 개의 진지를 구축해 놓았지만, 백작을 막기에는 역부족이었다.

한편 자신의 예상과 달리 백작이 산을 넘어 소아베 평원에 도착한 사실을 알게 된 니콜로는 불리한 처지에서 전투를 벌이지 않기 위해 아디제강의 반대편으로 물러났고, 백작은 아무런 저항도 받지 않고 베로나로 입성했다1439년 7월.

⤳ 제23장 ⤶

베로나를 포위에서 구원하는 첫 번째 임무를 성공적으로 완수했기 때문에 이제 백작에게는 브레시아市를 구하는 일만 남았다. 브레시아는 가르다 호수이탈리아에서 가장 큰 호수와 아주 가까워서 비록 육지에서 포위 공격을 당해도 호수를 통해 항상 보급품을 공급받을 수 있었다. 공작은 이를 막기 위해 개전 초기에 호수 위의 군대를 강화하고, 브레시아에 도움을 줄 수 있는 인근의 모든 요새를 점령했다.

베네치아 역시 호수에 갤리 선단을 보유하고 있었지만, 공작의 대군과 싸우기에는 그 수가 충분치 않았다. 그러므로 백작은 자신의 육군으로 베네치아 함대를 지원할 필요가 있다고 판단했으며, 이를 통해 브레시아를 봉쇄하고 있는 요새들을 큰 어려움 없이 차지할 수 있기를 바랐다.

백작은 우선 호수 위에 자리한 바르돌리노라는 요새 앞에 진영을 차렸고, 이곳을 점령하면 다른 요새들도 항복할 것이라고 기대했다. 그러나 이때 운명의 여신은 백작의 이런 계획을 지지하지 않았다. 많은 백작의 군사들이 역병에 걸렸기 때문이었다. 그러자 백작은 할 수 없이 전투를 중단하고, 물자가 풍족하고 위생적인 베로나 지역의 체비오 요새로 물러났다1439년 8월.

백작이 철수했다는 소식을 들은 니콜로는 호수의 주인이 될 기회를 놓치지 않기 위해, 일군의 정예병을 데리고 비가시오Vigasio의 진영을 떠나 가르다 호수로 가서 베네치아 함대를 아주 맹렬히 공격해 거의 전 함대를 빼앗았다. 이 승리가 알려지자 호수 위에 있던 베네치아의 요새 대부분이 니콜로에게 항복했다1439년 9월.

이 패전에 경악한 베네치아 의회는 이 패배에 절망한 브레시아가 항복하지 않을까 두려워, 사자와 서신을 연거푸 보내 브레시아를 구해 달라고 백작을 재촉했다. 호수를 이용해 브레시아를 구할 가망은 이미 사라져 버렸고, 니콜로가 구축해 놓은 해자와 요새 그리고 다른 장애물들 때문에 넓은 평야를 가로질러 브레시아로 접근하는 것도 사실상 불가능했으므로, 아니, 적군이 두 눈 시퍼렇게 뜨고 감시하는 평야를 가로지르는 것은 스스로 파멸의 구렁텅이로 들어가는 것과 마찬가지였으므로, 백작은 산을 넘어가 베로나를 구했듯 이번에도 산을 넘어가면 브레시아를 구원할 수 있을 것으로 판단했다.

이런 계획을 세우자마자 백작은 곧장 체비오를 떠나 발다크리아 크리 계곡를 가로질러 산토 안드레아 호수로 간 후, 가르다 호수 위에 있는 토르볼레Torbole와 페네다에 들어갔고, 그곳에서 다시 텐노로 가서 그 요새를 포위했다. 백작이 브레시아 교외로 들어가기 위해서는 반드시 이 요새를 장악해야 했기 때문이었다.

백작의 의도를 간파한 니콜로는 군대를 이끌고 페스키에라실은 데 센차노 델 가르다로, 이곳은 텐노 전투에서 패한 니콜로 피치니노가 베로나 공격(제5권 제24장 참조) 을 준비한 곳이다로 간 뒤, 만토바 후작과 함께 일군의 정예병을 데리고 백작을 찾아가 용감히 싸웠으나 패했다. 사방으로 흩어진 니콜로의 병사들은 일부는 사로잡히고, 일부는 본대로 달아났으며 또 다른 일부는 가르다 호수 위의 함대로 도망쳤다1439년 11월.

니콜로는 텐노로 피신했다. 밤이 되자 그는 이곳에서 날이 밝기를 기다리다가는 적의 손에 잡히는 치욕을 피할 수 없을 테니, 확실한 위험포로가 되는 것을 모면하기 위해 대담한 시도탈출를 감행하기로 마음먹었다. 그 많던 부하 중에서 그때 니콜로 곁에는 오직 한 명의 부하만이 남아 있었다. 그는 독일 출신으로 힘이 세고 체격이 건장했으며, 언제나 니콜로한테 충성을 다했다. 니콜로는 이 남자에게 자신을 큰 자루에 넣어 어깨에 걸친 후, 주인의 물건을 옮기는 척하고 안전한 곳으로 데려가 달라고 설득했다.

그날 밤 텐노 주위에는 백작의 병사들이 가득했지만, 낮의 승리로 인해 보초 한 명 서 있지 않을 만큼 군의 기강은 해이했다. 그 덕분에 흡사 종군 상인처럼 옷을 갈아입은 그 독일인은 니콜로를 어깨에 맨 뒤, 아무런 제지도 받지 않고 백작의 진영을 통과해 자기 주인을 안전하게 그의 부대로 데려왔다.

~~ 제24장 ~~

기분 좋게 거둔 이 승리가 만일 그 후 현명하게 이용되었다면, 브레시아는 더 큰 구원을 얻고 베네치아는 더 지속적인 만족을 누렸을 것이다. 하지만 이 승리는 전혀 중요하게 취급되지 않았으므로, 베네치아의 환희는 순식간에 사라지고 브레시아는 전과 똑같은 어려움에 놓이게 되었다. 자신의 부대로 무사히 귀환한 니콜로가 새로운 승리베로나 정벌로 최근의 패배텐노 전투의 패배를 상쇄해, 베네치아가 브레시아를 구할 수단을 없애 버리기로 결심했기 때문이었다.

니콜로는 베로나市 안에 있는 성채의 위치를 잘 알고 있었고, 전쟁 중에 사로잡은 포로들로부터 그곳의 방비가 허술해 쉽게 함락시킬 수 있다는 정보를 듣게 되었다. 그러자 그는 그 즉시 운명의 여신이 자신에게 잃어버린 명예를 되찾고, 최근의 승리로 기뻐하는 적을 앞으로 있을 패배로 슬퍼하게 만들 기회를 주었다고 믿었다.

베로나市는 롬바르디아 지방에서도 이탈리아를 독일과 나누는 산맥의 기슭에 자리해, 도시의 일부는 산의 가장자리에 있고 다른 일부는 평원으로 뻗어 있다. 트렌토 계곡에서 발원한 아디제강은 이탈리아로 들어올 때 곧장 넓은 평원을 가로지르지 않고, 이 산기슭을 따라 왼쪽으로 돌아 베로나市로 들어와 도시를 횡단하며 이를 둘로 나누는데, 도시의 대부분은 산기슭이 아니라 평원에 자리 잡고 있다. 이 도시의 산기슭에는 산 피에트로와 산 펠리체라고 불리는 두 개의 요새가 서 있다. 요새는 성벽의 튼튼함보다는 그 위치 때문에 더 강해 보이는데, 높은 위치에서 도시 전체를 지휘하듯 내려다본다.

한편 아디제강 남쪽 평원에는 도시의 성벽에 등을 기댄 듯 붙어 있는 두 개의 요새가 있는데, 하나는 치타델라 베키아Cittadella Vecchia, 구(舊) 성채, 다른 하나는 치타델라 누오바Nuova, 신(新) 성채로 서로 약 1.5km 가량 떨어져 있다. 이 성채들 사이에는 다른 성채로 연결되는, 도시의 성벽을 활이라 한다면 활시위라고 해도 좋을 일직선의 성벽이 있고, '보르고 디 산 체노Borgo di San Zeno, 보르고는 큰 마을을 뜻하고, 산 체노는 베로나의 수호성인이다'라고 불리는 이 두 성벽 사이의 공간에는 많은 주민이 살고 있었다.

니콜로 피치니노는 이 두 성채와 보르고를 뺏을 계획을 세우며, 쉽게 성공할 것으로 판단했다. 평소에도 그곳은 경비가 소홀했는데 최근의 승리로 그 태만함은 더욱 커졌을 것이고, 더욱이 전쟁에서는 적이 불가능하다고 생각하는 작전만큼 성공 확률이 높은 작전은 없다는 것을 잘 알고 있었기 때문이었다.

그래서 니콜로는 부하들 중에서 그런 작전에 가장 적합한 병사들을 선발해 만토바 후작과 함께 야밤에 서둘러 베로나로 갔다. 그 뒤들키지 않고 성벽을 기어올라 치타델라 누오바를 점령하고, 거기서다시 부하들을 이끌고 도시로 내려가 산 안토니오 성문을 강제로열었다. 성문이 열리자 그의 기병들이 쏜살같이 도시 안으로 들어왔다.

베네치아를 위해 치타델라 베키아를 지키던 수비대는 처음에 치타델라 누오바의 경비병들이 살해당하고, 나중에 산 안토니오 성문이 부서지는 소리를 듣자, 적이 나타났음을 알아차리고 경종을 울리며 사람들에게 무기를 들라고 고함치기 시작했다. 이로 인해 얼결에 잠에서 깬 시민들은 큰 혼란에 빠졌지만, 그럼에도 그들 중 제일 용감한 이들은 무기를 들고 레토리 광장Piazza de Rettori으로 황급히 달려갔다.

그사이 니콜로의 부하들은 보르고 디 산 체노를 약탈하며 계속 앞으로 나아갔다. 공작의 군대가 도시 안에 있는 것을 본 시민들은 저항할 방법이 없음을 깨닫고는 베네치아의 관리들에게 산기슭의 요새로 몸을 피해 그들 자신뿐만 아니라 도시도 구하라고 요청하며, 눈앞의 해악을 격퇴하려다 뻔한 죽음을 맞이하고 도시도 완전히 파괴되는 쪽보다, 더 나은 운명미래을 위해 그들베네치아 관리은 살아남고 도시의 부富는 보존하는 편이 훨씬 더 바람직하다고 설명했다. 그 말이 옳다고 판단한 관리들과 도시에 있던 다른 모든 베네치아 시민들은 산 펠리체 요새로 급히 피신했다.

그 후 도시의 으뜸가는 몇몇 시민이 군의 약탈을 피하기를 갈망하며 니콜로와 만토바 후작 앞으로 와서, 폐허가 된 도시를 소유하는 것은 수치스러울 테니 차라리 도시가 부유할 때 명예롭게 이를 취하라고 권하며, 지난날 그들이 목숨 걸고 베로나를 지킨 것은 이전 주인베네치아에게 감사를 받기 위해 한 일도 아니지만, 그렇다고 현재의 주인공작한테 미움을 받기 위해 한 일도 아니니, 특히 더 명예롭게 취해 달라고 간청했다.

니콜로와 후작은 이들을 위로하고, 군의 방종이 만연하던 당시의 분위기 속에서 자신들이 할 수 있는 한 최선을 다해 도시의 약탈을 막아 주었다. 그러고 나서 니콜로와 후작은 조만간 백작이 도시를 되찾으러 올 게 확실하다고 생각했기 때문에 그 전에 나머지 요새들을 점령하기 위해 갖은 노력을 기울였다. 그러나 끝내 그 요새들을 얻을 수 없자, 그것들을 참호와 방책 등으로 도시에서 차단해 적이 진입하기 어렵게 만들었다1439년 11월 중순.

◈❯❯ 제25장 ❮❮◈

군대와 함께 텐노에 머물던 프란체스코 백작은 베로나가 함락되었다는 소식을 처음 들었을 때, 이를 근거 없는 소문으로 치부했다. 하지만 나중에 더 확실한 소식통들에 의해 사실임이 확인되자, 과감한 행동으로 태만이 일으킨 해악을 신속하게 만회하기로 했다.

비록 그의 수하 장교들은 모두, 텐노에서 머뭇거리다 적에게 포위당하는 치욕을 겪지 않으려면 베로나와 브레시아를 포기하고 비첸차로 가야 한다고 촉구했지만, 백작은 그들의 의견을 따르는 대신 베로나를 탈환하기 위해 모든 위험을 감수하기로 결정했다. 그 후 백작은 베네치아의 프로베디토레Provveditore(감독관)들과 피렌체의 콤미사리오Commissario(고문)로 그곳에 와 있던 베르나르데토디 안토니오 데 메디치를 회의 중에 돌아보며, 만일 베로나에 있는 요새 중에 단 하나의 요새라도 아직 버티고 있으면 꼭 베로나를 되찾겠다고 약속했다. 그런 뒤 군대의 전열을 재정비하고 베로나를 향해 전속력으로 진격했다.

프란체스코 백작의 움직임을 주시하던 니콜로는 처음에 백작이 수하 장교들의 충고를 받아들여 비첸차로 가고 있다고 생각했다. 그러나 나중에 백작이 베로나 쪽으로 방향을 돌려 산 펠리체 요새로 접근하는 것을 보고는 자신의 실수를 깨닫고 부랴부랴 방어를 준비했지만, 너무 늦고 말았다. 방책과 참호는 아직 다 완성되지 않았고, 부하들은 사방으로 흩어져 주민들을 약탈하거나 아니면 주민들한테서 몸값을 갈취하느라 여념이 없어, 니콜로는 백작의 군대가 산 펠리체 요새에 들어가기 전에 그들을 막을 만큼 제때 병사들을 집결시키지 못했기 때문이었다.

그리하여 산 펠리체 요새에 들어갔다가 이를 통해 도시로 내려간 백작은 베로나를 성공적으로 탈환했을 뿐만 아니라 많은 니콜로의 부하들을 살상해 니콜로에게 큰 치욕을 안겨주었다. 니콜로는 만토바 후작과 함께 우선 성채로 피했다가 다시 교외를 가로질러 만토바로 달아난 뒤, 거기서 살아남은 패잔병들을 수습해 브레시아를 포위 공격하던 부대에 합류했다. 그렇게 베로나는 공삭의 군에 빼앗겼다가 4일 만에 수복되었다1439년 11월.

이 승리 후, 천신만고 끝에 브레시아市에 보급품을 들여보낸 백작은 벌써 겨울이었고 추위도 매서웠으므로 베로나의 병영으로 돌아갔다. 거기서 그는 내년 봄에 육지와 호수 양쪽에서 브레시아를 완벽하게 구원할 수 있도록 겨울 동안 토르볼레Torbole에서 갤리선을 만들라고 명령했다1439년 12월.

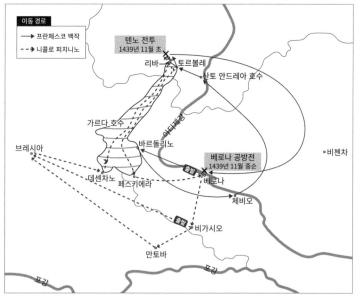

1439년 11월 텐노 전투와 베로나 공방전

❦ 제26장 ❦

전쟁이 중단된 동안, 공작은 베로나와 브레시아를 차지하려던 자신의 희망이 좌절된 원인이 바로 피렌체의 돈과 조언임을 알게 되었다. 그는 피렌체가 베네치아한테서 받은 상처에도 불구하고 그들을 멀리하지 않았으며, 또 자신이 피렌체 통치자들에게 한 약속들로는 그들을 자기편으로 끌어들일 수 없다는 사실을 깨닫고, 피렌체가 베네치아를 도운 행동의 대가를 절감하도록 토스카나를 침공하기로 결정했다.

이런 공작의 결심은 니콜로와 피렌체 추방자들에 의해 더욱 고무되었다. 니콜로는 브라초 다 몬토네가 차지했던 지역들을 얻어 마르케에서 백작을 쫓아내려는 욕망에 이끌려서, 그리고 피렌체 추방자들은 조국으로 돌아가려는 열망에 사로잡혀서 각자 자신들의 관점에서 그럴듯한 근거들을 제시하며 공작의 야망을 한껏 부추겼기 때문이었다. 니콜로는 자신을 토스카나에 보내고도 공작은 계속 브레시아를 포위 공격할 수 있다고 역설했다.

"전하께서는 이미 호수의 주인이시고 육지에도 방비가 견고한 많은 요새를 갖고 있으시기 때문이며, 설령 프란체스코 백작이 다른 새로운 전쟁을 벌인다고 해도 전하께는 백작을 대적할 다른 뛰어난 장군과 부대가 많이 남아 있기 때문입니다. 그렇지만 백작이 브레시아를 먼저 구하지 않고 다른 새 전쟁을 벌일 가능성은 전혀 없으며, 또 브레시아를 구하는 것도 현실적으로 불가능합니다.

이렇게 전하께서는 롬바르디아에서 벌이는 지금의 과업전쟁을 중단하지 않으면서도 토스카나에서 훌륭히 전쟁을 치를 힘을 보유하고 계십니다. 게다가 피렌체는 소장小將이 토스카나에 나타난 것을 보면 그 즉시 프란체스코 백작을 소환하거나, 아니면 완전히 파멸할 수밖에 없습니다. 사정이 이러하니 둘 중 어느 쪽이 됐든 결국 승리는 전하께 돌아갈 것입니다."

한편 피렌체 추방자들은 만일 니콜로가 군대를 이끌고 피렌체에 접근하면, 아무리 통치자들의 오만과 과세에 신물이 났다고 해도 시민들은 틀림없이 니콜로를 상대로 무기를 들고 싸울 것이라고 단언했다. 따라서 그것 말고 피렌체에 접근하는 아주 쉬운 방법이 있는데, 그 길은 리날도가 포피 백작과 쌓아온 오랜 우정 덕분에 카센티노를 통해 활짝 열릴 것이라고 공작에게 설명했다이 당시 포피 백작 프란체스코 구이디는 카센티노 전 지역을 다스리고 있었다.

그렇게 해서 마음속으로 이미 토스카나 정벌을 결정하고 있었던 공작은 니콜로와 피렌체 추방자들의 설득을 듣고 그 결의를 한층 더 다지게 되었다.

그러는 사이 베네치아는 혹독한 겨울 날씨에도 불구하고, 백작한테 전군을 동원해 브레시아를 구해 달라고 끊임없이 요구했다. 그러나 백작은 이런 추위 속에 전쟁을 수행하는 것은 매우 어려우니 브레시아의 자유를 회복하는 일은 봄이 올 때까지 기다려 달라고, 그 대신 이번 겨울에는 다가오는 봄에 호수와 육지에서 동시에 브레시아를 구할 수 있도록 선단을 정비하겠다며 정중히 거절했다. 그러자 자신들의 요구를 무시한 백작의 계획에 기분이 상한 그들은 백작의 군에 보낼 군수품의 보급을 지체했고, 그 결과 많은 병사가 백작의 군영에서 이탈했다.

❧ 제27장 ❧

이 모든 정황을 전해 들은 피렌체 통치자들은 새로운 전쟁이 자신들을 위협하고 있으며, 롬바르디아의 전쟁도 큰 진척이 없다는 것을 깨닫고 겁에 질렸다. 그들이 로마교회군에 대해 품고 있는 의심도 그들의 걱정을 증가시켰다. 그들은 교황에우제니오 4세이 그들에게 적대적이기 때문이 아니라, 로마교회군이 교황보다 그들의 원수인 총대주교에게 더 복종한다는 사실을 파악하고 있었기 때문이었다.

당시 로마교회군을 지휘하던 코르네토 출신의 조반니 비텔레스키는 교황의 공증인으로 시작해 레카나티의 주교를 거쳐 알렉산드리아의 총대주교가 되었다가, 마침내 추기경의 자리에 올라 이후 피렌체의 추기경으로 임명된 인물이었다. 대담하고 약삭빠른 그는 어떻게 처신해야 하는지 잘 알고 있었고, 그래서 교황의 총애를 받아 로마교회군의 사령관이 됐으며, 교황이 로마·로마냐·토스카나·나폴리 왕국 등에서 벌인 모든 전쟁을 진두지휘하며 교회군과 교황에게 매우 큰 영향력을 행사했는데, 교회군은 오직 그에게만 복종했으므로 교황조차 그한테 명령하는 것을 두려워할 정도였다.

아무튼 니콜로가 곧 토스카나로 진격해 올 계획이라는 소식이 피렌체에 전해졌을 때, 조반니 비텔레스키 추기경이 자신의 군대와 함께 로마에 머물고 있었기에 피렌체 통치자들의 공포는 배가 되었다. 이 추기경은 리날도가 추방당한 이후 줄곧 피렌체에 적대적이었기 때문이었다. 그가 그렇게 변한 이유는 자신의 중재로 체결된 피렌체 당파 간의 합의가 그 뒤에 제대로 지켜지지 않고 도리어 자신과 가까운 리날도를 억압하는 데 이용되어, 그 합의에 따라 무기를 내려놓은 리날도가 결국 그 적들에 의해 도시에서 쫓겨났다고제4권 제32장 참조 믿었기 때문이었다. 그래서 당시의 피렌체 통치자들은 이 추기경이 토스카나로 들어와 니콜로와 합류한다면, 리날도가 이전의 손실을 회복할 시간을 가질 수도 있겠다고 우려했다.

게다가 그들이 보기에 니콜로가 롬바르디아를 떠나는 것은 너무나 시의적절하지 않았다. 승패가 불확실한 전쟁에 뛰어들기 위해 거의 다 이긴 전쟁에서 떠나려고 했기 때문이었다. 그래서 그들은 니콜로가 자신들이 알지 못하는 어떤 새로운 계획이나 숨겨진 책략을 갖고 이 전쟁에 뛰어들려 한다고 의심할 수밖에 없었고, 그 결과 그들은 한층 더 큰 두려움에 빠졌다.

피렌체 통치자들은 이런 의심과 두려움에 대해 그 당시 피렌체에 머물고 있던 교황과 이야기했고, 교황은 진작부터 너무 많은 권한을 남에게 준 자신의 과실을 후회하고 있었다. 하지만 피렌체 통치자들이 이렇게 불안해하는 동안, 운명의 여신은 그들에게 조반니 비텔레스키 총대주교의 적의에 맞서 자신들의 안전을 확보할 길을 제시해 주었다.

피렌체 공화국은 누가 공화국에 반하는 음모를 꾸미는지 알아내기 위해 이탈리아 각처에, 서신을 전달하는 이들을 주의 깊게 살피는 부지런한 세작細作들을 심어 놓았다. 그런데 이들이 우연히 조반니 비텔레스키 총대주교가 교황의 허락 없이 니콜로 피치니노에게 쓴 편지들을 몬테풀차노에서 가로챘고, 전쟁을 담당하던 행정장관들은 즉시 이것들을 교황에게 넘겨주었다. 비록 그 편지들은 암호로 쓰여 있었고 너무 복잡하고 모호해 구체적인 뜻을 파악할 수 없었지만, 적과 서신을 주고받으며 사용한 이 모호성은 오히려 교황의 의심을 크게 불러일으켰고, 교황은 총대주교로부터 자신의 안전을 확보하기로 결심했다.

교황은 이 과업을 산탄젤로성의 성주인 파도바 출신의 안토니오 리도에게 맡겼다. 교황의 지시를 받자마자 안토니오는 총대주교를 사로잡을 준비에 착수했고, 곧 그 기회가 찾아왔다. 토스카나로 올라가기로 마음을 정한 총대주교가 로마를 떠나기 전날 산탄젤로성의 성주에게 당부할 말이 있어서, 다음 날 아침 성의 도개교跳開橋로 나와 있으라는 전갈을 안토니오한테 보내왔기 때문이었다. 안토니오는 기다리던 때가 왔다고 생각하고, 부하들에게 해야 할 일을 명령했다.

다음 날 아침, 약속한 시각에 안토니오는 성에서 매우 가까운, 안전을 위해 필요에 따라 올리거나 내릴 수 있는 도개교 위에서 총대주교를 기다리다가, 총대주교가 다리로 오자 다가가 대화를 하는 척하며 부하들에게 다리를 올리라고 신호를 보냈다. 그렇게 해서 총대주교는 순식간에 교회군의 최고사령관에서 성주의 포로로 전락하고 말았다. 총대주교를 따르던 병사들은 처음에는 그를 풀어주라며 소란을 일으켰지만, 그것이 교황의 뜻임을 전해 듣고 이내 잠잠해졌다.

성주가 부드러운 말로 이 이상의 위해는 없을 것이라고 총대주교를 위로하며 희망을 주려 했지만, 총대주교는 위대한 인물들이 풀어 주기 위해 사람을 사로잡지는 않으며, 사로잡힐 이유가 있는 사람은 풀려나지 못한다고 대답했다. 얼마 후 총대주교는 감옥에서 죽었다1440년 4월.

그 후 교황은 교회군의 수장으로 아퀼레이아의 총대주교인 루도비코 트레비잔Trevisan을 새로 임명했다. 과거 교황은 동맹과 공작 간의 전쟁에 참여하는 것을 한사코 거부했지만, 이제는 전쟁에 개입하는 데 동의했으며 4,000명의 기병과 2,000명의 보병으로 토스카나를 지키는 일을 돕겠다고 약속했다.

❧ 제28장 ❧

피렌체 통치자들은 비록 조반니 비텔레스키에 대한 두려움에서 벗어났지만 여전히 니콜로를 두려워했고, 베네치아와 프렌체스코 백작 간의 불화로 생긴 롬바르디아의 혼란을 걱정했다. 그래서 그들은 베네치아와 백작을 화해시키기 위해 네리 디 지노와 줄리아노 다반차티를 다가오는 봄의 전쟁을 준비하라는 지시와 함께 베네치아로 보냈으며1440년 2월, 특히 네리한테는 베네치아의 의향을 파악한 후 백작한테 가서 그의 의견을 듣고, 동맹을 유지하는 데 필요한 일들을 하도록 백작을 설득하라는 명령을 추가로 내렸다.

이 사절단이 막 페라라에 도착했을 때, 니콜로가 6,000명의 기병을 이끌고 포강을 건넜다는 소식이 들려왔다1440년 2월. 이 소식을 들은 그들은 가는 길을 최대한 재촉해 베네치아에 도착했으며, 베네치아 의회 전체가 봄이 오기를 기다리지 말고 지금 당장 브레시아를 구원하고 싶어 한다는 사실을 알게 되었다.

베네치아 의회는 사절들에게 브레시아는 봄이 올 때까지 혹은 함대가 갖추어질 때까지 버틸 수 없다고 주장하며, 만일 즉각적인 구호의 희망이 보이지 않으면 얼마 못 가서 그 도시는 적에게 항복할 것이라고, 그러면 공작은 완전한 승리를 거머쥐고 자신들은 육지에 있는 모든 영토를 잃게 될 것이라고 역설했다.

그 뒤 네리는 프란체스코 백작의 말을 듣기 위해 베로나로 갔고, 백작은 베네치아 의회와 완전히 상반되는 의견을 매우 논리적으로 차분하게 설명했다.

"공쇼도 능히 짐작하시겠지만, 이 추운 겨울에 브레시아로 진격하는 것은 아무런 도움도 못 되고 오히려 미래의 전투에 치명적인 해를 끼칠 뿐이오. 이 계절의 추위와 브레시아의 위치를 고려할 때, 지금 군대를 움직여 봤자 브레시아에는 그 어떤 이득도 주지 못한 채 병사들에게 혼란과 피로만을 가져다줄 것이고, 그러면 나중에 군대가 활동하기 적합한 봄이 오더라도 겨울 동안 소진하고 뒤이은 여름 전쟁에 필요한 보급품을 준비하기 위해, 도리어 나는 부하들을 이끌고 베로나로 돌아와야 하니, 결국 전쟁을 수행하기에 적합한 시간을 전부 왔다 갔다 하는 데 허비하고 말 것이기 때문이오.”

베로나에 있는 백작과 이 문제를 협의하기 위해 베네치아에서 파견된 이들은 오르사토 주스티니아니와 조반니 피사니였다. 오랜 논쟁 끝에 이 둘과 네리 그리고 백작은, 새해에 베네치아는 백작에게 8만 두카트를 주고 나머지 창기병들한테는 한 명당 40두카트를 주며, 대신 백작은 계절에 상관없이 가능한 한 빨리 전군을 이끌고 공작을 공격해, 자신의 안전을 두려워한 공작이 다시 니콜로를 롬바르디아로 소환하게 만든다는 데 동의했다. 이런 결정을 내린 뒤 그 둘은 베네치아로 돌아갔다. 그렇지만 지불할 금액이 너무 컸으므로, 베네치아가 이 모든 것을 준비하는 데는 상당한 시간이 걸렸다.

ᐳᐳᐳ 제29장 ᐸᐸᐸ

그사이 니콜로 피치니노는 계속 이동해 로마냐에 도착했고, 판돌포 말라테스타3세의 아들인 시지스몬도 판돌포와 말라테스타 노벨로를 설득해서 그들이 베네치아를 떠나 공작의 편에 서도록 만들었다1440년 3월.

그들의 이탈로 베네치아는 크게 낙담했다. 하지만 그들의 도움으로 니콜로를 막을 수 있기를 바랐던 피렌체 통치자들은 훨씬 더 크게 낙담했다. 그러므로 그들이 자신들을 버렸음을 알게 된 피렌체 통치자들은 겁에 질렸으며, 더욱이 그때 말라테스타 가문의 영토에 머물고 있던 자신들의 장군 피에트로 잠파올로 오르시니가 그들에게 붙잡혀 자신들이 무장 해제당하지 않을까 두려워했다.

이 소식으로 프란체스코 백작 역시 소스라치게 놀랐다. 니콜로가 마르케를 거쳐 토스카나로 들어가면, 마르케를 잃을까 봐 두려웠기 때문이었다. 그래서 백작은 자신의 영토를 돌보고 싶은 마음에 서둘러 베네치아로 가서 도제프란체스코 포스카리와의 면담을 요청했으며, 접견이 허락되자 결연한 목소리로 다음과 같이 말했다.

"전하, 거두절미하고 말씀드리겠습니다. 소장이 토스카나로 가는 것이 절대적으로 우리 동맹에 유리합니다. 전쟁은 적의 도시와 수비대가 있는 곳이 아니라, 적의 군대와 사령관이 있는 곳에서 수행되어야 하고, 적의 군대를 궤멸시키면 전쟁에서 승리하지만, 설령 적의 도시를 정복해도 그 군대가 온전히 남아 있으면 보통 전쟁은 더 치열하게 다시 발발하기 때문입니다. 그리고 무엇보다 만일 니콜로 피치니노가 지금 당장 강력한 저항에 직면하지 않으면 조만간 동맹은 마르케와 토스카나를 잃게 될 것이고, 만일 마르케와 토스카나를 잃게 된다면 롬바르디아를 보존할 가능성 역시 사라지게 될 것이기 때문입니다."

그러나 사실 백작은 비록 롬바르디아를 위한 대책이 자신의 수중에 있다고 해도 자신의 백성과 친구들을 버릴 생각은 없었으며, 일찍이 마르케의 영주로서 롬바르디아에 왔는데 마르케를 잃고 한 용병대장으로서 롬바르디아를 떠날 생각은 더더욱 없었다.

백작의 이 말에 대해 도제는 이런 취지로 대답했다.

"만일 백작이 전군을 이끌고 롬바르디아를 떠나 포강을 다시 건너간다면, 베네치아는 육지의 영토를 전부 잃을 것이 확실하므로 이를 지키기 위해 더는 돈을 쓰지 않을 것이오. 결국은 잃게 될 것을 지키려는 자는 어리석으며, 영토와 돈을 모두 잃는 쪽보다는 영토만 잃는 편이 그래도 덜 수치스럽고 또 손해도 더 적기 때문이오. 그리고 만일 베네치아가 실제로 육지의 영토를 모두 잃게 된다면, 그때는 베네치아의 명성이 토스카나와 로마냐를 지키는 데 얼마나 중요한 역할을 했었는지 모두가 알게 될 것이오.

더욱이 우리 의회의 생각은 백작의 의견과는 아주 다르오. 우리는 롬바르디아에서 승리하는 자가 다른 모든 곳에서도 승리할 것이라고 확신하기 때문이오. 그리고 이제 이곳에서 승리하는 일은 쉬워졌소. 니콜로 피치니노가 떠나면서 필리포 공작의 세력은 크게 약해졌고, 따라서 공작이 니콜로를 소환하거나 다른 대책을 마련하기 전에 공작을 파멸시킬 수 있기 때문이오.

또한 작금의 상황을 주의 깊게 숙고해 본 사람이라면 누구나 공작이 니콜로를 토스카나로 보낸 이유가 자신이 벌이고 있는 이 정복 전쟁에서 백작을 손 떼게 하고, 자기 집 앞 롬바르디아에서 벌어지고 있는 전쟁을 다른 먼 곳으로 옮기려 했기 때문이란 사실을 똑똑히 알 수 있을 것이오.

그러므로 꼭 그래야 할 필요가 없는데도 만일 백작이 니콜로를 뒤쫓아간다면, 이는 도리어 공작의 계획을 성공시키고 공작의 소원을 이루어주는 꼴이 될 것이오. 하지만 이곳에 남아 우리 베네치아와 함께 계속 이 전쟁을 수행하며 한편으로 토스카나를 위해 할 수 있는 최선의 대책을 마련한다면, 자신의 계책이 얼마나 어리석었는지 공작이 뒤늦게 깨닫는다 해도 그는 롬바르디아에서는 돌이킬 수 없을 정도로 패배하고, 토스카나에서는 아무것도 얻지 못하게 될 것이오."

그렇게 양측은 각자 자기 입장만을 되풀이하다가 말라테스타 가문과 니콜로의 협정으로 무슨 일이 일어나는지, 과연 피렌체가 피에트로 잠파올로와 그 군대를 쓸 수 있는지, 또 교황이 약속대로 동맹의 든든한 친구가 될지 알아보기 위해, 일단 며칠 동안 기다려 보기로 했다.

그리고 며칠 뒤 그들은, 말라테스타 가문이 니콜로와 협정을 맺은 이유는 어떤 나쁜 의도가 있어서가 아니라 두려움 때문이었고, 피에트로 잠파올로는 이미 군대를 이끌고 토스카나로 향했으며, 교황은 이전보다 더 기꺼이 동맹을 도우려 한다는 신뢰할만한 정보들을 받았다.

이런 소식들을 듣고 안심한 백작은 네리 카포니가 백작의 기병 1,000명과 베네치아의 기병 500명을 이끌고 피렌체로 돌아가는 대신 자신은 롬바르디아에 남되, 만일 토스카나의 정세가 백작의 출현을 원할 만큼 긴박해지면 네리는 백작한테 편지를 쓰고, 백작은 모든 일을 제쳐두고 즉시 토스카나로 떠나기로 합의했다.

네리는 1440년 4월 1,500명의 기병과 함께 피렌체로 들어왔고, 같은 날 피에트로 잠파올로도 피렌체에 도착했다.

ᘒᘒᘒ 제30장 ᘒᘒᘒ

이러는 동안 로마냐의 일을 해결한 니콜로 피치니노는 토스카나로 내려갈 계획을 세웠다. 처음 그는 산 베네데토 산을 넘어 몬토네 계곡을 가로지르려 했다. 하지만 그곳은 니콜로 감바코르타(Gambacorta) 다 피사의 미덕지혜와 용기으로 잘 방비되고 있었기 때문에 그쪽으로 나아가려는 모든 시도는 결국 허사가 될 것으로 판단했다.

한편 니콜로의 이 갑작스러운 공격에 대비해 미처 충분한 병사와 지휘관을 준비해 놓지 못했던 피렌체는, 서둘러 소집한 민병대를 일부 시민들의 지휘 아래 산악 지대의 다른 산길들을 방어하기 위해 보냈다. 그 시민 중에는 마라디성城과 그 주변 산길을 지키는 임무를 맡은 바르톨로메오 오를란디니라는 기사도 있었다. 니콜로는 산 베네데토의 산길은 그곳을 지키는 니콜로 다 피사의 미덕으로 인해 지나가기 어렵지만, 마라디성 주변의 좁은 산길은 그곳을 지키라고 배치된 바르톨로메오 오를란디니의 비겁함 때문에 쉽게 지나갈 수 있겠다고 생각했다.

마라디성은 토스카나를 로마냐와 나누는 산기슭에 자리한 요새로, 로마냐를 향한 측면과 라모네 계곡의 초입에는 비록 성벽이 없지만 그 강과 산과 주민들 덕분에 매우 강한 요새로 알려져 왔다. 그곳 남자들은 호전적이고 충직했으며, 강은 오랜 세월 강바닥을 침식해, 개울을 가로지르는 작은 다리 하나만 지키면 계곡으로 접근하는 것이 불가능할 정도로 높은 강둑을 쌓아 올렸고, 산이 있는 방향의 절벽 역시 아주 험준하고 가팔라서, 마라디성을 거의 난공불락의 요새로 만들어 주었기 때문이었다.

이런 이점들에도 불구하고 바르톨로메오의 비겁함은 그가 지휘하는 이들까지 물들여 그 강한 요새를 무용지물로 바꾸어 놓았다. 그는 적군이 다가오는 소리만 듣고도 혼비백산하여 성을 지킬 생각 따윈 아예 하지도 않고 수비대와 함께 쏜살같이 달아나, 마라디에서 약 30㎞ 떨어진 보르고 산 로렌초에 도착하고 나서야 걸음을 멈추었기 때문이었다. 버려진 마라디성에 무혈입성한 니콜로는 바르톨로메오가 그곳을 지키지 않고 도망갔다는 사실에 몹시 놀랐으며, 그곳을 얻은 일을 크게 기뻐했다.

그러고 나서 니콜로는 무젤로Mugello 계곡으로 내려가 몇 개의 성을 더 빼앗고, 군대를 풀리차노에 주둔시킨 뒤, 거기서 피에졸레Fiesole, 피렌체에서 북동쪽으로 약 5㎞ 떨어져 있다 구릉까지 습격했다. 그 후 니콜로는 아르노강을 건널 정도로 대담해졌으며, 피렌체市에서 채 5㎞도 떨어지지 않은 곳까지 침입해 약탈과 파괴를 자행했다.

❦ 제31장 ❦

그렇지만 피렌체 통치자들은 낙담하지 않고, 무엇보다 내부의 결속을 다지는 데 주력했다. 사실 그들은 이 일에 대해 크게 걱정하지 않았다. 평민의 대다수는 코시모에게 호의적이었고 또 최고 행정장관직에는 소수의 유력한 시민들만이 오를 수 있었으므로, 설령 누군가가 불만을 품거나 변화를 열망한다 해도, 최고 행정장관이 된 소수의 유력자가 나머지를 엄격하게 제어할 수 있었기 때문이었다. 더욱이 그들은 롬바르디아에서 이루어진 합의에 따라 네리가 어떤 군대와 함께 피렌체로 돌아오고 있는지 알고 있었으며, 교황군의 도착 역시 기다리고 있었다. 이런 희망들은 네리가 돌아올 때까지 피렌체 시민들을 지탱시켜준 힘이 되었다.

이윽고 피렌체에 도착한 네리는 공포와 혼란이 도시에 퍼지기 시작하는 것을 발견하고, 니콜로의 활동을 조금이라도 억제하기 위해 즉시 평원으로 나가기로 했다. 그는 자신이 데리고 온 기병과 피렌체 시민 중에서 뽑은 보병을 합쳐 적이 장악하고 있던 레몰레로 진격해 탈환한 후, 거기서 야영하며 니콜로가 교외를 약탈하는 것을 막았을 뿐만 아니라 시민들에게 그들을 둘러싼 적을 쫓아낼 수 있다는 희망을 심어 주었다.

한편 싸울 군대가 없는데도 피렌체 시민들이 전혀 동요하지 않고 도리어 도시가 극히 평온한 것을 본 니콜로는 지금 있는 곳에 더 머무르는 것은 시간 낭비라고 판단하고, 다른 전쟁을 벌여서 그들이 군대를 보내 자신을 뒤쫓게 해 그들과 싸울*뒤에 나오는 앙기아리 전투처럼 일정한 지역에 양측의 대규모 병력이 집결해 전투를 벌이는 회전(會戰)을 말한다* 기회를 만들기로 작전을 바꾸었다. 그는 만일 그 전투에서 승리하면, 그 뒤에는 모든 것이 자기 뜻대로 이루어질 것이라고 기대했다.

이때 니콜로의 진영에는 피렌체와 동맹을 맺었으나, 적들이 무젤로에 들어오자 피렌체에 반기를 든 포피의 프란체스코 구이디 백작이 있었다. 피렌체의 통치자들은 이 배신이 있기 전에도 그를 의심했지만, 충성심을 확보하기 위해 그에게 주는 보조금을 늘리고, 그를 인접한 모든 도시의 '콤미사리오Commissario(장관)'로 임명했다. 그렇지만 당파적 기질이 인간의 정신에 미치는 영향력은 너무나 커서 어떤 이득이나 어떤 위협도 리날도와 이전 정부를 다스리던 자들에 대한 그의 애정을 없앨 수는 없었다. 그래서 니콜로가 오고 있다는 소식을 듣자 그는 곧바로 니콜로의 군대에 합류했으며, 니콜로에게 카센티노 계곡의 강성함을 지적하고, 그곳에서라면 얼마나 쉽고 안전하게 적을 괴롭힐 수 있는지 강조하며 무젤로를 떠나 카센티노로 오라고 진심으로 호소했다.

니콜로는 그의 조언을 받아들여 카센티노로 가서 로메나城와 비비에나市를 빼앗은 뒤 카스텔 산 니콜로를 포위했다. 카센티노와 발다르노 계곡을 나누는 산기슭에 자리한 이 요새는 그 위치가 높고 수비대가 강해, 비록 니콜로가 쇠뇌와 투석기 같은 무기들을 총동원해 밤낮으로 끊임없이 공격했지만 함락시키지 못했다. 이 포위 공격은 20일 이상 계속되었다.

그사이 피렌체는 한 번 더 군대를 모집했고, 여러 용병대장 휘하의 약 3,000명의 기병이 이미 필리네발다르노에 집결해, 최고사령관 네리 카포니와 베르나르데토 데 메디치 그리고 피에트로 잠파올로 장군의 명령을 기다리고 있었다. 그들에게 카스텔 산 니콜로에서 보낸 4명의 사자가 찾아와 도움을 요청했다.

그곳의 위치를 검토한 네리와 베르나르데토는 발다르노 너머로 솟아오른 산을 가로지르는 방법 외에는 카스텔 산 니콜로를 구할 방법이 없다고 생각했다. 하지만 이 산을 넘는 모습을 숨기는 것은 불가능하고, 또 정상까지의 거리는 적이 더 짧아 그들보다 적이 더 빨리 정상을 차지할 수 있기 때문에 그 방법은 실패할 확률이 매우 높을 뿐만 아니라 자칫 전군의 파멸까지 초래할 수 있다고 판단했다. 그러므로 네리와 베르나르데토는 카스텔 산 니콜로의 충성심을 크게 치하한 후, 더 이상 지켜낼 수 없을 때는 항복해도 좋다며 사자들을 위로했다. 그리하여 니콜로는 포위 공격한 지 32일 만에 이 요새를 빼앗았다1440년 5월 말.

그렇지만 그 작은 곳을 얻기 위해 그토록 많은 시간을 허비함으로써, 니콜로는 자신의 토스카나 원정을 결국 실패로 만든 결정적인 실책을 저지르고 말았다. 만일 니콜로가 군을 이끌고 피렌체市 근처에 주둔했다면, 반란을 걱정한 피렌체 통치자들은 시민들로부터 전쟁을 수행할 세금을 자유롭게 걷지 못했을 것이고, 또 적이 멀리 떨어져 있지 않고 바로 코앞에 있었으므로, 용병을 고용하거나 전쟁에 필요한 다른 대책을 마련하는 일도 훨씬 더 어렵게 진행했을 것이며, 만일 그랬더라면 많은 사람이 전쟁이 오랫동안 계속될지 모른다고 걱정하고, 전쟁의 위험에서 벗어나기 위해 니콜로와 평화 협정을 체결하는 쪽으로 마음을 돌렸을 것이기 때문이었다.

그러나 가문의 오랜 적인 카스텔 산 니콜로 주민들구이디 백작 가문의 지배를 받던 카스텔 산 니콜로 주민들은 14세기 중엽인 갈레오토 노벨로 구이디 시절에 반란을 일으켜 그 지배에서 벗어났다에게 복수하고 싶었던 포피 백작의 열망은 니콜로에게 그곳을 공격하라고 부추기게 했고 니콜로는 그 조언을 따랐으나, 끝내 이로 인해 둘 다 파멸을 맞이하게 되었다. 이처럼 개인의 욕망이 전체의 이익에 해가 되지 않는 경우는 드문 법이다.

그건 그렇고 그 후 니콜로는 이 승리의 여세를 몰아 라시나와 키우시를 연달아 빼앗았다. 포피 백작은 니콜로에게 이 지역에 주둔하라고 설득하며, 군대를 키우시·카프레제·피에베산토 스테파노 등에 분산 배치하면 모든 산악 지대의 주인이 되어 원할 때는 언제든 카센티노·발다르노·발디키아나·발디테베레토스카나 지역은 '발티베리나(Valtiberina)'라고도 한다 등으로 내려갈 수 있고, 또 적의 어떤 움직임에도 재빨리 대응할 수 있다고 설명했다.

하지만 이 지역들의 거칠고 메마른 환경을 고려한 니콜로는 자신의 말들은 돌을 먹지 못한다며 보르고 산세폴크로로 갔다. 그는 그곳에서 따뜻한 환대를 받았고 거기서 치타 디 카스텔로 사람들의 의중을 타진해 보았으나, 피렌체의 친구인 그들은 니콜로의 말에 전혀 귀를 기울이지 않았다.

그러자 니콜로는 페루자의 지지라도 얻기를 바라며 40기의 기병만을 데리고 페루자로 갔고, 원래 페루자 시민이었던 까닭에 열렬한 환영을 받았다. 그렇지만 불과 며칠 만에 그는 그곳 사람들의 의심을 샀고, 교황특사 가스파레 데 디아노와 페루자 시민들을 자기편으로 끌어들이기 위해 많은 시도를 했지만 성공하지 못한 채, 그들로부터 겨우 8,000두카트를 받고 자신의 부대로 돌아갔다. 그 뒤 니콜로는 피렌체로부터 코르토나市를 빼앗기 위해 비밀리에 음모를 꾸몄지만, 그만 사전에 발각되어 좌절되고 말았다1440년 6월.

코르토나의 제일가는 시민 중에는 바르톨로메오 디 센소가 있었

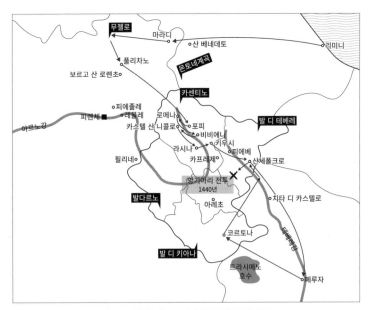

니콜로 피치니노의 토스카나 침공과 앙기아리 전투

다. 어느 날 저녁, 그는 카피타노시장의 지시를 받고 성문을 지키러 가다가 교외에 사는 친구와 우연히 마주쳤다. 그 친구는 죽고 싶지 않으면, 성문 근처에는 얼씬도 하지 말라고 바르톨로메오에게 경고했다. 바르톨로메오는 무슨 말이냐고 물었고, 그 친구를 통해 니콜로가 꾸민 음모의 전말을 듣게 되었다.

바르톨로메오는 지체 없이 이를 카피타노에게 보고했으며, 먼저 음모의 주동자들을 체포한 카피타노는 성문의 경계를 두 배로 강화한 후 약속대로 니콜로가 오기를 기다렸다. 한편 깊은 밤 약속한 시각에 왔다가 이미 음모가 발각된 것을 알아챈 니콜로는 서둘러 자신의 숙영지로 돌아갔다.

❧ 제32장 ❧

토스카나의 정세가 이렇게 공작의 군에 거의 아무런 도움도 되지 못한 채 지지부진하게 흘러가는 동안, 롬바르디아의 상황은 이보다 한층 더 필리포 공작에게 불리하게 돌아가고 있었다. 계절이 허락하자마자 프란체스코 백작이 군대를 이끌고 행동에 나섰기 때문이었다.

백작은 베네치아가 호수에 함대를 재배치하자, 우선 공작을 호수밖으로 쫓아내고 호수의 주인이 되기로 했다. 공작을 호수 밖으로 쫓아내기만 하면, 다른 일브레시아를 구하는 것은 쉽게 해낼 수 있을 것으로 판단했기 때문이었다. 그래서 백작은 먼저 베네치아 함대로 공작 함대를 공격해 격파한 뒤, 자신의 육군을 이끌고 공작을 따르던 호수 인근의 요새들을 모두 점령했다. 그때 육지에서 브레시아를 압박하고 있던 공작의 다른 부대들은 이 재앙을 전해 듣고 급히 달아났다.

그렇게 해서 3년 동안 포위 공격을 당했던 브레시아는 비로소 자유를 회복했다1440년 6월. 이 승리 이후 백작은 올리오 강변의 손치노 요새로 물러나 있던 적들을 향해 진격했고, 겁에 질린 적들은 그곳을 버리고1440년 6월 14일 크레모나로 후퇴했다.

필리포 공작은 크레모나市에 사령부를 차리고, 다시 용병들을 고용해 영토를 지킬 준비를 했다. 그렇지만 날이 갈수록 백작의 압박이 더 강해지자 영토의 전부 혹은 대부분을 잃을까 봐 두려워했으며, 그제야 니콜로를 토스카나로 보낸 계책이 크게 잘못됐음을 깨달았다. 따라서 공작은 이를 바로잡기 위해 황급히 니콜로에게 편지를 써 롬바르디아의 전쟁으로 자신이 처한 곤경을 알리며, 하루빨리 토스카나를 떠나 롬바르디아로 돌아오라고 명령했다1440년 6월.

그러는 동안 네리와 베르나르데토 휘하의 피렌체군은 교황군과 힘을 합쳐 발 디 테베레와 발 디 키아나를 나누는 산기슭에 있는 앙기아리 요새로 가서 주둔하고 있었다. 앙기아리는 보르고 산세폴크로에서 약 6.5km 떨어진 곳으로, 기병을 이용한 전투에 적합한 평평한 가도와 넓은 들판이 있었다.

하지만 백작의 승리와 니콜로의 소환 소식을 알고 있던 피렌체 통치자들은 다시 칼을 뽑거나 말을 달려 먼지를 일으킬 필요 없이 전쟁은 이미 자신들의 승리로 끝이 났다고 판단하고, 니콜로가 토스카나에 마냥 오래 머물 수는 없으니 되도록 전투를 삼가라는 지시를 최고사령관들에게 내렸다.

그런데 이 지시가 니콜로의 귀에 들어갔다. 비록 하루라도 빨리 롬바르디아로 돌아가야 한다는 사실을 누구보다 잘 알고 있었지만, 이런 천금 같은 기회를 그냥 놓치기 싫었던 니콜로는 아무런 대비도 없이 전투와는 동떨어진 생각을 하고 있을 적들을 상상하며, 그들을 공격하기로 마음을 정했다.

니콜로의 이런 결심은 포피 백작과 리날도를 비롯해 많은 다른 피렌체 추방자들의 격려를 받았다. 그들은 니콜로가 떠나면 자신들의 파멸은 불을 보듯 뻔하지만, 그래도 적과 크게 싸우다 보면 전쟁에서 승리하거나 적어도 명예롭게 죽을 수 있을 것으로 판단했기 때문이었다.

이렇게 결정한 니콜로는 치타 디 카스텔로와 보르고 산세폴크로 사이에 있던 야영지에서 군을 움직여 적이 눈치채지 못하게 보르고 산세폴크로로 들어간 뒤, 그곳에서 2,000명의 병력을 새로 얻었다. 니콜로의 능력과 약속을 믿은 그들은 약탈을 갈망하며 그를 따라 나섰다.

∾ॐ 제33장 ≪∾

미켈레토 아텐돌로 프란체스코 스포르차의 아버지 무치오 아텐돌로 스포르차의 사촌 동생가 커다란 먼지구름을 발견한 것은, 전군을 이끌고 앙기아리로 진격한 니콜로가 이미 피렌체 진영에서 3㎞도 채 안 되는 곳까지 접근했을 때였다. 그 커다란 구름이 적이 다가오며 일으킨 먼지라는 사실을 깨달은 미켈레토는 그 즉시 병사들에게 무기를 들라고 고래고래 소리를 질렀다 1440년 6월 29일.

극심한 혼란이 피렌체 진영을 뒤덮었다. 그 당시 이탈리아 군인용병들에게 만연했던 일반적인 규율의 부재 외에도, 이 경우는 적이 멀리 있고 또 그 적들은 전투가 아니라 오직 달아날 생각뿐이라고 방심한 탓에, 피렌체군은 모두 무기를 내려 놓고 숙영지에서 멀리 떨어진 곳으로 가서 각자의 성향대로, 찌는 듯한 더위를 피하거나 아니면 다른 재밌는 오락거리를 찾고 있었기 때문이었다.

그러나 최고사령관들과 피에트로 잠파올로 장군의 대응은 매우 신속했고, 덕분에 그들은 다행히 적군이 도착하기 전에 전부 말에 올라 니콜로의 습격에 맞설 수 있었다. 적을 처음 발견한 이가 미켈레토였듯, 맨 처음 무기를 들고 적과 싸우러 나간 이도 미켈레토였다. 그는 자신의 부대베네치아의 중무장 기병를 이끌고, 앙기아리 마을에서 멀지 않은 작은 강을 가로지르는 유일한 다리로 달려갔다.

그 다리와 앙기아리 마을 사이의 도로 양쪽에 있던 도랑과 구덩이들은 적이 도착하기 전에 피에트로 잠파올로가 흙과 돌 등을 채워 평평하게 다져 놓았으므로, 미켈레토가 다리 앞에 자리를 잡자 로마교회군의 용병대장 시몬치노 당기아리d'Anghiari와 교황특사 루도비코 트레비잔은 도로 오른쪽으로 가고, 도로 왼쪽은 네리와 베르나르데토가 그들의 장군인 피에트로 잠파올로와 함께 맡았다. 보병은 강둑을 따라 다리 양쪽에 배치되었다.

따라서 적군이 피렌체군과 싸우기 위해 나아갈 수 있는 길은 오직 하나, 직접 다리를 건너는 방법뿐이었다. 피렌체군 역시 이곳을 제외한 다른 곳에서 적과 싸울 마음은 없었다. 다만 그들은 적의 보병이 지금 있는 도로를 떠나 적의 중무장 기병 옆에 서려 한다면, 그 전에 먼저 적의 보병에게 쇠뇌를 쏴서 그들이 다리를 건너는 피렌체 기병의 측면을 공격해 말을 다치게 하는 것을 막으라고 피렌체 보병에게 명령했다.

처음 다리 위에 나타난 적의 기병은 미켈레토의 강력한 저항을 받고 물러났다. 하지만 정예병을 이끌고 그들을 지원하러 온 아스토레 만프레디2세와 프란체스코 피치니노니콜로 피치니노의 큰아들는 미켈레토를 맹렬히 공격해 다리를 빼앗고, 앙기아리 마을로 올라가는 언덕의 초입까지 그를 밀어냈다. 그렇지만 거기서 아스토레와 프란체스코의 기병은 그들의 측면을 공격한 피렌체 보병에 밀려 다리 밖으로 쫓겨났다. 이 전투는 2시간 동안 계속됐고, 어느 때는 니콜로의 군대가, 다른 때는 피렌체군이 다리를 차지했다.

그러나 비록 다리 위의 전투는 양측이 팽팽했지만, 강 양쪽의 싸움에서는 니콜로가 크게 불리했다. 그 이유는 다리를 건넌 니콜로

출처 : Wikipedia

〈레오나르도 다빈치가 그린 것으로 전해지는 앙기아리 전투의 중앙 부분〉
페테르 파울 루벤스Peter Paul Rubens의 모작

알려진 바에 따르면, 그림에 등장하는 인물들은 왼쪽에서 오른쪽으로 프란체스코 피치니노,
니콜로 피치니노, 루도비코 트레비잔, 조반니 안토니오 델 발초 오르시니이다.

의 기병대는 적이 평평한 땅 위에서 별 어려움 없이 움직이는 데다, 지친 자들을 새로운 병력으로 빠르게 교체하는 것을 보며 적이 매우 강하다는 사실을 알게 되었지만, 반면 피렌체 기병들이 다리를 건너 자신들의 진영으로 넘어오면, 니콜로는 도로 양쪽에 있는 도랑과 제방의 방해를 받아 공격당하는 부하들을 쉽게 도울 수 없었기 때문이었다.

그렇게 니콜로의 군은 다리를 차지할 때마다 항상 새로운 적군에 의해 쫓겨났지만, 반면 피렌체군이 다리를 차지한 뒤 니콜로가 있는 도로 쪽으로 넘어가면, 건너온 적들의 맹렬한 기세와 자신의 군이 놓인 지대의 불편함 때문에 니콜로는 지친 부하들을 구해 줄 시간이 없었다. 그 결과 니콜로의 군대는 앞에 있던 자들과 뒤에 있던 자들이 뒤섞이며 전군이 극도의 혼란에 빠졌고, 마침내 꼬리를 내리고 보르고 산세폴크로를 향해 줄행랑을 칠 수밖에 없었다.

하지만 피렌체군의 병사용병들은 달아난 니콜로를 추격하는 대신, 사로잡은 포로들로부터 말과 무구 등의 값비싼 전리품을 챙기는 일에 몰두했다. 전리품의 양은 실로 엄청났다. 그도 그럴 것이 채 1,000명도 안 되는 기병만이 니콜로와 함께 탈출했기 때문이었다. 약탈을 꿈꾸며 니콜로를 따라왔던 보르고의 주민들은 남을 약탈하기는커녕, 도리어 약탈을 당하고 또 사로잡혀 몸값을 지불해야 하는 처지가 되었다. 많은 기치와 짐마차 또한 노획되었다.

이 승리로 피렌체가 얻은 이로움은, 이 패배로 공작이 입은 피해보다 훨씬 더 컸다. 만일 그날 피렌체군이 패했다면 토스카나는 공작의 영토가 되었을 것이지만, 공작이 그 패배로 잃은 것은 그리 큰 돈을 들이지 않고도 언제든 다시 마련할 수 있는 말과 무구뿐이었기 때문이었다.

적국에서 벌어진 전쟁에 참여한 이들에게 이 전투보다 위험하지 않았던 전투는 그때껏 없었다. 그토록 큰 패배를 당하고도, 또 오후 4시부터 저녁 8시까지 계속된 꽤 긴 전투를 치르고도 겨우 한 사람만이 죽었기 때문이었다. 게다가 그는 전투에서 입은 부상이나 다른 어떤 결정적인 타격을 당해 죽은 것이 아니라, 자기 말에서 떨어진 후 다른 말들에게 밟혀 죽었다.

당시 군인용병들은 그렇게 안전하게 싸웠다. 그들은 모두 말을 타고 갑옷을 입었으며, 항복하면 언제나 죽음을 면할 수 있었기에 목숨을 걸고 싸울 이유가 없었다. 그들은 싸우는 동안에는 갑옷의 보호를 받았고, 더 이상 싸울 수 없을 때는 항복해 목숨을 구했다.

✺✺ 제34장 ✺✺

이 전투는 싸움이 벌어지는 동안과 그 직후에 일어난 일들을 놓고 볼 때, 그 당시 군의 기강이 얼마나 해이했는지 여실히 보여 주는 충격적인 사례다. 적이 패배하고 니콜로가 보르고로 후퇴하자, 최고사령관인 네리와 베르나르데토는 니콜로를 쫓아가 보르고를 포위 공격해 완벽한 승리를 쟁취하기를 원했다.

그러나 단 한 명의 용병대장도, 아니, 단 한 명의 병사도 그들의 명령을 따르지 않았으며, 오히려 명령을 거부할 충분한 사유라도 되는 양 네리와 베르나르데토에게 전리품을 챙기고 상처를 치료해야 한다고 말했다.

그렇지만 더 놀라운 것은 다음 날 정오, 모든 용병이 최고사령관이나 피에트로 잠파올로 장군의 허락을 구하지 않고, 아니, 그들을 조금도 신경 쓰지 않고 아레초로 가서 안전한 곳에 전리품을 놔두고 다시 앙기아리로 돌아온 것이다.

이는 군대의 모든 건전한 규범이나 기강을 완전히 위반하는 행동으로, 설사 아주 적은 수의 패잔병이라 해도 규율만 잘 잡혀 있으면, 이 용병들이 그토록 분에 넘치게 획득했던 승리를 쉽게 빼앗고도 남았을 것이다.

이 밖에도 최고사령관들은 적이 힘을 회복할 기회를 없애기 위해 포로로 사로잡은 적의 중무장 기병들을 계속 억류하기를 원했다. 하지만 용병들은 최고사령관들의 명령을 어기고 적의 기병을 모두 풀어 주었다.

그저 모든 것이 놀라울 따름이었다. 그런 군대에도 미덕이란 것이 있어 전투에서 승리할 수 있었던 반면, 적은 또 얼마나 변변치 못했으면 그처럼 무질서한 군대를 상대로도 패했으니 말이다.

아무튼 피렌체 용병들이 아레초에 갔다 오며 시간을 허비하는 사이, 니콜로는 자신의 부하들을 이끌고 보르고를 떠나 로마냐로 갈 기회를 얻었다. 그와 함께 피렌체의 반군추방자들도 달아났다. 피렌체로 돌아갈 희망이 완전히 사라졌다는 것을 안 그들은 각자가 적당하다고 판단한 이탈리아 안팎의 여러 지역으로 흩어졌다.

그중에서 리날도 델리 알비치는 안코나에 살기로 했다. 지상의 조국을 잃어버린 그는, 천상의 조국을 얻기 위해 그리스도의 성묘예수 그리스도가 십자가에 처형당한 후 그 시신이 묻혔다고 전해지는 장소에 세운 교회로 성지순례를 갔다가 돌아와, 딸니콜레타의 결혼식 연회 도중에 갑자기 죽었다1442년 2월, 72세. 이런 점에서 운명의 여신은 리날도에게 호의를 베풀었다고 할 수 있다. 망명 생활 중에서 그래도 가장 덜 불행한 날에 죽었기 때문이다.

진실로 그는 어떤 운명의 변화 속에서도 존경받을 만한 사람이었지만, 만일 단결된 도시에서 태어났더라면 더더욱 그러했을 것이다. 단결된 도시에서라면 그의 명성을 드높였을 자질들이, 분열된 도시에서는 도리어 그에게 상처를 주었기 때문이었다.

그건 그렇고, 군대가 아레초에서 돌아오고 니콜로가 보르고를 떠난 후, 최고사령관들은 보르고로 진격했다. 보르고의 주민들은 항복하려 했지만, 피렌체군은 보르고 주민들의 항복 조건을 받아들이지 않았다. 항복 조건에 대한 협상이 진행되는 동안 교황특사는 최고사령관들이 로마교회를 위해 그 도시를 인수할 의사가 없다고 의심하게 되었고, 결국 교황특사와 최고사령관들은 서로 모욕적인 언사를 주고받았다. 만일 협상이 조금만 더 지연되었더라면, 피렌체군과 로마교회군 사이에는 무력 충돌까지 일어났을 것이다. 하지만 얼마 후 협상은 교황특사가 원하는 대로 결론이 났고, 다행히 모든 것은 평화롭게 해결되었다.

✷✷ 제35장 ✷✷

보르고의 일이 이렇게 처리되는 동안, 니콜로 피치니노가 로마를 향해 가고 있다는 소문이 들렸다. 그렇지만 또 다른 정보에 의하면, 그는 마르케를 향하고 있었다. 따라서 교황특사와 프란체스코 백작의 군대네리가 데리고 온 1,000명의 중무장 기병는 일단 페루자로 가서 니콜로가 로마로 가든 마르케로 가든 그가 향하는 곳을 구하기로 했으며, 최고사령관 중 베르나르데토는 그들과 함께 가고, 네리는 피렌체군를 이끌고 카센티노를 정벌하러 가기로 했다.

이런 결정이 내려지자마자 네리는 라시나를 포위 공격해 함락하고, 그 직후 비비에나 · 프라토베끼오스티아 · 로메나를 연이어 빼앗았다. 그러고 나서 포피로 가 진영을 세운 뒤, 프론졸레Fronzole, 현재의 프론졸라(Fronzola)성까지 뻗어 있는 언덕 위와 체르토몬도 평야, 이 두 곳에서 포피城를 공격했다.

신과 인간 모두한테서 버림받았다고 생각한 포피 백작은 성안에 틀어박혔다. 구원의 손길이 오기를 기대해서가 아니라, 최대한 덜 불리한 조건으로 항복하기 위해서였다. 그러므로 네리가 성을 압박하자 백작은 항복하겠다며 교섭을 요청했다. 그리고 그 상황에서 그가 기대할 수 있는 가장 합리적인 조건, 다시 말해 백작 자신과 가족의 목숨을 살려주고, 가져갈 수 있는 재물은 모두 가져가는 대신, 포피와 그 영토 전부를 피렌체에 양도한다는 조건을 제안받았다. 이 조건이 네리로부터 얻을 수 있는 최상의 조건임을 깨달은 백작은 이를 순순히 받아들였다.

그 후 그는 도시의 발밑을 흐르는 아르노강의 다리로 내려와 슬픔과 비탄에 잠긴 목소리로 네리에게 말했다.

"만일 내가 나의 운명과 피렌체의 힘을 올바르게 측정할 수 있었다면, 나는 이 몰락을 조금이라도 줄여 주기를 구걸하는 피렌체의 적이 아니라, 귀하의 승리를 함께 기뻐하는 공화국의 친구로서 여기에 서 있었을 것이오. 귀하한테는 영광과 기쁨을 가져다준 최근의 사건들이 나에게는 참으로 참담하기 그지없는 슬픔과 고통의 연속이었소.

아시다시피 불과 얼마 전까지만 해도 나는 말과 군사와 신민을, 부와 권력과 영토를 가진 군주였소. 그러니 지금 내가 그 모두와 헤어지길 싫어하는 것이 어찌 놀랄 일이겠소?

피렌체는 토스카나 전체를 좌지우지할 힘도 있고 또 그럴 의지도 있소. 그렇지만 그러기 위해서는 나머지 우리가 기꺼이 피렌체에 복종해야만 하오. 그런데 만일 내가 이런 잘못을 저지르지 않았다면 나의 이 불행은 일어나지 않았을 것이고, 그러면 귀하는 우리의 자발적인 복종을 이끌어 낼 피렌체의 관대함을 보여 줄 기회도 얻지 못했을 것이오.

무슨 말인가 하면, 만일 귀하가 오늘 나를 이 완전한 파멸에서 구원해 준다면, 귀하는 사람들의 자발적인 복종을 이끌어 낼 피렌체의 관대함을 보여 주는 영원한 증거를 세상에 남기게 된다는 말이오. 자, 상황이 이러하니 당신의 연민이 나의 잘못을 이기게 해서 최소한 이 집^{포페성} 하나만이라도 귀하의 선조들이 무수한 도움을 받았던 이들의 후손에게 남겨주길 바라오."

백작의 이런 간청에 대해 네리는 이렇게 대답했다.

"당신은 아무것도 할 수 없는 자들에게 너무 많은 것을 바라며, 피렌체 공화국에 너무 큰 죄를 지었소. 따라서 이런 사정을 전부 고려한다면, 당신은 모든 것을^{목숨과 재물마저} 포기하고, 공화국의 친구로서 보유하려 하지 않았던 그 영토를 공화국의 적으로서 공화국에 양도해야 마땅하오. 당신은 운명의 변화 속에서 공화국을 해치려 한, 결코 용인될 수 없는 나쁜 선례를 남겼고^{즉 배신의 죄를 지었고}, 우리 피렌체가 두려워한 것은 백작 당신이 아니라 바로 카센티노 군주라는 당신의 지위였기 때문이오.

그러나 만일 당신이 독일로 가서 그곳의 군주가 되려 한다면, 피렌체 시민들은 진심으로 기뻐할 뿐만 아니라 당신이 말한 당신 조상들에 대한 고마움 때문에라도 흔쾌히 당신을 도울 것이오."

네리의 냉소적인 대답을 들은 포피 백작은 격분해서 자신도 가능한 한 피렌체에서 멀리 떨어져 살기를 원한다고 차갑게 대꾸했다.

이로써 항복 조건에 대한 마지막 협상은 끝이 났고, 백작은 포피와 이에 대한 자신의 모든 권리를 피렌체에 양도한 뒤, 선조들이 지난 400년 동안 소유했던 나라의 상실을 한탄하며, 가져갈 수 있는 모든 재물을 챙겨 아내와 아이들을 데리고 울면서 떠났다.

이 모든 승리가 피렌체에 알려지자 통치자들과 시민들은 뛸 듯이 기뻐했다. 한편 니콜로가 로마나 마르케를 향해 갔다는 정보가 틀린 것임을 확인한 베르나르데토 데 메디치는 군대를 이끌고 네리가 있는 곳으로 간 후 그와 함께 피렌체로 돌아왔다. 피렌체는 도시의 규정대로 승리한 시민에게 부여할 수 있는 가장 큰 영예를 그들에게 수여했으며, 그들은 시뇨리아와 당코시모당 지도부 그리고 도시 전체의 성대한 환영을 받았다.

제5권

제2장

1 마르케를 차지하며 얻은 '피르미아모페르모Fermo' 지역의 성城에, 백작이 첫
번째 결혼을 통해 칼라브리아에 소유했던 도시 이름인 '지리팔코'를 붙여서
마르케는 원래 교황령이 아니라 자기 소유였다고 주장한 것으로 보인다.

제7장

1 실제로는 1435년 12월 27일부터 새 도제 이스나르도 구아르코Isnardo Guarco
가 취임한 1436년 3월 28일까지 약 석 달이 걸렸다.

제8장

1 티투스 리비우스는 『로마사』 9권 1장 10절에서 삼니움족의 장군 가이우스 폰
티우스Gaius Pontius가 자신의 부족에게 행한 연설을 기록하며, 이 표현을 썼다.
『Titus Livius(Livy), The History of Rome, Rev. Canon Roberts, Ed.』
Book 9 Chapter 1 Line 10.

제16장

1 공의회는 1438년 에우제니오 4세에 의해 바젤에서 페라라로 옮겨졌으나,
1439년 페라라에 역병이 돌자 다시 피렌체로 옮겨갔다.

제17장

1 앞서 보았듯이, 니콜로 피치니노의 스승인 브라초 다 몬토네와 프란체스코
백작의 아버지인 무치오 아텐돌로 스포르차 휘하 출신의 용병들이 그 당시
이탈리아 군대의 양대 산맥으로 경쟁 관계에 있었다.

제22장

1 현재 우첼리노 타워는 볼로냐에서 북동쪽으로 약 30km, 페라라에서 남서
쪽으로 약 12km 떨어진 곳에 자리한 포조 레나티코Poggio Renatico라는 도시
인근에 있다.

15세기 중반 1440~1464년의 이탈리아 정세를 보여 주는 제6권에서는 4차 롬바르디아 전쟁의 종식, 니콜로 피치니노와 필리포 공작의 연이은 죽음, 밀라노 공국을 차지하기 위한 프란체스코 스포르차와 베네치아의 세 차례 전쟁, 그리고 두 번에 걸친 알폰소 5세의 토스카나 침공 및 나폴리 왕국을 둘러싼 르네의 아들 장과 알폰소 5세의 아들 페르디난도의 전쟁이 상세하게 기술된다.

또한 이 외에 피렌체 내의 불화, 볼로냐의 혼란, 1456년 토스카나를 강타한 태풍 등 다양한 사건이 다채롭게 펼쳐진다.

제6권

❧ 제1장 ❧

자신을 부유하게 그리고 적을 가난하게 만드는 것이 전쟁을 벌이는 자들의 일관된 목적이며, 또 그래야 합리적이다. 자신을 강하게 만들고 적을 약화시키는 것이 아닌 다른 목적으로 승리를 추구하거나 정복을 열망해서는 안 된다. 그러므로 승리하고도 빈곤해지고 정복하고도 약해지면, 전쟁을 벌인 목적에 도달하지 못했거나 아니면 그 목적을 넘어선 것이다.

적을 제거하고 전리품과 몸값을 손에 넣은 군주나 공화국은 전쟁의 승리로 부유해진다. 반면 비록 적과의 전투에서는 승리했지만, 적을 완전히 제거하지 못해 전리품과 몸값이 자신이 아니라 군인들의 먹이가 된 군주나 공화국은 승리하고도 가난해진다. 그런 군주나 공화국은 전쟁에서 패하면 불행해지고, 승리하면 훨씬 더 불행해진다. 지면 적이 가하는 침해로, 이기면 친구들이 가하는 침해로 고통받기 때문이다.

그런데 친구가 가하는 침해는 적이 가하는 침해보다 훨씬 부당하므로 더 참기 어렵고, 백성을 더 많은 세금과 새로운 제약으로 억압할 수밖에 없을 때는 특히 더 견디기 힘들다. 따라서 만일 군주나 공화국의 통치자들이 인간애라는 감정을 조금이라도 지니고 있다면, 자신의 신민이 괴로워하는 승리를 마냥 기뻐할 수는 없다.

고대의 잘 조직된 국가들은 승리를 통해 얻은 금은보화로 국고를 채우고, 세금을 감면하고, 시민들에게 선물을 나눠 주고, 웅장한 경기와 화려한 축제로 그들을 기쁘게 해 주었다. 그러나 내가 서술하는 시대의 전쟁들은 먼저 국고를 텅텅 비게 하고, 그 뒤 사람들을 가난하게 만들었지만, 그러고도 적과의 관계를 확실히 매듭짓지 못했다. 즉 적의 위협을 확실히 제거하지 못했다.

이 모든 것은 이 전쟁들을 수행하는 비뚤어진 방식에서 비롯되었다. 이 전쟁에서 패한 군인들은 약탈당할 뿐, 포로로 잡히거나 죽지 않았고, 그래서 그들의 고용주가 새로이 말과 무기를 제공해 주면 그 즉시 승자를 다시 공격했기 때문이었다.

게다가 당시에는 몸값과 전리품이 모두 군인들의 것이었다. 따라서 승리한 군주나 공화국 역시 이를 새 용병을 고용하는 비용으로 사용할 수 없었고, 패자와 마찬가지로 다시 백성의 고혈을 짜서 새 전쟁 비용을 충당해야만 했다. 그러므로 사람들이 전쟁의 승리에서 얻는 것은 자신의 목적을 위해 주저 없이 세금을 부과하는 지독한 통치자들뿐이었다.

그렇게 당시의 용병들은 전쟁의 수준을 이 지경까지 떨어뜨렸고, 그 결과 용병들을 통제하려면 승자든 패자든 통치자들은 똑같이 다시 돈을 제공해야 했다. 패한 군주나 공화국은 용병들을 새롭게 무장시켜야 했고, 반면 승리한 군주나 공화국은 그들에게 보상을 해야 했기 때문이었다.

그리고 패한 군대가 새로 장비를 갖추지 않고는 싸울 수 없는 것처럼 승리한 군대는 보상 없이는 결코 싸우려 들지 않았으므로, 승자는 승리로 인한 이익을 거의 얻지 못했고 패자는 패배로 인한 고통을 거의 느끼지 못했다. 패자는 항상 힘을 회복할 시간을 가졌고, 승자는 늘 승리를 제때 이어가지 못했기 때문이었다.

❧ 제2장 ❧

　이런 뒤틀리고 비뚤어진 전쟁의 양상 때문에 니콜로 피치니노는 그가 패했다는 소식이 온 이탈리아에 알려지기도 전에 다시 군대를 재편성해 전보다 더 강력하게 적을 괴롭힐 수 있었다. 그리하여 그는 텐노에서 지고도 베로나를 빼앗고, 베로나에서 군대를 잃은 직후에도 대군을 이끌고 토스카나로 들어올 수 있었으며, 앙기아리에서 패한 이후 로마냐로 들어가기 전에 벌써 이전보다 더 강력한 전력을 갖추어 밀라노 공작필리포에게 롬바르디아를 지킬 수 있다는 희망을 심어줄 수 있었다.

　그 무렵 밀라노 공작은 니콜로의 부재로 롬바르디아를 거의 잃었다고 판단했다. 니콜로가 토스카나 전역을 혼란에 빠뜨리는 동안, 공작은 프란체스코 스포르차 백작이 롬바르디아에서 일으킨 재앙들로 인해 오히려 자신의 안위를 걱정해야 하는 처지가 되었기 때문이었다.

　소환한 니콜로가 구하러 오기 전에 먼저 파멸될지도 모른다고 생각한 공작은 백작의 공격을 잠시 억제하고 힘으로 막을 수 없는 재앙을 책략으로 피할 목적으로, 이와 유사한 곤경에서 종종 자신을 구해 주었던 방책을 한 번 더 쓰기로 하고, 페라라 군주인 니콜로 데 스테3세를 백작이 주둔해 있는 페스키에라로 보냈다1440년 9월. 페스키에라에 도착해 백작을 만난 페라라 군주는 이런 의미로 말했다.

　"백작, 밀라노 공작과 화해하시오. 이 전쟁은 결코 백작한테 도움이 되지 않소. 만일 공작의 힘이 약해져 그 영토와 명성을 유지할 수 없게 되면, 베네치아와 피렌체는 더 이상 백작을 소중히 여기지 않을 것이고, 따라서 공작의 약화로 고통받는 첫 번째 인물은 다름 아닌 백작이 될 것이기 때문이오. 백작과 진심으로 화해를 원한다는 증거로 공작은 따님인 비앙카와 백작의 결혼을 즉시 이행하겠다는 의사를 내게 밝히시며, 이를 위해 우선 따님을 내가 있는 페라라 궁정으로 보낸 뒤, 백작과 평화 협정이 체결되면 곧바로 백작한테 보내기로 약속하셨소."

이에 대해 백작은 담담히 다음과 같이 대답했다.

"만일 공작이 정말로 평화를 구하고자 한다면 피렌체와 베네치아역시 평화를 원하고 있으므로 이를 쉽게 얻을 것입니다. 그러나 문제는 공작을 믿기 힘들다는 점입니다. 공작은 부득이한 경우가 아니면즉 곤경에 처하지 않으면 결코 평화 협정을 맺지 않는다고 알려져 있고, 따라서 필요성이 사라지자마자 전쟁에 대한 공작의 열망은 곧되살아날 것이기 때문입니다. 그리고 솔직히 말씀드리자면, 공작한테 너무 많이 속아서 더는 결혼 약속을 믿을 수가 없습니다. 하지만만일 평화 협정이 체결되면 저는 친구들이 그 결혼에 관해 어떤 조언을 하든 이를 따를 것입니다."

✎ 제3장 ✎

합리적인 근거 없이도 걸핏하면 자신들이 고용한 용병들을 의심하던 베네치아가 페라라 군주와 백작의 이 비밀 회동에 대해 듣고, 백작을 크게 의심한 것은 어찌 보면 당연했다. 이를 안 백작은 베네치아의 그런 의심을 불식시키기 위해 끊임없이 전쟁에 매진했다. 그렇지만 백작의 영혼은 야망으로 혼란스러웠고 베네치아의 마음은 의심에 휩싸였으므로, 그 남은 여름 동안에는 거의 아무것도 이루어지지 못했다.

게다가 니콜로 피치니노가 롬바르디아로 돌아왔을 때는 이미 겨울이 시작되었기 때문에 모든 군대는 자신들의 겨울 숙영지 즉, 백작은 베로나로, 공작은 크레모나로, 피렌체군은 토스카나로, 그리고 로마교회군은 로마냐로 철군했다.

앙기아리에서 승리한 후, 교황의 군대는 포를리와 볼로냐를 공격했었다. 아버지니콜로 피치니노의 이름으로 그 도시들을 다스리던 프란체스코 피치니노의 손에서 그곳들을 빼앗고 싶었기 때문이었다. 그러나 프란체스코의 격렬한 저항에 막혀 성공하지 못했다1440년 9월.

그런데 교황군의 출현으로 다시 로마교회의 지배를 받게 되지 않을까 지레 겁을 먹은 라벤나 주민들이, 군주인 오스타시오 다 폴렌타3세의 동의를 얻어서 스스로 베네치아 밑으로 들어갔다1441년 2월[1]. 하지만 이 항복에 대한 보답으로 베네치아는 오스타시오가 분별없이 넘겨준 그 도시를 나중에 다시 힘으로 회복하지 못하도록 그를 아들지롤라모과 함께 크레타섬의 칸디아로 보냈고, 그 둘은 그곳에서 죽었다1447년.

한편 앙기아리 전투의 승리에도 불구하고 전쟁을 계속 수행할 돈이 없던 교황은 보르고 산세폴크로를 2만 5,000두카트에 피렌체에 팔았다.

앙기아리 전투 이후의 정세는 이러했다. 계절이 겨울이라 모두가 당분간 공격당할 일은 없다고 여겨 누구도 평화 협정에 더는 관심을 두지 않았지만, 니콜로 피치니노의 귀환과 겨울이라는 계절 덕분에 두 배로 안정을 되찾은 필리포 공작은 특히 더 그랬다. 공작은 평화 협정을 위한 백작과의 모든 교섭을 중단한 채, 니콜로의 기병을 재정비하며 임박한 전쟁에 필요한 준비를 아주 착실히 해나갔다. 이 소식을 알게 된 백작은 베네치아 의회와 내년에 어떤 식으로 전쟁을 수행할지 상의하기 위해 베네치아로 갔다.

반면 모든 준비를 마친 니콜로는 적의 경계가 허술한 것을 보자, 봄이 오기를 기다리지 않고 가장 추운 겨울에 아다강실은 올리오강을 건너 브레시아로 들어가서 아솔라Asola와 오르치누오비Orzinuovi를 제외한 브레시아 전 지역을 장악했다. 그리고 거기서 자신의 공격을 예상하지 못한 프란체스코 백작의 기병을 2,000명 넘게 사로잡아 약탈했다1441년 1~2월.

그러나 백작을 더 긴장시키고 베네치아를 더 두려움에 떨게 한 것은 백작의 주요 장교 중 한 명인 차르펠로네안토니오 아텐돌로가 백작을 버리고 적에게 넘어간 일이었다1441년 1월. 이 소식들을 접한 백작은 즉시 베네치아를 떠나 브레시아로 건너갔다. 하지만 니콜로는 이미 할 수 있는 모든 약탈과 파괴를 저지른 후 자신의 숙영지로 돌아가고 없었다.

그렇게 전쟁은 벌써 끝났기 때문에 백작은 당장 이를 재개할 마음은 없었다. 그렇지만 봄이 오면 지금 받은 침해를 깨끗이 설욕할 수 있도록 계절과 적이 자신한테 준 이 기회를 활용해 군을 재정비하기로 마음먹었다. 그래서 백작은 베네치아 의회에 피렌체를 도우러 토스카나에 가 있는 그들의 군대를 소환하고, 죽은 가타말라타

가타말라타로 알려진 에라스모 다 나르니는 1440년 뇌졸중으로 쓰러져 그 이후의 주요 전투에는 참

여하지 못하다가 1443년 1월 파도바에서 죽었다 대신 미켈레토 아텐돌로를 그 군의 사령관으로 삼으라고 요구했다.

제4장

봄이 오자 니콜로 피치니노가 먼저 행동을 개시했다. 그는 브레시아에서 약 20㎞ 떨어진 치냐노 요새를 포위 공격했다. 치냐노를 구원하러 백작이 달려왔고, 여느 때와 같이 이 두 장군 간에 뺏고 빼앗기는 전쟁이 벌어졌다.

그런데 니콜로가 베르가모市를 맹렬히 공격하고 있을 때였다. 베르가모를 걱정한 백작이 공작의 요새인 마르티넨고를 포위했다. 마르티넨고를 점령하면 위치상 쉽게 베르가모를 구원하러 갈 수 있기 때문이었다. 하지만 니콜로는 마르티넨고가 적이 자신을 괴롭힐 수 있는 유일한 거점이라고 예견하고, 진작부터 이를 방어하기 위한 만반의 준비를 해 놓았다.

그러므로 백작은 마르티넨코를 포위 공격하는데 전군을 동원할 수밖에 없었다. 백작이 전군을 이끌고 온다는 소식을 들은 니콜로는 군대의 일부를 백작의 보급품을 차단할 수 있는 장소에 배치한 뒤 흉벽과 보루와 참호 등으로 그곳의 방비를 강화해, 백작이 자신을 명백한 위험에 노출시키지 않고는 공격할 수 없게 만들었다.

이런 니콜로의 전술은 매우 교묘하게 짜이고 능숙하게 실행되어 마르티넨코 안에 포위당한 자들백작의 보급품을 차단할 수 있는 장소에 배치된 니콜로의 군과는 다른 니콜로의 군보다 이를 포위한 자들백작의 군이 더 큰 고통을 겪는 역설적인 상황이 발생했다. 그 결과 백작은 먹을 것이 부족해 더는 포위를 계속할 수도 없었지만, 또 큰 위험을 감수하지 않고는 퇴각할 수도 없는 진퇴양난에 빠지고 말았다1441년 6월. 따라서 누구에게나 공작의 승리는 분명해 보였고, 백작과 베네치아의 패배는 기정사실로 받아들여졌다.

그러나 친구를 돕고 적을 해칠 수단이 결코 부족하지 않은 운명의 여신은 이 승리의 희망을 통해 니콜로 피치니노의 가슴속에 야심과 오만이 자라게 했다. 그리하여 승리에 대한 자신감으로 자신의 본분과 공작에 대한 존경심을 잃어버린 니콜로는 편지를 써 부끄러움도 없이 필리포 공작을 위협했다.

'소장小將은 오랫동안 전하의 기치 아래에서 죽음을 두려워하지 않고 싸웠습니다. 하지만 아직 이 노구老軀 한 몸 묻힐 작은 땅 한 조각조차 없는 기막힌 처지에 있습니다. 그래서 문득 소장의 노고에 대해 전하께서 어떤 상을 내리실지 알고 싶어졌습니다.

누구보다 전하께서 더 잘 아시겠지만, 전하를 롬바르디아의 주인으로 세우고 모든 적을 전하의 발아래 무릎 꿇게 한 것은 모두 소장의 공功이었습니다. 사람들은 확실한 승리에는 확실한 보상이 뒤따라야 한다고 말합니다.

그러므로 오랜 복무에 지친 소장이 이따금 쉬어갈 수 있도록, 피아첸차를 하사해 주시면 참으로 좋을 듯합니다. 물론 그러실 리는 만무하겠지만, 혹시라도 만에 하나 전하께서 저의 이 작은 소망을 거절하신다면, 소장은 이제 그만 이 힘겨운 전쟁에서 물러날까 합니다.'

거만하고 무례한 이 요구로 공작은 격분했으며, 니콜로의 요구를 들어주느니 차라리 전쟁을 끝내는 편이 낫겠다고 생각했다. 자신이 자초한 수많은 위험과 적들이 가한 수많은 위협에도 꺾이지 않았던 공작이 친구의 오만한 행동에 꺾여 자신의 목적을 버리고 마침내 백작과 화해하기로 결정한 것이다!

공작은 토르토나 출신의 안토니오 구이도보니Guidoboni를 백작에게 보내 딸과의 결혼을 다시 제안하고 평화의 조건을 제시했으며, 백작과 그의 동맹은 공작의 이 제안을 열렬히 환영했다. 그들 간에 비밀리에 휴전 협정이 체결된 후, 공작은 전쟁 비용을 대느라 너무 지쳐서 의심스런 승리를 믿고 확실한 평화를 포기할 수는 없다며, 니콜로에게 1년 동안 백작과 휴전하라고 명령했다1441년 8월.

니콜로는 공작이 무슨 이유로 그토록 영광스러운 승리를 포기하는지 이해할 수 없었고, 친구에게 보답하기 싫어 적을 살려 주려 한다고는 도저히 상상할 수 없었기 때문에 공작의 명령에 대경실색했다. 그래서 니콜로는 공작의 이 결정에 반대하기 위해 자신이 할 수 있는 모든 일을 다했다. 그러나 공작은 만일 니콜로가 자신의 결정에 따르지 않는다면, 그를 부하들과 적의 먹잇감으로 던져 주겠다고 협박해 침묵시켰다. 그리하여 니콜로는 강제로 친구와 조국을 떠나야 하는 이들과 같은 심정으로 공작의 말에 복종하고는, 운명의 여신과 공작이 힘을 합쳐 적에 대한 그의 완벽한 승리를 강탈했다고 통곡하며 자신의 불운을 한탄했다.

그렇게 휴전이 성립되고, 마돈나 비앙카비앙카 마리아 비스콘티와 프란체스코 백작의 결혼식이 거행되었으며1441년 10월, 공작은 딸의 지참금으로 크레모나를 백작에게 넘겨주었다. 이 결혼식이 끝나고 1441년 11월 크레모나에서 공식적으로 평화 조약이 체결되었다. 프

란체스코 바르바리코Barbarico와 파골로Pagolo 트로노 프란체스코 바르바디
코(Barbadico)와 파올로(Paolo) 혹은 파울로(Paulo) 트로노라는 견해도 있다가 베네치아를,
아뇰로 아차이우올리가 피렌체를 대표해 조약에 서명했다. 이 조약
으로 베네치아는 이전에 만토바 후작잔프란체스코 1세 곤차가이 소유했던
페스키에라·아솔라·로나토 요새 등을 얻었다.

❦ 제5장 ❦

이렇게 롬바르디아에서의 전쟁은 중단되었지만, 나폴리 왕국에서
는 여전히 전쟁이 계속되고 있었고, 끝나지 않은 이 전쟁으로 인해
롬바르디아는 다시 전화에 휩싸이게 되었다.

롬바르디아에서 전쟁이 한창일 때 앙주의 르네 왕은 아라곤의 알
폰소5세에게 나폴리市를 제외한 모든 왕국을 빼앗겼다. 승리를 확신
한 알폰소는 나폴리를 포위 공격하면서, 다른 한편으로 프란체스
코 백작에게서 베네벤토와 그 주변 영지들을 빼앗기로 마음먹었다.
알폰소는 그때 백작이 롬바르디아 전쟁에 사로잡혀 있었으므로, 이
일을 별 어려움 없이 달성할 수 있겠다고 판단했다. 예상대로 원정
은 성공했고, 알폰소는 힘도 거의 들이지 않고 그 모든 지역을 장악
했다.

하지만 롬바르디아에서 평화 조약이 체결됐다는 소식을 들은 알
폰소는 백작이 영토를 되찾기 위해 르네를 지원하러 오지 않을까
두려워했고, 똑같은 이유로 희망을 품기 시작한 르네는 백작한테
사람을 보내 친구를 구하고 적에게 복수하러 와 달라며 도움을 청
했다. 그러자 알폰소는 필리포 공작에게 자신들의 우정을 생각해,

백작이 개인적인 요구를 보류할 수밖에 없도록 더 중요한 일들로 백작을 계속 바쁘게 해 달라고 간청했다.

필리포 공작은 수많은 불이익을 감수하며, 불과 얼마 전에 자신이 체결한 조약을 스스로 깨뜨리고 있다는 사실을 조금도 신경 쓰지 않은 채 이 요청을 받아들였다. 그러고는 에우제니오4세에게 이제 백작이 장악하고 있는 교회의 도시들을 되찾을 때가 됐다고 지적하며, 이를 달성하기 위해 백작과의 전쟁이 계속되는 동안 자신이 비용을 대고 니콜로를 빌려주겠다고 제안했다. 니콜로는 평화 협정이 체결된 이후 자신의 부대와 함께 로마냐에 머물고 있었다.

에우제니오는 백작에 대한 증오와 교회의 도시들을 되찾으려는 욕망으로 공작의 이 조언을 흔쾌히 받아들였다. 비록 과거에 이와 유사한 희망을 품었다가 니콜로한테 속은 적이 있었지만, 이제 공작이 개입한 이상 거짓 책략을 의심할 필요는 없다고 판단한 교황은 자신과 니콜로의 군대를 합쳐 마르케를 침공했다. 이 갑작스러운 공격에 깜짝 놀란 백작은 서둘러 군대를 소집해 적과 싸우러 나갔다1442년 4~6월.

이 무렵 알폰소는 나폴리市를 함락시켰고, 카스텔 누오보城를 제외한 나폴리 왕국 전부가 그의 지배하에 들어왔다1442년 6월. 그렇게

〈바다에서 본 나폴리市 풍경〉 프란체스코 로셀리Francesco Rosselli
그림 왼쪽 중앙에 있는 것이 카스텔 누오보이다.

계속된 패배로 기진맥진해진 르네는 카스텔 누오보의 방비를 강화한 후, 자신은 나폴리를 떠나 피렌체로 갔다. 피렌체에 도착한 르네는 시민들의 극진한 환대를 받았다. 그렇지만 며칠간 피렌체에 머물면서 더 이상 전쟁을 계속할 수 없다는 사실을 깨달은 르네는 마르세이유로 돌아갔다. 그사이 알폰소는 카스텔 누오보마저 빼앗았다 알폰소 5세는 1443년 2월 나폴리 왕국의 군주로서 나폴리시에 입성한다.

한편 마르케에서는 프란체스코 백작이 교황과 니콜로에게 밀리고 있었다. 그래서 백작은 베네치아와 피렌체에 돈과 병력을 지원해 달라고 요청했다. 백작은 자기가 아직 살아 있는 동안 교황과 알폰소를 막지 않는다면, 필리포 공작과 연합해 저들끼리 이탈리아를 나눠 가질 것이므로 얼마 안 있어 그들 자신의 안위를 걱정해야 할 것이라며 그들을 설득했다.

피렌체와 베네치아는 한동안 망설였다. 한편으로는 교황과 알폰소를 적으로 돌리는 것이 과연 자신들의 이익에 부합하는지 확신이 서지 않았고, 다른 한편으로는 이때 볼로냐 일에 사로잡혀 있었기 때문이었다. 그 얼마 전 안니발레 벤티볼리오 1세가 프란체스코 피치니노를 볼로냐에서 내쫓은 뒤 1443년 6~8월, 프란체스코를 좋아하던 공작으로부터 자신을 지킬 수 있게 피렌체와 베네치아에 도움을 요청했고, 그들은 이를 거절하지 않았다. 그렇게 안니발레의 일로 바빠서 그들은 백작을 돕는 것을 쉽게 결정할 수 없었다.

하지만 안니발레가 프란체스코 피치니노를 물리치고 그곳의 상황이 안정되자, 피렌체는 백작을 지원하기로 결정했다. 그러나 그전에 우선 공작으로부터 자신들의 안전을 확보하기 위해서 공작에게 동맹을 갱신하자고 제안했다.

공작 역시 이 제안에 반대하지 않았다. 비록 르네 왕이 아직 알폰소와 싸우고 있을 때는 알폰소를 돕기 위해 백작을 상대로 전쟁을 벌이는 것에 동의했지만, 르네가 패해 왕국 전체를 완전히 잃은 지금은 백작이 영토를 빼앗기는 것을 원하지 않았기 때문이었다.

따라서 공작은 백작을 돕는 데 동의했을 뿐만 아니라 알폰소에게 백작과 더는 싸우지 말고 그만 나폴리 왕국으로 물러나라고 편지를 썼다. 솔직히 알폰소는 공작의 말이 마음에 들지 않았다. 그렇지만 공작한테 받은 도움을 고려해 그 뜻을 따르기로 하고 군대를 트론토강 이남으로 철수시켰다.

⤞✽⤝ 제6장 ⤞✽⤝

로마냐의 일들이 이와 같은 과정을 밟는 동안, 피렌체는 내부적으로 평온하지 못했다. 피렌체 정부에 참여한 가장 저명한 시민 중에는 네리 디 지노 카포니가 있었다. 코시모 데 메디치는 다른 누구보다 그의 명성을 두려워했다. 네리는 도시에서도 이름이 높았지만, 피렌체군을 지휘하며 자신의 미덕능력과 장점들로 많은 전투에서 승리해 군인들에게도 신망이 아주 높았기 때문이었다. 게다가 그와 그의 아버지 지노 카포니네리 디 지노 카포니는 '지노 카포니의 아들 네리'라는 뜻 덕분에 거두었던 승리, 즉 지노 카포니는 피사를 정복했고1406년, 네리는 앙기아리에서 니콜로 피치니노를 물리친1440년 기억들로 많은 시민의 사랑을 받았다. 그렇지만 네리를 정부의 동반자로 삼기를 원하지 않는 자들은 이런 그를 두려워했다.

피렌체군의 많은 수장 중에는 앙기아리 출신의 발다초 브루니Baldaccio Bruni가 있었다. 그는 매우 뛰어난 군인으로 그 당시 이탈리아에서 체격이나 용맹으로 그를 능가할 사람은 단 한 명도 없었다. 그는 항상 보병들과 함께 싸워 보병들 사이에서 평판이 아주 좋았다. 그래서 사람들은 발다초가 무슨 일을 하든 보병들이 그를 따를 것이라고 믿었다. 발다초는 네리와 무척 가까웠는데, 발다초가 오랫동안 보여 준 뛰어난 자질들로 인해 네리가 그를 매우 아꼈기 때문이었다.

네리와 발다초의 이런 친밀함은 다른 시민들네리를 정부의 동반자로 삼기를 원하지 않는 자들의 아주 심각한 의심을 불러일으켰고, 그들은 발다초를 군대에서 해고하는 것도, 그렇다고 계속 복무하게 놔두는 것도 모두 위험하다고 판단해 그를 제거하기로 했다. 안타깝게도 운명의 여신은 그들의 이 계획을 지지했다. 그 당시 정의의 곤팔로니에레가 다름 아닌 바르톨로메오 오를란디니였으니 말이다.

앞서 말했듯이제5권 제30장 바르톨로메오는 니콜로 피치니노가 토스카나를 침공했을 때 마라디를 지키라고 파견된 자로, 지형상 거의 난공불락인 그 요새를 싸워 보지도 않고 비겁하게 버리고 도망친 바로 그자였다. 그런 그의 비겁함을 역겨워한 발다초는 여러 차례에 걸쳐 말과 글로 이 수치스러운 행위를 세상에 알렸다. 발다초의 이런 행동들로 자신의 명예가 실추된 것에 크게 분노한 바르톨로메오는 발다초를 죽이면 실추된 명예를 회복할 수 있다고 생각하고 복수를 열망했다.

ᘒᘏᘃ 제7장 ᘄᘏᘁ

이런 바르톨로메오의 열망이 다른 시민들네리를 정부의 동반자로 삼기를 원치 않는 자들에게 알려졌다. 그러자 그 시민들은 발다초를 제거하라고,

그러면 받은 모욕에 복수하는 동시에 군에 계속 복무시키는 것도, 또 군에서 해고하는 것도 모두 위험한 자로부터 조국을 구하는 일석이조의 효과를 거둘 수 있다고 바르톨로메오를 어렵지 않게 설득했다.

그렇게 해서 발다초를 죽이기로 마음을 정한 바르톨로메오는 시뇨리아 궁 안에 있는 정의의 곤팔로니에레 집무실에 7~8명의 무장한 젊은이를 숨겨 놓고는 발다초가 자신의 계약에 관해 행정장관들과 논의하기 위해 평소처럼 시뇨리아 광장으로 들어오자 사람을 보내 그를 불렀고, 발다초는 아무런 의심 없이 곤팔로니에레의 소환에 응했다.

발다초를 만나러 나온 곤팔로니에레는 계약에 대해 논의하는 척하며 시뇨리의 집무실로 이어지는 복도를 그와 함께 걷다가 무장한 부하들을 숨긴 자신의 방에 가까워지자 적당한 때가 되었다고 생각하고 부하들에게 신호를 보냈다. 뛰어나온 부하들은 무장도 하지 않고 혼자인 발다초를 무참히 살해한 후, 죽은 발다초의 몸을 도가나 궁Palazzo Dogana(세관)이 마주 보이는 창밖으로 내던졌다. 그런 후 그들은 발다초의 시체를 광장으로 끌고 가서 목을 자르고 온종일 사람들의 구경거리로 만들었다1441년 9월.

아레초 소르치Sorci성에 있는
발다초 당기아리의 초상화

그 몇 해 전 발다초가 아내인 안날레나 말라테스타에게서 얻은 외아들 갈레오토 역시 아버지가 죽은 지 얼마 되지 않아 죽었다. 남편과 아들을 연이어 잃은 안날레나는 재혼하지 않고 자신의 집을 수녀원으로 만들어 지냈으며, 그녀의 뜻에 동

젊은 시절의 안날레나 말라테스타

참한 많은 다른 고귀한 여인들과 함께 거기서 끝까지 경건하게 살다가 생을 마감했다1491년. 그녀에 대한 기억은 그녀가 세우고 그녀의 이름을 따서 지은 수녀원을 통해, 지금처럼 앞으로도 영원히 살아 있을 것이다지금도 피렌체에는 그녀의 이름을 딴 호텔과 정원 등이 있다. 다만 그녀가 지었던 수녀원 부지에는 현재 골도니(Goldoni) 극장이 세워져 있다.

그건 그렇고, 이 사건으로 네리의 명성은 어느 정도 금이 갔고 그 영향력과 친구들도 상당히 잃었다. 그렇지만 권력을 쥔 시민들은 이것으로 만족하지 못했다. 그 이유는 자신들이 집권한 지도 벌써 10년이 지났고, 가장 최근에 만든 발리아최고 행정회의의 권한도 끝났으며, 그래서인지 많은 이가 말과 행동에서 과하다 싶을 정도로 대담해지고 있었으므로, 정부코시모 당의 수장들은 권력을 계속 유지하려면 친구들에게는 더 많은 권한을 부여하고, 적들한테는 가혹한 조치를 재개할 필요가 있다고 판단했기 때문이었다.

이를 위해 그들은 1444년에 평의회를 소집해 새 발리아를 구성했

다. 새 발리아는 정부를 개편하고, 시뇨리를 선출할 권한을 소수의 유력자에게 부여했으며, 칸첼레리아 델레 리포르마치오니Cancelleria delle Riformazioni(개혁청)를 새롭게 고쳐 필리포 페루치를 그 수장의 지위에서 해임하고 대신 자신들의 뜻에 따라 행동할 인물을 그 자리에 앉혔다.

또한 추방당한 자들의 추방 기간을 연장하고 조반니 디 시모네 베스푸치를 감옥에 가두었으며, 이전의 적대적인 정부에 의해 임명된 '아코피아토리Accoppiatori, 단수형은 아코피아토레(Accoppiatore, 연결자)로, 공직에 오를 이들의 이름이 들어 있는 자루에서 공직자를 선출하는 일을 한다. 제5권 제4장 참조'의 직위를 박탈했다. 이외에도 새 발리아는 피에로혹은 피에트로 바론첼리의 아들들과 모든 세랄리 가문 사람 그리고 바르톨로메오 포르티니와 프란체스코 카스텔라니혹은 카스텔라리 등을 포함한 다른 이들의 공직도 박탈했다. 이런 식으로 정부의 수장들은 자신들의 권한과 명성을 강화하고, 적이나 적으로 의심되는 자들의 자신감은 꺾어 버렸다.

৯৯৯ 제8장 ৫৫৫

그렇게 정부를 쇄신해 권력을 강화한 피렌체 통치자들은 외부의 일에 눈을 돌렸다. 앞서 말했듯 니콜로 피치니노는 알폰소 왕에게서 버림받았고, 프란체스코 백작은 피렌체의 도움으로 강력해졌다. 그리하여 백작은 페르모실은 페사로 근처몬테를로에서 니콜로를 공격해 크게 물리쳤다1443년 11월. 전투에서 패한 후 거의 모든 부하와 헤어진 니콜로는 곁에 남은 소수의 병사만을 이끌고 몬테키오산탄젤로 인 리촐라(Montecchio Sant'Angelo in Lizzola)로 피신했다. 그곳에서 그는 요새의 방

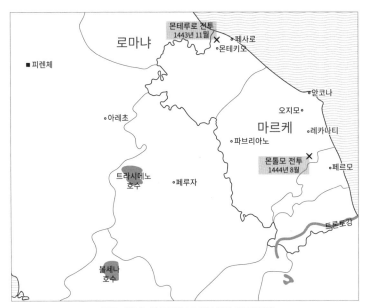

니콜로 피치니노와 프란체스코 백작 간의 마르케 전쟁

비를 튼튼히 하고 백작의 공격을 맨 앞에 서서 용감히 막아냈으며, 얼마 지나지 않아 많은 부하가 돌아오자 그 뒤로는 백작의 공격을 쉽게 막아냈다. 그때 겨울이 시작되었으므로, 양군의 사령관은 당시의 관례대로 부하들을 숙영지로 보냈다.

니콜로는 겨우내 교황과 알폰소 왕의 도움을 받아 병력을 증강하는 일에 열중했다. 봄이 오자 양군의 사령관은 전투를 개시했다. 이번에는 힘의 우위를 점한 니콜로가 백작을 막다른 골목으로 몰아넣었다.지원군도 보급품도 없이 백작은 페르모에 갇혀 있었다.

만일 필리포 공작이 니콜로의 계획을 좌절시키지 않았다면, 백작은 니콜로에게 정복당했을 것이다. 하지만 공작이 니콜로에게 사람을 보내 얼굴을 맞대고 논의해야 할 아주 중요한 일이 있으니 하루빨리 돌아오라고 요청했다. 공작의 말이 너무 궁금했던 니콜로는 불확실한 이익을 위해 확실한 승리를 포기하고, 아들인 프란체스코에게 군을 지휘하게 한 후 서둘러 밀라노로 갔다1444년 7월.

이 소식을 들은 백작은 니콜로가 없는 동안 승리할 절호의 기회를 놓치지 않기 위해 몬테로로Monteloro, 실은 오늘날 코리도니아(Corridonia)로 불리는 마르케 지방의 몬톨모(Montolmo) 요새 근처에서 니콜로의 군대와 전투를 벌여 이를 격퇴하고 프란체스코 피치니노를 사로잡았다1444년 8월.

한편 밀라노에 도착해 필리포 공작에게 속은 것을 깨달은 니콜로는 자신의 군대가 패하고 아들은 사로잡혔다는 비보를 전해 듣자 비탄과 분노에 빠져 죽고 말았다. 그리스도력 1445년, 그의 나이 예순넷의 일이었다사실 니콜로는 1444년 10월 58세를 일기로 죽었다. 부종(浮腫)으로 죽었다는 설이 일반적이지만 독살당했다는 설도 적지 않다.

니콜로는 성공한혹은 운이 좋은 장군이라기보다는 용감하고 능력 있는 장군이었다. 그는 두 아들을 남겼다. 프란체스코와 야코포가 그들이다. 그들은 니콜로보다 더 오래 살았지만, 아버지보다 능력은 부족했고 운은 훨씬 더 나빴다. 그 결과 이제 브라초 다 몬토네 부대 출신의 군대는 거의 사라져 버렸다.

반면 스포르차 가문의 군대는 항상 운명의 여신의 도움을 받았고, 그래서 점점 더 큰 영광을 얻었다.

니콜로의 군대가 패하고 니콜로가 죽은 것을 알게 된 교황은 알폰소 왕의 도움도 크게 기대할 수 없었기 때문에[1] 프란체스코 백작과 화해하기를 원했고, 피렌체의 중재로 교황과 백작 사이에 평화협정이 체결되었다. 이 협정으로 마르케 지역의 도시 중 오지모 · 파브리아노 · 레카나티만이 교황에게 돌아갔고, 나머지는 계속 백작의 지배를 받게 되었다1444년 10월.

❥❥ 제9장 ❦❦

　마르케에 평화가 찾아오자 온 이탈리아가 평온해지는 듯했다. 그러나 볼로냐가 이 평화를 깨뜨렸다. 볼로냐에는 두 개의 유력한 가문, 즉 칸네스키와 벤티볼리오 가문이 있었다. 전자의 수장은 바티스타였고, 후자의 수장은 안니발레1세다. 그들은 서로를 더 잘 믿기 위해 여러 건의 결혼으로 관계를 강화했다. 하지만 똑같이 최고의 자리를 갈망하는 이들끼리는 비록 결혼은 쉽게 해도 우정은 쉽게 쌓지 못하는 법이다.

　프란체스코 피치니노를 축출한 이후 볼로냐는 안니발레의 노력으로 피렌체와 베네치아, 이 두 도시와 동맹을 맺었다. 그렇지만 바티스타는 필리포 공작이 얼마나 볼로냐를 자기편으로 만들고 싶어 하는지 잘 알고 있었으므로, 공작과 함께 안니발레를 죽이고 볼로냐를 공작의 기치 아래에 둘 음모를 꾸몄다. 이를 실행하기 위한 계획이 합의되자, 바티스타는 1445년 6월 24일 부하들을 이끌고 안니발레를 공격해 살해한 후 거리를 행진하며 공작의 이름을 외쳤다.

　이때 볼로냐에는 베네치아와 피렌체에서 파견된 관리들이 머물고 있었다. 처음에 소란이 일어난 것을 보고 겁이 난 관리들은 급히 자신들의 숙소로 돌아가 문을 걸어 잠갔다. 하지만 나중에 시민들이 살인자들을 지지하기는커녕 도리어 많은 사람이 무기를 들고 광장에 모여 안니발레의 죽음을 애도한다는 말을 듣자, 용기를 내 병력을 끌어 모은 뒤 광장에 모인 시민들과 힘을 합쳤다. 그런 후 다 함께 칸네스키 가문 사람들과 그 추종자들을 공격해 짧은 시간 만에 그들을 제압했으며, 그중 일부는 죽이고 나머지는 도시 밖으로 쫓아냈다.

도망칠 시간이 없었던 바티스타는 자신을 죽이려는 적들을 피해 곡물을 저장하기 위해 만든 집 안에 있는 지하 저장고에 몸을 숨겼다. 그러나 온종일 도시를 이 잡듯 뒤졌지만 끝내 그를 잡지 못한 그의 적들은, 그가 도시를 떠나지 못했다는 사실만은 알고 있었으므로 다시 그의 집으로 달려가 하인들을 위협했고, 결국 어린 하인 중 하나가 겁에 질려 그가 숨은 곳을 알려 주었다.

여전히 갑옷을 입은 채로 지하 저장고에서 끌려 나온 바티스타는 그 즉시 처참하게 살해당했고, 그 시체는 도시 전역으로 질질 끌려 다니다가 마지막에는 불태워졌다. 그렇게 공작의 권력은 바티스타의 욕망을 부추길 만큼 매우 강했지만, 성공에 필요한 도움을 주는 데는 실패했다.

⤛ 제10장 ⤜

바티스타의 죽음과 칸네스키 가문의 추방으로 이 폭동은 가라앉았지만, 볼로냐 시민들은 큰 혼란에 빠졌다. 벤티볼리오 가문에는 이제 겨우 여섯 살인 안니발레의 외아들 조반니훗날의 조반니 2세 벤티볼리오뿐, 통치에 적합한 사람이 단 한 명도 남아 있지 않았기 때문이었다. 그들은 혹여나 벤티볼리오 가문의 친구들 간에 분열이 생겨 그 결과 칸네스키 가문이 돌아와서 조국과 그들의 당을 파멸시키지 않을까 두려워했다.

그들이 이런 두려움으로 어쩔 줄 몰라 하고 있을 때 과거에 포피 백작이었던 프란체스코구이디, 제5권 제35장 참조가 우연히 볼로냐에 들렀다. 프란체스코는 볼로냐의 으뜸가는 시민들에게 만일 안니발레의 혈통을 가진 자한테 통치를 받고 싶다면, 그가 어디에 있는지 자신이 알려줄 수 있다고 말했다.

프란체스코는 약 20년 전쯤에 안니발레의 사촌실은 삼촌인 에르콜레조반니 1세 벤티볼리오의 아들가 포피에서 지냈는데, 그때 그곳에서 한 젊은 여인아뇰로 다 카셰세의 부인을 만났고, 이 여인은 산테Sante라는 이름의 아들을 낳았으며1424년, 에르콜레는 여러 차례 산테가 자기 아들임을 인정했다고 설명했다. 사실 에르콜레는 이를 부인할 수도 없었는데, 에르콜레를 알고 또 그 아이를 본 사람이라면 누구나 그 둘이 아주 많이 닮았다는 것을 금방 알 수 있었기 때문이라고 덧붙였다.

프란체스코의 얘기를 믿은 볼로냐 시민들은 이 젊은이의 존재를 확인하고, 또 만일 산테가 정말 에르콜레의 아들이라면 코시모와 네리의 허락을 받아 그를 볼로냐로 데려오기 위해 즉시 피렌체로 사절을 보냈다.

산테의 아버지로 알려진 남자아뇰로 다 카셰세는 이미 죽고 없었으며, 그 젊은이는 안토니오 다 카셰세Cascese라는 삼촌의 보호 아래 살고 있었다. 안토니오는 부자였지만 자식은 없었고, 네리의 친구였다. 이 일을 전해 들은 네리는 볼로냐 사절의 제안을 성급하게 받아들이거나 또 함부로 거절해서는 안 된다고 판단하고, 산테에게 코시모 앞에서 그들과 얘기해 보라고 권했다.

네리의 권유에 따라 산테는 코시모 앞에서 볼로냐 사절들을 만났고, 벤티볼리오 가문과 그 당파에 대한 애정이 남달랐던 그들은 산테에게 경의를 표하는 정도가 아니라 거의 숭배하다시피 했다. 하지만 이 만남에서는 아무런 결론도 나지 않았다. 그러자 코시모가 나중에 산테를 따로 불러 이렇게 말했다.

"이 문제와 관련해 자네에게 자네 자신보다 더 좋은 조언을 해 줄 수 있는 사람은 없네. 자네는 자신의 영혼이 가리키는 길을 따라가야 하기 때문이지. 만일 자네가 에르콜레 벤티볼리오의 아들이라면, 자네 가문과 아버지의 이름에 걸맞은 과업에 매진하게 될 걸세. 그러나 만일 자네가 아놀로 다 카세세의 아들이라면, 피렌체에 남아 양모 일을 하며 인생을 허비하게 되겠지."

코시모의 이 말은 산테의 마음을 크게 움직였고, 그래서 처음에는 거부했던 볼로냐 사절의 제안에 대해 모든 것을 코시모와 네리가 최선이라고 생각하는 대로 따르겠다고 대답했다. 그렇게 결정이 나자 코시모와 네리는 볼로냐 사절의 요청을 받아들여, 옷과 말과 하인들로 산테의 위엄을 한층 돋보이게 했으며, 며칠 후 산테는 수많은 기병의 호위 속에 다른 많은 수행원과 함께 볼로냐로 들어갔다1445년.

산테는 볼로냐에서 안니발레의 아들과 도시의 보호자가 되어 아주 분별 있게 두 과업을 수행했고, 그의 조상들이 모두 적들의 손에 무참히 살해된 그곳에서 평화롭게 살다가 모든 이의 존경을 받으며 생을 마감했다1463년 10월.

∽꽃 제11장 꽃∾

니콜로 피치니노가 죽고 마르케에 평화가 찾아온 후, 필리포 공작은 니콜로 대신 자기 군대를 지휘할 새 사령관을 원했고, 프란체스코 백작의 수석 장교 중 한 명인 차르펠로네안토니오 아텐돌로, 1441년 1월 프란체스코 스포르차 백작을 떠나 필리포 공작의 진영으로 넘어갔던 차르펠로네는 같은 해 7월부터 다시 백작을 위해 싸웠다. 제6권 제3장 참조와 비밀리에 협상했다. 둘 사이에 합의가 이루어지자, 차르펠로네는 백작에게 최근 끝난 전쟁에서 필리포 공작이 자신한테 준 도시들을 실질적으로 소유할 수 있게 밀라노에 가는 것을 허락해 달라고 요청했다.

무슨 일이 일어나고 있다고 의심한 백작은 공작이 차르펠로네를 자신에게 대항할 도구로 사용하는 것을 막기 위해 그를 체포해 죽인 뒤1444년 11월, 그가 자신을 배신하려다가 들통났다고 주장했다. 이 일로 공작은 몹시 기분이 상했으며 크게 화를 냈다. 그렇지만 이 일은 피렌체 통치자들과 베네치아 의회를 기쁘게 했다. 그들은 백작의 군대와 공작의 권력이 너무 가까워지는 것을 두려워했기 때문이었다.

아무튼 공작의 이 분노는 마르케에 새로운 전쟁을 불러일으키는 원인이 되었다. 백작의 사위이자 리미니 군주인 시지스몬도 판돌포 말라테스타1442년 스포르차 백작의 사생아인 폴리세나(Polissena)와 결혼했다는 내심 백작에게서 페사로를 받기를 기대했다. 하지만 페사로를 함락시킨 백작은 이를 동생인 알레산드로에게 주었다. 이 일로 마음에 상처를 받은 시지스몬도는 가문과 자신의 숙적인 페데리코 다 몬테펠트로가 백작의 지원으로 우르비노를 획득하자 격분했다[1].

이런 이유로 시지스몬도는 필리포 공작의 편에 합류했으며, 교황과 알폰소 왕에게 백작과 전쟁을 벌이라고 부추겼다. 백작은 시지스몬도가 그토록 원하는 전쟁의 쓴맛을 절감할 수 있도록 선수를 치기로 마음먹고 즉시 그를 공격했다. 그리하여 로마냐와 마르케는 급속히 다시 전란의 불길에 휩싸이게 되었다. 필리포 공작과 알폰소 왕이 시지스몬도를 돕기 위해 교황과 함께 대규모 병력을 보냈고, 이에 맞서 피렌체와 베네치아가 프란체스코 백작에게 군대를 보내지는 않았지만 대신 자금을 제공했기 때문이었다.

필리포 공작은 로마냐의 전쟁으로는 만족하지 못하고, 백작한테서 크레모나와 폰트레몰리 역시 빼앗을 계획을 세웠다. 그러나 크레모나는 베네치아가, 폰트레몰리는 피렌체가 백작을 대신해 지켰다. 그렇게 전쟁은 롬바르디아에서도 재개되었고, 몇 번의 전투가 크레모나 지역에서 발생한 후, 카살마조레Casalmaggiore에서 미켈레토 아텐돌로가 이끄는 베네치아군이 공작의 사령관인 프란체스코 피치니노를 크게 무찔렀다1446년 9월. 이 승리로 베네치아 의회는 공작의 영토를 뺏을 수 있겠다는 희망을 품고, 자신들의 사령관 중 한 명을 크레모나로 파견해 기아라다따Ghiaradadda를 공격하여 크레마를 제외한 그 지역 전부를 장악했다. 그러고 나서 베네치아는 아다강을 건너 밀라노의 교외까지 습격했다.

상황이 이렇게 악화되자 필리포 공작은 알폰소 왕에게 사절을 보내 자신을 구해 달라고 요청하며, 만일 롬바르디아가 베네치아의 수중에 떨어진다면 나폴리 왕국이 얼마나 심각한 위험에 빠지게 될지 역설했다. 알폰소는 공작에게 원병을 보내겠다고 약속했지만, 백작의 허락이 없으면 구원군이 로마냐를 통과하기는 어려울 것이라고 설명했다.

ᵔᵏᵏ 제12장 ᵏᵏᵉ

그래서 막다른 골목에 몰린 필리포 공작은 이미 늙고 눈까지 먼 장인을 버려서는 안 된다고 프란체스코 백작에게 간절히 호소했다. 백작은 자신을 상대로 전쟁을 선동한 공작한테 여전히 화가 났지만, 한편으로는 베네치아가 강성해지는 것도 싫었다. 게다가 이 무렵 백작은 용병을 부릴 돈이 거의 다 떨어졌으나, 동맹은 자금을 아주 조금씩만 보냈다. 피렌체는 백작을 소중히 여기게 했던 공작에 대한 두려움을 더는 느끼지 않았고, 베네치아는 백작을 빼면 그 누구도 자신들로부터 롬바르디아를 빼앗아 갈 수 없다고 판단해 이제 백작의 파멸을 열망하고 있었기 때문이었다.

공작은 백작을 자기편으로 만들기 위해서 만일 백작이 베네치아를 버리고 마르케를 교황한테 돌려준다면 밀라노군에 대한 전권을 일임하겠다고 제안했다. 그러자 베네치아 역시 백작한테 사절을 보내 만약 백작이 마르케에서 전쟁을 계속 수행하며 알폰소의 원군이 롬바르디아로 들어오지 못하게 막아 준다면, 자신들이 밀라노를 차지할 경우 밀라노를 주는 것은 물론이고, 백작이 죽을 때까지 베네치아군의 총사령관으로 삼겠다고 약속했다1447년 2월.

그렇게 베네치아의 약속은 컸고, 백작을 위해 크레모나를 구하는 전쟁을 마다하지 않았던 사실에서 알 수 있듯이, 그들이 백작에게 해준 도움 역시 컸다. 반면 필리포 공작은 항상 새로운 침해를 가했고, 그의 약속은 빈약한 데다 신뢰할 수도 없었다.

그럼에도 백작은 어느 쪽을 선택해야 할지 얼른 판단이 서지 않았다. 한쪽에서는 동맹에 대한 의무와 자신이 맹세한 약속 그리고 베네치아로부터 받은 최근의 혜택과 미래의 이익에 대한 기대가 백작을 움직였고, 다른 한쪽에서는 장인의 애원과 무엇보다 베네치아의 저 특별한 제안 이면에는 무언가 치명적인 독이 숨겨져 있을 것이란 의심이 백작의 결정을 막아섰기 때문이었다.

백작이 베네치아의 커다란 약속을 의심한 이유는, 베네치아가 밀라노를 정복하는 바로 그 순간부터 백작은 그들의 약속밀라노 양도와 베네치아군의 종신 총사령관직은 말할 것도 없고 자신의 안전까지, 오직 그들의 재량에 맡길 수밖에 없다고 확신했기 때문이었다. 그런데 아무리 분별없는 군주라 하더라도 피치 못할 사정이 있는 경우가 아니라면, 두 눈 멀쩡히 뜨고 자기 자신을 그런 처지에 빠뜨리지는 않을 것이었다.

그렇게 이러지도 저러지도 못하고 망설이던 백작의 어려움을 해결해 준 건 다름 아닌 베네치아의 야심이었다. 크레모나市 안에 있는 몇몇 시민들과 은밀히 거래해 그 도시를 차지할 수 있겠다는 희망을 얻은 베네치아가 그럴듯한 구실을 대고 자신들의 군대를 도시 근처로 이동시켰지만, 그들의 음모는 백작을 위해 도시를 지키던 수비대에게 발각되어 결국 실패했기 때문이었다1447년 3월. 이 소식을 들은 백작은 더 이상 머뭇거리지 않고 필리포 공작의 편으로 돌아섰으며, 그 결과 베네치아는 크레모나를 얻기는커녕 백작만 잃고 말았다.

⁓୬ 제13장 ⊰୬⁓

교황 에우제니오4세가 죽고1447년, 니콜라오 5세재위 1447~1455년가 후계자로 선출됐다. 백작은 이미 코티뇰라에 있던 자신의 모든 군대에 롬바르디아로 들어갈 준비를 시켰다. 그런데 1447년 8월의 마지막 날 필리포 공작이 죽었다는 소식이 도착했다[1]. 이 급보를 접한 백작은 급료를 받지 못하게 된 부하들이 혹시라도 반란을 일으키지 않을까 두려워 근심에 사로잡혔다.

백작은 또한 베네치아가 염려되었다. 그는 최근에 베네치아를 버리고 공작의 편이 됐으며, 그들은 이제 무기를 들고 마주해야 할 자신의 적이 되었기 때문이었다. 자신과 항상 대립해 온 알폰소도 걱정되기는 마찬가지였다. 그렇다고 피렌체나 교황한테 희망을 걸 수도 없었다. 피렌체는 베네치아와 동맹을 맺은 상태이고, 교황은 자신이 로마교회에 속하는 도시들을 차지하고 있었기 때문이었다.

그러나 백작은 이내 운명을 직시하고, 운명이 이끄는 대로 움직이기로 결정했다. 정지해 있을 때는 감춰져 있는 운명의 여신의 조언들이, 행동에 들어가면 종종 스스로 그 모습을 드러내곤 했기 때문이었다. 백작은 만일 밀라노 시민들이 베네치아로부터 자신들을 지키고자 한다면, 그들이 의지할 곳은 자신밖에 없다는 점에 큰 희망을 걸었다. 그렇게 스스로 격려한 뒤 백작은 씩씩하게 볼로냐로 들어갔고, 모데나와 레조넬 에밀리아를 지나 파르마와 레조 사이에 있는 엔차Enza 강변에 군을 멈춰 세우고, 밀라노로 사자를 보내 밀라노를 위해 싸우겠다고 제안했다.

공작이 죽자 밀라노 시민들 중 일부는 자유롭게 살기를 원했고, 다른 일부는 군주의 지배하에 살기를 원했다. 군주의 지배하에 살기를 원한 이들 가운데 한쪽은 백작을 원했고, 다른 한쪽은 알폰소 왕을 원했다. 그렇지만 자유롭게 살기를 원하는 이들이 더 단결되어 있었기 때문에 그들은 나머지를 압도한 후 자신들의 생각에 따라 공화국황금 암브로시아 공화국(Aurea Repubblica Ambrosiana)을 세웠다1447년 8월 14일.

하지만 밀라노 공국에 속한 많은 도시가 이 공화국에 복종하기를 거부했다. 자기들 역시 밀라노처럼 자유를 누리며 살 권리가 있다고 생각했기 때문이었다. 심지어 독립을 열망하지 않은 다른 도시들조차 이 공화국의 지배는 거부했다. 그리하여 파비아와 파르마는 자유를 선언했고, 로디와 피아첸차는 베네치아에 항복했다.

황금 암브로시아 공화국의 문장이 새겨진 깃발　　황금 암브로시아 공화국의 기치

　이런 혼란을 알게 된 백작은 크레모나로 갔다. 거기서 백작의 대표단과 밀라노 공화국의 사절은 백작이 최근에 필리포 공작과 합의한 것과 똑같은 조건으로 공화국의 사령관이 되고, 추가로 브레시아를 백작이 가지되 만일 나중에 베로나를 얻으면 베로나를 갖고, 대신 브레시아는 공화국에 돌려주기로 협약을 맺었다1447년 8월.

∽≫ 제14장 ≪∾

　필리포 공작이 죽기 약 반년 전에 교황의 자리를 이어받은1447년 3월 6일 교황 니콜라오5세는 이탈리아 군주들 사이에 평화를 확립하려고 애썼다. 이 목적을 위해 그는 피렌체가 자신의 즉위를 축하하러 보낸 사절단에게, 오랜 휴전이나 영구적인 평화를 마련할 수 있는 회합을 페라라에서 개최하라고 촉구했다. 그렇게 해서 교황특사와 필리포 공작의 사절 그리고 피렌체와 베네치아의 대표단이 그 도시에서 만났다.

그러나 알폰소 왕의 사절들은 참석하지 않았다. 그때 알폰소 왕은 대규모의 기병과 보병을 이끌고 티볼리에 머물며, 공작을 지원하고 있었다. 그래서 알폰소 왕과 필리포 공작은 백작을 자기편으로 끌어들이자마자 피렌체와 베네치아를 공개적으로 공격할 계획인데, 백작의 군대가 롬바르디아에 들어올 시간을 벌기 위해 페라라의 평화 협상에 참여한 것뿐이라는 소문이 파다하게 퍼졌다. 하지만 알폰소 왕은 공작이 동의하면 조약의 내용이 무엇이든 자신도 승인하겠다고 선언하며 끝까지 사절을 보내지 않았다.

　평화 협상은 여러 날 동안 진행되었고, 많은 논쟁 끝에 영구적인 평화 아니면 5년간의 휴전, 이렇게 두 가지 협상안으로 좁혀졌다. 이 두 안 모두 공작은 마음에 들어 했을 것이다. 그렇지만 공작의 사절이 공작의 뜻을 알아보기 위해 밀라노로 돌아갔을 때, 그들은 공작이 죽었다는 사실을 알게 되었다. 그러나 공작의 죽음에도 불구하고 밀라노의 새 공화국은 합의안을 이행하기를 원했다.

　하지만 베네치아는 그럴 생각이 눈곱만큼도 없었다. 그들은 이번 기회에 롬바르디아 전체를 차지하려는 희망을 품고 있었는데, 공작이 죽은 직후 로디와 피아첸차가 스스로 자신들한테 항복해 오자 그 희망이 더욱 커졌기 때문이었다. 그들은 무력이나 협상을 통해 짧은 시간 안에 밀라노 공국의 모든 영토를 빼앗은 뒤 밀라노市를 강하게 압박하면, 다른 누군가가 그 시민들을 도우러 오기 전에 도시의 항복을 받아낼 수 있을 것으로 믿었다. 이런 그들의 생각은 피렌체가 알폰소 왕과 전쟁을 벌이는 것을 보자 한층 더 힘을 얻었다.

ᰧ 제15장 ᰧ

앞서 말한 것처럼 그 당시 알폰소 왕은 티볼리에 있었고, 필리포 공작이 죽기 전에 약속한 대로 토스카나에서 전쟁을 벌이기를 원했다. 이미 롬바르디아에서 시작된 전쟁이 자신에게 시간과 기회를 줄 것으로 판단한 그는, 공개적으로 움직이기 전에 피렌체 영토 안에 교두보를 마련하고 싶어 했다.

그래서 왕은 발다르노 수페리오레Valdarno Superiore, 피렌체와 아레초의 중간 지역에 자리한 첸니나의 수비대와 모종의 거래를 통해 그 요새를 장악했다1447년 8월. 이 예기치 못한 재앙에 놀란 피렌체는 알폰소 왕이 자신들을 해치기 위해 이미 움직였음을 알아채고는, 군인들을 고용하고 10인회를 설치하는 등 평소 하던 대로 전쟁 준비에 들어갔다.

그 무렵 벌써 군대를 이끌고 시에나 영토 안으로 들어온 알폰소 왕은 그 도시를 자기편으로 만들기 위해 무던히도 애를 썼다. 그렇지만 시에나 시민들은 피렌체와의 동맹을 굳건히 유지하며, 시에나市는 물론이고 자신들의 도시 어디에도 왕을 들이기를 거부했다. 다만 그들은 왕에게 많은 보급품을 제공했는데, 그들의 허약함과 적의 강성함을 감안할 때 이는 어쩔 수 없는 일이었다.

알폰소 왕은 발다르노를 경유해 토스카나로 들어가려던 처음의 계획을 포기했다. 그사이 첸니나를 잃었고, 피렌체는 이제 어느 정도 방비를 갖추고 있었기 때문이었다. 그러므로 왕은 볼테라로 방향을 틀었고, 그 지역의 많은 요새를 점령한 뒤 피사 교외로 가서 게라르데스카 가문의 백작들인 아리고와 파치오의 도움을 받아 그곳의 요새들도 여러 개 빼앗았다. 그다음 왕은 캄필리아마리티마를 공격했지만, 그곳 주민들의 강력한 저항과 추운 겨울의 도래로 이를 함락시키지는 못했다. 할 수 없이 왕은 빼앗은 도시들에 그곳을 지키고 또 주변 교외를 습격할 정도의 병력을 남겨둔 후, 자신은 나머지 군을 이끌고 시에나 국경 인근의 숙영지로 철수했다.

한편 계절의 도움을 받은 피렌체는 군대를 강화하는 데 최선을 다했고, 우르비노 군주인 페데리코 다 몬테펠트로와 리미니의 시지스몬도 판돌포 말라테스타를 군의 대장으로 삼았다. 비록 그 둘 사이에는 서로를 향한 강한 적의가 있었으나, 최고사령관인 네리 디지노와 베르나르데토 데 메디치의 분별력 덕분에 그들은 단결할 수 있었고, 아직 한겨울이었지만 행동을 개시해 빼앗겼던 피사의 도시들과 볼테라 교외에 있는 포마란체Pomarance를 탈환했다. 그 결과 이전에 마렘마 해안 일대까지 급습했던 알폰소 왕의 병사들은 왕이 맡긴 도시들조차 거의 지킬 수 없는 지경에 이르렀다1447년 9~12월.

봄이 오자1448년 최고사령관들은 5,000명의 기병과 2,000명의 보병을 이끌고 스페달레토로 진영을 옮겼다. 반면, 알폰소 왕은 1만 5,000명의 병력을 이끌고 캄필리아에서 5㎞ 이내까지 접근했다. 그러나 캄필리아市를 다시 포위 공격할 것이라는 피렌체군의 예상과 달리 갑자기 피옴비노市를 공격했다캄필리아와 피옴비노는 서로 경계를 맞대고 있다.

왕은 피옴비노의 방비가 허술해 쉽게 함락시킬 것이라고 기대했으며, 이곳을 얻는 것이 자신에게는 매우 유용하고 피렌체에는 심각한 손실이 될 것으로 판단했다. 피옴비노는 바다를 통해 식량 등의 보급품을 안정적으로 공급받을 수 있어서 전쟁을 장기화하며 피렌체를 지치게 할 수 있을 뿐만 아니라, 피사 전 지역을 마음껏 휘젓고 다니기에도 더할 나위 없이 좋은 곳이었기 때문이었다.

그러므로 이 공격에 매우 놀란 피렌체군은 무엇을 해야 좋을지 상의한 끝에, 만일 캄필리아 숲을 장악할 수만 있다면 알폰소 왕은 전쟁에서 지거나 망신을 당한 채 떠날 수밖에 없을 것이라는 결론을 내렸다. 이를 위해 그들은 리보르노에 정박 중이던 4척의 갤리선을 무장시켜 300명의 보병을 피옴비노 지역으로 이송했다. 하지만 그 후, 평야의 관목 숲에 병사들을 오래 야영시키는 것은 위험하다고 판단하고, 다시 병사들을 적이 공격하기 어려워 보이는 가보라노Gavorrano의 칼다나Caldana 마을에 배치했다1448년 7월.

⤳ 제16장 ⤝

칼다나에 주둔한 병사들은 주변 마을에서 식량 등의 보급품을 구했지만, 그 마을들은 규모가 작고 인구도 적어 보급품 조달에 어려움이 컸다. 병사들은 특히 포도주가 부족해 고통스러워 했다. 포도주는 주변 마을에서 생산되지 않았고, 더 멀리 떨어진 마을에서도 쉽게 구할 수가 없어서 모두가 마시기에는 턱없이 부족했다.

반면 피옴비노를 포위 공격하고 있던 알폰소 왕은 비록 피렌체군의 압박을 강하게 받았지만, 필요한 보급품을 바다를 통해 가져왔기 때문에 말을 먹일 풀을 제외하고는 모든 물자가 풍부했다.

이를 본 피렌체군은 자신들도 바다를 통해 병사들의 곤경을 해결할 수 있는지 시험해 보기로 하고, 4척의 갤리선에 칼다나에 보낼 보급품을 실었다. 그렇지만 피렌체군의 갤리선은 항해 도중 알폰소 왕의 갤리선 7척과 맞닥뜨려, 2척은 나포되고 2척은 도주했다. 이 실패로 칼다나의 주둔군은 보급품을 추가로 얻는 일을 단념했다.

그러자 보급품을 절망적으로 갈구하던 200명 이상의 병사들이,

특히 포도주가 부족해서 알폰소 왕의 진영으로 달아났다. 나머지 부대원들 또한 포도주도, 마실 물도 없는 이 메마른 황무지에 더는 머물지 않겠다며 아우성쳤다1448년 8-9월. 그 결과 최고사령관들은 그곳을 떠나기로 결정하고, 아직 왕의 수중에 놓여 있던 요새들을 탈환하는 일에 착수했다.

비록 보급품의 부족으로 고통받지도 않았고, 또 병력의 수도 우위를 점하고 있었지만, 알폰소 왕의 상황도 그리 녹록지 않았다. 그의 군에는 더운 여름철이면 습한 마렘마 지역에서 으레 유행하는 역병들이 창궐해 매일 많은 병사가 죽었고, 거의 모든 병사가 병에 걸렸기 때문이었다.

그리하여 평화를 위한 협상이 시작되었고, 왕은 5만 플로린과 피옴비노를 마음대로 처분할 권한을 달라고 요구했다. 이에 대해 피렌체에서는 격렬한 논쟁이 벌어졌다. 평화를 바라는 많은 사람이 전쟁을 계속하려면 수많은 비용이 소요되는 데다, 전쟁을 계속한다고 꼭 승리한다는 보장도 없으니 왕의 요구를 수용하자고 주장했다. 하지만 네리 카포니가 피렌체로 가서 왕의 요구 조건을 강하게 반대하자, 모든 시민은 한목소리로 왕의 요구를 거부했으며, 피옴비노 군주리날도 오르시니에게도 만일 항복하지 않고 지금처럼 끝까지 자신을 지키기를 원한다면, 전시든 평시든 항상 그의 옆에서 그를 보호해 주겠다고 약속했다.

이 결정을 전해 들은 왕은 병에 걸려 약해진 군대로는 피옴비노를 얻을 수 없다는 사실을 깨닫고, 마치 싸움에서 져서 달아나는 장수처럼 피옴비노의 포위를 풀고 철수했다1448년 10월. 그는 그곳에서 2,000명 이상의 군사를 역병으로 잃었으며, 병에 걸린 나머지 병사들을 이끌고 먼저 시에나 교외로 철수했다가, 나중에 나폴리 왕국

으로 돌아갔다. 피렌체에 몹시 화가 난 알폰소 왕은 내년 봄에 다시
공격하러 오겠다며 그들을 위협했다.

❧ 제17장 ❧

이런 일들이 토스카나에서 벌어지는 동안, 밀라노 공화국의 총사
령관이 된 프란체스코 스포르차 백작이 롬바르디아에서 제일 먼저
한 일은, 그때 그들의 기치 아래에서 싸우고 있던 프란체스코 피치
니노를 친구로 만들어 앞으로 벌일 전쟁에서 자신을 돕거나, 적어도
자신을 해치려는 생각을 덜 갖게 한 것이었다 1447년 8월, 백작은 전쟁이 끝나
면 프란체스코에게는 크레모나를, 그리고 그의 동생인 야코포한테는 크레마를 주겠다고 약속했다.

그 후 백작은 군대를 이끌고 전장으로 나갔다. 백작의 군대에 맞
설 수 없다는 것을 안 파비아 시민들은 그렇다고 밀라노 공화국에
복종하는 것도 싫어서, 만일 파비아를 밀라노에 복속시키지 않겠다
고 약속하면 도시를 백작에게 넘기겠다고 제안했다. 백작은 파비아
를 차지하고 싶었다. 파비아를 갖는 것은 자신의 계획롬바르디아의 주인
이 되는 것을 은폐하며 이를 실현시켜 줄 행복한 전조처럼 보였기 때문
이었다. 그는 평소에 위대한 사람들이 수치로 여기는 것은 실패지,
남을 속여 성공하는 것이 아니라고 생각했으므로 약속을 깬다고 해
서 부끄러워하거나 양심의 가책을 느끼지는 않았다.

그러나 자신이 파비아 시민들의 제안을 받아들이면, 밀라노 정
부가 격분해 밀라노를 베네치아에 갖다 바치는 일이 생기지 않을
까 그게 두려웠다. 반면에 자신이 파비아 시민들의 제안을 거부한
다면, 많은 파비아 시민이 따르기를 원하는 사보이 공작루도비코 디 사

보이아로 마지막 대립 교황 펠릭스 5세의 아들이 도시를 차지할 위험이 있었다. 아무튼 둘 중 어느 쪽이 됐든, 자신이 롬바르디아의 군주가 될 기회는 사라지고 말 것이었다.

그렇게 한참을 고심하다가 그래도 파비아를 차지하는 편이 다른 누군가가 차지하게 놔두는 것보다 덜 위험하다고 판단한 백작은, 밀라노 정부를 충분히 설득할 수 있다고 자신하며 파비아 시민들의 제안을 받아들이기로 결정했다.

그 뒤 백작은 밀라노 정부에, 자신이 제안을 받아들이지 않았을 때 초래됐을 위험에 관해 설명하며, 만일 자신이 제안을 받아들이지 않았다면 파비아 시민들은 베네치아 아니면 사보이 공작한테 파비아를 갖다 바쳤을 것이고, 따라서 어느 쪽이 됐든 어차피 밀라노는 파비아를 잃게 되었을 테니, 베네치아나 사보이 공작 같은 강력한 적보다는 오히려 자신과 같은 친구를 그들 곁에 두게 된 것을 기뻐해야 한다고 주장했다1447년 9월.

밀라노의 통치자들은 이 일로 매우 불안해했다. 이로써 백작의 야심과 그가 지향하는 목표가 드러났다고 생각했기 때문이었다. 그렇지만 백작과 관계를 끊을 경우, 누구를 의지해야 좋을지 몰랐으므로 함부로 속내를 드러낼 수도 없었다. 물론 베네치아를 고려해볼 수도 있었다. 하지만 베네치아의 오만과 그들이 내걸 가혹한 조건들이 두려웠다. 그래서 그들은 당분간 백작과의 관계를 끊지 않고 그를 이용해 자신들을 위협하는 위험들을 없애기로 했으며, 그 위험들에서 벗어난 후에는 백작 역시 제거할 수 있기를 바랐다.

그 무렵 밀라노는 베네치아뿐만 아니라, 필리포 공작의 누나인 발렌티나 비스콘티의 아들 샤를 드 오를레앙 공작의 주장자신이 밀라노 공국의 유일한 합법적 계승권자라는 주장을 지지하는 제노바와 사보이 공작의 공격도 받고 있었다. 그러나 백작은 제노바와 사보이 공작의 공격을 별 어려움 없이 제압했다.

그러므로 이제 남은 적은 이미 로디와 피아첸차를 장악하고, 강력한 군대를 동원해 밀라노를 차지하려는 베네치아뿐이었다. 백작은 우선 피아첸차를 포위했고, 오랜 공성전 끝에 끈질긴 방어를 뚫고 마침내 그곳을 함락시켜 약탈했다1447년 12월. 그때 겨울이 깊어져 백작은 부하들을 숙영지로 돌려보내고, 자신은 크레모나로 가서 겨우내 아내와 함께 휴식을 취했다1448년 1월.

◌⟫⟫ 제18장 ⟪⟪◌

봄이 오자 베네치아군과 밀라노군은 다시 전장으로 나갔다. 몇 달 동안 밀고 밀리는 싸움을 지켜본 밀라노의 통치자들은 로디를 되찾은 후, 베네치아와 강화할 계획을 세웠다. 무엇보다 프란체스코 백작의 충성심을 믿지 못했던 그들은 엎친 데 덮친 격으로 더는 전쟁 비용을 감당할 수 없게 되자, 이제 그만 평화의 안식을 얻어 백작의 손에서 벗어나기를 간절히 원했기 때문이었다. 그래서 그들은 카라바조가 자신들의 수중에 떨어지는 것을 보면, 로디도 항복할 것이라 기대하며 카라바조를 공격하기로 결정했다.

프란체스코 백작은 내심 아다강을 건너 브레시아를 공격하고 싶었지만, 순순히 밀라노 정부의 뜻에 따라 카라바조로 진격했다1448년 7월. 카라바조를 포위한 백작은 참호를 파고 흉벽사람의 가슴 높이만 한 담을 쌓는 등 주변의 방비를 튼튼히 했다. 따라서 카라바조의 포위를 풀려면, 베네치아군은 큰 희생을 감수하고 백작을 공격해야 했다.

그사이 베네치아군은 미켈레토 아텐돌로의 지휘하에 백작의 진영에서 활을 두 번 쏘면 닿을 거리약 600m까지 접근했다. 양군은 며칠 동안 그렇게 대치하며, 소규모 전투를 자주 벌였다. 그렇지만 그러는 동안에도 백작은 계속 그 요새를 압박해 나갔으며, 결국 카라바조의 항복은 거의 확실해 보였다.

이는 베네치아로서는 매우 괴로운 일이었다. 카라바조를 잃으면, 롬바르디아를 정복하려는 계획도 실패할 것으로 보였기 때문이었다. 그러므로 카라바조를 구하는 방식에 대해 지휘관들 사이에 격렬한 논쟁이 있었고, 마침내 카라바조를 구하려면 백작이 구축한 방어선 안으로 들어가 싸우는 것 외에는 다른 방법이 없다는 결론에 도달했다.

하지만 그 방법은 누가 봐도 위험했다. 그러나 카라바조를 잃는 것은 그보다 훨씬 더 심각한 문제였기 때문에 현장 지휘관들의 의견을 전해 들은 베네치아 의회는, 위험하고 의심스러운 방책과는 담을 쌓고 지내던 평소의 소심한 모습과 달리, 그 도시를 잃고 전쟁에서 지느니 차라리 이를 구하기 위해 패배의 위험을 감수하기로 했다.

그렇게 해서 어떤 위험을 무릅쓰고라도 백작을 공격하기로 결정한 베네치아군은, 어느 날 동틀 녘 무장을 갖추고 일어나 백작의 진영에서 가장 경계가 덜한 쪽을 공격했다. 기습 공격의 효과가 흔히 그러하듯이 그 첫 타격으로 백작의 전군은 혼란에 빠졌다. 그렇지만 백작은 그 혼란을 아주 빠르게 수습한 뒤, 흉벽을 넘으려고 수차례 시도하던 적을 단순히 밀어낸 정도가 아니라 완전히 무너뜨려 괴멸시켰다1448년 9월 카라바조 전투.

당시 베네치아군에는 1만 2,000명 이상의 기병이 있었지만, 달아

프란체스코 백작과 베네치아 간의 1차 밀라노 계승 전쟁 1447년 8월~1448년 10월

난 자는 채 1,000명이 되지 못했으며, 그들의 모든 군수품과 짐마차는 약탈당했다. 그날 이전에 베네치아가 이보다 더 끔찍하고 더 참혹하게 패한 적은 없었다.

그건 그렇고, 전리품과 포로들 사이에서 완전히 풀이 죽은 한 베네치아 프로베디토레Provveditóre(보급 장교)가 발견되었다. 그는 그 전쟁 내내, 그리고 그 전투 전에 백작을 천한 서자에 겁쟁이라고 부르는 등 백작에게 입에 담지도 못할 욕설들을 마구 퍼부었었다. 그래서 패한 후 포로가 된 그는 자신의 추잡한 조롱을 기억하고, 이에 걸맞은 처벌을 받지 않을까 두려워하며 백작 앞에 끌려 나왔다.

잘나갈 때는 오만방자하다가 역경에 처하면 굽실거리는 교만하고 비겁한 인간의 본성 그대로 완전히 겁에 질려 소심해진 그는 바닥에 몸을 던져 무릎을 꿇은 뒤, 눈물을 흘리며 자신이 가한 모욕에 대해 백작에게 용서를 구했다. 그의 팔을 잡고 일으켜 세운 백작은 용기를 잃지 말고 희망을 가지라며 다독거렸다.

"그런데 자네처럼 분별 있고 진중해 보이는 젊은이가 그런 대접을 받아야 할 이유가 전혀 없는 이백작에 대해 그토록 야비한 말들을 쏟아낼 만큼 큰 잘못에 빠지는 것을 보고 참으로 놀랐네. 자네가 나를 비난한 내용에 관해 말하자면, 나는 그때 그곳에 없었기 즉 아직 태어나기 전이었기 때문에 아버지 무치오 아텐돌로 스포르차와 어머니 마돈나 루치아 사이에 무슨 일이 일어나고 있는지 전혀 알지 못했으며, 또 두 분의 관계에 간섭할 기회도 없었네. 그러므로 부모님이 했을지도 모를 일로 내가 비난을 받거나 또 칭찬을 받아서는 안 되는 걸세.

하지만 나 자신과 관련된 일들에서는 누구도 함부로 비난할 수 없을 만큼 잘 처신해 왔다고 감히 자부하네. 이 점에 대해서는 자네와 베네치아 의회도 오늘 있었던 일을 경험으로 새롭고 진실한 증언을 충분히 할 수 있을 것이라고 확신하네. 그러니 앞으로 남들에 대해 말할 때는 더 겸손하게 말하고, 맡은 일을 처리할 때는 더 신중하게 처리하게."

ᚱᚱ제19장ᚱᚱ

이 승리 후 프란체스코 백작은 군대를 이끌고 브레시아로 가서 그 교외 전부를 빼앗고 난 뒤, 브레시아市에서 약 3㎞ 떨어진 곳에 진을 쳤다. 한편 카라바조 전투에서 패한 베네치아는 실제로 그랬듯이 브레시아가 다음 공격 대상이 될 것으로 판단하고, 서둘러 그때 그들이 모을 수 있는 가장 강한 수비대를 조직해 브레시아로 들여보냈다. 그러고는 부지런히 새 용병들을 모집하고 패잔병들을 규합했다.

그들은 또한 동맹을 근거로 피렌체에 도움을 요청했으며, 알폰소 왕과의 전쟁에서 벗어난 피렌체는 베네치아를 돕기 위해 1,000명의 보병과 2,000명의 기병을 보내 주었다.

이렇게 전력이 보강되자 베네치아는 어떻게 강화를 맺을지 숙고하기 시작했다. 사실 전쟁에서 지고 평화 협상에서 이기는 것이 오랫동안 베네치아 공화국의 무슨 운명 같았다. 베네치아는 자주 자신들이 전쟁에서 잃은 것을, 나중에 평화 협상을 통해 두 배로 돌려받았기 때문이었다.

베네치아는 밀라노 정부가 백작을 불신하고 두려워한다는 것도, 또 백작의 최종 목표는 밀라노의 사령관이 아니라 군주라는 것도 잘 알고 있었다. 따라서 밀라노 통치자들은 두려움 때문에 평화를 원하고, 백작은 야망 때문에 평화를 원하므로, 둘 중 어느 쪽과도 협정을 맺을 수 있다고 생각했으나, 결국 백작과 협정을 맺기로 하고 백작한테 밀라노를 차지하는 일을 돕겠다고 제안했다. 베네치아가 이런 선택을 한 이유는 밀라노 정부가 백작에게 속았다는 것을 깨달으면 분개해 곧 다른 누군가를 따르려 하겠지만, 스스로 제 몸을 지키지도 못하고 또 더는 백작을 믿지도 못하는 곤경에 처하면, 달리 의지할 곳이 없으므로 자신들한테 몸을 맡길 수밖에 없을 것이라고 확신했기 때문이었다.

이렇게 계획을 세운 베네치아는 백작의 의중을 떠보았고, 카라바조에서의 승리가 밀라노 공화국이 아닌 자기 자신을 위한 것이 되기를 원한 백작이 그들과의 평화 협정을 열망한다는 사실을 알게 되었다. 그 결과 베네치아와 백작은 협정을 맺었고, 그에 따라 베네치아는 백작이 밀라노를 얻을 때까지 매달 1만 3,000플로린을 백작에게 지불하고, 전쟁이 지속되는 동안 4,000명의 기병과 2,000명의 보병으로 백작을 돕기로 약속했다. 그 대가로 백작은 최근의 전쟁에서 자신이 뺏은 도시와 사로잡은 포로 그리고 그 밖의 모든 전리품을 베네치아에 돌려주고, 필리포 공작이 죽었을 때 소유했던 도시들만을 갖는 데 동의했다 1448년 10월.

᎒ᢑᢇ 제20장 ᢋᢋ

이 협정이 밀라노에 알려지자, 도시는 카라바조의 승리로 기뻐했던 것보다 훨씬 더 큰 슬픔에 빠졌다. 공화국의 지도자들은 한탄했고, 대중들은 불만을 토로했으며, 여자와 아이들은 눈물을 흘렸다. 모두가 입을 모아 백작을 신의도 은혜도 모르는 배신자라고 욕했다.

비록 그들은 간청이나 미래의 약속으로 백작의 배은망덕한 결정을 철회시킬 수 있을 것이라고 믿지는 않았지만, 백작이 어떤 말과 어떤 얼굴로 자신의 배신을 정당화하는지 알아보기 위해 사절을 보냈다. 그리하여 접견이 허락된 사절 중 한 명이 백작의 면전에서 이런 의미로 말했다.

"보통 남의 것을 얻으려는 이들은 간청과 약속을 하며 그에게 접근하거나 아니면 그를 협박합니다. 그러면 자비나 이익, 혹은 공포에 움직인 그는 그들의 요구를 들어줍니다. 그렇지만 잔인하고 탐욕스러우며, 자신이 원하는 대로 무엇이든 할 수 있다고 생각하는 자들한테는 이 세 가지 방법이 모두 전혀 효과가 없습니다. 그런 자들을 간청으로 겸손하게 만들고, 약속으로 그 마음을 얻고, 위협으로 겁먹게 할 수 있다고 기대하는 것은 완전히 헛된 바람이기 때문입니다.

따라서 비록 너무 늦고야 말았지만 이제 공☖의 야심과 오만과 그 잔인함을 알아본 우리는, 여기에 어떤 호의를 구하기 위해 온 것도 아니고, 만일 진심으로 무언가를 요청하면 얻을 수 있다고 기대해서 온 것도 아닙니다. 우리는 그저 공에게 우리 밀라노 공화국에서 받은 혜택들을 상기시켜 주는 한편, 그 보답으로 공이 우리에게 돌려준 배은망덕이 얼마나 큰지 알려 주어, 지금 우리가 겪고 있는 이 수많은 고통으로 공을 꾸짖는 아주 작은 위안이나마 느끼기 위해 이렇게 찾아왔습니다.

공은 필리포 공작이 죽은 후 공의 처지가 어떠했는지 똑똑히 기억하고 있을 겁니다. 우선 공은 교황에우제니오 4세는 필리포 공작보다 몇 달 먼저 죽었기 때문에 필리포 사후의 교황은 니콜라오 5세. 그러나 그는 즉위 초부터 평화 협정을 추진했으므로, 여기의 교황은 문맥상 에우제니오 4세를 말한다과 알폰소 왕 모두와 전쟁을 벌이고 있었습니다. 또한 피렌체와 베네치아의 신의를 저버려, 더는 공이 필요 없어진 그들의 정당하고 새로운 분노를 받았으며, 그들의 적으로 간주되다시피 했습니다. 게다가 공은 로마교회와 벌이던 전쟁에 지쳐갔고, 돈도 친구도 없이 휘하에는 적은 수의 부하들만 남아 영토와 옛 명성을 유지할 최소한의 희망마저 사라지고 없었습니다.

사정이 그러했으므로 만일 우리의 고지식함이 없었더라면, 공은 틀림없이 파멸하고 말았을 것입니다. 하지만 우리는 우리에게 행복한 추억을 남겨준 필리포 공작에 대한 존경심에 이끌려 기꺼이 공에게 피난처를 제공했습니다. 우리는 지난 결혼과 최근의 새 동맹으로 공작과 더욱 가까워진 공의 애정이, 공작의 상속인들밀라노 공화국에게도 확장될 것으로 믿었고, 만일 공작이 공에게 준 이득에 우리가 공에게 준 이익이 합쳐지면, 공과 우리의 우정은 단순히 굳건해지는 정도가 아니라 영원히 깨질 수 없을 거라 확신했기 때문이었습니다. 그것이 우리가 공작과 공이 맺은 옛 협정에, 추가로 브레시아와 베로나까지 더한 이유였습니다.

우리가 이 이상 더 무엇을 공에게 주거나 약속할 수 있었겠습니까? 그리고 공은 그 당시 이 이상 더 무엇을 우리, 혹은 다른 이들로부터 얻거나, 아니, 얻는 것은 고사하고 바랄 수 있었겠습니까? 그렇게 우리는 공에게 기대하지도 않았던 이익을 주었지만, 우리가 그 보답으로 공한테서 받은 것은 생각지도 못했던 침해였습니다.

공이 우리에게 사악한 의도를 보인 것은 이번이 처음은 아니었습니다. 공은 우리 군의 총사령관이 되자마자 모든 정의에 반하여 자신을 위해 파비아의 항복을 받아들였습니다. 이 배신은 공의 우정이 어떻게 끝날지 우리한테 분명하게 경고해 주었지만, 어리석은 우리는 이 커다란 획득이 공의 야심을 채워 주었을 것으로 생각하고 이 침해를 참았습니다. 그러나, 아, 애석하게도 전부를 원하는 자는 결코 일부로는 만족하지 못하는 법입니다.

공은 그 뒤로 줄곧 공이 이룬 모든 획득은 우리에게 귀속될 거라고 거짓 약속을 했습니다. 여러 차례에 걸쳐 우리에게 준 것을 단 한 번에 뺏을 수 있다는 사실을 잘 알고 있었기 때문입니다. 그리고 마침내 카라바조의 승리 이후 그 일이 일어났습니다. 우리의 피와 돈으로 거둔 승리가 도리어 우리를 파멸시키는 일이 일어나고 말았습니다.

오, 압제자의 야심에 맞서 자유를 지켜야 하는 도시의 운명은 얼마나 불행한가! 하지만 공의 군대처럼 신의 없는 용병을 믿어야 했던 도시야말로 진정 훨씬 더 비참했소! 테베의 장군이 되어 적을 무찌른 뒤 테베의 적으로 돌변했다가 나중에 테베의 군주가 된BC 338년 카이로네이아 전투 마케도니아의 필리포스2세와 저 테베의 사례는 우리에게 아무런 도움도 되지 못했지만 적어도 우리의 이 일만큼은 후세의 사람들이 꼭 반면교사로 삼기를 바랄 뿐이오!"

한순간 감정이 격해진 사절이 한껏 목소리를 높여 탄식했다. 그렇지만 이내 곧 격앙된 목소리를 가다듬으며, 차분히 다시 말을 이었다.

"흠흠, 그러므로 우리는 믿지 말았어야 할 자를 지나치게 믿은 잘못에 대해서는 비난받아 마땅합니다. 공이 살아온 이력과 그 끝없는 야심은, 공이 아무리 높은 지위에 오르거나 아무리 큰 영토를 차지한다 해도 절대 만족하지 못할 것이라는 사실을 우리에게 미리 경고해 주었지만, 어리석은 우리는 이를 무시했기 때문입니다.

따라서 우리는 루카의 군주파올로 구이니지를 배신하고, 피렌체 시뇨리아와 베네치아 의회를 협박하고, 필리포 공작에게 도전하고, 알

〈BC 338년 카이로네이아 전투〉 에드먼드 올리에Edmund Ollier의
『Cassell's Illustrated Universal History』 중에서

폰소 왕을 멸시하고, 특히 신과 그분의 교회를 수없이 박해한 자한 테 결코 희망을 걸어서는 안 되었습니다. 이 위대한 군주들보다 우리가 프란체스코 스포르차의 마음에 더 큰 영향을 주어, 비록 그가 벌써 여러 번 이 군주들과 맺은 서약을 깨뜨린 적이 있지만, 우리와 맺은 서약만큼은 틀림없이 지킬 것이라고 어리석게 믿어서는 절대 안 되었습니다.

그러나 우리의 이 무분별이 비난받아 마땅하다고 해서, 그것이 우리의 정당한 비난으로 온 세상이 다 알게 될 공의 배신을 용서해 주거나 그 오명을 씻어 주지는 못할 것이며, 남들을 해치고 겁주기 위해 우리가 마련한 군대로 오히려 공이 우리를 해치고 다치게 하려 할 때, 공이 당연히 느낄 양심의 가책을 덜어 주지도 못할 것입니다. 공 자신도 스스로 존속 살해범이 받을 만한 처벌을 받아 마땅하다고 생각할 것이기 때문입니다. 아니, 비록 끝없는 야심이 공의 눈을 가린다고 할지라도, 그 사악함을 목격한 세상이 억지로라도 공의 두 눈을 뜨게 만들 것입니다.

그리고 만일 거짓을 말하고 서약을 깨고 믿음을 저버리는 행동이 여전히 신을 분노케 한다면, 만일 사악한 인간의 친구가 되는 것이 신의 기쁨이 아니라면, 지금까지는 우리가 모르는 그분만의 선한 목적을 위해 가만히 계셨지만, 조만간 신께서 친히 공의 눈을 뜨게 하실 것입니다. 그러니 확실한 승리를 장담하지는 마십시오. 신의 정당한 분노가 공의 앞길을 막아서실 것이기 때문입니다.

우리로 말할 것 같으면, 이미 자유를 지키기 위해 목숨을 바칠 각오가 되어 있습니다. 하지만 만일 자유를 지킬 수 없게 된다면, 우리는 공이 아니라 다른 군주에게 흔쾌히 우리 자신을 넘길 것입니다. 그렇지만 우리의 죄가 너무 커서 그 모든 노력에도 불구하고 우리가 공의 수중에 떨어진다 해도, 거짓 책략과 파렴치한 행위로 세운 공의 왕국은 공이나 공의 아들 대에 이르러 반드시 피와 치욕 속에 파멸하게 되리란 것을 꼭 기억해 두십시오."

⤷ 제21장 ⤶

백작은 밀라노 사절의 이런 매서운 비난에 온몸이 쏘이는 듯한 아픔을 느꼈지만, 표정이나 목소리에 특별한 변화를 보이지 않은 채 조용히 입을 열어 담담하게 대답했다.

"그대가 신중하지 못한 말로 나에게 가한 심각한 모욕은 그대들의 성난 영혼 탓으로 여겨 기꺼이 이해해 주겠소. 그러나 만일 내가 그대들과 나의 의견 차이를 심판할 수 있는 판관 앞에 서 있다면, 나는 그에게 그대들이 제기한 모든 비난에 대해 자세히 설명할 것이오. 나는 판관에게 그대들을 해치려 했던 것이 아니라, 그저 그대들이 나를 해치지 못하게 대비했을 뿐이라는 점을 확실히 보여 줄 수 있기 때문이오.

카라바조의 승리 이후 그대들은 밀라노 정부가 어떻게 처신했는지 누구보다 잘 알고 있을 것이오. 밀라노 정부는 베로나나 브레시아를 나에게 주는 대신 베네치아와 몰래 강화를 맺으려 시도했으며, 그래서 베네치아의 적의는 오로지 나에게 향하고, 승리의 과실과 평화의 기쁨과 전쟁에서 얻은 모든 이익은 그대들한테 돌아갔소.

사정이 이럴진대 밀라노 정부가 먼저 시도한 강화를 내가 먼저 맺었다고 해서 그대들이 불평할 수는 없을 것이오. 만일 내가 베네치아와 협정을 체결하는 일을 아주 조금이라도 늦추었다면, 방금 전 그대들이 나를 비난한 바로 그 배은망덕으로 지금 나는 그대들을 비난해야 했을 것이기 때문이오.

내 말이 진실인지 아닌지는, 그리고 그대들의 비난이 사실인지 거짓인지는 그대들이 그대들의 침해를 바로잡기 위해 부른 그 신께서, 이 전쟁이 끝날 때 나와 그대들 중 누가 더 그분의 친구이고, 누가 더 정의로웠는지 친히 보여 주심으로써 자연스럽게 밝혀질 것이오."

사절들이 떠난 후 백작은 밀라노를 공격할 준비를 했고, 밀라노 공화국 역시 자신들을 지킬 대비를 했다. 그들은 브라초 다 몬토네와 무치오 아텐돌로 스포르차의 후계자들 간의 오랜 불화 때문에 밀라노에 충성을 다해온 프란체스코와 야코포 피치니노 형제가 도와준다면, 적어도 베네치아를 백작한테서 떼어 놓을 때까진 자신들의 자유를 지킬 수 있을 것으로 믿었다. 그들은 백작과 베네치아 사이의 우정과 신의가 오래 지속될 거라고는 생각하지 않았기 때문이었다.

하지만 이 위험베네치아가 배신할 위험을 잘 알고 있던 백작은 협정만으로는 충분치 않다고 여기고, 이익으로 베네치아를 단단히 묶어 두는 것이 좋겠다고 판단했다. 이를 위해 백작은 전쟁의 역할을 나눠, 베네치아가 크레마를 공격해 차지하는 것에 동의하고, 자신은 나머지 군을 이끌고 밀라노의 다른 지역들을 공격하기로 했다.

베네치아 앞에 차려진 이 밥상으로 인해 백작과 베네치아의 우정은 백작이 밀라노 공화국의 전 영토를 장악하고, 밀라노 시민들을 도시 안에 완전히 가두어 그들이 필요한 모든 보급품을 다 차단할 때까지 유지되었다.

그러자 밀라노 정부는 다른 구원은 단념하고 베네치아에 사절을 보내 자신들을 불쌍히 여겨 달라고, 공화국끼리라면 당연히 그래야 하듯 한 명의 폭군이 아니라 자신들의 자유를 지지해 달라고 애원했다. 그러면서 그들은 만일 그 폭군이 밀라노의 주인이 되는 날에는 베네치아도 그를 통제할 수 없을 것이며, 또 백작은 내심 밀라노 공국의 옛 영토를 전부 회복하기를 원하고 있으므로, 그가 베네치아와의 협정에서 정한 국경에 만족할 것이라 믿어서는 절대 안 된다고 베네치아를 설득했다.

베네치아는 아직 크레마의 주인이 되지 못했고, 편을 바꾸기 전에 먼저 그 주인이 되고 싶었으므로, 자신들은 백작과의 협정 때문에 밀라노를 도울 수 없다고 공식적으로 대답했다. 그렇지만 그 직후 밀라노 사절을 따로 은밀히 불러, 베네치아는 틀림없이 밀라노를 도울 것이라는 보고를 통치자들에게 올릴 수 있도록 희망을 주었다.

ᗢᗢᗢ 제22장 ᗢᗢᗢ

백작이 군대를 이끌고 밀라노市 가까이 와서 그 교외를 계속 공격하자 이미 크레마를 차지한 베네치아는 더 이상 동맹을 미뤄서는 안 되겠다고 생각하고, 서둘러 밀라노 공화국과 협정을 체결했다. 그 주요 조항 중에는 밀라노의 자유를 지키기 위해 최선을 다한다는 내용도 들어 있었다. 이 협정을 맺은 뒤, 베네치아는 백작과 같이 있던 자신들의 군대에 베네치아 영토로 철수하라고 지시했다.

그리고 나서 밀라노 공화국과 평화 협정을 체결했다는 사실을 백작한테 알리며, 이를 받아들일 20일의 시간을 주었다1449년 9월. 백작은 베네치아가 취한 조치에 많이 놀라지는 않았다. 이미 오래전부터 이를 예견하며, 언제든 이런 일이 일어날 수 있다고 걱정했기 때문이었다. 그러나 막상 이런 일이 실제로 일어나자 백작은 상처받지 않을 수 없었고, 자신이 밀라노 공화국을 버렸을 때 그들이 느꼈던 것과 유사한 고통을 느꼈다.

백작이 이 협정에 대해 베네치아에서 파견된 사절한테 대답을 주는 데는 이틀밖에 걸리지 않았다. 그 이틀 동안 백작은 일단 베네치아의 기분을 맞춰 주되, 자신의 과업은 포기하지 않기로 베네치아를 속이고 밀라노 정벌을 계속 진행하기로 마음먹었다. 그래서 백작은 자신도 평화를 받아들일 준비가 되어 있다고 공개적으로 선언하고, 협정을 비준할 전권을 지닌 대사들을 베네치아로 보냈다. 그렇지만 백작은 베네치아로 떠나는 대사들에게 절대 협정을 비준하지 말고, 생각해낼 수 있는 온갖 구실을 대며 협상을 질질 끌라는 비밀 지령을 내렸다. 그러고는 자신의 선언이 진심임을 베네치아가 더 잘 믿도록 하기 위해, 한 달 동안 밀라노와 휴전을 선포하고 밀라노市에서 철수해 병사들을 자신이 장악한 인근의 여러 마을에 숙영시켰다.

이 책략으로 프란체스코 백작은 자신의 승리를 확보하고, 밀라노에는 파멸을 안겨 주었다. 평화를 확신한 베네치아는 전쟁 준비를 소홀히 했으며, 밀라노 통치자들 역시 베네치아가 자신들의 친구가 되고 휴전이 선포되고 적들이 떠나자, 백작이 밀라노市를 차지하려는 계획을 완전히 포기했다고 이해했기 때문이었다.

이런 믿음은 두 가지 측면에서 밀라노 공화국에 해를 끼쳤다. 첫째, 그들은 방어에 필요한 예방 조치를 등한시했다. 둘째, 때는 바야흐로 파종의 시기였으므로 그들은 백작이 떠나고 없는 교외에 많은 곡식을 뿌렸다. 그 결과 백작은 나중에 그들을 훨씬 더 빨리 굶주리게 할 수 있었다. 반면 적들한테는 해가 되는 그 모든 행동이 백작에게는 이득이 되었다. 게다가 그 한 달의 시간은 백작한테 숨을 고르고, 도움을 구할 기회를 제공해 주었다.

ᢟᢟᢟ 제23장 ᢟᢟᢟ

이 전쟁이 롬바르디아에서 벌어지는 동안, 피렌체는 그 어느 쪽에 대한 지지도 표명하지 않았다. 그들은 백작에게 어떤 호의도 베풀지 않았는데 그가 밀라노 공화국을 위해 싸울 때도 그랬고, 그 이후 이를 공격할 때도 그랬다. 그때 백작은 곤경에 처한 적이 없었고, 따라서 굳이 외부의 도움을 구하지 않았기 때문이었다. 그래서 이 전쟁과 관련해 피렌체가 한 일이라고는 카라바조에서 패한 후 다급히 도움을 청한 베네치아에 동맹의 의무로 원군을 보낸 것이 전부였다.

하지만 이제 완전히 고립무원의 신세가 되어 달리 의지할 곳이 없게 된 프란체스코 백작은 긴급히 피렌체에 도움을 요청했다. 그는 공개적으로 피렌체 정부에 지원을 요청했을 뿐만 아니라 이에 더하여 개인적으로 친구들한테, 그중에서도 특히 코시모 데 메디치에게 도움을 구했다.

백작은 항상 코시모와 끈끈한 우정을 유지해왔고, 백작의 모든 일에 대해 코시모는 언제나 솔직한 조언과 후한 지원을 제공했다. 이번에도 코시모는 곤경에 처한 백작을 버리지 않고 사적인 자원으로 아낌없이 도왔으며, 그가 계속 자신의 과업을 수행할 수 있도록 용기를 북돋아 주었다. 코시모는 또한 피렌체가 공개적으로 백작을 도와주기를 바랐다.

그러나 여기에는 큰 난관이 있었다. 이 당시 피렌체에서는 네리디 지노의 영향력이 매우 컸다. 네리는 백작이 밀라노를 차지하는 것이 피렌체에 전혀 이득이 되지 않는다고 생각했으며, 백작이 전쟁을 계속하는 것보다 베네치아와 평화 협정을 체결하는 편이 이탈리아 전체의 안녕을 위해 더 좋다고 믿었다.

그는 우선 밀라노가 백작에 대한 분노로 베네치아에 완전히 넘어가서 결과적으로 모두를 파멸시키지 않을까 우려했으며밀라노·베네치아·피렌체·나폴리 왕국 그리고 교황 사이의 힘의 균형이 무너질 것을 우려한 것이다. 그게 아니더라도 만일 백작이 정말 밀라노를 차지해 그의 강력한 군대가 그렇게 큰 국가와 결합하게 되면, 이는 피렌체에 커다란 위협이 될 것이라고 확신했다. 백작은 백작일 때도 감당하기 힘든 인물이었는데, 만일 밀라노 공작의 자리에 오른다면 훨씬 더 무시무시한 존재가 될 것으로 판단했기 때문이었다.

그러므로 네리는, 백작은 무장으로서의 명성에 만족하고, 롬바르디아 지방은 다른 나라들을 공격하기 위해 전혀 단결할 것 같지 않고, 또 혼자의 힘만으로는 다른 나라들을 해칠 수 없는 두 공화국황금 암브로시아와 베네치아으로 나뉘어 있는 것이 피렌체와 이탈리아 전체를 위해 더 낫다고 역설하며, 그러기 위해서는 백작을 지원하지 말고 베네치아와 옛 동맹을 유지하는 것이 최선의 방책이라고 강조했다.

이런 네리의 견해를 코시모의 친구들은 받아들이지 않았다. 그들은 네리가 이런 주장을 펼친 이유는 그게 피렌체에 이익이 된다고 믿어서가 아니라, 코시모의 친구인 백작이 공작이 되면 코시모의 세력이 너무 강해질까 두려워 백작이 공작이 되는 것을 막기 위해서라고 생각했다.

코시모 역시 백작을 돕는 것이 피렌체 공화국과 이탈리아에 아주 유익하다고 주장했다.

"밀라노가 자유를 계속 지킬 수 있다고 믿는 것은 현명하지 못한 생각이오. 그들의 제도와 생활방식은 말할 것도 없고, 뿌리 깊은 그들의 분열은 어떤 형태의 자유로운 정부와도 완전히 배치되어, 백작이 그들의 공작이 되거나 베네치아가 그 주인이 되는 것은 피할 수 없는 그들의 숙명이기 때문이오. 그럴 경우 강력한 적보다 힘 있는 친구를 이웃으로 두는 것이 더 좋다는 걸 의심할 만큼 어리석은 사람은 여기 없을 것이오.

그리고 밀라노가 백작과 싸우다가 불리해지면 베네치아에 나라를 통째로 바칠 것이라고 걱정할 필요도 없소. 백작은 밀라노에 많은 추종자가 있지만, 반면 베네치아는 없기 때문이오. 그러니 이제 더 이상 자유를 지킬 수 없다는 판단이 서면, 그들은 베네치아가 아니라 백작에게 복종할 것이 틀림없소."

이 의견 충돌로 도시는 한동안 긴장 상태에 빠졌다. 그렇지만 마침내 협정의 구체적인 내용을 논의하자는 명목으로 백작에게 사절을 보내되, 만일 백작이 충분히 이길 만큼 강해 보이면 바로 협정을 체결하고, 만일 그렇지 못하면 협의만 계속하고 협정은 체결하지 않기로 결론을 내렸다.

❧ 제24장 ❧

이 사절단이 레조넬 에밀리아에 도착했을 때 그들은 백작이 이미 밀라노의 주인이 되었다는 소식을 전해 들었다.

한 달 동안의 휴전이 끝나자 백작은 즉시 밀라노市 포위를 재개했다1449년 12월. 그는 베네치아의 방해에도 불구하고 짧은 시간 안에 밀라노를 점령할 수 있을 것으로 기대했다. 베네치아는 아다강 방면에서만 밀라노를 구하러 올 수 있는데, 그 길은 쉽게 막을 수 있다고 판단했기 때문이었다. 게다가 이 추운 겨울에 베네치아가 자신을 상대로 전장에 나오리라고는 생각하지 않았으며, 특히 프란체스코 피치니노가 병으로 죽고1449년 10월 동생인 야코포당시 26세 혼자 밀라노군의 수장으로 있었으므로, 겨울이 끝나기 전에 승리를 거둘 수 있다고 자신했다.

한편 이런 백작의 움직임을 탐지한 베네치아는 급히 밀라노로 사절을 보내 최대한 빨리 대규모 병력을 지원할 테니 밀라노 정부도 도시를 방어할 준비를 철저히 하라고 촉구했다. 그리하여 겨울 동안에는 백작의 희망과 달리 백작과 베네치아 간에 중요하지 않은 소규모 접전만 몇 차례 벌어졌다.

그러나 계절이 따뜻해지자, 시지스몬도 판돌포 말라테스타가 지휘하는 베네치아군이 아다강 유역에 진을 쳤다. 그곳에서 그들은 밀라노를 구하기 위해 백작을 선제공격해 자신들의 무운을 한번 시험해 보려고 했다. 하지만 백작의 능력과 부하들의 용맹함을 익히 알고 있던 시지스몬도는 이를 극구 만류했다. 시지스몬도는 백작이 마초와 곡물의 부족으로 조만간 물러날 것이 확실하므로, 싸우지 않고도 이길 수 있다고 믿었다. 그래서 그는 밀라노가 절망에 빠져 백작한테 항복하는 일이 일어나지 않도록, 자신들이 진을 치고 있는 이곳에 이렇게 머물며 밀라노에 구원의 희망을 주자고 조언했다[1450년 1~2월].

베네치아군은 이 계책을 받아들였다. 그들은 그 방법이 안전하다고 판단했을 뿐만 아니라 밀라노를 현재의 어려움 속에 계속 놔두면 자신들에게 복종할 수밖에 없다고 확신했기 때문이었다. 그들은 밀라노가 백작으로부터 받은 상처를 감안할 때, 결코 백작한테 항복하지는 않을 것이라고 자신했다.

그러는 사이 밀라노는 극심한 기아에 시달렸다. 그 도시는 원래 가난한 이들이 많았는데, 백작의 포위 공격으로 인해 물자가 제대로 공급되지 않자 거리 곳곳에는 굶어 죽은 사람들이 즐비했다. 그러자

프란체스코 백작과 베네치아 간의 2차 밀라노 계승 전쟁 1448년 10월~1450년 2월

도시의 여기저기서 불만이 터져 나오고 소동이 일어났다. 이에 놀란 정부의 수장들은 사람들이 모이지 못하도록 모든 노력을 기울였다.

군중이 악예컨대 폭력에 의지하는 데는 오랜 시간이 걸리지만, 일단 한 번 악에 경도되면 아무리 사소한 사건들도 쉽게 군중의 분노를 유발한다. 이를테면 이 경우가 그랬다.

하층민 출신의 두 남자가 포르타 누오바 근처에서 도시의 재난과 자신들의 불행 그리고 자신들을 구원할 방법 등에 관해 이야기하고 있을 때, 다른 사람들이 그들의 대화에 동참하기 시작했고 어느새 그 주변에는 수많은 인파가 모여들었다. 그 결과 포르타 누오바 인근의 평민들이 정부에 대항해 무장봉기했다는 소문이 온 도시에 퍼졌다.

그러자 무슨 일이 터지기만을 기다리고 있던 모든 민중이 무기를 들었다. 그들은 가스파레 다 비메르카테Gaspare da Vimercate를 지도자로 삼고, 정부의 수장들이 모인 곳으로 달려가 그 궁을 맹렬히 공격했으며, 달아나지 못한 자들을 붙잡아 전부 살해했다. 그중에는 베네치아 대사인 레오나르도 베니에르Venier도 있었다. 그들은 그를 자신들의 고통에서 기쁨을 얻고, 자신들을 굶주리게 한 원흉으로 지목해 죽였다.

그렇게 해서 순식간에 도시의 전권을 장악한 그들은 자신들의 고통을 없애고 평화를 얻으려면 무엇을 해야 할지 서로 논의했다. 그들은 모두 더는 자유를 유지할 수 없으므로 자신들을 지켜줄 군주 밑으로 들어가 안식을 구하는 데 동의하고, 어떤 이들은 알폰소5세 왕을, 또 어떤 이들은 사보이 공작루도비코 디 사보이아을, 또 다른 이들은 프랑스 왕샤를 7세을 그들의 군주로 삼기를 원했다. 하지만 누구도 감히 백작을 말하지는 않았다. 그들이 백작에 대해 품은 증오는 아직 그토록 격렬했다.

그러나 그들이 서로 합의에 이르지 못하자 가스파레 다 비메르카테가 처음으로 백작의 이름을 언급했다. 그는 만일 지금 당장 전쟁을 멈추기를 원한다면 백작을 부르는 것 외에 다른 방법은 없다고 강조하며, 지금 밀라노 시민들은 미래의 구원을 약속하는 먼 희망이 아니라 확실하고 즉각적인 평화가 필요하기 때문이라고 차분하게 설명했다.

그런 후 그는 백작이 행한 일들을 해명하고, 야심과 탐욕 때문에 그들이 자유롭게 사는 것을 원치 않았던 베네치아와 이탈리아의 다른 모든 열강을 비난한 뒤, 만일 그들이 누군가에게 자유를 넘겨주어야만 한다면, 그들을 잘 알고 또 지켜줄 수 있는 능력 있는 인물이라야 하며, 그래야만 그들은 스스로 선택한 예속의 대가로 더 큰 해악과 더 위험한 전쟁이 아니라 적어도 평화와 보호를 얻을 수 있을 것이라고 역설했다.

다른 이들은 모두 가스파레의 말을 숨죽여 들었고, 그가 말을 마치자 일제히 프란체스코 백작의 이름을 연호하며 그를 자신들의 대표로 삼아 백작을 부르러 보냈다. 사람들의 요청에 따라 가스파레는 프란체스코 백작을 찾아가 이 즐겁고 행복한 소식을 전했다. 백작은 기쁘게 이 제안을 받아들이고, 1450년 2월 26일 밀라노 군주로서 밀라노市로 들어가 불과 얼마 전까지만 해도 아주 맹렬하게 자신을 비방하고 증오했던 이들의 놀랍고도 열렬한 환영을 받았다.

᠔᠁᠁ 제25장 ᠁᠁᠔

프란체스코 백작이 밀라노를 얻었다는 소식이 피렌체에 알려지자, 피렌체의 통치자들은 백작을 만나러 가는 사절에게 동맹에 대해 협의하지 말고 그냥 공작이제 밀라노 공작이 된 프란체스코 스포르차 백작의 승리를 축하하라고 지시했다. 이 사절은 베네치아의 힘에 맞서 자신을 지키기 위해서는 피렌체보다 더 충실하고 더 강성한 친구를 이탈리아 안에서 찾을 수 없다는 사실을 누구보다 잘 알고 있던 공작의 큰 환영을 받았으며, 머무는 동안 극진한 대접을 받았다.

한편 비스콘티 가문에 대한 두려움에서 완전히 벗어난 피렌체는 이제 나폴리 왕국과 베네치아를 상대할 일만 남았다고 보았다. 나폴리의 아라곤 왕들은 피렌체가 항상 프랑스 왕가와 맺어온 우정을 이유로 피렌체에 적대적이었으며, 베네치아 역시 비스콘티 가문에 대한 피렌체의 옛 두려움이 베네치아에 대한 새로운 두려움으로 바뀌었다는 것을 알았고, 또 피렌체가 얼마나 집요하게 비스콘티 가문을 괴롭혔는지 기억하고 있었으므로, 이와 유사한 증오의 대상이 되는 것이 두려워 거꾸로 피렌체의 파멸을 추구했기 때문이었다.

이런 사정들로 인해 프란체스코 공작은 더 쉽게 피렌체와 친해질 수 있었고, 반면 베네치아와 알폰소 왕은 공동의 적들에 대항해 협정을 맺었다. 그리고 이 협정에 따라 베네치아와 알폰소 왕은 동시에 군대를 움직여, 왕은 피렌체를 그리고 베네치아는 새 밀라노 공작을 공격하기로 약속했다. 베네치아는 공작이 권력을 잡은 지 아직 얼마 되지 않았기 때문에 그의 힘으로든, 남들의 도움으로든 자신들을 막을 수 없을 것이라고 믿었다.

그렇지만 피렌체와 베네치아의 동맹은 여전히 효력이 남아 있었고, 알폰소 왕은 피옴비노 전쟁 후 피렌체와 평화 협정을 맺었으므로, 전쟁을 정당화할 그럴듯한 구실을 찾지 못하는 한 평화를 깨는 것은 부적절하게 여겨졌다. 그래서 알폰소 왕과 베네치아 의회는 각각 피렌체로 사절을 보냈고, 사절은 자신들의 주인을 대신해 그들나폴리 왕국과 베네치아이 맺은 동맹은 다른 누군가를 공격하기 위한 동맹이 아니라 단지 그들의 영토를 보호하기 위한 것이라고 설명했다.

그리고 나서 베네치아 사절은, 피렌체가 공작의 동생인 알레산드로 스포르차페사로의 군주가 군대를 이끌고 롬바르디아로 들어갈 수 있도록 루니자나Villafranca in Lunigiana를 빌려 주었을 뿐만 아니라 공작과 만토바 후작 간에 체결된 협정을 주선하고 조언한 일들에 대해 불만을 토로하며, 이런 행동들은 베네치아의 이익에 반할 뿐만 아니라 베네치아와 피렌체가 그동안 유지해온 동맹에도 배치된다고 주장했다. 그러면서 사절은 부당한 침해를 가하는 자는 부당한 침해를 당한 이들에게 복수할 정당한 이유를 제공하며, 평화를 깨는 자는 당연히 전쟁을 기대해야 한다는 점을 비아냥거리듯 다정한 목소리로 피렌체 통치자들에게 상기시켰다.

피렌체 시뇨리아는 이에 대한 대응을 코시모에게 맡겼다. 코시모는 우선 베네치아 공화국을 위해 피렌체가 행한 이로운 일들을 모두 열거하고, 피렌체가 제공한 돈과 군대와 조언으로 베네치아 공화국이 얼마나 넓은 영토를 획득했는지 길지만 사려 깊은 연설로 설명한 뒤, 다음과 같이 말했다.

"이처럼 우정의 씨앗을 뿌리고 키운 것이 피렌체인만큼 적의의 불씨가 피렌체에서 나오는 일은 절대로 없을 것이오. 그리고 피렌체는 언제나 평화를 사랑해왔기 때문에 베네치아와 알폰소 왕 사이의 협정이 전쟁이 아니라 평화를 위해 맺어졌다는 말을 들으니 진심으로 기쁘오.

그런데 베네치아와 같은 위대한 공화국이 그렇게 사소하고 하찮은 문제를 그토록 중요하게 생각하고 불만을 제기해 솔직히 깜짝 놀랐소. 설령 알렉산드로에게 길을 빌려준 일이 한 번 더 숙고할만한 가치가 있었다고 해도, 피렌체 시뇨리아는 항상 피렌체가 누구에게나 자유롭고 개방된 곳이기를 원한다는 점을 이미 오래전부터 분명히 밝힌 바 있소. 또한 프란체스코 공작의 일을 말하자면 그는 워낙 뛰어난 자질을 갖춘 인물이라, 만토바와 동맹을 맺을 때 피렌체의 도움이나 조언이 전혀 필요없었소.

그러므로 나는 귀하들이 제기한 이 불만들 이면에, 혹시 그 표면에는 보이지 않는 다른 무슨 숨겨진 독이 있지 않을까 적잖이 우려되오. 만일 정말 그런 독이 숨겨져 있다면, 피렌체는 피렌체의 우정이 매우 이로운 것만큼이나 피렌체의 적의 역시 매우 위험하다는 것을 누구나 쉽게 알 수 있게 해 줄 것이오."

∞⇘ 제26장 ⇙∞

이런 식으로 그 문제는 일단락됐고, 사절들도 만족한 채 떠나간 듯 보였다. 하지만 그럼에도 베네치아와 알폰소 왕 사이에 동맹이 수립되었다는 사실은, 그들이 보여준 행동과 함께 피렌체와 공작에게 항구적인 평화에 대한 기대보다는 새로운 전쟁에 대한 두려움을 불러일으켰다. 그래서 피렌체는 공작과 더 긴밀한 협력 관계를 맺었다.

그러는 동안 베네치아의 숨겨둔 악의가 명백히 드러났다. 베네치아가 시에나와 동맹을 맺고, 베네치아市를 포함한 모든 영토에서 피렌체 시민과 그 가솔을 모두 쫓아냈기 때문이었다. 그리고 그 직후 알폰소 왕 역시 지난해에 맺은 조약은 조금도 신경 쓰지 않은 채, 정당한 이유는 고사하고 심지어 그럴듯한 구실도 없이 똑같은 짓을 저질렀다.

다음으로 베네치아는 볼로냐를 차지하기 위해 볼로냐에서 추방당한 자들을 무장시킨 뒤 어느 야밤에 그들을 자신들의 정예병과 함께 하수구를 통해 볼로냐市로 들여보냈다. 그들이 침입한 사실은 그들이 함성을 지르며 소동을 일으킬 때까지 아무도 알지 못했다. 이 소란을 듣고 잠에서 깬 산테 벤티볼리오는 도시 전체가 이미 반군들에 의해 장악됐다는 것을 깨달았다.

사람들은 그가 남는다고 도시를 구할 수는 없으니, 일단 자리를 피해 목숨을 보전하라고 권했다. 하지만 운명을 마주하기로 결심한 산테는 스스로 무장을 갖추고 추종자들을 독려한 후, 친구들의 맨 앞에 서서 칼을 휘둘러 많은 반군을 죽이고 나머지는 도시 밖으로 몰아냈다. 이 용감한 행동으로 사람들은 산테가 자신이 벤티볼리오 가문의 진정한 후예라는 증거를 아주 확실하게 보여 주었다고 평가했다1451년 6월.

베네치아와 알폰소 왕의 이런 일련의 적대 행위들로 인해 피렌체 통치자들은 전쟁이 임박했음을 확신했고, 이에 따라 그들의 오랜 관례대로 전쟁을 수행할 10인회를 구성하고 새 용병대장들을 고용했다. 한편 그들은 친구한테 도움을 구하고, 의심하던 자들에 관한 정보를 수집해 그 의혹을 확인하고, 또 적의 계획을 간파하기 위해 로마·나폴리·베네치아·밀라노·시에나 등으로 사절들을 급파했다.

그러나 사절들은, 교황니콜라오 5세으로부터는 그들을 지지한다는 의례적인 선언과 평화를 위해 힘써 달라는 당부만을 얻었고, 알폰소 왕에게서는 피렌체 시민들을 쫓아낸 일에 대한 공허한 변명과 더불어, 아직 그의 왕국에 남아 있는 모든 피렌체인에게 그들이 원하면 '살바콘도토Salvacondótto(안전 통행증)[1]'를 주겠다는 제안을 들었다. 그렇지만 나폴리로 간 사절은 비록 알폰소 왕이 새로운 전쟁 계획을 숨기려고 갖은 애를 다 썼지만, 왕의 적의를 알아차리고 공화국피렌체을 침략하기 위한 나폴리의 많은 준비를 발견해냈다.

그러므로 피렌체 시뇨리아는 다시 여러 가지 서약들로 프란체스코 공작과의 동맹을 강화하고, 공작의 중재로 보복과 다른 분쟁의 원인이 되었던 과거의 반목을 정리하며 제노바와 화해했다. 물론 베네치아는 피렌체와 제노바의 화해를 막기 위해 모든 수단과 방법을 동원해 방해 공작을 펼쳤으며, 심지어 콘스탄티노플의 황제콘스탄티노스 11세 팔레올로고스, 비잔틴제국의 마지막 황제에게도 제국 안에 거주하는 피렌체인을 모두 추방해 달라고 간청했다. 베네치아가 전쟁을 시작하며 피렌체에 품었던 증오심은 그토록 격렬했고, 또 그들의 지배욕은 너무나 강력해서 일말의 망설임도 없이 자신들을 번영시켜 준 은인들을 파괴하려 했다. 하지만 황제는 베네치아의 호소에는 조금도 귀를 기울이지 않았다.

더욱이 베네치아 의회는 피렌체 사절이 베네치아 영토 안으로 들어오는 것조차 금지하며, 자신들은 이미 알폰소 왕과 동맹을 맺었기 때문에 왕의 동의 없이는 피렌체 사절의 말을 들어 줄 수 없다는 핑계를 댔다. 반면 베네치아와의 동맹이 자신들을 지켜 주기 전에 괴멸당하지 않을까 두려워한 시에나는 맞설 수 없는 세력은 달래는 것이 현명하다고 생각하고 피렌체 사절을 환대했다.

그건 그렇고 당시의 소문에 의하면 베네치아와 알폰소 왕은 자신들이 벌이려는 전쟁을 정당화하기 위해 피렌체에 사절을 보내겠다고 제안했다. 그러나 베네치아 사절은 피렌체 영내領內로 들어가는 것이 허용되지 않았고, 왕의 사절은 그 일을 혼자 하고 싶지 않았으므로 그 계획은 실현되지 못했다. 이렇게 해서 베네치아는 불과 몇 달 전에 자신들이 멸시했던 그 피렌체가, 이제 대놓고 자신들을 경멸한다는 사실을 깨닫고 굴욕감을 느꼈다.

∽≫ 제27장 ≪∼

이런 사건들이 일으킨 불안이 널리 퍼져 있는 동안, 신성로마제국의 황제 프리드리히 3세가 대관식을 위해 이탈리아로 내려왔다. 1451년실은 1452년 1월 30일, 그는 1,500명의 기병을 이끌고 피렌체로 입성해 시뇨리아의 아주 극진한 환대를 받았으며, 2월 6일까지 머물다가 대관식을 위해 로마를 향해 떠났다.

그는 로마에서 엄숙하게 대관식[1]을 하고 1452년 3월, 배를 타고 로마로 온 황후 포르투갈의 엘레노어 공주와 결혼식을 거행한 뒤, 귀국길에 올랐다. 5월에 황제는 다시 피렌체를 통과했으며, 이번에도 처음 왔을 때처럼 극진한 환대를 받았다. 그는 독일로 돌아가는 길에 페라라 후작 보르소 데스테의 극진한 환대도 받았는데, 이에 대한 보답으로 모데나와 레조넬 에밀리아를 후작한테 주었다 1452년 5월, 모데나와 레조는 원래 데스테 가문의 영지였으며, 이때 보르소는 프리드리히 3세로부터 자신의 영지들에 대해 공작의 작위를 받았다.

이 시기에도 피렌체 통치자들은 임박한 전쟁에 대비하는 일을 결코 소홀히 하지 않았다. 그들은 자신들의 명성을 드높이고 적에게는 두려움을 주기 위해, 공작과 함께 프랑스 왕사를 7세와 상호방위 조약을 체결하고 아주 기쁜 마음으로 이탈리아 전역에 공표했다.

그러자 공작과의 전쟁을 더 이상 미뤄서는 안 되겠다고 판단한 베네치아는 1452년 5월 1만 6,000명의 기병과 6,000명의 보병을 동원해 로디 방면에서 공작을 공격했다. 동시에 몬페라토 후작조반니 4세 팔레올로고 역시 개인적인 야심 때문인지, 아니면 베네치아의 요구 때문인지 알레산드리아 방면에서 공작을 공격했다.

이에 맞서 공작은 1만 8,000명의 기병과 3,000명의 보병을 모아 그 일부를 알레산드리아와 로디를 지키기 위해 보내고, 그밖에 적들이 괴롭힐지도 모를 다른 모든 곳의 방비도 같은 방식으로 강화한 후 자신은 브레시아를 공격해 그 교외를 초토화하고, 무방비 상태의 마을들을 약탈해 베네치아에 매우 큰 위해를 가했다. 그 뒤 몬페라토 후작이 알레산드리아에서 공작의 군에 패퇴하자, 이제 공작은 전군을 이끌고 베네치아와 싸우며 그들의 영토까지도 침공할 수 있게 되었다.

⤚⤙ 제28장 ⤚⤙

롬바르디아에서의 전쟁이 눈에 띄거나 기억에 남을 만한 성과 없이 승패를 거듭하며 계속 이어지는 동안, 또 다른 전쟁이 토스카나에서 알폰소 왕과 피렌체 사이에 발발했다. 그렇지만 이 전쟁 역시 롬바르디아에서 벌어진 전쟁보다 더 큰 미덕을 보여 주지도, 또 더 큰 위험을 일으키지도 못했다.

나폴리 왕국에서는 알폰소 왕의 사생아인 페르디난도훗날의 페르디난도 1세 디 나폴리가 우르비노 군주인 페데리코 다 몬테펠트로가 지휘하는 1만 2,000명의 용병들과 함께 토스카나를 침공했다. 그들의 첫 공격 지점은 발디키아나 계곡에 있는 포이아노Foiano였다. 시에나를 자기편으로 끌어들인 그들이, 그쪽 방면에서 피렌체 영토로 들어왔기 때문이었다1452년 7월.

포이아노의 성벽은 약했고, 작은 마을에 적은 수의 주민이 거주하고 있었지만, 당시 포이아노의 주민들은 용감하고 충성스럽기로 이름이 높았다. 게다가 그곳에는 방비를 강화하기 위해 피렌체 정부에서 파견한 200명의 병사가 더 있었다. 페르디난도는 이 요새 앞에 진영을 차렸다. 하지만 지키는 이들의 미덕이 컸기 때문인지, 아니면 자신의 결점이 많았기 때문인지, 36일을 포위 공격한 후에야 그 작은 마을을 점령하는 데 성공했다. 이 36일이란 시간 덕분에 피렌체는 더 많은 군인을 소집해서 방어하기 더 유리한 곳에 배치할 수 있었으며, 더 중요한 다른 요충지들에는 방어에 필요한 보급품을 더 많이 공급할 수 있었다.

아무튼 어렵게 포이아노를 빼앗은 적들은 이번에는 키안티 지역으로 진격했다. 거기서 그들은 개인들이 소유한혹은 지키는 두 개의 작은 마을을 공격했지만 점령하지 못했다. 할 수 없이 그들은 그 마을들을 뒤로하고, 키안티 경계에 자리한 카스텔리나로 가서 진영을 차렸다1452년 9월. 카스텔리나는 시에나에서 북서쪽으로 약 15㎞, 피렌체에서 남쪽으로 약 35㎞ 떨어진 요새로, 성벽도 취약했지만 그 지리적 위치는 더욱 취약했다.

그러나 요새가 가진 이런 취약함들도 적들의 허약함을 감히 이길 수는 없었고, 따라서 적들은 포위 공격을 시작한 지 44일 만에 치욕 속에 그곳을 떠났다. 당시의 군인용병들이 얼마나 무시무시하고, 또 그들이 벌이는 전쟁이 얼마나 위험했는지, 오늘날에는 지킬 수 없는 곳으로 버려질 것이 뻔한 도시들이 그때는 그렇게 절대 빼앗을 수 없는 난공불락의 요새처럼 지켜졌다반어적 표현으로, 용병에 대한 마키아벨리의 일관된 반감이 드러나 있다.

그건 그렇고, 키안티 교외에 머무는 동안 페르디난도는 피렌체 영토 여기저기를 습격하고 약탈했으며, 때로는 피렌체市에서 10㎞밖에 안 떨어진 지역까지 급습해 피렌체를 따르는 이들에게 큰 공포와 손실을 안겨주었다. 그러자 피렌체 시뇨리아는 아스토레 다 파엔차파엔차의 군주인 아스토레 2세 만프레디와 시지스몬도 판돌포 말라테스타가 지휘하는 약 8,000명의 군사를 콜레 발 델사Colle val d'Elsa 요새로 보냈다.

하지만 피렌체 시뇨리아는 두 용병대장에게 적과 어느 정도 거리를 둔 곳에 군을 주둔시키고, 가능하면 적과의 교전을 삼가라고 명령했다. 그들은 회전會戰에서 패하지 않는 한 전쟁으로 심각한 고통을 겪는 일은 없다고 믿었고, 작은 요새는 빼앗겨도 평화 협정이 체결되면 곧바로 회복되며, 큰 요새는 적이 공격할 여건이 되지 않아 안전을 걱정할 필요가 없다는 점을 잘 알고 있었기 때문이었다.

얀 호이헨 반 린스호텐Jan Huygen van Linschoten의 책에 나오는 포르투갈 푸스타Fusta

한편 그 무렵 알폰소 왕은 갤리선과 푸스타Fusta, 돛으로 가는 전투형 배로 구성된 20여 척의 함대를 피사 바다에 띄우고 있었는데, 육지에서 카스텔리나를 포위 공격하는 동안 은밀히 이 함대를 바다Vada 요새 근처에 정박시킨 후, 그 성주의 태만을 이용해 그곳을 장악했다. 이로 인해 적들은 나중에 그 주변의 모든 교외를 약탈할 수 있었다. 그렇지만 피렌체가 캄필리아마리티마로 보낸 군사들이 달려와 왕의 군대를 해안가로 몰아내며, 이 문제를 신속하게 해결했다.

⚜ 제29장 ⚜

교황은 교전국들을 화해시키려 노력했지만, 그 이상 전쟁에 개입하지는 않았다. 그러나 이렇게 외부의 전쟁을 멀리하는 동안 오히려 집에서는 더 가공할만한 위험과 맞닥뜨리게 되었다.

당시 로마에는 스테파노 포르카리라는 시민이 살고 있었다. 그는 귀족 출신에 학식도 높았지만, 품은 뜻 역시 아주 컸다. 이 남자는 영광을 추구하거나 명성에 목마른 사람들이 대개 다 그렇듯, 무언가 기억할 만한 일을 이루기를, 아니, 적어도 시도는 해보기를 갈망했다. 그는 조국로마을 고위 성직자들의 굴레에서 해방시켜 예전의 자유로운 상태로마 공화국로 되돌리는 일이야말로 그가 할 수 있는 가장 고귀한 과업이라고 생각했으며, 이 일을 성공시켜 로마의 새로운 건국자이자 '제2의 아버지'로 불리기를 희망했다.

이 일을 성공적으로 해낼 수 있다는 용기를 그에게 준 것은 고위 성직자들의 방탕한 생활과 이에 대한 로마 영주들과 시민들의 불만이었다. 그렇지만 다른 무엇보다 그에게 더 큰 확신을 준 것은 프란체스코 페트라르카의 〈스피르토 젠틸, 케 퀠레 멤브라 레지Spirto gentil, che quelle membra reggi(그 사지를 지배하는 온화한 정신)〉로 시작하는 칸초네Canzone, 보통은 노래라는 의미로 많이 쓰이나 여기서는 시(詩)라는 뜻이다에 나오는 다음과 같은 구절이었다.

몬테 타르페이오 캄피돌리오 언덕의 남쪽 봉우리 정상에서,

오! 칸초네여, 그대들은 보게 되리라

자기 자신보다 남을 더 배려하는

온 이탈리아가 찬미할 기사騎士를[1]

스테파노는 시인이 종종 신성하고 예언적인 기운에서 영감을 얻는다는 사실을 익히 알고 있었다. 그래서 페트라르카가 그 칸초네에서 예언했던 일이 반드시 일어나리라고 판단했으며, 웅변·학식·기품·교우 등 모든 측면에서 자신이 다른 로마 시민들보다 훨씬 뛰어나기 때문에 그 영광스러운 과업을 실행할 사람은 바로 자기 자신밖에 없다고 굳게 믿었다.

그는 이런 생각에 푹 빠져 있었으므로, 계획한 일을 자기 말이나 행동 그리고 생활방식에서 완벽히 감출 만큼 자신을 통제하지 못했다. 그 결과 그는 얼마 못 가서 교황의 의심을 샀고, 교황은 그가 악을 행할 기회를 없애기 위해 그를 볼로냐로 추방하고, 그 도시의 고베르나토레Governatóre, 보통은 총독·장관을 뜻하나, 여기서는 볼로냐의 교황특사 바질리오 베사리오네(Basilio Bessarione) 추기경을 의미한다에게 매일 스테파노를 접견하라고 지시했다1451~1452년.

하지만 스테파노는 이 첫 번째 장애에 낙담하지 않고 오히려 이

전보다 더 큰 열정으로 자신의 과업을 계속 추구했다. 그는 가능한 한 모든 수단을 동원해 친구들과 비밀리에 연락을 취했을 뿐만 아니라, 종종 재빨리 로마로 갔다가 서둘러 볼로냐로 돌아와 정해진 시간 안에 고베르나토레 앞에 출두하는 기민함도 보여 주었다.

그러던 어느 날, 이미 충분한 추종자들을 확보했다고 판단한 그는 더 이상 거사의 실행을 미루지 않기로 하고, 로마의 친구들에게 자신이 정한 날에 엄숙한 연회를 준비해 모든 공모자를 초대하되, 공모자들한테 각자 자신이 가장 신뢰하는 친구들을 데려오게 하라고 시킨 뒤, 자신은 만찬이 끝나기 전에 그들 옆에 있겠다고 약속했다.

모든 것이 자신이 지시한 대로 준비되자 연회가 열리기로 한 집에 미리 도착해 있던 스테파노는 식탁이 차려지는 동안, 금사金絲로 만든 옷에 보석과 장신구로 온몸을 화려하게 치장한 위엄 있는 모습으로 연회실로 들어왔다. 그는 공모자들과 일일이 포옹한 후 좌중을 돌아보며, 용기를 내 영광스러운 과업을 실행할 준비를 하자고 촉구하는 긴 연설을 했다. 그 뒤 그는 그들을 둘로 나눠, 다음 날 새벽 그중 하나는 교황의 궁사도궁을 장악하고, 다른 하나는 로마 전역을 돌아다니며 사람들을 무장시키라고 명령했다.

그러나 그날 밤 교황이 이 음모를 알게 되었다. 어떤 사람들은 공모자들 가운데 배신자가 있었다고 말하고, 또 어떤 사람

로마 핀초 언덕에 있는
스테파노 포르카리의 흉상

출처 : Wikipedia

들은 스테파노가 로마에 있다는 사실이 이미 교황에게 보고되었기 때문이라고 말한다. 진실이 무엇이든 만찬이 열린 바로 그날 밤 교황은 스테파노와 동료 대부분을 체포하고, 며칠 후 그들 모두에게 그 죄에 상응하는 처벌교수형을 내렸다1453년 1월. 스테파노의 계획은 그렇게 허망하게 끝났다.

비록 어떤 이들은 그의 목표에 박수를 보낼지 모르지만, 사실 그의 판단을 비난하지 않을 사람은 없을 것이다. 이런 종류의 시도는 계획을 세울 때는 언뜻 영광의 그림자가 보일지 모르지만, 실행하는 순간 파멸을 불러오는 것이 거의 언제나 확실하기 때문이다.

ঌ৵ 제30장 ৵ଊ

토스카나에서의 전쟁은 벌써 근 1년째 계속되고 있었고, 군대가 평원에서 행동을 재개할 계절봄이 돌아오자 프란체스코 공작의 동생인 알레산드로 스포르차가 2,000명의 기병을 이끌고 피렌체를 지원하러 왔다1453년 6월. 이로 인해 피렌체군은 강해졌고 반대로 알폰소 왕의 군대는 그사이 수가 줄어들었으므로, 손실을 만회하기로 마음먹은 피렌체와 공작의 연합군은 별 어려움 없이 몇 개의 요새를 되찾았다.

그리고 나서 그들은 포이아노 근처에 진영을 차렸다. 지난해 포이아노는 그곳을 구하러 간 자들의 잘못으로 함락되어 약탈당했고, 그래서 사방으로 뿔뿔이 흩어진 주민들은 황폐해진 그곳으로 돌아오려 하지 않았다. 그렇지만 세금 면제와 다른 지원들을 약속하자 주민들은 다시 돌아왔다. 바다Vada 요새도 수복되었다. 요새를 지킬 수 없다고 판단한 적들이 성을 불태우고 버렸기 때문이었다1453년 8~9월.

피렌체군이 이런 일들을 행하는 동안 수적 열세로 들판에서 적과 마주할 용기가 없던 아라곤나폴리 왕국의 군대는 시에나 인근으로 물러난 뒤, 자주 피렌체 영토를 급습해 노략질을 일삼았다. 그 결과 피렌체 교외에는 큰 혼란과 공포가 생겨났다. 한편 알폰소 왕은 만일 피렌체군을 분산시킬 수 있다면 피렌체를 새로운 고통과 위험에 빠뜨릴 수 있다고 판단하고, 어떻게 하면 피렌체군을 분산시킬 수 있을지 그 방법을 고민했다.

그 당시 발 디 바뇨Bagno의 영주는 게라르도 감바코르티였다. 우정 때문인지 아니면 의무 때문인지, 그와 그의 조상들은 항상 피렌체의 보호와 지원금을 받았다감바코르티 또는 감바코르타 가문은 1406년 피사가 피렌체에 병합되기 훨씬 이전부터 피사 내의 친 피렌체파였으며, 피사가 피렌체에 병합된 후 피렌체로부터 발 디 바뇨의 통치권을 부여받았다. 그런데 알폰소 왕이 게라르도에게 발 디 바뇨를 자기한테 넘겨주면, 그 보답으로 나폴리 왕국 안에 있는 다른 영지를 그에게 내리겠다는 내용의 거래를 비밀리에 제안했다.

이 음모는 피렌체 시뇨리아에게 발각되었고, 게라르도의 의중을 파악하기 위해 그들은 그에게 사절을 보내 그의 조상들과 그가 공화국에 빚진 의무를 상기시키며, 공화국에 대한 충성을 지키라고 촉구했다. 게라르도는 깜짝 놀란 척하며, 그런 사악한 생각은 절대 자기 마음속에 들어온 적이 없다고 엄숙하게 선서했다. 그러고는 충성의 표시로 자신이 직접 피렌체로 가야 하지만 몸이 아파 그럴 수 없으므로, 대신 아들을 보내겠다며 사절한테 아들을 넘겨주었고, 사절은 그 아들을 데리고 피렌체로 돌아왔다. 그의 이런 말과 행동 때문에 통치자들은 게라르도가 진실을 말하고 있다고 믿었고,

그를 고발한 자를 오지랖 넓은 거짓말쟁이라고 비난하며 바뇨에 대한 걱정을 머릿속에서 지워 버렸다.

하지만 그 뒤 게라르도는 왕과의 협상을 더욱 신속하게 진행했고, 그 거래가 성사되자마자 왕은 게라르도의 요새와 영토를 손에 넣기 위해 예루살렘성 요한 구호기사단 출신의 기사 프라테Frate 푸초를 정예병과 함께 발 디 바뇨로 보냈다. 그러나 이미 피렌체 공화국을 좋아하던 발 디 바뇨의 주민들은 왕의 대리인들에게 마지못해 복종을 약속했다. 아무튼 프라테 푸초는 곧 코르차노Corzano 요새를 제외한 모든 발 디 바뇨를 손에 넣었다.

게라르도가 이렇게 자신의 영토를 프라테 푸초에게 넘겨주는 동안, 그의 주변에는 주인게라르도의 배신을 추악하게 여긴 피사 출신의 안토니오 구아란디라는 용감한 젊은이가 있었다. 코르차노 요새가 지닌 지리적 강점을 이해하고, 또 그곳을 지키는 병사들의 표정과 몸짓에서 풍겨 나오는 불만을 감지한 안토니오는 게라르도의 계획이 완성되는 것을 막기로 결심하고, 게라르도가 아라곤나폴리 왕국의 군인들을 성안으로 들여보내기 위해 성문 앞에 서 있을 때, 갑자기 두 손으로 게라르도를 성문 밖으로 밀쳐내고 자신은 성안으로 미끄러지듯 들어간 후, 그 비열한 반역자의 눈앞에서 요새의 성문을 잠그고 피렌체 공화국을 위해 요새를 구하라고 병사들에게 소리쳤다1453년 가을.

이 봉기 소식이 바뇨와 인근의 다른 마을들에 전해지자 그 지역의 모든 주민이 아라곤의 군대에 대항해 무기를 들었으며, 피렌체의 기치를 올리고 아라곤군을 쫓아냈다. 이 일을 알게 된 피렌체 시뇨리아는 곧바로 볼모로 맡겨졌던 게라르도의 아들을 감옥에 가두

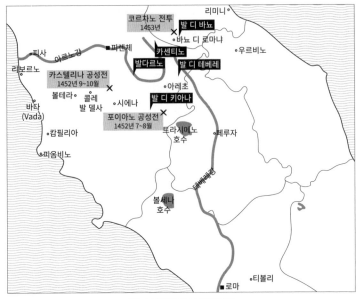

알폰소 5세의 2차 토스카나 침공

고, 군대를 발 디 바뇨로 보내 공화국을 위해 그곳을 지켰으며, 군주에 의해 다스려지던 그곳을 '비카리아토Vicariato, 피렌체에서 보낸 관리가 다스리는 직할지'로 바꾸었다. 한편 자신의 주인피렌체 공화국과 아들을 모두 배신한 게라르도는 가까스로 탈출에 성공했지만, 아내와 가족을 포함해 모든 재산을 적의 수중에 남겨두고 말았다.

이 봉기는 피렌체로서는 그야말로 천만다행이라고 할 수 있었다. 만일 알폰소 왕이 발 디 바뇨를 차지하는 데 성공했다면, 왕은 아주 적은 비용으로 또 자기 마음대로 카센티노와 발 디 테베레발티베리나 계곡을 습격해 피렌체에 수많은 고통을 안겨주었을 것이고, 그러면 피렌체는 전군을 이끌고 시에나에 주둔한 아라곤의 군대와 싸울 수 없었을 것이기 때문이었다.

적대적인 동맹베네치아와 알폰소 왕을 막기 위해 이탈리아 내에서 취한 조치와는 별도로, 피렌체는 아뇰로 아차이우올리를 프랑스 왕샤를 7세에게 파견해서 앙주의 르네 왕을 이탈리아로 보내 공작과 자신들을 도와달라고 요청했다. 아뇰로는 프랑스 왕에게 르네 왕이 친구들을 지키기 위해 이탈리아로 내려와 계속 머물다 보면, 나중에 나폴리 왕국을 탈환하는 과업도 다시 생각해 볼 수 있을 텐데, 그것을 위해서라면 자신들은 기꺼이 르네 왕에게 돈과 군사를 지원하겠다고 제안했다.

그리하여 앞서 말했듯 롬바르디아와 토스카나에서 전쟁이 계속되는 동안, 아뇰로는 르네 왕과 다음과 같은 조건, 즉 르네 왕은 6월 중으로 2,400명의 기병을 데리고 이탈리아로 들어오고, 르네 왕이 알레산드리아에 도착하면 동맹피렌체와 밀라노 공작은 왕에게 3만 플로린을 주며, 그 후 전쟁이 지속되는 내내 매달 1만 플로린을 준다는 조건으로 협정을 체결했다.

하지만 이 협정을 이행하기 위해 르네 왕이 이탈리아로 들어가려 하자, 사보이 공작루도비코 디 사보이아과 몬페라토 후작조반니 4세 팔레올로고이 르네를 막고 나섰다. 베네치아의 친구인 그들이 르네한테 길을 내주기를 거부한 것이다. 그러자 피렌체 대사는 르네에게, 친구들피렌체와 밀라노 공작의 신망을 잃지 않으려면, 왕은 프로방스로 돌아가 일부 병력과 함께 배를 타고 이탈리아로 내려가고, 그사이 그의 군대가 사보이를 통과할 수 있게 프랑스 왕한테 사보이 공작을 설득해 달라는 부탁을 하라고 조언했다. 이 계획은 완벽하게 들어맞아 르네 왕은 배를 타고 이탈리아로 들어왔으며, 그의 군대는 프랑스 왕을 존중한 사보이 공작의 배려로 사보이를 통과할 수 있었다.

르네 왕은 프란체스코 공작의 매우 극진한 환대를 받았고1453년
10월, 프랑스와 이탈리아밀라노 공작 연합군은 베네치아군을 맹렬하게
공격해 짧은 시간 만에 크레모나 지역에서 베네치아에 빼앗겼던 모
든 도시를 회복했다. 연합군은 이에 만족하지 않고 다시 브레시아
를 공격해 그 교외의 대부분을 장악했다. 그러자 더는 야전에서 버
틸 수 없게 된 베네치아군은 할 수 없이 브레시아市 성벽 밑으로 후
퇴했다1453년 10~11월.

그렇지만 겨울이 시작되었고, 군대를 숙영지로 철수시키는 것이
현명하다고 판단한 공작은 르네 왕의 숙소를 피아첸차에 마련해 주
었다. 그렇게 1453년의 겨울은 아무 움직임 없이 지나갔고, 새봄이
오자 공작은 다시 들판으로 나가 육지에 있는 베네치아의 영토를
전부 빼앗을 때가 됐다고 생각했다.

그러나 그때 갑자기 르네 왕이 프랑스로 돌아가야 할 일이 생겼
다고 공작에게 통보했다. 르네 왕의 이런 결정은 공작한테는 전혀
예상치 못한 일이었고, 그래서 공작은 몹시 기분이 상했다. 공작은
즉시 왕을 찾아가 떠나지 말라고 설득했지만, 인간적인 부탁도 또
보상에 대한 약속도 르네의 마음을 되돌리지는 못했다. 다만 르네
는 군의 일부를 남겨두는 데 동의했으며, 자기 대신 아들 장Jean 2세
로렌 공작을 보내 동맹을 섬기게 하겠다고 약속했다.

피렌체 통치자들은 르네 왕이 떠난다는 소식에 그리 불쾌해하지
않았다. 그들은 이미 자신들의 모든 도시와 요새를 회복해 더는 알
폰소 왕을 두려워하지 않았으며, 또 공작이 롬바르디아에서 그의
원래 영토 이상을 획득하는 것을 원치 않았기 때문이었다. 얼마 후

르네 왕은 프랑스로 돌아갔고, 약속대로 아들을 이탈리아로 보냈다. 르네의 아들은 롬바르디아에는 들르지 않고 곧장 피렌체로 갔으며, 거기서 아주 극진한 환대를 받았다.

✎ 제32장 ✎

〈콘스탄티노플에 입성하는 정복자 메흐메트 2세〉 파우스토 조나로Fausto Zonaro

르네 왕이 떠나자, 공작은 평화를 구했다. 베네치아와 알폰소 왕은 말할 것도 없고, 피렌체도 평화를 열망했다. 그들 모두 오랜 전쟁으로 지쳐 있었기 때문이었다. 교황은 이전에도 평화를 원했지만, 당시는 그 어느 때보다도 더 진심으로 평화를 갈망했다. 바로 같은 해실은 1453년에 오스만튀르크 제국의 술탄 메흐메트2세가 콘스탄티노플을 함락시키고5월, 스스로 그리스의 주인이 되었기 때문이었다.

메흐메트의 이 정복으로 모든 기독교도는 두려움에 빠졌으나, 그중에서도 베네치아와 교황은 특히 더 두려워했다. 그들은 술탄의 군대가 진작부터 그들의 문 앞까지 들어왔다고 느끼고 있었기 때문이었다. 그러므로 교황은 모든 이탈리아의 열강에게, 이탈리아 전체의 평화를 확립할 권한을 지닌 사절들을 보내 달라고 요청했다. 모든 군주가 교황의 뜻에 따랐다.

하지만 사절들이 모여 구체적인 협상을 벌이자 커다란 난관이 발생했다. 알폰소 왕은 피렌체와의 전쟁에서 쓴 비용을 피렌체가 배상해야 한다고 주장했고, 피렌체 역시 왕에게 똑같은 요구를 했으며, 베네치아는 백작에게 크레모나를 돌려 달라고 요구했고, 반대로 백작은 베네치아에 베르가모·브레시아·크레마를 요구했기 때문이었다. 이 난관은 결코 해결될 수 없을 것처럼 보였다.

그렇지만 많은 사람이 모여 있던 로마에서는 불가능하게 보였던 일이, 밀라노와 베네치아 이 둘 사이에서는 너무나 쉽게 이루어졌다. 평화를 위한 협상이 로마에서 계속 지연되고 있는 동안, 1454년 4월 9일 공작과 베네치아가 평화 협정을 체결했기 때문이었다로디 조약. 이 평화 협정으로 각자는 전쟁 전에 보유했던 도시들을 되찾았고, 공작은 몬페라토 후작과 사보이 공작에게 빼앗겼던 도시들도 회복했다.

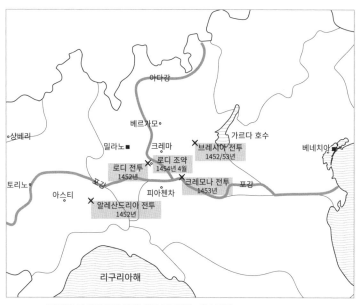

프란체스코 백작과 베네치아 간의 3차 밀라노 계승 전쟁1452년 5월~1454년 4월

이탈리아의 다른 열강들에게는 한 달간의 시간이 주어졌으며, 교황과 피렌체는 시에나와 다른 작은 국가들과 함께 정해진 시간 안에 이 협정을 비준했다. 이 조약 외에도 공작과 피렌체와 베네치아는 또 하나의 조약을 베네치아市에서 맺고, 그 후 25년 동안의 평화를 확립했다1454년 8월.

이탈리아의 군주 중 오직 알폰소 왕만이 이 협정로디 조약에 불만을 표시했다. 왕은 이 협정이 자신의 존엄성을 크게 훼손했다고 생각했다. 자신이 이 협정의 주요 당사자가 아니라 부수적 존재로 포함되어 있었기 때문이었다. 그런 이유로 왕은 누구한테도 자신의 의중을 알리지 않은 채 한동안 이 협정에 냉담한 태도를 보였다.

그러나 교황과 다른 열강들이 여러 차례에 걸쳐 협정의 비준을 재촉하는 엄숙한 사절을 보내자 왕은 그들의 설득, 특히 교황의 설득을 받아들여 아들훗날의 페르디난도 1세과 함께 30년 동안 이탈리아 동맹에 참여했다1455년 3월. 또한, 왕과 공작은 서로의 아들을 위하여 각자의 딸을 한 명씩 주고받으며, 이중으로 결혼해 혈연관계를 맺었다.

하지만 전쟁의 씨앗이 이탈리아에서 완전히 사라지지 않도록 왕은, 동맹국들에게 해를 끼치지 않는 한 제노바 공화국과 리미니의 시지스몬도 말라테스타 그리고 파엔차의 아스토레 만프레디2세 등과 전쟁을 벌이는 것을 동맹국들이 먼저 허용해 달라고, 그러기 전에는 평화 협정에 절대 동의하지 않겠다고 억지를 부렸다. 동맹국들은 어쩔 수 없이 왕의 요구를 받아들였고, 그러자 토스카나를 침공했다가 한 치의 땅도 얻지 못하고 수많은 병력만 잃은 채 시에나 영내에 머물고 있던 알폰소 왕의 아들 페르디난도가 나폴리 왕국으로 돌아갔다.

≫≫ 제33장 ≪≪

이렇게 해서 이탈리아 전체에 평화가 찾아왔으나, 유일한 걱정은 제노바에 대한 원한으로 알폰소 왕이 이를 깨뜨리지 않을까 하는 것이었다1435년 8월 폰차 해전에서 알폰소의 함대는 제노바 함대에 패했고, 알폰소는 사로잡혀 밀라노의 필리포 공작에게 압송됐다. 제5권 제5장 참조. 그렇지만 상황은 다르게 흘러갔다. 이전에도 자주 그랬듯 평화는 왕이 아닌, 용병들의 야심에 의해 깨졌기 때문이었다.

평화가 성립되면 늘 하던 대로 베네치아는 용병대장 야코포 피치니노와의 고용 계약을 해지했다. 놀고 있던 몇몇 다른 용병대장들과 합류한 야코포는 로마냐로 들어갔다가, 거기서 다시 시에나 교외로 넘어갔다. 그곳에 진영을 세운 그는 주변의 주민들과 전쟁을 벌여 시에나의 도시 몇 개를 어렵지 않게 빼앗았다.

이런 움직임이 시작되던 1455년 초4월, 교황 니콜라오 5세가 죽고 칼리스토Callisto 3세[1]재위 1455~1458년가 새 교황으로 선출되었다. 집교황령 근처에서 발발한 새 전쟁을 멈추기 위해 교황은 즉시 끌어모을 수 있는 최대한의 병력을 소집해 자신의 사령관인 조반니 벤티밀리아에게 주고, 이들을 같은 목적으로 모인 피렌체와 밀라노 공작의 군대와 함께 야코포를 막으러 보냈다1455년 6월.

그들은 볼세나 호수 근처에서 전투를 벌였고, 비록 벤티밀리아는 포로가 되었지만 야코포의 군을 크게 무찔렀다. 전투에서 대패한 야코포는 허둥지둥 아라곤나폴리 왕국이 장악하고 있던 카스틸리오네 델라 페스카이아로 후퇴했다. 만일 알폰소 왕의 자금 지원이 제때 도착하지 않았다면, 야코포는 완전히 파멸하고 말았을 것이다1455년 7월.

아무튼 알폰소 왕의 이 도움으로, 사람들은 야코포의 행동이 알폰소 왕의 명령을 따른 것이라고 믿었다. 그러자 자신의 의중이 탄로 났다고 생각한 왕은 이 비열한 전쟁으로 소원해지게 된 다른 동맹국들을 달래기 위해, 야코포는 빼앗은 도시들을 시에나에 돌려주고 시에나는 야코포에게 2만 플로린을 주도록 주선했다1456년 5월. 이 합의가 성사된 후 왕은 야코포와 그의 부대를 나폴리 왕국으로 받아들였다1456년 10월.

이 무렵 교황은 야코포 피치니노를 격퇴할 방책을 찾느라 바쁜 와중에도, 오스만튀르크에 위협받는 기독교도를 지키기 위한 준비도 게을리하지 않았다. 또한 그는 모든 기독교 국가에 사절과 설교자를 보내 군주들과 사람들에게 그들의 종교를 위해 무기를 들고, 공동의 적에 맞서는 영광스러운 과업에 돈과 인력을 지원해 달라고 설득했다.

그 결과 피렌체에서도 많은 헌금이 모였고, 많은 사람이 십자군 전쟁에 직접 참전하겠다는 의지의 표시로 십자군의 적십자 표시가 있는 휘장을 가슴에 묶었으며, 또 신의 도움을 간청하는 엄숙한 행렬도 이어졌다. 그렇게 우리 피렌체 시민들은 자신들의 돈과 인력과 조언으로 그 위대한 과업을 가장 앞장서서 돕기를 원한다는 점을, 공적으로든 사적으로든 확실히 보여 주었다.

하지만 십자군에 대한 이런 열기는, 군대를 이끌고 다뉴브강 유역에 자리한 헝가리의 요새 도시 베오그라드를 공격하던 오스만튀르크의 술탄메흐메트 2세이 헝가리에 패하고 부상까지 당했다1456년 7월는 소식이 전해지자[2] 어느 정도 식었다. 교황과 기독교도들이 콘스탄티노플을 잃으며 품었던 공포가 이 승리로 진정되어 전쟁 준비는 이전보다 시들해졌으며, 마찬가지로 헝가리에서도 이 기념비적인 승리를 이끈 후냐디 야노스Hunyadi János 장군이 얼마 후 역병으로 죽자1456년 8월, 뜨거웠던 전쟁의 열기가 사그라들었기 때문이었다.

〈1456년 베오그라드 전투〉 손에 십자가를 들고 중앙에 서 있는 성직자는 조반니 다 카페스트라노Giovanni da Capestrano이다.

다시 이탈리아로 돌아가서, 야코포 피치니노가 일으킨 혼란이 끝난 1456년에 일어났던 사건을 이야기하겠다. 그것은 마치 사람들이 무기를 내려놓자, 이번에는 신께서 친히 당신의 무기를 꺼내 드신 것 같았다. 그때 발생한 폭풍은 실로 엄청나서 토스카나에 전례 없는 영향을 끼쳤으며, 훗날 이를 전해 들을 모든 이에게는 아마 불가사의하면서도 기억에 남을 만한 인상을 남길 것이다.

1456년 8월 24일 동트기 한 시간 전, 안코나 인근의 아드리아해에서 발생한 검고 짙은 구름 모양의 폭풍은 이탈리아를 동에서 서로 횡단한 후 피사 아래의 티레니아해로 들어갔다. 그 폭풍은 이동하는 내내 폭이 사방으로 3㎞가 넘는 회오리바람이었다. 자연적인지 초자연적인지 모를 불가항력적 힘의 조종을 받은 회오리바람은 자기 자신과 격렬히 싸우다 그 안에서 폭발했고, 산산이 부서진 구름은 때로는 하늘 위로 올라가고 또 때로는 땅으로 떨어지며, 요란한 소리를 내면서 서로 충돌했다.

그 뒤 이 회오리바람은 매우 빠른 속도로 회전하며 상상도 할 수 없을 만큼의 사나운 바람을 일으켰고, 그러는 동안에도 아주 밝은 섬광과 어둡고 타는 듯한 불꽃을 끊임없이 터뜨렸다. 이렇게 부서져 마구 얽힌 구름과 맹렬한 바람 그리고 빠르게 터지는 불꽃 속에서, 어떤 천둥이나 지진이 일으키는 소리보다 훨씬 더 시끄러운 굉음이 울렸다. 그 굉음은 너무 끔찍해서 이를 들은 사람은 누구나 세상의 종말이 왔으며, 땅과 물과 하늘과 온 우주가 한데 뒤섞여 저 옛날의즉 천지창조 이전의 혼돈 상태로 돌아갈 것으로 생각했다.

이 무시무시한 회오리바람은 지나가는 곳마다 들어본 적 없는 놀

라운 일을 일으켰지만, 다른 어떤 곳보다 산 카시아노San Casciano 요
새 인근에서 발생한 일은 한층 더 놀라웠다. 산 카시아노는 피렌체
에서 약 15㎞ 떨어진 발 디 페사와 발 디 그리에베 계곡을 가르는
구릉 위에 자리하고 있었다. 이 구릉에는 산 안드레아라는 마을도
있었는데, 이 사나운 폭풍이 산 카시아노와 산 안드레아 사이를 통
과했다. 다행히 폭풍은 산 안드레아를 건드리지 않았고, 산 카시아
노는 그 외곽을 가볍게 스치며 총안화살 등을 쏠 수 있는 구멍이 있는 흉벽
일부와 몇몇 집의 굴뚝을 부수었을 뿐이었다.

그러나 그 밖은, 다시 말해 언급한 두 마을 사이의 지역에서는 많
은 건물이 완전히 파괴되어 지면과 거의 수평을 이루었다. 산 마르
티노 아 바뇰로와 산타 마리아 델라 파체 성당의 지붕들은 각각의
건물에 얹혀 있을 때와 똑같은 상태로 1.5㎞ 이상 떨어진 곳으로 옮
겨졌으며, 어느 마부는 도로에서 조금 떨어진 인근의 한 계곡에서
노새들과 함께 죽은 채 발견되었다. 폭풍 따위에는 절대 굴복할 것
같지 않던 아주 큰 떡갈나무와 다른 모든 우람한 나무들도 단순히
뿌리가 뽑힌 정도가 아니라, 자란 곳에서 아주 멀리 떨어진 곳까지
날아가 버렸다.

폭풍이 지나가고 아침이 밝자 사람들은 완전히 망연자실했다. 그
들은 하룻밤 사이에 파괴되어 폐허로 변해 버린 자신들의 집과 성
당과 마을을 얼빠진 얼굴로 바라보았으며, 땀 흘려 번 재물이 흔적
도 없이 사라지고, 또 사랑하는 가족과 키우던 가축이 산산이 부서
진 자신의 농가 밑에 파묻혀 죽어 있는 것을 발견한 이웃들의 울부
짖는 소리를 들었다. 이 참혹한 광경과 그 애절한 울음소리는, 이를
보고 들은 이들의 마음을 연민과 공포로 가득 채우기에 충분했다.

의심할 여지없이 신의 뜻은 토스카나를 징벌하는 데 있지 않고,

토스카나에 경고를 내리는 데 있었다. 만일 그 무시무시한 폭풍이 나무들이 모여 있는 구릉이나 집들이 드문드문 흩어져 있는 작은 시골마을이 아니라, 건물들이 밀집해 있고 주민들로 붐비는 혼잡한 대도시를 강타했다면, 이는 우리 인간이 상상할 수 있는 것보다 훨씬 더 심각한 파괴의 고통을 가져왔을 것이기 때문이다. 그렇지만 그때 신께서는 당신의 권능에 대한 인간들의 기억을 새롭게 하는 데는, 이 작은 경고만으로도 한동안은 충분할 것으로 판단하셨다.

✛ 제35장 ✛

자, 그만 우리의 이야기로 돌아가자. 앞서 말했듯 알폰소 왕은 체결된 평화 조약1454년 로디 조약에 만족하지 못했다. 게다가 정당한 이유 없이 야코포 피치니노를 시켜 시에나를 상대로 벌인 전쟁에서도 어떤 유의미한 결과를 만들어내지 못했다. 그래서 그다음으로 왕은 동맹의 조건으로 자신에게 허락된 전쟁에서 어떤 결과가 뒤따를지 알아보기로 했다.

그리하여 1456년실은 1457년 왕은 바다와 육지에서 제노바와 전쟁을 벌였다. 왕은 그 당시 제노바를 통치하고 있던 프레고소 가문에게서 정권을 빼앗아 아도르노 가문한테 넘겨주려고 했다. 이와 거의 동시에 왕은 야코포 피치니노에게 트론토강을 건너 시지스몬도 말라테스타를 공격하라고 시켰다1457년 10월. 시지스몬도는 자신이 보유한 도시들의 방비를 잘 갖추어 두었기 때문에 야코포의 공격을 전혀 걱정하지 않았다. 그 결과, 왕은 시지스몬도와의 전쟁에서도 이전과 마찬가지로 아무런 결실을 얻지 못했다. 하지만 제노바와의 전쟁은 알폰소 왕이 기대했던 것보다 훨씬 더 큰 전쟁을 왕과 왕국에 선사했다.

당시 제노바의 도제는 피에트로 프레고소였다. 왕의 공격을 막지 못할 것을 염려한 그는 제노바를 계속 가질 수 없다면 차라리 다른 사람에게 선물로 주기로 했다. 다만 그 사람은 자신의 적 알폰소 왕과 아도르노 가문으로부터 제노바를 지킬 힘이 있고, 자신이 제노바를 넘긴 것에 대해 언젠가 정당한 보상을 해줄 수 있는 그런 인물이어야 했다. 그래서 피에트로는 프랑스 왕 샤를 7세에게 사절을 보내 제노바의 통치권을 제안했다.

샤를은 이 제안을 받아들이고, 도시의 소유권을 넘겨받기 위해 얼마 전 피렌체를 떠나 프랑스로 돌아온 르네 왕의 아들, 앙주의 장 2세을 제노바로 보냈다. 샤를은 이탈리아의 풍습에 익숙한 장이 다른 누구보다 더 제노바를 잘 다스릴 것으로 판단했으며, 어쩌면 이 기회에 장이 아버지 르네가 알폰소한테 빼앗긴 나폴리 왕국을 되찾을 수도 있겠다고 생각했다. 그렇게 해서 장은 제노바의 군주가 되었으며, 그 도시의 요새들과 제노바의 전 영토를 손에 넣었다 1458년 3월.

⤳ 제36장 ⤵

이런 정세 변화는 알폰소 왕의 기분을 몹시 불쾌하게 했다. 자신이 너무 강한 적을 끌어들였다는 것을 알게 되었기 때문이었다. 그럼에도 왕은 주눅 들지 않고 결연히 자신의 과업을 계속 추구했다. 그도 그럴 것이 왕은 이미 자신의 함대를 빌라 마리나[1]의 지휘하에 포르토피노제노바의 항구도시로 보내 놓았기 때문이었다. 그런데 알폰소 왕이 갑자기 병에 걸려 죽고 말았다1458년. 6월. 이 죽음으로 장과 제노바는 전쟁에서 벗어났다.

아버지 알폰소의 유언에 따라 왕국을 승계한 페르디난도 디 나폴리1세는 근심이 가득했다. 한편으로는 이제 이탈리아 안에 그토록 명성 높은 적프랑스이 생겼기 때문이고, 다른 한편으로는 변화를 바라며 프랑스를 편들지도 모르는 왕국 내의 영주들을 믿지 못했기 때문이었다. 또한 교황칼리스토 3세의 야심을 잘 알고 있던 페르디난도는 왕국을 안정시키기 전에 교황이 자신한테서 왕국을 빼앗으려 하지 않을까 두려웠다. 따라서 그가 믿을 곳은 오직 밀라노 공작뿐이었다.

밀라노 공작은 페르디난도만큼이나 나폴리 왕국의 안위를 걱정했다. 만일 프랑스가 나폴리 왕국의 주인이 된다면, 그다음으로 밀라노 공국까지 차지하려 들 것이 분명했기 때문이었다. 공작은 프랑스가 밀라노를 자신들의 소유라고 주장할 자격이 있다는 사실을 알고 있었다실제로 프랑스 왕가는 필리포 공작의 누나 발렌티나 비스콘티와 프랑스 왕 샤를 6세의 동생 오를레앙 공작 루이 1세의 결혼을 근거로, 계속 밀라노의 소유권을 주장했다. 제6권 제17장 참조.

그러므로 공작은 알폰소가 죽은 직후 페르디난도에게 자신은 곤경에 처한 그를 절대 버리지 않을 테니 하루빨리 기운을 차리라고 위로하는 서한과 함께 페르디난도를 도와 그의 왕위를 지켜줄 군대를 보냈다.

교황은 알폰소 왕이 죽자 나폴리 왕국을 조카인 피에트로 로도비코 보르자사실은 다른 조카 스폴레토 공작 페드로 루이스 데 보르자(Pedro Luis de Borgia)로, 훗날 교황 알렉산데르 6세가 되는 로드리고 보르자의 동생에게 물려주고 싶어 했다. 이 계획을 더 그럴듯하게 꾸미고 또 더 쉽게 다른 이탈리아 열강들의 동의를 얻기 위해, 교황은 나폴리 왕국을 로마교회의 지배로 되돌리길 원한다고 공표했다. 나폴리 왕국은 대표적인 교황령으로, 교황은 페르디난도가 알폰소의 적자는 물론이고 사생아도 아니라고 주장하며, 아라곤 왕가의 혈통이 끊어졌으니 교회의 봉토를 회수하겠다고 선언했다.

이런 이유로 교황은 페르디난도에게 어떤 지원도 제공해서는 안 된다고 공작을 설득하며, 그 대가로 자신이 왕국을 차지하면 공작이 이전에 나폴리 왕국에 소유했던 영토들[2]을 돌려주겠다고 제안했다.

그러나 이런 계획을 세우며 새로운 시도를 모색하는 동안 칼리스토 3세가 죽고1458년 8월, 교황의 지위는 시에나 태생의 에네아라고 불리는 피콜로미니 가문의 비오 2세재위 1458~1464년에게 이어졌다.

이 교황은 오직 기독교도들을 이롭게 하고 교회를 영광스럽게 하는 것만 생각하는 인물이었으므로, 모든 사적인 감정은 제쳐두고 밀라노 공작의 요청을 받아들여 페르디난도를 나폴리 왕국의 왕으로 인정했다1458년 11월. 교황은 왕국을 빼앗으려는 프랑스를 편들거나 칼리스토처럼 직접 왕국을 차지하는 것보다, 이미 왕국을 소유하고 있는 페르디난도의 손을 들어주는 편이 이탈리아의 분열을 더 빨리 진정시킬 수 있다고 판단했기 때문이었다.

이 호의에 대한 보답으로 페르디난도는 교황의 조카 안토니오 피콜로미니를 아말피 영주로 삼고, 자신의 사생아인 마리아 다라고나D'aragona와 결혼시켰으며1461년, 베네벤토와 테라치나를 로마교회에 돌려주었다.

이렇게 이탈리아 내부의 분열이 가라앉은 것처럼 보이자, 비오 2세
는 전임 교황 칼리스토가 세운 계획을 실행하기 위해 오스만튀르크에
맞서 기독교도를 단결시키는 일십자군을 조직하는 일에 매진했다1459~1460년.
그 무렵 프레고소 가문과 제노바 군주인 장2세 사이에 불화가 생
겨서 과거의 전쟁보다 더 크고 더 중요한 전쟁에 다시 불이 붙었다.
리비에라 해안가의 자기 요새로 물러나 있던 피에트로 프레고소는
자신과 가문의 노력으로 장이 제노바의 군주가 됐음에도, 그 공에
대해 충분한 보상을 받지 못했다고 생각했다. 그 결과 프레고소 가
문과 장은 서로에 대한 적의를 공공연히 내보이게 되었다.

〈1490년경 제노바의 전망〉『뉘른베르크 연대기Nuremberg Chronicle』에 실린 미하엘 볼게무트
Michael Wolgemut와 빌헬름 플레이덴부르프Wilhelm Pleydenwurff의 목판화

출처 : Wikipedia

페르디난도는 이를 자신의 안전을 확보할 아주 좋은 기회라며 기뻐했다. 그래서 페르디난도는 피에트로가 장을 제노바에서 쫓아내기를 바라며, 피에트로에게 돈과 군사를 지원했다. 이를 알게 된 장은 프랑스에 사람을 보내 병력을 요청했으며, 프랑스에서 보낸 병력을 이끌고 피에트로와 싸우러 갔다. 그렇지만 여기저기서그중에는 밀라노의 프란체스코 공작도 있었다 더 많은 지원을 받은 피에트로는 매우 강했고, 전투에서 패한 장은 제노바市 안으로 철수해 성문을 걸어 잠그지 않을 수 없었다. 그러던 어느 날 밤 야음을 틈타 도시로 들어온 피에트로는 도시 안의 요새를 일부 차지했다. 하지만 날이 밝자 그는 장의 공격을 받고 죽임을 당했으며, 부하들도 모두 살해당하거나 사로잡혔다1459년 9월.

이 승리로 크게 고무된 장은 나폴리 왕국을 상대로 전쟁을 시작했다. 1459년 10월, 그는 강력한 함대를 이끌고 제노바를 떠나 나폴리를 향했으며, 먼저 바이아Baia에 상륙한 뒤 거기서 세사 아우룬카로 가서 세사 공작마리노 마르차노, 알폰소 5세의 사위로 페르디난도의 매부의 환영을 받았다. 타란토 군주조반니 안토니오 오르시니, 페르디난도 1세의 아내 이사벨라의 외삼촌와 라퀼라 시민들 그리고 많은 다른 군주와 도시들 역시 장의 편을 들었기 때문에 나폴리 왕국은 무너지기 거의 일보 직전이었다.

이를 본 페르디난도는 교황과 밀라노 공작에게 도움을 청하고, 싸울 적을 줄이기 위해 시지스몬도 말라테스타와 협정을 맺었다. 페르디난도가 자신야코포의 오랜 적인 시지스몬도와 협정을 맺자, 매우 기분이 상한 야코포 피치니노는 페르디난도와의 고용 관계를 청산하고 장을 위해 싸웠다.

한편 페르디난도는 우르비노 백작인 페데리코 다 몬테펠트로에게 돈을 보내고, 당시 가장 좋은 군으로 평가받던 용병 부대들을 최대한 빨리 끌어모아 베수비오산 남쪽의 사르노강 어귀의 평야에서 적들과 맞섰다. 그러나 전투가 벌어지자 페르디난도는 대패했고, 그의 많은 주요 지휘관들이 적에게 사로잡혔다1460년 7월.

이 참패 후 왕국의 대부분은 장한테 항복했고, 오직 소수의 영주와 도시만이 나폴리市와 함께 여전히 페르디난도에게 충성했다. 야코포 피치니노는 이 승리의 여세를 몰아 나폴리로 진격해 왕국의 수도를 차지하라고 장에게 촉구했다. 그렇지만 장은 야코포의 조언을 받아들이는 대신, 왕국의 남은 도시들마저 빼앗으면 나폴리市를 함락시키기가 더 쉬울 것으로 판단하고, 자신은 먼저 왕국에 속한 모든 영토를 빼앗은 뒤 수도를 공격하겠다고 대답했다.

하지만 이 잘못된 결정으로 장은 나폴리 왕국을 정복하는 데 실패했다. 머리가 사지를 따르는 것보다, 사지가 머리를 따르는 것이 훨씬 더 쉽다는 사실을 장은 이해하지 못했기 때문이었다.

∾ 제38장 ↜

전투에서 패한 후 나폴리市로 피신한 페르디난도는 왕국의 다른 지역에서 도망치거나 추방당한 이들을 모두 도시 안으로 받아들였으며, 할 수 있는 가장 부드러운 방식으로 세금을 걷고 소규모 군대를 조직했다. 또한 그는 교황과 공작에게 다시 사람을 보내 도움을 청했으며, 페르디난도가 왕국을 잃지 않을까 크게 두려워한 교황과 공작은 전보다 더 많은 지원을, 전보다 더 빨리 제공했다. 이렇게 세력을 강화한 페르디난도 왕은 곧바로 명성을 회복하고, 빼앗겼던 도시들도 탈환하기 시작했다.

이렇게 나폴리 왕국에서 전쟁이 계속되는 동안 장의 명성을 크게 훼손시키고, 장이 승리할 가능성을 날려 버린 사건이 제노바에서 발생했다. 그 무렵 프랑스 통치자들의 탐욕과 오만을 더 이상 참을 수 없었던 제노바 시민들은 프랑스 왕이 임명한 총독에 맞서 무기를 들었으며, 총독은 목숨을 보전하기 위해 카스텔레토Castelleto로 피신했다. 이 봉기를 일으킬 때 프레고소 가문과 아도르노 가문은 뜻을 함께했으며, 도시를 되찾고 이를 지킬 때 모두 밀라노 공작으로부터 돈과 군대를 지원받았다1461년 3월. 그러자 아들의 이익을 지키기 위해 함대를 이끌고 제노바로 내려온 르네 왕은 아직 저항하던 카스텔레토를 거점으로 그 도시를 다시 빼앗기를 바랐지만, 군대를 상륙시키다가 적의 공격을 받아 대패한 뒤 치욕 속에 프로방스로 돌아갔다1461년 7월.

이런 소식들이 나폴리 왕국에 전해지자 장은 매우 낙담했다. 그러나 장은 왕국을 정복하는 일을 포기하지 않고, 자신들이 일으킨 반란 때문에 페르디난도의 용서를 받을 수 없다고 생각한 영주들의 지원으로 한동안 더 전쟁을 이어갔다. 그렇지만 많은 사건이 일어난 후, 마침내 두 왕실의 군대는 1463년실은 1462년 8월 트로이아Troia에서 전투를 벌였고, 장은 패배했다.

하지만 그 패배도 자신을 떠나 페르디난도에게 넘어간 야코포 피치니노의 배신만큼 장한테 큰 상처를 주지는 못했다1463년 8월. 아무튼 야코포 피치니노의 배신으로 군대를 잃은 장은 이스키아섬으로 물러났다가1463년 9월, 나중에 프랑스로 돌아갔다1464년 4월. 이 전쟁은 약 4년간실제로 싸운 기간은 1459년 10월부터 1463년 8월까지다 지속됐으며, 그동안 장은 자신의 병사들 덕분에 수많은 전투에서 승리했지만, 자기 과실로 모든 것을 잃고 말았다.

이 전쟁에 피렌체는 개입하지 않았다. 형 알폰소의 죽음으로 아라곤의 왕위에 오른 후안Juan 2세이 피렌체에 사절을 보내 조카인 페르디난도를 도와달라고 요청한 것은 사실이다. 피렌체가 그 몇 년 전에 페르디난도의 아버지 알폰소와 체결한 조약1455년 알폰소가 가입한 이탈리아 동맹에 따라 그럴 의무를 지고 있었기 때문이었다.

그러나 이에 대해 피렌체 시뇨리아는 우선 자신들은 알폰소에게 그 어떤 의무도 없으므로 아버지의 침략으로 초래된 전쟁에서 그 아들을 돕지는 않을 것이며, 또 이 전쟁은 자신들의 조언 없이 자신들 모르게 시작되었으니, 페르디난도는 이 전쟁을 자신들의 도움이나 개입 없이 끝내야 할 것이라고 냉정하게 대답했다. 그러자 사절은 자신들의 왕을 대신해 피렌체의 의무 위반을 비난하고, 의무를 이행하지 않아 발생한 손실에 대해서는 반드시 그 책임을 물을 것이라고 엄숙하게 선언한 후 격분해서 피렌체를 떠났다.

그래서 이 기간에 피렌체는 외부의 일들과 관련해서는 평화롭게 지냈다. 그렇지만 다음의 제7권에서 자세히 나오듯 내부적으로는 전혀 평온하지 못했다.

제6권

제3장

1 오스타시오 3세 다 폴렌타는 1438년 로마냐를 침공한 니콜로 피치니노의
강요로, 동맹이던 베네치아를 버리고 새로 밀라노와 동맹을 맺었다제5권 제
17장 참조. 이를 못마땅하게 여긴 베네치아가 1441년 함대를 보내 라벤나를
점령하고 오스타시오 3세를 폐위시킨 것이다.

제8장

1 이 무렵 알폰소 5세는 반란을 일으킨 코트로네Cotrone 후작 안토니오 벤티
밀리아Ventimiglia와 칼라브리아에서 싸우고 있었다. 코트로네는 현재 크로
토네Crotone로 그 이름이 바뀌었다.

제11장

1 사실 알레산드로는 1445년 1월 갈레아초 말라테스타로부터 페사로를 구매
했고, 페데리코 역시 알레산드로와 같은 시기에 프란체스코 백작이 빌려준
돈으로 포솜브로네Fossombrone를 갈레아초 말라테스타로부터 구매했다.
페데리코가 우르비노의 군주가 된 것은 그의 이복동생이자 적장자인 오단
토니오Oddantonio 우르비노 공작이 암살된 1444년 7월이었다.

제13장

1 필리포 공작은 1447년 8월 13일에 죽었고, 프란체스코 백작이 페라라 후작
레오넬로Leonello 데스테의 사자에게 이 소식을 들은 것은, 그 후 백작의 행
보를 볼 때 8월 31일이 아니라 늦어도 8월 20일 전후라고 보는 것이 맞다.

제26장

1 안전 통행증은 전쟁 같은 국가 간의 충돌이 발생했을 때, 충돌의 당사자인
한 국가가 적국의 국민에게 자국의 영토를 안전하게 통과할 수 있도록 허
가해 주는 문서다.

제27장

1 프리드리히 3세는 로마에서 대관식을 한 마지막 황제다. 참고로 교황이 대관식을 거행한 마지막 신성로마제국 황제는 카를 5세다. 그의 대관식은 1530년 볼로냐에서 마키아벨리에게 『피렌체사』를 쓰도록 한 클레멘스 7세에 의해 거행되었다.

제29장

1 소프로 일 몬테 타르페이오, 칸촌, 베드라이Sopro il Monte Tarpeio, canzon, vedrai 운 카발리에르 케 이탈리아 투따 오노라Un cavalier che Italia tutta onora 펜소소 피우 달트루이 케 디 세 스테쏘Pensoso più d'altrui che di se stesso. 『Petrarch : The Canzoniere Translated by A.S. Kline』 Poem 53, Line 99~101 참조.

제33장

1 속명은 알폰소 데 보르자로, 『군주론』의 모델로 알려진 체사레 보르자의 아버지 교황 알렉산데르 6세가 이 칼리스토 3세의 조카다.

2 이 포위 공격이 실패한 후, 오스만튀르크 제국은 1521년 술레이만 1세가 베오그라드를 점령할 때까지 베오그라드 공격을 중단했다. 베오그라드에서는 지금도 이 승리를 기념하는 종이 매일 정오에 울린다.

제36장

1 여기서는 빌라 마리나를 사람 이름으로 번역했다. 다만, 이 문장을 '왕은 이미 자신의 함대를 포르토피노에 있는 빌라 마리나지역 이름로 보내 놓았기 때문이었다'라고 번역하는 견해도 있다. 『Florentine Histories by Niccolò Machiavelli, A New Translation by Laura F. Banfield and Harvey C. Mansfield』, Princeton University Press 2019. 제6권 제36장 참조.

2 제6권 제5장에서 본 것처럼 롬바르디아 전쟁이 한창이던 시절, 알폰소 5세가 프란체스코 스포르차로부터 빼앗은 베네벤토와 그 주변의 영토들을 가리킨다. 그중 대부분은 프란체스코가 1418년 첫 번째 아내 폴리세나 루포Polissena Ruffo와 결혼하며 얻은 것이다.

코시모 데 메디치의 죽음을 전후로 피렌체에서 일어난 분열의 양상을 설명하며 출발하는 제7권은, 대내적으로는 코시모의 아들 피에로를 제거하려는 반메디치파의 음모, 피에로의 승리와 뒤이은 죽음, 그의 아들 로렌초 일 마니피코위대한의 등장 등을 그리고, 대외적으로는 베네치아 전쟁, 프라토 소동, 볼테라 폭동, 교황 식스토 4세와의 갈등과 시에나 전쟁 등을 차례대로 보여 준다. 이밖에 피렌체·밀라노·베네치아 동맹 대vs 식스토 4세와 페르디난도 1세 동맹의 대결, 프란체스코 스포르차의 죽음과 그의 아들 갈레아초의 암살 등도 다루고 있다.

제7권

❧ 제1장 ❧

앞 권을 읽은 독자들은 피렌체의 역사를 쓴다던 작가가 롬바르디아와 나폴리 왕국에서 일어난 일들에 관해 지나치게 길게 기술하며, 너무 옆길로 새는 것이 아닌지 의아해할지도 모르겠다. 하지만 나는 그와 같은 일탈을 피하려 하지 않았고, 또 앞으로도 피하지 않을 것이다.

우선 이탈리아의 역사를 쓴다고 약속하지는 않았지만, 그렇다고 이탈리아에서 일어난 가장 주목할 만한 사건들을 이야기하지 않을 이유는 없다고 생각하기 때문이다. 또한 피렌체가 어쩔 수 없이 치러야 했던 전쟁들은 대개 다른 이탈리아 국가나 군주들의 행동에서 비롯되었으므로, 만일 그것들이 서술되지 않는다면 우리 자신피렌체의 역사는 이해하기 더 어렵고 재미 역시 덜할 것이기 때문이다.

예컨대 앙주의 장2세과 페르디난도 왕의 전쟁에서 훗날 피렌체, 더 구체적으로는 메디치 가문에 대한 페르디난도의 뼈에 사무친 증오와 적의가 자라났다. 그 전쟁 동안 왕은 피렌체로부터 아무 도움을 받지 못했을 뿐만 아니라, 도리어 자신의 적에게 피렌체의 큰 호의가 주어졌다고 불만을 제기했으며, 왕의 그런 분노는 앞으로 보게 될 것처럼 매우 심각한 해악으로 이어졌기 때문이다.

그건 그렇고, 나는 피렌체 외부의 일들에 대해 1463년까지 썼다. 그러나 그 시기 피렌체 내부에서 일어난 혼란을 명확히 이해하기 위해서는 여러 해 전으로 거슬러 올라가야만 한다. 그렇지만 그 전에 먼저 공화국이 계속 통합되어 있기를 바라는 이들이 이런 간절한 마음 때문에 얼마나 자주 잘못된 판단을 내리는지얼마나 쉽게 독재를 용인 어떤 분열은 공화국에 해롭고, 또 어떤 분열은 공화국에 이롭다는 말은 진실이다. 다시 말해 파벌과 반목을 동반하는 분열은 공화국에 해로우며, 파벌과 반목을 수반하지 않는 분열은 공화국에 이롭다. 따라서 공화국의 설립자는 비록 그 안에서 일어나는 모든 적개심을 다 막을 수는 없다고 하더라도, 적어도 파벌의 성장에는 대비해야 한다.

시민은 두 가지 방식, 즉 공적인 방식과 사적인 방식으로 도시에서 명성을 얻는다는 점을 명심해야 한다. 시민이 공적으로 명성을 얻는 방법은 전투에서 이기고, 도시를 획득하고, 신중하고 열정적으로 주어진 공무를 완수하며, 현명하고 성공적인 조언을 공화국에 제공하는 것이다. 반면 사적으로 명성을 얻는 시민은 다른 시민들에게 돈이나 이익을 주고, 행정장관들로부터 그들을 지켜주고, 그들이 분에 넘치는 관직에 오를 수 있게 도와주거나 혹은 선물과 구경거리로 대중의 환심을 산다.

이 사적인 방식에서 파벌과 당파적 지지자들이 생겨나며, 그렇게 얻은 명성은 공화국에 해를 끼친다. 하지만 당파적 기질과 무관한 명성은 공화국에 도움을 준다. 그런 명성은 사적인 이익이 아니라 공공의 안녕에 근거해 세워지기 때문이다. 그렇지만 공적인 방식으로 명성을 추구하는 시민들 사이에서도 서로에 대한 심각한 적의가 자라나는 것을 완전히 막을 방도는 없다.

그러나 이기적인 동기로 그 시민들을 따르는혹은 이용하는 당파적 지지자가 없다면, 그 시민들은 공화국에 해를 가할 수 없다. 아니, 반대로 당파적 지지자가 없으면 그 시민들은 오히려 공화국에 도움을 준다. 그들은 목적을 달성하기 위해명성을 얻기 위해 공화국을 발전시키려고 노력할 것이고, 그들 각자는 공화국의 자유가 침해당하지 않도록 서로를 감시할 것이기 때문이다.

하지만 불행히도 피렌체의 분열은 늘 파벌을 동반했고, 그 결과 항상 공화국에 해로웠다. 승리한 파벌도 반대 파벌이 아직 왕성하게 활동하고 있을 때를 제외하면 결코 단결되지 않았으며, 도시를 지배한 파벌은 적대적인 파벌이 소멸하자마자, 내부적으로 더는 분열을 자제하거나 이를 막을 두려움의 대상이 사라져 버렸으므로 그 즉시 분열했다.

코시모 데 메디치의 당은 1434년 권력을 장악했다. 그러나 반대 당은 비록 권력을 잃었어도 유력한 친구들이 많아 여전히 세력이 강했기 때문에, 적들에 대한 두려움으로 코시모 당은 한동안 단결을 유지한 채 겸손한 모습을 보였다. 그들은 자기들끼리 서로 미워하거나 싸우지 않았으며, 무분별한 행동으로 대중이 자신들을 미워할 구실을 주지도 않았다. 그래서 코시모 당이 이끄는 정부가 그 권한을 갱신하기 위해 사람들의 동의를 구할 때마다 사람들은 항상 그 지도자들이 요구한 권한을 기꺼이 양도했다. 이런 식으로 1434년부터 1455년까지 21년 동안 코시모 당은 평의회가 합법적으로 구성한 발리아최고 행정회의를 통해 그 권한을 여섯 차례나 갱신했다.

≈✺≈ 제2장 ≈✺≈

이미 여러 번 언급했듯, 그 무렵 피렌체에는 두 명의 매우 유력한 시민, 즉 코시모 데 메디치와 네리 디 지노 카포니가 있었다. 네리는 공적인 업무를 수행하며 명성을 얻은 인물로, 친구는 많았지만 당파적 지지자는 거의 없었다. 반면 권력을 얻는데 사적인 방식과 공적인 방법을 모두 이용한 코시모는 친구뿐만 아니라 당파적 지지자도 많았다. 이들은 둘이 모두 살아 있는 동안은 단결했고, 또 그 권한을 우아하게 행사했기 때문에 항상 사람들로부터 자신들이 원하는 것을 어렵지 않게 얻을 수 있었다.

그렇지만 1455년실은 1457년 네리가 죽고 적당敵黨이 소멸하자, 당시의 정부는 그 권한을 갱신하는 데 큰 어려움을 만났다. 두려워하던 반대당이 완전히 사라지며 세력이 커진 코시모의 친구들이, 코시모의 권력을 줄이려고 했기 때문이었다. 이런 분위기는 1466년의 분열, 다시 말해 코시모가 죽고 2년 뒤에 일어난 분열의 시초가 되었다.

아무튼 그의 친구들은 차기 정부를 어떻게 구성할지 논의하는 평의회에서, 새 발리아를 구성하지 말고 관리를 뽑는 명단이 들어 있는 자루를 새로운 이름이 들어가지 못하게 잠근 후 예전처럼 자루에 들어 있는 명단에서 추첨을 통해 행정장관들을 선출해야 한다고 공개적으로 권고했다.

이런 분열의 분위기를 막으려면 코시모는 여전히 자신을 지지하는 열성적인 추종자들의 도움을 받아 친구들을 쫓아내고 무력으로 권력을 되찾던지, 아니면 친구들이 코시모가 아니라 그들 자신으로부터 권력과 명성을 빼앗고 있다는 점을 스스로 깨달을 때까지 그대로 내버려 두던지, 둘 중 하나를 선택해야 했다.

이 두 가지 방책 중에서 코시모는 후자를 선택했다. 친구들이 제안한 정부 구성 방법을 따르더라도 어차피 관리를 뽑는 자루가 자기 지지자들로 가득 차 있었으므로, 위험을 감수하지 않고도 원하면 언제든 쉽게 권력을 되찾을 수 있다는 것을 잘 알고 있었기 때문이었다.

이렇게 해서 도시가 평의회에서 발리아를 구성하는 방식이 아니라, 다시 추첨을 통해 시뇨리를 포함한 고위 공직자를 선출하는 방식으로 돌아갔기 때문에 시민들 대다수는 자신들이 다시 자유를 갖게 됐고, 행정장관들은 더 이상 유력자들의 뜻이 아니라 그들 자신의 신념에 따라 국사國事를 결정한다고 생각했다. 그리고 이를 입증이라도 하듯 종종 이런저런 유력자의 친구들이 이전과 달리 처벌을 받았다.

그리하여 자신의 집이 언제나 무언가를 부탁하는 사람들과 그들의 선물들로 가득 차 있던 모습에 익숙했던 자들코시모의 친구들은 이제 재물도 사람도 텅 비어 있는 집을 보게 되었고, 자신들이 오랫동안 열등한 존재로 경멸했던 이들과 동등해졌다는 것을 알게 되었을 뿐만 아니라, 자신들과 동등하던 이들이 자신들보다 우월해졌다는 점도 확인할 수 있었다. 그렇게 그들은 이제 어떤 존경도, 또 대접도 받지 못했다. 아니, 실상을 말하면 그들은 자주 조롱을 당하는 놀림거리가 되었으며, 그들과 공화국은 거리와 광장에서 최소한의 예의도 없이 함부로 평가되었다. 따라서 그들은 곧 권력을 잃은 것은 코시모가 아니라, 바로 그들 자신이라는 사실을 이해하게 되었다.

코시모는 이런 상황을 전혀 모르는 척했으며, 대중들이 좋아할 만한 조치가 논의될 때마다 이를 추진하는 데 가장 앞장섰다. 하지만 유력자들을 더욱 겁먹게 하고 자신들의 잘못을 뼈저리게 후회하게 만든 동시에, 코시모한테는 그들을 벌줄 더 좋은 기회를 제공해 준 것은 납부해야 할 세액이 세금 징세관의 재량이 아니라 법으로 정해진 1427년 카타스토Catasto 제도재산에 비례해 세금을 납부하는 제도로, 카타스토에 등록된 동산과 부동산이 재산세의 과세표준이었다. 제4권 제14장 참조의 부활이었다1458년.

≫≫ 제3장 ≪≪

이 법안이 상정되어 통과되고 제정된 법을 집행할 행정관직이 설치되자, 모든 유력자가 한마음으로 코시모를 찾아가서 제발 자비를 베풀어 민중당민소리 길드와 하층민이 주축의 손에서 그들과 코시모 자신을 구하고, 코시모를 강력하게 만들고 자신들을 존경받게 해 주었던 명성권한을 정부에 회복시켜 달라고 간청했다. 코시모는 그들에게 자신은 기꺼이 그러고 싶지만, 그전에 그들이 말한 것을 실현하기 위한 법法이 누군가의 무력이 아니라 사람들의 동의를 받아 적법하게 제정되기를 원하며, 무력을 쓰는 방법에 대해서는 어떤 이유가 됐든 절대 듣고 싶지 않다고 대답했다.

얼마 후 유력자들은 평의회에서 새 발리아를 구성하려고 했지만 성공하지 못했다. 그러자 부유한 시민들은 다시 코시모한테 가서 제발 파를라멘토Parlaménto(의회)를 소집해 새 발리아를 만들어 달라며 아주 비굴한 얼굴로 애원했다. 코시모는 그들이 자신들의 잘못을 절감할 때까지 몰아붙이고 싶었기 때문에 이를 단호히 거절했고, 그 당시 정의의 곤팔로니에레였던 도나토 코키Cocchi가 자신의 허락 없이 파를라멘토를 소집하려 하자, 자기 당에 속하는 다른 시뇨리를 시켜 그를 무자비하게 조롱했다. 그 결과 그 충격으로 미쳐 버린 그는 결국 곤팔로니에레직에서 물러났다이는 카타스토 제도가 부활되기 전인 1456년 9월에 있었던 일로 마키아벨리가 그 시점을 착각했거나, 아니면 이야기 전개상 의도적으로 여기에 삽입한 듯하다. 참고로, 이 시도 역시 그 목적은 코시모의 권한을 강화하는 것이었기 때문에 이 이후로도 도나토 코키는 여러 요직을 맡았다.

그렇지만 나중에 되돌리고 싶어도 쉽게 되돌릴 수 없는 지경까지 상황을 그냥 내버려 두는 것은 바람직하지 않았으므로, 대담하고 씩씩한 루카 피티가 정의의 곤팔로니에레가 되자, 코시모는 이제 이 상황을 루카가 처리하도록 하는 것이 좋겠다고 생각했으며, 그렇게 하면 만일 그 일새 발리아의 구성로 행여 비난 여론이 일더라도 그 비난은 자신이 아니라 루카에게 쏠릴 것으로 판단했다.

루카는 코시모의 예상대로 임기를 시작하자마자 반복해서 평의회의 구성원들에게 발리아를 재개하자고 제안했고, 동의를 얻지 못하자 그들을 거만하고 모욕적인 말로 위협했다. 그리고 그 직후 그는 이 욕설에 상응하는 행동에 나섰다. 1458년 8월 산 로렌초의 축일8월 10일 전날[1] 시뇨리아 궁을 무장 병력으로 가득 채운 뒤, 그가 평의회의 구성원들을 광장으로 불러 모아 그들이 이전에는 자발적으로 동의하지 않았던 것을 강제로 동의하도록 만들었기 때문이었다.

그런 식으로 새 발리아를 구성한 코시모 당은 다시 정권을 장악하고 몇몇 유력자의 뜻대로 행정장관들을 임명했으며, 무력으로 세운 정부를 공포로 시작하기 위해 반대당의 수장인 지롤라모 마키아벨리니콜로 마키아벨리의 재당숙(아버지의 육촌 형)으로 피렌체 대학의 법학 교수였던 그는 루카 피티의 새 발리아 구성을 가장 적극적으로 반대했다를 비롯한 여러 시민을 추방하고, 다른 많은 사람의 명예관직에 오를 권리를 박탈했다. 지롤라모 마키아벨리는 추방당한 지역 안에 머물지 않았기 때문에 반역자로 선포되었다. 그는 이탈리아 전역을 돌아다니며 자신의 조국에 맞서라고 군주들을 선동하다가, 어느 군주의 배신으로 루니자나Villafranca in Lunigiana에서 체포되었고, 피렌체에 끌려와 감옥에서 죽었다1460년 7월.

❧ 제4장 ❦

8년 동안 지속된 이 정부는 억압과 폭력으로 점철되었다. 이제는 늙고 지친 데다 병까지 들어 쇠약해진 코시모1458년 당시 69세가 이전처럼 적극적으로 공무에 참여하지 못하게 되자, 도시는 몇몇 유력자들의 먹잇감으로 전락해 버렸기 때문이었다.

루카 피티는 공화국을 위해 그가 행한 일에 대한 보답으로 기사작위를 받았고, 이에 못지않게 자신도 공화국에 감사하기 위해 그전에 '프리오리 델라르티Priori dell'Arti(길드의 수호자들)'로 불렸던 시뇨리를, 적어도 그들이 지녔다가 잃어버린 것자유의 명칭이라도 즐길 수 있도록 '프리오리 디 리베르타Priori di Libertà(자유의 수호자들)'로 부르는 법을 통과시켰다냉소적인 표현으로 루카 피티의 폭정을 비꼰 것이다.

그는 또한 이전에 행정장관들의 오른쪽에 앉았던 정의의 곤팔로니에레를 앞으로는 그들의 중앙에 앉게 하는 법을 제정했고, 신께서도 친히 이 변화루카와 동료들이 행한 일들에 힘을 보태신 것처럼 보이도록 정권을 되찾은 일을 신께 감사하며 대규모 기도 행렬을 개최하고 엄숙한 예배를 열었다.

한편 루카는 시뇨리와 코시모로부터 엄청난 선물을 받았고, 온 도시 역시 그들을 따라 했다. 전하는 말에 의하면, 그가 받은 선물의 가치는 2만 두카트[1]가 넘었다고 한다. 이런 일들로 그는 이제 도시를 다스리는 것은 코시모가 아니라 바로 루카라고 할 정도로 큰 명성을 얻었다. 그 결과 거만해진 그는 두 채의 건물을, 즉 한 채는 피렌체에, 그리고 다른 한 채는 피렌체에서 약 1.5㎞ 떨어진 루차노에 짓기 시작했다. 두 건물 모두 훌륭하고 장엄했지만, 도시 안에 짓는 건물은 그때까지 일반 시민이 지은 그 어떤 건물보다 모든 면

피티 궁전

에서 훨씬 더 컸다.

이 건물들을 완성하기 위해 그는 듣도 보도 못한 방법을 사용하는 것도 꺼리지 않았다. 그는 동료 시민이나 친구들로부터 건물을 짓는 데 필요한 돈이나 재료들을 제공받았을 뿐만 아니라, 정부와 하층민에게도 도움을 강요했기 때문이었다. 게다가 추방당한 이들은 물론이고, 살인이나 절도 같이 국가의 처벌을 면하기 어려운 범죄를 저지른 자들도, 만약 건물을 짓는데 쓸모가 있다면 처벌을 피해 그 안에서 안전하게 지낼 수 있었다.

비록 루카처럼 건물을 짓지는 않았어도 다른 시민들소수의 유력자 역시 루카보다 덜 폭력적이거나 덜 탐욕적이지 않았기 때문에 그때 피렌체는 외부와의 전쟁으로 고통받지는 않았지만, 대신 내부의 시민들에 의해 파괴되고 있었다.

이런 일들이 피렌체에서 일어나는 동안, 앞서 말했듯이 나폴리 왕

596 *Istorie Fiorentine*

국의 전쟁1459~1464년이 발발했다. 그리고 이 무렵 교황 비오2세는 말라테스타 가문을 상대로 한 전쟁을 로마냐에서 벌였다1461~1463년. 말라테스타 가문이 차지한 리미니와 체세나를 빼앗고 싶었기 때문이었다. 그렇게 교황은 시지스몬도를 상대로 벌인 로마냐 전쟁과 메흐메트2세를 상대로 벌일 십자군 전쟁을 생각하며 자신의 임기를 보냈다.

※ 제5장 ※

피렌체는 계속 분열과 혼란으로 어려웠다. 분열은 앞서 말한 이유제7권 제2장 참조로 1455년 코시모 당에서 시작됐다. 하지만 그 분열은 앞서 말했듯 코시모의 신중함 덕분에 한동안 가라앉아 있었다. 그러나 1464년에 이르러 코시모의 병은 다시 위중해졌으며, 결국 그는 이승에서의 삶을 마감하고 말았다8월 1일.

그의 친구들은 말할 것도 없고, 적들도 모두 그의 죽음을 애도했다. 정치적인 이유로 그를 좋아하지 않았던 이들도, 그 추종자코시모 당의 유력자들이 얼마나 탐욕스러운지 잘 알고 있었기 때문이었다. 그래도 코시모가 살아 있는 동안은 그에 대한 존경이 그들의 탐욕과 폭정을 어느 정도 제어했지만, 이제 코시모가 죽어 그들을 억제할 인물이 없어졌으므로 사람들은 자신들이 완전히 파멸되지 않을까 두려워했다.

사람들은 코시모의 아들인 피에로를 그다지 신뢰하지 않았다. 피에로는 물론 좋은 사람이었지만, 불행히도 너무 병약했으며일 고토조(Il Gottoso)라는 별명을 얻었을 만큼 평생 통풍(Gotta)에 시달렸다, 또 아직 국정에 서툴러

저 탐욕스러운 추종자들을 부드럽게 대할 수밖에 없었는데, 그 추종자들이란 작자들은 통제되지 않으면 않을수록 더욱더 탐욕스러워질 것이 확실했기 때문이었다. 그렇게 모두 코시모의 죽음을 깊이 애도했다.

코시모는 피렌체뿐만 아니라 우리가 그 기록을 갖고 있는 모든 국가에서, 무장武將이 아닌 인물로는 그때껏 기억하는 가장 명성 높고 저명한 시민이었다. 그는 부와 권력은 두말할 필요도 없고 현명함과 너그러움도 동시대의 모든 이를 능가했으며, 그를 피렌체의 제일가는 시민으로 만든 그의 수많은 자질 중에서 특히 관대함과 숭고함은 다른 이들보다 훨씬 뛰어났다.

코시모의 관대함은 그의 사후, 그러니까 아들인 피에로가 자신의 재산이 얼마나 있는지 알기를 원했을 때 더 잘 드러났다. 피렌체의 중요한 시민들 가운데 코시모가 거액의 돈을 빌려주지 않은 시민이 단 한 명도 없었기 때문이었다. 코시모는 자주 어느 훌륭한 시민이 곤경에 처했다는 사실을 알게 되면, 요청을 받지 않아도 그를 도와주었다.

코시모의 숭고함은 그가 지은 많은 공공건물에서 엿볼 수 있다. 그는 피렌체에 산 마르코와 산 로렌초 수녀원과 성당, 산타 베르디아나 수도원 그리고 피에졸레 언덕 위에 산 지롤라모 성당과 대수도원을 지었으며, 무젤로Mugello의 프라티 미노리Frati Minori, '작은형제회'라는 뜻으로 아시시의 성 프란치스코가 창설한 수도회 수도원을 단순히 복원한 것이 아니라 기초부터 다시 새롭게 지었다. 이 밖에도 그는 산타 크로체·세르비·안졸리니·산 미니아토 성당 등에 아주 훌륭한 제단과 예배당을 세웠다. 그는 이런 성당과 예배당을 짓는 데 그치지 않고, 그곳들을 예복이나 장신구 등 예배를 거행할 때 필요한 물품들로 가득 채웠다.

이런 신성한 건물들 외에 코시모의 개인 주택들도 언급해야 할 것 같다. 그토록 위대한 시민에게 어울릴만한 저택이 도시 안에 한 채, 그리고 도시 밖의 카레지·피에졸레·카파졸로·트레비오에 각 각 한 채씩 총 다섯 채가 있었다. 그것들은 모두 일반 시민의 주택 이 아니라 왕의 궁전 같았다. 코시모는 이탈리아에 지은 이 웅장한 건축물들에 만족하지 않고, 예루살렘에도 가난하고 병든 순례자들 을 위한 병원을 지었다. 그는 이런 다양한 건물들을 건설하는 데 실 로 엄청난 돈을 쏟아부었다.

그러나 비록 그의 집은 그의 다른 업적이나 행위처럼 제왕의 것궁 전이었고, 또 피렌체에서 거의 군주나 다름없는 절대적인 권력을 가 지고 있었지만, 그래도 그는 항상 신중하게 처신하며 공화국의 시 민다운 수수함에서 절대 벗어나지 않았다. 대화를 하고 말을 타고 시중을 받고 집안의 결혼 상대를 고르는 등 모든 생활 속에서, 그는 일반 시민과 별반 다르지 않게 행동했다. 평범하지 않은 것들엄청난 부와 막강한 권력 등이 평범한 외관에 가려져 있지 않고 수시로 사방에서 보이고 들릴 때, 남들의 부러움과 함께 이보다 더 큰 미움을 산다는 사실을 익히 알고 있었기 때문이었다.

그래서 그는 아들들의 아내를 고를 때 군주와 혼인하지 않았고, 장남 피에로는 피렌체 귀족 프란체스코 디 시모네 토르나부오니의 딸 루크레치아와, 그리고 차남 조반니는 피렌체 양모 상인 니콜로 알렉산드리의 딸 코르넬리아실은 지네브라(Ginevra)와 짝지어 주었으며, 피에로의 손녀 중 비앙카는 피렌체 은행가 안토니오 데 파치의 아 들 굴리엘모와, 난니나아명은 루크레치아는 피렌체 상인이자 인문주의자 인 조반니 디 파올로 루첼라이의 아들 베르나르도와 결혼시켰다.

동시대의 통치자들 가운데 그 누구도 코시모보다 군주국과 공화국을 더 잘 이해한 인물은 없었다. 그랬기에 그는 그렇게 불안정한 도시의 그토록 변덕스러운 시민들 속에서 그처럼 큰 운명의 기복을 겪으면서도 31년 동안 정권을 유지할 수 있었다. 그는 또한 뛰어난 예지력으로 멀리 있는 악도 금방 알아보고, 그것이 성장하지 못하게 미리 막거나, 성장한다 해도 자신을 해치지 못하게 늘 대비했다. 이런 식으로 그는 내부의 파벌을 억제했을 뿐만 아니라, 많은 외국 군주의 야심을 아주 현명하고 성공적으로 꺾었다.

그 결과 코시모나 그의 조국과 동맹을 맺은 이는 누구나 적과 동등해지거나 우월해졌지만, 코시모와 맞선 자는 그게 누구든 모두 돈과 시간을 잃었으며, 때로는 나라 혹은 영토까지 잃고 말았다.

이에 대한 훌륭한 예가 바로 베네치아다. 그들은 코시모와 함께할 때는 항상 필리포 공작보다 더 강했지만, 그와 단절하자 처음에는 필리포에게 그리고 나중에는 프란체스코 스포르차에게 언제나 두들겨 맞는 신세가 되었다. 또, 그들이 피렌체 공화국에 대항해 알폰소 왕과 동맹을 맺자 코시모는 자신의 상업적 신용을 이용해 나폴리와 베네치아의 돈을 모두 빼냈고, 결국 그들은 그가 제시한 조건대로 평화를 받아들일 수밖에 없었다.

그렇게 코시모가 도시 안팎에서 마주해야 했던 역경들은 단 하나의 예외도 없이 그에게는 영광을 안겨주고, 적들에게는 파멸을 가져다주었다. 내부의 불화는 항상 피렌체에서 그의 권한을 강화했으며, 외부와의 전쟁은 해외에서 그의 명성과 영향력을 증가시켰다. 이를 통해 그는 공화국의 영토에 보르고 산세폴크로·몬테돌리오·카센티노·발 디 바뇨 등을 추가할 수 있었다. 그와 같이 코시모의 미덕능력과 행운은 모든 적을 평정하고 친구들의 명예와 지위를 높였다.

코시모는 1389년 성 코스
마와 성 다미아노Santi Cosma
e Damiano. 아라비아 출신의 쌍둥이 의
사로, 디오클레티아누스 황제의 기독교
박해로 AD 287년 시리아에서 순교했다
의 날9월 27일에 태어났다.

그의 초기 생애는 투옥과
추방과 죽음의 위험 등이
보여 주듯 시련으로 가득했
다. 교황 요한대립 교황 요한네
스 23세, 제1권 제35~36장 참조과 함
께 갔던 콘스탄츠 공의회에
서는 그 교황의 폐위로 목

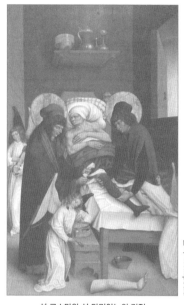

성 코스마와 성 다미아노의 기적

숨을 보전하기 위해 변장을 하고 탈출해야 했다1415년.

그렇지만 마흔 살 이후에는 매우 성공적인 삶을 살았고, 공적인
분야정치에서 그의 편을 든 이들뿐만 아니라, 유럽의 여러 나라에서
그의 사무를 관리하던 이들도 함께 번영을 누렸다. 토르나부오니·
벤치·포르티나리·사세티 가문처럼 많은 피렌체 가문이 코시모 덕
분에 엄청난 부를 얻었으며, 그들만큼은 아니지만 그의 조언을 따
르고 도움을 받은 사람들은 모두 부자가 되었다.

그래서 코시모는 비록 교회를 짓고 자선활동을 벌이는 일에 계속
큰돈을 쓰고 있었지만, 신이 자신을 위해 베푸신 은혜에 보답할 만
큼의 돈을 결코 신의 영광을 위해 쓰지 못했다며 때때로 친구들에

게 않는 소리를 하곤 했다 '당신들을 부자로 만들어 주느라 그러지 못했다'라는 정도의 농담인 듯하다.

코시모는 보통 체구에 얼굴빛은 올리브색이었으며, 전체적으로 존경할만한 풍모를 지니고 있었다. 그는 학식이 높지는 않지만, 웅변이 뛰어나고 선천적으로 아주 똑똑했다. 그는 친구들에게 너그럽고 가난한 이들에게 자비로웠으며, 충고할 때 신중하고 실행할 때 재빨랐다. 그와의 대화는 언제나 유익했으니, 말하고 대답할 때 그는 항상 진지하고 예리하며 재치가 넘쳤다.

이를 보여 주는 사례들이 있다. 추방당한 직후, 리날도 델리 알비치가 코시모에게 사람을 보내 "암탉이 알을 품고 있다"라고 전했다. 이에 대해 코시모는 그 암탉이 알을 품을 수는 있겠지만, 둥지 밖이라 잘 되지는 않을 것이라고 답했다. 그리고 자신들이 자고 있지 않다는 것을 알려온 다른 반역자들에게는 그 말을 믿는다고, 왜냐하면 그들의 잠을 빼앗은 이가 바로 자신이기 때문이라고 대답했다. 한편 그는 교황 비오2세가 오스만튀르크 제국의 술탄 메흐메트2세를 상대로 벌일 십자군 전쟁에 군주들을 소환하자, 노인이 젊은이의 일을 하려 한다며 교황을 비판했다.

공화국에 불만을 제기하기 위해 베네치아의 사절이 알폰소 왕의 사절과 함께 피렌체를 찾아왔을 때는, 모자를 쓰지 않은 맨머리를 보여 주며 자기 머리카락이 무슨 색인지 그들에게 물었다. 그들이 "백발입니다"라고 대답하자, 그는 "머지않아 귀국의 의원들도 나처럼 흰머리를 갖게 될즉 현명해질 것이오"라고 말했다. 또 죽기 몇 시간 전부터 눈을 감고 있는 그를 보고, 아내가 왜 눈을 감고 계시냐고 물었을 때는 "두 눈이 죽음에 익숙해지도록 하기 위해서라오"라고 대답했다.

다른 이야기도 전해진다. 코시모가 망명 생활에서 돌아오자 몇몇 시민들이 그를 찾아가서는, 그가 그토록 많은 훌륭한혹은 독실한 시민들을 도시 밖으로 쫓아내며, 도시를 망치고 신에게 죄를 짓고 있다고 비난하자, 코시모는 망가진 도시가 사라진 도시보다 낫고, 장밋빛 천 두 필이면 한 명의 훌륭한 시민을 만든다즉 그들이 말하는 훌륭한 시민이란 겉만 번지르르한 자들이다고 대답하며, 국가는 손에 묵주를 들고 주기도문을 외우는 자들에 의해 유지되지는 않는다고 지적했다. 이런 말은 적들에게 그는 조국보다 자신을, 천국보다 이승을 더 사랑하는 인간이라고 비방할 구실을 주기도 했다. 다른 재밌는 발언도 많지만, 이 이상은 불필요한 것 같으니 생략하겠다.

학식 있는 이들을 사랑하고 후원한 것으로도 유명한 코시모는 그리스 태생으로 당대 제일가는 학자인 요안니스 아르기로풀로스Ioannis Argyropoulos를 피렌체로 데려와서 젊은이들에게 그리스어와 그가 지닌 다른 모든 지식을 가르치게 했다. 코시모는 또 플라톤 철학의 '제2의 아버지'인 마르실리오 피치노Marsilio Ficino를 자기 집으로 데려왔다. 그는 피치노를 매우 존경해서 한편으로 피치노가 방해 없이 학문 연구를 수행하고, 다른 한편으로 자신이 피치노와 더 자주 대화할 기회를 가질 수 있도록 카레지에 있는 저택 근처에 피치노의 집을 마련해 주었다.

앞서 말한 바와 같이 타고난 현명함과 막대한 재산 그리고 훌륭한 생활 태도와 파란만장한 삶으로 인해 그는 피렌체 시민들의 사랑과 두려움을 한 몸에 받았고, 이탈리아뿐만 아니라 온 유럽의 군주와 정부로부터 경이로울 정도의 존경을 받았다. 그러므로 그는 자손들에게 덕은 자신과 대등해지고, 부는 자신을 훨씬 능가하며,

자신이 피렌체에서 지녔던 영향력을 기독교 세계 전체로까지 확대할 수 있는 그런 토대를 남겨 주었다.

그러나 생애 마지막 몇 년 동안 코시모는 매우 깊은 슬픔에 빠져 지냈다. 두 아들 중에서 더 신뢰했던 차남 조반니는 그보다 한 해 먼저 죽었고1463년, 몸이 약해 늘 병석에 누워 있던 피에로는 공적인 업무정치에도, 또 사적인 업무기업에도 적합하지 않았기 때문이었다. 그래서 조반니가 죽은 후 홀로 집안을 거닐 때면, 그는 "이렇게 작은 가족한테 이 집은 너무 크구나!" 하며 한탄했다.

또한, 탁월한 정복을 통해 피렌체의 영토를 넓히지 못했다는 아쉬움은 그의 고결한 영혼을 괴롭혔으며, 이 점에 있어서 막역했던 프란체스코 스포르차에게 배신당했다고 생각했으므로 더욱더 비탄에 잠겼다.

백작 시절, 프란체스코는 밀라노의 주인이 되자마자 피렌체를 위해 루카와 전쟁을 벌이겠다고 코시모에게 약속했었다. 하지만 프란체스코는 끝내 이 약속을 이행하지 않았다. 운명의 변화와 함께 마음이 바뀐 백작은, 공작이 되자 전쟁으로 얻은 나라를 평화롭게 향유하기를 원했고, 따라서 새로운 전쟁을 벌여 코시모나 혹은 다른 누구를 만족시키려 들지 않았기 때문이었다. 실제로 프란체스코는 공작이 된 이후 자신을 지키는 데 필요한 경우를 제외하면 어떤 전쟁에도 참전하지 않았다.

프란체스코의 이런 배신으로 코시모는 몹시 괴로워했는데, 충직하지도 않고 은혜도 모르는 인간을 위대하게 만들려고 그 많은 돈과 수고를 들였단 말인가 하는 자괴감이 들었기 때문이었다.

게다가 나이가 들어 병약해지면서, 그는 예전처럼 공적인 업무는 물론이고 사적인 일에도 적극적으로 참여하지 못했다. 그 결과 도시는 탐욕스러운 소수의 시민에 의해 파괴되고, 그의 재산은 그의 대리인들과 친척들에 의해 낭비되고 있었으므로, 그는 그저 그 모든 것이 무너져 내리는 모습을 쓸쓸히 바라보았다. 그렇게 주위의 모든 상황은 그의 말년을 불안하게 만들었다.

그럼에도 그는 최고의 영광과 명성 속에 죽었다. 피렌체의 모든 시민과 기독교 세계의 모든 군주가 그의 아들 피에로와 함께 그의 죽음을 애도했고, 동료 시민들은 화려하고 엄숙한 행렬을 지어 무덤까지 그의 시신을 따라갔다. 그는 산 로렌초 성당에 묻혔고, 무덤 위에는 정부의 포고령에 따라 '파테르 파트리에Pater Patriae, 조국의 아버지(國父)'라는 묘비명이 새겨졌다.

내가 코시모가 행한 일들에 관해 쓰면서 통사通史를 쓰는 이들이 아니라, 군주의 삶을 기술하는 이들의 방식을 모방했다고 하더라도 의아해할 필요는 없다. 코시모는 정녕 우리 도시에서는 보기 드문 인물이었고, 그래서 나는 부득이 특별한 방식으로 그를 칭찬할 수밖에 없었기 때문이다.

〈피렌체 우피치 미술관에 있는 국부 코시모의 동상〉
루이지 마지Luigi Magi

ᙍᙍ 제7장 ᙍᙍ

피렌체와 이탈리아가 앞서 말한 상태에 있을 무렵, 프랑스 왕 루이11세, 샤를 7세의 아들는 브르타뉴 공작 프랑수아2세와 부르고뉴 공작 샤를1세[1]의 지원을 받은 봉건 영주들과 큰 전쟁에 휘말렸다. 이 전쟁은 너무나 심각해, 루이는 제노바와 나폴리 왕국을 상대로 전쟁을 벌이고 있던 앙주의 장2세을 도울 수 없었을 뿐만 아니라, 오히려 자신이야말로 도움이 절실하다고 판단하고, 아직 프랑스 수중에 남아 있던 사보나의 통치권을 밀라노 공작 프란체스코에게 양도했으며, 또 원한다면 제노바를 정복해도 좋다고 말했다1463년 12월.

프란체스코 공작은 이 제안을 기쁘게 받아들였으며, 프랑스 왕과의 친교가 준 명성과 아도르노 가문이 제공한 지원을 등에 업고 스스로 제노바의 주인이 되었다1464년 4월. 그리고 나서 받은 이익에 대한 보답으로, 루이 왕을 돕기 위해 장남 갈레아초가 이끄는 1,500명의 기병을 프랑스로 보냈다1465년 9월.

이렇게 해서 프란체스코 스포르차는 이제 밀라노 공작이자 제노바의 군주였고, 아라곤의 페르디난도1세는 나폴리 왕국 전체이때 시칠리아 왕은 알폰소 5세의 동생 후안 2세였다의 왕이었다. 결혼[2]을 통해 동맹을 공고히 한 그들은 어떻게 해야 살아 있는 동안 안전하게 권력을 누리고, 또 어떻게 해야 죽음에 이르러 원하는 대로 후손에게 나라를 물려줄 수 있을까 고민했다. 이런저런 고민 끝에 페르디난도 왕은 앙주의 장과 전쟁할 때 자신에게 맞섰던 왕국의 영주들을 확실히 정리하고, 프란체스코 공작은 가문의 숙적인 브라체스카브라초 다 몬토네 계열의 용병 일당들을 완벽하게 제거하기로 결정했다.

브라초 계열의 군은 당시 이탈리아 제일의 용병대장 야코포 피치니노 휘하에서 최고의 명성을 구가하고 있었다. 야코포는 나라를 갖지 못했으므로 나라를 가진 이는 누구나 그를 두려워했지만, 특히 프란체스코 공작은 용병대장으로 시작해 밀라노를 차지한 자신의 경우에서 알 수 있듯이, 야코포가 살아 있는 한 자신의 안위를 장담하지 못할 뿐만 아니라 자식들한테 안전하게 밀라노를 물려줄 수도 없다고 생각했다.

그리하여 페르디난도 왕은 영주들과 화해하기 위한 노력을 아끼지 않았고, 모든 수단을 동원해 마침내 목표를 달성했다. 영주들 역시 만일 왕과 계속 전쟁을 치른다면 자신들의 파멸은 불 보듯 뻔하지만, 왕의 말을 믿고 협정을 맺으면 그래도 아직 희망이 있다고 판단했기 때문이었다.

인간은 언제나 확실한 해악을 피하려 하므로, 군주는 자신보다 약한 이들을 쉽게 속일 수 있다. 아무튼 그 영주들은 전쟁을 계속할 경우 닥칠 위험을 인식하고는 왕이 제안한 평화 협정을 믿고 왕의 품에 몸을 맡겼지만, 왕은 나중에 이런저런 구실을 붙여 그들을 모두 제거해 버렸다반란의 주동자 중 한 명인 세사 아우룬카 공작 마리노 마르차노는 앙주의 장이 프랑스로 떠난 직후인 1464년 6월에 체포돼, 페르디난도 왕이 죽은 1494년에야 풀려났다.

이 무렵 군대와 함께 나폴리 왕국의 술모나에 머물고 있던 야코포 피치니노는 영주들의 운명을 보고 매우 놀랐다야코포 역시 앙주의 장을 도와 싸운 적이 있었다. 제6권 제37~38장 참조. 그는 왕이 자신을 죽일 기회를 없애기 위해 친구들을 통해 프란체스코 공작과 화해를 모색하기 시작했으며, 얼마 후 공작이 자기야코포가 기대할 수 있는 최상의 조건을 제시하자, 공작에게 몸을 의탁하기로 하고 100명의 기병만 데리고 밀라노로 갔다1464년 6월 말.

야코포는 오랫동안 아버지 니콜로 피치니노 밑에서 형 프란체스코와 함께 필리포 마리아 공작을 위해 싸웠고, 아버지와 필리포 공작이 죽은 뒤에는 형을 도와 밀라노 공화국을 위해 싸웠다. 그런 오랜 인연으로 그는 밀라노에 친구가 많았고, 전체적으로 평판도 좋았다. 작금의 상황도 그에 대한 호감을 증가시켰다. 승승장구하는 스포르차 가문의 기세와 권력은 그들에 대한 많은 시기를 야기했지만, 반면 야코포의 불운과 오랜 부재는 밀라노 시민들의 마음속에 그에 대한 동정심과 그를 보려는 강한 열망을 불러일으켰기 때문이었다.

이와 같은 분위기는 그가 롬바르디아에 도착하자1464년 8월 초 분명해졌다. 그를 만나러 가지 않은 귀족은 거의 없었고, 그가 지나가는 거리는 그를 보려는 사람들로 넘쳐났으며, 그 가문의 이름이 사방에서 울려 퍼졌다. 그렇지만 이런 영예는 오히려 그의 파멸을 재촉했다. 야코포에 대한 밀라노 시민들의 열렬한 환영은 공작의 의심과 불안을 증폭시켰고, 따라서 그를 제거하려는 공작의 욕망은 더욱 강해졌기 때문이었다.

야코포를 제거하는 일을 은밀히 진행하기 위해 공작은 그 얼마 전에 야코포와 약혼한 딸사생아 드루지아나Drusiana의 결혼식을 성대하게 거행했다1464년 8월. 그러고 나서 공작은 페르디난도 왕과 함께, 왕이 야코포에게 10만 플로린을 주고 그를 나폴리군의 총사령관으로 고용한다는 음모를 꾸몄다1464년 11월.

공작과 왕 사이에 이런 합의가 이루어진 후, 야코포는 아내 드루지아나를 데리고 공작의 사절과 함께 나폴리市로 갔다. 거기서 그는 왕의 극진한 환대를 받으며, 여러 날 동안 왕이 베푼 온갖 종류의 연회를 즐겼다. 하지만 야코포가 자신의 부대가 주둔하고 있는 술모나로 가는 것을 허락해 달라고 요청하자, 왕은 그를 성안의 연회에 초대한 뒤, 연회가 끝날 무렵 그와 그의 아들 프란체스코를 사로잡아 감옥에 가두었다. 그리고 그 직후 아버지와 아들을 모두 죽여버렸다1465년 7월.

이렇게 우리 이탈리아 군주들은 자신이 갖지 못한 다른 이들의 미덕을 몹시 두려워해 항상 그들을 제거하려 애썼다. 그 결과 미덕을 지닌 자는 단 한 명도 남지 않게 되었고, 결국 이탈리아는 얼마 지나지 않아 그 나라를 휩쓴 파멸이탈리아의 지배권을 둘러싸고 1494년부터 1559년 사이에 일어난 여덟 번의 이탈리아 전쟁에 직면하게 되었다.

≫≫ 제9장 ≪≪

그사이 시지스몬도 말라테스타를 제압하고1463년 로마냐의 상황을 안정시킨 교황 비오2세는 이탈리아에 평화가 찾아왔다고 생각하고, 이제는 술탄메흐메트 2세을 상대로 기독교도들을 움직일 때라고 판단해, 전임자들이 이 목적십자군 전쟁을 위해 내린 모든 조치를 다시 내렸다. 그러자 모든 기독교 세계의 군주들이 자금이나 병력을 약속했고, 헝가리 왕 마차시1세, 베오그라드 전투의 영웅 후냐디 야노스의 아들와 부르고뉴 공작 샤를 1세실은 샤를 1세의 아버지 필리프 3세는 본인이 직접 참전하겠다고 통보했다. 교황은 그 둘을 전쟁의 최고사령관으로 임명하고, 부푼 희망을 품은 채 로마를 떠나 친히 군대가 모이기로 한 안코나로 갔다1464년 6월. 베네치아는 안코나에 집결한 연합군을 슬라보니아로 데려다 줄 배편을 약속했다.

그러나 교황이 도착한 후 수많은 사람이 안코나로 모여들어, 며칠 만에 그 도시 안에 있던 음식은 물론이고 인근 교외에서 조달할 수 있는 음식까지 전부 동이 나서 모든 이가 굶주림에 시달렸다. 게다가 돈이 필요한 이들에게 지급할 돈도, 무기가 없는 자들에게 제공할 무기도 없었고, 마차시와 샤를은 아예 코빼기도 보이지 않았다. 한편 베네치아는 군대를 슬라보니아로 수송해 줄 의도라기보다는 자신들의 위엄을 과시하고 약속을 지켰다는 것을 보여 줄 목적으로, 갤리선 몇 척을 장군 한 명과 함께 보냈다. 이런 혼란과 실망 속에서 늙고 병든 교황은 쓸쓸히 죽었고, 그러자 모여 있던 이들은 모두 집으로 돌아갔다.

그렇게 교황 비오 2세가 1465년실은 1464년 8월에 죽고 베네치아 태생의 바오로 2세재위 1464~1471년가 뒤를 이었으며, 거의 모든 이탈리아 국가가 비슷한 시기에 그 통치자를 바꾸는 것이 마치 무슨 운명인 것처럼[1], 16년 동안 밀라노 공국을 통치했던 프란체스코 스포르차 공작이 죽고1466년 3월, 그의 장남인 갈레아초 마리아 스포르차가 밀라노 공작으로 선포되었다.

⤜⤜ 제10장 ⤛⤛

이 군주프란체스코 스포르차의 죽음으로 피렌체의 분열은 한층 더 격렬해졌으며, 그 결과 역시 더 빨리 나타났다.

코시모가 죽은 후, 아버지의 재산과 지위를 이어받은 피에로는 동료 시민들 사이에서 영향력이 크고 명망이 높던 디오티살비 네로니를 불렀다. 디오티살비는 코시모가 크게 신뢰한 인물로, 코시모는 피에로에게 도시를 다스리는 일이든 재산을 관리하는 일이든 그의 조언을 따르라는 유언을 남겼다. 살아계실 때 아버지의 뜻을 따랐던 것처럼 돌아가신 뒤에도 아버지의 뜻을 따르고자 했던 피에로는, 디오티살비에게 코시모가 가졌던 믿음에 대해 알려 주며 자신의 유산과 국정에 관해 상의하고 싶다고 말했다. 그러고 나서 피에로는 우선 자신의 재정 상태가 정확히 어떤지 살핀 뒤 현명한 조언을 해줄 수 있도록, 모든 사업 거래 내역을 한데 모아 디오티살비에게 건네주었다.

디오티살비는 성심성의껏 처리하겠다고 약속하고 회계 자료를 건네받아 주의 깊게 검토했으며, 도처에 심각한 문제가 있다는 사실을 발견했다. 하지만 코시모한테 받은 은혜나 그의 아들에 대한 애정보다 자신의 야심에 더 이끌린 그는, 코시모가 피에로에게 유산으로 남겨 준 재산과 권력을 빼앗는 일이 그리 어렵지 않을 것으로 판단하고, 표면적으로는 아주 적절하고 합리적으로 보이지만 그 이면에는 피에로의 파멸이 숨겨져 있는 조언을 들고 피에로한테 갔다.

그는 피에로에게 회계 자료에 있는 문제들을 조목조목 지적하며, 재산과 권력을 잃지 않으려면 얼마나 많은 돈을 준비해야 하는지 설명한 후, 빠른 시일 내에 그런 큰돈을 마련해 이 문제들을 깨끗이 해결하려면, 아버지가 피렌체 시민들은 말할 것도 없고 많은 외국인에게도 빌려준 돈을 회수하는 방법밖에 없다고 딱 잘라 말했다. 코시모는 내부의 추종자와 외부의 친구를 얻기 위해 자신의 돈을 모두한테 매우 관대하게 빌려 주었기 때문에 코시모가 돌려받을 금액은 실로 상상을 초월했다.

디오티살비의 이 충고는, 자기 재산으로 자신의 잘못을 바로잡고 싶었던 피에로한테는 매우 훌륭하고 타당해 보였다. 그러나 피에로가 돈을 돌려달라고 요구하자마자, 시민들은 그가 그의 것을 정당하게 요구한다기보다 마치 자신들의 것을 강제로 빼앗기라도 한 것처럼 매우 격분해서 그의 탐욕과 배은망덕을 비난하며 함부로 욕하기 시작했다.

⇜ 제11장 ⇝

자신의 충고를 따르다가 피에로가 대중의 큰 불신을 받게 된 것을 본 디오티살비는 루카 피티·아뇰로혹은 안젤로 아차이우올리 디 카사노·니콜로 소데리니 등에게 접근해 피에로의 명성과 권력을 빼앗기로 모의했다. 이 셋은 각기 다른 동기로 이 음모에 가담했다.

루카는 코시모를 대신하기를 열망했다. 그는 이제 너무 높이 올라가 있어서즉 자신이 최고라고 생각해서, 피에로의 비위를 맞춰야 하는 현실을 수치스럽게 여겼다. 루카가 정부의 수장이 되기에는 부적합하다는 것을 알고 있던 디오티살비는, 피에로를 쫓아내기만 하면 얼마 안 가 반드시 국가의 모든 권력이 자신한테 귀속될 것으로 생각했다. 니콜로 소데리니는 도시가 더 큰 자유를 누리며, 메디치 가문의 통제를 받지 않는 행정장관들에 의해 통치되기를 원했다.

아뇰로는 메디치 가문에 특별한 원한을 품고 있었다. 이유는 이랬다. 그 몇 해 전에 그의 아들 라파엘레Raffaele가 알레산드라 데 바르디를 아내로 삼으며 아주 많은 지참금을 받았다. 그런데 그녀의 나쁜 행실 때문인지 아니면 다른 이들의 잘못 때문인지, 그녀는 시아버지와 남편한테 가혹한 취급을 당했다. 그러자 그녀의 친척인 로렌초 디 일라리오네가 그 어린 부인을 가엾게 여겨, 어느 날 밤 무장한 일군의 사람들을 이끌고 가서 그녀를 아뇰로의 집에서 데리고 나왔다.

아차이우올리 가문은 바르디 가문이 자신들한테 가한 모욕에 대해 불만을 제기했고, 사건은 코시모한테 넘어갔다. 코시모는 아차이우올리 가문은 알레산드라가 가져간 지참금을 그녀에게 돌려주어야 하며, 그녀가 남편한테 돌아갈지 말지는 전적으로 그녀의 뜻에 맡겨야 한다고 결정했다. 이 결정을 들은 아뇰로는 코시모가 자신을 친구로 대우하지 않았다고 생각했다. 하지만 그때 코시모를 상대로 복수할 수는 없었으므로, 이제 그의 아들에게 복수하기로 마음먹었다.

이렇게 이 공모자들이 음모에 가담한 동기는 저마다 달랐다. 그렇지만 그들은 자신들의 유일한 바람은, 도시가 폐쇄적인 소수의 조언이 아니라 합법적으로 선출된 행정장관들에 의해 다스려지는 것이라고 역설하며, 겉으로는 하나의 똑같은 대의명분을 내세웠다.

이 밖에도 피에로를 증오하고 공격할 구실이 더 생겼다. 이 시기에 많은 상인이 파산했기 때문이었다. 상인들의 파산과 관련해 피에로는 널리 비난받았다. 돈을 돌려달라는 피에로의 예상치 못한 요구로 이 상인들이 파산했고, 그 결과 도시의 명예를 실추시키고 도시에 심각한 위해를 가했다는 비난 여론이 형성되었기 때문이었다.

여기에 더해 피에로가 로마의 대귀족인 오르시니 가문의 클라리체를 장남인 로렌초의 아내로 삼으려 한다는 사실이 알려졌다. 이 소식은 피에로의 적들에게 그를 비난할 훨씬 더 큰 빌미를 제공해 주었다.

피에로의 적들은 피에로가 아들을 피렌체 여인과 결혼시키려 하지 않는 것은, 스스로 더는 피렌체의 한 시민으로 사는 것에 만족하지 못하고 도시의 군주가 될 준비를 하고 있음을 보여 주는 명백한 증거라고 지적하며, 동료 시민과 친척이 되기를 거부하는 자는 필연적으로 동료 시민들을 노예로 삼고 싶어 하고, 따라서 더 이상 그들을 친구로 대할 수 없기 때문이라고 단언했다.

그렇게 피에로에 대한 반감이 갈수록 커지자, 반역의 주동자들은 승리를 손안에 넣었다고 확신했다. 이 음모를 더 그럴듯하게 포장하기 위해 그들이 기치로 내건 자유라는 이름에 속아서 피렌체 시민 대다수가 그들을 지지하고 있었기 때문이었다.

∾᚛ 제12장 ᚜∾

한편 이런 분열의 분위기가 도시 전역으로 퍼지자, 내부의 불화를 극히 혐오하던 일부 시민들은 새로운 즐거움으로 내부의 불화를 억제할 수 있을지 알아보기로 했다. 정치 외에 달리 마음을 쏟을 일이 없는 이들이 보통 변화를 추구하는 자들의 도구가 된다는 점을 잘 알고 있었기 때문이었다.

그리하여 그들은 대중의 마음을 빼앗아 정치에서 멀어지게 할 목적으로, 코시모가 죽은 지도 어언 1년이 다 되었으니 도시에 활기를 불어넣을 필요가 있다는 명분 아래, 그때껏 피렌체에서 열렸던 그 어떤 축제보다도 훨씬 더 화려한 두 축제를 마련했다1465년.

그중 한 축제는 예수 그리스도의 탄생을 계시한 별의 인도를 받고 동방에서 온 세 명의 지혜로운 왕동방박사을 재현했다. 이 의식은

〈라르가 가도Via Larga에서 열린 마상 시합〉
조반니 스트라다노Giovanni Stradano

이를 준비하고 거행하기 위해 도시 전체가 여러 달을 계속 바쁘게 보냈을 만큼 매우 화려하고 장엄했다.

다른 축제는 말을 탄 기사들의 전투를 보여 주는 '토르네아멘토Torneamento(마상시합)'로, 이 시합에서는 피렌체 제일의 젊은이들이 이탈리아에서 가장 유명한 기사들과 기량을 겨뤘다. 피렌체 젊은이들 가운데 가장 두각을 나타낸 이는 피에로의 장남 로렌초였다. 그는 상대의 배려가 아닌 오직 자신의 용기와 무술로 최고의 영예를 쟁취했다.

그러나 이 화려한 볼거리들이 끝나자 시민들은 다시 이전과 똑같은 생각으로 돌아갔으며, 각자 이전과 똑같은 의견을 그 어느 때보다 더 열광적으로 주장했다. 여기에서 비롯된 격렬한 논쟁과 혼란은 발리아1458년 8월, 루카 피티의 주도로 구성된 발리아. 제7권 제3장 참조의 권한 종료와 밀라노 공작 프란체스코의 죽음이라는 두 사건에 의해 더욱 증폭되었다.

프란체스코 공작이 죽은 뒤 밀라노의 새 공작이 된 갈레아초는 아버지가 피렌체와 맺은 조약을 갱신하기 위해 피렌체로 사절을 보냈다. 그 조약에는 매년 일정한 액수의 돈을 프란체스코 공작에게 지급한다는 조항이 있었다. 사절이 다시 이를 요구하자, 메디치 가문에 적대적인 주요 시민들은 이 요구를 문제 삼으며 평의회에서 공개적으로 반대했다.

"피렌체가 동맹을 맺은 상대는 갈레아초가 아니라 프란체스코이고, 이제 프란체스코가 죽었으니 동맹의 의무는 사라졌소. 게다가 갈레아초와는 새로 동맹을 맺을 이유가 전혀 없소. 그 군사적 미덕이 아버지보다 훨씬 열등한 갈레아초한테서 아버지와 동일한 이득을 기대할 수도 없고, 또 기대해서도 안 되기 때문이오.

사실 프란체스코와의 동맹에서 피렌체가 얻은 것은 거의 없었소. 하지만 갈레아초와의 동맹으로 얻을 것은 그보다도 더더욱 적을 것이오. 따라서 만일 어떤 시민이 자신의 권력을 위해 갈레아초를 고용하기를 원한다면, 이는 피렌체 공화국의 제도와 자유에 반하는 명백한 배신 행위로 봐야 할 것이오."

이런 주장에 대해 피에로는 아픈 몸을 힘겹게 가누며 다음과 같이 역설했다.

"단지 돈을 아끼자고 꼭 필요한 동맹을 잃는 것은 현명한 이들이 취할 태도가 아니오. 그리고 갈레아초 공작과 좋은 관계를 유지하는 것만큼 우리 피렌체 공화국과 이탈리아 전체의 안녕을 증진하는 일은 없소. 우리 피렌체와 공작이 단결한 모습을 보면, 베네치아는 거짓된 우정이나 공개적인 전쟁으로 공작을 파괴하려는 희망을 결코 품지 못하겠지만, 우리 피렌체와 공작의 사이가 틀어졌다는 소식을 들으면, 즉시 무기를 들어 아직 어리고1466년 당시 22세 친구도 없으며 권좌에 오른 지도 얼마 안 된 공작을 책략이나 무력을 써 쉽게 제압할 수 있을 것이고, 만약 그렇게 된다면 우리는 얼마 못 가 우리 피렌체 공화국의 파멸을 목도하게 될 것이기 때문이오."

❧ 제13장 ❧

그렇지만 피에로의 의견은 무시되었고, 두 당파친 메디치파와 반 메디치파 간의 적의는 더욱 노골적으로 드러나기 시작했다. 각 당은 밤에 서로 모였는데 메디치 가문의 친구들은 크로체타 가문에서, 그 적들은 피에타 가문에서 모였다. 피에로의 파멸을 갈망한 피에타 가문은 많은 이를 설득해 자신들의 거사를 지지하는 연판장에 서명하게 했다.

그러던 어느 날 밤, 그들은 계획을 실행할 방식에 관해 구체적으로 상의했다. 그들은 모두 메디치 가문의 권력을 없애는 데는 찬성했지만, 그 방식에 대해서는 의견이 분분했다.

그중 더 냉철하고 합리적인 이들은 발리아의 권한이 종료되었으니 그 재개를 막는 데 온 힘을 기울여야 한다고 강조했다.

"만일 그렇게 할 수 있다면 도시의 권한은 예전처럼 평의회와 행정장관들시뇨리와 정의의 곤팔로니에레한테 돌아갈 것이고, 그러면 얼마 못가 피에로의 권위는 사라질 것이오. 또 그렇게 해서 공적인 지위와 명성을 잃으면 그는 상인으로서의 신용도 곧 잃게 될 것이오. 무엇보다 피에로의 사업은 지금 매우 어려운 처지에 있어, 만일 우리가 그가 공금을 쓰는 것을 강력히 제지한다면 파산을 피할 수 없기 때문이오. 따라서 일을 그런 식으로 추진해 실제로 피에로가 파산한다면 그는 더 이상 무시무시한 존재가 되지 못할 것이고, 도시는 모든 선량한 시민의 바람대로 추방과 유혈사태 없이 자유를 회복하게 될 것이오.

그러나 만일 우리가 무력을 사용하려 한다면 도리어 많은 위험을 초래할 수 있소. 인간은 스스로 쓰러지는 자는 그냥 쓰러지게 놔두지만, 남들이 때려눕힌 이를 보면 달려가 돕기 때문이오. 게다가 우리가 피에로를 상대로 어떤 폭력적인 조치도 취하지 않는다면 피에로 역시 무력에 의지하거나 동맹을 구할 구실을 갖지 못하게 될 것이오. 하지만 그런 상황에도 불구하고 만일 피에로가 무장을 갖추고 동맹을 구한다면, 그는 매우 큰 비난을 받고 모두의 마음속에 아주 큰 의혹을 불러일으켜 스스로 자신의 파멸을 더 쉽게 만드는 동시에, 우리에게는 그를 궤멸시킬 더 좋은 기회를 제공하게 될 것이오."

하지만 이런 느린 진행 방식이 마음에 들지 않던 그곳에 모인 많은 다른 이는, 그런 방책은 피에로에게 훨씬 유리하며 만일 그 방법을 고수한다면 그는 어떤 위험도 감수할 필요가 없지만 자신들은 많은 위험을 무릅써야 할 것이라고 단언했다.

"왜냐하면 피에로에게 적대적인 행정장관들조차 그의 돈과 영향력이 두려워 그가 자기 마음대로 도시를 다스리게 내버려 둘 것이지만, 그의 친구들이 행정장관이 되면 그들은 1458년에 그랬던 것처럼 사실상 코시모의 지시로 실행된 루카 피티의 쿠데타처럼 그의 적들을 파멸시키고 그를 군주로 만들 것이기 때문이오.

비록 우리가 방금 들은 충고는 선량한 이들한테서 나온 것이지만, 지금의 조언은 현명한 이들이 주는 것이니, 사람들이 피에로한테 잔뜩 화가 나 있는 동안 반드시 그를 끝장내야 하오. 그러므로 우리가 따라야 할 계책은 도시 안에서 거병을 준비하는 동시에 도시 밖에서는 페라라 후작보르소 데스테. 다만 그는 1452년부터 공작이었다. 제6권 제27장 참조을 고용해 군대를 확보한 후, 우리에게 우호적인 시뇨리가 선출되는 대로 그 기회를 이용하는 것이오."

그리하여 그들은 자신들에게 우호적인 새 시뇨리아가 구성되기를 기다리며, 상황에 따라 행동을 취하기로 했다.

이 공모자들 가운데는 그들의 칸첼리에레Cancellière(서기)로 활동했던 니콜로 페디니라는 인물이 있었다. 니콜로는 더 확실한 희망에 이끌려 피에로에게 적들이 그를 해치기 위해 꾸미고 있는 음모를 전부 폭로하고, 공모자들과 그 지지자들의 명단을 그한테 가져다주었다. 피에로는 자신에게 반대하기 위해 뭉친 시민들의 수와 그 지위를 보고 깜짝 놀라, 친구들과 상의한 뒤 자신도 지지자들의 명단을 만들기로 했다. 그는 이 일을 자신이 가장 신뢰하는 친구 중 한 명에게 맡겼는데, 자신을 반대하는 연판장에 서명했던 많은 사람이 자신을 지지하는 명단에도 서명한 것을 보고, 시민들의 마음속에 만연한 불안과 변덕을 알게 되었다.

~~~ 제14장 ~~~

피렌체가 이런 혼란 속에 있는 동안 최고 행정장관직을 다시 선출해야 할 때가 찾아왔고, 니콜로 소데리니가 정의의 곤팔로니에레로 임명되었다[1]. 저명한 시민들과 일반 대중이 뒤섞인 엄청난 수의 인파가 그를 따라 시뇨리아 궁으로 이동하는 모습은 정말 놀라운 광경이었다. 도중에 조국의 안위와 자유가 그에게 달려있음을 나타내는 올리브 화관이 그의 머리 위에 씌워지는 일도 있었다.

이 사례는 물론이고 이와 유사한 다른 많은 경우를 돌아볼 때, 사람들의 특별한 기대를 받으며 최고 행정관직이나 군주의 자리에 오르는 것은 바람직하지 않다. 사람들은 항상 행해질 수 있는 것 이상을 기대하지만, 그들이 기대하는 모든 위대한 사업을 이행하는 것은 불가능하며, 그 결과 사람들의 기대는 시간이 지나면서 오명과 경멸로 바뀌기 때문이다.

니콜로와 톰마소 소데리니는 형제였다. 니콜로형는 더 활달하고 혈기가 넘쳤으며, 톰마소동생는 더 신중하고 현명했다. 피에로와 매우 가까웠던 톰마소피에로의 아내와 톰마소의 아내는 자매였다는 누구도 해치지 않고 도시의 자유를 회복하고 정부를 안정시키는 것이 니콜로의 유일한 소망이라는 것을 알고 있었기 때문에 니콜로에게 그와 생각을 같이 하는즉 자유를 사랑하는 시민들의 이름으로 관리를 추첨하는 자루를 채울 수 있게 새 스퀴티니Squittini, 공직에 오를 시민들의 명단를 준비하라고 촉구했다. 그러면 소란이나 폭력 없이 정부를 재건하고 안전을 확보할 것이라며 적극적으로 니콜로를 설득했다.

니콜로는 선선히 톰마소의 충고를 따랐고, 이런 헛된 노력을 하며 그의 임기를 모두 낭비했다. 음모의 다른 수장들과 니콜로의 친구들도 그가 시간을 허비하는 것을 그냥 내버려 두었다. 그들은 질투가 나서 니콜로의 손으로 정부가 개편되는 것을 원하지 않았으며, 조만간 다른 곤팔로니에레와 함께 자신들의 목적을 달성할 수 있다고 확신했기 때문이었다. 그렇게 해서 마침내 두 달의 임기가 끝나자, 비록 많은 일을 시작했지만 어느 것 하나 제대로 마무리하지 못한 니콜로는 곤팔로니에레직을 맡으며 받았던 그 큰 존경보다 훨씬 더 큰 욕을 먹으며 자리에서 물러났다.

❧ 제15장 ❧

이 일로 피에로 당은 용기를 얻었다. 이 일을 겪으며 피에로의 친구들은 이길 수 있다는 희망을 확인했으며, 그때까지 중립적이었던 많은 이가 피에로 당에 합류했기 때문이었다. 그렇게 양측의 세력이 균형을 이루자 여러 달이 별다른 소란 없이 그냥 지나갔다. 그렇지만 그동안에도 피에로 당은 계속 세력을 규합했다. 이를 안 적들은 서로 의논한 끝에 행정장관들을 통해 합법적으로 달성하는 방법을 몰랐거나, 혹은 달성하려고 시도하지 않았던 일피에로의 권력을 빼앗는 일을 무력으로 이루기로 했다.

그들은 아파서 카레지 저택에 누워 있는 피에로를 죽이기로 하고, 페라라 후작에게 군대를 이끌고 도시 가까이 오라고 명령했으며, 피에로가 죽자마자 그 군대를 앞세우고 시뇨리아 광장으로 달려가 자신들의 입맛에 맞는 정부를 수립하도록 시뇨리를 겁박하기로 했다. 그들은 비록 시뇨리아 전체가 자신들에게 우호적이지는 않겠지만, 반대하는 자들 역시 결국 죽음이 두려워 굴복할 수밖에 없을 것이라고 기대했다.

이 계획을 더 잘 숨기기 위해 디오티살비는 자주 피에로를 방문해서 도시의 통합에 관해 논의하며 그에게 조언했다. 그러나 피에로는 이미 공모자들의 이런 움직임을 다 파악하고 있었다. 게다가 기사 도메니코 마르텔리1439년 피렌체 공의회 시절, 비잔틴 제국의 황제 요안니스 8세로부터 팔라티노 백작의 작위를 수여 받은 로베르토 마르텔리의 동생이다. 로베르토는 코시모 데 메디치의 최측근 중 한 명이었다는 디오티살비의 동생인 프란체스코 네로니가 자신한테 승리는 확실하고 목적은 거의 달성했다고 단언하며, 그들의 당에 합류하라고 권유했었다는 사실을 피에로에게 알려 주었다. 그래서 피에로는 적들이 페라라 후작과 비밀리에 벌인 거래를 구실로, 자신이 먼저 군사를 일으키기로 마음먹었다.

그리하여 그는 볼로냐 군주인 조반니 벤티볼리오2세로부터, 페라라 후작이 군대를 이끌고 피움알보Fiumalbo까지 진격했으며, 그 군대는 자신들이 피렌체로 가는 중이라고 공공연히 떠들고 있다는 소식을 알리는 서한을 받은 척했다. 이 정보를 근거로 피에로는 군사를 일으켜 수많은 무장 병력을 이끌고 피렌체市로 갔다. 피에로가 도시로 들어오자 그의 당을 따르는 이들은 모두 무기를 들었으며, 적들 또한 무기를 들었다1466년 8월.

하지만 피에로 당은 미리 준비하고 있었기 때문에 적들보다 더 질서정연했다. 반면 적들은 미처 대비하지 못했으므로 아직 구체적인 행동 계획이 없었다. 피에로의 집과 자기 집이 가까워 안전하지 못하다고 여긴 디오티살비는 먼저 시뇨리아 궁으로 가서 피에로한테 무기를 내려놓도록 지시하라고 시뇨리에게 촉구한 뒤, 루카를 그들 편에 단단히 묶어 두기 위해 그를 찾아갔다.

그렇지만 피에로의 적들 가운데서 가장 의연한 모습을 보여 준 이는 니콜로 소데리니였다. 그는 스스로 무장을 갖춘 뒤 자기 구역의 거의 모든 하층민을 이끌고 루카의 저택으로 가, 어서 말에 올라 시뇨리아 광장으로 달려가자고 요청하며, 그곳에 가서 자신들에게 우호적인 시뇨리를 지원하면 확실한 승리를 쟁취할 수 있으니, 집에 가만히 있다가 무장한 적들에게 굴욕적으로 짓밟히거나 비무장한 적들한테 수치스럽게 기만당하지 말라고 충고했다.

그러고 나서 니콜로는 만일 지금 행동에 나서지 않으면, 머지않아 제때 움직이지 않은 것을 후회하게 될 것이라고, 그러니 만일 전쟁을 통해 피에로를 파멸시키고 싶다면 지금이 바로 그때이며, 설령 평화가 목적이라 할지라도 평화의 조건을 받아들여야 하는 쪽보다 이를 지시하는 위치에 서 있는 편이 훨씬 더 좋을 것이라고 루카를 설득했다.

그러나 니콜로의 이 말은 루카에게 아무런 영향도 주지 못했다. 피에로가 루카한테 루카의 질녀실은 딸 프란체스카 피티와 자기 아내루크레치아 토르나부오니의 동생 조반니 토르나부오니를 결혼시키고, 거기에 다른 새로운 이익까지 주겠다고 약속하자, 이에 넘어간 루카는 공모자들을 버리기로 이미 마음을 정했기 때문이었다. 그러므로 루카는 니콜로에게 그만 무기를 내려놓고 집으로 돌아가라고 권하며, 도시가 예전처럼 추첨을 통해 선출되는 행정장관들에 의해 다스려지면 이는 니콜로의 바람대로 되는 것인데, 이제 곧 그렇게 될 것이고, 또 모두가 무기를 내려놓으면 다수가 자신들의 편인 시뇨리는 지금의 불화를 알아서 잘 해결할 것이라고 설명했다.

루카의 마음을 바꿀 수 없다는 것을 깨달은 니콜로는 집을 향해 발길을 돌렸으나, 가기 전에 루카한테 이렇게 말했다.

"내가 홀로 이 도시를 위해 선을 행할 수는 없지만, 이 도시에 다가올 악을 똑똑히 예견할 수는 있소. 오늘 루카 당신이 택한 길은 그대가로 피렌체로부터는 자유를, 당신에게서는 지위와 재산을, 그리고 나와 다른 이들한테서는 조국을 앗아갈 것이오."

᪗ 제16장 ᪗

이런 소란이 벌어지는 내내 시뇨리는 시뇨리아 궁의 문을 굳게 닫고 안에 머문 채 어느 당파에 대한 지지도 표명하지 않았다. 시민들, 그중에서도 특히 루카를 편들었던 이들은 피에로가 무장하고 그의 적은 무장하지 않은 것을 보자, 어떻게 피에로를 공격할까가 아니라 어떻게 하면 그의 친구가 될 수 있을까를 고민하기 시작했다. 이에 따라 도시의 제일가는 시민들과 각 당의 수장들은 궁으로 들어가, 시뇨리 앞에서 도시의 상황과 도시를 재통합시킬 방안에 대해 길게 논의했다.

하지만 몸이 아픈 피에로는 그곳에 올 수 없었으므로, 그들은 니콜로 소데리니만 제외하고 모두 피에로를 만나러 그의 집으로 가기로 했다. 니콜로는 아이들과 재산을 동생인 톰마소에게 맡기고, 교외에 있는 자신의 별장으로 가서 일의 결과를 기다렸다. 그는 자신한테 불행하고, 조국에는 해로운 결과를 예상했다.

한편 피에로를 찾아간 다른 시민들은 그들 중에서 한 명을 대변인으로 뽑아, 우선 도시에서 일어난 혼란에 대해 불만을 제기한 뒤, 맨 처음 군사를 일으킨 쪽이 가장 비난을 받아야 하지만, 자신들은 먼저 군사를 일으킨 피에로가 정녕 무엇을 원하는지 알지 못하기 때문에 그의 의도를 알기 위해 이렇게 왔으며, 만일 그의 뜻이 도시의 이익에 부합한다면 기꺼이 그 뜻을 따를 것이라고 말했다.

이에 대해 피에로는 이런 의미로 대답했다.

"혼란을 일으킨 자는 먼저 무기를 든 자가 아니라 무기를 들도록 원인을 제공한 자라고 해야 옳을 것이오. 만일 당신들이 나한테 어떤 짓을 했는지 조금만 더 생각해본다면, 내가 목숨을 보전하기 위해 행한 이 일에 대해 덜 놀랄 것이오. 내 목숨과 내 자유를 빼앗기 위해 당신들이 벌인 야간 회동과 세력 규합 그리고 페라라 후작과의 음모 등이 내가 무기를 든 원인이라는 점을 확실히 이해하게 될 테니 말이오. 게다가 나는 병사들을 결코 집 밖으로 한 발자국도 내보내지 않았는데, 이는 그 병사들이 남을 해치기 위해서가 아니라 나 자신을 지키기 위한 것이란 점을 똑똑히 보여 주는 명백한 증거라 할 것이오.

이렇듯 나는 나의 안전이나 평온을 제외한 그 어떤 것도 바라지 않으며, 또 그 이상의 것을 원한다는 표시를 한 적도 없소. 알다시피 나는 발리아의 권한이 종료되었을 때 이를 갱신하려는 그 어떤 폭력적인 조치도 시도하지 않았을 뿐만 아니라 그런 생각 자체를 아예 내 머릿속에 떠올리지 않았는데, 그 이유는 도시가 행정장관들에 의해 다스려지는 것을 좋아하는 당신들의 모습을 보고 아주 만족했기 때문이오. 또한 당신들은 발리아가 있든 없든 코시모와 그의 아들들은 어떻게 해야 피렌체에서 명예롭게 사는지 잘 알고 있었으며, 1458년 발리아를 재개한 것은 우리 가문이 아니라 당신들의 가문이었다는 사실을 분명 기억할 것이오. 따라서 이제 당신들이 발리아의 재개를 원하지 않는다면 나 역시 이를 원할 이유가 전혀 없소."

그렇지만 피에로는 이런 말로 그들을 만족시킬 수 있다고 기대하지는 않았다. '피에로가 피렌체에 있는 한, 우리는 피렌체에서 안전하게 살 수 없다'라는 것이 그들의 확고한 믿음이란 사실을 깨달았기 때문이었다. 진실로 피에로는 아버지나 자기 친구들이 자신과 함께 피렌체에 사는 것이 불가능하다고 생각하는 날이 올 줄은 상상조차 해본 적이 없었다. 자신은 항상 그들에게 조용하고 평화로운 시민이라는 인상만을 보여 주었다고 확신했기 때문이었다.

아무튼, 그래서 피에로는 그곳에 있던 디오티살비와 그 형제들을 향해 고개를 돌리고, 코시모한테서 받았던 은혜와 자신이 주었던 믿음을 헌신짝처럼 내버린 그들의 배은망덕한 행동을 분노가 가득한 말로 엄히 꾸짖었다즉 모든 것을 디오티살비 형제의 잘못으로 돌려, 다른 시민들을 안심시켰다. 디오티살비 형제들에 대한 피에로의 비난은 매우 설득력이 있었고, 그 결과 그의 말을 들은 몇몇 시민들은 만일 피에로가 제지하지 않았다면, 디오티살비 형제들에게 칼까지 휘둘렀을 만큼 몹시 격분했다.

그 뒤 피에로는 마지막으로, 자신은 그들과 시뇨리가 무엇을 결정하든 이를 기꺼이 승인할 준비가 되어 있으며, 평화롭고 안전하게 살 수 있도록 허락해 달라는 것, 그 이상의 다른 어떤 요구도 하지 않을 것이라고 선언했다.

피에로의 이 해명에 대해 그들은 많은 토론을 벌였으나, 도시를 개혁하고 정부에 새로운 질서를 세울 필요가 있다는 일반론만 확인했을 뿐, 아무것도 결정하지 못한 채 헤어졌다.

❧ 제17장 ❧

그 당시 정의의 곤팔로니에레는 베르나르도 로티였다. 피에로는 베르나르도를 신뢰하지 않았기 때문에 그가 그 자리에 있는 동안은 움직이지 않기로 했다. 피에로는 베르나르도의 임기가 곧 끝나니까 그래도 상관없다고 판단했다. 그리고 얼마 뒤 1466년 9월과 10월을 통치할 시뇨리아 선거에서 로베르토 레오니Leoni, 혹은 루베르토 리오니(Ruberto Lioni)가 최고 행정장관직정의의 곤팔로니에레에 선출되었다. 로베르토는 그 직을 인수하자마자 사전에 계획한 대로 모든 것을 준비한 후, 시민들을 광장으로 불러모아 피에로에게 전적으로 유리한 새 발리아를 만들었으며, 새 발리아는 그 직후 피에로의 뜻에 따라 새 행정장관들을 임명했다.

이런 일련의 일들로 적당의 수장들은 소스라치게 놀라 아뇰로 아차이우올리는 나폴리로, 디오티살비 네로니와 니콜로 소데리니는 베네치아로 피신했다. 하지만 루카 피티는 피에로가 자신에게 한 약속과 새로운 혼인 관계를 믿고 피렌체에 남았다. 도망친 자들은 반역자로 선포되었고, 네로니 가문의 모든 가족은 뿔뿔이 흩어졌다. 심지어 그 당시 피렌체 대주교였던 조반니 디 네로니디오티살비의 동생마저 더 큰 해악을 피하기 위해 로마로 자발적인 망명을 선택했고, 이미 도시를 떠난 다른 많은 이에게도 즉시 각처에 그 추방지가 지정되었다.

그렇지만 이것으로 끝은 아니었다. 국가를 보존하고 도시를 재통합시켜 주신 신께 감사드리는 공적인 의식이 법으로 정해져, 이 의식이 엄숙하게 거행되는 바로 그 순간에도 많은 시민이 체포되고 고문당했으며, 일부는 살해되고 나머지는 추방당했기 때문이었다.

그러나 운명의 이 모든 변화 속에서 루카 피티의 운명만큼 눈에 띄는 변화는 없었다. 그는 순식간에 승리와 패배, 그리고 명예와 불명예 사이의 차이를 배웠다. 최근까지 수많은 동료 시민으로 북적이던 그의 저택은 이제 적막감만이 감돌았다. 그의 친구와 친척들은 거리에서 그와 함께 있는 것은 말할 것도 없고, 그에게 인사하는 것조차 두려워했다. 이미 그들 중 어떤 이들은 시민의 권리공직에 나갈 권리를 박탈당하고 또 다른 이들은 재산을 빼앗겼지만, 그들 모두 여전히 위협받고 있었기 때문이었다.

루카가 짓기 시작한 그 호화로운 건물들은 건축업자들로부터 외면당했고, 이전에 그가 받았던 혜택은 침해로, 존경은 모욕으로 바뀌었다. 루카의 호의를 얻기 위해 매우 값비싼 선물을 자진해서 갖다 바쳤던 많은 사람이, 마치 빌려줬던 것인 양 이를 돌려달라고 그를 압박했으며, 입에 침이 마르도록 그를 칭찬하던 다른 많은 사람도 서로 앞다퉈 그를 배은망덕한 날강도라고 욕했다. 그러자 그는 니콜로 소데리니의 말을 듣지 않은 것을, 승리한 적들 사이에서 치욕스럽게 사느니 차라리 손에 무기를 들고 남자답게 죽지 못한 것을 뒤늦게 후회했다루카는 1472년 피렌체에서 사망했다.

출처 : Wikipedia

루카 피티의 초상화

제18장

쫓겨난 자들은 지키는 법을 몰랐던 도시를 탈환하기 위해 이런저런 방법을 궁리하기 시작했다. 하지만 나폴리에 머물던 아뇰로 아차이우올리는 행동을 개시하기 전에 피에로의 의중을 타진해 화해할 수 있는지 알아보기로 하고, 이런 취지의 편지를 피에로에게 보냈다.

'나는 지금 운명의 여신이 어떻게 자기 마음대로 친구를 적으로, 또 적을 친구로 만드는지 떠올리며 그 변덕스러움에 웃고 있다네. 자네도 기억할 걸세. 자네 아버님이 망명 생활을 하시던 시절, 나는 그분이 당한 침해를 나 자신의 위험보다 더 걱정하다가 조국을 잃고 목숨마저 거의 잃을 뻔했었지제4권 제30장 참조.

그분이 살아 계시는 동안 나는 자네 가문의 명예를 높이고, 자네 가문을 돕는 일을 한순간도 게을리하지 않았으며, 그분이 돌아가신 뒤에도 자네를 해칠 생각은 전혀 없었네. 자네의 병약한 체질과 자네 아들들의 어린 나이1466년 당시 17세와 13세가 나를 불안하게 만든 건 솔직히 사실이네. 그런 연유로 나는 자네가 세상을 떠난 후, 적어도 우리 도시를 파멸에서 구해줄 그런 강한 정부를 세우는 것이 바람직하다고 판단한 걸세. 그러므로 내가 행한 일들은 감히 자네에게 맞서기 위해서가 아니라 모두 조국의 안녕을 위해서였네.

그러나 설령 내가 한 일에 어떤 잘못이 있었다고 해도, 그 잘못은 나의 선한 의도나 과거의 공적들을 고려하면 한 번쯤은 눈감아 줄 수도 있을 걸세. 오랜 세월 나는 자네 가문에 충성을 다했네. 그런 내가 이제 더는 자네의 동정을 받지 못하고, 수많은 나의 공로가 단 한 번의 실수로 전부 사라질 거라고는 차마 믿을 수 없네.'

이 편지에 대해, 피에로는 다음과 같이 답장했다.

'거기서 당신이 웃는 게, 내가 여기서 울지 않는 이유요. 만일 당신이 피렌체에서 웃고 있었다면, 나는 나폴리에서 울고 있었을 것이오. 인정하오, 당신이 항상 아버님의 안녕을 기원했다는 것을. 그렇지만 당신도 인정할 것이오. 당신이 아버님으로부터 이에 대한 보상을 이미 충분히 받았다는 것을. 따라서 만일 행동이 말보다 더 중요하다면, 당신의 의무가 우리의 의무보다 훨씬 더 크오.

당신이 잘한 일에 대해서는 이미 충분한 보상을 받았으니, 이제 당신이 저지른 잘못에 대해 그에 상응하는 대가를 치른다고 해서 놀라지는 마시오. 그리고 당신이 한 일에 대한 변명으로 조국애를 들먹이지 마시오. 아무도 이 도시가 메디치 가문보다 아차이우올리 가문에 의해 더 사랑받고, 더 위대해졌다고 믿지는 않을테니 말이오. 그러니 거기서 그냥 굴욕 속에 사시오. 당신은 여기서 명예롭게 사는 법을 모르잖소.'

⋙ 제19장 ⋘

용서를 받을 희망이 완전히 사라진 아뇰로 아차이우올리는 로마로 가서 대주교 조반니 디 네로니와 다른 추방당한 자들과 함께 메디치 가문이 로마에 가지고 있던 상업적·재정적 신용을 파괴하기 위해 할 수 있는 모든 방해 공작을 펼쳤다. 이런 그들의 시도를 막는 일은 쉽지 않았지만, 친구들의 도움으로 마침내 피에로는 그들의 계획을 무산시켰다.

한편 디오티살비 네로니와 니콜로 소데리니는 조국을 상대로 전쟁을 벌이라고 베네치아 의회를 설득하는 데 모든 노력을 기울였다. 그들은 만일 피렌체가 새로운 전쟁에 휘말린다면, 정부가 수립된 지 얼마 안 됐고 또 인기도 없으므로, 그 전쟁을 감당할 수 없을 것이라고 판단했기 때문이었다.

이 무렵 페라라에는 팔라 스트로치소환당한 리날도가 무기를 들었을 때 약속과 달리 거병하지 않았던 바로 그 팔라 스트로치. 제4권 제30~33장 참조의 아들인 잔프란체스코Gianfrancesco가 살고 있었다. 그는 코시모가 1년간의 망명 생활을 끝내고 귀국한 1434년의 격변기에 아버지와 함께 피렌체에서 추방당했다. 그는 페라라에서 명성이 높았으며, 가장 부유한 상인 중 한 명으로 알려져 있었다.

디오티살비와 니콜로는 잔프란체스코를 찾아가서 만약 베네치아가 전쟁을 일으킨다면 그가 얼마나 쉽게 조국을 되찾을 수 있는지 설명한 뒤, 만일 베네치아 의회가 전쟁 비용을 분담할 사람을 찾으면 그들은 기꺼이 전쟁을 일으키겠지만 그러지 못하면 주저할 것이라며, 전쟁 비용을 지원해 달라고 잔프란체스코를 설득했다. 아버지와 자신이 겪은 침해에 대해 오랫동안 복수를 꿈꿔왔던 잔프란체스코는 그 둘의 말을 기쁘게 받아들이며, 이 전쟁을 일으키는 데 자신이 소유한 모든 돈과 역량을 아낌없이 쏟아붓겠다고 약속했다.

그러자 디오티살비와 니콜로는 베네치아 도제크리스토포로 모로와 의회를 찾아가 먼저 자신들의 추방은 부당한 처사였다고 불만을 토로하며, 이런 식으로 말했다.

"위대하신 도제 전하, 저희는 그저 조국이 법의 지배를 받으며 살고, 소수의 몇몇 시민이 아니라 다수의 시민 가운데서 뽑힌 행정장관들이 도시를 다스리기를 원했을 뿐입니다. 하지만 폭압적인 방식에 익숙한 피에로와 그 추종자들은 거짓된 구실로 군사를 일으킨 뒤, 다시 더러운 책략을 써 저희가 무기를 내려놓을 수밖에 없도록 만들었으며, 그 후 비열하게 저희를 조국에서 내쫓았습니다.

그러나 피에로와 그 추종자들은 이것으로 만족하지 않았습니다. 저들은 저들이 한 약속을 믿고 도시에 남았던 더 많은 사람을 억압하는 수단으로 신까지 이용해, 마치 신이 저들의 범죄에 동조하시는 것처럼 보이도록 엄숙한 기도와 신성한 의식이 공개적으로 진행되는 동안 많은 시민을 투옥하고 살해했습니다. 이는 정말이지 너무나 불경하고 사악한 선례를 세상에 남긴 것입니다.

그런 사악한 행위들을 벌주기 위해 저희가 희망을 걸고 도움을 기대할 수 있는 곳은 언제나 자유로워 자유를 잃은 이들을 불쌍히 여길 게 분명한 이 의회가 유일합니다. 그래서 지금 이렇게 저희는 경건한 이들이 불경한 자들을 상대하듯, 자유로운 이 의회가 폭군과 맞서 싸워 달라고 간곡히 요청하는 것입니다.

존경하는 의원 여러분, 베네치아는 메디치 가문이 어떻게 롬바르디아에 있던 베네치아의 영토를 빼앗아 갔는지 결코 잊어서는 안 됩니다. 그때 코시모는 다른 시민들의 거센 반발에도 불구하고 이 의회와 싸우고 있던 프란체스코 스포르차를 지지하고 지원했습니다. 그러니 만일 저희의 정당한 불만이 이 의회의 마음을 움직이지 못한다면, 메디치 가문에 대한 베네치아의 정당한 분노가 이 의회의 복수심에 불을 붙이게 하십시오."

이 마지막 말은 베네치아 의원들의 마음을 송두리째 흔들어 놓았다. 그 결과 그들은 자신들의 사령관인 바르톨로메오 콜레오니를 시켜 피렌체를 즉시 공격하기로 결정하고, 서둘러 군대를 소집했다. 페라라 후작실은 공작 보르소가 보낸 에르콜레 데스테보르소의 이복동생도 이 군대에 합류했다. 전쟁 초기 그들은 아직 준비가 안 된 피렌체를 공격해 보르고 디 도바돌라를 빼앗아 불태우고 그 주변의 교외를 약탈했다.

그렇지만 피에로의 적들을 축출한 피렌체 시뇨리아는 밀라노 공작 갈레아초 및 나폴리 왕 페르디난도1세와 새로 동맹을 맺고, 자신

〈베네치아에 있는 바르톨로메오 콜레오니의 기마상〉
안드레아 델 베로키오Andrea del Verrocchio

출처 : Wikipedia

들의 사령관으로 우르비노 백작 페데리코 다 몬테펠트로를 고용했다. 그렇게 친구들의 든든한 지원을 받게 된 피렌체는 자신들의 적을 대수롭지 않게 보았다. 그도 그럴 것이 페르디난도는 장남인 알폰소훗날 알폰소 2세 디 나폴리를 보냈고 갈레아초는 직접 왔는데, 각각 전투에 적합한 대군을 이끌고 왔기 때문이었다. 그들은 모두 토스카나에서 로마냐로 내려가는 산기슭에 자리한 피렌체 요새 카스트로카로 테르메에 집결했다.

그사이 적은 이몰라로 퇴각했고, 양군 간에는 당시의 관례대로 가벼운 소규모 충돌만이 계속될 뿐 어느 쪽도 적의 도시를 공격하거나 포위하지 않았고, 또 상대에게 전투를 벌일 기회도 주지 않은 채 각자 안전한 막사 안에 머물며 놀라울 정도로 비열하게 행동했다. 이런 지지부진한 상황은 피렌체 시뇨리아를 불쾌하게 했다. 많은 돈을 쓰면서도, 거의 아무것도 기대할 수 없는 전쟁으로 고통받고 있다고 느꼈기 때문이었다.

그래서 그들은 이 전쟁의 콤미사리오최고사령관로 임명해 병영에 보낸 시민들을 비난했다. 그 시민들은 이 모든 책임은 갈레아초 공작한테 있다고, 왜냐하면 공작은 권한은 많지만 경험이 적고, 전쟁을 수행하는 방법도 모르면서 방법을 아는 이들을 믿지 않기 때문이라고, 그러므로 공작이 군에 있는 한 자신들이 뭔가 훌륭하고 유익한 일을 도모하는 것은 불가능하다고 대답했다. 그러자 피렌체 시뇨리아는 공작에게 사자를 보내 다음과 같은 의미로 말했다.

"공작께서 친히 우리 피렌체를 도우러 와 주신 것은 우리 공화국에 정말 매우 큰 힘이 되었습니다. 오직 공작의 명성만이 적들을 공포에 떨게 할 수 있기 때문입니다. 하지만 피렌체 정부는 공작과 밀라노 공국의 안위를 공화국의 이익보다 훨씬 더 중요하게 생각합니다. 공작께서 안전하시면 다른 모든 것이 다 잘될 거라고 기대할 수 있지만, 만일 공작께 무슨 안 좋은 일이 생기면 최악의 경우를 걱정해야 하기 때문입니다.

그러니 공작께서 오랫동안 밀라노를 비워 두시는 것은 그리 현명한 결정이 아니라고 사료됩니다. 공작께서는 최근에 권좌에 오르셨고, 또 공작의 이웃 중에는 힘이 세고 믿지 못할 자들이 여럿 있어, 공작께 맞서 음모를 꾸미려는 자가 있다면 쉽게 그럴 수 있기 때문입니다. 사정이 이러하니 공작께서는 서둘러 밀라노로 돌아가시고, 대신 피렌체를 지킬 군사들을 남겨 주시기 바랍니다."

이 권고를 듣고 기분이 좋아진 갈레아초는 이에 대해 더 생각하지도 않고 밀라노로 돌아갔다. 그렇게 해서 공작의 방해가 사라지자, 피렌체 사령관들은 자신들이 비난받았던 무기력의 원인이 진실이었다는 것을 보여 주기 위해 적을 향해 더 가까이 다가갔고, 어느 쪽도 물러서지 않은 회전會戰을 한나절이나 치렀다. 그럼에도 단 한 명도 죽지 않았고, 그저 몇 마리의 말이 다치고 몇 명의 포로가 상대에게 붙잡혔다¹⁴⁶⁷년 7월 25일, 몰리넬라(Molinella)와 리카르디나(Riccardina) 마을 사이에서 벌어진 전투로, 실제 사망자 수는 600~700명이고, 말은 1,000마리 이상이 죽었다는 것이 일반적인 견해다.

그리고 얼마 후 군대가 겨울 숙영지로 철수하는 계절이 다가와, 바르톨로메오는 라벤나로 물러났고 피렌체군은 토스카나로 돌아왔으며, 왕과 공작의 군대는 각각 자신들의 군주가 있는 나라로 돌아갔다. 그렇지만 이 공격으로 인해 피렌체 반역자들이 기대했던 혼란은 피렌체에서 일어나지 않았고, 또 고용한 용병들에게 줄 돈도 떨어졌기 때문에 휴전을 위한 논의가 시작되었으며, 몇 차례 협상 끝에 어렵지 않게 평화 협정이 체결되었다1468년 2월.

그리하여 모든 희망이 사라진 피렌체 반역자들은 사방으로 뿔뿔이 흩어졌다. 디오티살비는 페라라로 가서 보르소 후작의 보살핌을 받으며 지냈다그는 1482년 로마에서 사망했다. 니콜로 소데리니는 라벤나로 가서 베네치아가 주는 적은 연금으로 생활하다가 늙어 죽었다1472년. 그는 정직하고 용감한 인물로 여겨졌으나, 결정을 내려야 할 때 느리고 망설였다. 이런 약점들로 인해 그는 정의의 곤팔로니에레로서 승리할 기회를 날려 버렸고, 나중에 일반 시민으로서 이 실패를 회복하려 애썼지만 끝내 그러지 못했다.

∽≫ 제21장 ≪∾

도시에 평화가 회복되자 권력을 장악한 시민들은 자신들의 승리가 완전해지려면, 당의 적들뿐만 아니라 적으로 의심되는 자들까지 가차 없이 제압해야 한다고 생각했다. 그래서 그들은 또다시 많은 사람의 시민적 지위공직에 오른 권리를 박탈하고 다른 많은 사람을 추방하기 위해, 그 당시 정의의 곤팔로니에레이던 바르도 알토비티를 설득해 자기편으로 끌어들였다. 이 협력으로 그들의 권력은 강화됐고, 적들은 공포로 벌벌 떨었다. 그들은 이 권력을 아무 거리낌 없이 행사했으며, 마치 신과 운명의 여신이 도시를 자신들의 먹잇감으로 넘겨준 것처럼 함부로 행동했다.

피에로는 이런 그들의 악행을 거의 알지 못했고, 또 알고 있는 몇 안 되는 악행조차 몸이 아파 어느 것 하나 해결할 수 없었다. 실제

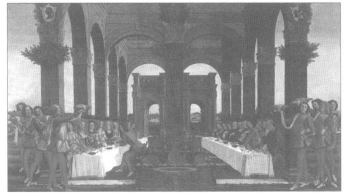

〈결혼식 피로연〉 산드로 보티첼리Sandro Botticelli

로 그가 얼마나 아팠냐 하면, 온몸이 경직돼 겨우 혀만 사용할 수 있을 정도였다. 따라서 그가 할 수 있는 일이라곤 정부의 권력을 쥔 동료 시민들에게 서로 도를 넘지 말고서로 다투거나 권력을 남용하지 말고, 조국을 소중히 여기며, 조국이 멸망에 빠지지 않도록 힘써 달라고 타이르고 간청하는 것이 전부였다.

한편 도시의 분위기를 바꾸고 사람들을 즐겁게 할 목적으로, 피에로는 오르시니 가문의 클라리체와 약혼한 장남 로렌초의 결혼을 성대하게 치르기로 했다. 결혼식은 피에로의 높은 지위에 걸맞게 모든 면에서 화려하고 장엄하게 거행됐다1469년 6월. 여러 날 동안 시민들은 그 결혼식을 위해 준비된 무도회와 축하연에 참석했으며, 고대의 연극들도 관람했다. 이 밖에도 메디치 가문의 힘과 명성을 잘 보여 주는 대규모 군사적 볼거리가 두 개 더 있었다. 그중 하나는 말을 탄 기사들이 평원에서 싸우는 장면을 재현했으며, 다른 하나는 성을 공격해 함락시키는 광경을 보여 주었다. 이 공연들은 상상할 수 있는 가장 멋진 솜씨로 기획되고, 더 훌륭할 수 없을 만큼 역동적으로 연출되었다.

❦ 제22장 ❦

피렌체에서 이런 일들이 일어나는 동안 나머지 이탈리아는 겉으로는 평온해 보였지만, 속으로는 점점 커지는 메흐메트2세의 세력 때문에 크게 불안해했다. 메흐메트는 계속 기독교도들을 공격했으며, 네그로폰테Negroponte, 그리스에서 크레타 다음으로 큰 에비아(Euboea)섬을 가리키는 이탈리아식 표현를 베네치아 공화국으로부터 빼앗아1470년 8월 기독교도의 이름에 큰 치욕과 상처를 안겨주었다.

그 무렵 로마교회특히 교황 비오 2세, 제7권 제4장 참조의 영원한 적인 리미니의 시지스몬도 판돌포 말라테스타가 죽고1468년 10월, 사생아인 로베르토가 그의 뒤를 이었다. 로베르토는 훗날 이탈리아에서 가장 뛰어난 장군 중 한 명이 되었다. 페라라 후작 보르소도 그 비슷한 시기에 죽고1471년 8월, 이복동생인 에르콜레 데스테1세가 그 자리에 올랐다.

교황 바오로2세도 이 시기에 죽고1471년 7월, 교황이 되기 전에 프란체스코 다 사보나로 불리던 식스토 4세재위 1471~1484년가 새 교황으로 선출되었다. 그는 비천한 출신이었지만 자신의 능력으로 성 프란치스코 수도회의 총회장이 되었다가, 그 뒤 추기경이 되었다. 그는 교황이 얼마나 큰 권력을 휘두를 수 있으며, 또 이전에는 죄로 여겨졌던 수많은 잘못이 어떻게 교황의 권위에 의해 죄가 되지 않는지 보여 준 첫 번째 교황이었다.

교황의 가족 중에는 모든 이가 교황의 아들이라고 믿었던 피에트로와 지롤라모 리아리오 형제가 있었다둘은 공식적으로는 식스토 4세의 여동생 비앙카 델라 로베레의 아들들이었다. 하지만 교황은 그들을 더 품위 있는 다른 이름으로 은폐했다. 피에트로는 수사修士였기 때문에 교황은 그를 성 시스토교황 식스토 1세의 칭호를 가진 추기경으로 임명했으며1471년, 지롤라모한테는 안토니오 마리아 오르델라피로부터 그의 선조들이 오랫동안 다스리던 포를리를 빼앗아 주었다1480년.

이 야심만만한 일 처리 방식들로 교황을 더욱 높이 평가하게 된 이탈리아 군주들은 모두 그의 친구가 되고 싶어 했다. 이럴 목적으로 밀라노 공작은 딸사생아 카테리나당시 10세를 지롤라모당시 30세와 결혼시키기로 하고, 딸의 지참금으로 타데오 델리 알리도시실은 타데오 만프레디한테서 강탈한 이몰라를 넘겨주었다1473년.

〈조카들에 둘러싸여 플라티나Il Platina(무릎 꿇은 이)를 바티칸의 도서관장으로 임명하는 교황 식스토 4세〉 멜로초 다 포를리Melozzo da Forli

식스토 4세의 오른쪽이 피에트로 리아리오, 그 앞이 줄리아노 델라 로베레훗날의 교황 율리오 2세, 플라티나의 뒤쪽이 지롤라모 리아리오와 조반니 델라 로베레다.

갈레아초 공작과 나폴리 왕 페르디난도1세 사이에도 새로운 혼인 관계가 맺어져, 왕의 장남인 알폰소의 딸 이사벨라당시 10세와 공작의 장남 잔 갈레아초당시 11세가 약혼했다1480년. 갈레아초 공작은 이 약혼을 하기 전인 1476년에 암살당했다.

☙ 제23장 ❧

이처럼 이 무렵 이탈리아는 꽤 평화로웠으므로, 군주들의 주된 관심사는 서로를 감시하고, 결혼이나 동맹과 같은 새로운 친교를 통해 상대로부터 자신의 안전을 확보하는 일이었다. 그렇지만 그런 평화의 시기에도 피렌체는 정부를 장악한 소수의 시민으로 인해 큰 고통을 겪고 있었고, 병이 깊어 힘들어하던 피에로는 그들의 야심을 막을 수가 없었다. 하지만 한편으로는 양심의 가책을 덜고, 다른 한편으로는 그 시민들이 자신의 행동을 부끄러워하도록 만들기 위해 그들을 집으로 불러 다음과 같이 말했다.

"나는 친구들의 태도와 행동 때문에 적을 원하고 또 그리워하게 될 날이 올 줄은, '차라리 그때 적들에게 패했더라면 더 좋았을 걸' 하고 후회할 날이 올 줄은 정말 상상도 못 했소. 내 생각에 친구들의 욕심은 분명 도를 넘지 않을 것이고, 적에게 이미 복수한 이상 조국에서 안전하고 명예롭게 사는 것으로 충분히 만족하리라 믿었기 때문이오.

그러나 나는 지금, 내가 얼마나 한심하고 어리석었는지 깨달았소. 나는 인간의 타고난 욕망에 대해 거의 알지 못했지만, 당신들에 대해서는 더더욱 그러했소. 당신들은 내 생각, 아니, 내 기대와는 정반대로, 이 위대한 도시의 수장이 되어 전에는 수많은 이에게 골고루 분배되었던 그 많은 명예와 위엄과 이득을 몇 안 되는 당신들이 독점하는 것에 만족하지 못하고, 쫓겨난 적들의 재산을 빼앗아 당신들끼리 나눠 가지는 것으로도 모자라, 특권이란 특권은 모두 독차지하면서도, 정작 당신들이 져야 할 공적 부담까지 전부 동료 시민들에게 강제로 전가했을 뿐만 아니라 매일 온갖 새로운 위해로 그들을 괴롭히고 있소.

당신들은 이웃의 재산을 강탈하고, 정의를 팔고 법원의 판결을 무시하고, 온순한 이를 억압하고 오만한 자를 드높이고 있소. 나는 나머지 이탈리아에 있는 모든 폭력과 탐욕을 다 합쳐도, 이 도시에 넘쳐나는 폭력과 탐욕만큼 많을 거라고는 믿지 않소. 자, 말해 보시오. 조국이 우리에게 생명을 준 이유가, 우리가 조국의 목숨을 빼앗도록 하기 위함이었소? 조국이 우리한테 승리를 안겨준 이유가, 우리가 조국을 파괴하도록 하기 위함이었소? 조국이 우리에게 영광의 왕관을 씌워 준 이유가, 우리가 조국을 욕보이도록 하기 위함이었소?

명예를 존중하는 사람으로서 맹세하건대, 만일 당신들이 내가 승리한 일을 후회하도록 만드는 행동을 계속 고집한다면, 나 역시 당신들이 승리를 악용한 일을 두고두고 후회하게 해 줄 것이오."

이 시민들은 피에로의 말이 행해진 장소와 시기를 감안해 말씀대로 따르겠다며 부드럽게 대답했다. 그렇지만 그들은 절대 자신들의 사악한 행위를 멈추지 않았다.

그러자 피에로는 아뇰로 아차이우올리를 비밀리에 카파졸로로 불러서 도시의 상황에 관해 그와 깊이 있게 이야기를 나눴다. 만약 죽음이 피에로를 방해하지 않았다면 그 시민들의 탐욕과 오만을 막기 위해 피에로가 추방당한 이들을 모두 조국으로 돌아오게 했을 것이라는 점은 의심의 여지가 없다. 하지만 그의 이 정의로운 계획은 죽음으로 좌절되었다. 육신의 질병과 정신적 고뇌에 시달리던 그는 안타깝게도 쉰세 살의 나이로 죽고 말았다1469년 12월.

피에로의 조국은 그의 미덕과 선함을 충분히 평가할 수 없었다. 그는 삶의 거의 마지막48세까지 아버지 코시모와 함께했었고아버지 그늘에 가려 있었고, 코시모보다 오래 산 그 몇 년 동안은 도시의 분열과 육신의 고통으로 괴로워하며 남은 시간을 다 소진했기 때문이었다. 피에로는 산 로렌초 성당에 있는 아버지의 무덤 옆에 묻혔다. 장례식은 그의 지위와 미덕명성에 걸맞게 웅장하고 엄숙하게 치러졌다.

피에로는 두 아들, 로렌초와 줄리아노를 남겼다. 그들은 공화국에 아주 유용한 인재가 될 것이라는 희망을 주었지만, 그들의 어린 나이당시 로렌초는 20세, 줄리아노는 16세는 모두를 불안하게 만들었다.

출처 : Wikipedia

〈피에로 데 메디치〉
아뇰로 브론치노Agnolo Bronzino

✺ 제24장 ✺

피렌체를 통치하는 시민들 가운데는 톰마소 소데리니[1]가 있었는데, 그는 다른 사람들보다 훨씬 뛰어났다. 그의 현명함과 영향력은 피렌체뿐만 아니라, 이탈리아의 모든 군주에게도 널리 알려져 있었다. 따라서 피에로가 죽자 온 도시의 시선이 그에게 쏠렸으며, 마치 이제 그가 도시의 수장이라도 된 것처럼 많은 시민이 그의 집을 방문하고, 외국의 군주들은 그에게 편지를 보냈다.

그러나 현명한 그는 메디치 가문의 운명과 자신의 운명을 정확히 파악하고 있었으므로 군주들의 편지에는 답장하지 않았고, 자신의 집을 방문한 시민들한테는 그들이 갈 곳은 자신의 집이 아니라 메디치 가문의 집이라고 가르쳐 주었다. 그 뒤 자신이 말한 것을 행동으로 확인시켜 주기 위해 모든 명문가名門家의 수장들을 산 안토니오 수녀원에 불러 모으고, 로렌초와 줄리아노 데 메디치 또한 그곳으로 오게 했다.

거기서 그는 위엄 있는 목소리로 그들에게 피렌체의 상황과 이탈리아의 정세 그리고 그 군주들의 기질에 대해 자세히 설명하고 난 후, 이렇게 강조했다.

"만일 우리가 이 도시에서 단결해 평화롭게 지내며, 내부의 분열과 외부의 전쟁으로부터 안전하기를 원한다면, 무엇보다 이 젊은이들을 따르고 그 가문의 지위를 지켜줄 필요가 있소. 사람이란 대개 익숙한 것은 불평 없이 받아들이지만, 새로운 것은 쉽게 채택하는 만큼이나 또 쉽게 내버리기 때문이오. 그러므로 이런저런 원인으로 곧 사라질 새로운 권력을 세우는 것보다 오랜 세월을 거치며 질투마저 극복한 기존의 권력을 유지하는 쪽이 항상 더 쉬운 법이오."

톰마소가 말을 마치자, 이번에는 로렌초가 자리에서 일어나 아직 젊지만 톰마소와 마찬가지로 매우 현명하고 겸손하게 말했고, 그래서 그는 모두에게 훗날 스스로 증명한 것처럼제8권 제19장 참조 장차 위대한 인물로 성장하리라는 희망을 안겨주었다. 그 결과 수녀원에 모인 시민들은 그곳을 떠나기 전에 이 젊은이들을 아들로 받아들이겠다고 맹세했으며, 형제는 그들을 아버지로 모시겠다고 서약했다. 이렇게 해서 로렌초와 줄리아노는 피렌체 공화국의 수장으로 대접받았고, 시민들은 톰마소의 조언을 어기지 않았다.

ᗯᯘ 제25장 ᯘᗯ

이탈리아 전체의 평화를 깨뜨리는 전쟁도 없었기 때문에 한동안 도시는 대내외적으로 매우 평온했다. 그러다가 미래의 해악을 알리는 전조처럼 예기치 못한 폭동이 일어났다.

루카 피티의 몰락으로 파멸한 가문 중에는 나르디라는 가문도 있었다. 가문의 수장이던 살베스트로와 그의 형제들은 처음에는 단순히 추방을 당했다가, 나중에 바르톨로메오 콜레오니가 시작한 전쟁제7권 20장 참조에 참여한 죄로 반역자로 선포되었다. 그 가문에는 살베스트로의 동생으로 성격이 급하고 다혈질인 베르나르도 디 안드레아 나르디란 젊은이가 있었다.

그는 돈이 없어 힘겨운 망명 생활을 이어갔으며, 1468년 체결된 평화 협정 때문에 조국으로 돌아갈 방법도 없었다. 그러자 작은 시작에서도 종종 위대한 결과가 나오고, 인간은 스스로 새로운 일을 시작하기보다 이미 시작된 일에 동참하려는 경향이 더 강하다는 것을 잘 알고 있던 그는, 직접 새로운 전쟁을 일으킬 무언가를 시도해보기로 마음먹었다.

베르나르도는 프라토에 지인이 많았지만, 피스토이아 지역에는 훨씬 더 많았고, 특히 팔란드라 가문과 친했다. 팔란드라 가문은 비록 시골에 살고 있긴 해도, 다른 피스토이아인들처럼 무기와 전쟁 속에서 자란 남자들이 아주 많았다. 베르나르도는 팔란드라 가문이 해묵은 원한 때문에 피렌체 지방장관들로부터 가혹한 처분을 받아왔고, 그로 인해 그들이 피렌체에 얼마나 큰 불만을 품고 있는지 알고 있었다. 그는 또한 프라토의 분위기도 익히 알고 있었는데, 그 시민들은 피렌체 관리들이 매우 오만하고 탐욕스럽다고 생각했으며, 일부는 피렌체의 통치에 진절머리를 내고 있었다.

따라서 이 모든 상황은 그에게 프라토에서 반란을 일으키면 토스카나에 전쟁의 불씨를 되살릴 수 있고, 또 만일 많은 이가 동참해 그 불길을 계속 이어간다면, 이를 끄려는 자들피렌체의 현 통치자들만으로는 감당하지 못할 것이라는 희망을 주었다. 베르나르도는 자신의 계획을 디오티살비에게 알리고, 만일 자신이 프라토를 장악하는 데 성공한다면 그를 통해 이탈리아의 군주들로부터 어떤 도움을 기대할 수 있는지 물었다.

디오티살비는 이 일이 매우 위험할 뿐만 아니라 실패가 거의 확실하다고 생각했다. 그렇지만 이를 남들의 위험을 통해 자신의 운을 다시 시험해 볼 기회라고 판단해 베르나르도에게 그 계획을 실행하라고 적극적으로 권하며, 만일 그가 최소한 보름 동안만 프라토를 점령해 지킬 수 있다면 볼로냐와 페라라의 지원을 받아 반드시 그를 돕겠다고 약속했다.

디오티살비의 이 약속으로 성공의 희망에 부푼 베르나르도는 은밀히 프라토로 가서 몇몇 친구들한테 자신의 계획을 말했다. 그는 그들이 기꺼이 반란에 참여할 의향이 있음을 알게 되었고, 팔란드라 가문의 남자들에게서도 이와 똑같은 의지를 발견했다. 그리하여 거사를 실행할 시간과 방식에 대해 그들 모두와 입을 맞춘 베르나르도는 그 세부 사항을 디오티살비에게 전해 주었다.

❧ 제26장 ❧

이 당시 피렌체를 위해 프라토에 파견된 포데스타지방장관는 체사레 페트루치였다. 그 무렵 그런 도시의 장관들은 보통 성문 열쇠를 자신들이 보관했으며, 특별히 의심할 이유가 없을 때즉 평화로울 때, 도시에 사는 누군가가 밤에 도시를 드나들기 위해 열쇠를 요청하면 그에게 열쇠를 주곤 했다.

이런 관행을 잘 알고 있던 베르나르도는 여명이 오기 직전 팔란드라 가문의 남자들과 함께 약 100명의 무장 병력을 이끌고, 피스토이아가 바라다보이는 프라토의 성문 앞에 나타났다. 그 음모에 가담한 도시 안의 공모자들 역시 무장을 갖추고, 그중 한 명이 포데스타한테 가서 도시에 사는 누군가가 들어오기를 원하는 척하며 열쇠를 요청했다. 열쇠가 다른 용도로 쓰일 것이라고 전혀 의심하지 않았던 체사레는 시종에게 열쇠를 주어 보냈다.

시종이 포데스타 궁에서 어느 정도 떨어진 곳에 이르자 내부 공모자들은 열쇠를 빼앗아 성문을 열었고, 베르나르도는 무장 병력을 이끌고 도시 안으로 들어와 즉시 내부의 공모자들과 합류했다. 그들은 사전에 모의한 대로 자신들을 둘로 나눠, 그중 하나는 살베스트로라는 프라토 시민의 안내에 따라 도시의 성채를 장악하고, 다른 하나는 베르나르도의 지휘하에 포데스타 궁을 점령한 후 체사레와 그 가족을 사로잡아 감시했다 1470년 4월.

그 뒤 그들은 "리베르타 libertà(자유)!"를 외치고 도시를 행진하며 소란을 일으키기 시작했다. 날은 이미 밝았고, 공모자들이 크게 외치는 소리를 들은 많은 사람이 광장으로 달려갔다. 그곳에서 성채와 궁이 탈취되고, 포데스타와 그 가족이 구금당했다는 사실을 알게 된 시민들은 어떻게 이런 일이 일어났는지 의아해하며 한참을 멍하니 서 있었다. 그사이 그 도시에서 가장 높은 지위에 있는 8명의 시민들은 그들의 궁에 모여 앞으로 무엇을 해야 할지 상의했다.

한편 무장한 동료들과 한동안 도시를 돌아다닌 베르나르도는 아무도 자신들에게 동조하지 않는 것을 보고 어떻게 할지 망설이다가, 8명의 시민들이 모여 있다는 소식을 듣고는 그들을 설득하기 위해 그 궁으로 갔다.

"내가 이런 일을 벌인 이유는 개인적인 욕심 때문이 아니라 여러분을 자유롭게 하고 조국을 예속에서 해방하기 위해서요. 그러니 어서 무기를 들어 이 고귀하고 영광스러운 과업에 동참하시오. 그러면 여러분은 영원한 평화와 불멸의 명성을 얻게 될 것이오.

생각해 보시오, 이전에 여러분이 누렸던 그 커다란 자유를. 그런데 지금 여러분의 처지는 어떻소? 저 피렌체 통치자들을 두려워할 필요는 없소. 우리를 진압하기 위해 그들이 급하게 긁어모아 올 오합지졸에 단 며칠 동안만 저항하면, 그 안에 틀림없이 강력한 외부의 지원군이 도착할 것이오. 또한 피렌체에는 나와 뜻을 같이하는 수많은 동지가 있소. 그들은 프라토가 일치단결해 나를 따른다는 소식을 들으면 곧바로 그 모습을 드러낼 것이오."

그러나 8명의 시민들은 그의 말에 전혀 동요하지 않고, 도리어 침착하게 이런 취지로 대답했다.

"우리는 피렌체 시민들이 자유롭게 사는지 아니면 노예처럼 사는지 알지 못하오. 아니, 관심 없소. 그건 우리가 왈가왈부할 문제가 아니기 때문이오. 하지만 이것 하나는 확실하오. 우리는 피렌체를 다스리는 시뇨리에게 복종하는 자유 말고 다른 자유를 원하지 않소. 우리는 피렌체 시뇨리아를 상대로 무기를 들어야 할 만큼 큰 침해를 결코 그들로부터 당한 적이 없기 때문이오. 그러니 포데스타를 풀어준 뒤 추종자들을 데리고 서둘러 도시에서 나가, 경솔하게 뛰어든 이 위험에서 한시라도 빨리 몸을 피하시오."

베르나르도는 이 말에 낙담하지 않았다. 대신 비록 자신의 호소는 프라토 시민들을 움직이지 못했지만 공포는 그럴 수 있을지 알아보기로 하고, 그들을 겁주기 위해 체사레를 죽이기로 결정했다. 그래서 베르나르도는 체사레를 감옥에서 꺼내 궁전 창문에 매달라고 명령했다. 목에 교수용 밧줄을 걸고 창가로 끌려온 체사레는 자신을 처형하라고 지시하는 베르나르도의 목소리를 듣자, 그에게 몸을 돌려 말했다.

"이보시오, 베르나르도, 당신은 나를 죽이면 프라토 시민들이 당신을 따르리라 믿고, 나를 죽이려 하고 있소. 그렇지만 결과는 당신의 생각과는 정반대일 것이오. 피렌체에서 파견된 포데스타에 대한 이곳 시민들의 존경심은 아주 커서, 나에게 가해진 침해를 보자마자 저들은 당신을 파멸시키고도 남을 엄청난 증오를 당신한테 품을 것이기 때문이오.

그러므로 나의 죽음이 아니라 나의 목숨이 오히려 당신의 승리에 도움이 될 수 있소. 만일 내가 당신의 명령을 저들에게 전달하면, 저들은 훨씬 더 기꺼이 그 명령에 복종할 것이고, 그렇게 내가 당신의 명령을 따르면 당신의 계획은 더욱 쉽게 달성될 수 있기 때문이오."

추종자들도 적고 별다른 방책도 없던 베르나르도는 체사레의 말이 옳다고 생각하고, 체사레에게 광장이 내려다보이는 베로네Verone(발코니)로 가서 프라토 시민들에게 자신을 따르도록 명령하라고 지시했다. 이를 행한 후 체사레는 다시 감옥으로 돌아갔다.

ᥫ᭢ 제27장 ᥫ᭢

이런 일들을 겪으며 공모자들의 허약함이 모두 드러났다. 그러자 프라토에 살고 있던 많은 피렌체인이 은밀히 모였다. 그중에는 조르조 지노리라는 로도스섬 출신의 기사도 있었다. 공모자들을 상대로 제일 먼저 무기를 든 조르조는, 베르나르도가 광장을 돌아다니며 아무도 자신을 따르거나 자기 말에 복종하지 않는다면 앞으로 자기가 할 수밖에 없는 일들로 때로는 위협하고 때로는 애원하며 사람들을 설득하고 있을 때, 동료들과 함께 베르나르도에게 달려들어 상처를 입히고 그를 사로잡았다.

그 뒤 포데스타를 풀어주고, 나머지 공모자들을 제압하는 일은 일사천리로 이루어졌다. 공모자들은 그 수가 적고 또 도시 전역에 분산되어 있었으므로, 대부분 쉽게 붙잡히거나 죽임을 당했기 때문이었다.

그런데 그사이에 프라토는 함락되고 포데스타와 그 가족은 처형당하고 도시는 적들로 가득 찼으며, 피스토이아 역시 반기를 들었고 그곳의 많은 시민이 음모에 동참했다는, 실제 사건보다 훨씬 과장된 소문이 피렌체에 전해졌다. 그 결과 시뇨리아 궁은 그 즉시 시뇨리와 그 사건을 상의하러 온 시민들로 발 디딜 틈이 없었다. 당시 피렌체에는 로베르토 디 산 세베리노라는 매우 명성 높은 장군이 있었다. 피렌체 시뇨리아는 끌어모을 수 있는 모든 병력과 함께 그를 프라토로 보내기로 하고, 그에게 최대한 도시에 가까이 접근해서 무슨 일이 일어났는지 충분히 상황을 살핀 후 현명하게 대처하라는 임무를 주었다.

로베르토의 군대가 캄피비센치오 요새를 막 통과할 무렵, 그는 체사레가 보낸 사자와 마주쳤다. 사자는 로베르토에게 베르나르도는 사로잡혔고 그 추종자들은 싸움에 져서 도망가거나 죽임을 당했으며, 폭동은 진압되었다고 알려 주었다. 그래서 로베르토는 군대를 데리고 피렌체로 돌아왔다.

그 직후 베르나르도가 피렌체로 끌려왔고, 피렌체 시뇨리는 그에게 지원이 그렇게 미흡한 상황에서 왜 무리하게 폭동을 일으켰는지, 혹시 폭동을 일으킨 진짜 속셈이 따로 있지는 않은지 추궁했다. 이에 대해 그는 추방당한 채 사느니 차라리 피렌체에서 죽기로 결심했으며, 적어도 무언가 주목할만한 업적이 자신의 죽음과 동행하기를 원해 그 같은 일을 행했다고 대답했다 그는 이틀 후 참수당했다[1].

ᕫᕬ 제28장 ᕬᕫ

이 폭동이 일어남과 거의 동시에 다섯 시간 만에 진압된 후, 피렌체 통치자들은 자신들이 세우고 강화한 정부를 더 이상 근심 없이 누릴 생각을 하며 익숙한 일상으로 돌아갔다. 그리하여 보통 평화 시에 자주 발생하는 해악들이 도시에서 자라났다.

젊은이들은 이전보다 제약을 덜 받았기 때문에 옷과 음식과 그 밖의 다른 유흥에 아낌없이 돈을 지출했으며, 달리 할 일이 없었으므로 시간과 재물을 놀이와 여자한테 탕진했다. 그들은 어떻게 하면 더 멋지게 옷을 차려입고, 어떻게 하면 더 능수능란하게 말할 수 있을까를 고민했으며, 가장 모질게 빈정거리는 자를 가장 현명하고 재치 있는 인물로 존경했다.

이렇게 형성된 방탕한 관습들은 밀라노 공작 갈레아초의 궁정인 궁정에 출사한 조신(朝臣)들에 의해 한층 더 강화되었다. 밀라노 공작은 아내 보나 디 사보이아와 자신의 궁정 전체를 데리고, 동맹을 강화하기 위해 약속대로 직접 피렌체로 왔다. 공작은 피렌체에서 밀라노의 군주이자 우리 도시의 훌륭한 벗에 어울리는 극진하고 호화로운 대접을 받았다. 그 시기 우리 도시에서는 이전에는 한 번도 본 적 없는 광경이 목격되었다. 때는 바야흐로 교회에서 고기를 먹는 것을 엄격히 금하는 사순절이었다. 그렇지만 공작의 궁정인들은 신과 교회를 무시하고 매일 고기를 먹었다.

한편 많은 구경거리가 공작을 대접하기 위해 개최되었고, 그중에는 성령이 사도들에게 강림하는 과정을 재현한 공연도 산토 스피리토 성당에서 열렸다. 그런데 그 성당이 그런 엄숙한 의식을 진행하기 위해 켜 놓은 수많은 촛불로 인해 불에 타 무너졌다. 그래서 많은 사람이 진노하신 신께서 이 화재를 통해 당신의 분노를 보이신 것이라고 믿었다1471년.

그건 그렇고, 앞서 말한 바와 같이 피렌체는 공작이 오기 전부터 잘 정돈된 공화국의 간결함이나 소박함과는 반대되는 궁정 풍의 온갖 방탕함으로 가득 차 있었지만, 이 방탕함은 공작이 다녀간 뒤로 훨씬 더 심각해졌다. 그러므로 선량한 시민들은 이런 관습에 제동을 걸 필요가 있다고 생각하고, 일종의 사치 금지법을 새로 제정해 의복과 연회와 장례 등에 제한을 두었다.

⤖ 제29장 ⤡

모두가 평화롭던 이 무렵, 예상치 못한 새로운 소란이 토스카나에서 일어났다. 볼테라 지역에서 교외 주민 몇몇이 명반明礬, 염색을 위한 매염제나 지혈제 등으로 사용되는 재료 광산을 발견한 것이다1470년. 그 가치를 확실히 알았던 그들은 자신들에게 자금을 대고, 또 자신들을 지켜 줄 힘 있는 이를 확보하기 위해 피렌체 유력자들에게 접근해 광산에서 얻게 될 이익을 공유하기로 합의했다.

명반의 발견은 신사업에서 흔히 일어나는 것처럼 처음에는 볼테라 시민들의 관심을 거의 끌지 못했다. 하지만 시간이 흐르면서 그

중요성을 이해하자, 그들은 조금 더 일찍 서둘렀다면 쉽게 조정할 수도 있었던 문제를 해결하기 위해 뒤늦게 별 소득도 없는 노력을 펼쳤다. 우선 그들은 자신들의 평의회에서 그 문제를 논의하기 시작했고, 국유지에서 발견된 부의 원천을 사기업이 차지하는 것은 옳지 않다고 선언했다. 그리고 나서 그들은 피렌체에 사절을 보내 이런 자신들의 입장을 강력히 피력했다.

그러자 피렌체 시뇨리아는 그 문제의 판단을 몇몇 시민의 손에 맡겼다. 그러나 이 시민들은 그 사기업에 매수를 당해서인지 아니면 진심으로 그렇게 생각했기 때문인지, 볼테라 코무네Comune(시 당국)가 동료 시민들한테서 그 노고와 기술의 열매를 뺏으려 하는 것은 정의롭지 못하다고, 그러므로 명반 광산은 볼테라 코무네가 아니라 이를 발견하고 개발한 사기업에 속해야 마땅하다고, 다만 사기업은 광산의 사용료 명목으로 매년 일정 금액을 볼테라市에 지급하는 것이 타당하다는 의견을 제출했다.

그렇지만 이 판결은 볼테라의 혼란과 불화를 줄이기는커녕 오히려 증가시켰으며, 평의회는 물론이고 도시 전체가 오직 이 문제에만 매달리도록 만들었다. 볼테라 코무네는 자신들이 부당하게 빼앗겼다고 생각하는 것을 돌려달라고 요구했으며, 반면 그 개인들은 처음에 그들이 발견하고 나중에 피렌체의 판결에 의해 그들의 소유로 인정받은 것을 지키려 했기 때문에, 이들 간의 갈등은 갈수록 격화되었다.

그러다가 볼테라에서 꽤 높은 지위에 있던 일 페코리노라는 인물과 그를 편든 많은 사람이 연달아 죽임을 당하고, 그들의 집 역시 모두 약탈당한 후 불태워지는 사건이 발생했다. 그 사건을 계기로 군중의 분노는 극에 달했고, 볼테라 코무네는 흥분한 폭도들로부터 피렌체 정부를 대표해 그곳에 와 있던 피렌체 관리들의 목숨을 지키느라 쩔쩔맸다1472년 2월.

∽ 제30장 ∾

이 첫 폭동의 흥분이 가라앉은 뒤, 보복을 두려워한 볼테라 시민들은 무슨 일을 더 하기 전에 피렌체로 사절을 보내기로 했다. 그 사절은 만일 피렌체 정부가 볼테라가 지녔던 폭동 이전의 특권을 그대로 허용해 준다면그 무렵 볼테라는 매년 수입의 10분의 1을 피렌체에 내고, 6개월마다 피렌체에서 보낸 포데스타를 받았지만, 그 지위는 피렌체의 신민이라기보다는 동맹에 가까웠다, 볼테라는 전처럼 계속 피렌체에 충성을 다하겠다고 밝혔다게다가 사절은 문제가 된 명반 광산을 사기업에 돌려줄 용의가 있다고 말하기도 했다. 사절의 이 말에 대해 피렌체 내부에서는 격렬한 논쟁이 벌어졌다.

톰마소 소데리니는 볼테라가 기꺼이 되돌아올즉 그들이 원하는 조건으로 그들을 받아들여야 한다고 조언했다. 지금은 자기 집에 불이 옮겨 붙을 정도로 가까운 곳에 불을 지를 때가 아니라고 생각했기 때문이었다. 그는 교황식스토 4세의 성향야심과 나폴리 왕페르디난도 1세의 힘을 두려워했으며, 베네치아의 서약동맹과 밀라노 공작의 미덕군사적 능력을 어디까지 믿어야 할지 알지 못했기에, 베네치아와 밀라노 공작의 우정을 신뢰하지 못했다. 따라서 그는 '여윈 평화가 살찐 승리보다 낫다Essere meglio un magro accordo che una grassa vittoria, 즉 다툼이 많은 부유한 삶보다 마음이 평화로운 단순한 삶이 더 낫다'라는 오래된 격언을 인용했다.

반면 이 폭동을 자신의 지혜와 분별을 보여 줄 좋은 기회라고 생각한 로렌초 데 메디치는, 특히 톰마소의 권위를 시기하는 자들의 격려를 받아, 전쟁을 벌여 볼테라의 오만함을 무력으로 응징해야 한다고 주장했다. 만일 이번에 기억할 만한 방식으로 볼테라의 잘못을 바로잡지 않으면, 다른 이들 역시 두려워하거나 주저하지 않고 아주 하찮은 구실을 들어 볼테라와 똑같은 짓을 저지르게 될 것이라고 그는 역설했다.

그렇게 해서 로렌초의 주장대로 전쟁이 결정된1472년 4월 뒤, 볼테라는 자신들이 스스로 깬 협정의 준수를 요구할 자격이 없으므로, 시뇨리아의 뜻에 무조건 복종하든가, 그게 싫으면 전쟁을 기대해야 할 것이라는 답변이 볼테라 사절에게 주어졌다. 사절이 이 답변을 듣고 돌아오자, 볼테라 코무네는 자신들을 지키기 위해 도시의 방비를 강화하고, 모든 이탈리아의 군주에게 도움을 요청했다. 하지만 그들은 시에나 공화국과 피옴비노 군주이아코포 3세 아피아니를 제외한 누구의 지원 약속도 듣지 못했다.

한편 승리의 관건은 속도에 있다고 생각한 피렌체 통치자들은 우르비노 군주 페데리코를 대장으로 삼고, 1만 명의 보병과 2,000명의 기병을 소집해 곧바로 볼테라 교외를 침략했으며, 손쉽게 그 전 지역을 장악하고 볼테라市를 포위했다1472년 5월. 도시는 높은 곳에 자리하고 있었고 또 사방이 깎아지른 듯해, 현재 산 알레산드로 성당이 서 있는 지점에서만 겨우 공격이 가능했다.

볼테라 코무네는 도시의 방어를 위해 약 1,000명의 용병을 고용했다. 그런데 이 용병들은 피렌체군이 펼친 강력한 포위를 보자 적의 공격을 막을 수 있다는 자신감을 잃고, 도시를 지키는 일에는 게으름을 피우면서도 자신들의 고용주들을 상대로는 매일 열심히 위해를 가했다. 그렇게 밖에서는 적에게 공격을 받고, 안에서는 친구한테 괴롭힘을 당한 그 불쌍한 시민들은 모든 희망을 버리고 항복을 생각하기 시작했으며, 이미 항복 조건을 협상하기에는 너무 늦었기 때문에 피렌체 최고사령관들의 재량에 자신들을 전적으로 맡겼다. 볼테라 코무네에 성문을 열라고 시키고 군의 대부분을 이끌고 도시로 들어간 최고사령관들은 볼테라의 프리오리최고 행정관들가 있는 궁으로 가서 그들에게 집으로 돌아가라고 명령했다.

그들이 집으로 돌아가다가 그중 한 명이 어느 군인한테 조롱을 당하며 갖고 있던 재물을 빼앗겼다. 인간이란 언제나 선보다는 악을 행할 준비가 더 되어 있는 터라, 이를 시작으로 도시의 약탈과 파괴가 뒤따랐다. 온종일 도시는 강탈당하고 짓밟혔으며, 여인들과 성스러운 장소들도 예외는 아니었다. 군인들은 그곳을 공격하던 이들은 말할 것도 없고, 그곳을 형편없이 지키던 자들도 똑같이 볼테라의 파멸에 앞다퉈 나섰다1472년 6월.

이 승리의 소식을 들은 피렌체는 크게 기뻐했으며, 이 전쟁은 전적으로 로렌초의 작품이었기 때문에 그의 명성은 더욱 커졌다. 그러자 톰마소 소데리니의 가장 가까운 친구 중 하나가 톰마소가 전에 했던 조언을 두고 그를 비난했다.

"볼테라를 얻은 지금은 뭐라 말씀하시겠는가?"

이 물음에 톰마소가 대답했다.

"내게는 볼테라를 잃은 것처럼 보이네. 만일 볼테라 시민들이 원하는 조건으로 볼테라를 받아들였다면, 우리는 그 도시로부터 이득과 안전을 모두 얻었을 걸세. 그러나 이제 그 도시를 보유하려면 계속 무력을 쓸 수밖에 없게 되었으니, 우리가 곤경에 처했을 때 그 도시는 우리의 약점과 위험의 원천이 되고, 평화로울 때는 우리에게 걱정과 비용을 일으킬 걸세."

⸎ 제31장 ⸎

이 시기 로마교회 도시들의 절대적인 복종을 열망하던 교황식스토 4세는 내부 불화로 반란을 일으킨 스폴레토를 진압한 뒤1474년 6월, 비슷한 항명을 벌인 치타 디 카스텔로를 벌주기 위해 그곳을 포위했다1474년 7~9월. 그곳 군주인 니콜로 비텔리는 로렌초 데 메디치와 가까웠고, 그래서 로렌초는 니콜로를 지켜줄 만큼의 도움은 못 주었지만니콜로 비텔리는 1474년 9월 치타 디 카스텔로를 강제로 떠났다가, 1482년 6월에야 돌아왔다, 교황과 메디치 가문 간에 적의의 첫 씨앗을 뿌릴 정도의 도움을 니콜로에게 주었다. 그 씨앗은 나중에 아주 사악한 열매파치가의 음모를 맺었다.

이 사악한 열매는 산 시스토 추기경인 프라 피에트로 리아리오가 죽지 않았다면, 더 일찍 그 모습을 드러냈을 것이다. 온 이탈리아를 여행하던 이 추기경은 페라라 후작 에르콜레 데스테1세와 나폴리 왕 페르디난도 1세의 딸 엘레오노라(Eleonora)의 결혼1473년 7월을 축하한다는 구실로 페라라에 갔다가, 그 인근의 베네치아와 밀라노도 방문했다. 사실 그는 그들이 피렌체에 대해 어떻게 생각하는지 그 의중을 타진하러 간 것이었다. 하지만 그는 로마로 돌아온 지 얼마 안 돼 죽었고1474년 1월, 프라 피에트로의 용기와 활동으로 교황이 강해질 것을 두려워한 베네치아가 독살했다는 소문이 떠돌았다.

프라Fra, 프라테(Frate)의 줄임말로 청빈·순결·순종을 서약하고, 평신도 사이에서 살며 사회에 봉사하는 남자 수사(修士) 혹은 수도사(修道士). 수도원처럼 속세와의 접촉을 가능한 한 끊고 자급자족하는 공동체에 사는 모나코(Mònaco), 영어 'Monk'와는 다르다 피에트로는 태생이 미천하고 또 수녀원 안에서 검소하게 자랐지만, 추기경의 지위에 오르자마자 지나친 긍지와 과도한 야심을 보여, 추기경뿐만 아니라 심지어 교황의 지위도 그의 욕망을 만족시킬 수는 없을 것만 같았다. 언젠가 그는 로마에서 어떤 왕이 열었더라도 방탕하다고 여겨졌을 만큼 성대한 연회를 열었는데, 그가 연회에 쓴 돈이 무려 2만 플로린[1]을 넘었기 때문이었다.

아무튼 이 성직자피에트로를 비꼰 표현으로 보인다를 잃은 교황은 자신의 계획을 좀 더 천천히 진행시켰다. 그렇지만 피렌체와 베네치아가 밀라노 공작과 동맹을 갱신하고, 교황과 나폴리 왕이 원한다면 들어올 수 있는 자리를 남겨두자, 교황과 나폴리 왕도 자기들끼리 동맹을 맺은 뒤, 다른 열강들이 들어올 수 있도록 자리를 남겨두었다. 그리하여 이탈리아는 이 두 진영으로 확연히 나뉘었으며, 매일 이 두 동맹 사이에 증오를 불러일으키는 일들이 끊임없이 발생했다. 이런 일은 페르디난도 왕이 획득하기를 갈망했지만 베네치아가 장악한 키프로스섬에서도 일어났으며1489년, 그런 일련의 사건들로 인해 교황과 왕은 더욱 단단히 결속하게 되었다.

이 당시 이탈리아에서는 오랫동안 피렌체의 기치 아래 싸워온 우르비노 군주 페데리코가 가장 뛰어난 무장으로 인정받고 있었다. 그래서 교황과 왕은 페데리코를 포섭해 적의 동맹에서 이 장군을 빼앗기로 마음먹었다. 교황은 페데리코에게 로마에 오라고 권했으며, 왕은 나폴리를 한번 방문해 달라고 요청했다. 페데리코는 둘의 요청을 받아들였다.

이 소식에 깜짝 놀란 피렌체 통치자들은 몹시 불안해했다. 야코포 피치니노에게 일어났던 일제7권 제8장 참조이 페데리코한테도 일어날 것으로 믿었기 때문이었다. 그러나 결과는 정반대였다. 페데리코가 나폴리와 로마에서 극진한 대접을 받은 후, 그 동맹의 사령관이 되어 돌아왔기 때문이었다1474년 8월 식스토 4세는 페데리코에게 공작의 작위를 내리고, 조카인 조반니 델라 로베레를 페데리코의 딸 조반나 다 몬타펠트로와 약혼시켰다. 둘의 결혼식은 1478년 5월 로마에서 거행되었다.

그다음으로 왕과 교황은 로마냐의 군주들과 시에나를 통해 피렌체에 더 큰 위해를 가하기 위해 그들을 동맹에 끌어들이려는 노력도 게을리하지 않았다.

무슨 일이 일어나고 있는지 알게 된 피렌체 통치자들은 그런 적들의 야심에 맞서 자신을 방어하기 위해 최선을 다하는 동시에, 자신들을 버린 우르비노의 페데리코 대신 리미니 군주인 로베르토 말라테스타를 고용했다. 그들은 또한 페루자이때 페루자의 실질적인 지배자는 브라초 다 몬토네의 조카인 브라초 발리오니(Baglioni)였다와 동맹을 갱신하고, 파엔차 군주카를로 2세 만프레디와도 새로 동맹을 맺었다.

교황과 왕은 피렌체와 싸우는 이유를 피렌체가 베네치아와 관계를 끊고 자신들과 동맹을 맺는 것을 거절했기 때문이라고 주장했다. 교황은 피렌체와 베네치아가 단결되어 있는 한 로마교회는 그 명성세력을 유지할 수 없고, 지롤라모 백작은 로마냐의 영토이몰라를 계속 보유할 수 없다고 판단했다. 반면 피렌체 통치자들은 교황과 왕이 자신들을 친구로 삼기 위해서가 아니라, 더 쉽게 해칠 기회를 얻기 위해 자신들이 베네치아와 적이 되기를 원한다고 의심했다.

이런 불신과 적대적인 분위기가 이탈리아 전역에 2년여 동안 만연해 있다가 그 첫 번째 소동이 비록 작기는 했지만 토스카나에서 발생했다.

⟪⟫ 제32장 ⟫⟪

여러 차례 언급했듯이 페루자의 브라초 다 몬토네본명은 안드레아 포르 테브라초는 전장에서 매우 명성 높은 인물로 오도와 카를로 포르테브 라초, 이렇게 두 아들을 남겼다. 카를로가 어렸을 때4세 앞서 말했 듯 오도는 발 디 라모네 주민들에게 살해당했다1425년, 제4권 제13장 참 조. 카를로는 군에서 일할 나이가 되자, 그의 아버지에 대한 기억과 베네치아가 그 청년에게 품은 기대 덕분에 베네치아 공화국의 용병 대장이 되었다.

그런데 이 무렵 그의 계약이 끝났다. 그는 곧바로 다시 베네치 아 의회와 계약을 맺는 대신, 자신의 이름과 아버지의 명성에 힘입 어 자신이 페루자를 되찾을 수 있을지 알아보기로 했다브라초 다 몬토네 는 1416년 7월부터 죽은 1424년 6월까지 페루자의 군주였다. 베네치아 의회는 순순히 이에 동의했다. 그들은 보통 다른 국가들이 어려움을 겪을 때 영토 를 늘리는 데 익숙했기 때문이었다. 그리하여 카를로는 토스카나로 들어왔다. 그렇지만 피렌체와의 동맹 때문에 페루자를 도모하기가 어렵다는 것을 알게 되었다.

그러나 자신의 이번 움직임에서 기억할 만한 업적을 남기고 싶었 던 카를로는, 자신의 아버지가 시에나 공화국을 위해 해준 일1418년 체토나(Cetona)를 정복한 브라초 다 몬토네가 이를 시에나 공화국에 판 일을 가리키는 듯하다에 대해 시에나가 아버지한테 제대로 보상을 하지 않았으니, 이제라도 자신이 그 빚을 받아야겠다고 주장하며, 시에나 교외를 맹렬히 공격해 거의 모든 지역을 초토화시켰다1477년 6~7월.

그런 수모를 겪자 언제나 피렌체를 나쁘게 생각할 준비가 되어 있던 시에나 시민들은 이 모든 일이 피렌체의 동의하에 행해진 것이라고 확신하고, 이에 대해 교황과 왕에게 끝없이 불만을 토로했다. 또한, 그들은 피렌체에 직접 사절을 보내 자신들에게 가해진 이 부당한 침해에 대해 한탄하고, 만일 카를로가 누군가의 도움을 받지 않았다면 그렇게 안심하고 자신들한테 위해를 가할 수는 없었을 것이라며 은근히 피렌체를 비난했다.

그러자 피렌체 시뇨리아는 사절의 그런 비난을 부인하며, 자신들은 카를로가 시에나를 괴롭히는 것을 막기 위해 할 수 있는 모든 조치를 기꺼이 취할 것이라고 강조한 뒤, 사절의 요구대로 카를로에게 시에나를 공격하지 말라고 명령했다.

이 일로 크게 기분이 상한 카를로는, 시에나인들은 겁쟁이고 또 도시를 방어할 준비도 전혀 되어 있지 않아서 자신이 피렌체 시뇨리아에 곧 시에나市를 갖게 해 주겠다고 말했다고, 그런데도 피렌체가 자신을 돕지 않아 그토록 큰 정복을 그냥 날려 버렸을 뿐만 아니라 자신의 영광까지 빼앗아 갔다며 불평을 늘어놓았다. 그러고 나서 카를로는 토스카나를 떠나1477년 10월, 전처럼 베네치아의 용병대장으로 돌아갔다.

한편 시에나는 비록 피렌체의 개입으로 일촉즉발의 위기에서 벗어났지만, 계속 피렌체에 대한 분노로 가득 차 있었다. 그들은 피렌체가 그 해악을 일으킨 원흉이라고 판단했으므로, 비록 피렌체가 자신들을 그 해악에서 해방시켰다 하더라도 그런 자들에게 어떤 빚이 있다고는 생각하지 않기 때문이었다.

앞서 얘기한 사건들이 토스카나에서, 그리고 교황과 왕 사이에서 일어나는 동안 훨씬 더 심각하고 훨씬 더 큰 재앙을 예고하는 사건이 롬바르디아에서 일어났다. 그 당시 밀라노에는 박식하고 야심만만한 콜라 몬타노볼로냐 출신의 니콜라 카포니(Nicola Capponi)라는 인물이 그 도시의 제일가는 젊은이들에게 라틴어를 가르치고 있었다.

〈갈레아초 마리아 스포르차의 초상화〉
피에로 벤치Piero Benci

출처 : Wikipedia

그는 공작갈레아초 스포르차의 삶과 습성을 혐오했기 때문인지 아니면 어떤 다른 이유가 있었는지, 자신의 모든 강연에서 사악한 군주에게 복종하는 것을 반대하고, 자연이나 운명의 여신이 공화국에서 태어나 살게 해준 사람들만이 영광스럽고 행복하다고 단언했으며, 어떻게 가장 유명한 이들이 군주가 아니라 공화국 아래에서 자랐는지 보여 준 후, 공화국은 훌륭한 시민들을 양성해 그들의 미덕으로 이익을 얻지만, 군주는 훌륭한 시민들을 두려워해 그들을 파멸시킨다고 역설했다.

콜라와 가장 가까웠던 젊은이들로는 조반니 안드레아 람푸냐니·카를로 비스콘티·지롤라모 올자티 등이 있었다[1]. 그들 앞에서 그는 자주 공작의 사악한 성격과 그런 인간의 지배를 받는 이들의 불행에 관해 이야기했다. 그러다 이 세 젊은이의 용기와 의지를 확실히 신뢰할 수 있게 되자, 그들이 그럴 만한 나이가 되면 그 즉시 공작의 폭정에서 조국을 구하겠다는 서약을 하게 했다. 그렇게 해서 젊은이들의 마음은 공작을 암살하려는 생각으로 가득 찼고, 이런 그들의 욕망은 세월이 흘러 공작의 사악한 기질과 행동을 더 잘 알게 되면서 점점 더 강렬해졌다. 게다가 나중에 공작이 그들에게 가한 개인적인 침해는, 어서 빨리 그 계획을 실행에 옮기라고 그들을 재촉했다.

갈레아초는 호색한인 데다 잔인했다. 이 두 악덕을 보여 주는 수많은 사례로 그는 큰 미움을 받았다. 그는 고귀한 여인들을 더럽히는 것만으로는 만족하지 못하고 이를 공개해 쾌감을 얻었으며, 단순히 사람들을 죽이는 것으로는 성이 차지 않아 기상천외한 고문을 고안해 잔인하게 죽였다 갈레아초는 자신의 손으로 직접 적의 팔다리를 찢어 죽이는 것을 즐겼다고 하며, 한번은 살아 있는 산토끼를 통째로 삼키게 해 밀렵꾼을 죽이기도 했다.

그는 어머니 비앙카 마리아 비스콘티를 살해했다는 오명도 피하지 못했다. 그는 어머니가 있는 한 자신은 제대로 된 군주가 아니라고 생각해 그녀를 아주 가혹하게 대했으며, 결국 그녀는 프란체스코 스포르차1세와 결혼할 때 지참금으로 가져온 크레모나로 물러났다가1467년, 밀라노에서 열린 갈레아초의 두 번째 결혼식에 참석한 뒤1468년 7월 다시 크레모나로 돌아가는 도중에 갑자기 병에 걸려1468년 8월 얼마 후 죽고 말았다1468년 10월, 멜렌야노(Melegnano). 그래서 사람들은 아들이 어머니를 독살했다고 믿었다.

공작은 카를로와 지롤라모에게는 여자와 관련된 일로 치욕을 안겨줬으며[2], 조반니 안드레아한테는 교황이 조반니의 친척 중 한 명에게 주었던 미라몬도실은 모리몬도(Morimondo) 수도원의 소유권을 넘겨주는 것을 거부했다. 이런 사적인 침해는 자신들에게 가해진 부당한 침해에 복수하는 동시에, 조국을 압제에서 구하려는 그 젊은이들의 욕망을 한층 더 증가시켰다.

그들은 공작을 죽이는 데 성공하면, 많은 귀족뿐만 아니라 밀라노의 모든 시민이 자신들을 따를 것이라고 기대했다. 그렇게 공작을 죽이기로 결심한 공모자들은 자주 모여 거사를 의논했으며, 그들의 오랜 친분 때문에 아무런 의심도 사지 않았다. 그들은 항상 이일에 관해 이야기를 나눴으며, 칼을 손에 익히고 또 서로의 용기를 북돋우기 위해 공작을 죽일 때 사용할 칼의 칼집으로 자주 서로의 가슴과 옆구리를 찌르곤 했다.

그들은 거사를 실행할 시간과 장소에 대해서도 논의했다. 공작의 성채는 그들한테 안전하지 않았으며, 사냥터에서 일을 벌이는 것도 불확실하고 위험했다. 공작이 도시를 거닐 때 역시 접근하기가 쉽지 않을 것 같았고, 연회장에서도 성공 가능성은 희박해 보였다. 그러므로 그들은 공작이 올 것이 확실하고, 또 자신들이 이런저런 명목으로 친구들을 끌어모을 수 있는 어떤 공적인 행사나 축제 때 그를 해치기로 했다. 그리고 그들 중 누군가가 공작의 부하한테 잡히더라도, 무슨 수를 쓰든 남은 이들이 무장한 적들 사이에서 반드시 공작을 죽이기로 뜻을 모았다.

ᢒᢇᢆ 제34장 ᢆᢇᢒ

때는 1476년이었고, 성탄절이 다가왔다. 공작은 산 스테파노의 축일12월 26일에 아주 화려한 행렬을 이끌고 순교자의 교회산 스테파노 성당를 방문하곤 했기 때문에 공모자들은 그날 그곳이 계획을 실행하기에 딱 알맞다고 판단했다.

그래서 축일의 아침이 밝아오자, 공모자들은 조반니 안드레아를 도우러 갈 거라며, 가장 신뢰하는 친구들과 하인들을 무장시켰다. 그 무렵 조반니 안드레아는 이웃들의 반대에도 불구하고 수로를 자신의 토지로 변경하려 했었다. 공모자들은 출발하기 전에 공작의 허락을 받고 싶다는 구실로 무장한 이들을 산 스테파노 성당으로 데리고 갔으며, 공작을 암살하고 나면 모두가 자신들의 과업을 완성하는공화국을 설립하는 데 동참할 것이라고 기대하며, 다양한 이유를 들어 다른 많은 친구와 친척들도 그곳으로 오게 했다.

공모자들은 공작을 살해한 뒤 이 무장 병력을 이끌고, 그들이 판단하기에 공작부인보나 디 사보이아과 정부의 지도자들을 상대로 가장 쉽게 무기를 들 것 같은 하층민이 사는 구역들을 돌아다닐 계획이었다. 당시 기근에 시달리던 하층민들이 기꺼이 자신들을 편들 것으로 믿었기 때문이었다. 따라서 공모자들은 정부의 지도자인 치코Cicco 시모네타 · 조반니 보티 · 프란체스코 루카니 등의 저택을 봉기한 군중에게 먹잇감으로 넘겨줘 그들의 지지를 확보한 후, 그사이 도시의 자유를 회복할 생각이었다.

이렇게 계획을 정하고, 그 계획의 실행을 굳게 다짐한 조반니 안드레아와 다른 공모자들은 서둘러 산 스테파노 성당으로 갔다. 그들은 함께 미사를 들었고, 그 뒤 조반니 안드레아는 성 암브로시우스 상像 앞에 무릎을 꿇고 말했다.

"오, 거룩하신 이 도시의 수호성인이시여, 저희의 의도와, 수많은 위험을 무릅쓰고 저희가 이루려는 목적을 가장 잘 알고 계신 우리의 수호성인이시여, 부디 저희의 과업을 도와 정의를 실현하시어,

결단코 불의가 당신을 기쁘게 하지 않는다는 사실을 똑똑히 보여 주십시오."

한편 산 스테파노 성당으로 갈 준비를 하던 공작한테는 다가올 죽음의 징후들이 여럿 나타났다. 아침에 공작은 평소에 입던 흉갑胸 甲을 입었다. 하지만 그날따라 그것이 불편했는지, 아니면 어울리지 않는다고 생각했는지 나중에 이를 벗었다. 공작은 자신의 성채에서 미사를 거행하기를 원했다. 그렇지만 그의 궁정 목사는 이미 예배에 쓰이는 장비들을 가지고, 산 스테파노 성당으로 가고 없었다. 공작은 코모市의 주교가 궁정 목사를 대신해 미사를 거행하기를 바랐지만, 주교는 그럴 수 없는 합당한 이유를 제시했다.

그렇게 거의 반강제로 산 스테파노 성당에 가게 된 공작은 출발 전에는 또 어린 두 아들 잔 갈레아초당시 7세와 에르메스당시 6세를 불

〈조반니 안드레아 람푸냐니의 음모〉
프란체스코 하예즈Francesco Hayez

러 마치 그들과 헤어지는 것이 견딜 수 없는 일인 양 몇 번이고 되풀이해 그들을 껴안고 입을 맞췄다. 하지만 마침내 성채를 나와서 기다리고 있던 페라라 대사와 만토바 대사 사이에 자리를 잡고 산 스테파노 성당으로 출발했다.

그러는 동안 공모자들은 주변의 의심과 매서운 추위를 피하기 위해 친구인 수석 사제의 집무실로 잠시 물러나 있었다. 그렇지만 공작이 도착했다는 소식을 듣자마자 급히 성당 안으로 들어가서 조반니 안드레아와 지롤라모는 입구 오른쪽에, 그리고 카를로는 왼쪽에 자리를 잡았다. 이때 공작의 앞에서 걷던 이들은 벌써 성당으로 들어와 있었고, 그들의 뒤를 따라 공작이 그런 엄숙한 행사가 있을 때 공작의 행차에 어울릴 법한 많은 인파에 둘러싸여 걸어왔다.

제일 먼저 움직인 이들은 조반니 안드레아와 지롤라모였다. 공작을 위해 길을 열어 주는 척하며 공작에게 접근한 후, 그들은 소매 안에 숨겨 두었던 짧고 날카로운 단검을 꺼내 공작을 습격했다. 조반니 안드레아는 공작의 배와 목을 각각 한 번씩 찔렀고, 지롤라모 역시 공작의 목과 가슴을 찔렀다. 문 근처에 있던 카를로 비스콘티는 공작이 이미 그를 지나가서 동료들이 공격할 때 공작의 배나 가슴에 상처를 입힐 수는 없었지만, 대신 그 등과 어깨를 깊숙이 찔렀다.

이 여섯 번의 공격은 매우 짧은 순간에 갑자기 행해졌기 때문에 누가 미처 알아차릴 새도 없이 공작은 순식간에 바닥으로 쓰러졌으며, 아무 말도 하지 못하고 그녀의 도움을 애원하듯 오직 성모 마리아의 이름을 딱 한 번 불렀다. 공작이 바닥에 쓰러지자 큰 소란이 일었고, 많은 이가 검을 뽑았다. 예기치 못한 재앙이 일어나면 늘 그러하듯 어떤 이들은 성당 밖으로 달아났고, 또 어떤 이들은 무슨 일이 일어났는지 알지도 못한 채 특별한 목적 없이 혼란 속으로 뛰어들었다.

그러나 가장 가까운 곳에서 공작이 살해되는 광경을 목격해 범인들이 누구인지 잘 알고 있던 이들은 곧바로 살인자들을 뒤쫓았다. 공모자들 가운데 조반니 안드레아는 성당 밖으로 탈출을 시도하며, 하필이면 수많은 여인이 그 당시 관습에 따라 성당 바닥에 앉아 있던 방향으로 자신도 모르게 내달렸고, 결국 그 여인들의 옷에 걸려 앞으로 나가지 못했다. 그 결과 그는 뒤쫓아온 공작의 무어인 마부에게 붙잡혀 죽임을 당했다. 카를로 역시 주변의 목격자들에 의해 현장에서 죽임을 당했다 카를로는 겁에 질린 친척의 신고로 3일 뒤인 12월 29일 체포되어 1477년 1월 2일 지롤라모와 함께 공개 처형당했다는 주장도 있다.

인파를 뚫고 성당 밖으로 간신히 탈출한 지롤라모 올자티는 동료들이 죽었다는 소식을 듣고, 어디로 피해야 할지 몰라 일단 집으로 갔다. 하지만 그의 아버지와 형제들은 그를 집에 들이기를 거부했고, 오직 어머니만이 아들을 동정해 집안의 오랜 친구인 어느 신부에게 지롤라모를 맡겼다. 그 신부는 지롤라모에게 자신의 옷을 입혀 자기 집으로 데려갔다. 그곳에서 지롤라모는 곧 밀라노에서 민란이 일어나 자신을 구해줄 것이라는 희망을 버리지 않고 이틀 동안 숨어 있었다.

그렇지만 끝내 민란은 일어나지 않았고, 그곳에 있다가 붙잡힐 것을 두려워한 그는 변장을 하고 탈출을 시도하다가 그만 발각되었으며, 포데스타 델라 주스티치아Podestà della Giustizia(정의의 장관)한테 끌려와 음모의 전모를 자백했다. 그때 지롤라모는 겨우 스물세 살이었다.

그러나 그는 죽음 앞에서도 이전에 행동에 나설 때만큼이나 기백이 넘쳤다. 벌거벗겨진 채 자신의 사지를 절단할 칼을 손에 쥔 사형 집행인을 앞에 두고, 해박하던 그는 라틴어로 이렇게 말했다.

"모르스 아체르바, 파마 페르페투아Mors acerba, fama perpetua.
스테비트 베투스 메모리아 팍티stabit vetus memoria facti
(죽음은 쓰라리나, 명성은 영원하리. 내가 행한 이 일은 오래도록 기억될 것이다)."

이 불행한 젊은이들의 거사는 비밀리에 계획되고, 씩씩하게 실행되었다. 하지만 그 젊은이들을 파멸에 이르게 한 것은 자신들을 따르고 지켜 줄 것으로 기대했으나, 자신들을 따르지도 또 지켜 주지도 않은 실체 없는 군중이었다.

그러니 군주들이시여, 누구도 군주를 죽인 후 안전하게 살 수 있다는 희망을 품지 못하게, 신민의 사랑과 존경을 받고 사는 법을 터득하시기를! 그리고 군주를 죽여 자신과 조국을 구하려는 이들이여, 비록 불만으로 가득 차 있다고 해도 군중이 당신들의 위험을 지지하거나 함께하리라고 기대하는 것은 참으로 어리석고 헛된 망상임을 잊지 마시기를!

이 비극으로 온 이탈리아는 경악했다. 그렇지만 얼마 뒤 피렌체에서 일어난 비극은 훨씬 더 이탈리아를 경악시켰다. 그 비극으로 이탈리아에서 12년간 이어지던 평화는 깨졌다. 이에 대해서는 피비린내 나고 무시무시한 서두로 시작해서, 애석하고 울적한 결말로 끝나는 다음의 제8권에서 자세히 다루어질 것이다.

제7권

제3장

1 산 로렌초는 교황 식스토 2세의 부제副祭로, 로마 황제 발레리아누스에 의해 258년 8월 10일 순교했다. 그러므로 산 로렌초의 축일 전날은 8월 9일이다. 하지만 이 일이 실제로 일어난 것은 8월 9일이 아니라 11일이다.

제4장

1 2만 두카트의 가치는 이로부터 40년 뒤인 1498년 피렌체의 고위 관리Segretario della Seconda Cancelleria(제2서기국 국장)로 시뇨리를 보좌한 마키아벨리의 연봉이 약 120두카트였다는 사실에서 충분히 짐작할 수 있다.

제7장

1 샤를이 부르고뉴 공작이 된 것은 1467년으로, 공익 동맹League of Public Weal 당시1465년, 그는 아직 샤롤레Charolais 백작이었다.

2 여기의 결혼은 제6권 제32장에서 언급한 프란체스코 공작과 알폰소 5세 사이에 성사된 결혼들이 아니라, 페르디난도의 장남 알폰소훗날의 알폰소 2세와 프란체스코의 장녀 이폴리타의 결혼을 가리키는 것으로 보인다. 다만, 둘의 결혼식은 야코포 피치니노가 죽은 뒤인 1465년 10월에 거행되었다.

제9장

1 나폴리 왕국은 1458년 알폰소 5세에서 페르디난도 1세로, 베네치아 공화국은 1462년 파스쿠알레 말리피에로에서 크리스토포로 모로로 그리고 피렌체 공화국은 1464년 코시모 데 메디치에서 피에로 데 메디치로 그 통치자가 바뀌었다.

제14장

1 시간상으로 보면, 니콜로 소데리니가 곤팔로니에레가 된 이때1465년 11~12월가 갈레아초 공작의 사절이 피렌체에 온 시기1466년 3월 이후, 제7권 제12장 참조보다 빠르다. 글의 전개상 의도적으로 순서를 뒤바꾼 듯하다.

제24장

1 앞서 봤듯 톰마소 소데리니는 추방당한 니콜로 소데리니의 동생으로, 로렌초와 줄리아노 데 메디치의 이모부이기도 했다. 톰마소의 두 번째 아내인 디아노라 토르나부오니1461년 사망가 로렌초의 어머니인 루크레치아 토르나부오니의 언니였다. 참고로, 톰마소는 1502년 9월부터 1512년 8월까지 피렌체 공화국의 정의의 곤팔로니에레였던 피에르Pier 또는 피에로 소데리니의 아버지다. 마키아벨리는 피에르 소데리니 밑에서 제2서기국의 국장으로 일했다.

제27장

1 이때 베르나르도 나르디가 프라토 시민들을 움직이기 위해 체사레 페트루치를 죽이려다 그만둔 일을 두고 '나르디처럼 꾸물대다간 늦고 만다Si fa come il Nardi che da presto fece tardi'라는 속담이 생겼다.

제31장

1 1플로린florin을 단순히 현재2022년 기준 가치로 환산하면 약 140달러USD로, 2만 플로린은 대략 28만 달러USD에 해당한다. 하지만 1498년 고위 관리제2서기국 국장로 시뇨리아를 보좌했던 마키아벨리의 연봉이 약 130플로린이었다는 점을 감안하면, 2만 플로린이 얼마나 큰돈이었는지 알 수 있을 것이다제7권 제4장 주[1] 참조.

제33장

1 1454년생인 지롤라모 올자티는 콜라 몬타노의 제자가 맞지만, 1430년경에 태어난 조반니 안드레아 람푸냐니는 콜라의 학생이 아니라, 콜라와 교류한 동년배로 보는 것이 옳을 듯하다. 카를로 비스콘티가 언제 태어났는지는 확실하지 않다. 다만, 그는 밀라노 사법위원회 서기관segretario으로 밀라노 궁정에 연줄이 좋았다고 전해진다.

2 카를로는 갈레아초가 자신의 누이를 범했다고 믿었지만, 지롤라모는 갈레아초에 대한 사적인 원한보다는 공화정을 세우려는 정치적 이상 때문에 공작의 암살에 동참했다.

이 글의 마지막인 제8권은 로렌초 데 메디치를 죽이려는 파치 가문의 음모에서 시작해 식스토 4세와 페르디난도 1세의 토스카나 침략, 계속된 패배로 곤경에 처한 피렌체, 나폴리로 가서 페르디난도 1세와 담판을 지은 로렌초, 튀르크의 오트란토 침공으로 화해한 피렌체와 식스토 4세, 페라라를 둘러싼 베네치아와 나머지 이탈리아 열강의 소금 전쟁, 교황 인노첸시오 8세와 페르디난도 1세의 전쟁, 피렌체의 사르차나 수복 전쟁 등을 기술한 후, 한 시대의 종언을 고하는 로렌초의 죽음1492년으로 끝난다.

제8권

제1장

제8권은 앞서 얘기한 밀라노에서 발생한 음모와 곧 서술할 피렌체에서 일어난 음모, 이 두 음모 사이에서 시작하기 때문에 이 글을 쓰던 방식대로 여기서 음모의 본질과 중요성을 설명하는 것이 적절하다고 생각할 수도 있다. 만일 내가 이에 대해 이미 다른 책에서 쓰지 않았다면, 혹은 이것이 몇 마디 말로 간략히 요약될 수 있는 주제라면 나는 기꺼이 그렇게 했을 것이다.

그러나 이 주제는 신중하게 접근해야 하고 또 다른 책들에서 이미 충분히 논의한 내용이므로[1], 여기서는 생략하고 대신 다른 주제로 넘어가서, 자신의 가문에 공개적으로 맞섰던 모든 적을 제거한 메디치 정부가 그 이후 피렌체에서 유일하고 절대적인 권력을 확보하고 또 그 권력을 공고히 하기 위해서는, 가문을 상대로 비밀리에 음모를 꾸미는 자들 역시 제압할 필요가 있었다는 점을 설명하겠다.

앞서 보았듯이 메디치 가문이 그 권위와 명성이 비등한 다른 가문들과 싸우던 초기에는 행정장관들이 독립적이어서 어느 당도 실제로 패할 때까지는 두려워할 이유가 없었고, 따라서 메디치 가문을 싫어한 시민들은 억압당할 것이란 두려움 없이 공공연히 적의를 드러낼 수 있었다. 하지만 1466년 피에로가 승리한제7권 제17장 참조 뒤에는 정부의 모든 권한이 메디치 가문의 통제하에 완전히 들어가서 가문의 세력이 너무 커져 버렸으므로, 그런 상황에 불만을 품은 이들은 새로운 생활방식을 참고 순응하거나, 아니면 정말로 이를 전복하기를 원한다면 음모를 통해 비밀리에 그런 일을 시도할 수밖에 없었기 때문이었다.

그런데 음모에는 당연히 많은 어려움이 수반된다. 그러므로 대개 음모에 가담한 자에게는 파멸을 가져다주지만, 그 대상이 되는 이들의 권한은 더 강화된다. 그래서 음모의 표적이 되는 국가의 군주는 밀라노 공작처럼 살해당하지 않는다면, —사실 이런 일은 좀처럼 일어나지 않는다— 거의 항상 더 큰 권력을 쥐게 되고, 보통은 선량한 사람에서 악인으로 변한다.

음모는 그 시도만으로 군주에게 두려움의 원인을 제공하고, 두려움에 빠진 군주는 자신의 안전을 확보하려 애쓰며, 자신의 안전을 과도하게 확보하려는 군주는 남을 해치는 부당한 행위를 저지르게 되기 때문이다. 그 결과 다시 증오가 생기고, 이는 종종 군주의 파멸로 이어진다. 이런 식으로 음모는 이를 실행하는 자를 그 즉시 파괴하며, 그 대상이 되는 이도 조만간 모든 면에서 전보다 더 나쁜 인간으로 만든다.

৯ৣৢঌ 제2장 ৗৣ঵৶

앞서 말했듯 이탈리아는 크게 두 진영으로 나뉘어 있었다. 한쪽에는 교황식스토 4세과 나폴리 왕페르디난도 1세이 있었고, 다른 한쪽에는 피렌체와 베네치아가 밀라노 공작갈레아초 스포르차과 함께했다. 비록 아직 전쟁의 불길이 타오르지는 않았지만, 매일 전쟁의 불길을 일으킬 새로운 불씨들이 자라고 있었다.

특히 교황은 무슨 일을 하든 피렌체에 해를 가하려고 애썼다. 그래서 피사의 대주교인 필리포 데 메디치가 죽자1474년 10월, 피렌체 정부의 뜻과는 반대로, 메디치 가문에 적대적이라고 알려진 프란체스코 살비아티를 그 자리에 임명했다1474년 10월 14일. 그렇지만 그때 피렌체 시뇨리아는 그에게 주교 관구의 소유권을 주는 것을 거부했기 때문에 이 일의 처리와 관련해 교황과 피렌체 정부 사이에 새로운 다툼이 생겼다.

교황은 또한 로마에서 파치 가문한테는 매우 큰 호의를 베풀었으나, 메디치 가문은 사사건건 냉대했다[1]. 그 당시 피렌체에서는 파치 가문이 모든 피렌체 가문 중 가장 부유하고 가장 고귀했다. 그 가문의 수장은 야코포로, 피렌체 정부는 그의 부와 혈통을 고려해 그에게 기사 작위를 수여했다1469년 2월. 그는 사생아 딸카테리나을 제외하면 자녀가 없었지만, 대신 형 안토니오1458년 사망와 피에로1464년 사망가 낳은 조카들이 많았다. 그들 중 으뜸은 굴리엘모·프란체스코·레나토·조반니였고, 그다음은 안드레아·니콜로·갈레오토였다.

코시모 데 메디치는 이런 파치 가문의 부와 지위에 주목해, 손녀인 비앙카로렌초의 누나를 굴리엘모와 결혼시켰다1459년 8월. 그는 이 혼인으로 두 가문이 더욱 단결해 흔한 의심에서 비롯되는 시기와 증오를 없애기를 바랐다. 하지만 모든 인간의 계획은 너무 오류가 많고 불확실한 법이라, 일은 코시모의 바람과는 정반대로 전개됐다.

로렌초의 조언자들은 그에게 부와 권력을 동료 시민들과 공유하는 것이 얼마나 위험하고, 또 그의 권위에 얼마나 해가 되는지 끊임없이 이야기했으며, 그 결과 야코포와 조카들은 다른 시민들이 보기에 그들이 받을 만한 명예로운 지위에 전혀 오르지 못했기 때문이었다. 이로 인해 파치 가문은 분노하고 메디치 가문은 두려워하기 시작했으며, 파치 가문의 분노가 커짐에 따라 메디치 가문의 불안도 덩달아 커졌다.

그리하여 다시 파치 가문은 다른 시민들과 경쟁하는 모든 일에서 행정장관들의 부당한 처분을 받았다. 게다가 8인의 행정장관은 그 정도 높은 지위에 있는 인물에게 일반적으로 보여 주는 어떤 존경의 표시도 없이, 아주 사소한 이유로 로마에 체류하고 있던 프란체스코 데 파치굴리엘모의 동생를 강제로 피렌체에 돌아오게 했다. 그러자 파치 가문은 자신들이 받은 모욕에 대해 어디서나 수시로 격렬한 분노를 표출했다. 그러나 그들의 불만은 도리어 남들의 의심을 증폭시키고, 자신들에 대한 더 큰 침해를 불러일으킬 뿐이었다.

조반니굴리엘모의 동생이자 프란체스코의 형 데 파치는 아주 부유한 조반니 부온로메오실은 보로메오(Borromeo) 혹은 보로메이(Borromei)의 딸베아트리체을 아내로 삼았다. 부온로메오의 재산은 그가 죽었을 때 다른 자녀가 없었으므로 당연히 그의 딸에게로 가야 했다. 그렇지만 그의 조카인 카를로가 그 재산 중 일부를 가로챘다. 그런데 그 문제가 법정에서 다투어지고 있는 동안, 갑자기 어떤 법렉스 데 테스타멘티스(Lex de Testamentis), 유언·유산에 관한 법으로 오빠나 남동생이 없는 딸의 상속권을 박탈하고 대신 남자 조카에게 상속권을 주는 엉터리 같은 법으로, 심지어 소급 입법이었다 하나가 통과되어 1477년 3월 조반니 데 파치의 아내는 아버지의 유산을 카를로한테 전부 빼앗겼다. 파치 가문은 이 침해를 전적으로 메디치 가문의 작품이라고 확신했다.

실제로 이 문제와 관련해 줄리아노는 형 로렌초에게 여러 번 이의를 제기하며, 너무 많은 것을 가지려다 모든 것을 다 잃지 않을까 염려된다고 말했다. 하지만 젊음과 권력에 도취되어 있던 로렌초는 자신이 모든 것을 통제하기를 바랐고, 모두가 자신이 최고임을 인정하기를 원했다.

❧ 제3장 ❧

부유하고 자부심 강한 파치 가문은 계속되는 이런 침해를 더는 견딜 수 없었고, 따라서 어떻게 하면 메디치 가문에 복수할 수 있을지 고민하기 시작했다. 파치 가문에서 메디치 가문에 맞서자는 의견을 처음으로 내놓은 인물은 프란체스코였다. 그는 다른 누구보다도 성미가 급하고 혈기가 넘쳤으므로, 자신이 거부당한 것을 얻기 위해 자신이 가진 모든 것을 걸기로 마음먹었다. 그는 피렌체 통치자들을 증오했기 때문에 주로 로마에서 지냈으며, 피렌체 상인의 관습대로 이자를 받고 많은 돈을 빌려줬다.

그는 지롤라모 리아리오 백작과 가까웠으며, 둘은 자주 서로에게 메디치 가문의 횡포에 대해 불만을 쏟아내곤 했다. 그러던 어느 날, 많은 얘기 끝에 그들은 만약 지롤라모 백작이 자기 나라이몰라의 안전을 확보하고, 프란체스코가 자신의 도시에서 안전하게 살려면 피렌체 정부를 바꿀 필요가 있으며, 이는 로렌초와 줄리아노를 모두 죽여야만 이룰 수 있다는 결론에 도달하게 되었다. 그들은 교황과 나폴리 왕도 그 일이 얼마나 쉬운지 듣게 된다면, 자신들의 생각에 기꺼이 동의할 것이라고 기대했다.

이런 자신들의 생각을 실천하기 위해 그들은 피사 대주교인 프란체스코 살비아티에게 모든 계획을 이야기했다. 야심이 크던 살비아티는 최근 메디치 가문한테 모욕까지 당했기 때문에 흔쾌히 그들의 계획에 동조했다. 구체적으로 어떻게 일을 추진할지 그 방법을 고민하던 이 셋은 야코포 데 파치의 도움이 없으면 아무것도 할 수 없다는 것을 인식하고, 계획이 성공하려면 반드시 야코포를 설득해 이 과업에 동참시켜야 한다고 판단했다.

그리하여 프란체스코 데 파치는 야코포를 동참시키기 위해 피렌체로 돌아가고, 백작과 대주교는 로마의 교황 곁에 남아 자신들의 계획에 관해 말할 적당한 기회를 기다리기로 했다. 하지만 프란체스코는 자신이 예상했던 것보다 야코포가 더 완고해서, 그를 설득하는 일이 매우 힘들다는 것을 알게 되었다. 프란체스코가 이를 로마에 알리자, 야코포를 움직이기 위해선 더 큰 힘이 필요하다고 이해한 대주교와 백작은, 교황군의 용병대장인 조반니 바티스타 다 몬테세코에게 자신들의 비밀을 털어놓았다. 바티스타는 용감한 무장이었고 또 교황과 백작 모두에게 의무를 지고 있었지만즉 은혜를 입었지만, 그 계획은 어렵고 위험하다며 반대했다.

대주교는 바티스타의 두려움을 없애기 위해 먼저 교황과 나폴리 왕으로부터 얼마나 큰 도움을 받을지 설명한 뒤, 피렌체 시민들이 메디치 가문에 품고 있는 증오를 과장하고 자기 가문과 파치 가문이 그곳에 있는 친족들로부터 얻을 지지를 부풀려 말하고 나서, 그 형제는 부하들을 대동하지 않고 의심 없이 거리를 걸어 다녀 죽이기 쉬우며, 그들이 제거되면 정부를 전복시키는 일도 그리 어렵지 않을 것이라고 단언했다.

그러나 바티스타는 다른 많은 피렌체 시민들이 이와 매우 달리 말하는 것을 자주 들었기 때문에 대주교의 말을 완전히 믿지는 않았다.

⤜⤝ 제4장 ⤞⤟

이런 일들이 로마에서 논의되고 숙고되는 동안, 파엔차의 카를로 만프레디2세가 병에 걸려 죽을 날만 바라보고 있다는 소식이 들려왔다1477년. 그러자 대주교와 백작은 파엔차 군주가 로마교회로부터 강탈한 도시들을 되찾는다는 구실로 바티스타를 피렌체로 보냈다가, 그곳에서 다시 로마냐파엔차는 로마냐에 있다로 보낼 적당한 기회가 왔다고 생각했다.

지롤라모 백작은 바티스타에게 로렌초를 만나 로마냐의 일들을 어떻게 처리하는 것이 좋은지 자신을 대신해 조언을 구한 후, 프란체스코 데 파치와 상의해 어떻게 하면 야코포 데 파치를 그들의 뜻에 따르게 할 수 있는지 알아보라고 지시했다. 그리고 교황의 권위가 야코포에게 전달될 수 있도록 바티스타가 로마를 떠나기 전에 교황과 얘기할 자리를 마련했으며, 그 자리에서 교황은 그 과업을 위해 자신이 할 수 있는 모든 도움을 주겠다고 그들에게 약속했다.

그렇게 해서 피렌체로 간 바티스타는 로렌초를 만나 정중한 환대를 받았으며, 로마냐의 일들에 대해 현명하고 애정 어린 조언을 들었다. 바티스타는 로렌초가 들었던 것과 달리 매우 친절하고 지혜로우며, 무엇보다 백작에게 아주 우호적이라는 사실을 발견하고 깜짝 놀랐다.

그런데도 바티스타는 여전히 프란체스코와 상의하기를 원했다. 하지만 그때 마침 프란체스코가 루카에 가고 없다는 소리를 듣고, 대신 야코포와 이야기를 나눴다. 바티스타는 야코포가 그 음모에 강하게 반대한다는 것을 알았다. 그렇지만 둘이 헤어질 무렵에는 교황의 권위가 어느 정도 야코포의 마음을 흔들어 놓았다. 야코포는 바티스타에게 일단 로마냐에 다녀오라고 조언하며, 그가 돌아올 무렵에는 프란체스코도 피렌체로 돌아와 있을 테니, 그때 다시 이 일에 대해 더 자세히 논의하자고 말했다.

바티스타는 로마냐에 갔다가 돌아와서 먼저 로렌초 데 메디치와 백작의 일들에 대해 상의하는 척한 뒤, 프란체스코를 만나 그와 함께 야코포를 끈질기게 설득했으며, 결국 야코포가 그들의 과업에 동의하자 그들 셋은 실행 방식에 대해 논의했다. 야코포는 만일 두 형제가 모두 피렌체에 있다면 계획이 성공하기 힘들다고 생각하고, 로렌초가 로마에 가려 한다는 소문이 있으니 그때까지 실행을 미루자고 제안했다. 프란체스코 역시 로렌초가 피렌체에 없을 때가 더 좋다는 데는 동의했지만, 설령 로렌초가 피렌체를 떠나지 않는다고 해도 결혼식 피로연이나 마상시합 같은 대규모 공개 행사 혹은 교회 같은 곳에서 두 형제를 한꺼번에 처리할 수 있다고 강조했다.

외부의 도움과 관련해 프란체스코는 교황이 몬토네 요새를 공격한다는 명목으로 군대를 소집할 수 있다고, 왜냐하면 교황은 시에나와 페루자에서 혼란을 일으킨 카를로 백작브라초 다 몬토네의 아들, 제7권 제32장 참조을 진압하기 위해 그에게서 몬토네를 빼앗을 정당한 명분이 생겼기 때문이라고 주장했다.

그러나 오랜 논의에도 불구하고 셋은 프란체스코와 바티스타가 로마로 가서, 지롤라모 백작이나 교황과 한 번 더 상의한 후 최종적으로 계획을 확정한다는 데 겨우 의견을 모았다.

로마에 모두 모인 그들은 다시 이 문제를 협의해 마침내 로마교회군을 동원해 몬토네를 공격하되, 그사이 교황의 용병대장 중 한 명인 잔프란체스코 마우루치 다 톨렌티노는 로마냐이몰라로 가고, 로렌초 주스티니 다 카스텔로는 그의 영지치타 디 카스텔로로 돌아가서 각자 자신의 부대를 재정비하며, 살비아티 대주교와 프란체스코 데 파치가 내리는 명령을 실행할 준비를 하고, 살비아티와 프란체스코는 바티스타와 함께 피렌체로 들어가 과업을 수행하는 데 필요한 모든 채비를 단단히 하라는 결론을 내렸다. 페르디난도 왕 역시 사절을 보내 자신도 최선을 다해 돕겠다고 약속했다.

그 후 대주교와 프란체스코는 피렌체로 와서 1477년 9월, 학식 있는 청년으로 변화를 갈망하는 야심 찬 야코포 디 포조 브라촐리니[1]를 음모에 끌어들였고, 대주교의 형과 사촌인 두 명의 야코포 살비아티를 동참시켰으며, 파치 가문에 아주 큰 은혜를 입은 두 명의 열혈 청년 베르나르도 반디니 바론첼리는 당시 58세와 나폴레오네 데 프란체지 또한 가담시켰다. 앞서 얘기한 사람들 외에 외국인 중에는 교황의 공증인이자 사제인 안토니오 마페이 다 볼테라와 야코포 데 파치의 집에 살며 그의 딸에게 라틴어를 가르치던 스테파노 다 바뇨네라는 신부가 포함됐다.

진중하고 분별 있는 레나토 데 파치야코포 데 파치의 둘째 형인 피에로 데 파치의 아들로 프란체스코의 사촌형는 그런 음모에 동반되는 해악들을 아주 잘 알고 있었으므로 가담하지 않았다. 아니, 사실 그는 그 음모를 혐오했으며, 자신의 가문을 배신하지 않으면서도 할 수 있는 모든 방법을 동원해 이를 막으려고 애썼다.

ᚙᚙ 제5장 ᚙᚙ

교황은 지롤라모 백작의 조카인 라파엘레 산소니 데 리아리오를 피사 대학에 보내 교회법을 배우게 했으며, 라파엘레가 아직 대학에 다니는 동안당시 16세 추기경으로 임명했다1477년 12월, 청소년기에 추기경이 된 최초의 인물로 훗날 미켈란젤로를 로마로 데려왔다. 공모자들은 이 추기경을 피렌체로 데려오기로 했다. 추기경의 수행원들 속에 공모자들을 숨길 수 있어, 음모를 숨기고 과업을 실행할 기회를 잡을 수 있다고 판단했기 때문이었다.

그리하여 그 추기경은 피렌체로 왔으며, 도시 근교의 몬투기에 있는 야코포 데 파치의 저택에서 그의 환대를 받았다. 공모자들은 추기경을 통해 로렌초와 줄리아노를 함께 모이게 한 뒤 그 둘을 한꺼번에 죽이려고 했다. 그럴 목적으로 공모자들은 그 형제에게 추기경을 초대해 피에졸레에 있는 그들의 저택에서 연회를 열어 달라고 요청했다. 하지만 우연인지 고의인지 줄리아노는 연회에 오지 않았고, 결과적으로 이 계획은 실패했다.

그래서 공모자들은 다시, 만일 도시 안에서 연회를 열어 추기경을 초대한다면 형제가 모두 반드시 참석할 것이라고 확신하고, 1478년 4월 26일 일요일에 연회를 개최하기로 했다. 연회가 벌어지는 동안 자신들의 목적을 달성하기를 바라며, 그들은 토요일 밤에 모여 다음 날 각자 할 일을 정했다. 그렇지만 일요일 아침이 밝았을 때, 프란체스코는 줄리아노가 연회에 올 수 없다는 전갈을 받았다.

그러자 주요 공모자들은 다시 모여, 많은 사람이 이 계획을 알고 있어 이제 발각되는 것은 시간문제이니 거사의 실행을 더 이상 미뤄서는 안 된다는 데 뜻을 같이하고, 산타 레파라타 대성당산타 마리아 델 피오레 대성당에서 그 형제를 죽이기로 결정했다. 라파엘레 추기경이 그곳에 있을 예정이라, 관례대로라면 두 형제 모두 미사에 참석할 것이기 때문이었다.

공모자들은 조반니 바티스타가 로렌초를 죽이고, 프란체스코 데 파치와 베르나르도 반디니가 줄리아노를 제거하기를 원했다. 그러나 바티스타는 로렌초와 쌓은 친교가 마음에 걸렸는지, 아니면 다른 어떤 이유가 있었는지 자신에게 주어진 임무를 거절하며, 로렌초를 배신하는 것으로 모자라 성당 안에서 그런 엄청난 범죄를 저질러 감히 신까지 모독할 용기는 없다고 말했다.

바티스타의 이 거절이 그들의 과업이 실패하게 된 시발점이었다. 시간이 촉박했던 그들은 할 수 없이 로렌초를 죽이는 임무를 안토니오 다 볼테라와 스테파노 신부에게 맡겼기 때문이었다. 그 둘은 타고난 천성으로 보나 살아온 이력으로 보나, 그런 큰일을 하기에는 가장 부적절한 인물들이었다. 만일 삶과 죽음에 대한 오랜 경험을 통해 길러진 용기와 결단력과 냉철함이 요구되는 때가 있다면 바로 이와 같은 시도를 할 때인데, 이럴 때는 무기에 능숙하고 피에 흠뻑 젖은즉 죽음에 익숙한 이들조차 용기를 잃는 일이 허다하게 발생하기 때문이다.

아무튼 그렇게 결정하고 나서, 그들은 대성당에서 장엄미사를 집전하는 사제가 성찬을 받을 때 행동을 개시하기로 했다. 그러는 동안 살비아티 대주교는 야코포 디 포조 브라촐리니와 함께 자신의 친척들을 이끌고 시뇨리아 궁을 장악해, 그 두 젊은이가 죽자마자 자발적으로든 억지로든 시뇨리가 공모자들을 지지하도록 만들기로 했다.

⟡ 제6장 ⟡

이렇게 약속한 후 공모자들은 대성당으로 갔다. 라파엘레 추기경은 이미 로렌초 데 메디치와 함께 그곳에 와 있었다. 대성당은 예배드리러 온 사람들로 가득했고 예배는 벌써 시작되었지만, 줄리아노 데 메디치는 아직 도착하지 않았다. 그러므로 줄리아노를 죽이기로 한 프란체스코 데 파치와 베르나르도 반디니는 같이 줄리아노의 집으로 가서 교활한 화술로 그를 성당으로 데려갔다.

프란체스코와 베르나르도가 자신들의 격렬한 증오와 잔인한 계획을 감추었던 그 냉정함과 침착함은 참으로 기록할만한 가치가 있다. 그들은 줄리아노를 죽이려고 성당으로 데려가면서도, 가는 도중은 물론이고 성당에 도착한 후에도 젊은이다운 농담과 장난으로 그를 즐겁게 했다. 또한 프란체스코는 줄리아노를 껴안는 척하며, 그가 흉갑이나 이와 유사한 보호 장비를 입고 있는지 손과 팔로 확인하는 것도 잊지 않았다.

줄리아노와 로렌초는 자신들에 대한 파치 가문의 깊은 적의를 익히 알고 있었으며, 그들이 얼마나 자신들로부터 정권을 빼앗고 싶어 하는지 잘 이해하고 있었다. 하지만 그들은 목숨을 잃지 않을까 하는 두려움 따위는 아예 없었다. 비록 파치 가문이 무언가를 시도한다 해도, 불법적인 폭력에 의지하지 않고 합법적인 방법을 사용할 것으로 믿었기 때문이었다. 따라서 로렌초와 줄리아노 역시 자신들의 안전에 대해서는 전혀 걱정하지 않고 파치 가문의 친구인 척했다.

그렇게 모든 준비를 마친 살인자들은 성당 안의 많은 인파 덕분에 아무런 의심도 사지 않고 몇몇은 로렌초 옆에, 그리고 나머지는 줄리아노 옆에 쉽게 자리를 잡을 수 있었다. 운명의 순간이 다가오자 베르나르도 반디니가 이 과업을 위해 준비한 단검을 꺼내 줄리아노의 가슴을 찔렀고, 줄리아노는 비틀거리며 몇 발자국 뒷걸음치다가 바닥으로 쓰러졌다. 그때 프란체스코 데 파치가 줄리아노에게 달려가 온몸에 상처를 입히며 맹렬히 그를 공격하다, 분노에 눈이 멀어 자신의 허벅지에도 심각한 상처를 냈다.

그사이 안토니오와 스테파노도 로렌초를 공격했지만, 그를 향한

〈파치가의 음모〉 스테파노 우시Stefano Ussi

많은 타격에도 불구하고 목에 가벼운 상처를 남기는 데 그쳤다. 그
들의 서투름 때문인지, 아니면 자신을 공격하는 것을 보고 칼을 빼
자신을 지킨 로렌초의 용기 때문인지, 그것도 아니면 로렌초 곁에
있던 이들이 보호했기 때문인지, 그들의 모든 노력은 허사가 되고
말았다. 그리하여 겁에 질린 그들은 달아나 숨었으나 곧 발각돼 교
수형에 처해졌으며5월 3일, 그 시체가 온 거리에 질질 끌려다니는 치
욕을 당했다.

그들이 달아난 후, 로렌초는 주위에 있던 친구들을 모아 대성당
의 성구실聖具室로 몸을 숨겼다. 베르나르도 반디니는 줄리아노가
죽은 것을 보고, 오래된 원한을 갚기 위해서인지 아니면 그가 줄리
아노를 도우려 했기 때문인지 메디치 가문의 충실한 친구인 프란체
스코 노리 또한 죽였다. 그러고 나서 두 건의 살인에 만족하지 못하
고, 다른 이들이 그들의 느림과 허약함 때문에 실패한 일을 자신의
용기와 민첩함으로 달성하려고 로렌초를 찾아 나섰다. 그렇지만 로

렌초는 이미 성구실로 몸을 피했기 때문에 뜻을 이루지 못했다.

이 비극적이고 끔찍한 행위들이 벌어지는 동안 대성당 안은 그 건물이 무너질 것 같은 대혼란 속에 빠졌다. 한편 라파엘레 추기경_{당시} 17세은 제단에 착 달라붙어 간신히 사제들의 보호를 받고 있다가 얼마 후 소란이 가라앉자 시뇨리에 의해 시뇨리아 궁으로 옮겨졌으며, 거기서 다시 자유의 몸이 될 때까지 심각한 생명의 위협을 느끼며 지냈다.

✧˖⁺ 제7장 ⁺˖✧

이 무렵 피렌체에는 반대 당파에 의해 고향에서 쫓겨난 페루자 시민들이 꽤 있었다. 파치 가문은 그 시민들에게 조국을 되찾아 주겠다고 약속하며, 자신들의 계획에 끌어들였다. 야코포 디 포조와 두 명의 야코포 살비아티 그리고 다른 친구들과 함께 시뇨리아 궁을 장악하러 간 살비아티 대주교는 바로 이 페루자 시민들도 데리고 갔다. 궁에 도착한 살비아티는 위에서 시끄러운 소리가 들리면 성문을 장악하라는 명령을 내리고, 같이 간 일행들 가운데 일부를 궁 아래에 남겨 두었다.

그 뒤 살비아티는 대부분의 페루자 시민을 이끌고 위층으로 올라갔으나, 시간이 늦어서인지 시뇨리가 점심을 먹고 있다는 말을 들었다. 하지만 그것도 잠시 살비아티는 곧 정의의 곤팔로니에레인 체사레 페트루치_{제7권 제26장에 등장한 프라토의 포데스타와}의 면담을 허락받았으며, 그래서 자신은 같이 올라온 일행 중 몇 명을 데리고 곤팔로니에레의 집무실로 들어가고, 나머지는 밖에 남겨 두었다. 그렇지만 이렇게 해서 그들 대다수는 자신들의 부주의로, 그 문이 한 번 닫히면 열쇠 없이는 안에서든 밖에서든 열 수 없도록 고안된 칸첼레리아Cancelleria(공문서 보관실)에 갇히고 말았다.

그건 그렇고, 교황을 대신해서 전할 중요한 전갈이 있다는 구실을 대고 곤팔로니에레를 만난 대주교는 말을 하기 시작했다. 그러나 그는 매우 더듬거리며 혼란스럽게 말을 이어갔고, 그런 그의 얼굴과 목소리에 나타난 동요와 불안은 곤팔로니에레의 의심을 살만큼 아주 컸다. 그러자 곤팔로니에레는 갑자기 고함을 치며 순식간에 몸을 날려 야코포 디 포조에게 달려들더니, 그의 머리카락을 붙잡아 옆에 있던 궁의 세르젠테Sergente(수위관)들에게 넘겼다.

이 소란을 들은 시뇨리는 그 순간에 구할 수 있는 무기들로 모두 무장을 하고, 대주교를 따라 위층으로 올라온 이들을 공격했다. 위층으로 올라온 대주교의 일행들은 일부는 칸첼레리아에 갇혀 있고 또 나머지는 겁에 질려 있었으므로, 그 자리에서 죽임을 당하거나 산 채로 궁의 창밖으로 내던져졌다. 대주교 자신과 두 명의 야코포 살비아티, 그리고 야코포 디 포조는 그 자리에서 교수형을 당했다.

반면 궁 아래에 있던 대주교의 부하들은 경비병들을 제압한 후, 성문을 닫아걸고 아래층 전부를 장악했다. 따라서 경종을 듣고 궁으로 달려온 시민들은 궁 안으로 들어갈 수가 없어서 시뇨리에게 어떤 도움이나 조언도 해줄 수 없었다.

제8장

프란체스코 데 파치와 베르나르도 반디니는 로렌초가 이미 탈출
했고, 또 과업이 성공할 희망은 오직 자신들한테 달려 있는데 그중
한 명프란체스코이 중상을 입은 것을 보자 낙담했다. 그러므로 과업이
실패했다고 판단한 베르나르도는 메디치 가문을 공격할 때 보여 주
었던 민첩함을 이용해 재빨리 피렌체에서 달아났다.

그사이 큰 상처를 입고 집으로 돌아온 프란체스코는 말에 오르려
고 노력했다. 공모자들의 계획에 따르면, 그는 추종자들과 함께 말
을 타고 도시를 돌며 사람들에게 무기를 들어 자유를 되찾으라고
촉구하기로 되어 있었기 때문이었다. 하지만 그의 상처는 매우 깊
었고, 피를 너무 많이 흘려 정신까지 혼미했으므로 그럴 수 없었다.
하는 수 없이 그는 옷을 전부 벗고 벌거벗은 채 침대에 누워 야코포
데 파치에게 자신이 직접 할 수 없는 일을 자신을 위해 해 달라고
간청했다.

야코포는 비록 늙고당시 55세 그런 일에는 익숙하지 않았지만, 그
일을 위해 준비되어 있던 100여 명의 무장 병력을 이끌고, 마지막으
로 자신들의 운명을 시험해 보기 위해 말에 올라 시뇨리아 광장으
로 달렸다. 그는 가는 내내 자유를 외치며 사람들의 도움을 요청했
으나, 아무도 그의 외침에 반응하지 않았다. 사람들은 이미 메디치
가문의 번영과 선심성 정책에 귀가 막혔고, 그 결과 자유는 더 이상
피렌체에 남아 있지 않았기 때문이었다.

한편 여전히 시뇨리아 궁의 위층을 장악하고 있던 시뇨리는 광장
에 도착한 야코포에게 돌을 던지며 온갖 위협을 가했다. 어떻게 해
야 할지 몰라 망설이던 야코포는 처남아내의 오빠인 조반니 세리스토리

와 우연히 마주쳤다. 세리스토리는 파치 가문이 일으킨 혼란에 대해 야코포를 꾸짖은 뒤, 민중과 자유는 그에게만큼이나 다른 시민들한테도 소중하다고 역설하며 어서 집으로 돌아가라고 훈계했다.

그렇게 시뇨리는 적대적이고, 로렌초는 살아 있으며, 프란체스코는 다치고 또 아무도 자신을 따르려 하지 않자, 모든 희망을 잃어버린 야코포는 도시를 탈출해 목숨을 보전하기로 마음먹고, 광장에 함께 있던 추종자들을 데리고 로마냐로 가기 위해 피렌체를 떠났다.

ᗢᔛ 제9장 ᔕᗣ

이때는 온 도시가 무기를 들었고, 로렌초 데 메디치는 무장한 수많은 추종자와 함께 자신의 집으로 물러나 있었다. 사람들은 시뇨리아 궁을 되찾고, 궁의 아래층을 장악했던 자들을 죽이거나 체포했다. 도시 전역에는 메디치 가문의 이름이 울려 퍼졌고, 죽은 자들의 사지가 창에 꿰뚫려 있거나 도시의 바닥에 질질 끌려다니는 광경들이 흔하게 보였다.

사람들은 파치 가문에 대한 분노에 사로잡혀 그들을 무자비하게 쓰러뜨리는 데 동참했다. 이제 파치 가문의 집들은 폭도들이 차지했으며, 벌거벗은 채로 침대에서 끌려 나온 프란체스코는 시뇨리아 궁으로 끌려가 대주교와 그의 동료들 옆에 나란히 매달렸다. 그렇지만 거리를 지나는 동안과 그 뒤에 가해진 어떤 모욕과 폭행도 그의 입을 열게 하지는 못했다. 프란체스코는 그저 자신을 괴롭히는 사람들의 얼굴을 뚫어지게 쳐다보며 아무 말 없이 조용히 탄식했다. 음모에 가담하지 않아 죄가 없던 굴리엘모 데 파치는 아내 비앙카의 주선으로 처남인 로렌초의 집으로 몸을 피해 목숨을 구했다.

이 심판의 시기에 무장을 했든 안 했든, 자신의 생명과 재산을 로렌초의 처분에 맡기기 위해 그의 집을 찾아가지 않은 시민은 단 한 명도 없었다. 그 신중함과 관대함으로 이 가문이 획득한 영광과 대중의 지지는 그토록 남달랐다.

이 사건이 일어났을 때, 레나토 데 파치는 시골의 저택에 은거해 있었다. 무슨 일이 있었는지 들은 그는 변장을 하고 피신하려 했으나, 도중에 발각돼 사로잡혀 피렌체로 이송되었다. 야코포 역시 로마냐로 가는 산을 넘다가 붙잡혔다. 피렌체에서 일어난 사건을 전해 들은 산사람들이 야코포가 탈출하는 것을 보고 그 일행을 공격해 그를 붙잡은 후, 다시 피렌체로 데려갔기 때문이었다. 피렌체로 끌려가는 도중에 야코포는 여러 차례 자신을 죽여 달라고 그들에게 간청했다. 하지만 그들은 그의 요청을 들어주지 않았다.

야코포와 레나토는 줄리아노가 죽은 지 4일 후에 사형을 선고받고 교수형을 당했다. 이때 행해진 수많은 처형으로 거리는 죽은 자들의 시체와 잘려 나간 팔다리로 넘쳐났지만, 아무도 이를 동정하지 않았다. 다만 레나토의 죽음만은 다른 죽음과 달리 큰 동정을 받았다. 그는 항상 현명하고 선량한 인물로 여겨졌으며, 그 가문의 나머지 사람들이 비난받았던 오만함도 없었기 때문이었다.

이 사건파치가의 음모에는 앞서 언급한 사례 말고도 아주 이례적인 사례가 또 있었으니, 야코포는 처음에 그 조상들의 무덤이 있는 곳산타 크로체 성당에 매장되었다가, 파문당한 사람처럼 그 무덤에서 파헤쳐져 도시의 성벽 어딘가에 묻혔다가, 다시 파헤쳐진 뒤 벌거벗겨진 채 교수형을 당할 때 사용된 올가미에 묶여 온 도시를 이리저리

질질 끌려다녔다. 그
러고 나서 대지 위에는
그가 쉴 곳이 없는 것
처럼, 그를 질질 끌고
다닌 자들에 의해 당시
범람할 듯 수위가 높던
아르노강에 던져졌다.
그렇게 부유하고 번영
했던 사람이 그런 파멸
에 이르고, 그런 멸시를
당하고, 그런 불행한
결말을 맞이하다니, 실

〈파헤쳐진 야코포 데 파치의 시체〉
오도아르도 보라니Odoardo Borrani

로 운명의 여신의 변덕스러움을 보여 주는 끔찍한 실례였다!

　그가 죽은 뒤 그의 악행이 인구에 회자되었다. 그중에는 도박 중
독과 가장 타락한 자들에게나 어울릴 법한 잦은 신성모독적 욕설
도 있었다. 그러나 그는 많은 자선 행위를 통해 이 악행들을 만회했
다. 그는 궁핍한 이들뿐만 아니라 자선단체에 막대한 돈을 기부했
다. 또한, 그의 선량함에 대하여 말하자면 다음과 같은 일도 빼놓을
수 없다. 큰 죄를 범하기로 예정된 그 일요일 전날, 혹시 모를 자신
의 액운으로 누군가가 피해를 보지 않도록, 그는 자신의 모든 빚을
청산하고, 자신의 집이나 사업장에 보관 중이던 다른 이들의 재물
을 놀라울 정도로 정확하게 모두 그 주인한테 돌려주었다.

　조반니 바티스타 다 몬테세코는 오랜 심문 끝에 참수되었다1478년
5월 4일. 나폴레오네 프란체시는 피신해 처벌을 피했다. 굴리엘모 데

파치는 추방당했고, 살아 있던 그의 사촌들은 볼테라의 지하 감옥에 감금되었다.

모든 혼란이 그치고 공모자들이 처벌된 후, 줄리아노의 장례식이 거행되었다. 모든 시민이 눈물을 흘리며 그의 운구 행렬을 따라갔다. 살아생전의 줄리아노한테는 그토록 고귀한 운명에서 태어난 인물에게 바랄 수 있는 모든 관대함과 친절함이 넘쳐났기 때문이었다.

그는 자신이 죽은 지 몇 달 후실은 한 달 뒤인 5월 26일에 태어난 줄리오라는 이름의 아들사생아을 남겼다. 줄리오의 탁월한 미덕과 복된 운명은 오늘날 온 세상이 인정하고 있다줄리오는 1523년 교황 클레멘스 7세가 되었다. 이에 대해서는 만일 신께서 우리 시대로렌초 데 메디치가 죽은 이후의 시대의 일들에 관해 말할 시간을 허락해 주신다면, 그때 자세히 살펴볼 것이다마키아벨리가 자신의 의지를 표명한 것으로, 실제로 실현되지는 못했다.

한편 로렌초 주스티니 다 카스텔로의 지휘하에 발 디 테베레발티베리나 계곡에 집결해 있던 군대와 로마냐에서 잔프란체스코 마우루치 다 톨렌티노의 지휘를 받던 군대가 파치 가문을 지원하기 위해 피렌체로 이동하기 시작했다. 하지만 도중에 음모가 실패했다는 소식을 듣고 발길을 되돌렸다.

⋙ 제10장 ⋘

그러나 교황과 나폴리 왕은 바라던 정권 교체가 피렌체에서 일어나지 않자, 음모를 통해 이룰 수 없었던 일을 전쟁을 통해 이루기로 결심하고, 피렌체를 공격하기 위해 전광석화와 같은 속도로 군대를 소집했다. 그들은 로렌초 데 메디치를 없애는 것 외에 피렌체에 바라는 게 없다며, 오직 로렌초만이 자신들의 적이라고 선포했다. 왕의 군대는 이미 트론토강을 건넜고, 교황의 군대는 페루자에 도착해 있었다. 교황은 또한 피렌체가 자신의 세속적인 무기군대에 의해서 뿐만 아니라, 영적인 무기에 의해서도 상처를 받도록 피렌체를 파문하고 저주했다.

이 두 강력한 군대가 자신들을 치러 온다는 소식을 들은 피렌체 통치자들은 부지런히 자신들을 지킬 준비를 했다. 하지만 이 전쟁이 자신을 개인적으로 겨냥하고 있다는 소문이 널리 퍼져 있는 만큼, 로렌초 데 메디치는 우선 시뇨리와 함께 300명이 넘는 역량 있는 시민들을 시뇨리아 궁에 소집한 후 그들에게 이런 의미로 말했다.

"존경하는 시뇨리 여러분, 그리고 위대하신 피렌체 시민 여러분, 저는 최근에 일어난 일들에 대해 여러분과 같이 탄식해야 할지, 아니면 기뻐해야 할지 솔직히 잘 모르겠습니다. 진실로 말씀드리건대, 제가 공격받고 제 동생이 죽임을 당한 저 배신과 증오를 생각하면, 저는 온 마음과 온 영혼을 다해 한탄하고 슬퍼하지 않을 수 없습니다.

그렇지만 그 후 도시 전체가 한마음 한뜻으로 저를 보호하고, 또 매우 신속하고 열정적으로 제 동생의 죽음을 복수하며 보여 주신 큰 사랑을 고려한다면, 저는 단순히 기뻐하는 것에 그치지 않고 제게 닥친 일에 환호하고 그 영광에 감사해야 할 것입니다. 비록 이번 일로 제가 생각했던 것보다 더 많은 적이 이 도시에 있었다는 사실을 알게 되었지만, 동시에 제가 믿었던 것 이상으로 더 열렬하고 더 헌신적인 친구들이 있다는 사실 역시 발견했기 때문입니다.

그러므로 저는 다른 이들이 저희에게 가한 침해에 대해서는 여러분과 함께 탄식하고, 여러분이 베푼 은혜에 대해서는 여러분과 같이 기뻐하지 않을 수 없지만, 그럼에도 저는 저희에게 가해진 그 침해를 훨씬 더 한탄할 수밖에 없습니다. 그런 침해는 너무 기이해서 비할 데가 없으며, 또 저희 형제가 그런 침해를 당해야 할 이유도 전혀 없었기 때문입니다.

현명하신 피렌체 시민 여러분, 사악한 운명이 우리 가문을 어떤 길로 인도했는지 생각해 보십시오. 우리는 친구들이나 친척들 속에서도, 아니, 심지어 성스러운 교회 안에서도 안전하지 못했습니다. 죽음을 두려워하는 이들은 대개 친구와 친척들에게 보호를 요청하지만, 우리는 그들이 우리를 파괴하기 위해 무기를 들 수 있다는 것을 알게 되었습니다. 공적이든 사적이든 어떤 이유로 박해를 당하는 이들은 모두 보통 교회에서 피난처를 찾습니다. 하지만 남들은 도움을 받는 이들에게 오히려 우리 메디치 가문은 살해당하고, 암살범이나 존속살해범조차 안전한 곳교회 안에서 저와 제 동생은 우리를 죽이려는 자들을 만났습니다. 그러나 과거에도 결코 우리 가문을 저버리신 적 없는 신께서는, 이번에도 다시 한번 우리 가문을 구원해 주시며 친히 우리의 정당한 대의를 옹호해 주셨습니다."

감정이 격해졌는지, 로렌초가 잠시 말을 멈추고 호흡을 가다듬었다. 그런 그를 따라 시민들 역시 긴장으로 참았던 숨을 조용히 내쉬었다.

"사랑하는 피렌체 시민 여러분, 정녕 우리 가문이 우리를 향해 복수의 열망을 불태우게 할 만큼의 피해를 누군가에게 가한 적이 있

다고 생각하십니까? 정말 그렇게 생각하십니까? 예, 아니죠, 절대
아닙니다. 자신 있게 말씀드리지만, 우리는 스스로 우리의 적임을
공공연히 드러낸 자들에게 결단코 어떤 사적인 위해도 가한 적이
없습니다. 만일 우리가 그랬다면, 그들에게는 우리를 해칠 기회 같
은 것은 아예 남아 있지도 않았을 테니까 말입니다.

그렇다면 그게 아니고 만일 그들이 받았을지 모를 어떤 공적인
침해를, 물론 저는 그것이 무엇인지 알지 못합니다만, 아무튼 그들
이 그 침해를 우리 탓으로 돌린 것이라면, 그들의 공격은 우리가 아
니라 여러분을, 우리 가문이 아니라 여기 이 시뇨리아 궁과 이 정부
의 지도자들을 향한 것으로 봐야 할 것입니다. 그런 책임 전가는 여
러분이 오직 우리를 위해, 여러분의 동료 시민들에게 부당한 침해
를 가했다는 주장과 다름없기 때문입니다.

그렇지만 이런 궤변은 진실과는 완전히 반대되는 억지 주장에 불
과할 뿐입니다. 설령 우리가 그들에게 공적 침해를 가할 힘이 있었
다 할지라도 우리는 절대 그러지 않았을 것이고, 또 설령 우리가 그
러기를 원했다 할지라도 여러분은 절대 그런 가증스러운 계획에 동
참하지 않았을 것이기 때문입니다. 일의 진상을 거짓 없이 참되게
파악하고자 하는 사람은 누구나, 우리 가문이 친절함과 관대함과 자
비로움에 있어서 언제나 세상의 모든 가문을 능가하려고 애썼다는
바로 그 점 때문에 지금껏 여러분 모두의 일치된 존경을 받아왔다는
사실을 발견할 것입니다. 그렇게 낯선 이들까지도 공경하는 우리 가
문이, 어떻게 우리의 친구와 친척들에게 침해를 가하겠습니까?

하지만 시뇨리아 궁을 장악하려 한 시도나 무장 병력을 이끌고
광장에 난입한 행위에서 알 수 있듯이, 만일 우리의 적들이 지배욕
에 이끌려 이런 끔찍한 짓을 저질렀다면 그들의 명분자신들이 당한 침해

로 인해 이런 일을 벌이게 되었다는 주장이, 아니, 그 속에 숨겨진 그들의 야심이 얼마나 추하고 비난받아 마땅한지는 그들이 자초한 파멸이 여실히 보여 주고 있습니다. 그러나 만일 그들이 지배욕 때문이 아니라 우리가 지니게 된 권위를 시기하고 증오해 이런 역겨운 짓을 벌였다면, 그들이 공격한 대상은 우리라기보다는 차라리 여러분이었다고 할 수 있습니다. 우리에게 그런 권위를 준 것은 다름 아닌 여러분이기 때문입니다.

확실히 친절함과 관대함과 자비로움으로 얻은 권위가 아니라, 힘으로 강탈한 권위는 미움을 받을 만합니다. 그렇지만 주지하시다시피, 우리 가문은 이 궁과 여러분이 한목소리로 권하지 않은 자리에는 결단코 한 발자국도 다가서지 않았습니다. 제 할아버님인 코시모는 무기와 폭력이 아니라, 여러분 모두의 동의와 승인으로 망명에서 돌아오셨습니다. 그 뒤 할아버님이 돌아가시고 수많은 적에 맞서 국가를 지켜낸 것은 늙고 병약했던 제 아버님이 아니라, 권한과 선의애국심를 지닌 여러분 자신이셨습니다. 저 역시 아버님이 돌아가셨을 때 아직 어린아이에 불과했기 때문에 만일 여러분의 조언과 지지가 없었다면 절대 가문의 지위를 유지할 수 없었을 것입니다. 이렇듯 우리 가문은 여러분의 협력을 얻어 이 공화국의 일들을 돌볼 수 있었으며, 따라서 앞으로도 여러분의 도움이 없다면 결코 그 일들을 제대로 해낼 수 없을 것입니다.

그러므로 저는 그들이 왜 우리를 증오하고, 왜 우리를 시기하는지 그 이유를 알지 못합니다. 아니, 제 생각에 그들은 차라리 그들의 조상을 원망하는 것이 도리어 이치에 맞습니다. 그들의 조상은 오만과 탐욕으로 자신들의 명성을 스스로 걷어차 버렸으니 말입니다. 반면 우리의 조상은 그들의 조상과는 정반대의 행동으로 명성을 쌓았습니다.

아니, 좋습니다, 실제로 있었던 일과는 전혀 다르지만, 우리가 그들에게 가한 침해가 컸고, 그래서 그들이 우리의 파멸을 원했다고 칩시다. 그래도 '왜 이 시뇨리아 궁을 공격하러 왔을까? 왜 교황이나 나폴리 왕과 동맹을 맺어 이 공화국의 자유를 없애려고 했을까? 왜 이탈리아의 오랜 평화를 깨뜨렸을까?'라는 물음들에 대해서만큼은 변명의 여지가 없습니다. 그들은 자신들에게 해를 가한 자들을 공격하는 데 그치지 않고, 사적인 원한과 공적인 침해를 혼동했기 때문입니다.

그 결과 비록 우리의 적들은 제거되고 없지만, 우리 피렌체의 병은 오히려 더 심각해졌습니다. 교황과 왕이 군대를 이끌고 우리를 공격하러 오고 있기 때문입니다. 예, 맞습니다. 교황과 왕은 피렌체가 아니라, 저와 우리 가문을 상대로 전쟁을 벌이는 것이라고 주장하고 있습니다. 그들은 그런 명분을 내걸고 있습니다."

'드디어 올 것이 왔구나!' 하는 얼굴로 300명이 넘는 시민들은 로렌초를 뚫어지게 응시했다. 그들을 천천히 둘러보며, 로렌초가 말을 이었다.

"신께 맹세컨대, 그들의 주장이 진실이면 좋겠습니다. 그러면 그 해결책은 빠르고 확실하며, 그러면 저는 여러분의 위험보다 제 안전을 더 중요시하는 그런 비열한 인간으로 남아 있지는 않을 것이기 때문입니다. 아니, 사실 저는 기꺼이 저의 파멸로 이 전쟁의 불길을 끌 것입니다. 그러나 힘 있는 자들이 항상 자신들의 죄악을 더 그럴듯한 구실로 감추듯, 교황과 왕 역시 자신들의 불의한 목적피렌체 정복을 숨기기 위해 이런 방식로렌초만 원한다는 주장을 택했을 뿐입니다.

그럼에도 만일 여러분이 달리 판단하신다면 저는 흔쾌히 제 목숨을 여러분의 손에 맡기겠습니다. 저를 지탱해 주시는 것도, 또 저를 쓰러뜨리시는 것도 모두 여러분의 손에 달려 있습니다. 여러분은 저의 아버지이시자 수호자이십니다. 그러므로 여러분이 제게 무엇을 하라고 요구하시든, 저는 언제나 기쁜 마음으로 행할 것입니다. 만일 여러분이 제 동생의 피로 시작된 이 전쟁을 저의 피로 끝내는 것이 옳다고 생각하신다면, 저는 결단코 그것을 거부하지 않을 것입니다."

로렌초가 말하는 동안 시민들은 눈물을 참을 수가 없었고, 그가 말을 마치자 그의 말을 듣고 있을 때와 똑같은 심정으로 나머지 이들의 위임을 받은 대표 한 사람이 일어나, 이 도시는 로렌초와 그의 가문에 얼마나 큰 빚을 지고 있는지 잘 알고 있으니 절대 용기를 잃지 말라고 위로한 뒤, 자신들은 그의 목숨을 지키고 줄리아노의 죽음에 복수했던 바로 그 열정으로 그의 명성과 권위를 지킬 것이라고, 따라서 자신들이 조국을 잃기 전에 그가 조국을 잃는 일은 절대로 없을 것이라고 대답했다.

그러고 나서 그들은 자신들의 행동이 그 말과 일치할 수 있도록, 도시 내부의 모든 음모로부터 로렌초를 지킬 만큼 충분히 많은 무장 병력을 즉시 그에게 제공했다.

৵ঽ 제11장 ৵৫ঽ

그 후 피렌체 통치자들은 전쟁 준비에 박차를 가해 가능한 한 많은 자금과 군대를 모으고, 이와 동시에 동맹을 근거로 밀라노 공작이때 밀라노 공작은 갈레아초 스포르차의 장남인 잔 갈레아초 스포르차로 당시 아홉 살이었으므로, 어머니인 보나 디 사보이아가 섭정을 맡고 있었다과 베네치아에 도움을 청했다.

또한 교황이 스스로 양이 아니라 늑대임을 드러냈으므로, 죄지은 자로 잡아먹히는 일만은 피하기 위해 할 수 있는 모든 방법을 동원해 자신들의 명분을 정당화하고, 온 이탈리아에 교황이 피렌체를 상대로 저지른 배신 행위파치가의 음모를 알렸으며, 교황의 불경과 부정 그리고 사악하게 장악한 교황권을 수치스러운 방식으로 행사한 사례들1을 사방으로 전파했다.

무엇보다 교황은 자신이 고위 성직자로 승진시킨 자들라파엘레 리아리오 추기경과 프란체스코 살비아티 대주교을 반역자와 존속 살해자의 무리 속에 보내 하느님의 성전에서 예배와 성찬식이 거행되는 순간 가장 끔찍한 배신을 저지르게 했으며, 계획대로 그 시민들로렌초와 줄리아노을 죽이고 정부를 전복해 도시를 마음대로 약탈하는 데 성공하지 못하자, 그 뒤에는 피렌체의 성무를 금지시키고 교황의 저주로 도시를 위협하고 모욕했기 때문이었다.

그렇지만 만일 신이 정말로 정의롭고 무도한 폭력을 미워하신다면, 당신의 대리인교황 식스토 4세이 행한 짓들을 분명 못마땅해하실 것이고, 다른 곳교황의 교회에서 안식을 찾지 못한 상처 입은 영혼들이 당신께 직접 의지하는 것을 기뻐하실 게 틀림없으므로, 피렌체 통치자들은 교황의 성무 금지령을 따르지 않고 성직자들을 강제해 성무를 거행했을 뿐만 아니라, 자신들이 지배하고 있는 토스카나의 모든 고위 성직자들을 피렌체로 소집해 그 회의에서 교황이 자신들에게 가한 부당한 침해를 미래의 공의회에 탄원하기로 결정했다.

하지만 교황 역시 자신의 명분을 정당화할 논리가 부족하지 않았다. 교황은 폭군을 없애고 악한 자를 억누르며 선한 자를 높이는 일은 교황의 책무이기 때문에 기회가 있을 때마다 적합한 모든 방책을 써서 이를 행해야 한다고 역설하며, 무고한 이와 죄인을 구별하지 않은 채 추기경을 억류하고, 대주교를 목매달고, 성직자를 죽여 사지를 자른 뒤 이를 질질 끌고 다니는 짓은 정녕 세속 군주가 할 일은 아니라고 단언했다.

ꙥꙦ 제12장 Ꙥꙥ

이런 불만과 비난이 서로 오가는 와중에 피렌체 통치자들은 억류하고 있던 라파엘레 추기경을 교황에게 돌려보냈다1478년 6월. 추기경이 풀려나자, 교황은 더 이상 망설이지 않고 교회군과 왕의 군대를 합쳐 피렌체를 공격했다. 페르디난도의 장자이자 칼라브리아 공작인 알폰소훗날의 알폰소 2세와 우르비노 백작실은 1474년부터 공작 페데리코의 지휘를 받은 양군은 피렌체의 적을 편들던 시에나의 영토를 경유해 키안티지역로 들어와서 라다를 비롯한 많은 다른 요새를 빼앗고 그 전 지역을 약탈한 뒤 카스텔리나를 포위 공격하러 갔다1478년 8월.

이 공격을 목격한 피렌체 통치자들은 크게 두려워했다. 아직 군대는 조직되지 않았고, 친구들의 도움은 느렸기 때문이었다. 게다가 비록 공작은 늦게나마 구원병을 보냈지만, 베네치아는 이 전쟁이 로렌초 개인을 상대로 벌어진 것이므로 자신들은 도움을 제공할 의무가 없다고, 왜냐하면 사적 원한은 공적 개입을 강제할 근거가 없기 때문이라며 돕기를 거부했다. 그러자 피렌체는 베네치아의 마음을 돌리기 위해 톰마소 소데리니를 대사로 임명해 베네치아 의회로 파견하는_{1478년 11월} 한편, 용병들을 고용하고 페라라 후작실은 공작 에르콜레 데스테1세를 군의 사령관으로 삼았다1478년 8월.

이런 준비들이 이루어지는 동안 적군은 카스텔리나를 계속 압박했으며, 40일 동안 힘겹게 포위 공격을 막아내던 그 주민들은 결국 외부의 도움을 단념하고 항복했다. 카스텔리나를 함락시킨 적은 이제 거기서 아레초로 방향을 틀어 몬테 산 사비노를 포위했다1478년 9월. 그제야 겨우 준비를 마친 피렌체군은 적과 맞서기 위해 몬테 산 사비노로 가서 적으로부터 약 5㎞ 떨어진 곳에 주둔한 뒤 적을 매우 효과적으로 괴롭혔고, 그래서 우르비노의 페데리코는 며칠 간의 휴전을 요청했다1478년 10월.

페데리코의 요청은 그 조건이 피렌체군한테 아주 불리해서 피렌체군이 이에 동의하자 휴전을 요청한 이들조차 몹시 놀랄 정도였다. 만일 이 요청이 거부되었다면, 그들은 치욕 속에 떠날 수밖에 없었기 때문이었다. 하지만 휴전한 그 며칠 동안 부대를 재정비한 적들은 휴전이 끝나자마자 몬테 산 사비노를 우리 군사들의 눈앞에서 빼앗아 갔다1478년 11월.

그렇지만 그때 겨울이 찾아왔고, 적군은 편안한 곳에서 겨울을 나기 위해 시에나 영토로 철수했다. 피렌체군 역시 더 적합한 숙영지로 철수했고, 페라라 후작은 자신과 남들을 위해 거의 아무런 이익도 거두지 못한 채 페라라로 돌아갔다.

✺❋ 제13장 ❋✺

이 무렵 제노바 시민들이 밀라노에 대항해 반란을 일으켰다. 이유는 다음과 같았다. 갈레아초가 살해당한 후, 그의 아들 잔 갈레아초는 통치하기에 아직 부적합한 어린 나이당시 7세였으므로, 공작의 어머니인 마돈나귀부인을 가리키는 존칭 보나 디 사보이아와 어린 공작의 보호자를 자처하는 그의 삼촌들 사이에 불화가 발생했다. 이 투쟁에서 그 당시 피렌체 대사로 밀라노에 주재하던 톰마소 소데리니와 갈레아초의 대신이었던 치코 시모네타의 조언을 받은 보나 공작부인이 승리했다1477년 5월.

그러자 공작의 삼촌들은 밀라노 밖으로 달아났고, 막내인 오타비아노는 아다강을 건너다 익사했으며1477년 5월 25일, 나머지 스포르차들은 그 혼란 속에서 공작부인을 떠나 그들 편에 섰던 로베르토 디 산 세베리노[1]와 함께 각기 다른 장소로 추방당했다. 그 직후 토스카나에서 파치 사건을 비롯한 여러 혼란이 일어났고, 그 군주들은 새로운 정세 속에서 새로운 기회를 찾을 수 있기를 바라며 추방지를 무단으로 이탈해 각자 지위를 회복하기 위한 새로운 노력을 기울였다.

오직 밀라노 공국만이 곤경에 처한 피렌체를 돕는다는 것을 알게 된 페르디난도 왕은 그 도움마저 없애 버리기 위해, 공작부인에게 자기 나라에 대한 고민거리를 많이 줘서 더는 피렌체를 도와줄 수 없도록 만들기로 했다. 그리하여 왕은 프로스페로 아도르노와 로베르토 디 산 세베리노 그리고 추방당한 스포르차들을 통해 제노바가 공작한테 반기를 들도록 만들었다1478년 6월. 그 결과 제노바에서는 오직 카스텔레토에만 공작의 세력이 남게 되었다. 공작부인은 그곳에 희망을 걸고 제노바를 회복하기 위해 대규모 병력을 보냈으나, 이 시도는 실패하고 말았다1478년 8월.

토스카나는 큰 혼란에 빠졌고 그녀가 유일하게 신뢰하는 피렌체는 극심한 고통에 시달리고 있었으므로, 제노바와의 전쟁이 계속될 경우 아들과 자신한테 드리울 수 있는 위험을 감지한 공작부인은 제노바를 복속시킬 수 없다면 친구로 삼기로 마음먹었다. 따라서 그녀는 프로스페로 아도르노의 적인 바티스타 프레고소한테 접근해 만일 바티스타가 프로스페로를 쫓아내고 스포르차 반역자들을 돕지 않는다면, 그에게 카스텔레토를 넘겨 주고 제노바 군주로 인정하겠다고 합의했다. 이런 합의가 이루어진 후 바티스타는 그의 당파와 카스텔레토의 도움을 받아 제노바의 권력을 장악하고, 그 도시의 관습에 따라 스스로 도제최고지도자가 되었다1478년 11월.

그렇게 해서 스포르차들과 로베르토는 제노바에서 추방당했으며, 추종자들과 함께 루니자나Villafranca in Lunigiana로 왔다. 롬바르디아의 혼란이 가라앉은 것을 안 교황과 왕은 제노바에서 쫓겨난 자들을 이용해 토스카나의 피사 방면을 들쑤시기로 했다. 그러면 피렌체는 군대를 둘로 나눌 수밖에 없어 그 힘이 약해질 것으로 판단했기 때문이었다. 이를 위해 교황과 왕은 이제 겨울도 끝났으니 군대를 이끌고 루니자나를 떠나 피사를 공격하라고 로베르토를 설득했다. 그들의 말을 들은 로베르토는 피사를 침략해 그 교외의 많은 마을을 빼앗고 약탈했으며, 피사의 성문 앞까지 초토화시켰다1479년 3월.

∾ 제14장 ≪

이 시기 교황한테 가던 황제프리드리히 3세와 프랑스 왕루이 11세 그리고 헝가리 왕마차시 1세의 사절들이 피렌체로 와서 로마로 사절을 보내라고 피렌체 통치자들에게 촉구하며, 유리한 조건으로 평화 협정을 맺을 수 있도록 최선을 다해 교황을 설득하겠다고 약속했다. 실제로 평화를 원했고 또 모든 사람 앞에서 자신들에게 제기된 혐의를 풀기를 열망한 피렌체 통치자들은 이 제안을 받아들여 로마로 사절을 보냈다. 그러나 사절은 아무런 성과도 거두지 못하고 빈손으로 돌아왔다.

이렇게 다른 이탈리아 국가들에게 공격을 당하거나 버림을 받자, 피렌체 통치자들은 프랑스 왕과 동맹을 맺어 자신들의 명성세력을 높이기 위해 도나토 아차이우올리를 대사로 삼아 프랑스로 파견했다. 그는 그리스어와 라틴어에 매우 능통했고, 그 조상들은 항상 피렌체의 고위직을 맡았다. 그렇지만 그는 프랑스로 가던 중 밀라노에 도착해 죽고 말았다1478년 8월.

그래서 그의 조국은 도나토를 기리고 그 자손들에게 보답하기 위해 그의 장례식을 국비로 성대하게 치러줬으며, 그 아들들의 모든 공적 부담을 면제해 주고 그 딸들에게는 결혼하기에 충분한 지참금을 나눠 주었다그는 공직에 있으면서 보수를 받지 않아 가난했다.

피렌체는 그를 대신해 대륙법과 교회법 전문가인 구이단토니오 베스푸치[1]를 대사로 임명해 프랑스 왕에게 보냈다.

그건 그렇고, 로베르토의 피사 공격은 전혀 예기치 못한 사건이었기 때문에 피렌체 통치자들은 매우 놀랐다. 그들은 시에나에서 아주 심각한 전쟁을 수행하고 있었으므로, 피사를 지키기 위해 무엇을 해야 할지 몰라 당황했다. 하지만 군인들을 징집하고 다른 대책들을 마련해 어떻게든 그 도시를 돕기로 했다.

또한, 피렌체 통치자들은 루카 시민들의 충성심을 확보하고 그들이 적에게 돈이나 식량을 제공하는 것을 막기 위해 네리 카포니의 손자인 피에로를 대사로 삼아 루카로 보냈다1478년 10월. 그러나 이전에 당한 침해와 거기서 비롯된 두려움으로 루카가 피렌체에 품고 있는 증오 때문에 피에로는 루카 시민들의 의심을 크게 샀고, 그 결과 군중에게 여러 차례 죽임을 당할 뻔했다. 그렇게 그의 루카 방문은 서로의 우정을 돈독히 하기 보다는 오히려 새로운 분노만을 야기하고 말았다그는 1479년 봄에 루카를 떠났다.

피렌체는 다시 페라라 후작에르콜레 1세 데스테을 부르고 만토바 후작페데리코 1세 곤차가을 고용했으며, 베네치아에 브라초 다 몬토네의 아들인 카를로 백작과 야코포 피치니노의 양아들인 데이포보 델 앙귈레라Deifobo dell Anguillara를 보내 달라고 다급히 요청했다. 그렇지만 이 요청에 대해 베네치아는 말도 안 되는 핑계를 둘러대며 거절하다가 메흐메트 2세와 휴전해 더 이상 카를로 백작과 데이포보를 보내지 않을 명분이 없어지자, 동맹과의 신의를 지키지 않은 것을 부끄러워하며 마침내 그 둘을 보내 주었다1479년 4월.

꽤 많은 수의 중무장 기병을 데리고 온 카를로 백작과 데이포보는 자신들의 부대를 칼라브리아 공작과 대적하던 페라라 후작의 군대에서 차출한 병력과 합친 뒤, 세르키오강 인근에 주둔하고 있던 로베르토와 싸우기 위해 피사로 진군했다.

처음에 로베르토는 마치 피렌체군의 공격을 기다리는 척했지만, 결국 기다리지 않고 피사로 들어오기 전에 점령한 루니자나의 숙영지로 철수해 버렸다. 로베르토가 떠난 후, 카를로 백작은 적에게 빼앗겼던 피사 영내의 모든 도시를 회복했다1479년 4월.

<h2 align="center">✥ 제15장 ✥</h2>

피사 방면의 공격에서 벗어난 피렌체는 모든 군대를 콜레 발 델사와 산 지미냐노 사이로 모았다. 하지만 카를로 백작이 도착해, 스포르차와 브라초 부대 출신의 용병들이 다 함께 병영에 있게 되자 그들 사이의 오래된 원한이 그 즉시 깨어났고, 피렌체 통치자들은 그들이 더 같이 생활하다 보면 조만간 분명 무력 충돌이 일어날 것이라고 걱정했다. 그러므로 그들은 이런 해악을 예방하기 위해 군대를 둘로 나눠서 하나는 카를로 백작의 지휘하에 페루자 교외로 보내고, 다른 하나는 포지본시에 주둔시켜 적이 피렌체 영토로 들어오는 것을 막을 수 있도록 그곳의 방비를 강화하기로 했다.

피렌체 통치자들은 이 계책으로 적들 역시 군대를 둘로 나눌 것으로 생각했다. 그들이 보기에 카를로 백작은 페루자에 많은 추종자를 가지고 있어 그곳을 쉽게 장악할 수도 있었으므로앞서 말했듯, 카를로 백작의 아버지인 브라초 다 몬토네가 페루자 출신으로 그곳의 영주였다, 페루자를 지키려면 교황 역시 그곳으로 대군을 보낼 수밖에 없다고 판단했기 때문이었다.

이에 더하여 그들은 교황을 더 큰 곤경에 빠뜨리기 위해 치타 디 카스텔로에서 추방당한 니콜로 비텔리에게, 군대를 이끌고 그의 적인 로렌초 주스티니가 지키고 있는 그 도시로 가서 로렌초를 내쫓고, 로마교회에 대한 충성심을 그곳에서 말살해 버리라고 명령했다.

이 작전의 초기, 운명의 여신은 피렌체를 지지하는 것 같았다. 카를로 백작은 페루자 교외에서 큰 진전을 이룬 듯 보였고, 니콜로 비텔리 역시 비록 카스텔로市로 들어가지는 못했지만 들판에서 우위를 점하며 아무런 저항도 받지 않고 도시 주위를 약탈했기 때문이었다. 마찬가지로 포지본시에 남아 있던 군대 역시 매일 시에나의 성벽까지 공격했다.

그렇지만 그렇게 높아진 희망은 결국 실현되지 못했다. 우선 승리에 대한 기대가 한창 높을 때 카를로 백작이 죽었다1479년 6월. 그 당시 움브리아에 창궐한 역병으로 죽었다는 설도 있으나, 교황의 사주를 받은 부하 장수 안드레아 코르소에게 독살되었다는 주장이 더 강하다. 그러나 만일 피렌체가 그의 죽음에 뒤이은 승리를 활용하는 방법을 알았다면, 백작의 죽음은 오히려 그들에게 유리하게 작용했을 것이다.

백작이 죽었다는 소식을 듣자마자, 이미 페루자에 모여 있던 로마교회군은 피렌체군을 무찌를 수 있다는 희망을 품고, 곧장 들판으로 진격해 피렌체군에서 약 5㎞ 떨어진 트라시메노 호수 옆에 진을 쳤다. 이 자신 있는 행동의 이유를 잘 알고 있던 피렌체군의 최고사령관 야코포 구이차르디니[1]는, 카를로 백작이 죽은 뒤 그 군에서 가장 뛰어난 인물로 군의 수장이 된 저 위대한 로베르토 말라테스타 다 리미니의 조언대로 적의 공격을 기다리기로 결정했다. 그러고는 카르타고의 명장 한니발이 로마인들에게 커다란 패배BC 217년 트라시메노호 전투를 안겨주었던 바로 그 호숫가에서 적과 교전을 벌여 로마교회군을 궤멸시켰다1479년 6월. 이 승리가 피렌체에 전해지자, 통치자들은 장수들을 칭찬했고 시민들은 뛸 듯이 기뻐했다.

만일 포지본시에 주둔해 있던 군대에서 발생한 무질서가 모든 것을 망치지만 않았다면, 이 승리는 명예롭고 유익한 결과로 이어졌을

것이다. 하지만 구이차르디니군이 이룬 승리는, 시에나市 주변을 약
탈해 얻은 전리품을 나누다가 페라라 후작과 만토바 후작 사이에 의
견 충돌이 빚어지더니, 급기야 무기를 들고 서로를 공격한1479년 6월
포지본시 주둔군에 의해 완전히 사라져 버렸다. 그 싸움은 매우 심각
해서 더는 그 둘을 함께 쓸 수 없다고 판단한 피렌체 통치자들은 페
라라 후작을 병사들과 함께 집으로 돌려보냈다.

ᄋᄥ 제16장 ᄥᄂ

군대를 이끌고 시에나 인근에 와 있던 칼라브리아 공작은 앞서
말한 이유로 피렌체군이 약해지고 수장도 없이 완전히 무질서에 빠
졌다페라라 후작이 페라라로 돌아가고 얼마 후, 만토바 후작도 보나 공작부인을 돕기 위해 밀라노
로 떠났다는 소식을 듣고는, 이제 피렌체군과 싸워도 승리할 수 있겠
다고 판단해 그 즉시 포지본시로 진격했다.

적이 가까이 온 것을 안 피렌체군은 갑작스러운 공포에 사로잡
혀, 자신들의 무기나 적들보다 월등히 많은 병력 그리고 자신들이
확보한 매우 유리한 지리적 이점 등을 믿지 못한 채, 적의 얼굴을
보기도 전에 적이 행군하며 내는 먼지만 보고도 대포와 군수품과
짐마차 등을 내팽개치고 달아났다1479년 9월 초. 그때 그 군대에 만연
했던 비겁과 무질서가 얼마나 극심했느냐 하면, 말이 머리를 돌렸
는지 아니면 꼬리를 돌렸는지 하는 것 따위로 전투의 승패를 결정
할 정도였다. 이 패주로 나폴리 왕의 병사들은 온갖 전리품을 챙겼
고, 피렌체는 대경실색했다.

당시 피렌체市는 전쟁의 재앙뿐만 아니라 끔찍한 전염병으로도

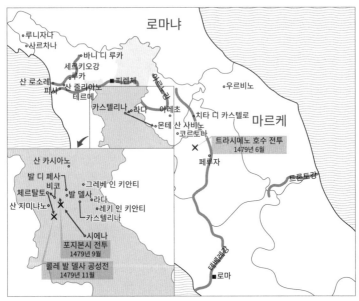

식스토 4세와 페르디난도 1세의 토스카나 침공

고통받고 있었다. 이 전염병은 도시를 완전히 장악했고, 많은 시민이 죽음을 피해 시골의 별장에 가 있었다. 그런데 이 피신이 그 패배를 훨씬 더 무시무시한 일로 만들었다. 전염병을 피해 발 디 페사Tavarnelle Val di Pesa와 발 델사Barberino Val d'Elsa의 별장에 내려가 있던 시민들이, 패배의 소식을 듣자마자 자녀와 재물은 물론이고 농장의 일꾼들까지 다 데리고 최대한 빨리 피렌체市로 도망쳐 왔기 때문이었다. 그들은 적들이 언제라도 성벽 앞에 나타날 수 있다는 공포를 온 도시에 퍼뜨렸다.

이 공황 상태를 목도하자, 전쟁의 수행을 책임진 이들은 페루자에서 성공적으로 싸우고 있던 야코포에게 그곳의 전쟁을 그만두고 서둘러 발 델사로 가서, 지난 승리 이후 아무런 방해도 받지 않고 발 델사 교외를 파괴하는 적들을 막으라고 명령했다. 비록 야코포의 군은 당장에라도 페루자市를 손에 넣을 수 있을 만큼 그 도시를 강하게 압박하고 있었지만, 그들은 남의 도시를 빼앗기 전에 우선 자신의 도시부터 지키기를 원했다. 그리하여 그 군은 승리의 전장에서 철수해 패잔병들이 다 합류할 때까지 저항할 수 있다고 판단되는, 피렌체에서 약 15㎞ 떨어진 산 카시아노 요새로 이동했다1479년 9월.

한편 피렌체군이 떠나면서 자유로워진 페루자의 적들은 점점 대담해져서 매일 아레초와 코르토나 교외에서 많은 전리품을 챙겨갔다. 포지본시 전투에서 승리한 칼라브리아 공작 휘하의 적들 역시 먼저 그 도시를 빼앗은 뒤 비코델사를 차지했으며, 그다음으로 체르탈도를 점령했다. 그리고 이 지역들을 습격하고 약탈한 후, 그 당시에 매우 강하다고 여겨지던 콜레 발 델사라는 요새 도시로 가서 진영을 차렸다.

그곳 주민들은 피렌체에 충직했으므로, 피렌체 통치자들은 피렌체군이 재결합할 때까지 적을 충분히 막아낼 것으로 기대했다. 따라서 적들이 전력을 다해 콜레를 포위 공격하는 동안 전 병력을 산 카시아노에 모은 피렌체군은 적들에게 더 가까이 다가가, 콜레 주민들한테는 그 요새를 지킬 수 있다는 용기를 주고, 적들에게는 자신들이 근처에 있어 콜레를 공격하는 일이 쉽지 않을 것이라는 점을 가르쳐 주기로 했다. 이렇게 결정하고 나서 피렌체군은 신속하게 산 카시아노를 떠나 콜레에서 약 8㎞ 떨어진 산 지미냐노로 진영을 옮긴 뒤, 경기병과 경보병으로 매일 공작의 진영을 괴롭혔다. 그러나 그 정도의 구원은 콜레 주민들에게 충분한 도움이 되지 못했고, 보급품이 바닥 난 그들은 결국 11월 13일에 항복하고 말았다.

이 사건으로 피렌체는 크게 낙담했고 적들은 매우 기뻐했지만,

특히 시에나가 가장 기뻐했다. 시에나인들은 원래 피렌체인이라면 다 싫어했지만, 그중에서도 콜레 주민들을 유독 더 미워했기 때문이었다[1].

⤳ 제17장 ↜

하지만 계절은 이제 전쟁을 하기에는 부적합한 겨울로 접어들었다. 그러자 교황과 왕은 평화의 희망을 주려는 계획인지, 아니면 거둔 승리를 더 편하게 즐기려는 마음인지, 피렌체에 3개월의 휴전을 제안하며 대답할 열흘의 시간을 주었다. 휴전은 곧바로 받아들여졌다. 그렇지만 상처는 생겼을 때보다 피가 식었을 때 더 쑤시고 더 아프듯, 이 짧은 휴식으로 피렌체 시민들은 자신들이 얼마나 심각한 고통을 겪었는지 더욱 절감하게 되었다.

시민들은 공공연히 서로를 함부로 비방했다. 그들은 그 전쟁에서 저질러진 잘못들을 지적하고, 헛되이 쓰인 비용과 부당하게 부과된 세금을 비난했다. 이런 문제들은 개인 간의 사적인 모임에서뿐만 아니라 공적인 업무를 다루는 평의회에서도 격렬하게 논의되었으며, 로렌초 데 메디치의 면전에서 다음과 같이 말할 만큼 대담한 사람까지 등장했다.

"이 도시는 지쳐서 더는 전쟁을 감당할 수 없소. 그러니 이제 평화를 가져올 방법을 궁리해야 하오."

이 필요성을 인정한 로렌초는 자신이 생각하기에 가장 충직하고 가장 현명한 친구들과 그 방법에 관해 상의했다. 그들은 모두 베네치아는 차갑고 믿을 수 없으며, 공작잔 갈레아초 스포르차은 어리고 내부의 분열에 시달리고 있으므로, 국면을 전환하려면 새 친구를 찾아야 한다는 데 동의했지만, 교황과 나폴리 왕 중에서 누구를 의지해야 할지 결정하지 못했다.

그러나 다시 제반 사정을 면밀히 검토한 그들은 왕과의 우정이 더 안전하고 안정적일 것이라는 결론을 내렸다. 그들은 한편으로는 세속 군주들과 비교해 상대적으로 짧은 교황의 재위 기간과 그 후계자에 대한 불확실성 그리고 군주들을 거의 존중하지 않는 로마교회의 태도와 교회가 채택하는 파렴치한 방식 등을 고려하면, 세속 군주는 교황을 완전히 신뢰할 수 없고 또 안전하게 운명을 함께할 수도 없다고 판단했으며, 다른 한편으로는 교황과 전쟁의 위험을 공유하는 자는 승리하면 교황과 나란히 서 있겠지만, 패배하면 영적인 권위와 명성에 의해 보호되는 교황과 달리 홀로 남겨질 수밖에 없다고 확신했기 때문이었다.

그리하여 그들은 왕의 우정을 얻는 것이 더 이롭다고 결론 내렸으며, 로렌초가 직접 왕을 만나러 가는 것보다 이 일을 더 잘 행하고 더 확실히 성공시킬 방법은 없다고 믿었다. 왕에 대한 믿음을 더 많이 보여 줄수록, 과거의 적의를 해결할 가능성이 더 클 것으로 생각했기 때문이었다.

그렇게 해서 나폴리로 가기로 마음을 정한 로렌초는 그 당시 정의의 곤팔로니에레였던 톰마소 소데리니한테 도시와 정부를 맡긴 후 12월1479년 초에 피렌체를 떠났고, 피사에 도착해 자신이 떠난 이유를 시뇨리아에 편지로 알렸다. 그러자 시뇨리는 로렌초에게 경의를 표하며, 효율적으로 왕과 평화 협상을 펼칠 수 있도록 그를 피렌체의 대표로 임명했으며, 공화국을 위해 가장 유익하다고 그가 판단한 대로 왕과 동맹을 체결할 권한을 그에게 주었다.

≫ 제18장 ≪

이 무렵 바리 공작 스포르차 마리아 스포르차Sforza Maria Sforza는 이미 죽고1479년 7월 없었다. 그래서 그의 아우들인 루도비코와 아스카니오는 밀라노 정부를 손에 넣기 위해 사촌인 로베르토 디 산 세베리노와 함께 다시 밀라노를 공격했다. 그들이 토르토나를 장악하고1479년 8월 밀라노市와 온 나라가 무장을 하자, 보나 공작부인은 스포르차 형제를 밀라노로 불러 권력을 나누고 내부의 불화를 끝내라는 조언을 받았다.

이 조언을 한 사람은 페라라 출신의 안토니오 타시노였다. 출신이 비천했던 그는 밀라노로 와서 갈레아초 공작의 눈에 들었고, 공작은 그를 아내인 공작부인에게 시종으로 주었다. 공작이 죽은 뒤타시노는 잘생겼기 때문인지 아니면 어떤 다른 비밀스러운 능력이있었는지, 공작부인의 위세를 등에 업고 매우 높은 지위에 올라 나라를 거의 좌지우지하다시피 했다. 이런 상황은 사리 분별이 뛰어나고 오랜 국정 경험을 갖춘 치코 시모네타를 매우 불쾌하게 만들었다. 따라서 치코는 공작부인과 정부의 다른 이들에 대한 타시노의 영향력을 줄이기 위해 갖은 노력을 다했다.

이를 알게 된 타시노는 자신에게 가해진 경멸에 복수하고 치코로부터 자신을 지켜줄 인물을 곁에 두기 위해 공작부인한테 스포르차형제들을 밀라노로 불러들이라고 촉구했으며, 그녀는 타시노의 조언을 받아들여 치코와 아무런 상의도 없이 그들을 밀라노로 불러 들였다1479년 9월. 뒤늦게 이 소식을 전해 들은 치코는 그녀를 찾아가 탄식했다.

"아, 제 목은 잘리고, 마마는 나라를 잃을 결정을 내리셨군요!"

치코의 예언은 곧 실현되었다. 치코는 루도비코에게 죽임을 당했고1480년 10월, 얼마 후 타시노는 밀라노 공국에서 쫓겨났다. 마음이 크게 상한 공작부인은 밀라노를 떠났으며1480년 11월, 결국 그녀의 아들을 돌보는 일섭정의 자리는 루도비코의 손으로 넘어갔다. 그리하여 루도비코는 밀라노 공국의 유일한 통치자가 되었고[1], 뒤에 얘기할 것처럼 이탈리아의 파멸을 초래하는 원인이 되었다1494년, 루도비코 스포르차는 나폴리 왕국의 알폰소 2세에 맞서기 위해 프랑스의 샤를 8세를 이탈리아로 불러들여, 1559년 까지 이어진 이탈리아 전쟁의 서막을 열었다.

한편 로렌초 데 메디치는 나폴리를 향해 떠났고, 교전국 간의 정전은 여전히 유효했다. 하지만 그때 몇몇 사르차나인과 비밀리에 연락을 주고받던 로도비코 디 캄포프레고소가, 무장 병력을 이끌고 몰래 사르차나로 들어가 그 도시를 장악하고 피렌체의 지방장관을 체포하는 놀라운 사건이 발생했다1479년 12월. 로도비코 캄포프레고소는 1468년 밀라노 공작 갈레아초 스포르차로부터 사르차나를 지켜내는 것이 어렵다고 판단하고 이를 피렌체에 팔았다가, 피렌체가 혼란한 틈을 타 아들 아고스티노(Agostino)와 함께 사르차나를 점령했다.

이 사건으로 피렌체 정부의 수장들은 몹시 화가 났다. 이 일이 페르디난도 왕의 명령으로 일어났다고 확신했기 때문이었다. 따라서 그들은 군대와 함께 시에나에 머물고 있던 칼라브리아 공작에게 휴전 기간에 새로운 전쟁을 일으킨 것에 대해 항의했다. 그러나 칼라브리아 공작은 여러 차례 서찰과 사절을 보내, 아버지나 자신은 그 일을 전혀 알지 못했다며 관련설을 극구 부인했다.

이런 공작의 설명에도 불구하고, 피렌체 시뇨리는 자신들이 최악의 위기에 빠졌다고 생각했다. 나라의 곳간은 비고, 공화국의 수장은 왕의 손안에 있으며, 앞으로는 왕과 교황은 물론이고 제노바와도 새로 전쟁을 치러야 했기 때문이었다. 게다가 그들은 더 이상 친구도 없었다. 베네치아 의회는 그들에게 아무런 희망도 주지 않았고, 변덕스럽고 불안정한 밀라노 정부는 희망은 고사하고 오히려 두려운 존재가 되었기 때문이었다. 그러므로 이제 그들에게 남은 유일한 희망은 로렌초 데 메디치가 페르디난도 왕과 성공적인 협상을 펼치는 것뿐이었다.

∽∾ 제19장 ∾∾

로렌초는 배를 타고 나폴리市로 들어갔고, 왕뿐만 아니라 그의 방문에 큰 기대를 걸고 있던 도시 전체의 극진한 환대를 받았다. 이 중대한 전쟁이 오직 로렌초 한 명을 파멸시킬 목적으로 일어났으므로, 그의 명성은 그가 싸워야 했던 적들의 강성함으로 인해 도리어 한층 더 높아졌기 때문이었다.

왕과 대면한 로렌초는 우선 이탈리아의 정세에 대해, 뒤이어 이탈리아의 군주들과 백성의 기질에 대해, 그리고 마지막으로 평화 시 기대할 수 있는 이익과 전쟁 시 두려워해야 할 손실에 관해 이야기했다.

그의 말을 들은 왕은 처음에 그가 홀로 그토록 큰 전쟁을 감내해

내는 모습에 감탄했던 것보다, 그 고상한 영혼과 날카로운 지성과 확고한 판단에 더욱 감탄했다. 따라서 왕은 그에게 전보다 더 큰 경의를 표했으며, 그를 적으로 붙잡아두는 것보다 친구로 떠나보내는 것이 더 좋겠다고 생각하기 시작했다.

하지만 왕은 여러 이유를 들어 그해 12월부터 다음 해 3월까지 로렌초를 나폴리에 붙잡아 두었고, 그사이 로렌초뿐만 아니라 피렌체라는 도시도 더 잘 이해해 보기로 했다. 왜냐하면 왕은, 피렌체에는 자신이 로렌초를 억류해 야코포 피치니노처럼 처리하기를 제7권 제8장 참조 바라는, 겉으로는 그런 일이 생길까 봐 걱정된다며 로렌초를 동정하는 척 떠들고 다니지만, 실상 평의회에서는 그에게 도움이 되는 모든 조치에 반대하고, 그래서 만일 자신이 오랫동안 로렌초를 나폴리에 붙잡아 둔다면, 피렌체 정부가 바뀔 것이라는 소문을 퍼뜨릴 그의 적이 적지 않을 것으로 판단했기 때문이었다.

이것이 왕이 로렌초의 출발을 늦추고, 그럴 경우 피렌체에서 어떤 소란이 일어나는지 보기를 원한 이유였다. 그렇지만 아무 일도 일어나지 않자, 1479년실은 1480년 3월 6일 마침내

〈팔라스아테네와 켄타우로스〉
산드로 보티첼리Sandro Botticelli[1]

왕은 로렌초를 놓아 주었다. 그러나 그를 놓아 주기에 앞서 왕은 온갖 종류의 친절과 애정의 표시로 로렌체의 마음을 얻으려 애썼으며, 공동의 이익을 유지하기 위해 그와 영구적인 협정을 맺었다.

그 결과 로렌초는 몇 달 전 한 위대한 인물로서 피렌체를 떠났다면, 이제 자신의 목숨을 걸고 조국의 평화를 회복했으므로 훨씬 더 위대한 인물이 되어 피렌체로 돌아왔고, 그의 뛰어난 자질과 최근의 공적으로 인해 받아 마땅한 열렬한 환영을 받았다.

그가 돌아온 지 이틀 후 피렌체 공화국과 나폴리 왕국 사이에 체결한 협정이 공표되었다. 이에 따라 양국은 서로의 영토를 방어할 의무를 지게 되었고, 볼테라의 지하 감옥에 갇혀 있던 파치 가문 사람들은 조만간 석방될 예정이었으며, 피렌체는 일정한 금액의 돈을 일정 기간 칼라브리아 공작에게 주기로 했다. 다만, 전쟁 중에 왕이 피렌체로부터 빼앗은 도시들의 반환은 전적으로 왕의 재량에 맡겨졌다.

이 평화 협정이 발표되자 교황과 베네치아는 아주 불쾌해했다. 교황은 왕이 자신을 무시했다고 생각했으며, 베네치아 역시 피렌체가 자신들을 전혀 고려하지 않았다고 판단했다. 그래서 그들은 전쟁에 참전했던 자신들이 정작 평화 협정에는 포함되지 못했다며 불만을 제기했다. 그들의 이런 불만이 피렌체에 전해지자, 그들이 화를 내는 것도 일리가 있다고 이해한 피렌체 시민들은 왕과 이제 막 체결한 평화 협정 때문에 전보다 더 큰 전쟁이 일어나지 않을까 불안해했다.

사람들의 이런 불안을 감지한 국가의 통치자들은 공직에 오를 수 있는 시민의 범위를 축소하고, 중요한 일은 더 적은 인원이 심의하기로 결정했다. 그러므로 그들은 70명의 시민으로 구성된 위원회를 만들고, 중요한 모든 국사를 다룰 최고의 권한을 주었다. 이 새로운 질서는 변화협정의 파기나 정부의 전복 등를 꾀하려는 자들의 용기를 억제했다. 70인회는 우선 자신들의 권위를 세우기 위해 로렌초가 왕과 맺은 평화 협정을 승인했으며, 안토니오 리돌피와 피에로 나시를 대사로 임명해 교황에게 보냈다.

한편 이 협정의 규정에도 불구하고 칼라브리아 공작은 시민들 간의 분쟁으로 인해 떠나지 못하고 있다고 주장하며, 군대를 시에나에서 철수시키지 않았다. 사실 그 무렵 시에나는 추방당한 노베스키Noveschi파의 귀환과 관련해 시민들 간의 불화가 매우 심각했고, 따라서 그들은 도시 밖에 숙영하고 있던 공작을 도시 안으로 데려가 분쟁의 중재자로 삼았다. 그런데 공작은 이 기회를 이용해 많은 시민에게 벌금을 부과하고, 다른 많은 시민을 감옥에 가두거나 국외로 추방했으며, 또 일부는 사형에 처했다. 그 결과 공작은 시에나 시민들은 말할 것도 없고, 피렌체 통치자들에게도 시에나의 군주가 되려 한다는 의혹을 사게 되었다.

하지만 의혹뿐, 어떤 해결책도 찾을 수 없었다. 피렌체는 이제 막 왕과 친교를 맺었으며, 교황과 베네치아는 피렌체에 적대적이었기 때문이었다. 이런 의혹은 일어난 사건들을 미묘하게악의적으로 해석하는 대다수의 피렌체인뿐만 아니라, 분별 있는 국가의 지도자들에게도 명백해 보였다. 그들은 모두 우리 도시가 그때만큼 자유를 잃을 큰 위험에 처한 적이 없었다는 데 동의했다.

그러나 그와 같은 커다란 곤경에 처하면 항상 특별한 주의를 기울여 피렌체를 지켜 주시던 신께서는 이번에도 뜻밖의 사건을 일으키시어, 왕과 교황과 베네치아 의회에 토스카나의 일보다 더 시급하게 신경 써야 할 고민거리를 안겨 주셨다.

〜 제20장 〜

오스만튀르크의 위대한 술탄 메흐메트2세가 엄청난 대군을 이끌고 로도스섬으로 가서1480년 5월, 수개월 동안 그 성을 맹렬히 포위 공격했다. 비록 그의 군대는 강했고 그 성을 함락시키려는 집념 또한 매우 강했지만, 그는 포위당한 이들성 요한 구호기사단의 의지가 훨씬 더 강하다는 사실을 발견했으며, 결국 꺾일 줄 모르는 용기로 맹렬한 공격을 막아낸 그들을 뒤로한 채 포위를 풀고 치욕 속에 섬을 떠나지 않을 수 없었다1480년 8월.

그 시기에 메흐메트 함대 일부가 게디크 아흐메드 파샤Gedik Ahmed Pasha의 지휘하에 로도스섬에서 발로나Valona, 지금의 블로러(Vlorë)를 향해

오스만튀르크 군에게 학살당하는 오트란토 시민들을 묘사한
나폴리 대성당의 그림

출처 : Wikipedia

출항했다. 이탈리아 해안을 따라 항해하던 아흐메드는 이탈리아를 공격하는 일이 쉽다고 생각했는지 아니면 그의 주인이 그렇게 하라고 시켰는지, 갑자기 4,000명의 병사를 상륙시켜 풀리아주의 오트란토항구 도시를 공격해 점령했으며, 그 주민들을 모두 죽였다1480년 7~8월. 그 후 도시와 항구의 방비를 강화하고, 데리고 온 우수한 기병을 동원해 주변의 교외를 습격하고 약탈했다.

이 공격에 대해 듣고 그 일이 얼마나 강한 자의 소행인지 알게 된 페르디난도 왕은 사방으로 사자를 보내 이를 알리고, 공동의 적에 맞설 도움을 요청했다. 그리고 다급히 시에나에 있던 칼라브리아 공작과 군대를 소환했다.

⤳ 제21장 ⤲

이 재난은 칼라브리아 공작과 이탈리아의 다른 열강들을 놀라게 한 것만큼이나 피렌체와 시에나를 기쁘게 했다. 시에나는 자유를 되찾았다고 생각했고, 피렌체는 자유를 위협하던 위험에서 벗어났다고 판단했기 때문이었다. 시에나를 떠나며 했다는 공작의 탄식도 시에나와 피렌체의 이런 인식을 뒷받침했다. 공작은 예기치 못한 이 터무니없는 방해로 자신으로부터 토스카나를 빼앗아 간 운명의 여신을 두고두고 원망했다고 한다.

그 사건으로 교황 역시 생각을 바꾸었다. 이전에 교황은 어떤 피렌체 사절의 말도 들으려 하지 않았다. 그러나 이 공격을 듣고는 훨씬 누그러져, 이탈리아 전체의 평화에 관해 말하는 사람은 그게 누구든 그 말에 기꺼이 귀를 기울였다. 그러므로 피렌체 통치자들은 만일 자신들이 몸을 굽혀 용서를 구한다면 교황의 용서를 얻을 수 있겠다고 생각하고, 이 기회를 놓쳐서는 안 된다고 판단해 열두 명의 사절을 서둘러 로마로 보냈다.

그렇지만 사절이 로마에 도착해 알현을 청하자, 교황은 이를 곧바로 허락하지 않고 이런저런 핑계를 대며 계속 그들을 기다리게 했다. 그러다 마침내 양측 간에 향후 서로 어떻게 살지, 그리고 그들 각자가 평화를 지키고 전쟁을 수행할 때 어떤 노력을 얼마나 기울일지 그 조건들을 확정하고 나서야, 피렌체 사절은 지나칠 정도로 화려한 위용을 갖추고, 추기경들에 둘러싸여 자신들을 기다리는 교황의 발치에 간신히 다다를 수 있었다.

사절은 먼저 과거의 일파치 음모 사건으로 발생한 일을 변명하며 한편으로는 어쩔 수 없었다고 항변하고, 다른 한편으로는 음모자들의 깊은 원한을 비난하며 대중의 분노와 그 분노가 정당한 이유를 강변했다.

이어서 사절은, 싸우거나 죽어야 했던 이들의 잔인한 운명을 한탄한 뒤, 하지만 죽음을 피하려면 어떤 일도 견뎌내야 하기 때문에 자유도시의 죽음이랄 수 있는 예속에서 조국을 구하기 위해 전쟁과 성무 금지와 최근의 사건들이 가져온 다른 모든 역경을 참아냈다고 설명했다.

그러고 나서 그들은, 그러나 만일 그 와중에 자신들이 무슨 잘못을 저질렀다면 비록 부득이하게 행해진 것일지라도 보상할 준비가 되어 있으며, 가장 거룩하신 우리 주 예수그리스도의 사례를 본받아 가장 자비로운 팔로 자신들을 받아 주실 교황 성하의 자비를 믿는다고 호소했다.

사절의 탄원에 대해 교황은 오만과 분노가 가득한 목소리로 다음과 같이 꾸짖었다.

"너희 피렌체는 과거에 교회의 뜻을 거슬러 행한 모든 일에 대해 비난받아 마땅하다. 그럼에도 나는 기꺼이 신의 대리인으로서 우리 주 예수 그리스도의 가르침을 지키기 위해 너희가 구하는 용서를 베풀 것이다. 그렇지만 교회에 복종하는 것은 너희의 신성한 의무이며, 만일 너희가 다시 복종의 서약을 위반한다면 지금 거의 잃을 뻔했던 자유를 그때는 정말로 잃게 되리라는 점을 오늘 분명히 알려주겠다. 왜냐하면 악행이 아니라 선행에 힘쓰는 이들만이 자유를 누릴 자격이 있고, 자유를 악용하면 그 자신과 타인 모두에게 해를 끼치게 되며, 신과 교회를 업신여기는 것은 자유인이 아니라 선보다 악에 치우친 방탕아들이나 하는 짓이고, 그런 자들을 바로잡는 일은 군주는 말할 것도 없고 기독교도라면 누구나 응당 해야 할 일이기 때문이다.

그러므로 너희는 최근 일들에 대해 구차한 변명으로 남을 탓하지 말고, 너희 자신을 비난했어야 옳았다. 너희 피렌체는 너희의 악행으로 전쟁을 일으키고 훨씬 더 큰 악행으로 전쟁을 계속했지만, 전쟁은 너희의 미덕이 아니라 다른 이들의 친절과 관용으로 끝이 났기 때문이다."

그 뒤 교황과 사절이 합의했다는 공식 성명과 축복의 기도가 낭독되었다. 하지만 교황은 협상을 통해 확정된 사항들과 별도로, 만일 피렌체가 진심으로 이 축도祝禱의 과실을 누리기를 원한다면, 튀르크가 나폴리 왕국을 상대로 전쟁을 벌이는 기간 내내 15척의 갤리선을 그들의 돈으로 무장시켜야 한다고 갑자기 덧붙였다. 비록 피렌체 사절은 이미 합의한 조건 위에 더해진 새로운 부담에 대해 강하게 불만을 제기했지만, 어떤 항의나 협상으로도 이를 줄일 수 없었다.

그러나 사절이 피렌체로 돌아오자, 시뇨리아는 교황과의 협정을 매듭짓기 위해 얼마 전에 프랑스에서 돌아온 구이단토니오 베스푸치를 새 대사로 임명해 다시 로마로 보냈다. 현명한 그는 모든 조건을 더 합리적인 수준으로 경감시켰을 뿐만 아니라 교황으로부터 다른 많은 호의까지 얻어냈으며, 피렌체 정부는 교황의 이런 태도 변화를 진정한 관계 개선의 표시로 받아들였다.

ᦡᠵᠵᠵᠵ 제22장 ᠵᠵᠵᠵᠵ

칼라브리아 공작이 토스카나를 떠나면서 시에나는 자유로워지고, 자신들도 덩달아 왕에 대한 두려움에서 벗어나게 된 피렌체는 이런 식으로 교황과의 불화까지 종결되자, 왕이 튀르크와 싸우는 동안 지난 전쟁에서 왕에게 빼앗긴 도시들을 되찾기로 마음먹고, 공작이 나폴리 왕국으로 돌아갈 때 시에나에 맡겨둔 자신들의 도시들을 돌려 달라고 왕을 압박했다.

그러자 왕은 피렌체가 절체절명의 순간에 자신과 관계를 끊고 시에나를 상대로 전쟁을 벌여, 자신이 교황과 다른 이탈리아 열강들한테 기대하고 있는 도움을 차단하지 않을까 염려했다. 그래서 왕은 그 도시들을 피렌체에 돌려주었을 뿐만 아니라, 새로운 조건으로 피렌체와 동맹을 갱신했다. 이처럼 군주에게 신의를 지키도록 강제하는 것은 종이 위에 적힌 약속이나 조건혹은 의무이 아니라, 바로 힘과 필요다.

　아무튼 빼앗겼던 도시들을 회복하고 유리한 조건으로 동맹을 갱신하자, 드디어 로렌체 데 메디치는 처음의 전쟁은 물론이고 뒤이은 평화 협정으로도 왕을 믿지 못해 잃어 버렸던 명성을 되찾았다. 그 직전에는 로렌초가 목숨을 보전하기 위해 비겁하게 조국을 팔았고, 전쟁을 벌여 도시를 빼앗겼던 것처럼 왕과의 협정으로 피렌체는 곧 자유마저 박탈당하게 될 것이라고 말하며, 공개적으로 로렌초를 비방하는 자들이 적지 않았었다.

　그렇지만 도시들을 돌려받고 왕과 다시 명예로운 협정을 체결해 도시가 예전의 명성을 되찾자, 말하기 좋아하고 방책을 현명함이 아니라 그 성공 여부로 판단하는 피렌체 사람들은, 목소리를 싹 바꿔 로렌초의 분별력은 사악한 운명이 전쟁으로 그들한테서 빼앗아 간 것들을 평화롭게 회복하는 방법을 이미 알고 있었고, 로렌초의 지혜로움은 적의 군대가 힘으로 행한 것보다 더 많은 성과를 이루어냈다고 떠들며 입이 닳도록 그를 칭찬하고 또 칭찬했다.

　그렇게 튀르크의 침략은 나폴리 왕과 피렌체 동맹에 대한 교황과 베네치아의 분노 때문에 일어나려던 전쟁을 연기시켰다. 하지만 뜻밖에 찾아온 이 공격이 그 초기에 많은 선善을 가져왔다면, 마찬가지로 예기치 않게 종료된 그 끝은 반대로 많은 해악을 일으켰다. 1481년 5월 위대한 술탄 메흐메트2세가 갑자기 죽고1481년 5월[1] 그의 아들들 간에 내분이 일어났다. 그러자 주인한테 버림받은 채 풀리아에 남게 된 튀르크군이 왕과 협상해 오트란토를 왕에게 넘겨주었다1481년 9월. 그리하여 교황과 베네치아의 영혼을 억누르던 두려움이 사라졌으므로, 모든 이가 새 전쟁의 발발을 예상하며 걱정했다.

한쪽에는 교황과 베네치아가 동맹을 이루었으며, 제노바와 시에나 그리고 다른 소국들이 그들 편에 섰다. 그들의 반대쪽에는 피렌체와 나폴리 왕이 밀라노 공작과 함께 있었으며, 볼로냐와 그밖의 많은 군주가 이들을 따랐다.

베네치아의 목표는 페라라의 주인이 되는 것이었다. 그들은 그 과업페라라 정복을 수행할 정당한 명분이 있으며, 이를 달성할 확실한 희망도 있다고 생각했다. 그 정당한 명분이라는 것은 페라라 후작 에르콜레 데스테1세의 선언에서 비롯되었다. 페라라 후작은 더 이상 베네치아가 보내는 비스도미노Visdomino, 에스테(Este) 지역에 거주하는 베네치아 시민들을 보호하기 위해 베네치아가 페라라에 보낸 관리와 소금을 페라라에 받아들이지 않겠다고 선포했다에르콜레 1세는 베네치아가 페라라에 가지고 있던 소금 판매 독점권을 인정하지 않고, 자체적으로 소금을 생산해 유통하려 했다. 그는 과거의 조약에 따르면 70년 후에는 페라라가 이 두 부담에서 모두 벗어나기로 되어 있다고 강조했다. 이에 대해 베네치아는 후작이 폴레시네Polesine를 보유하는 한 자신들의 비스도미노와 소금을 받아들여야 한다고 대답했다[2].

그러나 후작이 베네치아의 주장에 동의하지 않자, 그들은 후작을 상대로 전쟁을 벌일 정당한 명분을 얻었다고 생각했으며, 또 교황이 피렌체와 왕에게 몹시 분노해 있었으므로, 지금이야말로 이를 행할 적절한 시기라고 판단했다. 그래서 베네치아 의회는 교황의 환심을 더 사기 위해 교황의 사절이 베네치아를 방문했을 때1481년 9월 지롤라모 리아리오 백작을 아주 극진히 대접하고, 그에게 베네치아 시민권과 자신들이 부여할 수 있는 가장 높은 영예로 여겨지는 베네치아 의회 의원의 지위를 주었다.

그 뒤 페라라와의 전쟁 준비에 들어간 베네치아는 새로 세금을 부과하고, 로베르토 디 산 세베리노를 군의 총사령관으로 삼았다.

밀라노 섭정 루도비코 스포르차와 사이가 틀어진1481년 9월 로베르토 는 토르토나로 피신해 그곳에서 몇 번 폭동을 일으킨 후 다시 제노 바로 피했다1482년 2월. 그는 거기에 머물다 베네치아의 부름을 받고 그 군을 지휘하러 갔다1482년 3월.

⤷ 제23장 ⟵

새로운 전쟁을 위한 이런 준비가 상대 동맹에 알려지자, 그들 역 시 전쟁 준비에 박차를 가했다. 밀라노 공작은 우르비노 공작 페데 리코를, 피렌체는 페사로 군주 코스탄초 스포르차1세, 알레산드로 스포르 차의 아들를 사령관으로 삼았다. 한편 페르디난도 왕은 교황의 의중을 파악하고, 베네치아가 교황의 허락을 받아 페라라와 전쟁을 벌이는 것인지 확인하기 위해페라라는 명목상 교황령이었으므로, 교황의 승인이나 묵인 없이 이 를 공격하는 것은 쉽지 않았다 칼라브리아 공작을 군대와 함께 트론토강으로 보내, 교황에게 후작을 도울 수 있게에르콜레 1세 데스테는 페르디난도 왕의 사위 였다. 제7권 제31장 참조 롬바르디아로 가는 길을 빌려달라고 요청했다. 짐 작한 대로 교황은 이 요구를 딱 잘라 거절했다.

이것으로 교황의 속내를 확실히 알았다고 판단한 왕과 피렌체는, 군사를 일으켜 교황을 강제로 자신들의 친구로 만들거나 아니면 적 어도 교황이 베네치아를 도울 수 없게 방해하기로 했다. 그사이 베 네치아는 이미 행동을 개시해 후작과 전쟁을 시작했으며, 먼저 페 라라 교외를 습격한 뒤 페라라의 안위에 매우 중요한 피카롤로 요 새를 포위하고 있었다1482년 5~6월.

왕과 피렌체가 교황을 공격하기로 합의하자, 칼라브리아 공작은 서둘러 로마로 진군해, 오르시니 가문이 교황을 편들자 그 반발로 공작에게 합류한 콜론나 가문의 도움을 받아 로마 교외를 초토화 시켰다. 한편 피렌체는 니콜로 비텔리와 함께 치타 디 카스텔로를 공격해 점령하고, 로마교회를 위해 그곳을 지키고 있던 로렌초 주스티니를 쫓아낸 뒤 니콜로를 군주로 세웠다1482년 6~7월.

그리하여 교황은 살면서 가장 큰 불안에 휩싸였다. 로마의 내부는 당파들콜론나와 오르시니 가문로 갈가리 찢어졌고, 그 밖은 적들에게 점령당했기 때문이었다. 하지만 교황은 혈기 왕성한 젊은이처럼 적에게 굴복하지 않고 오히려 적을 정복하기로 결심했고, 리미니의 로베르토 말라테스타를 사령관으로 고용해 교황의 전군이 모여 있는 로마로 오게 했다1482년 7월. 교황은 로베르토에게 만일 나폴리 왕의 군대에 맞서 자신이 처해 있는 이 위험에서 교회를 구원해 준다면 얼마나 큰 영광이 그 앞에 놓여 있는지 설명한 후, 만일 그렇게만 된다면 자신뿐만 아니라 자신의 후계자들까지도 로베르토의 은혜를 영원히 잊지 않을 것이며, 인간은 물론이고 신께서도 기꺼이 그의 은혜에 보답할 것이라고 덧붙였다.

로베르토는 우선 교황의 병력과 장비들을 점검한 후 교황에게 최대한 많은 보병을 모집하라고 요구했으며, 이 조언은 매우 열렬하고 신속하게 이행되었다. 그 무렵 칼라브리아 공작은 로마 인근에 주둔하며 매일 도시의 성문까지 습격해 약탈하고 있었는데, 이로 인해 로마 시민들은 몹시 화가 났고, 그 결과 많은 사람이 자발적으로 로베르토와 함께 로마의 해방에 동참하겠다고 나섰기 때문이었다. 로베르토는 고마워하며 그들을 모두 군대에 받아들였다.

이런 준비를 전해 들은 공작은 만일 자신이 로마에서 멀리 떨어져 있으면, 저 위대한 로베르토도 자신을 공격하기 위해 도시 밖으로 나오지는 않을 것이라고 생각하고, 도시에서 어느 정도 떨어진 곳으로 물러나 아버지가 동생 페데리코훗날의 페데리코 1세 디 나폴리의 지휘하에 보낸 지원군을 기다렸다. 그러나 중기병의 수는 공작과 거의 대등하고, 보병의 수는 자신이 우월하다고 판단한 로베르토는 용감하게 성문을 나가서 적으로부터 약 3㎞ 떨어진 곳에 진을 쳤다.

예상과 달리 적이 자신을 쫓아온 것을 본 공작은 이제 싸워서 이기거나 수치스럽게 도망치는 수밖에 없다는 것을 깨닫고, 왕실의 명예를 떨어뜨리지 않기 위해 싸우기로 마음먹었으며, 그 시대의 전투 대형으로 군을 편성해 적과 전투를 벌였다1482년 8월 21일 캄포모르토 (Campomorto) 전투.

정오까지 6시간이나 계속된 이 전투는 이탈리아에서 그 이전 50년 동안 벌어졌던 어떤 전투보다 더 치열했으며, 양측을 합쳐 모두 1,000명 이상이 죽었다. 전투의 결과는 로마교회의 영광이었다. 쉴 새 없이 거세게 몰아붙이는 교회군의 수많은 보병 앞에서, 공작의 중기병은 퇴각할 수밖에 없었기 때문이었다. 만일 오트란토에 남았다가 그때 나폴리 왕국을 위해 싸운 튀르크 기병대가 공작을 구하지 않았다면, 공작 역시 포로가 되는 수모를 겪었을 것이다.

〈로베르토 말라테스타의 기마 대리석 기념물〉
에우제비오 다 카라바조Eusebio da Caravaggio

1482~1484년 페라라 전쟁소금 전쟁 중 중부 이탈리아에서 벌어진 전투들

이 승리를 거두고 로베르토는 로마로 개선했다. 그렇지만 그는 이 승리의 기쁨을 거의 누리지 못했다. 전투가 있던 날 그는 전투의 열기 속에서 다량의 물을 마셨는데, 그 때문인지 설사가 시작됐고 며칠 만에 죽고 말았다1482년 9월 10일, 말라리아로 추정. 교황은 그를 위해 아주 성대한 장례식을 치러 주었다.

이 승리 후 교황은 즉시 지롤라모 백작을 치타 디 카스텔로로 보내 이를 로렌초 주스티니에게 되찾아 줄 수 있는지 살펴보는 동시에, 리미니를 차지할 수 있는지 알아보게 했다. 죽은 로베르토는 리미니에 어머니의 보호를 받아야 하는 어린 아들당시 7세의 판돌포 4세 말라테스타 하나만을 남겼으므로, 쉽게 그 도시를 장악할 수 있을 것으로 기대했기 때문이었다. 만일 그 부인[1]이 피렌체의 도움을 받지 못했다면, 교황은 리미니를 빼앗는 데 성공했을 것이다. 하지만 피렌체는 군대를 보내 교황이 치타 디 카스텔로나 리미니에 대해 아무것도 할 수 없도록 막았다.

◈ 제24장 ◈

이런 일들이 로마냐와 로마에서 벌어지고 있는 동안, 베네치아는 피카롤로를 빼앗은 뒤 1482년 6월 군대를 이끌고 포강을 건넜다. 반면 밀라노 공작과 페라라 후작의 진영은 무질서했다. 우르비노 군주 페데리코 다 몬테펠트로가 병 말라리아로 추정에 걸렸기 때문이었다. 그는 치료를 위해 볼로냐로 이송되던 중 고열로 페라라에서 죽었다 1482년 9월 10일, 공교롭게도 페데리코는 사위인 로베르토 말라테스타와 같은 날에 죽었다. 그러므로 후작의 운명은 바람 앞의 등불 같은 신세가 되었고, 페라라를 차지하려는 베네치아의 희망은 나날이 커져만 갔다.

한편 왕과 피렌체는 교황이 자신들의 뜻을 따르도록 만들기 위해 모든 노력을 기울이고 있었다. 교황을 무력으로 굴복시키는 데 실패한 그들은, 이번에는 신성로마제국 황제 프리드리히 3세가 바젤에 열겠다고 선언한 공의회로 교황을 위협했다 실제로 개최되지는 않았다. 그래서 그들은 그때 로마에 있던 황제의 사절들과 전쟁이 끝나기를 바라는 주요 추기경들을 통해 이탈리아의 평화와 단결을 생각하라며 교황을 설득하고 또 강요했다.

그러자 교황은 한편으로는 두렵고, 다른 한편으로는 베네치아가 강성해지면 이는 곧 로마교회와 이탈리아의 파멸로 이어질 것이라고 이해하고, 상대 동맹과 화해하기로 마음을 돌렸다. 그렇게 해서 나폴리로 사절을 보낸 교황은, 마침내 그곳에서 나폴리 왕과 밀라노 공작 그리고 피렌체와 5년간 지속될 새로운 동맹을 체결했다1482년 12월. 그들은 베네치아 의회가 이 동맹에 들어오기를 원할 경우를 대비해 베네치아를 위한 자리를 남겨두었다.

이 조약이 체결되자 교황은 페라라와의 전쟁을 중단하라고 베네치아에 통보했다. 그러나 그들은 교황의 요구에 응하지 않고, 더욱 강력하게 전쟁을 수행할 준비를 했다. 그들은 이미 공작과 후작의 군대를 아르젠타에서 무찌른 후, 후작의 정원에 진영을 차릴 만큼 페라라市에 아주 가까이 다가가 있었기 때문이었다1482년 11월.

출처 : Wikipedia

1600년경 페라라의 성벽과 해자

∞≫ 제25장 ≪∞

하루라도 빨리 실질적인 지원이 후작한테 제공되어야 한다는 사실을 이해한 새 동맹은 칼라브리아 공작의 군대에 로마교회군을 더

〈크레모나 회합에 참석한 로렌초 데 메디치〉 조르조 바사리Giorgio Vvasari

해 급히 페라라로 보냈다. 피렌체 역시 전군을 이끌고 그 뒤를 따라 갔다. 어떻게 해야 전쟁을 더 효율적으로 치를 수 있을지 의논하기 위해 크레모나에서 회합이 열렸다. 교황특사·지롤라모 백작·칼라 브리아 공작·루도비코 스포르차·로렌초 데 메디치를 비롯한 많은 다른 이탈리아의 군주들이 그곳에 모여 다가올 전쟁에 대한 계책을 상의했다1483년 2월.

그들은 적의 주의를 완전히 다른 곳으로 돌리는 방책보다 페라라 를 더 잘 구원할 수 있는 길은 없다는 데 뜻을 같이하고, 동맹군이 밀라노 공국을 통해 베네치아를 공격하는 것에 루도비코가 동의해 주기를 원했다. 그렇지만 루도비코는 이를 거부했다. 자신이 원할 때 끝낼 수 없는 전쟁을 자기 집안에서 벌이는 것이 두려웠기 때문 이었다. 그러므로 군주들은 동맹군의 주력을 페라라 진영에 남기고 4,000명의 중기병과 8,000명의 보병을 따로 떼어 2,200명의 중기병 과 6,000명의 보병을 갖춘 베네치아와 싸우기로 했다이 시기의 군대는 보 통 기병이 보병보다 훨씬 많았다. 따라서 여기에 적힌 기병과 보병의 수는 매우 이례적이다. 뒤바뀐 게 아닌가 싶다.

베네치아가 포강에 배치한 함대를 파괴하는 것이 제일 먼저 해야 할 일이라고 생각한 동맹은 본데노 인근에서 이를 공격해 200척 이상의 갤리선을 파괴하고 함대를 지휘하던 안토니오 주스티니아노를 포로로 붙잡았다. 이 패배가 있기 전에 온 이탈리아가 자신들을 상대로 일치단결한 모습을 본 베네치아는 세력을 강화하기 위해 로렌 공작르네 2세[1]을 200명의 중기병과 함께 고용했었는데, 이 패배를 당하자 적을 막기 위해 로렌 공작을 자신들의 군대 일부와 함께 페라라로 보냈다1483년 6월.

베네치아는 또한 로베르토 디 산 세베리노에게 나머지 군을 이끌고 아다강을 건너 밀라노市로 접근해, 공작잔 갈레아초 스포르차과 그의 어머니인 마돈나 보나의 이름을 큰소리로 외치라고 시켰다1483년 6월. 루도비코와 그의 정부가 그 도시에서 미움을 받고 있다고 믿은 그들은, 이렇게 하면 그곳에서 반란이 일어날 것으로 기대했기 때문이었다. 베네치아군의 접근은 처음에 도시에 커다란 공포를 불러일으켰고, 그래서 온 도시는 무장을 했다. 하지만 그 결과는 베네치아의 의도와는 정반대였다. 이 모욕으로 인해 전에 동맹국들이 그토록 간청할 때도 거부했던 일을 이제 루도비코가 기꺼이 하기로 결심했기 때문이었다.

그리하여 페라라 후작에게 자신의 영토를 지킬 4,000명의 기병과 2,000명의 보병을 남겨 주고, 칼라브리아 공작은 1만 2,000명의 기병과 5,000명의 보병을 이끌고 베르가모로 들어갔다. 거기서 다시 브레시아를 지나 마침내 베로나로 진격해 이 세 도시의 거의 모든 교외를 다 빼앗았다. 베네치아는 속수무책으로 이를 바라보고만 있었다. 군대를 이끌고 돌아온 로베르토조차 그 도시들이 적의 수중에 떨어지는 것만을 가까스로 막을 수 있었기 때문이었다.

　그사이 페라라 후작은 자신의 영토 대부분을 회복했다. 후작의 상대인 로렌 공작은 고작 2,000명의 기병과 1,000명의 보병만을 데리고 있어서 4,000명의 기병과 2,000명의 보병을 거느린 후작을 막기에는 역부족이었기 때문이었다. 그렇게 1483년 여름 내내 전세는 동맹에 유리하게 전개되었다.

ᐳᐳ 제26장 ᐸᐸ

　겨울은 조용히 지나갔고, 다음 해 봄이 오자 군대는 다시 행동을 개시했다. 베네치아를 단번에 제압하기 위해 동맹은 전군을 한데 모았다. 만일 전쟁이 지난여름처럼 격렬히 수행되었더라면, 베네치아는 롬바르디아에 보유하고 있던 영토를 전부 다 잃었을 것이다. 로렌 공작은 1년의 계약 기간이 끝나 집으로 돌아가고 없었으며, 베네치아는 이제 6,000명의 기병과 5,000명의 보병으로, 1만 3,000명의 기병과 6,000명의 보병을 보유한 적을 상대해야 했기 때문이었다.

　그러나 동등한 권위를 지닌 많은 사람이 함께 모였을 때 흔히 일어나듯, 동맹의 분열이 적에게 승리를 안겨 주었다. 자신의 권위로 칼라브리아 공작과 루도비코 스포르차의 관계를 사이좋게 유지해 주던 만토바 후작 페데리코 곤차가1세가 죽자1484년 7월, 그 둘 사이에 오해와 이에 따른 시기가 자라나기 시작했다. 그 무렵, 칼라브리아 공작의 딸이사벨라 다라고나과 약혼한1480년 잔 갈레아초는 이미 밀라노 정부를 이끌 만큼 성장해 있었다당시 15세. 따라서 공작은 이제 루도비코가 아니라 사위잔 갈레아초가 직접 밀라노를 다스리기를 원했다.

공작의 이 욕망을 안 루도비코는 이를 실행할 기회를 주지 않기로 마음먹었다. 한편 루도비코의 사정을 간파한 베네치아는 그의 불안을 잘 이용하면, 늘 그래왔듯 전쟁으로 잃은 것을 평화 협정으로 되찾을 수 있겠다고 생각했다. 그래서 그들은 비밀리에 루도비코와 협상을 벌였고, 마침내 1484년 8월 7일 평화 협정을 체결했다바놀로(Bagnolo Mella) 조약.

이 협정이 다른 동맹국들에게 알려지자 그들은 몹시 분개했다. 특히 자신들은 베네치아에게서 빼앗은 도시들을 모두 돌려줘야 하지만, 베네치아는 페라라 후작한테서 빼앗은 로비고와 폴레시네를 그대로 가지며, 심지어 예전에 페라라에 갖고 있던 모든 특권까지 회복했다는 사실을 알게 되자 더더욱 분개했다.

그러므로 그들은 막대한 돈을 들여 전쟁을 치르면서 그래도 전쟁

1482~1484년 페라라 전쟁소금 전쟁 중 북부와 남부 이탈리아에서 벌어진 전투들

이 지속되는 동안은 명예라도 얻었지만, 전쟁을 끝낼 때는 빼앗은 영토는 되돌려주고 빼앗긴 영토는 회복하지 못하는 치욕만 당했다며 한탄했다. 그럼에도 나머지 동맹국들은 이 협정을 받아들일 수밖에 없었다. 그들은 전쟁 비용을 대는 데 지쳤고, 남들의 배신과 야심에 진절머리가 나서 이 이상 운명을 시험해보는 짓 따위는 하고 싶지 않았기 때문이었다.

제27장

롬바르디아의 정세가 이런 식으로 정리되는 동안, 교황은 자신을 끌어들이기 위해 피렌체 동맹이 버린 니콜로 비텔리를 내쫓기를 희망하며사실 피렌체는 은밀히 계속 니콜로 비텔리를 돕고 있었다, 로렌초 주스티니를 시켜 치타 디 카스텔로를 포위했다1483년 6월. 그렇지만 포위 공격 중에 성안에 있던 니콜로의 부하들이 갑자기 성 밖으로 뛰쳐나와 주스티니를 공격해 쫓아 버렸다1483년 9월.

그러자 교황은 다시 군대를 모집한 후, 치타 디 카스텔로로 가 포위 공격을 재개하기 위해 롬바르디아에 있던 지롤라모 백작을 로마로 소환했다. 하지만 심사숙고 끝에 전쟁을 재개하는 것보다 평화적인 방법으로 니콜로를 자기편으로 만드는 것이 더 이롭다고 판단해 니콜로와 협정을 맺었으며, 최선을 다해 니콜로와 그의 적인 주스티니를 화해시켰다1484년 5월. 교황이 이 일을 한 이유는 결코 평화를 사랑해서가 아니었다. 그를 움직인 것은 콜론나 가문과 오르시니 가문 사이에 또다시 끓어오르는 증오의 기운과 그로 인해 일어날 새로운 혼란에 대한 두려움이었다.

나폴리 왕은 이전에 교황과 싸우는 동안 탈리아코초를 오르시니 가문비르지니오 오르시니에게서 빼앗아, 자신을 편든 콜론나 가문에 주었다1482년 6월. 그 뒤 왕과 교황 간에 평화 협정이 체결되자, 오르시니 가문은 이 협정을 근거로 탈리아코초의 반환을 요구했다. 교황 역시 이를 돌려주라고 콜론나 가문에 여러 차례 말했다. 그러나 오르시니 가문의 요청과 교황의 위협에도 불구하고, 콜론나 가문은 탈리아코초를 돌려주지 않았을 뿐만 아니라 도리어 다른 약탈이나 비슷한 침해로 계속 오르시니 가문에 상처를 입혔다.

따라서 더는 콜론나 가문을 참을 수 없었던 교황은 자신과 오르시니 가문의 군대를 합쳐 콜론나 가문을 공격해 로마에 있던 그들의 집을 약탈하고 저항하는 자는 모두 죽이거나 체포했다1484년 5월. 그러고 나서 교황은 로마 교외에 있는 그들의 요새도 대부분 빼앗았다. 그렇게 그 혼란은 평화가 아니라 콜론나 가문의 파멸로 끝이 났다.

ᢒᢒᢒᢒ 제28장 ᢓᢓᢓᢓ

롬바르디아에서 전쟁이 계속되는 동안, 제노바와 토스카나 역시 평온하지 않았다. 피렌체는 마르차노 백작 안토니오 불가렐리Bulgarelli를 중무장 기병과 함께 사르차나 국경에 주둔시키고, 습격이나 소규모 접전으로 사르차나 주민들을 괴롭혔다. 제노바에서는 대주교인 파올로 프레고소가 스스로 그 도시의 군주도제, 그의 세 번째 재임 시기가 되어 자신을 신임하던 도제 바티스타 프레고소를 그 아내 및 아이들과 함께 감옥에 가두는 사건이 발생했다1483년 11월. 한편 베네치아 함대는 나폴리 왕국을 공격해 갈리폴리를 빼앗고1484년

5월, 그 주변의 다른 지역들을 약탈했다.

그렇지만 롬바르디아에서 평화 협정이 체결되자, 토스카나와 로마를 제외한 다른 곳들의 소란은 가라앉았다. 교황은 그에게 주어진 삶이 다했기 때문인지, 아니면 그의 적인 평화가 확정되자 울화가 치민 건지, 평화를 선포한 지 5일 만에 죽었다1484년 8월 12일. 그렇게 교황 식스토4세는 살아 있는 동안 자신이 계속 전쟁으로 내몰았던 이탈리아를 평화 속에 남겨둔 채 죽었다.

교황이 죽자 로마는 즉시 무장했고, 지롤라모 백작은 군대를 이끌고 산탄젤로성으로 들어갔다. 오르시니 가문은 콜론나 가문이 최근에 받은 침해에 대해 복수할까 봐 두려워했으며, 콜론나 가문은 자신들의 집과 요새를 돌려달라고 요구했다. 그리하여 며칠이 지나지 않아 살인과 약탈과 방화가 도시 곳곳에서 잇달아 일어났다. 하지만 추기경들이 백작에게 산탄젤로성을 콜레조Collegio(추기경단) 손에 돌려주고 그의 영지로 떠나 로마를 자유롭게 해 달라고 설득하자, 미래의 교황과 잘 지내기를 바란 백작은 추기경들의 말에 따라 산탄젤로성을 콜레조에 돌려주고 이몰라로 갔다.

그렇게 해서 백작의 군대에 대한 공포에서 해방된 추기경들과 각자 백작한테 기대했던 도움이 사라져 더는 싸우지 않게 된 영주들콜론나와 오르시니 가문은 이제 새 교황을 선출하는 일에 착수했다. 얼마간의 논쟁 끝에 몰페타Molfetta 추기경이던 제노바 출신의 조반니 바티스타 치보가 새 교황으로 선출되었고8월, 새 교황은 자신을 인노첸시오 8세재위 1484~1492년라고 명명했다. 느긋한 성격에 자비롭고 평화로웠던 그는 당파 간의 적대 행위를 중단시켰고 한동안 로마는 평화롭게 지냈다.

〈산탄젤로성과 다리 그리고 테베레강과 성 베드로 대성당의 돔이 보이는 로마의 풍경〉
루돌프 비그만Rudolf Wiegmann

꼭꼭 제29장 ㅐㅐ

롬바르디아에 평화가 찾아온 뒤에도 피렌체 통치자들은 가만히 있을 수 없었다. 그들은 일개 기사로도비코 캄포프레고소에 의해 사르차나에서 쫓겨난 것제8권 제18장 참조을 부끄럽고 수치스러운 일로 여겼기 때문이었다. 그리고 평화 협정에는 빼앗긴 것을 돌려 달라고 요청할 수 있다는 조항뿐만 아니라 그 회복을 방해하는 자와는 전쟁을 벌일 수 있다는 조항도 들어있었으므로, 그들은 즉시 자신들의 권리를 강제할 자금과 병력을 준비하기 시작했다. 그러자 사르차나를 장악하고 있던 아고스티노 프레고소로도비코의 아들는 혼자서 그 큰 전쟁을 감당할 수 없다고 판단하고, 그 도시를 '방코 디 산 조르조Banco di San Giorgio(산 조르조 은행)'에 팔았다1484년 4월.

산 조르조 은행의 궁

앞으로 산 조르조 은행과 제노바 시민들에 대해 자주 언급할 필요가 있으므로, 여기서 이탈리아의 주요 도시들 가운데 하나인 제노바의 관습과 제도를 설명하는 것이 좋을 듯하다.

오래전 제노바는 베네치아와 아주 중요한 전쟁1378~1381년 키오자 전쟁을 치른 후, 그들과 평화 협정1381년 8월 토리노 조약을 체결했다. 전쟁 중에 거액의 돈을 빌려준 시민들에게 돈을 갚을 수 없었던 제노바 공화국은, 모든 채권자는 국가가 그 빚을 완전히 상환할 때까지 채권에 비례해 수입을 나눠 가져야 한다는 조건으로 그들에게 관세 수입을 양도했으며, 그들이 서로 만날 수 있도록 세관 근처에 있는 궁도 하나 내주었다.

그러자 이 채권자들은 그들 중에서 100명을 뽑아 해야 할 일을 심의할 협의회를 구성하고, 모두의 수장으로 협의회가 심의한 사항을 집행할 8명의 '마지스트라토Magistrato(집행관)'을 두는 등 그들만의 운영 조직을 만들었다. 또한, 그들은 자신들의 채권을 여럿으로 나누고 이를 '루오기Luoghi, Luogo(장소)의 복수형'라고 불렀으며, 그들 조직 전체에는 '산 조르조성 게오르기우스 은행'이라는 이름을 붙였다1407년 설립될 당시의 이름은 'Casa delle compere e dei banchi di San Giorgio'였다.

그들의 체제가 이렇게 확립된 후, 다시 어려움에 빠진 제노바 정부는 한 번 더 산 조르조에게 도움을 청했으며, 잘 운영되고 부유하던 산 조르조는 이번에도 정부를 도울 수 있었다. 처음에 빌린 돈의 대가로 세관을 주었던 제노바는, 나중에는 새로 빌린 돈의 담보 명목으로 산 조르조에게 도시나 성城과 같은 영토를 주기 시작했다. 그렇게 정부의 필요와 산 조르조의 도움에서 비롯된 이런 관계는 오늘날에도 계속돼, 현재 제노바의 지배를 받는 도시와 지역의 대다수는 산 조르조에게 귀속되어 있다. 그리고 산 조르조는 정부의 간섭 없이 매년 그들만의 선거로 뽑은 관리를 파견해, 이 소유지들을 다스리고 지킨다.

그 결과 제노바 시민들은 어딘가 전제적專制的인 정부에 대한 애정을 거두고, 대신 잘 관리되고 공정하게 운영되는 산 조르조를 사랑하게 되었다. 따라서 그들은 정부가 쉽게 자주 교체되어도, 때로는 동료 시민이, 또 때로는 외국인이 권력을 잡아도 크게 신경 쓰지 않았다. 바뀌는 것은 정부지, 산 조르조가 아니기 때문이었다. 그래서 도제의 지위를 두고 프레고소와 아도르노 가문이 싸울 때 그 대상은 오직 도시의 정부였으므로, 시민들 대부분은 옆으로 물러나 도제의 지위가 승자의 먹이가 되도록 그냥 내버려 두었다.

도시의 권력이 바뀌었을 때 산 조르조가 하는 유일한 개입은 새 도제에게 산 조르조의 법을 준수하겠다고 맹세시키는 일이다. 산 조르조의 법은 아직까지 한 번도 깨진 적이 없다. 산 조르조는 독자적인 조직과 자금 외에 그들만의 군대도 보유하고 있어서 반역의 확실한 위험을 자초하지 않고는 누구도 그 법을 건드릴 수 없기 때문이다. 산 조르조의 이런 모습은 지금까지 철학자들이 상상하고 기술한 어떤 공화국에서도 전혀 찾아볼 수 없는 실로 드문 사례다.

하나의 도시 안에 사는 같은 시민들 사이에서 자유와 폭정이, 정직과 타락이, 그리고 법질서와 방종이 공존하는 까닭은 이 기관만이 예전의 존경할 만한 관습들로 제노바를 채우고 있기 때문이다. 만일 산 조르조가 국가 전체를 장악하는 일이 일어난다면, 조만간 그렇게 될 가능성이 큰데, 제노바는 베네치아 공화국보다 더 놀라운 공화국이 될 것이다.

⤳ 제30장 ⤴

이런 이유로 아고스티노 프레고소는 사르차나를 산 조르조한테 넘겼다. 이를 기꺼이 받아들인 산 조르조는 그곳을 지키기 위해 즉시 바다에 함대를 띄우고, 이미 사르차나 근처에 진을 치고 있던 피렌체군으로 가는 지원을 막기 위해 급히 군대를 피에트라산타로 보냈다.

한편 피렌체 통치자들은 피에트라산타를 빼앗기를 원했다. 사르차나와 피사 사이에 자리한 그 요새를 얻지 못하면, 사르차나를 얻어도 그리 쓸모가 크지 않았기 때문이었다. 하지만 피렌체군이 피에트라산타를 공격할 정당한 명분을 가지려면, 그들이 사르차나를 공격할 때 피에트라산타 주민이나 수비대가 피렌체군을 방해하러 와야만 했다.

따라서 피렌체 통치자들은 피에트라산타 수비대가 호위병은 적고 전리품은 많은 것을 보고 큰 두려움 없이 보급대를 공격하기를 바라며, 많은 양의 식량과 군수품을 적은 수의 호위병과 함께 피사에서 사르차나 인근의 피렌체 진영으로 보냈다. 이 계획은 피렌체 통치자들의 바람대로 성공했다. 눈앞에서 수많은 전리품이 지나가는 것을 본 피에트라산타 주민들이 성을 나와 이를 낚아채 갔고, 이 덕분에 피렌체군은 요새를 공격할 합법적인 근거를 갖게 되었기 때문이었다.

그리하여 피렌체군은 일단 사르차나는 제쳐두고, 피에트라산타를 포위했다. 수비대가 많은 피에트라산타는 강력하게 저항했다. 피렌체군은 들판에 대포를 배치한 후, 마을 위 언덕에 보루를 쌓아 그 방면에서도 적을 공격할 수 있도록 했다. 피렌체군의 최고사령관은 야코포 구이차르디니였다.

피에트라산타가 그렇게 공격받는 동안 제노바 함대는 바다Vada 요새를 빼앗아 불태운 뒤, 군사들을 상륙시켜 주변 교외를 습격하고 약탈했다. 이들을 막기 위해 본잔니 잔필리아치가 기병과 보병을 이끌고 갔다. 그는 어느 정도 그들의 오만을 억제해 전처럼 교외를 자유롭게 습격하는 것을 막았다. 그렇지만 제노바 함대는 계속 피렌체를 괴롭히며 리보르노항구도시로 갔고, 부교浮橋와 다른 장치들을 이용해 새 탑 옆으로 다가가 여러 날 동안 대포로 공격했다. 그러나 그들은 아무런 소득도 올리지 못하고 결국 치욕 속에 퇴각했다.

❧ 제31장 ❧

그사이 피에트라산타에 대한 포위 공격은 지지부진하게 진행되었다. 그러자 포위된 자들이 오히려 용기를 내고 피렌체군을 공격해 언덕의 보루를 빼앗는 일마저 발생했다. 이 일로 적들은 아주 큰 명성을 얻었고, 패배에 낙담한 피렌체군은 거의 자포자기하며 피에트라산타로부터 약 6㎞ 떨어진 곳까지 후퇴했다. 거기서 향후의 일을 상의하기 위해 모인 군의 수장들은 벌써 10월이니 겨울 숙영지로 철수해 내년 봄에 재개할 공격을 준비하는 것이 좋겠다고 판단했다.

하지만 이 불행한 소식이 피렌체에 알려지자 통치자들은 격노했고, 피렌체군의 힘과 명성을 회복하기 위해 그 즉시 안토니오 푸치와 베르나르도 델 네로를 새 최고사령관으로 임명했다. 이들은 많은 자금을 갖고 서둘러 피렌체 진영으로 가서 군의 수장들을 모아놓고, 만일 지금 당장 피에트라산타 성벽으로 돌아가지 않는다면 시뇨리아와 도시 전체가 느낄 분노를 지적했다.

그러고 나서 그들은, 만일 이처럼 훌륭한 장군들이 이렇게 강한 군사들을 갖고도 한 줌도 안 되는 수비대로 저항하는 저 하찮고 유약한 마을 하나를 함락시키지 못한다면 어떤 비난과 경멸이 쏟아질지 경고한 후, 피에트라산타를 점령했을 때 기대할 수 있는 현재와 미래의 이점들을 열정적으로 설명했다. 그러자 모인 수장들은 모두 용기백배하여 어서 포위 공격을 재개하자고 한목소리로 외쳤다.

그렇지만 그들은 그 전에 먼저 빼앗긴 언덕의 보루부터 탈환하기로 했다. 이 과업을 수행하며 그들은 자애로움과 친절함이, 그리고 유쾌한 말과 온화한 태도가 병사들의 정신에 얼마나 큰 영향을 미칠 수 있는지 알게 되었다. 왜냐하면 새 최고사령관 안토니오 푸치가 전투를 벌이기 전에 이 병사는 설득하고, 저 병사에게는 무언가를 약속하고, 또 어떤 병사는 손을 잡아주고, 다른 병사는 등을 토닥거렸는데, 그 결과 병사들은 적이 감히 저항할 수 없을 만큼 맹렬하게 적을 공격했고, 그 덕에 피렌체군은 단숨에 보루를 되찾았기 때문이었다1484년 10월. 다만 보루를 되찾다가 마르차노 백작 안토니오 불가렐리가 대포에 맞아 숨졌으니, 손실이 전혀 없지는 않았다.

이 패배에 경악한 피에트라산타 주민들은 그제야 항복에 대해 논의하기 시작했다. 로렌초 데 메디치는 이 문제를 더 빨리, 더 확실하게 매듭지으려면 자신이 직접 피에트라산타로 가야겠다고 생각하고 지체 없이 그곳으로 출발했으며, 도착한 지 며칠 만에 그 주민들의 항복을 받아냈다1484년 11월.

그 뒤 겨울이 시작되자, 사령관들은 더 이상 전투를 계속하지 않고 내년 봄을 기다리기로 했다. 무엇보다 지난가을의 역병으로 인해 군대는 크게 약화됐고, 군의 수장들도 많은 인원이 심하게 아팠기 때문이었다. 그중에는 안토니오 푸치와 본잔니 잔필리아치도 있었는데, 결국 둘 다 병에 걸려 죽고 말았으며1484년 말, 피에트라산타에서 행한 일로 안토니오가 얻은 명성은 실로 대단했으므로 모두가 이를 비통해했다.

한편 피렌체가 피에트라산타를 얻자 루카 시민들이 피렌체로 사절을 보내, 그 도시는 이전에 루카 공화국에 속했던 도시로, 루카와 피렌체가 맺은 조약에 따르면 각국은 서로에게서 빼앗은 모든 도시를 원래 주인한테 돌려줘야 한다고 주장하며, 피에트라산타를 요구했다.

피렌체 시뇨리아도 두 도시가 맺은 조약에 그런 조항이 있다는 것을 부정하지는 않았다. 그러나 그들은 제노바와 논의 중인 평화 협정에 따라 피에트라산타를 제노바에 돌려줘야 할지도 모르니, 제노바와의 협상이 끝나기 전에는 피에트라산타를 마음대로 처분할 수가 없다고 대답했다.

그러고 나서 그들은, 하지만 설령 피에트라산타를 돌려줘야 한다 해도, 루카는 먼저 피렌체가 그 전쟁에 쓴 비용과 수많은 시민의 죽음으로 입은 손실을 어떻게 보상해 줄지 숙고해야 하며, 그런 뒤 이런 보상을 제대로 제공한다면 루카 시민들은 피에트라산타를 돌려 달라고 당당히 요구할 수 있을 것이라고 덧붙였다.

그리하여 겨우내 제노바와 피렌체 간의 평화 협상이 로마에서 교황 인노첸시오 8세의 중재로 진행되었다. 그렇지만 아무런 합의도 이루어지지 않았으므로, 만일 교황과 페르디난도 왕 사이에 전쟁이 발발하지 않고, 또 로렌초 데 메디치가 아프지 않았다면, 피렌체군은 봄이 오자마자 다시 사르차나를 공격했을 것이다. 그 무렵 로렌초는 아버지로부터 물려받은 통풍뿐만 아니라 극심한 위통으로도 고통받고 있었고, 그래서 이 병들의 치료를 위해 온천에 가지 않을 수 없었다.

✒ 제32장 ✒

그러나 사르차나 공격이 지연된 주된 원인은 교황과 왕의 전쟁이었다. 그 시작은 이랬다. 라퀼라는 나폴리 왕국에 속해 있었지만 거의 자유롭게 살았다. 이 도시에서는 몬토리오 알 보마노Vomano 백작 피에트로 랄레 캄포네스키(Lalle Camponeschi)이 시민들의 큰 존경을 받았다.

칼라브리아 공작은 당시 지역 농민들 사이에서 일어난 소요를 진압한다는 구실로, 군대와 함께 트론토강 인근에 있었다. 라퀼라를 왕에게 완전히 복종시킬 계획을 품고 있던 공작은, 농민들의 소요를 진압하는 일을 백작이 도와주기를 바라는 것처럼 꾸며 몬토리오 백작을 불렀다. 백작은 아무 의심 없이 공작의 명령에 따랐고, 공작의 진영에 도착하자마자 사로잡혀 나폴리로 이송되었다1485년 6월.

이 사건이 라퀼라에 알려지자 온 도시는 격분했다. 시민들은 무기를 들고 일어나 왕의 콤미사리오총독인 안토니오 치치넬로Ciccinello와 왕을 지지하는 것으로 알려진 몇몇 인물들을 죽였다1485년 9월. 그 후 그들은 반란을 일으킨 자신들을 지켜줄 보호자를 갖기 위해 로마교회의 기치를 세우고 교황에게 사절을 보내 도시와 자신들을 넘기며, 왕의 폭정에 맞서 교황의 신민인 자신들을 도와달라고 애원했다앞서 말했듯 나폴리 왕국은 명목상 로마교회의 소유였다.

사적인 이유1484년 교황 선거 당시, 페르디난도 1세는 인노첸시오 8세의 경쟁자였던 로드리고 보르자 추기경을 지지했다와 공적인 이유1485년 페르디난도 1세는 나폴리 왕이 교황의 봉신으로서 매년 성 베드로와 바오로의 축일인 6월 29일에 교황에게 바치던 일종의 지대(地代), 즉 키네아(Chinea)[1]를 바치지 않았다로 왕을 미워하던 교황은 이 요청을 기쁘게 받아들이고, 당시 밀라노 공국과 사이가 나빠져 일이 없던 로베르토 디 산 세베리노를 자신의 사령관으로 삼아 급히 로마로 불러들였다1485년 10월. 또한, 교황은 몬토리오 백작의 모든 친구와 친척들에게 왕에 맞서 싸우라고 촉구했으며, 그러자 알타무라·살레르노·비신냐노Bisignano의 영주들피로(Pirro) 델 발초·안토넬로 산세베리노·지롤라모 산세베리노이 교황의 촉구에 응해 군사를 일으켰다.

이 갑작스러운 공격에 직면하게 된 왕은 피렌체와 밀라노 공작에게 도움을 요청했다. 피렌체 통치자들은 어떻게 해야 할지 확신이 서지 않았다. 다른 이의 전쟁을 위해 자신들의 전쟁을 그만두기는 어렵고, 또 로마교회를 상대로 군사를 일으키는 것은 매우 위험하다고 생각했기 때문이었다. 그렇지만 왕과 동맹 관계에 있던 그들은 편의나 안전보다 명예를 우선하고, 왕을 지원하기 위해 오르시니 가문을 고용했으며, 자신들의 전군을 피틸리아노Pitigliano 백작니콜로 오르시니의 지휘하에 로마로 보냈다1485년 11월. 이에 용기를 얻은 왕은 군대를 둘로 나눠, 하나는 칼라브리아 공작이 이끌고 로마로 가서 피렌체군과 함께 로마교회군을 대적하게 했으며, 다른 하나는 자신이 직접 지휘하여 반란을 일으킨 영주들과 싸웠다.

전세는 시시각각 변하며 양군은 일진일퇴를 거듭했으나, 마침내 왕이 모든 곳에서 승리했고, 1486년 8월 스페인 왕 페르난도 2세가 보낸 사절을 통해 평화 협정이 체결되었다. 운명의 여신이 자신한테 우호적이지 않다는 것을 깨달은 교황은 더이상 자신의 운을 시험해 보려 하지 않고 선선히 평화 협정에 동의했다. 이 평화 협정에는 이탈리아의 모든 열강이 다 참여했지만, 오직 제노바만이 밀라노 공국의 반역자이자 피렌체 영토의 강탈자라는 이유로 배제되었다.

협정이 맺어진 후, 전쟁을 치르는 동안 교황에게는 충직한 친구가 아니었고로베르토는 자기 아들 중 한 명을 추기경으로 만들어 주지 않으면, 교황을 버리겠다고 협박했다, 적들한테는 전혀 두려운 상대가 아니었던 로베르토 디 산세베리노는 치욕 속에 로마를 떠났으며, 공작과 피렌체군의 추격을 받았다. 체세나를 지날 무렵 추격군이 가까이 다가온 것을 안 그는 사로잡힐 것을 우려해 허둥지둥 달아났으며, 채 100기도 안 되는 기병만 데리고 라벤나로 탈출했다1486년 9월. 남겨진 그의 군사 중 일부는 공작 밑으로 들어갔고, 또 다른 일부는 농민들에게 죽임을 당했다.

평화가 선포되자 왕은 다른 영주들과는 화해했으나, 사르노Sarno 백작 야코포실은 프란체스코 코폴라와 자신의 대신인 안토넬로 페트루치 다베르사d'Aversa를 그 아들들과 함께 죽였다1487년 5월. 그들이 전쟁 중에 자신의 비밀을 교황에게 누설했기 때문이었다사실 이 둘은 1485년 영주들이 일으킨 반란의 주동자들이었다.

ᥫᥫ 제33장 ᥫᥫ

이 전쟁을 치르며 교황은 피렌체가 얼마나 신속하고 열정적으로 친구를 지키는지 목격하게 되었다. 그래서 비록 처음에는 제노바에 대한 애정인노첸시오 8세는 제노바 출신이었다과 피렌체가 왕에게 제공한 도움 때문에 그들을 미워했으나, 이제는 그들을 존경하고 평소보다 더 큰 호의로 사절을 대하기 시작했다. 교황의 이런 감정 변화를 눈치 챈 로렌초 데 메디치는 이를 더욱 강화하기 위해 자신이 지닌 모든 수단과 방법을 동원했다. 만일 왕과의 우정에 교황과의 친교까지 더할 수 있다면, 자신의 명성세력은 한층 더 높아질 것으로 판단했기 때문이었다.

교황에게는 프란체스코라는 이름의 아들이 하나 있었다성직자가 되기 전에 얻은 사생아로, 키가 작은 탓에 '프란체스케토(Franceschetto)'라는 별명을 얻었다. 교황은 자신이 죽은 후 아들이 홀로 살아갈 수 있게 영지와 친구를 만들어 주기를 바랐고, 아들과 연결해 주기에 이탈리아에서 로렌초보다 더 유익한 인물은 없다고 생각했다. 따라서 교황은 로렌초에게 그의 딸 중 한 명을 아들의 아내로 주도록 설득했고, 이 결혼은 성사되었다프란체스코와 로렌초의 둘째 딸 마딸레나(Maddalena)는 1487년 2월에 약혼하고,

1488년 1월에 결혼했다.

　그러자 교황은 제노바가 자발적으로 사르차나를 피렌체에 넘겨주기를 바라며, 제노바는 아고스티노실은 그의 아버지 로도비코가 피렌체에 판 것제8권 제18장 참조을 보유할 권리가 없고, 또 아고스티노는 더 이상 자신의 것이 아닌 것을 산 조르조에게 넘겨줄 수도 없다고 지적했다. 하지만 교황의 권고는 무시되었다.

　실제로 제노바는 로마에서 협상이 진행되는 도중에도 많은 배를 무장시킨 후, 무슨 일이 일어나고 있는지 피렌체 통치자들이 파악하기 전에 3,000명의 보병을 상륙시켜 사르차넬로 요새를 공격했다. 사르차넬로는 사르차나 위쪽실은 아래쪽에 자리한 요새로 피렌체 군이 지키고 있었다. 3,000명의 보병은 먼저 요새 인근의 마을들을 약탈하고 불태운 뒤, 요새 가까이에 대포를 배치하고 쉴 새 없이 그 요새를 포격했다1487년 3월.

　이 예기치 못한 기습 공격을 알게 된 피렌체 통치자들은 즉시 비르지니오 오르시니실은 앞 장에도 나왔던 피틸리아노 백작 니콜로 오르시니 휘하의 군대를 피사에 소집했으며1487년 4월, 교황이 평화 협상을 벌이는 동안 제노바가 자신들을 급습하며 전쟁을 재개했다고 교황에게 불만을 제기했다. 그런 후 그들은 루카가 계속 피렌체에 충실하도록 피에로 코르시니를 루카로 보냈고, 베네치아의 의중을 알아보기 위해 파올란토니오 소데리니를 그 공화국으로 보냈다[1].

　또한, 그들은 페르디난도 왕과 루도비코 스포르차에게도 도움을 요청했으나, 누구의 도움도 받지 못했다. 왕은 튀르크 함대가 공격해올까 두렵다고 했고, 루도비코는 원군을 보내겠다고 약속해 놓고는 이런저런 핑계를 대며 차일피일 미뤘기 때문이었다. 그처럼 피렌체 시민들은 자신들의 전쟁에서는 거의 항상 혼자였다. 그들은 자신들이 남을 돕는 그 선의로, 자신들을 돕는 이를 갖지 못했다.

그렇지만 동맹국들로부터 버림받는 것이 이번이 처음은 아니었기 때문에 그들은 조금도 주눅 들지 않고 대군을 소집해 적에게 보냈다. 야코포 구이차르디니와 피에로 베토리 란티코l'Antico가 지휘하는 군은 물살이 센 마그라 강가에 진영을 차렸다. 그사이 사르차넬로는 적의 강한 압박을 받았다. 적은 땅굴을 파는 등 생각할 수 있는 온갖 방법으로 사르차넬로를 포위 공격했다. 그러므로 최고사령관들은 어떤 위험을 무릅쓰고라도 하루빨리 사르차넬로를 구하기로 결정했다. 적도 전투를 거부하지 않아 양군은 맞붙었고, 제노바군은 대패했으며 루이지 달 피에스코사실 잔 루이지 피에스키(Fieschi)를 비롯한 적군의 다른 많은 수장이 사로잡혔다1487년 4월.

피렌체군의 이 승리로 사르차나 주민들은 매우 놀랐지만, 그렇다고 항복할 만큼은 아니었다. 아니, 사실 그들은 완강하게 방어를 계속했고, 피렌체 사령관들 역시 전력을 다해 맹공을 퍼부었다. 그렇게 양군은 똑같이 용감하게 싸웠다. 포위 공격이 장기화되자, 로렌초 데 메디치는 자신이 직접 피렌체군의 진영으로 가는 것이 좋겠다고 생각했다.

로렌초가 그곳에 도착하자 피렌체군의 사기는 크게 올랐고, 자신들을 정복하려는 피렌체의 집요함과 오지 않는 제노바의 지원을 절감한 사르차나 주민들은 몹시 낙담해서 아무런 조건 없이 자진해서 로렌초의 손에 자신들을 맡겼다1487년 6월. 피렌체에 항복한 사르차나 주민들은 반란을 주도한 소수의 주동자를 제외하고 모두 관대한 처분을 받았다.

한편 포위 공격이 계속되는 동안, 루도비코 스포르차는 폰트레몰

사르차나 수복 전쟁

리로 중무장 기병을 보내 피렌체를 도우러 왔다는 것을 과시했다. 그러나 사실 그는 제노바市에 숨겨둔 비밀 조직을 통해 그 도시의 기존 정부에 반대하는 당파가 통치자들|이때의 도제는 제8권 제28장에 나온 파올로 프레고소로 그의 세 번째이자 마지막 재임 시기였다에게 반란을 일으키도록 유도했고, 반란을 일으킨 당파는 몬트레몰리에 와 있던 밀라노군의 도움을 받아 제노바를 밀라노 공작한테 넘겼다|1488년 1월.

⤜⤜⤜ 제34장 ⤜⤜⤜

교황과 나폴리 왕이 싸우던 시절, 마르케 지방의 안코나에 있는 오지모Osimo에서는 그 시민인 보콜리노 디 구초네Guzzone가 왕의 사주를 받고 교황을 상대로 반란을 일으켜 오지모를 차지했다1486년 4월. 그 도시를 회복하기 위한 여러 번의 시도가 허사로 끝난 뒤, 그는 로렌초 데 메디치의 설득으로 도시를 교황에게 돌려주는 데 동의했다1487년 7월. 그리고 나서 그는 피렌체로 와서 로첸초의 보호를 받으며 한동안 아주 잘 살다가 다시 밀라노로 갔다1488년. 그러나 그곳에서는 로렌초에게서 받은 대우를 받지 못하고 루도비코한테 죽임을 당했다1494년 6월.

이 시기에 치러진 독일오스트리아 대공 지기스문트과 베네치아 간의 전쟁에서는 베네치아가 트렌토市 인근에서 벌어진 칼리아노Calliano 전투에서 패하고, 사령관인 로베르토 디 산 세베리노는 살해당했다1487년 8월, 향년 69세. 그렇지만 이 패배 후 베네치아는 평소에 하던 대로 패자가 아니라 마치 승자가 하듯 자신들한테 유리하게 독일과 평화 협정을 맺었다.

이 무렵 로마냐에서도 심각한 혼란이 발생했다. 포를리 출신의 프란체스코 도르소d'Orso는 그 도시에서 상당한 영향력을 지닌 인물이었다. 하지만 어쩌다 지롤라모 백작의 의심을 사게 되어 수차례에 걸쳐 생명의 위협을 받았다. 그 결과 끊임없는 공포 속에 근근이 살아가던 프란체스코에게, 친구와 친척들은 차라리 먼저 백작을 죽여 죽음의 위험에서 벗어나라고 권고했다[1].

프란체스코가 그들의 충고를 받아들이자, 공모자들은 언제 어떻게 계획을 실행할지 고민하다가 포를리市에 시장이 서는 날을 실행일로 잡았다. 그날은 교외에 사는 친구들이 한꺼번에 많이 도시로 들어오므로, 따로 부르지 않고도 그들의 도움을 받을 수 있을 것으로 기대했기 때문이었다.

때는 대부분의 이탈리아인이 낮에 정찬을 먹는 5월이었다. 공모자들은 백작을 죽일 가장 좋은 시간은 그가 정찬을 먹은 직후라고 생각했다. 백작이 정찬을 먹은 직후에는 하인들도 식사를 할 것이고, 따라서 그는 집무실에 혼자 있을 가능성이 크다고 판단했기 때문이었다.

이렇게 정하고 약속한 시각에 시뇨리아 궁으로 간 프란체스코는, 같이 간 동료들을 아래층 홀에 놔두고 홀로 백작이 있는 방으로 올라가서 시종한테 백작에게 드릴 말씀이 있으니 자신이 왔음을 알려달라고 부탁했다. 잠시 후 백작의 부름을 받고 안으로 들어간 프란체스코는 백작이 혼자 있는 것을 보고, 몇 마디 이야기를 나누는 척하다가 백작을 죽였다사실, 지롤라모 백작이 죽은 날은 1488년 4월 14일이다. 그러고 나서 동료들을 불러 시종도 죽였다. 이때 그 도시의 카피타노시장가 백작에게 할 말이 있어 몇 명의 부하와 함께 우연히 그곳을 찾아왔다가, 그들 역시 암살자들한테 죽임을 당했다.

이 살육이 끝난 뒤 암살자들은 백작의 시체를 창밖으로 던지고, "키에자 에 리베르타Chiesa e Libertà, 교회와 자유!"를 큰소리로 외쳤다포를리는 명목상 교황령이었다. 그러자 백작의 탐욕과 잔인함을 미워하던 사람들이 모두 무기를 들어 궁을 약탈하고, 카테리나 스포르차 백작부인과 아이들을 모두 사로잡았다. 그들이 과업을 완성하기 위해서는 이제 도시 안에 있는 요새만 뺏으면 되었다.

그러나 요새의 성주톰마소 페오(Feo)는 이를 순순히 내주려 하지 않았다. 그래서 공모자들은 백작부인이 그녀의 권위로 성주를 설득해주기를 원했다. 그녀는 만일 자신을 요새 안으로 들여보내 준다면 성주를 설득해 보겠다고 약속하며, 자신의 말에 대한 담보로 아이들을 인질로 남겨두었다. 공모자들은 그녀의 말을 믿고 그녀가 요

새 안으로 들어가는 것을
허락해 주었다.

하지만 그녀는 안으로 들
어가자마자 남편을 살해한
복수로 그들을 세상에서 가
장 잔인한 방법으로 전부 다
죽여 버리겠다고 협박했다.
그들 역시 아이들을 죽이겠
다며 그녀를 위협했다. 그렇
지만 그녀는 자식은 새로 더

〈카테리나 스포르차〉 조르조 바사리Giorgio Vasari

낳으면 그만이라고 잘라 말했다실제로 그녀는 아이들에게 관심이 없다는 것을 보여 주
기 위해 아직 아이를 만들 수단을 갖고 있다며 자신의 생식기를 보여 주었다고 한다. 그녀의 나이 스물다
섯의 일이었다.

그녀의 단호함에 경악한 공모자들은 교황의 지지도 받지 못하고,
또 백작부인의 삼촌인 루도비코가 그녀를 도울 군대를 보냈다는 소
식까지 들려오자, 가져갈 수 있는 재물을 전부 챙겨 치타 디 카스텔
로로 피신했다. 한편 권력을 되찾은 백작부인은 공언한 대로 무자
비한 잔인함으로 남편의 죽음에 복수했다.

백작의 죽음을 전해 들은 피렌체 통치자들은 지금이야말로 예전
에 백작한테 빼앗겼던 피안칼돌리 요새피렌추올라 안에 있다를 되찾을 적
기라고 생각하고, 군사를 보내 그 요새를 되찾는 데 성공했다. 다만
안타깝게도 그 전투에서 매우 유명한 조각가이자 기술자였던 일 체
카Ⅱ Cecca[2]가 죽었다1488년 5월.

제35장

이 사건이 있은 지 얼마 뒤 그만큼이나 심각한 다른 사건이 로마냐에서 또 일어났다. 파엔차 군주 갈레오토 만프레디는 볼로냐 군주인 조반니 벤티볼리오 2세의 딸 프란체스카, 당시 14세을 아내로 삼았다.[1] 1482년 2월. 그런데 질투 때문인지 갈레오토는 결혼 전에 사귄 카산드라 파보니(Cassandra Pavoni)라는 여인과의 관계를 결혼 후에도 계속 유지했고, 그 둘 사이에는 세 명의 자녀가 있었다, 아니면 남편한테 학대당했기 때문인지, 그것도 아니면 천성이 사악했기 때문인지 그녀는 남편을 몹시 증오했고, 그래서 그의 목숨과 권력을 모두 빼앗기로 마음먹었다.

1488년 5월의 마지막 날 아픈 척하며 잠자리에 든 그녀는, 미리 침실에 숨겨둔 심복들 볼로냐 출신의 멩가초(Mengaccio)와 리고(Rigo)에게 평소처럼 갈레오토가 찾아오면 그를 죽이라고 명령했다. 그녀는 이 음모를 아버지와 상의했으며, 아버지는 사위가 죽고 나면 자신이 파엔차의 주인이 되기를 간절히 바랐다. 아무튼 살인이 예정된 시간에, 갈레오토는 습관대로 아내의 방에 들어와 그녀와 이야기를 나누며 잠시 앉아 있었다. 그때 숨어 있던 곳에서 암살자들이 갑자기 튀어나와 갈레오토가 어떻게 손쓸 틈도 없이 순식간에 그를 죽여 버렸다.

그러나 그의 사후 큰 소동과 혼란이 발생해, 그녀는 아스토레라는 어린 당시 3세 아들을 데리고 도시 안의 요새로 피신했으며, 사람들은 모두 무기를 들었다. 이때, 조반니 벤티볼리오가 많은 무장 병력의 보호를 받으며, 밀라노 공작의 용병대장인 일 베르가미노 조반 피에트로 카르미나티(Carminati)로, 그는 지롤라모 백작이 죽자 카테리나 백작부인을 도우러 왔다가 포를리 총독으로 그곳에 남았다라는 인물을 대동하고, 안토니오 보스콜리라는 피렌체의 콤미사리오 대사가 머물던 파엔차로 입성했다.

그 수장들이 이런 소란 속에서 함께 모여 누가 도시를 다스릴지 논쟁하는 동안, 무슨 일이 일어났는지 알게 된 발 디 라모네의 주민들이 한 몸이 되어 그 도시로 달려와, 무기를 들고 조반니와 베르가미노를 습격해 베르가미노를 죽이고 조반니를 사로잡았다1488년 6월. 그 뒤 그들은 아스토레와 피렌체를 소리 높여 외치며, 도시를 피렌체의 콤미사리오에게 맡겼다. 이 일이 피렌체에 알려지자 모든 이가 불쾌해했다. 그럼에도 피렌체 통치자들은 조반니와 그의 딸을 풀어주고, 파엔차 시민들의 뜻에 따라 아스토레3세와 그 도시를 보호하는 일을 맡았다.

이탈리아의 주요 강대국 간의 큰 전쟁들이 끝나갈 무렵에 일어난 소란들은 이것만이 아니었다. 여러 해 동안 많은 폭동이 로마냐와 마르케와 시에나 등지에서 잇달아 일어났다. 하지만 그것들은 그리 중요하지 않기 때문에 여기서 자세히 다룰 필요는 없을 것 같다.

그렇지만 1478년 파치 음모 사건으로 발발한 전쟁이 끝나고 칼라브리아 공작이 시에나를 떠난 후, 시에나에서 폭동이 매우 빈번히 발생했던 것은 사실이다. 그리고 잦은 운명의 변화를 겪으며 때로는 평민이 지배하고, 때로는 귀족이 지배하던 시에나는 마침내 귀족이 승리했다1487년 7월.

이 귀족 중에서는 자코포Giacoppo와 판돌포 페트루치Pandolfo Petrucci2 형제가 최고의 권력을 장악했다. 그들은 그 도시의 군주와 같았는데 한 사람자코포은 용기로, 다른 한 사람판돌포은 신중함으로 그 자리에 올랐다.

✺ 제36장 ✺

사르차나 전쟁이 끝난 1487년부터 로렌초 데 메디치가 죽은 1492년 까지 피렌체는 매우 큰 번영을 누렸다. 자신의 지혜와 권위로 이탈 리아 내전이 끝나고 평화가 확립되자, 로렌초는 자기 자신과 피렌체 를 위대하게 만드는 일에 정신을 집중할 수 있었기 때문이었다.

그는 장남인 피에로를 기사 로베르토 오르시니탈리아코초 백작의 딸 알폰시나와 결혼시켰고1488년, 차남인 조반니에게는 추기경의 자리 를 안겨 주었다1489년. 조반니가 추기경이 된 일은 대단히 주목할 만 한 사건이었다. 아직 열네 살이 되지 않은 어린 소년이 그런 높은 지위에 오른 것은 전례가 없는 일이었기 때문이었다. 훗날 증명하 듯 이 위엄은 로렌초의 가문이 천국으로 올라가는 사다리가 되었 다조반니는 1513년 서른여덟 살의 나이에 교황 레오 10세가 되었다. 그러나 셋째 아들인 줄리아노마키아벨리가 『군주론』을 처음 헌정한 혹은 헌정하려 한 인물에게는 그의 어린 나이와 자신의 이른 죽음 때문에 어떤 특별한 운명도 만들어 주지 못했다로렌초는 마흔네 살에 죽었고, 그때 줄리아노는 열세 살이었다.

한편 그는 장녀인 루크레치아를 야코포 살비아티, 둘째인 마달레 나는 프란체스코 치보교황 인노첸시오 8세의 사생아, 다섯째인 콘테시나는 피에로 리돌피와 결혼시켰고, 넷째인 루이자는 가문을 단결시키기 위해 육촌 동생인 조반니 데 메디치일 포폴라노(Il Popolano, 인민의·민중의), 그는 코 시모 데 메디치의 동생 로렌초 일 베키오(제4권 제16장 참조)의 손자로 1497년 카테리나 스포르차와 결혼했다와 결혼시킬 예정이었지만, 루이자는 열한 살의 어린 나이에 그만 세상을 떠나고 말았다셋째 콘테시나 베아트리체는 태어난 지 얼마 안 돼 죽었다.

그의 다른 사적인 일들에 관해 말하자면, 그는 상업 거래에서는 무척 불운했다. 상인이 아니라 마치 군주인 양 일을 처리한 대리인들의 비리로 그의 재산이 상당 부분 낭비되어, 국가가 막대한 자금을 투입해 그를 도와야 했을 정도였기 때문이었다.

그리하여 로렌초는 유사한 실수를 되풀이하지 않기 위해, 상인의 이익을 포기하고 더 확실하고 안정적인 부의 원천인 부동산에 눈을 돌려 피사 · 프라토 · 발 디 페사 교외의 땅을 매입해 많은 건물을 지었다. 그 건물들의 웅장함과 유용성은 일반 시민이 아니라 군주에게 어울릴 법했다.

그다음으로 그는 도시를 확대하고 아름답게 만드는 데 힘을 쏟아, 새로운 거리를 조성하고 전에는 사람이 살지 않고 방치됐던 도시의 이곳저곳에 주택을 지었다. 그 덕분에 우리 도시는 더 넓어지고 더 아름다워졌다.

그는 또한 시민들이 더 평화롭고 안전하게 살 수 있도록, 그리고 피렌체市와 어느 정도 떨어진 곳에서 적과 싸우거나 적을 막을 수 있도록, 볼로냐 방면은 아펜니노 산맥 한가운데에 자리한 피렌추올라성城을 요새화했고, 시에나 쪽은 포조 임페리알레를 수리해 그곳을 요새화하기 시작했으며, 제노바 방면은 피에트라산타와 사르차나를 차지해 적이 오는 길을 차단했다. 게다가 그는 정기적인 지원금과 후원금으로 페루자의 발리오니 가문과 치타 디 카스텔로의 비텔리 가문을 계속 친구로 두었으며, 앞서 말한 것처럼 파엔차 정부를 완전히 장악했다. 이 모든 것은 피렌체의 강력한 성벽 역할을 했다.

이외에도 로렌초는 이 평화로운 시기를 축하하며, 조국에 항상 축제를 열었다. 그가 연 축제에서는 피렌체의 옛 위업과 승리들이 자주 재연되었고, 격렬한 마상시합도 주기적으로 개최되었다. 그의 정책의 주요 목표는 도시를 풍요롭게 만들고, 평민을 통합시키며

〈로렌초 데 메디치에게 파우누스Faunus, 고대 로마 신화에 등장하는 숲의 신으로 남자 얼굴에 염소의
뿔과 다리가 있다의 머리를 보여 주는 미켈란젤로〉 오타비오 반니니Ottavio Vannini

귀족몰락한 옛 귀족이 아니다을 명예롭게 하는 것이었다.

그는 예술에 뛰어난 사람은 그게 누구든 놀라울 정도로 사랑했으
며로렌초는 1490년 열다섯 살의 미켈란젤로를 양자로 삼았다, 학식 있는 이들을 좋아
했다.

이 점에 대해서는 아폴로혹은 안젤로 암브로지니 다 몬테풀차노[1] · 크리스
토포로 란디노로렌초와 줄리아노의 개인 교사이기도 했다 · 그리스인인 데메트리
오스 찰코콘딜레스Demetrios Chalkokondyles 등이 확실히 증언해 줄 수
있다. 이런 이유로 거의 신에 버금갈 정도의 천재인 조반니 피코 델
라 미란돌라스물세 살에 쓴 『900개의 논제』와 그 서문 격인 『인간의 존엄성에 대한 연설』로
유명하다 백작도 로렌초의 관대함에 매료되어 자신이 여행했던 유럽
의 다른 모든 지역을 떠나 피렌체에 거처를 마련했다.

로렌초는 건축과 음악과 시에서도 아주 특별한 즐거움을 느꼈다. 그가 지은 시「바쿠스와 아리아드네의 승리(Il trionfo di Bacco e Arianna, 일 트리온포 디 바코 에 아리안나)」² 뿐만 아니라 그가 논평한 시들도 아직 많이 남아 있다.

〈바쿠스와 아리아드네〉 티치아노 베첼리오Tiziano Vecellio

그는 피렌체 젊은이들이 학문에 힘쓸 수 있도록 피사에 대학을 열어실은 기존의 피사 대학을 정비해 1473년에 다시 열었다. 당시 이탈리아에서 가장 뛰어난 학자들을 선생으로 모셔왔으며, 피렌체市 교외에 성 아우구스티누스 수도회의 프라Fra(수사) 마리아노 다 젠나차노Genazzano를 위한 수도원을 지었다. 프라 마리아노는 매우 뛰어난 설교자였다그는 지롤라모 사보나롤라의 강력한 적수였다.

로렌초는 운명과 신 모두에게서 최고의 은총을 받았고, 그 결과 그의 모든 과업은 행복하게 끝났으며, 그의 적들은 모두 불행한 결말을 맞이했다. 파치 가문 외에도 바티스타 프레스코발디가 산타 마리아 델 카르미네 성당에서1481년, 그리고 발디노토Baldinotto 다 피스토이아문인이자 학자인 톰마소 발디노티(baldinotti)의 아버지가 카레지에 있는 메디치 가문의 별장에서1485년 로렌초를 죽이려는 음모를 꾸몄지만, 이 음모자들은 각각 그들의 계획에 관여했던 자들과 더불어 자신들의 악행에 대해 정당한 처벌을 받았기 때문이었다.

그의 훌륭한 생활 태도와 보기 드문 현명함 그리고 그 막대한 부富는 이탈리아는 말할 것도 없고, 멀리 떨어진 곳의 군주들한테도 널리 알려져 큰 존경을 받았다. 헝가리의 왕 후냐디 마차시1세는 자신이 품은 애정에 대한 많은 징표를 로렌초에게 주었고, 이집트 부르지 맘루크 왕조의 술탄알 아쉬라프 콰이트베이(Al-Ashraf Qaitbay)은 사절단을 파견하고 선물을 보냈으며, 위대한 튀르크인메흐메트 2세은 동생 줄리아노의 살인자 베르나르도 반디니를 로렌초의 손에 넘겨주었다1479년. 외국 군주들의 이런 관심은 이탈리아에서 그의 명성을 크게 높였고, 그런 명성은 그의 지혜와 다른 미덕들로 인해 날이 갈수록 높아졌다.

출처 : Wikipedia

〈교수형을 당한 베르나르도 반디니〉
레오나르도 다빈치의 섬뜩한 밑그림

로렌초는 토론할 때는 날카롭고 유창했으며, 대책을 마련할 때는 신중하고 현명했으며, 실행할 때는 신속하고 대담했다. 비록 베누스Venus의 일色에 지나치게 빠져 있었고, 종종 그와는 도무지 어울릴 것 같지 않은 경박하고 빈정대는 자들과 어울리거나 또는 시시한 놀이에서 기쁨을 느꼈지만, 그런 결점들도 그의 많은 위대한 덕목들을 가릴 수는 없었다. 그는 자주 자녀들과 어울리며 아이들의 유치한 놀이에 참여하는 모습을 보이기도 했는데, 그런 그의 다소 가벼워 보이는 사적 행동과 공적인 영역에서 보여준 강인한 성품을 두루 고려해 보면, 우리는 조합이 거의 불가능한 전혀 다른 두 인간이 로렌초 안에 결합되어 있다는 것을 알 수 있기 때문이다.

말년에 로렌초는 큰 육체적 고통을 겪었다. 그는 통풍 외에도 참을 수 없는 복통에 시달렸으며, 점점 더 심해진 이 통증으로 인해 결국 1492년 4월 8일 44세만 나이로는 43세를 일기로 생을 마감했다. 피렌체는 물론이고 온 이탈리아에서도 자신의 지혜로 그와 같은 명성을 얻고, 자신의 조국에서 그토록 큰 애도를 받으며 죽은 사람은 없었다.

하늘은 많은 명백한 징후들을 통해 아주 커다란 재앙이 그의 죽음에 뒤이어 일어날 것이라는 사실을 알려 주었다. 그중에는 산타 레파라타 성당산타 마리아 델 피오레 대성당의 제일 높은 탑이 벼락에 맞아 첨탑 대부분이 파괴되는 일도 있었다. 이 사건으로 모두 놀라고 또 두려워했다. 그러므로 동료 시민들은 진심으로 그의 죽음을 슬퍼했으며, 이탈리아의 모든 군주 역시 피렌체에 사절을 보내 그 도시에 닥친 너무도 커다란 손실에 대해 시민들을 위로했다.

그들이 로렌초의 죽음을 정말로 슬퍼할 만한 이유가 있었는지는, 그가 죽은 직후에 일어난 일들이 똑똑히 보여 주었다. 그의 조언이 사라지자 밀라노 공작잔 갈레아초 스포르차의 섭정인 루도비코 스포르차의 야심을 만족시키거나, 이를 막을 수 있는 인물이 더는 이탈리아에 남아 있지 않았기 때문이었다. 그리하여 로렌초가 죽자마자 그가 살아 있었다면 분명 제거하는 방법을 알았을 악의 씨앗들이 자라나기 시작해 곧 이탈리아를 파괴했으며, 지금도 여전히 계속 파괴하고 있다1494년에 시작되어 1559년까지 여덟 차례에 걸쳐 일어난 이탈리아 전쟁을 가리킨다.

제8권

제1장

1 마키아벨리는 『군주론』 제19장과 『로마사 논고』 제3권 제6장에서 음모에 관해 상세히 다루고 있다.

제2장

1 즉위 초기만 해도 식스토 4세는 1461년 교황령톨파(Tolfa)에서 발견된 명반 광산의 독점권을 메디치 가문에 계속 인정해 주며, 로렌초와 우호적인 관계를 맺었다. 하지만 동생인 줄리아노가 추기경이 되기를 바란 로렌초의 희망을 저버린 데다, 피렌체의 북쪽 국경과 가까운 이몰라와 파엔차를 차지해 이탈리아 중부에 리아리오 왕조를 세우려는 구상으로 인해 로렌초와 충돌했다. 특히 식스토 4세가 밀라노 공작 갈레아초 스포르차로부터 이몰라를 인수하는 데 필요한 4만 두카트를 로렌초가 빌려주기를 거부하자, 둘의 관계는 크게 악화되었다. 로렌초가 돈을 빌려주지 않은 것은 그 역시 이몰라를 구입하려고 했기 때문이었다. 그러나 갈레아초는 자신의 사생아인 카테리나를 식스토 4세의 아들혹은 조카 지롤라모 리아리오와 약혼시키고, 카테리나의 지참금으로 이몰라를 식스토 4세한테 넘겨줬다제7권 제22장 참조. 식스토 4세는 이몰라를 넘겨받는 데 필요한 자금의 대부분을 파치 은행에서 마련했으며, 그 여파로 톨파 명반 광산의 독점권은 1474년 파치 가문한테 넘어갔다. 비슷한 시기에 일어난 치타 디 카스텔로를 둘러싼 충돌도 식스토 4세와 로렌초의 갈등을 부채질했다제7권 제31장 참조.

제4장

1 야코포 디 포조 브라촐리니는 이 책 서문에 나오는 테라누오바 출신의 역사가 포조 브라촐리니의 아들이다. 참고로, 포조 브라촐리니는 유럽의 수도원 도서관에 방치되어 있던 라틴어 고전 필사본을 되살린 것으로도 유명하다. 그가 발굴한 글로는 루크레티우스Lucretius의 시詩 『사물의 본성에 관하여De rerum natura』, 비트루비우스Vitruvius의 『건축에 관한 열 권의 책De architectura』, 키케로의 변론문辯論文 『프로 로쇼 아메리노Pro Roscio Amerino』 등이 있다.

제11장

1 1471년 콘클라베교황 선거 당시 식스토 4세는 교황 선출에 막강한 영향력을 행사하던 밀라노 공작 갈레아초 스포르차에게 엄청난 선물 공세를 퍼부었고, 다른 추기경들한테는 성직 매매를 약속했다. 또한, 교황이 된 이후에는 제8권 제5장에 등장하는 라파엘레 산소니를 포함해 6명의 친척을 추기경으로 임명했으며, 재물을 모으기 위해 죽은 사람들과 산 사람들의 죄와 벌을 모두 사해 주는 '전대사全大赦'를 단행하기도 했다.

제13장

1 로베르토 디 산 세베리노는 프란체스코 스포르차의 여동생인 엘리자Elisa의 아들로, 제7권 제27장에 나오는 그 로베르토다. 살레르노 군주인 로베르토 산 세베리노와는 다른 인물이다.

제14장

1 이때 스물네 살이던 훗날의 탐험가 아메리고 베스푸치도 구이단토니오를 따라 프랑스로 갔다. 아메리고는 구이단토니오의 조카뻘이다.

제15장

1 야코포 구이차르디니는 『이탈리아의 역사Storia d'Italia』를 쓴 프란체스코 구이차르디니의 할아버지이다. 이 프란체스코는 비록 열네 살의 나이 차가 있긴 하지만 마키아벨리와 매우 가까운 사이였다. 20권으로 구성된 『이탈리아의 역사』는 로렌초 일 마니피코가 죽은 1492년부터 교황 클레멘스 7세가 사망한 1534년까지 이탈리아에서 일어난 사건들을 서술하고 있다.

제16장

1 1269년 6월 시에나의 기벨린과 피렌체의 구엘프 간에 벌어진 콜레 발 델사 전투Battle of Colle Val d'Elsa에서 약 1,400명의 기병과 8,000명의 보병으로 구성된 시에나군이, 약 300명의 콜레 발 델사 주민보병과 800명의 기병으로 이루어진 피렌체와 앙주의 연합군에게 참패했다.

제18장

1 루도비코 스포르차는 1480년부터 1494년까지 조카 잔 갈레아초의 섭정으로 밀라노를 실질적으로 통치했으며, 잔 갈레아초가 죽은 1494년 10월부터 프랑스한테 밀라노를 완전히 빼앗긴 1500년 4월까지는 밀라노 공작으로 밀라노를 다스렸다.

제19장

1 이 그림은 보통 본능과 욕망에 대한 미덕과 지혜의 승리를 나타내는 우화로 알려져 있다. 하지만 켄타우로스를 제압한 팔라스가 나폴리 왕과의 대담한 협상을 통해 피렌체에 평화를 가져온 로렌초 데 메디치를 상징한다는 의견도 있다.

제22장

1 메흐메트 2세는 로도스섬과 이탈리아 남부를 점령하기 위한 원정길에 올랐다가 병에 걸려 49세의 비교적 젊은 나이에 죽었다. 그러나 이와 달리, 이집트의 맘루크 왕조를 정복하러 가는 길이었다는 주장도 있다.

2 페라라는 1389년부터 1393년까지 에스테 지역을 회복하기 위해 파도바의 카라레시Carraresi 가문과 전쟁을 벌이다가 재정이 파탄 나서 폴레시네를 담보로 베네치아로부터 큰돈을 빌렸다. 1438년 만토바와 싸우던 베네치아는 중립을 대가로 폴레시네를 페라라에 돌려주었다. 그렇지만 이때 페라라는 폴레시네를 담보로 빌렸던 돈을 갚지 않았고, 따라서 이를 빌미로 베네치아는 페라라에 계속 비스도미노를 보내고, 소금 판매 독점권을 행사한 것으로 보인다.

제23장

1 로베르토 말라테스타의 부인은 페데리코 다 몬테펠트로의 딸 엘리자베타Elisabetta 다 몬테펠트로이고, 판돌포 4세의 어머니는 라벤나 출신의 엘리자베타 알도브란디니Aldovrandini이다. 따라서 여기의 부인은 엘리자베타 알도브란디니를 말하는 것 같다.

제25장

1 르네 2세의 어머니 욜란데Yolande는 나폴리 왕국의 왕이던 앙주의 르네1세의 딸이었다. 이를 근거로 르네 2세는 나폴리 왕국에 대한 소유권을 주장했다 제5권 제5장 참조.

제32장

1 키네아는 1059년 노르만족 출신의 로베르 기스카르Robert Guiscard, 제1권 제 15~16장 참조가 시작한 것으로 추정된다.

제33장

1 비르지니오 오르시니가 피사에 온 것과 톰마소 소데리니의 장남인 파올란 토니오가 베네치아로 간 것은 1488년 4월의 일이었다. 마키아벨리가 착각 한 듯하다.

제34장

1 사실 지롤라모 백작을 죽인 이들은 백작의 빚 독촉에 시달리던 오르시Orsi 가문의 루도비코와 케코Checco 형제이다. 그 형제는 백작에게 포를리를 빼 앗긴 안토니오 마리아 오르텔라피제7권 제22장 참조, 교황 인노첸시오 8세 그 리고 로렌초 데 메디치 등의 도움을 받아 반란을 꾀했다.

2 여자 이름 '프란체스카Francesca'의 축약형으로, '수다쟁이 여자'라는 뜻이다. 프란체스코 단젤로d'Angelo의 별명이었다.

제35장

1 이몰라와 포를리를 차지한 지롤라모 백작이 파엔차까지 장악하려는 야심을 보이자, 이를 막기 위해 로렌초 데 메디치가 주선해 이루어진 결혼이었다.

2 마키아벨리는 『군주론』 제20장에서 판돌포 페트루치를 언급하며, 그는 신뢰 한 이들보다 신뢰하지 않은 자들과 더 오래 국가를 다스렸다고 말했다.

제36장

1 그의 별명인 일 폴리치아노 Il Poliziano는 그가 출생한 몬테풀차노의 라틴어 이름인 몬스 플리치아누스 Mons Plitianus에서 유래했다.

2 로렌초가 1490년에 쓴 것으로 알려진 『바쿠스와 아리아드네의 승리 일 트리온포 디 바코 에 아리안나』는 15세기 피렌체의 특징적 주제, 다시 말해 삶의 덧없음을 자각하되 아름다움과 사랑 같은 젊음의 기쁨을 마음껏 즐기라고 권고한다. 오늘날 로렌초는 르네상스 시대 피렌체의 주요 시인으로 재평가받고 있다. 『Lorenzo de Medici: Selected Poems and Proses edited and translated by John Thiem』 참조.

피렌체 권력 지형과 정부의 변화 13~14세기

    도시 전체가 유네스코 세계문화유산에 등재되었다고 할 만큼 화려하고 웅장한 이탈리아의 도시들은 사실 도시 간의 무력 충돌은 물론이고 도시 내부의 극심한 분열로 큰 고통을 겪었습니다. 하지만 그중에서도 특히 피렌체는, "불행히도 피렌체의 분열은 늘 파벌을 동반했고, 도시를 지배한 파벌은 적대적인 파벌이 소멸하자마자 그 즉시 다시 또 분열했다"라는 마키아벨리의 말처럼 끊임없이 이어진 피비린내 나는 분열에 계속 시달렸습니다. 다음의 표는 1216년 부온델몬테의 죽음으로 시작된, 짧게는 한 해에도 몇 차례씩 서로에게 창칼을 겨누었던 피렌체의 분열이 그 후 약 200년 동안 어떻게 진행되었으며, 또 그 과정에서 어떤 정치적 변화가 피렌체에 일어났는지 간략히 정리한 것입니다. 이 책의 제2권과 제3권에서 묘사되는 피렌체의 분열을 이해하는 데 조금이나마 도움이 되기를 바랍니다.

*구엘프는 교황파, 기벨린은 황제파를 뜻한다.

연도	집권		실각		변화
1248	기벨린	우베르티家	구엘프	부온델몬티家	부온델몬티家 추방
1251	화해				안치아니1년 임기 행정장관 12명, 카피타노 델 포폴로, 포데스타
1258	구엘프		기벨린		기벨린 추방
1260	기벨린		구엘프		구엘프 추방

연도	집권		실각		변화
1266	기벨린		구엘프		36인회, 길드 마조리 길드 7개·미노리 길드 5개
	길드		기벨린		기벨린 추방
	도시 재통합				구엘프·기벨린 귀환
1268	구엘프		기벨린		기벨린 추방, 부오니 우오미니 2개월 임기 행정장관 12명, 크레덴차시민 80명, 일 콘실리오 제네랄레부오니 우오미니+크레덴차+ 평민 180명, 120인회귀족+평민
1280	구엘프	평민	구엘프	귀족	기벨린 귀환. 마지스트라티1년 임기 행정장관 14명, 구엘프·기벨린 동수
1282	구엘프	길드·평민	구엘프 귀족·기벨린		프리오리길드 소속 2개월 임기 행정장관 6명, 첫 2개월은 3명, 뒤에 시뇨리란 경칭으로 불림
1293	구엘프	평민	구엘프	귀족	정의의 곤팔로니에레2개월 임기 1명, 정의의 법령들
1300	구엘프 비앙키	체르키家	구엘프 네리	도나티家	도나티家와 네리 추방
1301	구엘프 네리	도나티家	구엘프 비앙키	체르키家	비앙키 추방
	구엘프 네리		구엘프 비앙키		교황의 중재로 비앙키 귀환
1302	구엘프 네리		구엘프 비앙키		비앙키·기벨린 추방
1303	구엘프 네리	시뇨리·평민	구엘프 네리	귀족	루카의 중재
1304	구엘프 네리	시뇨리·평민	추방당한 자들		평민 부대의 곤팔로니에레 시뇨리의 콜레조
1308	구엘프 네리	시뇨리·평민	구엘프 네리	귀족	코르소 도나티 사망

연도	집권		실각		변화
1312	시뇨리·평민		귀족		나폴리 왕 로베르토의 통치 1312~1319년
1316	나폴리 왕의 적	마가로티家· 일부 평민	나폴리 왕의 친구	귀족· 부유한 평민	시뇨리나폴리 왕의 적 7명, 바르젤로외부인
	나폴리 왕의 친구	귀족· 부유한 평민	나폴리 왕의 적	마가로티家· 일부 평민	시뇨리나폴리 왕의 적 7명, 나폴리 왕의 친구 6명
1320	시뇨리·평민		귀족		시뇨리2개월 임기 6명, 카피타노 델 포폴로, 포데스타
1323	시뇨리·평민		귀족		펜노니에레, 임보르사치오니 나중에 스퀴티니로 불림
1329	시뇨리·평민		귀족		콘실리오 디 포폴로평민의회, 평민 300명, 콘실리오 디 코무네 도시 의회, 귀족＋평민 250명
1340	시뇨리·평민		귀족		카피타노 제네랄레 디 구에라 전쟁의 총사령관
1342	귀족		평민	20인회	아테네 공작의 통치
1343	귀족－평민 화해				아테네 공작 축출. 14인회 귀족·평민 동수, 포데스타시민 6명
					시뇨리2개월 임기 귀족 4명·평민 8명 콘실리에리자문 기구, 귀족·평민 각 4명
1344	평민		귀족		시뇨리2개월 임기 평민 8명, 콘실리에리평민 8명, 정의의 곤팔로니에레평민 1명, 평민 부대 곤팔로니에레평민 16명
					시뇨리2개월 임기 유력자 2명, 중간계층·하층민 각 3명, 정의의 곤팔로니에레1명, 계층별 순환

연도	집권		실각		변화
1357	평민	알비치家	평민	리치家	구법 부활기벨린 출신의 공직 금지
1366	평민	리치파	평민	알비치파	구법 개정기벨린 여부 판단 절차 개선
1372	평민	알비치파	평민	리치파	구엘프당 장악
1378	평민	중간계층·하층민 오토 델라 구에라	구엘프당	알비치파	구엘프당 몰락
	평민	하층민촘피	평민	유력자· 중간계층	시뇨리2개월 임기 마조리·미노리 길드 각 2명, 하층민 길드 4명, 기타 공직 마조리·미노리·하층민 길드 각 1/3
	평민	유력자·중간계층 미켈레 디 란도	평민	하층민 촘피	시뇨리2개월 임기 마조리 길드 4명· 미노리 길드 5명, 정의의 곤팔로니에레 1명, 길드별 순환
	평민	민중당 미노리길드·하층민	평민	평민당 유력자·마조리길드	시뇨리2개월 임기 마조리 길드 4명· 미노리 길드 5명, 정의의 곤팔로니에레 1명, 길드별 순환
1382	귀족·마조리 길드·미노리 길드· 하층민 간의 무력 충돌				파를라멘토, 발리아 구성
	평민	평민당 유력자·마조리 길드	평민	민중당 미노리 길드· 하층민	시뇨리2개월 임기 평민당 8명, 정의의 곤팔로니에레평민당 1명 기타 공직 마조리 길드 2/3·미노리 길드 1/3
1387	평민	평민당 유력자·마조리 길드	평민	민중당 알베르티家	시뇨리2개월 임기 평민당 8명, 정의의 곤팔로니에레평민당 1명 기타 공직 마조리 길드 3/4·미노리 길드 1/4
1393	평민	평민당 마소 델리 알비치	평민	민중당 미노리길드·하층민	정의의 곤팔로니에레 연령 제한 45세 미만 금지

✇ 옮긴이의 말 ✇

"공적인 방식으로 명성을 추구하는 시민들 사이에서도 서로에 대한 심각한 적의가 자라나는 것을 완전히 막을 방도는 없다. 그러나 이기적인 동기로 그 시민들을 따르는 당파적 지지자가 없다면, 그 시민들은 공화국에 해를 가할 수 없다. 아니, 반대로 당파적 지지자가 없으면 그 시민들은 오히려 공화국에 도움을 준다. 그들은 목적을 달성하기 위해 공화국을 발전시키려고 노력할 것이고, 그들 각자는 공화국의 자유가 침해당하지 않도록 서로를 감시할 것이기 때문이다.

하지만 불행히도 피렌체의 분열은 늘 파벌을 동반했고, 그 결과 항상 공화국에 해로웠다. 승리한 파벌도 반대 파벌이 아직 왕성하게 활동하고 있을 때를 제외하면 결코 단결되어 있지 않았으며, 도시를 지배한 파벌은 적대적인 파벌이 소멸하자마자, 내부적으로 더는 분열을 자제하거나 이를 막을 두려움이 사라져 버렸으므로 그 즉시 분열했다." 제7권 제1장 중

우연히 읽은 이 단락이, 그중에서도 특히 "불행히도 피렌체의 분열은 늘 파벌을 동반했고, 그 결과 항상 공화국에 해로웠다"라는 대목이 『피렌체사』를 번역해 보자는 저의 무모한 열정을 이끌어 냈

습니다. 이 문장의 '피렌체'가 자꾸 우리가 사는 오늘의 이 대한민국을 연상시켰기 때문입니다. 피렌체의 분열과 도시국가 간의 갈등으로 이탈리아가 맞이한 불행을 안타까워하는 마키아벨리의 목소리가, 우리 사회의 분열을 자성自省하는 소중한 계기가 되기를 진심으로 기대해 봅니다.

마키아벨리는 메디치 가문이 피렌체에서 축출1494년된 이후인 1498년 스물아홉 살의 비교적 젊은 나이에 피렌체 공화국의 시뇨리아최고행정기구를 지근거리에서 보좌하는 '세그레타리오 델라 세콘다 칸첼레리아Segretario della Seconda Cancelleria(제2서기국의 국장)'에 임명되며 화려하게 공직 생활을 시작했습니다. 맡은 임무마다 강한 충성심과 비범한 능력을 발휘한 마키아벨리는 재임하는 동안 프랑스·로마냐·로마·신성로마제국 등지에 파견되어, 프랑스 수상으로 루이 12세의 총신寵臣인 조르주 당부아즈 추기경, 교황 알렉산데르 6세의 아들이자 군주론의 모델로 알려진 체사레 보르자, 율리우스 카이사르를 닮기 위해 율리오란 이름을 택했다는 전사戰士 교황 율리오 2세와 같은 당대 제일의 인물들을 만났습니다.

또한, 마키아벨리는 1507년 '9인의 군사 위원회Nove di Milizia'의 수장으로도 임명되어 피렌체 시민군국군을 조직하는 일에 앞장섰고, 이 시민군을 기반으로 1494년 프랑스 샤를 8세의 이탈리아 침공 때 피렌체에서 독립한 피사를 1509년에 재복속시키는 데 큰 공을 세웠습니다. 그러나 3년 뒤인 1512년 이 시민군이 프라토에서 스페인군에게 참패하며 메디치 가문이 피렌체로 귀환했고, 그 결과 마키아벨리는 14년간 몸담았던 모든 공직에서 쫓겨나고 말았습니다. 게다가 1513년에는 메디치 가문 사람들을 제거하려 한 이른바 '보스콜리Pietro Paolo Boscoli 음모'에 가담한 혐의로, 결국에는 무죄 석방되었지만, 고문까지 당하는 옥고를 치르기도 했습니다.

그럼에도 마키아벨리는 정계에 복귀하기 위해 메디치 가문과 가까운 친구들을 통해 메디치 가문의 호의를 얻으려고 애썼습니다. 『군주론』을 쓴 것도 그런 이유 때문이었습니다. 하지만 끝내 뜻을 이루지 못하고 낙향할 수밖에 없었습니다. 그러다가 교황 레오 10세로렌초 일 마니피코의 차남 조반니 데 메디치 시절인 1520년에 기회가 찾아왔습니다. 당시 추기경이던 줄리오 데 메디치로렌초 일 마니피코의 조카로 훗날의 교황 클레멘스 7세가 피렌체의 역사를 쓰는 일을 마키아벨리에게 맡겼던 것입니다. 비록 이 일은 마키아벨리가 오매불망 기다리던 직책과는 거리가 멀었지만, 그는 '자연과 경험이 그에게 빌려준 모든 능력을 동원해 작업에 전념한' 후, 1526년 『피렌체사』를 교황 클레멘스 7세한테 바쳤습니다.

교황 클레멘스 7세는 책의 완성도에 만족하여 마키아벨리에게 많은 액수는 아니지만 보상을 했으며, 마키아벨리가 그의 『전쟁의 기술Dell'arte della Guerra』에서 이론화한 국민군의 조직에 대한 제안도 관심 있게 귀 기울여 들었습니다. 그렇지만 그 직후 코냐크 동맹 전쟁War of the League of Cognac과 로마 약탈1527년 5월이 일어나며, 메디치 가문은 다시 한번 피렌체에서 축출되고 공화국이 재건되었습니다. 마키아벨리는 재빨리 재건된 공화국의 '세그레타리오Segretario'직에 지원했지만, 메디치 가문 특히 교황 클레멘스 7세와 결탁했다는 의심을 받아 거부당했습니다. 이런 결정에 크게 실망한 마키아벨리는 갑자기 병에 걸렸고, 병의 급속한 악화로 인해 1527년 6월 21일 58세를 일기로 쓸쓸히 세상을 떠났습니다.

그러나 다행히 피렌체市는 그를 잊지 않고 그가 죽은 지 260년이 지난 1787년 고인을 기리는 기념비를 고인이 묻힌 산타 크로체 성당에 세웠습니다. 그 기념비의 앞면에는 다음과 같은 라틴어 문장이 새겨져 있습니다.

"TANTO NOMINI NULLUM PAR ELOGIUM
(이 위대한 이름에 어울릴 만한 찬사는 없을 것이다)"

니콜로 마키아벨리의 무덤 위 기념비

총 8권으로 구성된 『피렌체사』는 제목에서 짐작할 수 있듯 피렌체인이 행한 일들을 기록한 피렌체만의 역사서는 아닙니다. 무엇보다 제1권은 피렌체와는 거의 무관하게 로마제국이 동서로 분열되는 4세기 후반부터 1차 롬바르디아 전쟁이 개시되는 15세기 초반까지 약 1,000년의 세월을 개략적으로 설명합니다. 하지만 제2권과 제3권은 1216년 부온델몬테의 결혼과 죽음으로 시작해서 1414년까지 지속된 도시 내부의 극한 대립을 중점적으로 다루며, 피렌체 공화국의 초기 역사를 꼼꼼히 기술합니다. 제4권 역시 외부적으로 피렌체가 관여한 여러 전쟁을 서술하며, 내부적으로 메디치 왕조의 창시자 조반니의 대두와 추방당했다가 1년 만에 귀환한 코시모조반니의 아들의 권력 장악을 자세히 그리고 있습니다.

그러나 "이탈리아의 역사를 쓴다고 약속하지는 않았지만, 그렇다고 이탈리아에서 일어난 가장 주목할 만한 사건들을 이야기하지 않을 이유는 없고, 또한 피렌체가 어쩔 수 없이 치러야 했던 전쟁들은 대개 다른 이탈리아 국가나 군주들의 행동에서 비롯되었으므로, 만일 그것들이 서술되지 않는다면 피렌체의 역사는 이해하기 더 어렵고 재미 역시 덜할 것이기 때문이다"라고 마키아벨리 스스로 밝혔듯, 15세기 중반의 이탈리아를 상술한 제5권과 제6권에서는 레오나르도 다 빈치의 사라진 그림으로 유명한 '앙기아리 전투'처럼 피렌체가 참여한 전쟁 외에도 피렌체와는 크게 관계없는 다양한 사건과 전쟁이 다채롭게 펼쳐집니다. 그렇지만 제7권은 다시 대내적으로는 코시모의 죽음에서 비롯된 피렌체의 치열한 분열을 깊이 있게 묘사하고, 대외적으로는 막 발효하기 시작한 교황 식스토 4세와의 갈등을 다가올 음울한 내분을 암시하듯 보여 줍니다. 그리고 마지막으로 제8권은 로렌초 일 마니피코를 암살하려는 파치 가문의 음모에서 출발해, 1492년 로렌초의 이른바 힘의 균형 정책이 가져온 이탈리아의 연약한 평화가 종언을 고하는 로렌초의 죽음으로 끝이 납니다.

이 책의 각 권을 나누고 있는 장들은 마키아벨리의 『이스토리에 피오렌티네Istorie Fiorentine』 원문에는 없습니다. 읽는 이의 편의를 위해 기본 판본으로 사용한 『The FLORENTINE HISTORY Written by Niccolo Machiavelli Translated from The Italian By Ninian Hill Thomson, M.A.』 London Archibald Constable and Co. Limited 1906의 구분을 차용했습니다. 참고로, 헌사獻辭에서 표명했듯이 마키아벨리는 이

글 이후의 피렌체 역사도 더 쓰려고 했습니다. 하지만 불행히도 그러지 못하고, 앞서 말한 대로 세상을 떠나고 말았습니다.

보통 '마키아벨리' 혹은 '마키아벨리즘' 하면 가장 먼저 떠오르는 것은 목적을 달성하기 위해 수단과 방법을 가리지 않는 비정한 냉혈한의 이미지일 것입니다. 그러나 감히 단언컨대 이 책을 읽은 사람이라면 누구나 그런 이미지가 『군주론』의 오독誤讀에서 비롯된 근거 없는, 일방적인 비방에 지나지 않다는 사실을 쉽게 이해할 수 있을 것입니다. 통합만이 외세프랑스·스페인·신성로마제국의 억압에서 벗어날 수 있는 유일한 방법이라는 것을 굳게 믿었기에, 분열된 피렌체를 또 갈기갈기 찢어진 이탈리아를 통일시킬 만큼 지혜롭고 용감한 인물이 등장한다면 기꺼이 그를 군주로 받아들일 마음이 있었다고 볼 여지도 전혀 없지는 않겠지만, 그래도 마키아벨리는 항상 시민 정부의 열렬한 지지자였으며 언제나 뼛속 깊은 공화국의 주창자였습니다.

2년 넘게 정성을 기울여 고치고 또 고쳤지만, 다시 읽으면 또 부족한 점이 많이 보입니다. 잘못된 부분을 알려주시면, 다음 판본에 꼭 수정하겠습니다. 독자 여러분의 따뜻한 관심과 따가운 질책을 부탁드립니다.

끝으로, 흔쾌히 감수와 추천사를 맡아 주신 연세대학교 신과대학 김상근 교수님께 이 지면을 빌려 다시 한번 진심으로 감사 인사를 올립니다. 교수님의 격려와 도움이 없었다면, 이 책은 세상에 나오지 못했을 것입니다. 감사합니다, 교수님!

이 책의 번역을 위해 참고한
주요 문헌과 자료

1. 『The FLORENTINE HISTORY Written by Niccolo Machiavelli Translated from The Italian By Ninian Hill Thomson, M.A.』, London Archibald Constable and Co. Limited 1906

2. 『The Project Gutenberg EBook of History Of Florence And Of The Affairs Of Italy, by Niccolo Machiavelli』, 역자 미상, 본문은 W. Walter Dunne이 New York과 London에서 1901년 출판한 Universal Classics Library edition에서 발췌

3. 『The FLORENTINE HISTORIES Written by Niccolo Machiavelli Translated from The Italian Edition Prepared in 1843 BY G. B. Niccolini of Florence』, C. EDWARDS LESTER, New York : Paine and Burgess 62 John Street, 1845

4. 『Istorie fiorentine(Italian Edition) by Niccolo Machiavelli』, Philip Bates 편집, 1st Kindle Edition, 2012

5. 구글(www.google.co.kr)

6. 위키피디아(www.wikipedia.org)

7. 트레카니(www.treccani.it/enciclopedia)

8. 콘도티에리 디 벤투라(condottieridiventura.it)

9. 다음 백과(100.daum.net)

10. 네이버 지식백과(terms.naver.com)